Montmartre

★ Musée du Louvre ⑥
Vedi pagine 122–9.

★ Sacré-Coeur ⑤
Vedi pagine 224–5.

★ Centre Pompidou ⑦
Vedi pagine 110–3.

Marais

Beaubourg e Les Halles

St-Germain-des-Prés

Ile de la Cité

Ile St-Louis

Quartiere Latino

Luxembourg

Jardin des Plantes

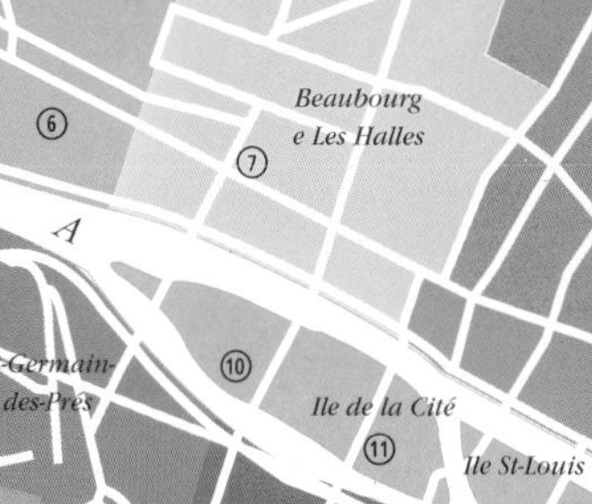

★ Musée de Cluny ⑫
Vedi pagine 154–7.

★ Musée Picasso ⑧
Vedi pagine 100–1.

★ Panthéon ⑬
Vedi pagine 158–9.

★ Sainte-Chapelle ⑩
Vedi pagine 88–9.

★ Notre-Dame ⑪
Vedi pagine 82–5.

LE GUIDE MONDADORI

PARIGI

A cura di

ALAN TILLIER

MONDADORI

A Dorling Kindersley Book

Arnoldo Mondadori Editore

Libri Illustrati
Prima edizione: 1994
Ottava edizione completamente aggiornata:
novembre 2001

Il libro è stato prodotto con il contributo di
Websters International Publishers.

Fabio Ratti Editoria S.r.l.
Corso Monforte, 16 - Milano

Coordinamento: Emanuela Damiani
Traduzione di Pier Angela Mazzarino

ISBN 88-04-49730-0

Stampato da South China Printing Co.Ltd - HK

Le informazioni contenute in questo libro sono state aggiornate il più scrupolosamente possibile alla data di stampa. Tuttavia, dati come numeri di telefono, orari, prezzi, opere esposte nei musei, sono tutti suscettibili di cambiamento. L'editore declina ogni responsabilità per qualsiasi conseguenza derivante dall'uso della presente guida. Eventuali osservazioni o suggerimenti da parte dei lettori possono essere inviati all'editore, che ne terrà conto nella stesura delle edizioni future del libro.
Le segnalazioni vanno indirizzate a:
Fabio Ratti Editoria S.r.l. - Corso Monforte, 16 - 20122 Milano

Sommario

Enrico II (1547–59)

Il Pont Alexandre III

PARIGI ZONA PER ZONA

L'Opéra di Paris Bastille

Il bacio di Rodin (1886)

Il Sacré-Coeur a Montmartre

Un angolo del Bois de Boulogne

INFORMAZIONI TURISTICHE

Noisettes di vitello

GUIDA PRATICA

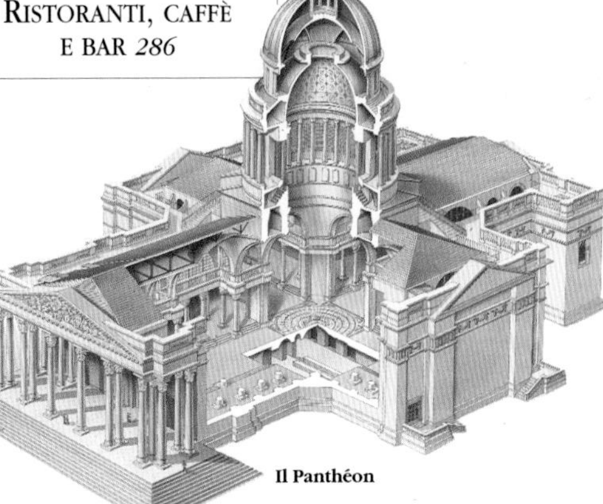

Il Panthéon

COME USARE LA GUIDA

AIUTARVI A TRARRE il massimo piacere dalla vostra vacanza a Parigi: ecco il fine di questa guida. Il primo capitolo, *Introduzione a Parigi*, colloca la città nel suo contesto geografico e storico e spiega come le abitudini parigine cambino nel corso delle stagioni. *Veduta d'insieme* è una rapida passerella delle attrattive della città. *Parigi zona per zona* è invece una vera e propria guida, in cui i quartieri principali sono descritti con planimetrie, fotografie e illustrazioni ben dettagliate. Troverete inoltre cinque percorsi consigliati che vi condurranno per mano in parti di Parigi che potrebbero altrimenti essere tralasciate.

Le *Informazioni turistiche* danno notizie precise su alberghi, negozi, ristoranti, bar e così via, mentre la *Guida pratica* vi dice come fare certe cose in concreto per esempio spedire una lettera o prendere il metró.

PARIGI ZONA PER ZONA

La città è stata divisa in quattordici zone da visitare. Ogni sezione si apre con una descrizione della zona, che ne riassume i caratteri e la storia e ne elenca le attrazioni. Queste ultime sono indicate con dei numeri sulla *Cartina della zona*, cui fa seguito una *Cartina in dettaglio* focalizzata sulla parte più interessante della zona stessa. Raccapezzarsi è molto facile grazie al sistema di numerazione adottato per i singoli monumenti o attrazioni. Tale ordine riprende infatti quello in cui essi sono descritti nelle pagine che completano la sezione.

1 Cartina della zona
Per facilitare il lettore, i monumenti di ogni zona sono numerati e indicati sulla cartina insieme alle stazioni principali delle linee RER e del metró e ai parcheggi.

2 Cartina in dettaglio
Fornisce una veduta dall'alto del cuore della zona da visitare. Gli edifici principali sono evidenziati in colori più intensi, per aiutarvi a localizzarli mentre camminate.

La Conciergerie ❽ è indicata anche su questa cartina.

Il codice-colore su ogni pagina rende più facile trovare le singole zone.

Una cartina più generale vi dice dove vi trovate rispetto alle zone circostanti. L'area della *Cartina in dettaglio* è segnata in rosso.

Fotografie della facciata o dei dettagli di un edificio vi aiutano a localizzarlo.

Da vedere elenca le attrazioni di una zona per categoria. Strade ed Edifici storici, Chiese, Musei e Gallerie, Monumenti e Piazze, Parchi e Giardini.

La zona rappresentata sulla *Cartina in dettaglio* è colorata in rosso.

Un percorso consigliato vi guida lungo le strade più interessanti della zona.

Una stella rossa indica qualcosa da non perdere.

Come arrivarci vi dice come raggiungere facilmente la zona.

I numeri cerchiati evidenziano sulla cartina tutte le attrazioni citate. La Conciergerie, per esempio è ❽

VEDUTA D'INSIEME
Ogni cartina di questa sezione è concentrata su un tema specifico: *Musei e Gallerie, Chiese, Piazze, Parchi e Giardini, Residenti celebri.* Sulla carta sono indicate le attrattive principali; le altre sono descritte nelle pagine seguenti.

Ogni zona da visitare ha un codice-colore.

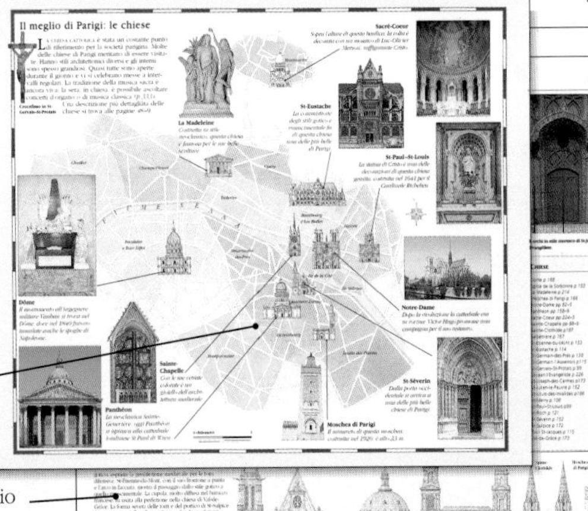

Il tema viene trattato più in dettaglio nelle pagine successive.

3 Informazioni su ogni attrazione

La sezione descrive in dettaglio le principali attrazioni, elencandole in base alla numerazione adottata nella Cartina della zona. *Vengono anche fornite informazioni pratiche.*

INFORMAZIONI PRATICHE
Ogni voce elenca tutte le informazioni necessarie per la visita. La legenda dei simboli usati è nel risvolto di copertina.

Numero di riferimento

Telefono

Orario di apertura

Metrò

Conciergerie 8

1 Quai de l'Horloge 75001.
Tav 13 A3. *01 53 73 78 50.*
M *Cité. **Apertura** apr–ott: 9.30–18.30 tutti i giorni.*

Tavola dello Stradario a fine libro

Servizi disponibili

Indirizzo

4 Principali monumenti di Parigi

Vengono loro dedicate due o più pagine nella zona in cui si trovano. Per gli edifici storici viene fornito uno spaccato; i vari piani di musei e gallerie hanno piantine in colori diversi, per aiutarvi a localizzare le principali opere esposte.

Le note informative vi danno tutte le informazioni pratiche necessarie per programmare la visita.

La facciata degli edifici principali è illustrata con una fotografia perché possiate riconoscerla subito.

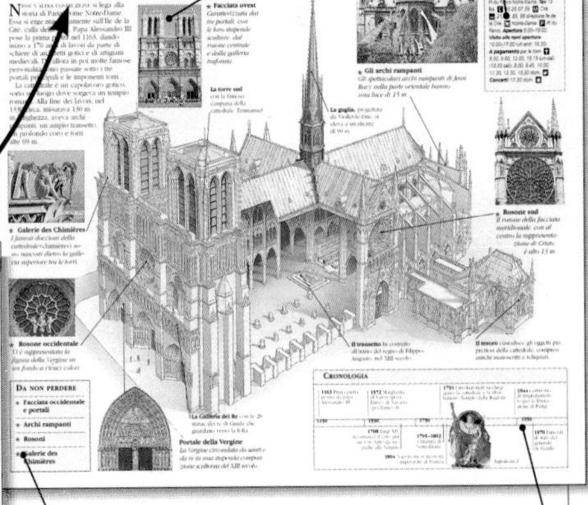

La stella rossa indica i dettagli architettonici più interessanti dell'edificio e le principali opere d'arte o esposizioni visitabili all'interno.

La cronologia elenca gli avvenimenti più importanti nella storia del monumento.

Introduzione a Parigi

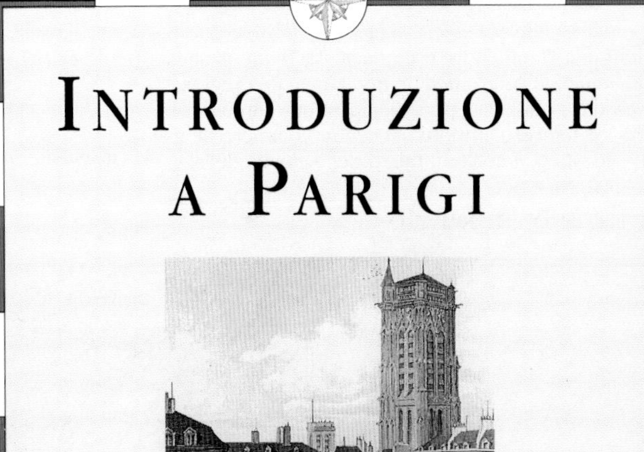

Cenni geografici

PARIGI, CAPITALE della Francia, è una città di oltre due milioni di abitanti che si estende su 1200 km². È situata lungo la Senna, al centro dell'Ile-de-France, una regione abitata da dieci milioni di persone, circa un quinto della popolazione francese. Importante centro commerciale e culturale europeo, è anche il fulcro delle attività della Francia settentrionale.

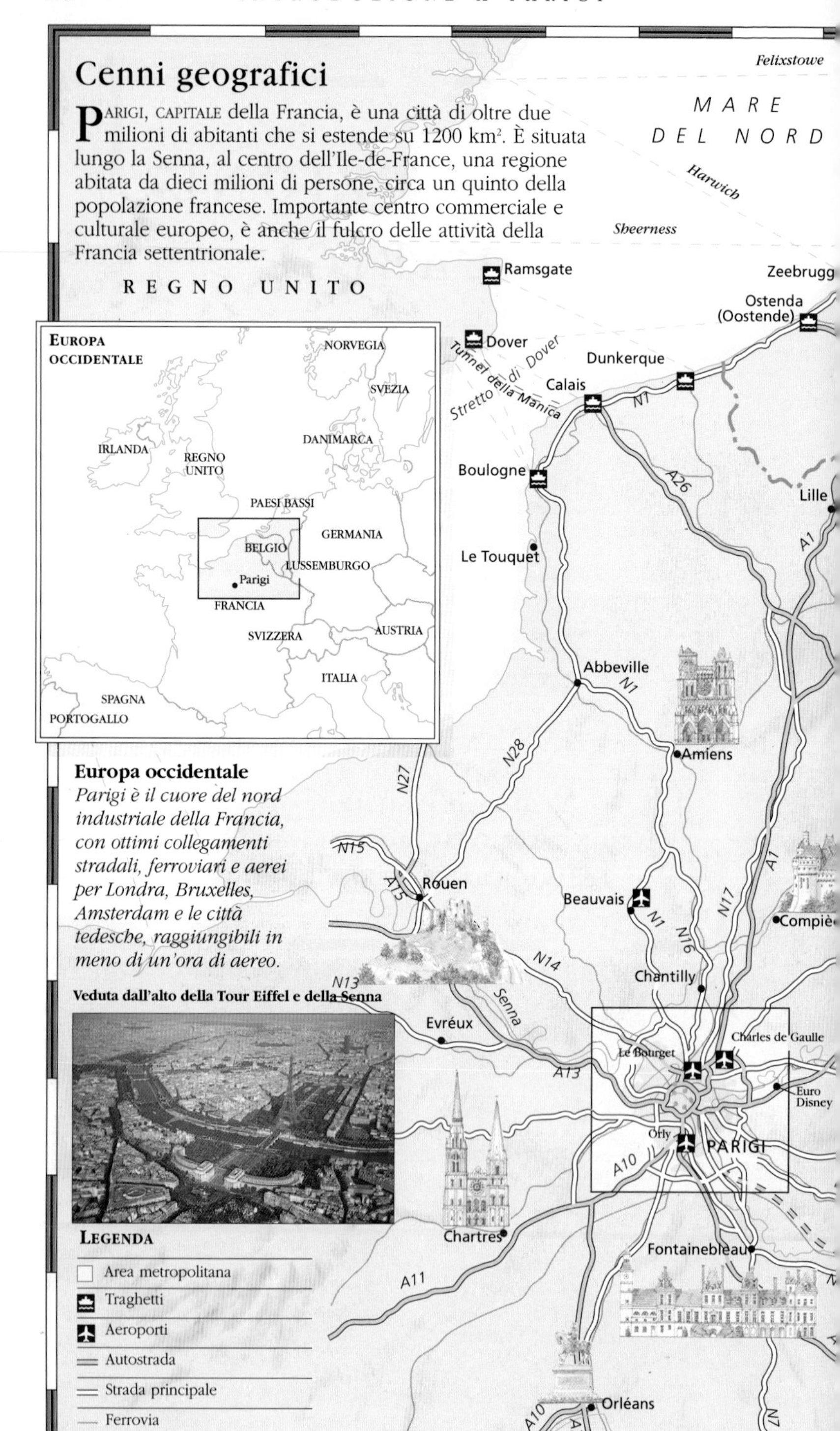

Europa occidentale

Parigi è il cuore del nord industriale della Francia, con ottimi collegamenti stradali, ferroviari e aerei per Londra, Bruxelles, Amsterdam e le città tedesche, raggiungibili in meno di un'ora di aereo.

Veduta dall'alto della Tour Eiffel e della Senna

LEGENDA

- Area metropolitana
- Traghetti
- Aeroporti
- Autostrada
- Strada principale
- Ferrovia

0 chilometri 25

Ile-de-France

L'Ile-de-France comprende l'agglomerato urbano di Parigi e molti altri luoghi di estremo interesse, come Chartres e Versailles. Il centro urbano di Parigi è racchiuso tra i boulevards periferici. Le attrazioni fuori dal centra sono descritte alle pagine 228–55.

Vista aerea del centro di Parigi

Il centro di Parigi

In questa guida Parigi è suddivisa in 14 zone, compresi il centro e la vicina Montmartre. Le attrazioni menzionate nella guida sono all'interno di queste zone, a ognuna delle quali è dedicato un capitolo. Ogni zona comprende un insieme di attrazioni turistiche che ne mettono in luce la storia e il carattere. Per esempio i luoghi più interessanti di Montmartre ce ne rivelano il fascino un po' paesano e la sua pittoresca storia di culla degli artisti. Il quartiere degli Champs-Elysées è famoso per i viali e gli edifici di prestigio. Tutte queste attrazioni sono nel cuore della città, raggiungibili a piedi o con i mezzi pubblici.

Pagine 202–9
Stradario, tav 3–4, 5, 11

Champs-Elysées

Chaillot

0 chilometri 1

FIUME SE

Invalides e Tour Eiffel

Pagine 194–201
Stradario, tavv 3, 9–10

Pagine 182–93
Stradario, tavv 9–10, 11

Pagine 116–33
Stradario, tavv 6, 11–12

Pagine 134–47
Stradario, tavv 11–12

Pagine 174–81
Stradario, tavv 15–16

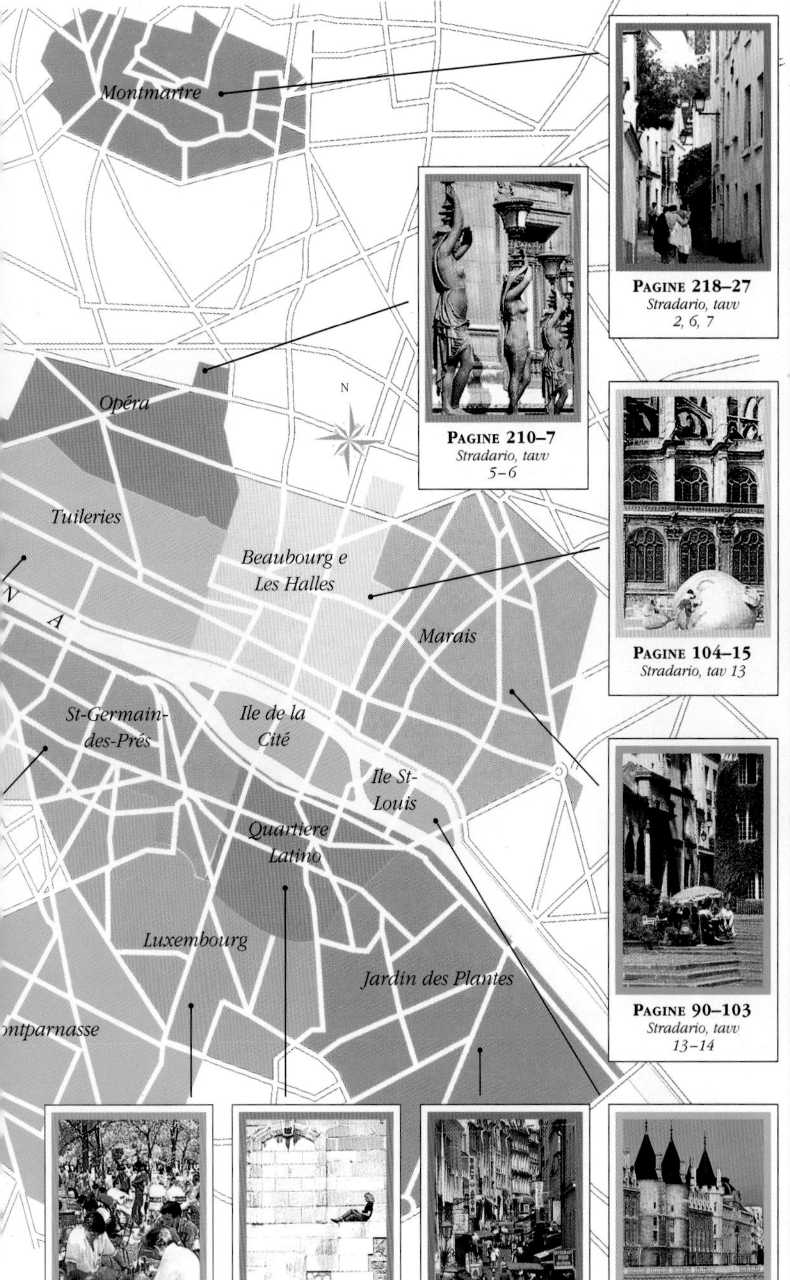

PAGINE 218–27
Stradario, tavv 2, 6, 7

PAGINE 210–7
Stradario, tavv 5–6

PAGINE 104–15
Stradario, tav 13

PAGINE 90–103
Stradario, tavv 13–14

PAGINE 168–73
Stradario, tavv 12, 16

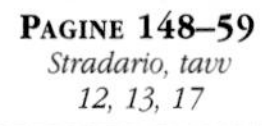

PAGINE 148–59
Stradario, tavv 12, 13, 17

PAGINE 160–7
Stradario, tavv 17–18

PAGINE 76–87
Stradario, tavv 12–13

REPUBLIQUE FRANCAISE
LIBERTE EGALITE · FRATERNITE

NOTE STORICHE

La Parigi conquistata dai Romani nel 55 a.C. era un piccolo villaggio di pescatori sull'Ile de la Cité, soggetto alle inondazioni e abitato dalla tribù dei Parisii. Ben presto l'insediamento romano fiorì e si allargò sulla riva sinistra della Senna. I Franchi, succeduti ai Romani, chiamarono la città Parigi e ne fecero la loro capitale.

Il giglio, emblema reale

In epoca medievale la città divenne un fiorente centro religioso e vi furono eretti capolavori architettonici come la Sainte-Chapelle. Divenne anche un importante centro culturale e la sua università, la Sorbona, richiamò ben presto molti studiosi da tutta l'Europa.

Durante il Rinascimento e l'Illuminismo Parigi fu un faro di cultura e di idee e sotto il regno di Luigi XIV divenne inoltre un centro di ricchezza e di potere. Con la sanguinosa Rivoluzione del 1789 al potere del re si sostituì quello del popolo. Nei primi anni del secolo successivo il fervore rivoluzionario a poco a poco svanì e il brillante generale Napoleone Bonaparte si proclamò imperatore di Francia e realizzò l'ambizione di fare di nuovo di Parigi il centro del mondo.

Dopo i moti del 1848 ebbe inizio una totale trasformazione della città. In base allo schema urbanistico del barone Haussmann eleganti viali e boulevard sostituiscono i vicoli della Parigi medievale. Alla fine del secolo la città era diventata una delle capitali della cultura occidentale.

Questa situazione continuò anche nel XX secolo, con la breve interruzione dell'occupazione militare tedesca dal 1940 al 1944. Dopo la guerra la città ha recuperato il suo ruolo, espandendosi e mirando a diventare fulcro dell'Europa unita.

Le pagine che seguono illustrano gli eventi più significativi nella storia della città.

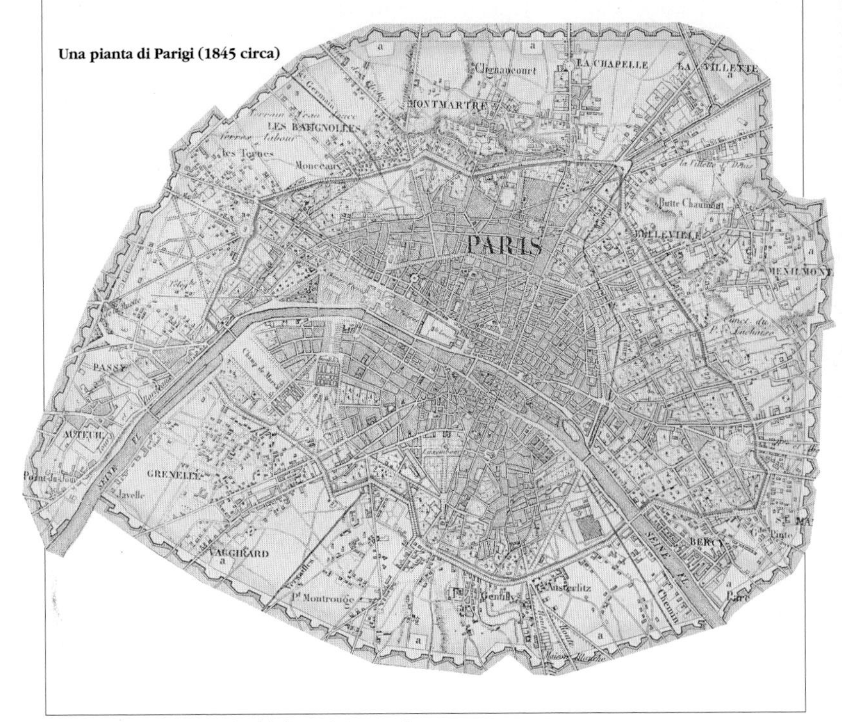

Una pianta di Parigi (1845 circa)

***Allegoria della Repubblica* (1848) di Dominique Louis Papety**

Re e imperatori a Parigi

PARIGI DIVENNE la sede dei re di Francia all'inizio della dinastia capetingia, quando salì al trono Ugo Capeto. Re e imperatori hanno lasciato il loro segno sulla città e molti dei luoghi citati in questa guida sono legati alla monarchia: la fortezza di Filippo-Augusto, il palazzo del Louvre, è oggi uno dei più grandi musei del mondo; il Pont Neuf di Enrico IV collega l'Ile de la Cité alle due rive della Senna e Napoleone concepì l'Arc de Triomphe per celebrare le sue vittorie militari. La fine della lunga sequenza di re si ebbe con il rovesciamento della monarchia avvenuto nel 1848, durante il regno di Luigi Filippo.

768–814 Carlo Magno

743–751 Childerico III

716–721 Chilperico II

695–711 Childeberto II

566–584 Chilperico

674–691 Teodorico III

558–562 Clotario I

655–668 Clotario III

447–458 Meroveo

458–482 Childerico I

628–637 Dagoberto I

954–986 Lotario

898–929 Carlo III, il Semplice

884–888 Carlo II, il Grosso

879–882 Luigi III

840–877 Carlo I, il Calvo

1137–80 Luigi V

987–996 Ugo Capeto

1031–60 Enrico I

1060–1108 Filippo I

400	500	600	700	800	900	1000	1100
DINASTIA MEROVINGIA				DINASTIA CAROLINGIA		DINASTIA CAPETINGIA	
400	500	600	700	800	900	1000	1100

751–768 Pipino il Breve

721–737 Teodorico IV

711–716 Dagoberto III

691–695 Clodoveo III

668–674 Childerico II

637–655 Clodoveo II

584–628 Clotario II

562–566 Cariberto

511–558 Childeberto

996–1031 Roberto II, il Pio

986–987 Luigi V

936–954 Luigi IV d'Oltremare

888–898 Oddone, conte di Parigi

882–884 Carlomanno

877–879 Luigi II, il Balbo

814–840 Luigi I, il Pio

482–511 Clodoveo I

1108–37 Luigi VI, il Grosso

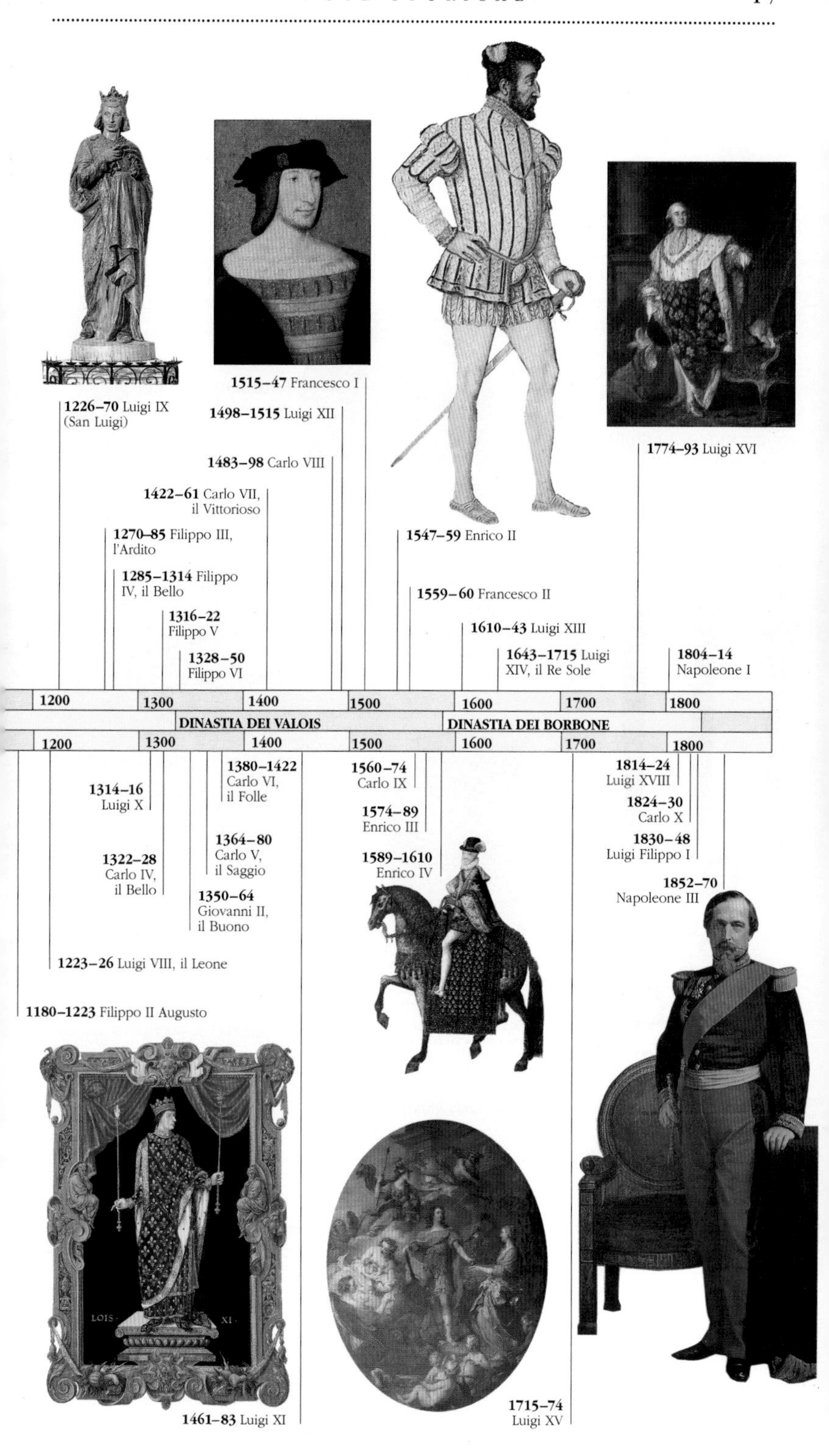
1226–70 Luigi IX (San Luigi)
1515–47 Francesco I
1498–1515 Luigi XII
1483–98 Carlo VIII
1422–61 Carlo VII, il Vittorioso
1270–85 Filippo III, l'Ardito
1285–1314 Filippo IV, il Bello
1316–22 Filippo V
1328–50 Filippo VI
1547–59 Enrico II
1559–60 Francesco II
1610–43 Luigi XIII
1643–1715 Luigi XIV, il Re Sole
1774–93 Luigi XVI
1804–14 Napoleone I
1200
1300
1400
1500
1600
1700
1800
DINASTIA DEI VALOIS
DINASTIA DEI BORBONE
1314–16 Luigi X
1322–28 Carlo IV, il Bello
1380–1422 Carlo VI, il Folle
1364–80 Carlo V, il Saggio
1350–64 Giovanni II, il Buono
1223–26 Luigi VIII, il Leone
1180–1223 Filippo II Augusto
1560–74 Carlo IX
1574–89 Enrico III
1589–1610 Enrico IV
1814–24 Luigi XVIII
1824–30 Carlo X
1830–48 Luigi Filippo I
1852–70 Napoleone III
LOIS XI
1461–83 Luigi XI
1715–74 Luigi XV

La Parigi gallo-romana

Spilla romana in smalto

PARIGI NON SAREBBE esistita senza la Senna. Il fiume consentiva ai primi abitatori del luogo di sfruttare la terra, le foreste, le paludi e le isole. Scavi recenti hanno portato alla luce canoe risalenti al 4500 a.C., molto anteriori quindi all'insediamento della tribù celtica dei Parisii, avvenuto nel III secolo a.C. nell'area nota con il nome di Lutetia. A partire dal 59 a.C. i Romani intrapresero la conquista della Gallia e sette anni più tardi saccheggiarono Lutetia. In seguito la fortificarono e la ricostruirono, curando soprattutto l'isola principale (l'Ile de la Cité) e la riva sinistra della Senna.

ESTENSIONE DELLA CITTÀ

200 a.C. — *Oggi*

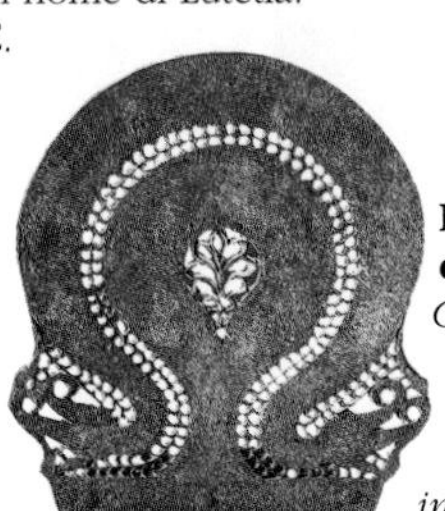

Finimenti dell'Età del bronzo
Gli oggetti di uso quotidiano erano fatti in bronzo anche durante l'Età del ferro, iniziata in Gallia verso il 900 a.C.

Pugnali in ferro
Dal II secolo a.C. le spade lunghe furono sostituite da corte daghe in ferro, spesso decorate con immagini di uomini e animali.

Terme

Teatro

Foro

L'attuale Rue Soufflot

L'attuale Rue St-Jacques

Monili in vetro
Monili in vetro dell'Età del ferro sono stati ritrovati nell'Ile de la Cité.

Vaso in cotto
Oggetti in cotto decorati a colori erano comuni in Gallia.

CRONOLOGIA

4500 a.C. Prime tracce di insediamenti sulle rive della Senna

Elmo indossato dai guerrieri galli

52 a.C. Labieno, luogotenente di Cesare, sconfigge i Galli guidati da Camulogéno. Gli stessi Parisii distruggono la città

4500	400	300	200	100 a.C.

Moneta d'oro dei Parisii, coniata sull'Ile de la Cité

300 a.C. La tribù dei Parisii si insedia sull'Ile de la Cité

100 a.C. I Romani ricostruiscono l'Ile de la Cité e creano un nuovo villaggio sulla riva sinistra del fiume

Lucerna romana a olio
Durante i freddi mesi invernali gli abitanti della popolosa Ile de la Cité godevano di una forma di riscaldamento centralizzato e usavano lucerne a olio.

Dea gallo-romana
Questa testa ritrovata nell'arena è del II secolo d.C.

Arènes de Lutèce
Questa arena del II secolo d.C. era usata per i giochi, gli spettacoli e i combattimenti dei gladiatori.

Fiasco
Questo fiasco del 300 d.C. è stato rinvenuto nell'Ile de la Cité.

LUTETIA NEL 200 D.C.

Parigi, o Lutetia, ha un impianto ortogonale, con ponti tra l'Ile de la Cité e la riva sinistra.

I RESTI DELLA PARIGI GALLO-ROMANA

Gli scavi effettuati a partire dalla metà del IX secolo hanno messo in luce i confini della città romana, i cui assi centrali correvano lungo le attuali Rue St-Jacques e Rue Soufflot. Nella cripta (*vedi p 81*) sottostante la piazza di Notre-Dame si possono ammirare i resti di abitazioni gallo-romane e i bastioni romani risalenti alla fine del III secolo d.C. Altri resti romani a Parigi sono l'Arènes de Lutèce *(p 165)* e le terme visitabili con il Musée de Cluny *(pp 154 e 157)*.

Le terme *(thermae)* di Cluny avevano tre grandi sale con l'acqua a temperature diverse.

Mosaico romano ritrovato nei bagni di Cluny

200 I romani costruiscono l'arena, le terme e le ville

285 Avanzata dei barbari. Lutetia è incendiata

360 Giuliano, prefetto della Gallia, è proclamato imperatore. Lutetia cambia il nome in Parigi

100 d.C. | 200 | 300 | 400

250 Il protomartire cristiano San Dionigi viene sepolto a Montmartre

451 Santa Genoveffa incita i parigini a respingere l'unno Attila

485–508 Clodoveo, capo dei Franchi, sconfigge i Romani. Parigi diviene cristiana

La Parigi medievale

Miniatura su manoscritto

PER TUTTO IL MEDIOEVO le città situate in posizioni strategiche, come Parigi sulla Senna, divennero importanti centri politici e culturali. La Chiesa svolse un ruolo fondamentale nella vita intellettuale e spirituale. Essa promosse la cultura e le innovazioni tecnologiche, come la bonifica delle terre e la costruzione di canali. I confini di Parigi non superavano l'Ile de la Cité e la riva sinistra. Solo quando le paludi (*marais*) furono bonificate, nel XII secolo, la città poté finalmente espandersi.

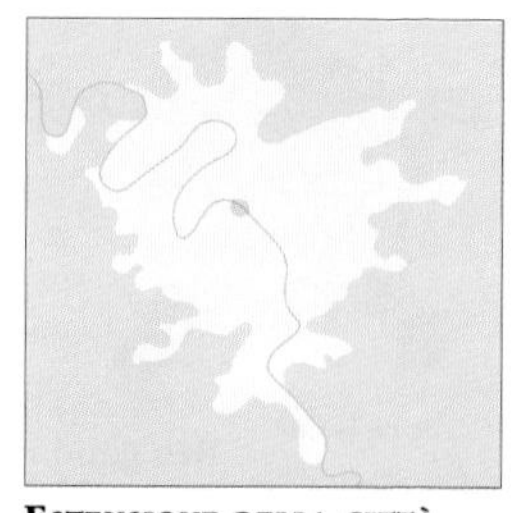

ESTENSIONE DELLA CITTÀ

1300 *Oggi*

Sainte-Chapelle
La cappella superiore di questo capolavoro medievale (vedi pp 88–9) *era riservata alla famiglia reale.*

L'Ile de la Cité, con le torri della Conciergerie e della Sainte-Chapelle, compaiono su *Très Riches Heures, giugno.*

Tavolo ottagonale
Le dimore medievali avevano mobili in legno intarsiato come questo.

Con le bonifiche aumentarono le terre coltivabili.

Vetrata dei tessitori
Gli artigiani formarono delle corporazioni cui furono dedicate molte vetrate delle chiese.

I parigini lavoravano nei campi, conducendo una vita rurale. La città di allora occupava un'area limitata.

CRONOLOGIA

512 Morte di Santa Genoveffa, sepolta accanto a Clodoveo

543-556 Fondazione di St-Germain-des-Prés

725–732 I Mussulmani attaccano la Gallia

800 Carlo Magno incoronato imperatore dal papa

845–862 I Normanni attaccano Parigi

500 | 700 | 800 | 900

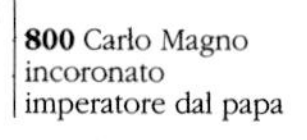

Reliquia dorata della mano di Carlo Magno

Notre-Dame

La costruzione della grande cattedrale gotica richiese molti anni. I lavori a Notre-Dame durarono dal 1163 al 1334.

Sigillo dell'università

L'università di Parigi fu fondata nel 1215.

I monasteri

Diversi ordini religiosi avevano a Parigi i loro monasteri, specialmente sulla riva sinistra della Senna.

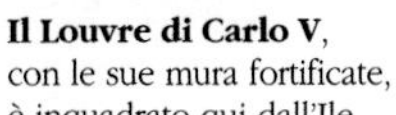

Il Louvre di Carlo V, con le sue mura fortificate, è inquadrato qui dall'Ile de la Cité.

La nobiltà

Dalla metà del XIV secolo gli abiti divennero un segno distintivo di classe; le dame portavano alti copricapi a punta.

I MESI: GIUGNO E OTTOBRE

Il Très Riches Heures, *libro di preghiere e calendario miniato, fu realizzato per il duca di Berri nel 1416. Vi sono raffigurati molti edifici di Parigi.*

UN ROMANZO MEDIEVALE

Fu nei chiostri di Notre-Dame che la storia fra il monaco Abelardo e la giovane Eloisa ebbe inizio. Abelardo era il più originale teologo del XII secolo e venne nominato tutore della nipote diciassettenne di un canonico. Tra il maestro e la sua allieva nacque ben presto un idillio. Al colmo dell'ira, lo zio di Eloisa fece castrare lo studioso. Eloisa trovò rifugio in un convento per il resto della sua vita.

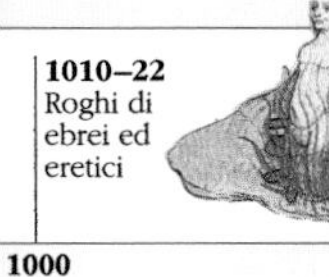

1000 – 1100 – 1200 – 1300 – 1400

1010–22 Roghi di ebrei ed eretici

1079 Nascita di Abelardo

1163 Inizio dei lavori a Notre-Dame

1167 Sulla riva destra della Senna vengono realizzati i mercati di Les Halles

1215 Viene fondata l'università di Parigi

1226–70 Regno di Luigi IX, San Luigi

1245 Costruzione della Sainte-Chapelle

1253 Apre la Sorbona

1380 Viene completata la fortezza della Bastiglia

Giovanna d'Arco

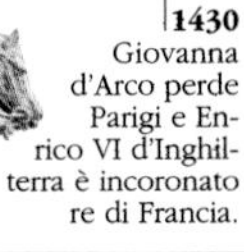

1430 Giovanna d'Arco perde Parigi e Enrico VI d'Inghilterra è incoronato re di Francia.

La Parigi del Rinascimento

Coppia in raffinati abiti di corte

ALLA FINE DELLA guerra dei cent'anni contro l'Inghilterra Parigi era ridotta in condizioni spaventose. Quando nel 1453 l'esercito inglese abbandonò la città, essa era in completa rovina. Luigi XI riportò la prosperità e favorì un nuovo interesse per le arti, l'architettura, le arti decorative e l'abbigliamento. Nel corso del XVI secolo i re francesi subirono il fascino del Rinascimento italiano. Gli architetti di corte sperimentarono i primi piani urbanistici, innalzando eleganti edifici e aprendo magnifiche piazze, come la Place Royale.

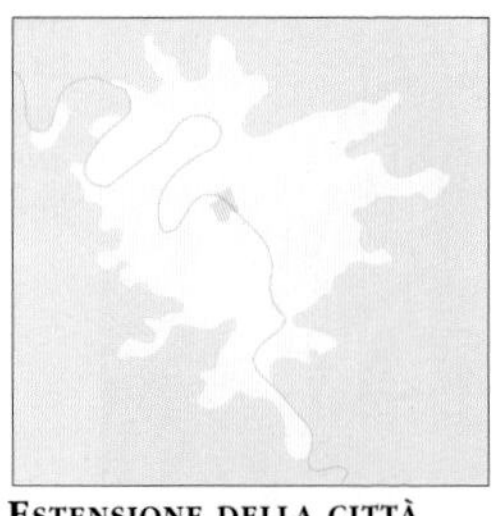

ESTENSIONE DELLA CITTÀ

1590 | Oggi

Un cavaliere si prepara al torneo
Nella Place Royale i tornei si svolsero fino al XVII secolo.

Torchio da stampa (1470)
Sul primo torchio, alla Sorbona, furono stampati trattati religiosi in latino.

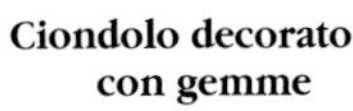

Ciondolo decorato con gemme
I gioielli, segno di ricchezza, erano parti importanti del vestiario.

Pont Notre-Dame
Il ponte ,insieme alle sue case, fu costruito agli inizi del XV secolo. Il Pont Neuf (1589) fu il primo ponte senza edifici.

PLACE ROYALE
Realizzata da Enrico IV nel 1609, con grandi e simmetrici palazzi intorno, è la prima piazza di Parigi. Luogo di residenza dell'aristocrazia, fu ribattezzata Place des Vosges nel 1800 (p 94).

CRONOLOGIA

1453 Fine della guerra dei cent'anni contro l'Inghilterra

Francesco I

1516 Francesco I invita Leonardo da Vinci in Francia. L'artista porta con sé il ritratto della Gioconda

1450 | 1460 | 1470 | 1480 | 1490 | 1500 | 1510 | 1520

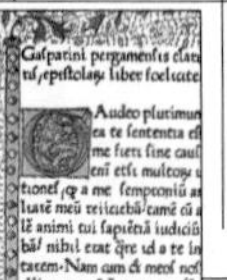

Gasparini pergamensis clari s epistolarum liber foeliciter

Audeo plurimum ea te sententia esse me fieri sine causa eni etsi multorum tionef ... a me sempconiu ... tate meu ... lē animi tui sapientiā iudici... bā nihil erat ... ad a te ... tatem. Nam cum & mecū ... illius naturā ē ignorares ... de hoc facto meo iudicaturu...

1469 Alla Sorbona apre la prima tipografia francese

1528 Francesco I sposta la su residenza al Louvr

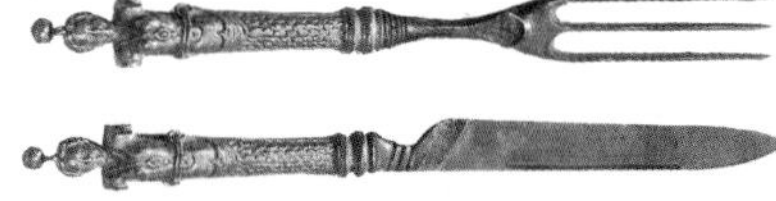

Posate del XVI secolo
Un coltello e una forchetta finemente cesellati usati per tagliare la carne. I commensali, per mangiare, usavano le mani o i cucchiai.

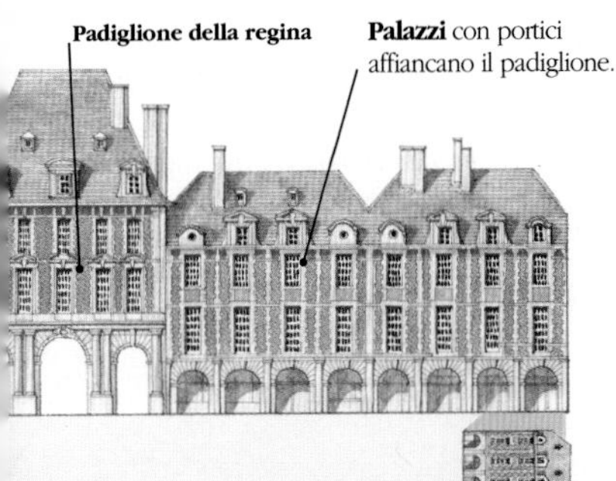

Padiglione della regina

Palazzi con portici affiancano il padiglione.

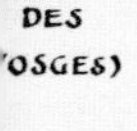

Nove edifici simmetrici contornano ogni lato della piazza.

Padiglione del re

I duelli nel XVII secolo si svolgevano al centro della piazza.

Architetture rinascimentali a Parigi

Accanto alla Place des Vosges, con i suoi bei palazzi, si trovano molti esempi di costruzioni rinascimentali. Tra le chiese si possono ammirare Tour St-Jacques *(p 115)*, St-Etienne-du-Mont *(p 153)* e St-Eustache *(p 114)*. Tra i palazzi l'Hôtel Carnavalet *(pp 96–7)*, recentemente restaurato, e gli scaloni, il cortile e le torri dell'Hôtel de Cluny *(pp154–5)* datati 1485–96.

La parete divisoria tra la navata e il coro di St-Etienne-du-Mont (1520 circa).

Credenza in legno (1545 circa)
Eleganti mobili in legno intagliato decoravano le case dei ricchi.

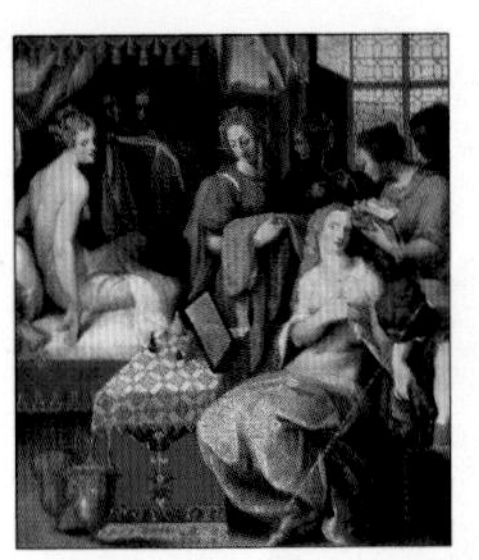

Toussaint Dubreuil
e altri artisti riprendono i temi mitologici del Rinascimento.

1534 Ignazio di Loyola fonda la Compagnia di Gesù

1546 Iniziano i lavori per il nuovo Louvre; primo molo in pietra sulla Senna

1559 Introdotta una primitiva illuminazione nelle strade; completato il Louvre

1572 Massacro dei protestanti la notte di S. Bartolomeo

1589 Enrico III assassinato a St-Cloud, vicino a Parigi

1609 Enrico IV inizia a costruire Place des Vosges

1530 | 1540 | 1550 | 1560 | 1570 | 1580 | 1590 | 1600

1533 Ricostruzione dell'Hôtel de Ville

1534 Fondazione del Collegio di Francia

1547 Muore Francesco I

1559 Enrico II ucciso in un torneo a Parigi

1589 Enrico di Navarra si converte al cattolicesimo e viene incoronato come Enrico IV

1589 Enrico IV completa il Pont-Neuf e migliora il sistema idrico della città

L'assassino Ravaillac

1610 Enrico IV è assassinato dal fanatico Ravaillac

La Parigi del Re Sole

Emblema del Re Sole

IL XVII SECOLO in Francia, conosciuto come *Le Grand Siècle* (il grande secolo), è ben simboleggiato dalla vita sfarzosa di Luigi XIV (il Re Sole) e della sua corte a Versailles. A Parigi furono costruiti maestosi palazzi, piazze, teatri e *hôtels* (le dimore degli aristocratici). Sotto questa sfavillante superficie si celava tuttavia il potere assoluto del re. Alla fine del regno di Luigi XIV le enormi spese sostenute e le continue guerre con le nazioni confinanti portarono al declino della monarchia.

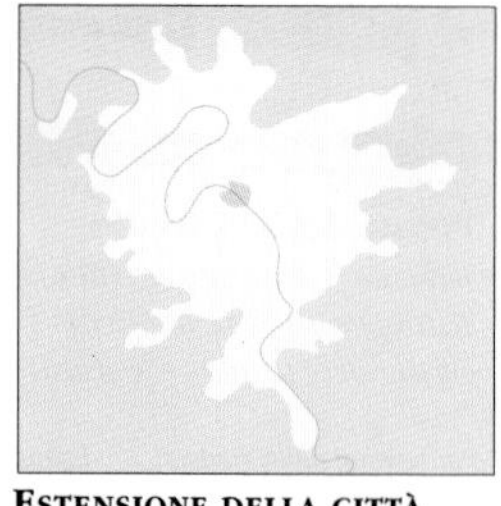

ESTENSIONE DELLA CITTÀ

1657 *Oggi*

I giardini di Versailles
Luigi XIV dedicò moltissimo tempo a questi giardini, progettati da André Le Nôtre.

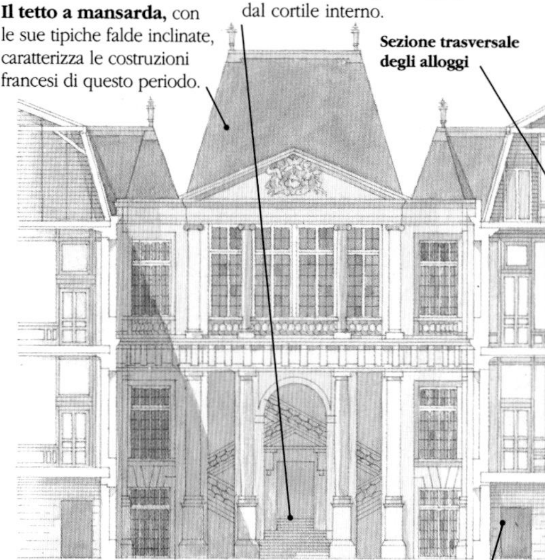

Luigi XIV
Salito al trono nel 1661, Luigi, ritratto qui nei panni di Giove trionfante, pose termine alle guerre civili che duravano dal tempo della sua fanciullezza.

Cassettone
Rivestito d'oro, fu realizzato da André-Charles Boulle per il Grand Trianon a Versailles.

CRONOLOGIA

- **1610** La salita al trono di Luigi XIII segna l'inizio del *Grand Siècle*
- **1614** Ultima riunione degli Stati Generali (l'assemblea legislativa) prima della Rivoluzione
- *Luigi XIII*
- **1622** Parigi diviene sede episcopale
- **1624** Vengono completate Le Tuileries
- **1627** Sviluppo dell'Ile St-Louis
- **1629** Richelieu, primo ministro di Luigi XIII, costruisce il Palais Royal
- **1631** Esce *La Gazette*, primo quotidiano di Parigi
- *Il cardinale Mazarino*
- **1638** Nascita di Luigi XIV
- **1643** Morte di Luigi XIII. Reggenza di Maria de' Medici e del cardinale Mazarino
- **1661** Luigi XIV diventa monarca assoluto. Inizia l'ampliamento del castello di Versailles
- **1662** Colbert, ministro delle finanze, fonda le manifatture Gobelins

1610 | 1620 | 1630 | 1640 | 1650 | 1660

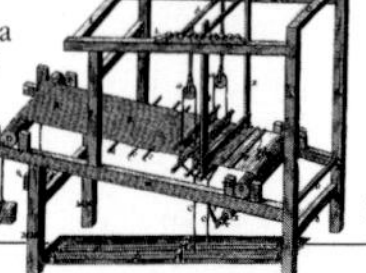

Telaio per tessitura

Soffitto di Charles Le Brun
Pittore di corte di Luigi XIV, Le Brun decorò molti soffitti come questo dell'Hôtel Carnavalet (p 96).

Madame de Maintenon
Quando la regina morì, nel 1683, Luigi sposò Madame de Maintenon, il cui ritratto, dalla preziosa cornice, è opera di Caspar Netscher.

Ventaglio decorato
Alle sue feste di corte Luigi XIV voleva spesso che le dame avessero il ventaglio.

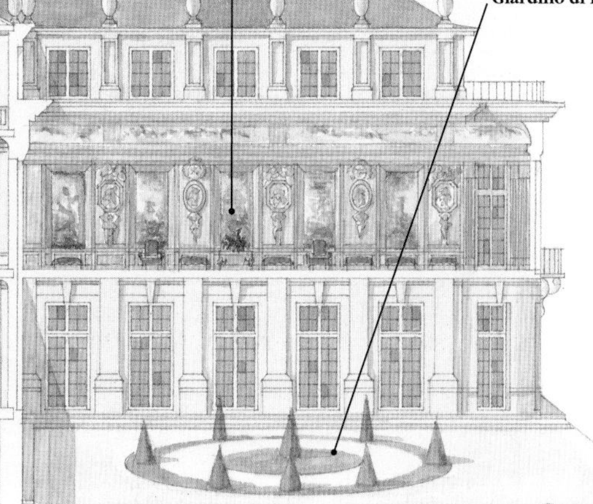

HÔTEL LAMBERT (1640)

Nel XVII secolo l'aristocrazia si costruì in città lussuose dimore, con grandi scalinate, cortili, giardini di forma classica, rimesse e scuderie.

Coppa di Nettuno
Fatta di lapislazzuli e ornata di un Nettuno d'argento, faceva parte della ricca collezione di Luigi.

Il Dôme des Invalides (1706)

DOVE VEDERE LA PARIGI DEL RE SOLE

A Parigi esistono ancora molti edifici del XVII secolo, come l'Hôtel Lambert, ma non tutti sono aperti al pubblico. Tuttavia l'Hôtel des Invalides *(p 184)*, il Dôme *(p 188)*, il Palais du Luxembourg *(p 172)* e Versailles *(p 248)* sono degli ottimi esempi di questo periodo storico.

667 Rifaci-ıento del ouvre e reazione ell'Osservatorio

1682 La corte si trasferisce a Versailles dove rimarrà fino alla Rivoluzione

1686 Nasce Le Procope, il primo caffè

1702 Prima divisione di Parigi in 20 arrondissements (distretti)

1715 Morte di Luigi XIV

1670 | 1680 | 1690 | 1700 | 1710

1670 Costruzione dell'Hôtel des Invalides

1689 Costruzione del Pont Royal

1692 Carestia dovuta a raccolti scarsi e alla guerra

Statua di Luigi XIV al Musée Carnavalet

Parigi nell'età dell'Illuminismo

Busto di François Marie Arouet, noto come Voltaire

L'Illuminismo, esaltando la ragione scientifica e proponendo un approccio critico alle idee correnti e alla società, ebbe la sua culla a Parigi. Per contrasto, nepotismo e corruzione raggiungevano il loro culmine alla corte di Luigi XV a Versailles. Nel frattempo l'economia prosperava, le arti erano in piena fioritura e intellettuali come Voltaire e Rousseau divenivano famosi in tutta Europa. A Parigi, il numero di abitanti arrivò a 650000 circa; venne approntato un piano urbanistico e nel 1787 apparve la prima carta stradale della città.

Estensione della città

1720 Oggi

Strumenti nautici
Con il progredire della scienza nautica gli scienziati misero a punto il telescopio e strumenti trigonometrici (usati per misurare longitudine e latitudine).

Parrucche del XVII secolo
Non erano solo una moda, ma indicavano la classe e l'importanza di chi le indossava.

Comédie Française
Con l'Illuminismo fiorì l'attività teatrale e nuove sale aprirono i battenti, come il teatro della Comédie Française (p 120)*, oggi sede della compagnia del Théâtre Français.*

L'Auditorium, con i suoi 1913 posti, era il più grande teatro di Parigi.

Cronologia

1720 | 1730 | 1740 | 1750

1722 Nasce il corpo dei pompieri

Pompiere

1734 Costruzione della Fontaine des Quatre Saisons

1748 Pubblicazione de *L'Esprit des Lois* di Montesquieu, un trattato politico-giuridico.

1751 Appare il primo volume dell'*Encyclopedia* di Diderot

Madame de Pompadour *Generalmente ricordata solo come l'amante di Luigi XV, era invece una grande protettrice delle arti ed esercitava notevole influenza politica.*

Cioccolatiera *Nel XVIII secolo i ricchi borghesi potevano consumare tabacco, tè, cioccolata e caffè provenienti dall'Asia e dal Nuovo Mondo.*

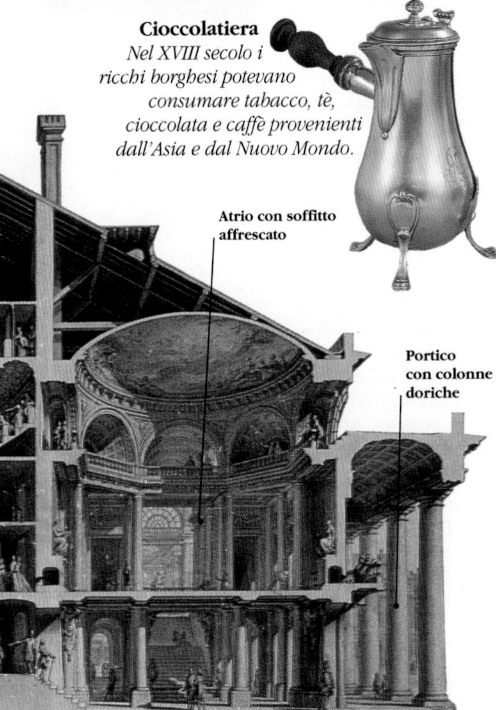

Le Catacombe *Furono istituite a Parigi nel 1785 quale alternativa igienica ai cimiteri* (p 179).

DOVE VEDERE LA PARIGI ILLUMINISTA

Nel quartiere intorno a Rue de Lille, Rue de Varenne e Rue de Grenelle *(pp 182–3)* vi sono molti edifici lussuosi, gli *hôtels*, fatti costruire come abitazioni private dall'aristocrazia durante la prima metà del XVIII secolo. Oggetti appartenuti ai grandi intellettuali Voltaire e Jean-Jacques Rousseau sono conservati al Musée Carnavalet *(pp 96–7)*, insieme a disegni di interni e dipinti del XVIII secolo.

Durante tutto l'Illuminismo vennero costruite delle chiese. St-Sulpice *(p 172)* venne completata nel 1776.

Le Procope *(p 140)* è il più antico caffè, frequentato da Voltaire e Rousseau.

1757 Prime lampade a olio nelle strade

1764 Morte di Madame de Pompadour

1774 Morte di Luigi XV, nipote di Luigi XIV

1778 La Francia appoggia l'indipendenza dell'America

1785 David dipinge *Il giuramento degli Orazi*

1760 | 1770 | 1780

c.1760 Realizzazione di Place de la Concorde, Panthéon e Ecole Militaire

1762 *Emilio* e *Il Contratto Sociale* di Rousseau

Rousseau, filosofo e scrittore, riteneva che gli uomini, buoni per natura, venissero corrotti dalla società

1782 Realizzazione del primo selciato nella Place du Théâtre Français

1783 Prima ascensione in pallone de fratelli Montgolfier

Parigi durante la Rivoluzione

Un piatto celebrativo della Rivoluzione

Nel 1789 la maggior parte dei parigini viveva ancora in condizioni di squallore e povertà come avveniva dal Medioevo. L'inflazione galoppante e l'opposizione a Luigi XVI culminarono nell'assalto alla Bastiglia, la prigione di stato; la repubblica fu fondata tre anni più tardi. Seguì presto il Terrore: chi era sospettato di tradire la Rivoluzione veniva giustiziato senza processo. Più di 60000 persone persero la vita così. I sanguinari eccessi di Robespierre portarono al suo rovesciamento e alla costituzione, nel 1795, di un nuovo governo, il Direttorio.

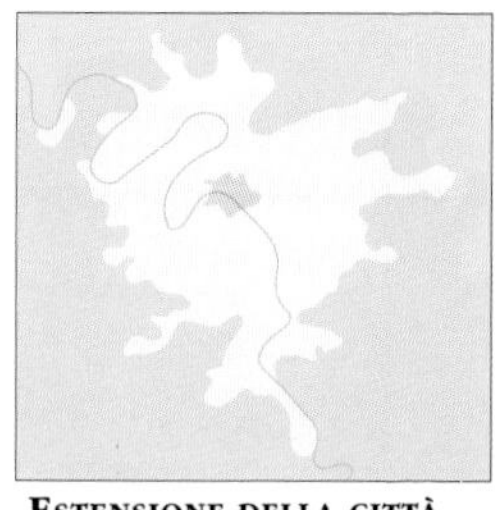

Estensione della città

1796 — Oggi

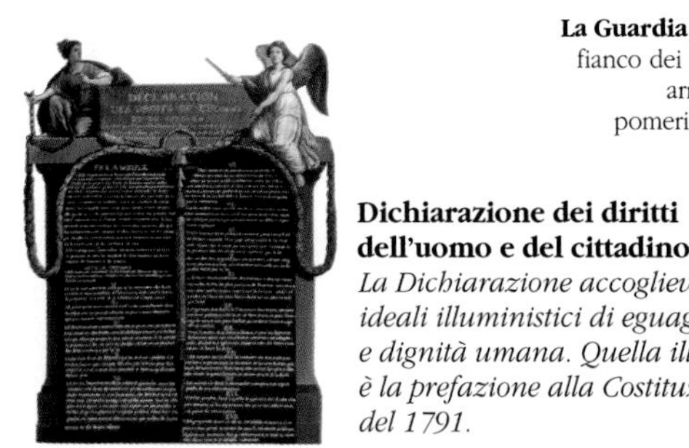

Dichiarazione dei diritti dell'uomo e del cittadino
La Dichiarazione accoglieva gli ideali illuministici di eguaglianza e dignità umana. Quella illustrata è la prefazione alla Costituzione del 1791.

Le torrette della prigione vengono incendiate.

La Guardia, schieratasi a fianco dei rivoluzionari, arrivò nel tardo pomeriggio con due cannoni.

Calendario repubblicano

Poiché consideravano la data di fondazione della repubblica, il 22 settembre 1792, come l'inizio di una nuova era, i rivoluzionari abolirono il calendario tradizionale. Il calendario repubblicano aveva 12 mesi uguali, ognuno diviso in tre decadi; i restanti cinque giorni dell'anno erano feste pubbliche. A tutti i mesi vennero dati dei nomi poetici, legati alle stagioni e ai fenomeni naturali, come la nebbia, la neve, la semina, la fioritura e il raccolto.

Un'incisione a colori del Tresca che mostra Ventoso, il mese del nuovo calendario che andava dal 19 febbraio al 20 marzo.

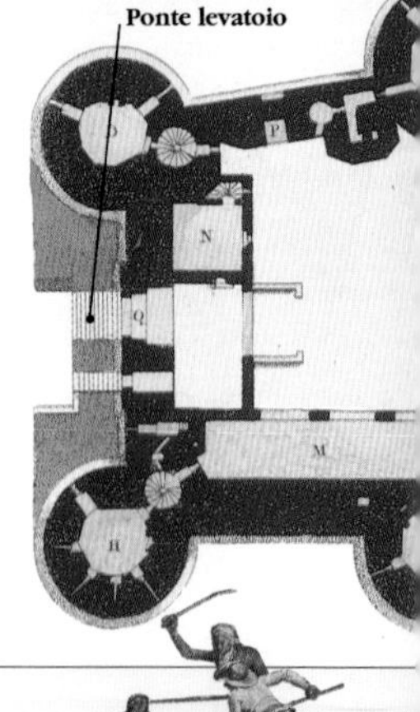

Ponte levatoio

Cronologia

14 lug Presa della Bastiglia

4 ago Abolizione del feudalesimo

26 ago Dichiarazione dei diritti dell'uomo e del cittadino

17 set Approvata la legge dei sospetti: inizio del Terrore

1789

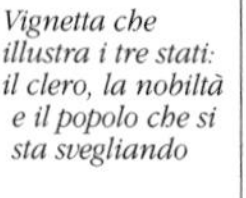

Vignetta che illustra i tre stati: il clero, la nobiltà e il popolo che si sta svegliando

5 mag Convocazione degli Stati Generali

1790

14 lug Festa della Rivoluzione

1791

Lafayette, comandante della Guardia nazionale, giura sulla Costituzione

17 lug Massacro del Campo di Marte

10 ago Assalto alle Tuileries

1792

25 apr Nasce *La Marsigliese*

La Marsigliese
L'inno dei rivoluzionari è oggi l'inno nazionale.

Denaro cartaceo
I titoli, assignats, *erano usati per finanziare la Rivoluzione dal 1790 al 1793.*

I sanculotti
Nel 1792 i calzoni lunghi indossati dal popolo parigino al posto di quelli corti (culottes) *divennero un simbolo politico.*

Sedia "patriottica"
Lo schienale di questa sedia è sormontato da due berretti frigi, simboli della Rivoluzione.

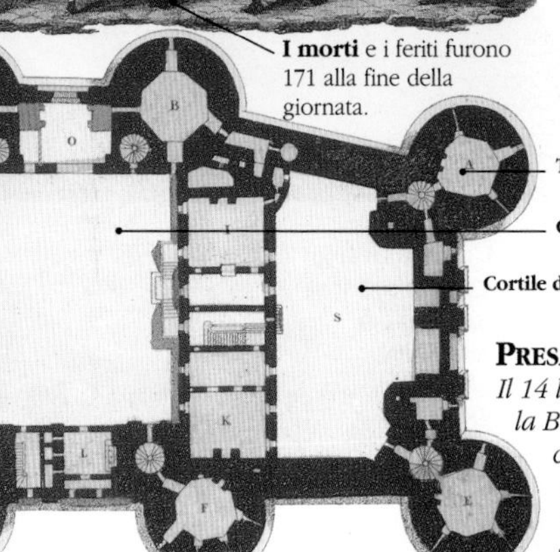

I morti e i feriti furono 171 alla fine della giornata.

Carta da parati
Per celebrare la Rivoluzione venne prodotta della carta da parati commemorativa.

Torre della moneta

Cortile grande

Cortile del pozzo

Ghigliottina
Usata per la prima volta in Francia nell'aprile 1792.

PRESA DELLA BASTIGLIA
Il 14 luglio 1789 il popolo conquistò la Bastiglia e liberò i 7 prigionieri che vi erano detenuti, massacrando i difensori (32 guardie svizzere, 82 soldati feriti e il governatore).

20 giu Invasione delle Tuileries

10 ago Luigi XVI viene deposto

21 gen Esecuzione di Luigi XVI

Autunno Robespierre a capo del Comitato di Salute Pubblica

16 ott Esecuzione di Maria Antonietta

24 nov Chiusura delle chiese

5 apr Esecuzione di Danton e dei suoi seguaci

19 nov Chiusura del Club dei giacobini, un gruppo rivoluzionario

22 ago Nuova Costituzione: il Direttorio

1793 — **1794** — **1795**

20 set Battaglia di Valmy

2–6 set Massacri di settembre

13 lug Assassinio di Marat, fondatore de *L'Ami du Peuple*, il foglio rivoluzionario

27 lug Esecuzione di Robespierre

Robespierre, rivoluzionario e anima del Terrore

La Parigi napoleonica

La corona imperiale

NAPOLEONE BONAPARTE ERA il più brillante generale dell'esercito francese. L'instabilità del nuovo governo dopo la Rivoluzione gli offrì l'occasione di impadronirsi del potere e, nel novembre del 1799, egli si insediò come primo console al palazzo delle Tuileries. Si fece incoronare imperatore nel maggio del 1804. Napoleone centralizzò l'amministrazione, promulgò un codice di leggi, riformò il sistema scolastico francese e iniziò a trasformare Parigi nella più bella città del mondo. La città fu arricchita di grandi monumenti e del bottino delle conquiste. Il suo potere fu tuttavia sempre fragile e legato alle fortune militari. Nel marzo del 1814 gli eserciti di Prussia, Austria e Russia invasero Parigi e Napoleone si rifugiò sull'isola d'Elba. Ritornò a Parigi nel 1815, ma fu sconfitto a Waterloo e morì in esilio nel 1821.

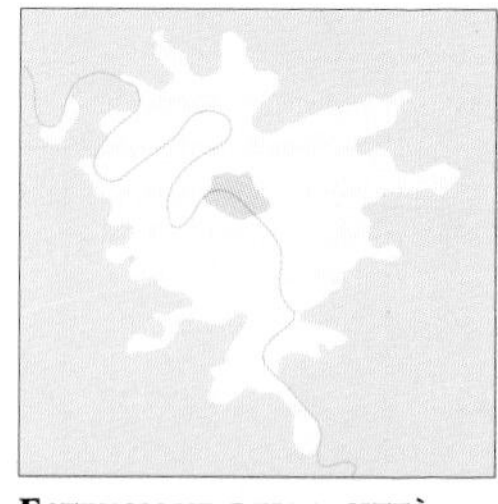
ESTENSIONE DELLA CITTÀ

1810 *Oggi*

Château Malmaison
Fu la residenza preferita di Giuseppina, prima moglie di Napoleone.

Damigelle d'onore sollevano lo strascico di Giuseppina.

Orologio in opalina
Questa decorazione richiamava la moda dei drappeggi.

Monumento all'elefante
Il monumento fu progettato per la piazza della Bastiglia.

L'aquila in fuga
Vignetta satirica sulla fuga di Napoleone all'Elba nel 1814.

CRONOLOGIA

- **1797** Battaglia di Rivoli
- **1799** Napoleone al potere
- **1800** Viene fondata la Banca di Francia
- **1800** Napoleone ritorna dall'Egitto sulla sua nave, l'*Oriente*
- **1802** Viene istituita la Legione d'Onore
- **1804** Incoronazione di Napoleone
- **1806** Commissionato l'Arc de Triomphe
- **1809** Napoleone divorzia da Giuseppina e sposa Maria Luisa
- **1812** Finisce con una disfatta la campagna di Russia
- **1814** Napoleone abdica
- **1815** Waterloo; seconda abdicazione di Napoleone. Restaurazione della monarchia
- **1821** Morte di Napoleone

1800 | 1805 | 1810 | 1815 | 1820

Maschera funeraria di Napoleone

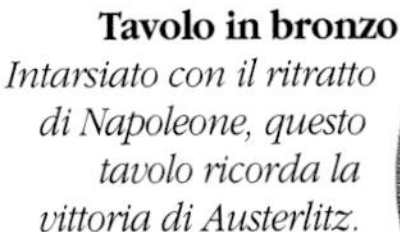

Tavolo in bronzo
Intarsiato con il ritratto di Napoleone, questo tavolo ricorda la vittoria di Austerlitz.

I cosacchi nel Palais Royal
Dopo la sconfitta di Napoleone e la sua fuga nel 1814, Parigi subì l'umiliazione dell'occupazione militare da parte di austriaci, prussiani e russi.

Giuseppina si inginocchia a Napoleone.

Napoleone solleva la corona per l'imperatrice Giuseppina.

Il papa benedice l'incoronazione.

INCORONAZIONE DI NAPOLEONE
L'incoronazione di Napoleone a Notre Dame, nel 1804. Nel quadro di J L David il papa guarda Napoleone che incorona l'imperatrice prima di incoronare se stesso.

L'imperatrice
Giuseppina divorziò da Napoleone nel 1809.

L'Arc de Triomphe du Carrousel fu eretto nel 1806 e ornato con i cavalli prelevati da San Marco, a Venezia.

DOVE VEDERE LA PARIGI NAPOLEONICA

Molti dei monumenti voluti da Napoleone per Parigi non furono mai costruiti, ma l'Arc de Triomphe *(pp 208–9)* e l'Arc de Triomphe du Carrousel *(p 122)* fanno parte dell'eredità napoleonica. Durante il suo regno fu inaugurata la chiesa della Madeleine *(p 214)* e ricostruita buona parte del Louvre *(pp 122–3)*. Esempi dello stile Impero si possono ammirare alla Malmaison *(p 255)* e al Carnavalet *(pp 96–7)*.

1842 Inaugurata la prima ferrovia tra Parigi e St-Germain-en-Laye

1825 | 1830 | 1835 | 1840 | 1845

1830 Insurrezione a Parigi e avvento della monarchia costituzionale

1831 Pubblicato *Notre-Dame de Paris* di Victor Hugo

Epidemia di colera a Parigi

1840 Traslazione di Napoleone agli Invalides

La tomba di Napoleone

Le grandi trasformazioni

NEL 1848 PARIGI VISSE una seconda rivoluzione che abbatté la monarchia appena restaurata. Durante l'incerto periodo che seguì, il nipote di Napoleone prese il potere, come aveva fatto suo zio, con un colpo di stato e nel 1851 si autoproclamò Napoleone III. Sotto il suo impero Parigi venne trasformata nella più bella città d'Europa. Egli affidò il compito di modernizzarla al barone Haussmann. Haussmann demolì le strette strade malsane e affollate della Parigi medievale e creò una capitale dagli ampi spazi, ordinati in una geometrica maglia di strade e boulevard. I distretti confinanti, come Auteuil, vennero annessi alla città, divenendone i sobborghi.

Lampione stradale davanti all'Opéra

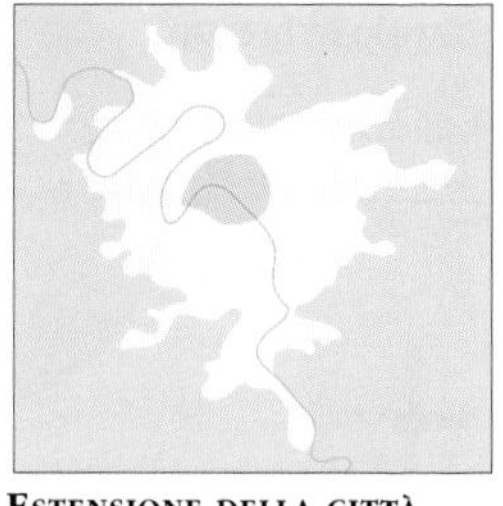

ESTENSIONE DELLA CITTÀ

1859 Oggi

Boulevard des Italiens
Questo viale alberato, nel quadro di Edmond Georges Grandjean (1889), fu uno dei nuovi viali più alla moda.

Arc de Triomphe

Dodici viali formano una stella *(étoile)*.

Palazzi signorili furono costruiti intorno all'Arc de Triomphe tra il 1860 e il 1868.

Costruzione delle fognature
I primi lavori per le fognature (vedi p 190) *da La Villette a Les Halles in una stampa del 1861. I lavori furono diretti dall'ingegner Belgrand.*

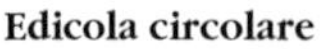

Edicola circolare
Caratteristiche edicole con le locandine del teatro e dell'opera.

CRONOLOGIA

1850 | **1852** | **1854** | **1856** | **1858**

1851 Napoleone III proclama il Secondo Impero

1852 Haussmann dà inizio alla grande trasformazione di Parigi

1855 Esposizione universale

Visitatori all'Esposizione universale

1857 Baudelaire processato per oscenità per *I fiori del male*

Francobollo con l'effige di Napoleone III

PLACE DE L'ETOILE

Il nuovo progetto per il centro di Parigi comprendeva anche la risistemazione dell'area degli Champs-Elysées. Haussmann creò una stella di dodici viali intorno al nuovo Arc de Triomphe. (La cartina qui a lato mostra l'area com'era nel 1790.)

Campi

Avenue des Champs-Elysées

Sito dell'Arc de Triomphe

Fontanelle

Nel 1840, cinquanta fontanelle furono collocate nelle zone più povere della città grazie alle generosità dell'inglese Richard Wallace.

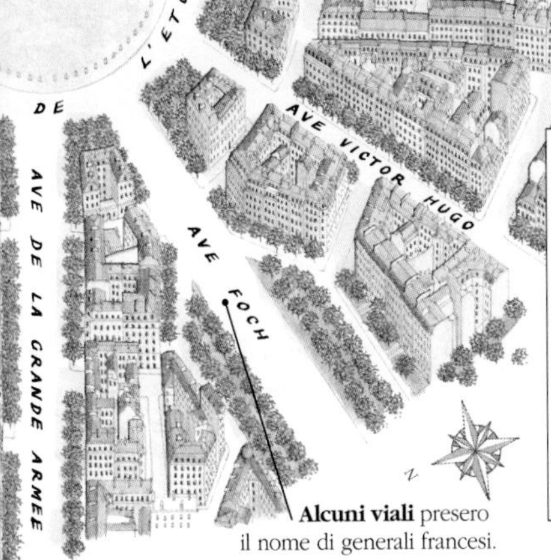

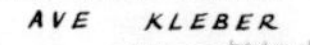

Bois de Boulogne

Donato alla città nel 1852 da Napoleone III, divenne meta favorita di passeggiate a piedi e a cavallo (p 254).

Alcuni viali presero il nome di generali francesi.

IL BARONE HAUSSMANN

Avvocato per formazione e funzionario per professione Georges-Eugène Haussmann (1809–91) venne nominato prefetto della Senna da Napoleone III. Per 17 anni fu responsabile dell'urbanistica. Insieme ai migliori architetti e ingegneri dell'epoca progettò una nuova città, migliorò la rete idrica e quella fognaria e creò parchi stupendi.

1861 Garnier progetta il nuovo teatro dell'Opéra

1863 *Le Déjeuner sur l'herbe* di Manet provoca scandalo e viene rifiutato dall'Accademia *(pp 144–5)*

1867 Esposizione universale

1870 Eugenia, moglie di Napoleone, lascia Parigi per via della guerra

1860 | 1862 | 1864 | 1866 | 1868

1863 Viene fondato il Credit Lyonnais

1862 Viene pubblicato il romanzo storico *I miserabili,* di Victor Hugo

1868 Abolizione della censura

1870 Inizio della guerra franco-prussiana

La Belle Epoque

La guerra franco-prussiana culminò con il terribile assedio di Parigi. Quando la pace tornò, nel 1871, toccò al nuovo governo, la Terza Repubblica, impegnarsi per la ripresa economica. Dal 1890 circa la società si era molto trasformata: automobile, aeroplano, cinema, telefono e grammofono avevano contribuito a migliorare la vita; era nata la *Belle Epoque*. Parigi divenne una città sfavillante dove imperava l'*Art Nouveau*. I quadri degli impressionisti, come Renoir, riflettevano la *joie de vivre* dell'epoca, mentre quelli successivi di Matisse, Braque e Picasso preannunciavano il movimento moderno in campo artistico.

Art Nouveau: ciondolo

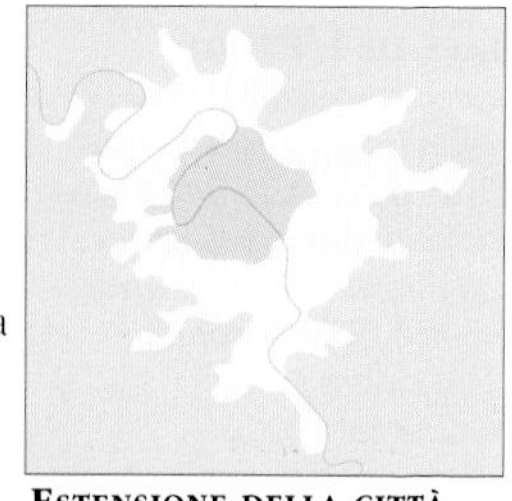

Estensione della città

1895 | Oggi

Locandina di cabaret
I manifesti di Toulouse-Lautrec immortalarono le cantanti e le ballerine dei ritrovi di Montmartre, dove si incontravano artisti e scrittori dell'epoca.

Gli interni erano lungo una serie di gallerie attorno a uno scalone centrale.

Le vetrine erano illuminate elettricamente.

Le vetrine affacciate sul boulevard Haussmann esponevano le merci in vendita.

Registratore di cassa Art Nouveau
Anche gli oggetti più comuni erano decorati nel nuovo stile.

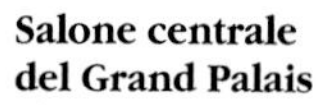

Salone centrale del Grand Palais
Il Grand Palais (pp 206–7) *fu realizzato per ospitare due imponenti mostre di pittura e scultura in occasione dell'Esposizione universale del 1889.*

Cronologia

1871 Nascita della Terza Repubblica

1874 Monet dipinge il primo quadro impressionista: *Impression, soleil levant*

Louis Pasteur

1889 Costruzione della Tour Eiffel

1870 | 1875 | 1880 | 1885 | 1890

Per sfamare la gente vengono uccisi gli animali dello zoo (p 224)

1870 Assedio di Parigi

1885 Louis Pasteur scopre il vaccino contro la rabbia

Biglietto d'ingresso per l'Esposizione

1891 Apre la prima stazione del metró

1889 La grande Esposizione

Citroën 5CV
Le prime automobili furono costruite in Francia. Già dal 1900 si vedevano circolare a Parigi automobili Citroën. Ben presto le corse automobilistiche divennero popolari.

Moulin Rouge (1890)
I vecchi caratteristici mulini a vento di Montmartre furono trasformati in nightclub, come il famosissimo Moulin Rouge (vedi p 226).

La cupola di vetro era visibile da ogni punto dei magazzini.

GALERIES LAFAYETTE (1906)
Questi bellissimi grandi magazzini, con la loro cupola in vetro colorato e ferro battuto, erano un simbolo della nuova prosperità.

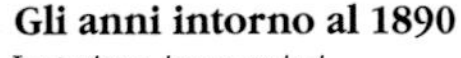

Gli anni intorno al 1890
Le prime immagini cinematografiche dei fratelli Lumière ripropongono la moda osé degli anni intorno al 1890.

DOVE VEDERE LO STILE BELLE EPOQUE

Importanti esempi dello stile Art Nouveau sono il Grand Palais e il Petit Palais *(p 206)*. Bellissimi interni Belle Epoque si trovano nelle Galeries Lafayette *(pp 212–13)* e nel ristorante Pharamond *(p 300)*; nel Musée d'Orsay (pp 144–7) sono inoltre custoditi molti oggetti di questo periodo.

L'ingresso al metró di Les Abbesses, progettato da H Guimard *(p 226)*, fu realizzato tra il 1900 e il 1913.

Il portone del n. 29 di Avenue Rapp *(p 191)*, vicino alla Tour Eiffel, è un bell'esempio di Art Nouveau.

Il capitano Dreyfus viene accusato di aver venduto segreti ai prussiani; in seguito è riconosciuto innocente.

1894–1906 L'affare Dreyfus

1907 Picasso dipinge *Les Demoiselles d'Avignon*

1913 Proust pubblica il primo volume de *À la recherce du temps perdu*

1895 | 1900 | 1905 | 1910

1898 Pierre e Marie Curie scoprono il radio

1909 Blériot vola attraverso la Manica

1911 Diaghilev porta a Parigi il balletto russo

1895 I fratelli Lumière inventano il cinematografo

La Parigi dell'Avanguardia

DAGLI ANNI '20 AGLI ANNI '40 Parigi divenne la mecca di artisti, musicisti, scrittori e registi. La città era culturalmente viva, con nuovi movimenti artistici come il Cubismo e il Surrealismo rappresentati da Cézanne, Picasso, Braque, Man Ray e Duchamp. Molte nuove tendenze erano arrivate dagli USA, insieme a scrittori e musicisti, tra i quali Ernest Hemingway, Gertrude Stein e Sidney Bechet, che si erano trasferiti a Parigi. In architettura le forme di Le Corbusier cambiarono il volto degli edifici moderni.

Sedia da ufficio di Le Corbusier

ESTENSIONE DELLA CITTÀ

1940 | Oggi

Napoléon di Abel Gance

Parigi è sempre stata amata dai registi. Nel 1927 Abel Gance vi girò un film su Napoleone, usando mezzi innovativi come tripli schermi e il grandangolo.

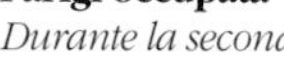

Parigi occupata

Durante la seconda guerra i tedeschi occuparono Parigi. La Tour Eiffel era uno dei luoghi preferiti dai soldati.

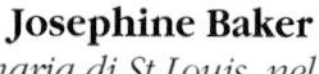

Josephine Baker

Originaria di St Louis, nel Missouri, divenne famosa a Parigi negli anni '20 come ballerina di charleston.

Sidney Bechet

Negli anni '30 e '40 nei locali jazz di Parigi furoreggiava lo swing di musicisti di colore, come il sassofonista Sidney Bechet.

Pilastri sostengono il corpo in cemento.

Il soggiorno era trasformato in una galleria di quadri.

VILLA LA ROCHE DI LE CORBUSIER

In cemento armato e acciaio, con linee diritte, finestre a nastro e tetto piatto, questa casa (1923) ben esemplifica il nuovo stile.

CRONOLOGIA

1914–18 Prima guerra mondiale. Parigi si salva dai tedeschi con la battaglia della Marna. Una bomba colpisce St-Gervais–St-Protais

Soldato della prima guerra mondiale

1919 Nella Sala degli Specchi viene firmato il trattato di Versailles

1920 Tumulazione del Milite ignoto

1924 Parigi ospita le Olimpiadi

1924 André Breton pubblica il Manifesto del Surrealismo

Una fiamma votiva dedicata al Milite ignoto brucia sotto l'Arc de Triomphe

1925 All'Exposition des Arts Décoratifs compare lo stile Art Déco

1914 | 1916 | 1918 | 1920 | 1922 | 1924 | 1926 | 1928

La moda anni '40
Dopo la seconda guerra mondiale, la moda maschile e femminile ricordava le uniformi militari.

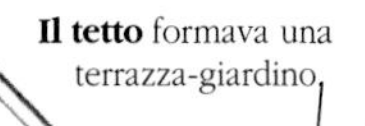

Il tetto formava una terrazza-giardino.

Posta aerea
Le rotte aeree si svilupparono negli anni '30, specialmente verso il Nordafrica.

La camera da letto era sopra la sala da pranzo.

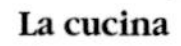

La cucina dava sul retro e aveva il tetto in vetro inclinato.

Il garage era al piano terreno.

Le finestre erano a nastro.

Il vecchio Trocadéro venne mutato nel Palais de Chaillot *(p 198)* per l'Esposizione universale.

DOVE VEDERE LA PARIGI DELL'AVANGUARDIA

La Villa Roche fa oggi parte della Fondazione Le Corbusier *(p 254)* e si può visitare ad Auteuil, sobborgo di Parigi. Ritrovo abituale di Hemingway, la Closerie des Lilas a Montparnasse *(p 179)* ha mantenuto l'arredo dell'epoca. Per la moda visitate il Musée de la Mode et du Costume *(p 201)*.

Claudine a Parigi di Colette
La serie di romanzi di Claudine, scritti da Colette Willy, meglio nota come "Colette", erano molto popolari negli anni '30.

1931 Esposizione coloniale

Un visitatore dell'esposizione coloniale in abiti nazionali

1937 Picasso dipinge *Guernica* per orrore della guerra civile spagnola

1940 Seconda guerra: Parigi bombardata e occupata dai nazisti

1930	1932	1934	1936	1938	1940	1942

1934 Disordini e scioperi a causa della depressione

1937 Costruito il Palais de Chaillot

Il simbolo della Francia libera sopra quello della vittoria

ago 1944 Liberazione di Parigi

La città moderna

Il presidente François Mitterrand

NEL 1962 A PARIGI si è dato inizio a un programma di rinnovamento. Quartieri fatiscenti come il Marais sono stati perfettamente restaurati. Tale lavoro è stato poi continuato con il programma *Grands Travaux* di François Mitterand. È stato garantito un miglior accesso a monumenti e musei come il Grand Louvre *(pp 122–9)* e il Musée d'Orsay *(pp 144–7)*. Grazie a questo piano, sono stati costruiti diversi monumenti moderni, come l'Opéra de la Bastille *(p 98)*, la Cité des Sciences *(pp 236–9)* e la Bibliothèque Nationale a Tolbiac *(p 246)*. Con queste opere e con i magnifici interventi alla Défense, alla Grande Arche e allo Stade de France, Parigi si è preparata per il XXI secolo.

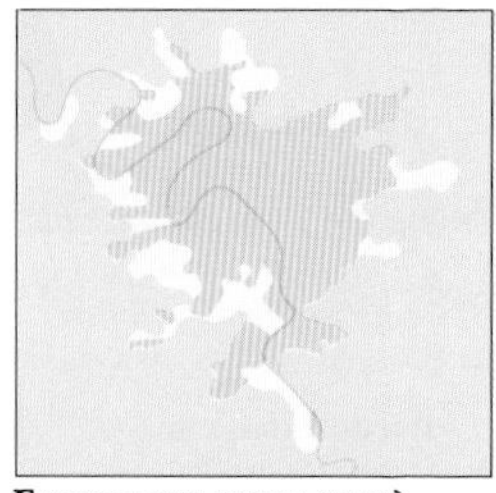

ESTENSIONE DELLA CITTÀ

▥ *1959* ☐ *Oggi*

Christo e il Pont Neuf
Nel 1985, per creare un'opera d'arte, l'artista bulgaro Christo ha rivestito di tela il più antico ponte di Parigi, il Pont Neuf.

La Grande Arche è più alta e più larga di Notre-Dame e si trova su un asse ideale che collega l'Arc de Triomphe con la piramide del Louvre.

Centro commerciale

Simone de Beauvoir
Pensatrice autorevole e compagna di J-P Sartre, la Beauvoir negli anni '50 ha lottato a favore della liberazione della donna.

La divina Citroën (1956)
Con la sua linea ultramoderna, questo modello divenne l'automobile più prestigiosa di Parigi.

CRONOLOGIA

1950 Costruzione dell'UNESCO e del Musée de Radio-France

1962 André Malraux, ministro della cultura, avvia il programma di recupero dei quartieri fatiscenti e dei monumenti

Condotti del Centre Pompidou

1977 Apre il Centre Pompidou. Jacques Chirac è il primo sindaco di Parigi eletto dopo il 1871

1945 | 1950 | 1955 | 1960 | 1965 | 1970 | 1975

Presidente de Gaulle

1958 Costituzione della Quinta Repubblica con de Gaulle come presidente

1964 Riorganizzazione dell'Ile de France

1968 Rivolta studentesca e sciopero dei lavoratori nel Quartiere Latino

1969 Trasferiti a Rungis i mercati Les Halles

1973 Costruzione della torre di Montparnasse e del Périphérique

Marne La Vallée
Simile a un gigantesco altoparlante, questo complesso residenziale si trova in una città dormitorio, vicino a Eurodisney.

Lo stile Chanel
Ogni anno a Parigi, centro mondiale della moda, si svolgono importanti sfilate.

Il Centre Pompidou
In questo famoso edificio ha sede la raccolta nazionale d'arte moderna (pp 110–3).

La torre Fiat è uno degli edifici più alti d'Europa.

Opéra della Bastiglia
Fu costruita nel 1989 in occasione del bicentenario della presa della Bastiglia.

Palazzo della Défense
Vi ha sede il centro per l'industria ed è l'edificio più vecchio.

La Défense

La costruzione di questo centro degli affari venne iniziata nel 1958 in periferia. Oggi 30 000 pendolari arrivano qui dalle aree circostanti.

Studenti sulle barricate

Nel maggio del 1968 Parigi fu teatro della rivolta studentesca. Il Quartiere Latino fu occupato da studenti e da lavoratori. Il movimento di protesta, all'inizio contro la guerra nel Vietnam, si trasformò presto in espressione di malcontento contro il governo. De Gaulle domò la sommossa, ma perse molto del suo prestigio.

Studenti si scontrano con la polizia

1985 Christo "imballa" il Pont Neuf

Partecipanti alle manifestazioni del bicentenario con i colori nazionali francesi

Giocatori della squadra di calcio francese dopo la vittoria ai Mondiali

1980 | 1985 | 1990 | 1995 | 2000 | 2005 | 2010

1980 In migliaia salutano papa Giovanni Paolo II in visita ufficiale

1989 Celebrazioni per il Bicentenario della Rivoluzione Francese

1994 Inaugurato l'Eurostar: da Parigi a Londra in 3 h

1998 La Francia ospita e vince i Mondiali di calcio

1999 Gli uragani di dicembre colpiscono Parigi: Versailles perde 10.000 alberi

2002 L'Euro sostituisce il Franco come unica valuta legale

VEDUTA D'INSIEME

SONO CIRCA 300 i luoghi di interesse descritti nella sezione intitolata *Parigi zona per zona.* Moltissime sono le attrazioni turistiche prese in considerazione: dall'antica Conciergerie, tristemente legata al ricordo della ghigliottina *(p 81)*, al moderno teatro dedicato all'opera, l'Opéra de la Bastille *(p 98)*; dal n. 51 di Rue de Montmorency *(p 114)*, a casa più antica di Parigi, all'elegante Musée Picasso *(pp 100–1)*. Le 20 pagine che seguono costituiscono una guida preziosa per vedere quello che di meglio ha da offrire Parigi. A ogni museo, galleria d'arte, chiesa d'interesse storico, parco, giardino o piazza viene dedicata una sezione. Vengono inoltre menzionate le maggiori personalità di Parigi. Ogni luogo, infine, ha una sua scheda di approfondimento Qui sotto sono elencate le attrattive principali della città.

PRINCIPALI ATTRAZIONI TURISTICHE DI PARIGI

La Défense
p 255.

Sainte-Chapelle
pp 88–9.

Palazzo di Versailles
pp 248–53.

Centre Pompidou
pp 110–3.

Musée d'Orsay
pp 144–7.

Tour Eiffel
pp 192–3.

Musée du Louvre
pp 122–9.

Jardin du Luxembourg
p 172.

Bois de Boulogne
pp 254–5.

Notre-Dame
pp 82–5.

Arc de Triomphe
pp 208–9.

Il Dôme, adiacente all'Hôtel des Invalides

Residenti e visitatori celebri

DURANTE LA SUA STORIA Parigi ha ospitato le più grandi celebrità del mondo. È stata il paradiso di quanti hanno cercato di esprimere se stessi e di vivere appieno la propria vita. Thomas Jefferson, prima di diventare presidente degli Stati Uniti nel 1801, visse vicino all'Avenue des Champs-Elysées intorno al 1780 e definì la città "la seconda casa di ogni uomo". Nel corso dei secoli Parigi è stata una delle città più creative del mondo occidentale. Essa ha accolto re ed esuli politici molto influenti (tra loro, americani, russi, cinesi e vietnamiti) e pittori, scrittori, poeti e musicisti divenuti spesso famosi. Tutti rimanevano affascinati dalla bellezza della città, dallo stile di vita che vi si conduceva, dalla sua eleganza e, naturalmente, dalla sua famosa cucina.

Marlene Dietrich *(1901–92)*
La cantante tedesca diede alcuni dei suoi migliori spettacoli al music hall Olympia (p 337).

Josephine Baker *(1906–75)*
La "regina" dei music hall di Parigi fece scalpore nel 1925 danzando con solo un gonnellino di bucce di banana. I suoi primi spettacoli ebbero luogo al Théâtre des Champs-Elysées (p 334).

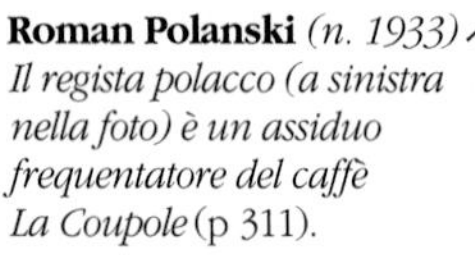

Richard Wagner *(1813–83)*
Scappato dalla Germania per debiti, il compositore visse al n.14 di Rue Jacob.

Roman Polanski *(n. 1933)*
Il regista polacco (a sinistra nella foto) è un assiduo frequentatore del caffè La Coupole (p 311).

0 chilometri 1

Montmartre

Salvador Dalí *(1904–89)*
L'artista surrealista si trasferì a Parigi nel 1929. Visse in seguito all'Hôtel Meurice al n. 228 di Rue de Rivoli (p 281). *L'Espace Montmartre è dedicato ai vari aspetti della sua opera* (p 222).

Pablo Picasso *(1881–1973)*
L'artista spagnolo visse nella comunità di artisti di Bateau-Lavoir (p 226).

Vincent Van Gogh *(1853–90)*
L'artista olandese risiedeva al n. 56 di Rue Lepic con suo fratello Theo.

Opéra

Tuileries

Beaubourg e Les Halles

Marais

St-Germain-des-Prés

Ile de la Cité

Ile St-Louis

Quartiere Latino

Luxembourg

Jardin des Plantes

N

Rudolf Nureyev *(1938–93)*
Il ballerino russo fu direttore del Balletto dell'Opéra (p 335).

Leon Trotzkij *(1879–1940)*
Prima della Rivoluzione russa del 1917, Trotzkij fu visto spesso in compagnia di Lenin al Dôme Café (p 311).

Oscar Wilde *(1854–1900)*
Dopo il carcere a Reading, lo scrittore fu esule a Parigi. Morì a L'Hôtel (p 281).

Residenti celebri

GRAZIE ALLA SUA POSIZIONE strategica sulla Senna, Parigi è sempre stata il cuore economico, politico e culturale della Francia. Nel corso dei secoli molte figure importanti e influenti si sono trasferite a Parigi da altre parti della Francia e dall'estero, per assorbirne la magica atmosfera. In cambio vi hanno lasciato il loro segno: gli artisti hanno promosso nuovi movimenti, i politici nuove scuole di pensiero, i musicisti e i registi creato nuove tendenze, gli architetti nuovi ambienti.

L'attrice Catherine Deneuve

ARTISTI

Sacré-Coeur di Utrillo (1934)

ALL'INIZIO DEL XVIII secolo Jean-Antoine Watteau (1684–1721) si ispirò per i suoi quadri a Parigi. Cinquant'anni dopo Jean-Honoré Fragonard (1732–1806), rappresentante del gusto rococò, nacque e morì a Parigi, in miseria a causa della Rivoluzione. Più tardi Parigi divenne la culla dell'Impressionismo. I suoi fondatori Claude Monet (1840–1926), Pierre-Auguste Renoir (1841–1919) e Alfred Sisley (1839–99) si riunivano in uno studio in città. Nel 1907 Pablo Picasso (1881–1973) dipinse *Les Demoiselles d'Avignon* al Bateau-Lavoir *(p 226)*, dove vivevano anche Georges Braque (1882–1963), Amedeo Modigliani (1884–1920) e Marc Chagall (1887–1985). Henri de Toulouse-Lautrec (1864–1901) viveva e dipingeva a Montmartre. Salvador Dalí (1904–89) frequentava il Café Cyrano, ritrovo dei surrealisti. La Scuola di Parigi si trasferì infine a Montparnasse, dove vissero Auguste Rodin (1840–1917), Constantin Brancusi (1876–1957) e Ossip Zadkine (1890–1967).

UOMINI POLITICI

UGO CAPETO, conte di Parigi, divenne re di Francia nel 987. Il suo palazzo sorgeva sull'Ile de la Cité. I re Luigi XIV, XV e XVI vissero a Versailles *(pp 248–53)* ma Napoleone *(pp 30–31)* preferì le Tuileries. Il cardinale Richelieu (1585–1642), eminenza grigia di Luigi XIII, fu l'artefice dell'Académie Française e del Palais-Royal *(p 120)*. Oggi il presidente vive all'Eliseo *(p 207)*.

Ritratto del cardinale Richelieu di Philippe de Champaigne (1635 circa)

FILM E REGISTI

PARIGI È STATA SEMPRE il centro del cinema francese. I classici di anteguerra e quelli dell'immediato dopoguerra venivano di solito girati negli studi di Boulogne e Joinville, dove erano state ricostruite intere zone della città, come il Canal St-Martin per il film *Hôtel du Nord* di Marcel Carné. Jean-Luc Godard e altri registi della *Nouvelle Vague* preferivano girare in esterni. *Fino all'ultimo respiro* (1960) di Godard, con Jean-Paul Belmondo e Jean Seberg, venne girato agli Champs-Elysées.

Simone Signoret (1921–1985) e Yves Montand (1921–1991), la più famosa coppia del cinema francese, erano di casa all'Ile de la Cité. Attrici come Catherine Deneuve (n. 1943) e Isabelle Adjani (n. 1955) preferiscono abitare a Parigi per comodità.

MUSICISTI

JEAN-PHILIPPE RAMEAU (1683–1764), organista e teorico dell'armonia, è legato a St-Eustache *(p 114)*, dove vennero eseguiti per la prima volta anche il *Te Deum* di Hector Berlioz (1803–69) nel 1855 e la *Messa Solenne* di Franz Liszt (1811–86) nel 1866. Una grande dinastia di organisti, i Couperin, diede i suoi concerti in St-Gervais–St-Protais *(p 99)*.

Il palcoscenico dell'Opéra *(p 215)* ha visto molti talenti, non sempre apprezzati dal pubblico. Il *Tannhäuser di* Richard Wagner (1813–83) fu fischiato, come la *Carmen* di

George Bizet (1838–75) e il *Pelléas et Mélisande* di Claude Debussy (1862–1918).

Il soprano Maria Callas (1923–77) diede spettacoli trionfali. Il compositore e direttore Pierre Boulez (n. 1925) si è dedicato alla musica sperimentale all'IRCAM, vicino al Centre Pompidou *(p 333)*, che ha contribuito a fondare.

La cantante Edith Piaf (1915–63), famosa per le sue canzoni d'amore, cominciò a cantare per le strade di Parigi per poi diventare celebre e girare il mondo. Oggi le è stato dedicato un museo *(p 233)*.

Renée Jeanmaire in *Carmen* (1948)

Architetti

Gotico, classico, barocco e moderno, tutto convive a Parigi. Il più famoso architetto medievale fu Pierre de Montreuil che costruì Notre-Dame e la Sainte-Chapelle. Louis Le Vau (1612–70) e Jules Hardouin-Mansart (1646–1708) progettarono Versailles *(pp 248–53)*. Jacques-Ange Gabriel (1698–1782) edificò il Petit Trianon *(p 249)* e Place de la Concorde *(p 131)*. Haussmann (1809–91) diede alla città i *boulevard (pp 32–3)*. Gustave Eiffel (1832–1923) costruì la torre nel 1889. Un secolo più tardi, I. M. Pei eresse la piramide del Louvre *(p 129)*, Jean Nouvel creò l'Institut du Monde Arabe *(p 164)* e Dominique Perrault la Bibliothèque Nationale de France *(p 246)*. Le pietre miliari del XXI secolo sono in fase di realizzazione.

Il Grand Trianon a Versailles, edificato da Louis Le Vau nel 1668

Scrittori

Il francese fu definito "la lingua di Molière", dal nome del commediografo Jean-Baptiste Molière (1622–73). Molière contribuì a creare la Comédie-Française, che oggi ha sede vicino alla sua casa in Rue Richelieu. Sulla *Rive Gauche* il Théâtre de l'Odéon ospitava Jean Racine (1639–99). Nei pressi c'è la statua di Denis Diderot (1713–84), che ha pubblicato l'*Enciclopedia* tra il 1751 e il 1776. Marcel Proust (1871–1922), autore dei 13 volumi de *À la recherche du temps perdu*, viveva sul Boulevard Haussmann. St-Germain è stata la culla degli esistenzialisti *(pp 142–3)*. Qui Sylvia Beach accoglieva James Joyce (1882–1941) nella sua libreria in Rue de l'Odéon. Ernest Hemingway (1899–1961) e F. Scott Fitzgerald (1896–1940) scrissero le loro opere a Montparnasse.

Proust di J-E Blanche (1910 circa)

Scienziati

Parigi ha un quartiere, un boulevard, una stazione del metró e un famoso istituto *(p 247)* dedicati a Louis Pasteur (1822–95), grande chimico e biologo francese. La sua casa e il suo laboratorio sono stati scrupolosamente conservati. All'istituto Pasteur lavora oggi Luc Montagnier, che per primo ha isolato il virus dell'Aids nel 1983. Anche gli scopritori del radio, Pierre (1859–1906) e Marie Curie (1867–1934) lavoravano a Parigi. Sui Curie era imperniata la pièce *Les Palmes de M. Schutz*, che ha tenuto a lungo il cartellone in città.

In esilio a Parigi

Nel 1936 Edoardo VIII abdicò: subito dopo il duca e la duchessa di Windsor si sposarono in Francia e abitarono al Bois de Boulogne. Esuli a Parigi sono stati anche Chu En-Lai (1898–1976), Ho Chi Minh (1890–1969), Vladimir Ilije Lenin (1870–1924), lo scrittore inglese Oscar Wilde (1854–1900) e il ballerino russo Rudolf Nureyev (1938–93).

Il duca e la duchessa di Windsor

Il meglio di Parigi: le chiese

La chiesa cattolica è stata un costante punto di riferimento per la società parigina. Molte chiese di Parigi meritano di essere visitate. Presentano stili architettonici diversi e gli interni sono spesso grandiosi. Quasi tutte sono aperte durante il giorno e vi si celebrano messe a intervalli regolari. La tradizione della musica sacra è ancora viva: la sera, in chiesa, è possibile ascoltare concerti d'organo o di musica classica *(p 333)*. Una descrizione più dettagliata delle chiese si trova alle pagine 48–9.

Crocefisso in St-Gervais–St-Protais

La Madeleine
Costruita in stile neoclassico, questa chiesa è famosa per le sue belle sculture.

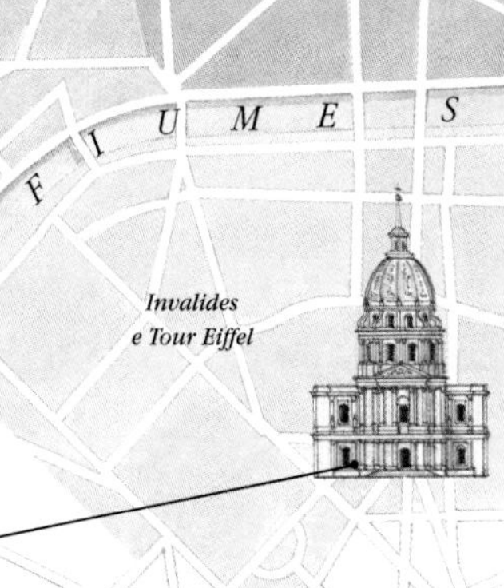

Dôme
Il monumento all'ingegnere militare Vauban si trova nel Dôme, dove nel 1840 furono tumulate anche le spoglie di Napoleone.

Sainte-Chapelle
Con le sue vetrate colorate è un gioiello medievale.

Panthéon
La neoclassica Sainte-Geneviève, oggi Panthéon, si ispirava alla cattedrale londinese St Paul di Wren.

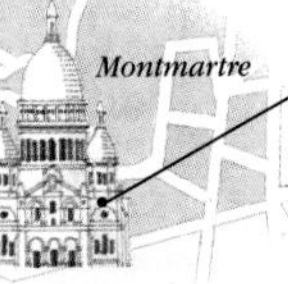

Sacré-Coeur
Sopra l'altare di questa basilica la volta è decorata con un mosaico di Luc-Olivier Merson, raffigurante Cristo.

St-Eustache
La commistione degli stili gotico e rinascimentale fa di questa chiesa una delle più belle di Parigi.

St-Paul–St-Louis
La statua di Cristo è una delle decorazioni di questa chiesa gesuita, costruita nel 1641 per il cardinale Richelieu.

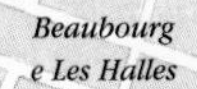

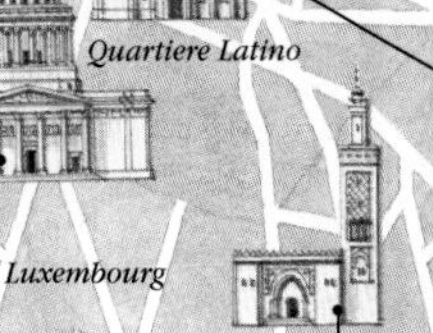

Notre-Dame
Dopo la Rivoluzione la cattedrale era in rovina: Victor Hugo promosse una campagna per il suo restauro.

St-Séverin
Dalla porta occidentale si arriva a una delle più belle chiese di Parigi.

Moschea di Parigi
Il minareto di questa moschea, costruita nel 1920, è alto 33 m.

Visita alle chiese di Parigi

Le chiese sono tra le più belle architetture di Parigi. Il periodo d'oro per le chiese è stato quello medievale, ma sono giunti a noi esempi da tutte le epoche. Durante la Rivoluzione *(pp 28–9)* le chiese furono usate come armerie o granai, ma furono in seguito restaurate e riportate all'antico splendore. Molte hanno interni bellissimi, decorati con sculture e dipinti.

Facciata dell'Eglise de la Sorbonne

Medievali

Campanile di St-Germain-des-Prés

Sia l'arco rampante sia il rosone sono nati alle porte di Parigi, con la basilica di St-Denis, dove sono sepolti la maggior parte dei re e delle regine francesi. Lo stile gotico si definì con questa chiesa ed è da qui che si diffuse. La più bella chiesa gotica di Parigi è la cattedrale di **Notre-Dame**, la più alta e la più suggestiva tra le antiche cattedrali francesi. Venne iniziata nel 1163 dal vescovo Maurice de Sully e venne completata il secolo successivo dagli architetti Jean de Chelles e Pierre de Montreuil, che aggiunsero il transetto con i bellissimi rosoni. Il capolavoro di Montreuil è costituito però dalla **Sainte-Chapelle**, la cappella del palazzo di Luigi IX, con la sua struttura a doppio ordine. Fu realizzata per custodire la corona di spine di Cristo. Altre chiese degne di nota sono **St-Germain-des-Prés**, la più antica abbazia di Parigi (1050), la piccola chiesa romanica di **St-Julien-le-Pauvre** e quelle in stile gotico fiorito di **St-Séverin**, **St-Germain l'Auxerrois** e **St-Merry**.

Rinascimentali

Il Rinascimento italiano si diffuse a Parigi nel XVI secolo. Da questa influenza nacque un nuovo e affascinante stile architettonico, il "Rinascimento francese", in cui erano coopresenti il lessico classico e le proporzioni gotiche. L'esempio migliore è costituito da **St-Etienne-du-Mont** i cui interni danno l'idea di un'ampia e luminosa basilica. Altri esempi sono **St-Eustache,** la grande chiesa a Les Halles, e la navata di **St-Gervais–St-Protais** con le sue vetrate e gli scanni in legno intagliato del coro.

St-Gervais–St-Protais

Barocche e classiciste

Chiese e conventi fiorirono a Parigi nel XVII secolo, quando la città si espanse sotto il regno di Luigi XIII e di suo figlio Luigi XIV. Lo stile barocco apparve la prima volta con la maestosa facciata di **St-Gervais–St-Protais**, progettata da Salomon de Brosse nel 1616. Lo stile italiano fu attenuato per assecondare i gusti francesi e il temperamento razionale dell'età dell'Illuminismo *(pp 26–7)*. Il risultato fu quello di un classicismo armonioso e monumentale con cupole e colonne. Un esempio è l'**Eglise de la Sorbonne**, completata da Jacques Lemercier nel 1642 per il cardinale Richelieu. Più maestosa e più riccamente decorata con la sua cupola dipinta è la chiesa progettata da François Mansart per la nascita del Re Sole al convento di **Val-de-Grâce**. Capolavoro di questo periodo è il **Dôme** di Jules Hardouin-Mansart, con la sua enorme cupola

Torri, cupule, guglie

I profili delle chiese hanno dominato l'orizzonte di Parigi sin dai primi tempi della cristianità. La torre St-Jacques, in stile gotico, esprime la predilezione medievale per le torri difensive. St-Etienne-du-Mont, con il suo frontone a punta e l'arco in facciata, mostra il passaggio dallo stile gotico a quello rinascimentale. La cupola, molto diffusa nel barocco francese, fu usata alla perfezione nella chiesa di Val-de-Grâce. La forma severa delle torri e del portico di St-Sulpice è invece tipica dello stile neoclassico. La chiesa di Sainte-Clotilde, con le sue guglie decorate, è di stile neo-gotico. Il panorama odierno include la moschea con il suo minareto.

Gotico — Rinascimento

dorata. **St-Paul–St-Louis** è stata edificata dai gesuiti sul modello della chiesa del Gesù di Roma. Molto diverse, semplici e severe, sono le cappelle della **Salpêtrière** e di **St-Louis-des-Invalides** di Libéral Bruand. Altre chiese classiche sono **St-Joseph-des-Carmes** e **St-Roch**, quest'ultima del XVIII secolo, con la sua cappella barocca dedicata alla Vergine.

NEOCLASSICHE

Interno del Panthéon

DALLA METÀ del XVIII secolo fino al XIX secolo inoltrato la Francia fu pervasa da una vera mania per le antichità greco-romane. Gli scavi di Pompei (1738) e l'influenza dell'architetto italiano Andrea Palladio crearono una generazione di architetti affascinati dalle colonne, dalla geometria e dall'ingegneria. Il miglior esempio di questa moda è Sainte-Geneviève di Jacques-Germain Soufflot, oggi **Panthéon**, iniziata nel 1773. La sua cupola sostenuta da colonne si ispirava anche alla cattedrale londinese di St Paul di Christopher Wren. La cupola è sorretta da quattro pilastri, opera di Guillaume Rondelet, che collegano quattro grandi archi. La prima facciata a colonne fu realizzata a **St-Sulpice** da Giovanni Niccolò Servandoni. Iniziata nel 1733, la chiesa ha un portico a due piani, sormontato da un timpano triangolare. **La Madeleine**, il grande tempio dedicato da Napoleone ai suoi soldati, ha la forma di un tempio greco-romano.

SECONDO IMPERO E MODERNE

COSTRUITA INTORNO al 1840 **Sainte- Clotilde** di Franz Christian Gau è il migliore esempio a Parigi di neogotico o *style religieux*. Nei nuovi quartieri creati da Haussmann durante il Secondo Impero *(pp 32–3)* vennero realizzate chiese imponenti. Una delle più belle è St-Augustin di Victor Baltard, all'incrocio del Boulevard de Malesherbes con il Boulevard de la Madeleine. In questa chiesa dall'armatura in metallo il passato si fonde con il moderno, creando effetti molto suggestivi. La grande basilica del XIX secolo, il **Sacré-Coeur**, rappresentò un gesto di sfida religiosa. **St-Jean l'Evangéliste** di Anatole de Baudot è una chiesa moderna che combina l'Art Nouveau con lo stile moresco.
La gemma dell'architettura islamica moderna è la **Moschea di Parigi**, un edificio realizzato negli anni '20 in stile ispanico-moresco: all'interno un grande patio ispirato all'Alambra, legni di cedro ed eucalipto e una fontana.

Gli archi in stile moresco di St-Jean L'Evangéliste.

CHIESE

Barocco e Classicismo

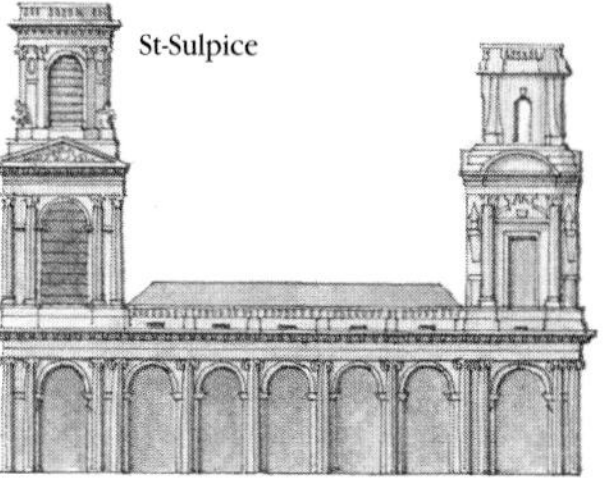

Neoclassico

Secondo Impero

Moderno

Il meglio di Parigi: giardini, parchi e piazze

Poche città possono vantare l'infinita varietà di stili reperibile nei giardini, nei parchi e nelle piazze della Parigi di oggi. Creati in diversi periodi storici, essi hanno assunto particolare importanza nel corso degli ultimi 300 anni. Alla periferia della città si aprono i lussureggianti spazi verdi del Bois de Boulogne e del Bois de Vincennes, mentre nel cuore di Parigi piazze e giardini, come il Jardin du Luxembourg, offrono momenti di pace, al riparo dalla frenesia del traffico e della vita di città.

Parc Monceau
È un parco in stile inglese, con tempietti, grotte, alberi giganteschi e piante rare.

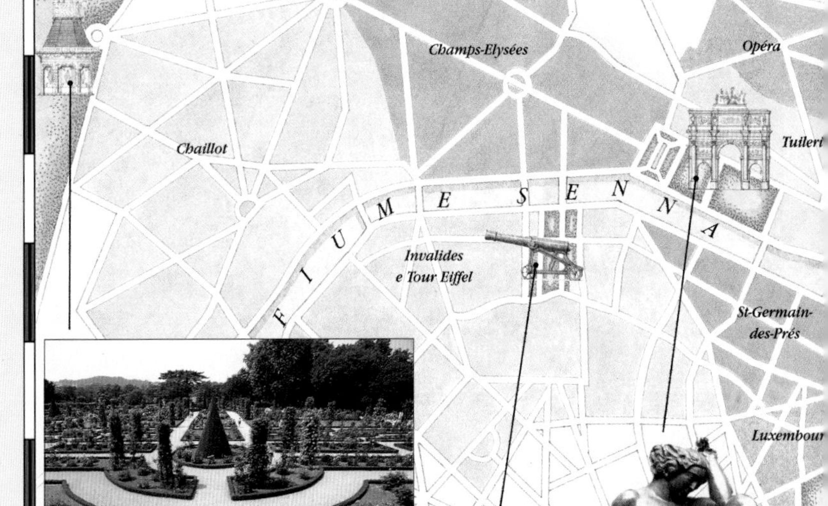

Bois de Boulogne
Il Bagatelle, collocato all'interno di questo vasto parco alberato, racchiude uno splendido roseto.

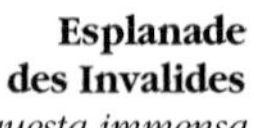

Esplanade des Invalides
Da questa immensa piazza ornata di cedri si godono alcune delle più belle vedute della Senna.

Jardin des Tuileries
Il giardino è stato rinnovato inserendovi stagni, terrazze e la collezione di bronzi di Aristide Maillol.

Parc des Buttes-Chaumont
Creato su una nuda collina per offrire spazio verde alla città che cresceva, il parco ha oggi un aspetto molto suggestivo, con enormi pareti rocciose in cui si aprono numerose grotte.

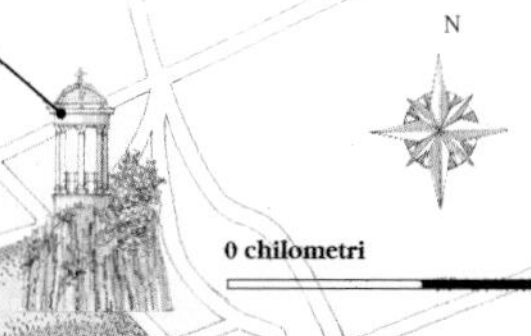

Square du Vert-Galant
La piazza, chiamata con il nomignolo di Enrico IV, forma l'estrema punta occidentale dell'Ile de la Cité.

Place des Vosges
Considerata una delle più belle piazze al mondo, venne terminata nel 1612: è perciò la più antica piazza di Parigi.

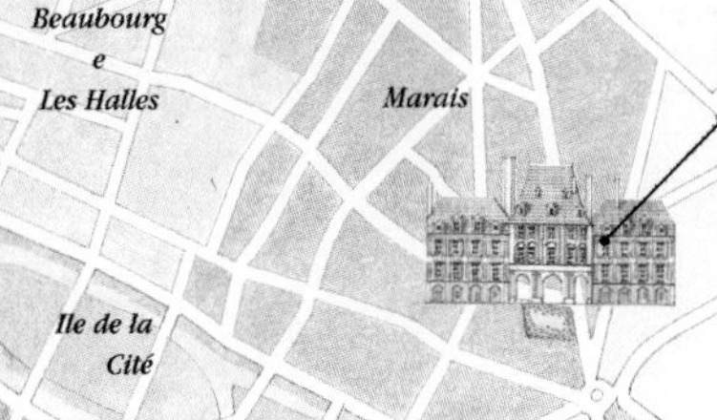

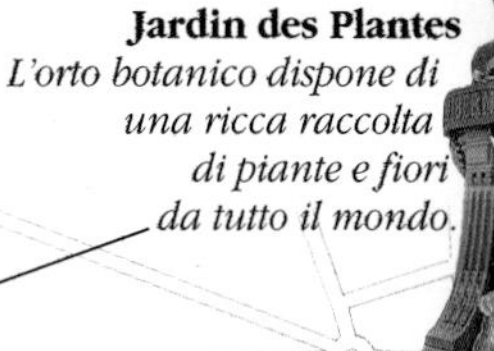

Jardin des Plantes
L'orto botanico dispone di una ricca raccolta di piante e fiori da tutto il mondo.

Quartiere Latino

Jardin des Plantes

Jardin du Luxembourg
Disseminato di statue, è il luogo migliore per trovare sollievo dalla frenesia del Quartiere Latino.

Bois de Vincennes
Il giardino floreale di questo bel parco è un luogo ideale per il relax.

Visita a giardini, parchi e piazze

PARIGI È DISSEMINATA di parchi, giardini interni e belle piazze ornate di alberi, che testimoniano del passato illustre della capitale. Molte piazze furono create durante la trasformazione della città avvenuta sotto Napoleone III, che ha reso Parigi una metropoli dove è piacevole vivere *(pp 32–3)*, caratteristica rimasta inalterata anche oggi. I parchi e i giardini di Parigi sono diversi l'uno dall'altro: alcuni sono ideali per una passeggiata, altri sono romantici, altri ancora sono adatti alle attività sportive, come una partita a bocce.

Incisione che mostra il Jardin du Palais Royal (1645)

GIARDINI STORICI

I PIÙ ANTICHI GIARDINI pubblici di Parigi furono realizzati per le regine di Francia: il **Jardin des Tuileries** per Caterina de' Medici nel XVI secolo, e il **Jardin du Luxembourg** per Maria de' Medici nel XVII secolo. Le Tuileries sono collocate all'inizio dell'asse che corre dall'Arc du Triomphe du Carrousel attraverso l'Arc de Triomphe *(pp 208–9)* fino a La Défense *(p 255)*. Questi giardini conservano l'aspetto classico studiato dall'architetto André Le Nôtre per il palazzo di **Versailles**. Alle Tuileries sono ancora presenti molte delle sculture originali, accanto a pezzi moderni, in particolare i nudi in bronzo di Aristide Maillol (1861–1944).
Anche il Jardin du Luxembourg ha una struttura classica: viali diritti, prati rasati, sculture classiche e una splendida fontana del XVII secolo. È più ombroso e intimo delle Tuileries, pieno di sedili e con burattini e pony per i bambini.

I **Jardins des Champs-Elysées**, sempre di Le Nôtre, vennero risistemati in stile inglese nel XIX secolo. Hanno padiglioni Belle Epoque, tre teatri (l'Espace Pierre Cardin, il Théâtre Marigny e il Théâtre Barrault), eleganti ristoranti e ovunque aleggia lo spirito del celebre romanziere Marcel Proust, che qui giocava da bambino.

Il **Jardin du Palais Royal**, fatto costruire da Richelieu nel XVII secolo e circondato da un elegante portico, è un'oasi di pace nel traffico moderno. Il **Parc Monceau,** che risale al XIX secolo, è in stile inglese, disseminato di padiglioni e grotte. I **Jardins des Invalides** e **Champ-de-Mars** erano i cortili dell'Hôtel des Invalides e dell'Ecole Militaire. Qui ebbe luogo l'Esposizione universale di Parigi, come ci ricorda la Tour Eiffel, costruita per l'occasione *(pp 192–3)*.

Un piacevolissimo giardino pubblico è annesso all'Hôtel Biron, sede del **Musée Rodin**. Il **Jardin des Plantes**, del XVII secolo, è famoso per i suoi alberi secolari, i fiori, il giardino alpino, le serre e il piccolo zoo.

Il relax nel Jardin du Luxembourg

PARCHI E PIAZZE DEL XIX SECOLO

Una ninfea al Bois de Vincennes

PARCHI E PIAZZE del XIX secolo devono il loro aspetto al lungo esilio a Londra di Napoleone III. Hyde Park e Mayfair gli suggerirono infatti di introdurre grandi alberi, tappeti verdi e panchine in quella che era allora la più

PADIGLIONI E ROTONDE

I parchi di Parigi sono disseminati di padiglioni e rotonde, frutto degli stili dei vari periodi storici. L'alta struttura della Gloriette de Buffon venne eretta nel Jardin des Plantes in memoria del grande naturalista *(p 166)*. È la più antica struttura in metallo di Parigi. La piramide del Parc Monceau, il tempio orientale del Bois de Boulogne e il recentemente restaurato tempio dell'amore, del XIX secolo, nel Bois de Vincennes, sono il risultato di un gusto più romantico. Il Parc de la Villette è invece abbellito da moderne strutture in cemento armato dipinte a colori.

Parc Monceau

congestionata e sporca capitale europea. Sotto la sua direzione l'architetto paesaggista Adolphe Alphand trasformò due boschi ai lati opposti della città, il **Bois de Boulogne** (noto come il "Bois") e il **Bois de Vincennes**, in parchi in stile inglese, con stagni, laghetti e zone fiorite. Al "Bois", oggi attraversato dal traffico e frequentato di notte dalle prostitute, aggiunse anche un ippodromo. La sua maggiore attrazione è oggi il Bagatelle con lo splendido roseto.

Molto più suggestivi sono due parchi più piccoli di Alphand, il **Parc Montsouris** a sud e il **Parc des Buttes-Chaumont** a nord-est. Le "Buttes" (colline), luogo preferito dai surrealisti, erano in origine una cava, successivamente trasformata in due piccole montagnole fitte di vegetazione, con ponti sospesi, un tempio dell'amore e un laghetto.

I piani di trasformazione della città comprendevano la realizzazione di viali e piazze, con fontane, sculture, sedili e verde. Una delle più belle piazze è lo **Square du Vert-Galant** sull'Ile de la Cité. L'Avenue de l'Observatoire nel **Jardin du Luxembourg** è ornata di sculture realizzate da Jean-Baptiste Carpeaux.

Parc Montsouris

Fontane e sculture nei Jardins du Trocadéro

PARCHI E GIARDINI MODERNI

GLI OMBROSI **Jardins du Trocadéro,** che dal Palais de Chaillot scendono fino al fiume, furono realizzati dopo l'Esposizione universale del 1937. Alloggiano la più grande fontana di Parigi e vi si godono belle vedute della Senna e della Tour Eiffel.

I giardini più recenti preferiscono un piacevole disordine: livelli diversi, viali non definiti e angoli per i bambini. Ne sono un esempio i giardini di fronte al **Forum des Halles, il Parc André-Citroën,** il **Parc de la Villette** e i Jardins Atlantique, sopra la Gare Montparnasser.

Piacevoli passeggiate si possono fare nei giardini lungo il fiume: nel parco delle sculture dietro a Notre-Dame, al Bassin de l'Arsenal alla Bastille e lungo la Senna tra il Louvre e Place de la Concorde, o nell'elegante Ile St-Louis. La passerella alberata sul **Viaduc des Arts** è un modo piacevole di osservare la parte orientale di Parigi.

PARCHI, GIARDINI E PIAZZE

Bois de Boulogne (roseto del Bagatelle) *pp 254–5*
Bois de Vincennes *p 246*
Champ-de-Mars *p 191*
Forum des Halles *p 109*
Jardin du Luxembourg *p 172*
Jardin du Palais Royal *p 121*
Jardin des Plantes *p 167*
Jardin des Tuileries *p 130*
Jardins des Champs-Elysées *p 205*
Jardins des Invalides *pp 184–5*
Jardins du Trocadéro *p 199*
Musée Rodin *p 187*
Palazzo di Versailles *pp 248–9*
Parc André Citroën *p 247*
Parc des Buttes-Chaumont *p 232*
Parc Monceau *p 230*
Parc Montsouris *p 246*
Parc de la Villette *pp 234–5*
Square du Vert-Galant *p 87*
Viaduc des Arts *p 324*

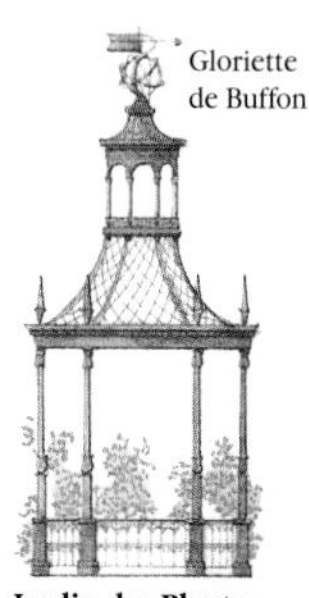

Jardin des Plantes

Bois de Boulogne

Bois de Vincennes

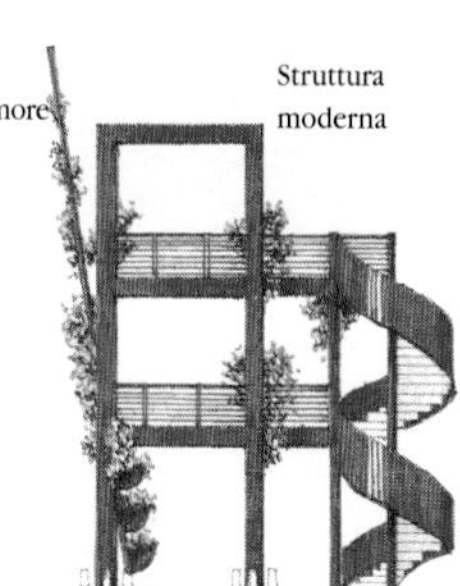

Parc de la Villette

Il meglio di Parigi: musei e gallerie

PARIGI CONTA i più antichi, i più nuovi e certamente i più bei musei al mondo, alcuni dei quali sono già di per sé delle vere opere d'arte. I musei e le gallerie della città ospitano le collezioni più vaste e più strane. Talvolta gli edifici sono essi stessi in tema, come le terme romane e l'edificio gotico che ospitano il Musée de Cluny, o come il Centre Pompidou, un capolavoro moderno. In altri c'è invece un piacevole contrasto, come accade per le opere di Picasso, raccolte in un grazioso museo del XVII secolo, e il Musée d'Orsay, ospitato in una vecchia stazione. Tutti insieme, musei e gallerie costituiscono per i visitatori un vero percorso delle delizie.

Musée des Arts Décoratifs
Raccoglie opere di arte decorativa tra cui questa stanza da bagno di Jeanne Lanvin.

Petit Palais
Ospita una collezione delle opere di Jean-Baptiste Carpeaux, scultore del XIX secolo, tra cui Le Pecheur à la Coquille.

Musée Guimet
Di provenienza indiana, questa testa di Budda del IV secolo fa parte di una vasta collezione di arte e manufatti asiatici.

Musée Rodin
Il museo raccoglie le opere donate allo Stato dallo scultore Auguste Rodin, tra cui la bellissima Porta dell'inferno.

Musée d'Orsay
Le parti del mondo *di Carpeaux (1867–72) è esposto nella collezione di opere del XIX secolo.*

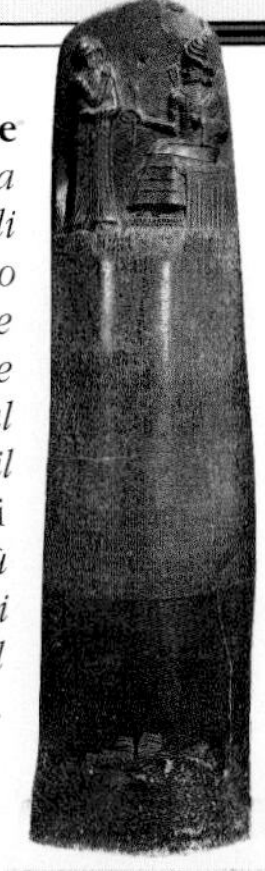

Musée du Louvre
Il museo vanta una delle più grandi collezioni al mondo di dipinti e sculture che vanno dalle civiltà più antiche al XIX secolo, tra cui il babilonese Codice di Hammurabi, *la più antica raccolta di leggi esistente al mondo.*

Centre Pompidou
Ospita la raccolta d'arte moderna di Parigi, dal 1905 a oggi, insieme a biblioteche d'arte e al centro del disegno industriale.

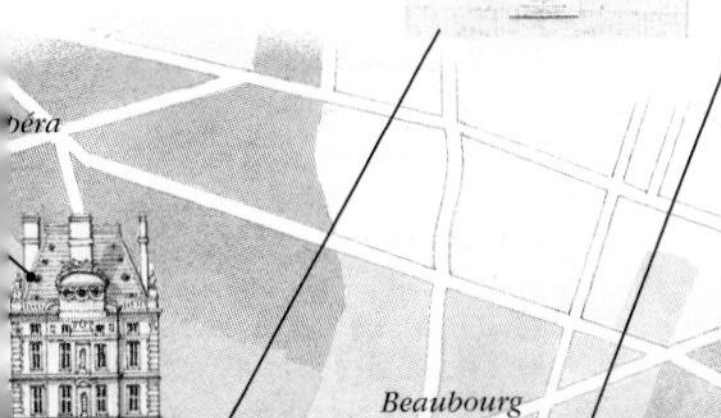

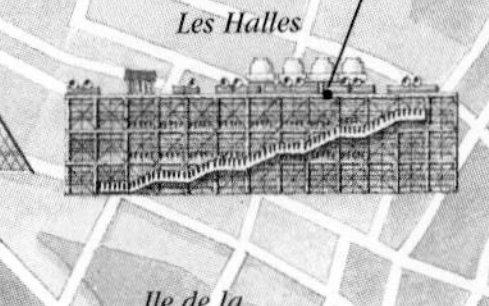

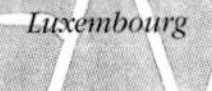

Musée Picasso
Scultore e modella *(1931) è uno dei dipinti della collezione privata di Picasso, "acquisita" dallo Stato francese dopo la morte del pittore, nel 1973, come risarcimento per tasse non versate.*

Musée Carnavalet
È dedicato alla storia di Parigi. Gli edifici storici che lo compongono racchiudono un bel giardino interno.

Musée de Cluny
I resti delle terme gallo-romane fanno parte di questo bel museo di arte antica e medievale.

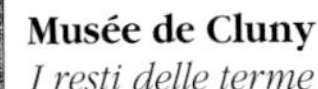

Visita ai musei e alle gallerie di Parigi

PARIGI CONSERVA grandi tesori d'arte nei suoi musei e nelle sue gallerie. La più grande collezione nazionale di opere d'arte, iniziata 400 anni fa e tuttora in crescita, si trova al **Musée du Louvre**. Altri musei importanti, come il **Musée d'Orsay**, il **Musée Picasso** e il **Centre Pompidou**, hanno grandi raccolte di opere d'arte, ma ci sono anche molti piccoli musei specializzati, ognuno con un proprio fascino e interesse.

***La barca di Dante* (1822) di Delacroix, Musée du Louvre**

ARTE GRECA E ROMANA E ARTE MEDIEVALE

Altare d'oro nel Musée de Cluny

LA SCULTURA antica greco-romana è ben rappresentata al **Musée du Louvre**, dove si trovano anche interessanti sculture medievali.
La più importante raccolta d'arte medievale si trova al **Musée de Cluny**, dove sono conservati alcuni capolavori come l'arazzo "*La Dame à la Licorne*", le teste dei re, provenienti da Notre-Dame, e l'altare d'oro della cattedrale di Basilea. Vicino a Cluny ci sono le terme romane del III secolo. Resti romani e medievali si trovano nella **Crypte archéologique**, vicino a Notre-Dame.

I GRANDI PITTORI

LA GIOCONDA, acquistata 400 anni fa, è uno dei primi dipinti del **Musée du Louvre**, dove si trovano anche altre importanti opere di Leonardo, insieme a magnifici quadri di Tiziano, Raffaello e altri italiani. Tra gli altri capolavori vi sono anche *I pellegrini di Emmaus di* Rembrandt, *Gilles* di Watteau, *Le bagnanti* di Fragonard. Il **Musée Cognacq-Jay** possiede una piccola ma pregiata collezione di opere di pittori francesi del XVIII secolo. Il **Musée Jacquemart-André** conserva opere di maestri come Mantegna, Paolo Uccello, Canaletto, Rembrandt e Chardin.

GLI IMPRESSIONISTI E I POST-IMPRESSIONISTI

RICAVATO dalla ristrutturazione di una stazione ferroviaria del XIX secolo, il **Musée d'Orsay** vanta la maggiore collezione al mondo di opere d'arte del periodo tra il 1848 e il 1904. Famoso per le opere degli impressionisti e dei post-impressionisti, il museo riserva molto spazio anche alle opere dei primi realisti e dei pittori accademici e del "Salon" del XIX secolo. Vi sono stupendi quadri di Degas, Manet, Courbet, Monet, Renoir, Millet, Cézanne, Bonnard e Vuillard, e alcuni magnifici Gauguin, Van Gogh e Seurat, ma l'illuminazione è insufficiente e le decorazioni in pietra creano disturbo.
Una grande raccolta delle ultime opere di Monet si trova al **Musée Marmottan** e un'altra al **Musée de l'Orangerie**, tra cui le ultime grandi pitture di ninfee (1920–5). Qui si trova anche una bella raccolta di Cézanne e dell'ultimo Renoir.

Gli studi e le abitazioni di tre artisti sono ora musei delle loro opere e della loro vita. Il **Musée Rodin**, in un bel palazzo con giardino del XVIII secolo, offre un'esauriente raccolta di sculture, disegni e dipinti dell'artista. Il **Musée Delacroix**, in un giardino vicino a St-Germain-des-Prés, espone schizzi, stampe e olii dell'artista romantico.
Il **Musée Gustave Moreau**, in un brutto edificio del XIX secolo, ospita una straordinaria collezione di grandi tele di *femmes fatales* e di giovani morenti. Il **Petit Palais** ha una bella raccolta di dipinti del XIX secolo con quattro opere di Courbet, tra cui *La siesta alla fienagione.*

***La morte del poeta* al Musée G. Moreau**

ARTE MODERNA E CONTEMPORANEA

CENTRO INTERNAZIONALE delle avanguardie tra il 1900 e il 1940, Parigi possiede oggi olte opere d'arte moderna. Il Centre Pompidou ospita il **Musée National d'Art Moderne**, con opere datate dal 1905 a oggi. Vi si trovano importanti lavori dei fauves e dei cubisti, in particolare Matisse, Rouault, Braque, Delaunay e Léger, e opere dei *Nouveaux Réalistes* degli anni '60 del Novecento.

Il **Musée d'Art Moderne de la Ville de Paris**, nell'elegante Palais de Tokyo degli anni '30, ospita un'eccellente collezione che include opere di Delaunay, Bonnard e dei fauves. L'opera di più rilievo è senza dubbio il pannello di Matisse del 1932, *La Danza*.

Penelope **di Bourdelle**

Il **Musée Picasso** ospita la più grande collezione al mondo delle opere di Picasso. Vi è anche conservata la sua collezione privata di opere di artisti a lui contemporanei. Quadri di Picasso, Matisse, Modigliani, Utrillo e dell'ultimo Derain formano la collezione del mercante d'arte degli anni '20 Paul Guillaume, esposta al **Musée de l'Orangerie**. Per la scultura moderna, il **Musée Zadkine** presenta lavori di artisti cubisti meno noti, il cui leader era Ossip Zadkine. Il **Musée Antoine Bourdelle** e il **Musée Maillol** ospitano le opere dei due scultori, entrambi influenzati, in maniera molto diversa, da Rodin.

ARREDAMENTO, ARTI DECORATIVE E OGGETTI D'ARTE

SUBITO DOPO la pittura vengono per importanza l'arredamento e le arti decorative, presenti in numerosi musei. Interessanti raccolte di mobili e decorazioni francesi sono esposte al **Louvre** (dal Medioevo all'età napoleonica) e nel **palazzo di Versailles** (XVII–XVIII secolo). Mobili e *objets d'art* dal Medioevo ai giorni nostri sono esposti al **Musée des Arts Décoratifs**. Il **Musée d'Orsay** ospita una grande collezione di mobili del XIX secolo, soprattutto Art Nouveau. Un magnifico esempio di arredamento e di decorazioni in stile Luigi XV (1715–74) e Luigi XVI (1774–93) si trova nel **Musée Nissim de Camondo**, un palazzo del 1910 di fronte al Parc Monceau. Altre importanti raccolte si trovano al **Musée Cognacq-Jay**, al **Musée Carnavalet** (XVIII secolo), al **Musée Jacquemart-André** (mobili e ceramiche), al **Musée Marmottan** (stile impero) e al **Musée d'Art Moderne de la Ville de Paris** (Art Déco).

Gioielleria nel Carnavalet

MUSEI SPECIALIZZATI

GLI APPASSIONATI di antichi fucili, moschetti e cani da caccia dovrebbero visitare al Marais l'**Hôtel Guénégaud** (Musée de la Chasse et de la Nature). Questo museo espone anche alcuni bei dipinti di animali del XVIII secolo di Jean-Baptiste Oudry e Alexandre-François Desportes, e altri di Rubens e Brueghel. Il **Musée de la Contrefaçon** dà un'idea del mondo dei falsari mentre, per la gioia dei fabbri, e forse anche degli scassinatori, il Musée Bricard nell'**Hôtel Libéral Bruand** ospita una vasta collezione di serrature e chiavi antiche. I numismatici troveranno una ricca collezione di monete e medaglie raccolte nel magnifico palazzo della Zecca del XVIII secolo, dove ha sede il **Musée de la Monnaie**. Questa zecca conia oggi solo medaglie particolari per collezionisti. I francobolli sono esposti al **Musée de la Poste**, dove vengono trattati anche la storia dei servizi postali e tutti gli aspetti della filatelia antica e moderna e si allestiscono mostre temporanee. Sontuosi servizi da tavola in argento e altri esemplari di argenteria si possono ammirare alla **Galerie Royale**. Sono oggetti che vennero realizzati nel corso di 150 anni dalla ditta parigina fondata da Charles Bouilhet-Christofle, argentiere di fiducia del re Luigi-Filippo e di Napoleone III.

Candelabro nella Galerie Royale

MODA E COSTUME

VI SONO A PARIGI due musei della moda: il **Musée de la Mode et de la Costume** nel Palais Galliera e il più recente museo nazionale allestito nel **Musée des Arts Décoratifs**. Non ospitano collezioni permanenti, ma entrambi allestiscono mostre temporanee dedicate ai grandi sarti parigini, come Saint Laurent e Givenchy. Entrambi espongono anche accessori di moda e, più raramente, abiti d'epoca.

Manifesto per il Palais Galliera

Arte orientale, africana e oceaniana

La principale collezione di arte orientale in Francia è ospitata al **Musée National des Arts Asiatiques Guimet**, e include paesi come Cina, Tibet, Giappone, Corea, Indocina, Indonesia, India e Asia centrale, oltre alla migliore arte khmer reperibile fuori dalla Cambogia. Il **Musée Cernuschi** possiede una ristretta ma scelta collezione cinese, famosa per i bronzi antichi e i bassorilievi.
La principale vetrina in Francia per l'arte e la cultura africana è il **Musée Dapper**, parte di un importante centro di ricerca etnografica, ospitato in un elegante *hôtel particulier* del 1910, con un giardino africano. Nel **Musée des Arts d'Afrique et d'Océanie**, in un edificio Art Déco vicino al Bois de Vincennes, è raccolto l'artigianato delle ex colonie francesi (Africa del Nord, Sahara, Pacifico meridionale).

Maschera teatrale dello Sri Lanka

Storia e Storia sociale

Caffè al Musée de Montmartre

Alla storia della città di Parigi è dedicato il **Musée Carnavalet**, ospitato in due storici *hôtels* del Marais. Vi si possono ammirare interni d'epoca e vecchie insegne di negozi; un interessante settore dedicato a fatti e manufatti della Rivoluzione francese e anche la camera da letto di Marcel Proust. Nel Marais, il **Musée d'Art et d'Histoire du Judaisme** esplora la cultura degli ebrei francesi. Il **Musée de l'Armée,** all'Hôtel des Invalides, documenta la storia militare francese, mentre nel Musée de l'Histoire de France, all'**Hôtel de Soubise**, in stile rococò, sono in mostra documenti provenienti dagli archivi nazionali. Famosi *tableaux vivants* e personaggi, attuali e storici, attendono il visitatore al **Musée Grévin,** il museo delle cere. Il bel **Musée de Montmartre,** affacciato sull'ultima vigna di Parigi, racconta la storia di Montmartre.

Architettura e Design

Il centre de la Création Industrielle allestisce mostre di design e architettura moderni e contemporanei al **Centre Pompidou**. Stupendi modelli in scala delle fortezze costruite dai tempi di Luigi XIV in poi sono in mostra al **Musée des Plans-Reliefs**. Il lavoro del celebre architetto franco-svizzero è alla base della **Fondation Le Corbusier**. La mostra ha sede nella villa da lui costruita per il collezionista Raoul La Roche negli anni '20. Vi sono esposti alcuni mobili da lui progettati.

Gli impressionisti francesi

Impression, soleil levant di Monet

L'impressionismo, la grande rivoluzione artistica del XIX secolo, iniziò a Parigi verso il 1860, quando alcuni giovani pittori, influenzati in parte dalla nuova arte della fotografia, cominciarono a rifiutare i canoni accademici ufficiali. Volevano catturare l'"impressione" del momento e usavano tecniche pittoriche capaci di rendere gli effeti cangianti della luce. I loro soggetti preferiti erano i paesaggi e la vita contemporanea della città.

Il movimento non ebbe un fondatore, ma molti artisti si ispirarono a Edouard Manet (1832–83) e al pittore realista Gustave Courbet (1819–77). Dipinti di Manet e Courbet che si ispiravano alla vita quotidiana erano stati spesso osteggiati dagli accademici che dettavano legge in campo artistico. Nel 1863 *Le Déjeuner sur l'Herbe* di Manet *(p 144)* fu esposto al Salon des Refusés, una mostra che ospitava i dipinti rifiutati dalla giuria del Salon ufficiale.
Il termine "Impressionismo" venne usato per la prima volta per descrivere il nuovo movimento artistico nel 1874. Il nome fu ispirato da un quadro di Claude Monet del 1872, *Impression, soleil levant*, una vista di Le Havre avvolta nella nebbia. Monet era quasi esclusivamente un paesaggista, influenzato dai pittori inglesi

Blocchi per schizzi di Monet

Mietitura (1876) di Pissarro

Il soggiorno della villa La Roche Villa di Le Corbusier (1923)

Scienza e tecnologia

Nel Jardin des Plantes il **Muséum National d'Histoire Naturelle** ospita sezioni di paleontologia, mineralogia, anatomia e botanica, oltre a uno zoo e a un orto botanico. Nel Palais de Chaillot, il **Musée de l'Homme** è uno dei principali musei di antropologia, etnologia e preistoria, con numerosi reperti africani. Adiacente è il **Musée de la Marine**, che illustra la storia navale della Francia dal XVII secolo in poi, con bei modelli di navi del XVIII secolo e polene scolpite. Il **Musée des Arts et Métiers** mostra un mondo immaginario di scienza e industria, di invenzione e produzione. Il **Palais de la Découverte** tratta della storia della scienza e ha un buon planetario, ormai surclassato da quello spettacolare della **Cité des Sciences,** installato di recente nel Parc de la Villette. Questo vasto museo è sistemato su vari livelli, con uno schermo sferico, il Géode.

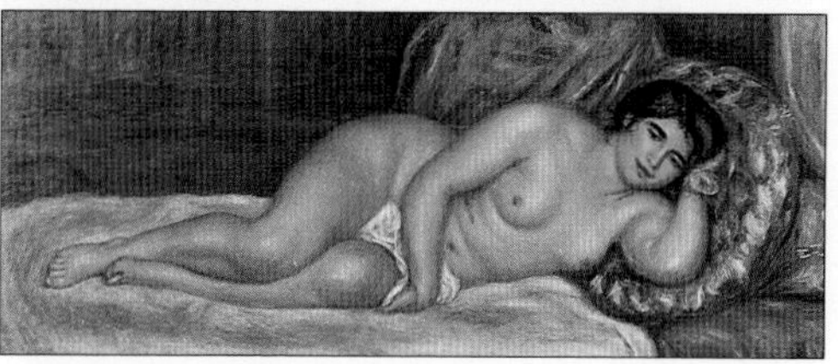

Gabrielle (1910) di Renoir

Constable e Turner. Egli amava dipingere all'aperto e incoraggiava altri artisti a seguire il suo esempio.

Nella mostra del 1874 un critico scrisse che si doveva stare molto distanti per vedere queste "impressioni", anzi più distanti si era e meglio era. Alla mostra parteciparono anche Pierre-Auguste Renoir, Edgar Degas, Camille Pissarro, Alfred Sisley e Paul Cézanne.

Ci furono altre sette mostre di pittori impressionisti fino al 1886. A quell'epoca il Salon non aveva quasi più nessuna influenza e l'arte aveva preso altre direzioni. In futuro tutti i nuovi movimenti sarebbero stati definiti in base al loro rapporto con l'Impressionismo. Caposcuola del neo-impressionismo fu Georges Seurat, che nei suoi quadri usava migliaia di piccoli puntini di colore. Solo le generazioni successive furono in grado di apprezzare la pittura degli impressionisti. Cézanne non ebbe mai successo, Degas vendette un solo quadro a un museo e Sisley morì sconosciuto. Dei grandi artisti oggi universalmente ammirati solo Renoir e Monet ebbero discreto successo in vita.

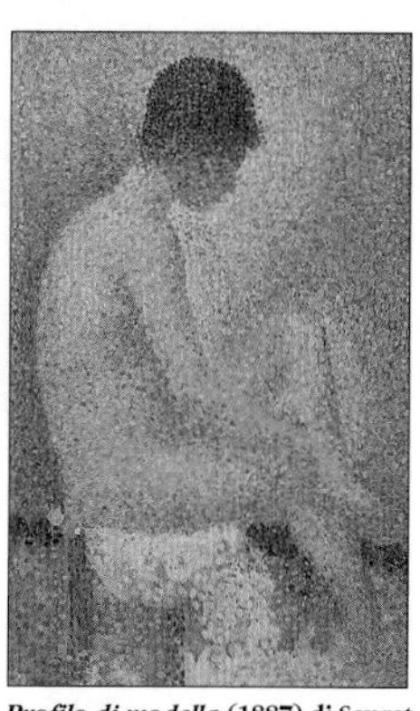

Profilo di modella (1887) di Seurat

Musei

Artisti a Parigi

Tavolozza di Monet

La città attirò gli artisti già durante il regno di Luigi XIV (1643–1715), quando Parigi divenne il centro artistico più raffinato d'Europa. Questa attrazione durò nel tempo. Nel XVIII secolo tutti gli artisti francesi più importanti vissero e lavorarono a Parigi. Nell'ultima parte del XIX secolo e agli inizi del XX, Parigi fu il centro dell'arte moderna e d'avanguardia in Europa, e qui nacquero e si diffusero movimenti come l'impressionismo e il post-impressionismo.

Artisti barocchi

Champaigne, Philippe de (1602–74)
Coysevox, Antoine (1640–1720)
Girardon, François (1628–1715)
Le Brun, Charles (1619–90)
Le Sueur, Eustache (1616–55)
Poussin, Nicolas (1594–1665)
Rigaud, Hyacinthe (1659–1743)
Vignon, Claude (1593–1670)
Vouet, Simon (1590–1649)

Artisti rococò

Boucher, François (1703–70)
Chardin, Jean-Baptiste-Siméon (1699–1779)
Falconet, Etienne-Maurice (1716–91)
Fragonard, Jean-Honoré (1732–1806)
Greuze, Jean-Baptiste (1725–1805)
Houdon, Jean-Antoine (1741–1828)
Oudry, Jean-Baptiste (1686–1755)
Pigalle, Jean-Baptiste (1714–85)
Watteau, Jean-Antoine (1684–1721)

Il riposo di Diana *(1742) di Boucher, è un'opera in stile rococò (Louvre)*

1600	1650	1700	1750
BAROCCO		ROCOCÒ	NEOCLASSICISMO
1600	1650	1700	1750

1627 Vouet ritorna dall'Italia e viene nominato pittore di corte da Luigi XIII. Vouet diede nuovo impulso alla pittura francese

1667 Prima edizione del Salon, esposizione ufficiale dell'arte francese. Dapprima annuale, si tenne in seguito ogni due anni

L'ultima cena *(1652 circa) di Philippe de Champaigne. Il suo stile divenne in seguito più classicista (Louvre)*

1793 Il Louvre diventa il primo museo nazionale

Presentazione al Tempio *(1641) di Vouet. Si notano i contrasti di luce e ombra caratteristici della pittura barocca (Louvre)*

1648 Fondazione dell'Académie Royale de Peinture et de Sculpture. Svolse un ruolo egemone nell'insegnamento dell'arte

Il giuramento degli Orazi *(1784) di David, in stile neoclassico (Louvre)*

Artisti neoclassici

David, Jacques-Louis (1748–1825)
Gros, Antoine Jean (1771–1835)
Ingres, Jean-Auguste-Dominique (1780–1867)
Vigée-Lebrun, Elizabeth (1755–1842)

Artisti romantici e realisti

Courbet, Gustave (1819–77)
Daumier, Honoré (1808–79)
Delacroix, Eugène (1798–1863)
Géricault, Théodore (1791–1824)
Rude, François (1784–1855)

Funerale a Ornans *(1850) di Courbet, principale esponente del realismo (Musée d'Orsay)*

Partenza dei volontari nel 1792 *(1836) di Rude, omaggio alla Rivoluzione francese* (p 209)

1904 Picasso si stabilisce a Parigi

1886 Van Gogh arriva a Parigi

1874 Prima mostra impressionista

Artisti moderni

Arp, Jean (1887–1966)
Balthus (1908–2001)
Brancusi, Constantin (1876–1957)
Braque, Georges (1882–1963)
Buffet, Bernard (1928–1999)
Chagall, Marc (1887–1985)
Delaunay, Robert (1885–1941)
Derain, André (1880–1954)
Dubuffet, Jean (1901–85)
Duchamp, Marcel (1887–1968)
Epstein, Jacob (1880–1959)
Ernst, Max (1891–1976)
Giacometti, Alberto (1901–66)
Gris, Juan (1887–1927)
Léger, Fernand (1881–1955)
Matisse, Henri (1869–1954)
Miró, Joan (1893–1983)
Modigliani, Amedeo (1884–1920)
Mondrian, Piet (1872–1944)
Picasso, Pablo (1881–1973)
Rouault, Georges (1871–1958)
Saint-Phalle, Niki de (1930–)
Soutine, Chaim (1893–1943)
Stael, Nicolas de (1914–55)
Tinguely, Jean (1925–91)
Utrillo, Maurice (1883–1955)
Zadkine, Ossip (1890–1967)

Femme Debout II *(1959) una delle tipiche figure alte e sottili, in bronzo, di Giacometti* (p 113)

1905 Nascita del fauvismo, il primo "ismo" dell'arte moderna

	1850		1900	1950
MANTICISMO/REALISMO		**IMPRESSIONISMO**	**MODERNISMO**	
	1850		1900	1950

1863 *Le Déjeuner sur l'herbe* di Manet provoca scandalo al Salon des Refusés, sia per "l'immoralità" del soggetto, sia per le ampie pennellate. Anche *Olympia*, altro dipinto di Manet, fu ritenuto scandaloso e non venne esposto fino al 1865 *(p 144)*

Impression, soleil levant *(1872) di Monet. Da questo quadro derivò il nome impressionismo*

1938 Mostra internazionale dei surrealisti a Parigi

1977 Apre il Centre Pompidou

La libertà guida il popolo *(1830) di Delacroix celebra la vittoria dell'insurrezione (Louvre)*

1819 Géricault dipinge *Le radeau de la Meduse*, uno dei capolavori del Romanticismo francese *(p 124)*

Artisti impressionisti e post-impressionisti

Bonnard, Pierre (1867–1947)
Carpeaux, Jean-Baptiste (1827–75)
Cézanne, Paul (1839–1906)
Degas, Edgar (1834–1917)
Gauguin, Paul (1848–1903)
Manet, Edouard (1832–83)
Monet, Claude (1840–1926)
Pissarro, Camille (1830–1903)
Renoir, Pierre-Auguste (1841–1919)
Rodin, Auguste (1840–1917)
Rousseau, Henri (1844–1910)
Seurat, Georges (1859–91)
Sisley, Alfred (1839–99)
Toulouse-Lautrec, Henri de (1864–1901)
Van Gogh, Vincent (1853–90)
Vuillard, Edouard (1868–1940)
Whistler, James Abbott McNeill (1834–1903)

Fontana Igor Stravinsky *(1980) moderna scultura cinetica di Tinguely e Saint-Phalle (Centre Pompidou)*

Parigi nelle quattro stagioni

Parigi esercita il suo fascino soprattutto in primavera, la stagione dei castagni in fiore e dei tavolini dei caffè all'aperto. Da giugno Parigi comincia a riempirsi lentamente di turisti; la città sembra paralizzarsi in occasione dell'Open di tennis e negli ippodromi si apre la stagione delle corse. Agli Champs-Elysées, per la festa nazionale del 14 luglio, ha luogo la famosa parata militare e, verso la fine del mese, l'arrivo del Tour de France. In estate i parigini abbandonano la città fino alla *rentrée,* in settembre. In ottobre ha luogo il festival del jazz e i negozi si preparano per il Natale. Poiché le date di alcune manifestazioni possono variare, è meglio consultare le pubblicazioni specializzate o il calendario annuale pubblicato dall'Ufficio del Turismo *(p 351)*, oppure rivolgersi ad Allo Sport *(p 343)*.

Primavera

Un buon numero dei 20 milioni annuali di turisti arriva in primavera. È la stagione delle fiere e dei concerti; per le strade si corre la maratona e la temperatura è piacevole. È anche la stagione durante la quale gli alberghi offrono, per il fine settimana, pacchetti che spesso comprendono i biglietti per i concerti jazz e i musei.

Open internazionale di tennis al Roland Garros

Marzo

Collectionamania *(ultimo fine sett)*, Espace Austerlitz, 30 Quai d'Austerlitz. Oggetti da collezione.
Foire du Trône *(metà mar–fine mag)*, Bois de Vincennes *(p 246)*. Parco dei divertimenti.
Banlieues Bleues Festival *(mar–inizio apr)*, periferia di Parigi. Jazz, blues, soul & funk.
Jumping International de Paris *(III sett)*, Palais d'Omnisports de Paris-Bercy *(pp 343–4)*. Spettacolo internazionale di jumping.

Maratona internazionale di Parigi

Salon International d'Agriculture *(I sett)*, Parc des Expositions de Paris, Porte de Versailles. Fiera agricola.
Esposizione floreale al Parc de Bagatelle nel Bois de Boulogne *(p 254)* e al Parc Floral nel Bois de Vincennes *(p 246)*.

Aprile

Tofeo delle Sei Nazioni *(inizio apr)*, Stade de France *(p 343)*. Rugby internazionale.
Salon de la Musique à la Villette *(ultima sett)*. Musica internazionale.
Jeune Creation *(metà-fine mese)*. Mostra dei lavori di giovani artisti contemporanei.
Festival del giardino Shakespeare *(fino a ott)*, Bois de Boulogne *(p 254)*. Musica classica all'aperto.
Maratona Internazionale di Parigi *(apr)*, da Place de la Concorde a Château de Vincennes.
Foire de Paris *(fine apr-prima sett mag)*, Paris Expo. Cibo, vino, case e giardini.

Maggio

Carré Rive Gauche *(una settimana, metà mese)*. Antiquariato a St-Germain-des-Prés *(p 135)*.
Coppa di calcio: finale *(II settimana)*, Strade de France.

Primavera al Jardin du Luxembourg

Grandes Eaux Musicales *(apr-metà ott: dom; lug-sett: sab)*, Versailles *(pp 248–53)*. Concerti all'aperto.
Open di tennis francese *(ultima sett mag-prima sett giu)*, Stade Roland Garros *(p 343)*.

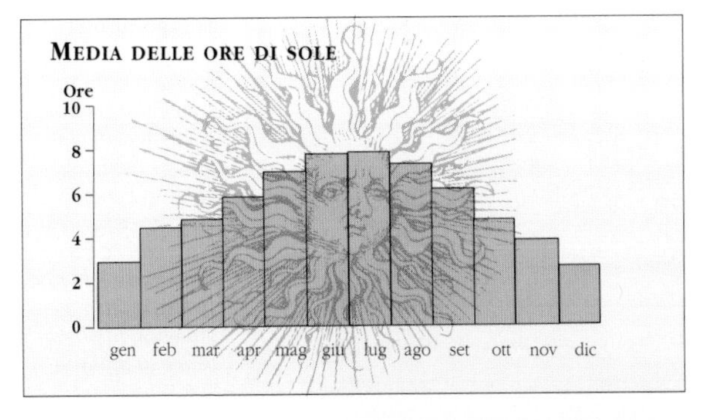

Ore di luce
Grazie alla posizione settentrionale della città, le serate estive a Parigi sono lunghe e chiare; in inverno invece le giornate davvero limpide sono poche.

ESTATE

L'ESTATE si apre con l'Open di tennis. Poi le manifestazioni si susseguono fino a luglio, mese in cui i francesi pensano alle loro vacanze. Le imponenti celebrazioni per la presa della Bastiglia (14 luglio) culminano con la parata militare che sfila davanti al presidente e ai suoi ospiti.

La volata finale sugli Champs-Elysées durante il Tour de France

Jardin du Luxembourg in estate

GIUGNO

Festival St-Denis *(2 giu–1 lug)* Basilique St-Denis. Concerti, soprattutto di opere corali *(p 333–4)*.
Fête du Cinéma proiezione di film in tutta Parigi a 1€ come cifra simbolica *(p 340)*.
Fête de la Musique *(21 giu)*, in tutta Parigi. Il solstizio d'estate viene festeggiato da gruppi musicali professionisti e dilettanti.
Esposizione floreale, Bois de Boulogne *(p 254)*. La fioritura delle rose nel Parc de Bagatelle
Jazz Festival di Parigi *(mag-lug)*, Parc Floreal de Paris. A Parigi arrivano musicisti jazz da tutto il mondo in occasione di questo festival internazionale *(p 337)*.
Salon Aéronatique *(metà giu)*, aeroporto Le Bourget.
Prix de Diane-Hermès *(II dom)*, importante competizione ippica che si svolge a Chantilly.

LUGLIO

Tournoi International de Pétanque *(secondo fine sett)*, Porte de Montruil. Torneo di bocce. Rivolgersi alla Fédération Française de Pétanque *(p 343)*.
Paris Quartier d'Eté *(metà lug-metà ago)*. Danza, musica, teatro e balletto.
Tour de France *(fine lug)*. L'arrivo dell'ultima tappa della corsa ciclistica è sugli Champs-Elysées.
Fête de Nuit *(lug-metà set: sab)*, Versailles. Festival di spettacoli serali di musica, danza e teatro *(pp 333-4)*.
La Villette Jazz Festival *(inizio lug)*, Parc de la Villette *(pp 234-5)*.

La parata militare del 14 luglio, giorno della presa della Bastiglia

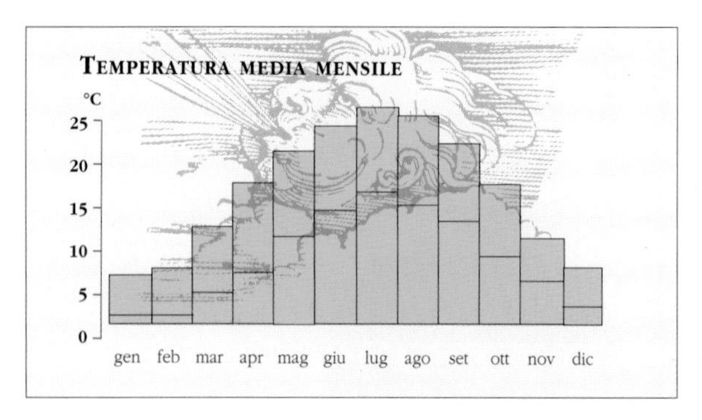

Temperatura
Il grafico mostra le medie delle temperature minime e massime di ogni mese. I mesi più caldi sono luglio e agosto; il periodo più freddo è tra dicembre e febbraio. Le temperature sono gradevoli in primavera e in autunno.

AUTUNNO

A SETTEMBRE INIZIA la stagione mondana con le prime dei nuovi film e le feste private sull'Ile St-Louis. Parigi è il più grande centro di congressi al mondo e in settembre vi si svolgono numerosissime fiere, da quella dell'abbigliamento per l'infanzia a quella per il tempo libero o la musica. Il ritmo non si allenta neppure in ottobre e novembre, quando è il momento del cinema. In occasione delle prime, i cinema degli Champs-Elysées sono frequentati da star cinematografiche francesi e hollywoodiane.

SETTEMBRE

Festival d'Automne à Paris *(metà set–fine dic)*, per tutta Parigi. Musica, danza teatro *(pp 333–4)*.
Journées du Patrimoine *(di solito terza sett)*. Per due giorni visite gratuite in 300 edifici storici, monumenti, musei e ministeri.

Il Prix de l'Arc de Triomphe (ottobre)

Corsa dei garçons de café *(una dom metà set)* da Pl de la Republique a Pl de la Bastille *(p 98)*. I camerieri corrono con una bottiglia e un bicchiere su un vassoio.

OTTOBRE

Foire Internationale d'Art Contemporain (FIAC) *(ultima sett)*, Parc des Expositions, Porte de Versailles. La più grande fiera d'arte moderna e contemporanea a Parigi.
Prix de l'Arc de Triomphe *(prima sett)*, Longchamp. Purosangue in gara nella più ricca corsa ippica d'Europa.
Salon de l'Automobile *(prima e seconda sett, ogni due anni)*, Parc des Expositions, Porte de Versailles. Il salone dell'auto si alterna a quello dedicato alla motocicletta.

Il chitarrista jazz Al di Meola suona a Parigi

NOVEMBRE

Open di tennis *(di solito nov)*, Palais d'Omnisports de Paris-Bercy *(p 342-3)*.
Festival d'Art Sacré *(nov–24 dic)*, nelle chiese di St-Sulpice, St Eustache e St Germain-des-Prés. Festival di arte sacra.
Mois de la Photo *(ogni due anni, ott–dic)*. Vari musei e gallerie ospitano numerose mostre fotografiche.
Biennale Internationale du Film sur l'Art *(ultima sett)*, Centre Georges Pompidou.

Autunno al Bois de Vincennes

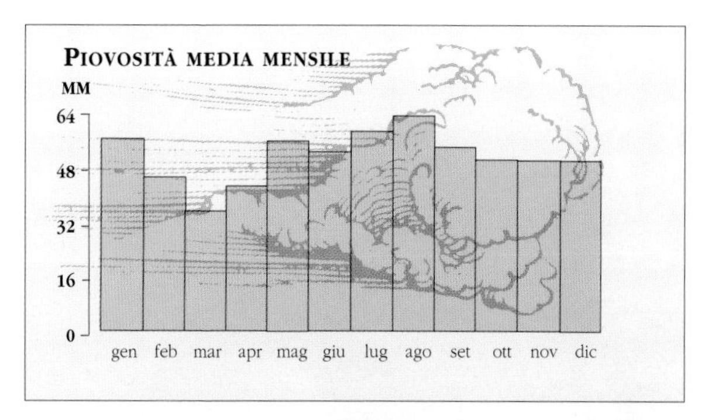

Piogge
Agosto è il mese più caldo e più piovoso a Parigi. In agosto e settembre c'è il rischio di temporali. Tra gennaio e aprile, ma soprattutto in marzo, sono frequenti gli acquazzoni, talvolta con grandine. In inverno potrebbe nevicare.

INVERNO

A PARIGI NEVICA raramente e gli inverni tendono a essere corroboranti piuttosto che gelidi. Ci sono festival jazz e di danza e servizi religiosi speciali per il Natale, mentre tutti si preparano a festeggiare l'anno nuovo. Dopo Capodanno le strade sembrano meno congestionate e nelle belle giornate gli innamorati si danno appuntamento lungo la Senna.

Neve alle Tuileries, un avvenimento raro

DICEMBRE

Luminarie natalizie *(fino a gen)* nei Grands Boulevards, all'Opéra, nell'Ave Montaigne, agli Champs-Elysées e nella Rue du Faubourg St-Honoré.
Crèche des Andes *(inizio dic–inizio gen)*, sotto una tenda in Place de l'Hôtel de Ville, Marais *(p 91)*. Presepe a grandezza naturale nella tradizione andina.

Sfilata di moda a gennaio

Mostra equina *(I e II sett)*, Parc des Expositions, Porte de Versailles.
Salon Nautique International de Paris *(I e II sett)*, Parc des Expositions, Porte de Versailles.

GENNAIO

Messa commemorativa per Luigi XVI *(I dom dopo il 21 gen)*, Chapelle Expiatoire, 29 Rue Pasquier 75008.
Sfilate di moda, collezioni estive.
(Vedi Alta moda *p 316)*

FEBBRAIO

Carnaval *(prob 10 feb)*, quartiere di St-Fargeau.
Fête de l'Imaginaire *(ultima sett, per 4 mesi)*, Maison des Cultures du Monde, 101 Bvd Raspail, 75006. Mostre e spettacoli etnici dl mondo.
Floraisons *(tutti i mesi)*, Parc Floral de Paris, Bois de Vincennes *(p 254)* e Parc de Bagatelle, Bois de Boulogne *(p 246)*. Distese di crocus e bucaneve.

FESTE NAZIONALI

Capodanno (1 gen)
Lunedì dell'Angelo
Festa del lavoro (1 mag)
Liberazione (8 mag)
Ascensione (VI gio dopo Pasqua)
Lunedì di Pentecoste (II lun dopo l'Ascensione)
Presa della Bastiglia (14 lug)
Assunzione (15 ago)
Ognissanti (1 nov)
Armistizio (11 nov)
Natale (25 dic)

Luci natalizie sulla Tour Eiffel

Scultura del Pont Alexandre III

PARIGI DALLA SENNA

LA CELEBRE ARTISTA francese di music-hall Mistinguett descriveva la Senna come una "bella bionda dagli occhi ridenti". Il fiume ha senza alcun dubbio un grande fascino, ma ciò non spiega a sufficienza lo stretto legame che esiste tra la Senna e la città di Parigi.

Nessun'altra città europea è caratterizzata dal suo fiume come Parigi. La Senna costituisce infatti un riferimento essenziale per la città: è utile per misurare le distanze, determina i numeri delle strade e divide la città in due parti ben distinte: la Riva destra a nord e la Riva sinistra a sud sono così diverse da sembrare quasi separate da confini ufficiali. La città presenta inoltre differenze di formazione storica, con la parte est che costituisce il nucleo più antico e quella ovest che rappresenta l'espansione verificatasi tra il XIX e il XX secolo.

Ogni palazzo importante di Parigi si trova o lungo il fiume o a breve distanza da esso. Lungo le sue rive si allineano eleganti case borghesi, magnifici palazzi, importanti musei e splendidi monumenti.

Il fiume ha inoltre una sua vita autonoma. Per secoli esso è stato percorso da piccole imbarcazioni, ma questo spettacolo, una volta frenetico, è stato cancellato dal traffico automobilistico. Oggi il fiume è percorso da chiatte commerciali e dai grandi *bateaux mouches,* i battelli destinati ai turisti.

Il **Lago ottagonale** nel Jardin du Luxembourg è il luogo ideale in cui i bambini possono divertirsi con le loro navi giocattolo. Sulla Senna transitano vari tipi di imbarcazioni, comprese le navi da crociera.

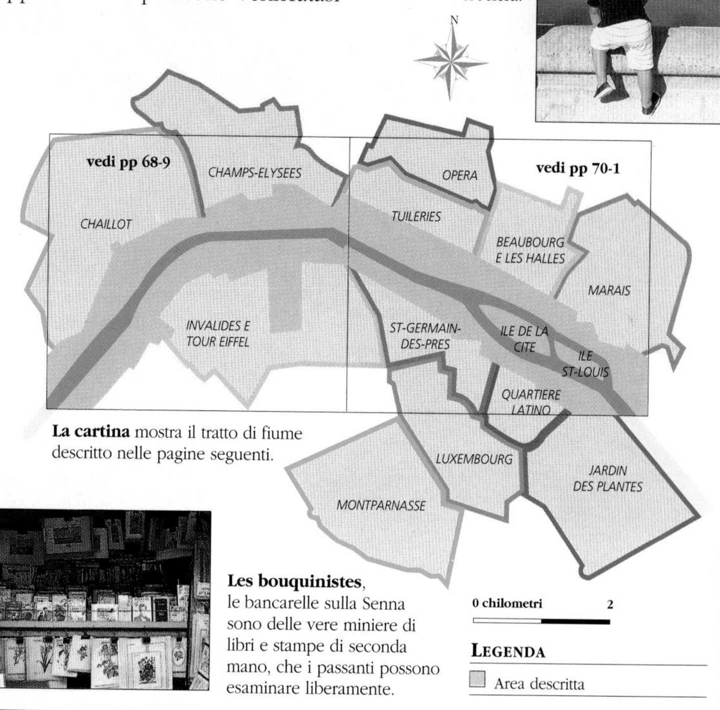

La cartina mostra il tratto di fiume descritto nelle pagine seguenti.

Les bouquinistes, le bancarelle sulla Senna sono delle vere miniere di libri e stampe di seconda mano, che i passanti possono esaminare liberamente.

La ricca decorazione del Pont Alexandre III

Dal Pont de Grenelle al Pont de la Concorde

I MONUMENTI e le importanti sale di esposizione che sorgono lungo questo tratto di fiume sono le testimonianze dell'età napoleonica e della rivoluzione industriale. Ai segni dell'ottimismo ottocentesco, la Tour Eiffel, il Petit Palais e il Grand Palais, si affiancano edifici più recenti, come il Palais de Chaillot, la Maison de Radio France e i grattacieli della Riva sinistra.

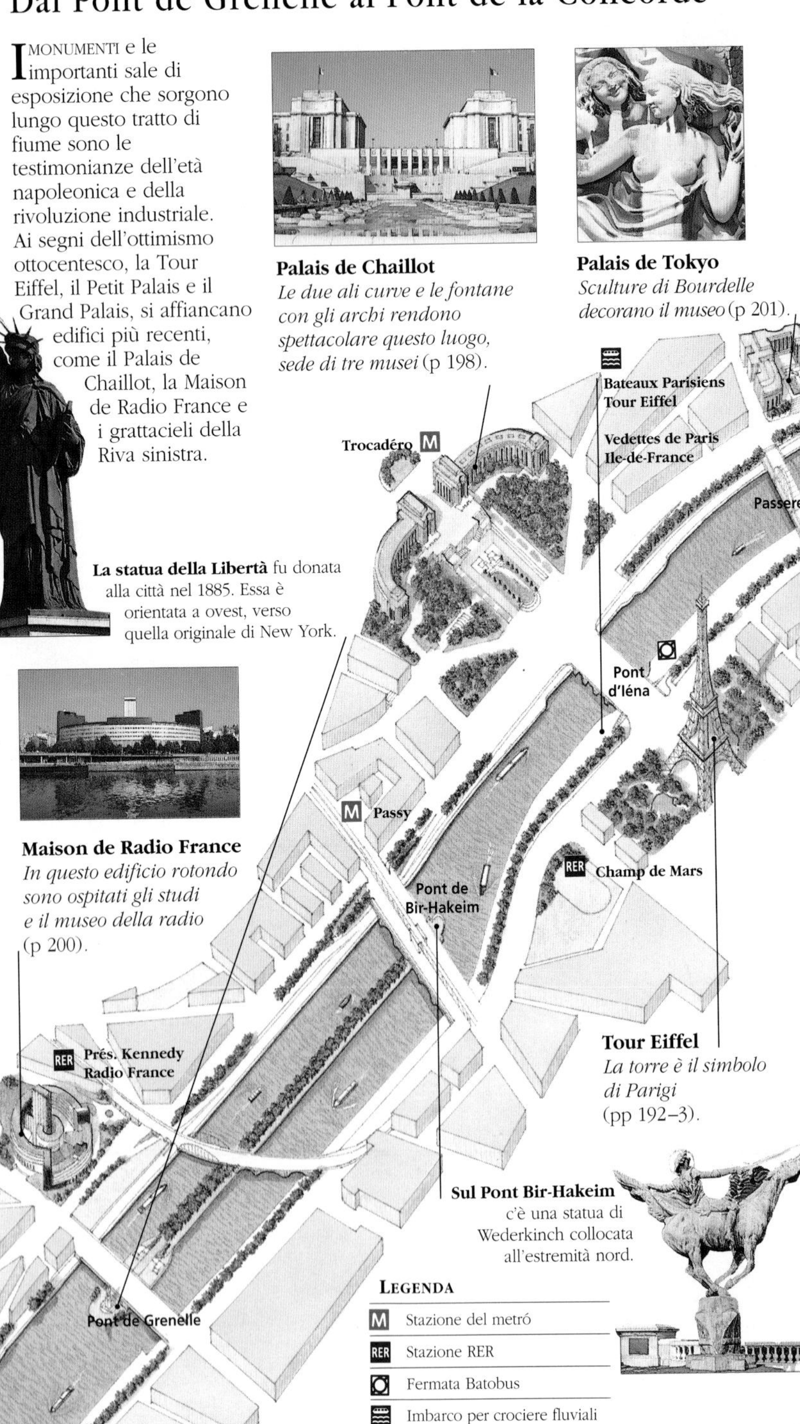

Palais de Chaillot
Le due ali curve e le fontane con gli archi rendono spettacolare questo luogo, sede di tre musei (p 198).

Palais de Tokyo
Sculture di Bourdelle decorano il museo (p 201).

La statua della Libertà fu donata alla città nel 1885. Essa è orientata a ovest, verso quella originale di New York.

Maison de Radio France
In questo edificio rotondo sono ospitati gli studi e il museo della radio (p 200).

Tour Eiffel
La torre è il simbolo di Parigi (pp 192–3).

Sul Pont Bir-Hakeim c'è una statua di Wederkinch collocata all'estremità nord.

LEGENDA

M	Stazione del metró
RER	Stazione RER
	Fermata Batobus
	Imbarco per crociere fluviali

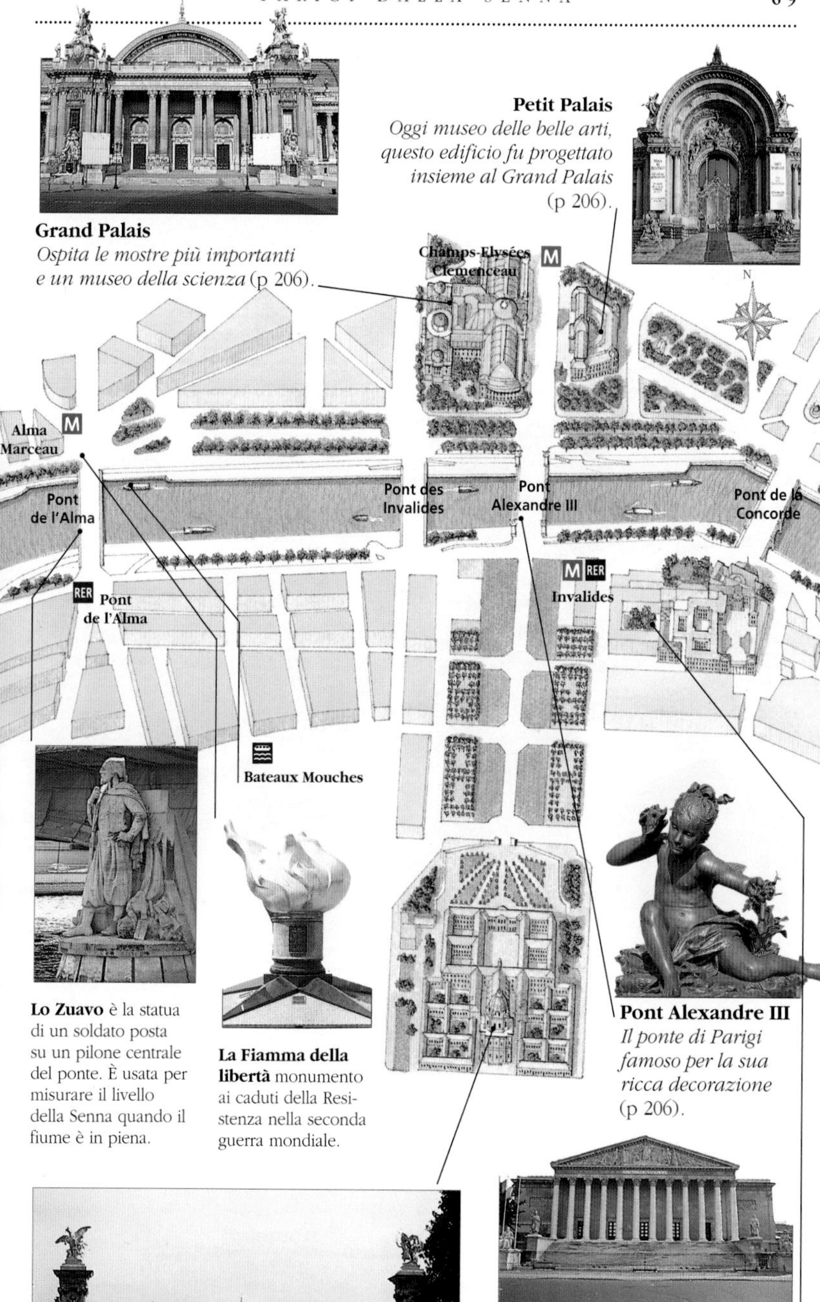

Grand Palais
Ospita le mostre più importanti e un museo della scienza (p 206).

Petit Palais
Oggi museo delle belle arti, questo edificio fu progettato insieme al Grand Palais (p 206).

Lo Zuavo è la statua di un soldato posta su un pilone centrale del ponte. È usata per misurare il livello della Senna quando il fiume è in piena.

La Fiamma della libertà monumento ai caduti della Resistenza nella seconda guerra mondiale.

Pont Alexandre III
Il ponte di Parigi famoso per la sua ricca decorazione (p 206).

Dôme
La magnifica cupola dorata (p 188–9) *vista dal Pont Alexandre III.*

Assemblée Nationale Palais-Bourbon
Questo palazzo, oggi usato dalla Camera dei deputati come forum nazionale per il dibattito politico, era una volta proprietà della figlia di Luigi XIV (p 190).

Dal Pont de la Concorde al Pont Sully

IL NUCLEO STORICO di Parigi si estende sulle isole e sulla Riva sinistra della Senna. Al centro si trova l'Ile de la Cité, collegamento naturale tra le due rive e centro culturale della Parigi medievale. Oggi è ancora il cuore della vita parigina.

Jardin des Tuileries
I giardini sono in stile classicista (p 130).

Musée du Louvre
Prima di diventare il più grande museo del mondo e ospitare La Gioconda*, era la più grande reggia d'Europa* (pp 122–9).

Musée de l'Orangerie
Espone un'importante collezione di dipinti del XIX secolo (p 131).

La Passerelle des Arts, la ricostruzione in acciaio del primo ponte in ghisa di Parigi (1804), è stata inaugurata nel 1984.

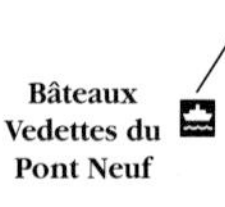

Bâteaux Vedettes du Pont Neuf

Musée d'Orsay
In questa stazione ferroviaria riconvertita c'è la più grande raccolta dell'arte impressionista di Parigi (pp 144–7).

Hôtel des Monnaies
L'ex zecca, costruita tra il 1758 e il 1785, ospita negli ex laminatoi una pregiata collezione di monete (p 141).

Ile de la Cité
L'identità medievale di questa piccola isola fu quasi cancellata dai grandi interventi del barone Haussmann, nel XIX secolo. La Sainte-Chapelle e parte della Conciergerie sono gli unici edifici sopravvissuti del periodo (pp 76–89).

Conciergerie
Durante la Rivoluzione questo palazzo, con le sue caratteristiche torri, divenne famoso come prigione (p 81).

Ile St-Louis
È stato un ambito luogo di residenza a partire dal XVII secolo (pp 76–89).

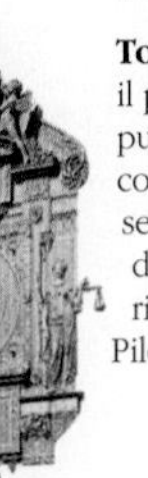

Tour de l'Horloge, il primo orologio pubblico di Parigi, costruito nel XIV secolo. La cornice è decorata con i bei rilievi di Germain Pilon.

St-Gervais–St-Protais
Vi si trova il più antico organo di Parigi, risalente agli inizi del XVII secolo (p 99).

Pont Neuf
Pont Louis Philippe
Pont Marie
Pont Marie

Pont au Double
Pont St Louis

Sully Morland
Pont de Sully

Notre-Dame
La cattedrale torreggia sulla Senna (pp 82–5).

Una crociera sulla Senna

Il servizio crociere sulla Senna è svolto dai *bateaux mouches* e dalle *vedettes* che passano davanti alle principali attrazioni turistiche lungo il fiume, inclusi i monumenti più importanti della città.

I Batobus funzionano, invece, come navette o trasporto pubblico, con fermate lungo tutto il tragitto. I percorsi principali si effettuano sul vecchio canale industriale a St-Martin, nella parte est della città.

Battelli da crociera passano sotto il Pont Alexandre III

Tipi di battelli
I Bateaux mouches, *i più grandi tra i battelli da crociera, sono riconoscibili per le ampie vetrate delle sale passeggeri, che consentono un'ottima visuale. Di notte vengono usati dei riflettori per illuminare gli edifici lungo le rive. I battelli della Bateaux Parisiens sono una versione più lussuosa. Le* vedette *sono invece più piccoli, ma sempre con le vetrate. I battelli della Canauxrama hanno la chiglia piatta.*

Crociere sulla Senna e servizi navetta

Le informazioni sulle crociere lungo la Senna e sul servizio navetta di questa pagina indicano il punto d'imbarco, le stazioni RER e del metro e le fermate d'autobus più vicine. I pasti a bordo devono essere prenotati. L'imbarco è fissato 30 minuti prima della partenza.

ILE de FRANCE

Vedettes de Paris Ile-de-France Gita sulla Senna

La compagnia dispone di una flotta di sei battelli, ognuno dei quali è in grado di trasportare in media cento passeggeri. Punto d'imbarco:

Pont d'Iena.
Tav 10 D2.
01 47 05 71 29
M *Bir Hakeim.*
RER *Champ de Mars.*
Bus *22, 30, 32, 44, 63, 69, 72, 82, 87.* **Partenze** *mag–ott: 10–23 (ogni ora); nov–apr: 11–20 (ogni ora).*
Durata *1 h.*
Cena a bordo *20 gio–sab.*
Durata *2 h 30 min.*

CANAUXRAMA

Parc de la Villette Servizio navetta

Questo tragitto va dalla Rotonde de Ledoux, nell'Esplanade du Bassin de la Villette, al Parc de la Villette *(pp 234–9).* Punto d'imbarco:

13 Quai de la Loire.
Tav 8 E1.
01 42 39 15 00.
M *Jaures.*
Parc de la Villette.
M *Porte de Pantin.*
Partenze
apr–ott: 11–12, 13.30–18 sab, dom e festivi (ogni 30 minuti).
Durata *15 min.*

BATEAUX PARISIENS

Bateaux Parisiens Notre-Dame Gita sulla Senna

La compagnia organizza anche l'itinerario detto Tour Eiffel. Questo tragitto, tuttavia, viene effettuato solamente durante i mesi estivi, seguendo lo stesso percorso, ma nella direzione opposta. Punto d'imbarco:

Port de Montebello.
Tav 13 B4. *01 43 26 92 55.* M *Maubert-Mutualité, St- Michel.* RER *St-Michel.* Bus *24, 27, 47.* **Partenze** *mag–ott: 14.20–18.20 sempre (ogni ora). Anche 20.20 e 21.20 ven, sab.* **Durata** *1 h.*

BATEAUX PARISIENS

Bateaux Parisiens Tour Eiffel Gita sulla Senna

La compagnia possiede una flotta di sette battelli, capaci di trasportare 100–400 passeggeri. Commenti delle guide in inglese e in francese. Punto d'imbarco:

Pont d'Iena.
Tav 10 D2.
01 44 11 33 44.
M *Trocadéro, Bir Hakeim.*
RER *Champs de Mars.*
Bus *42, 82, 72.*
Partenze *Pasqua–ott: 10–22.30 tutti i giorni (ogni 30 min); nov–Pasqua: 10–21 dom–gio; 10–22 ven–sab (ogni ora).*
Durata *1 h.* **Pranzo a bordo** *12.30 tutti i giorni.*
Durata *1 h 45 min.*
Cena a bordo *20.*
Durata *3 h.*
Non adatto ai bambini. Giacca e cravatta di rigore.

Punti d'imbarco

I punti d'imbarco per le crociere sulla Senna e per i Batobus sono facili da trovare lungo il fiume. Vi si possono acquistare biglietti e sono dotati di snack-bar. Le principali compagnie di navigazione hanno anche sportelli per il cambio. I parcheggi nelle vicinanze sono limitati, addirittura inesistenti al Pont Neuf.

Punto d'imbarco

BATOBUS

Batobus

Servizio navetta. Sono disponibili biglietti giornalieri o per due giorni. ☎ *01 44 11 33 99.* ***Partenze*** *apr–ott: 10–19 (21 giu–ago) tutti i giorni (ogni 25 min). Imbarco:* **Tour Eiffel: Tav** 10 D3. Ⓜ Bir Hakeim. **Musée d'Orsay: Tav** 12 D2. Ⓜ Solferino. **Louvre: Tav** 12 E2. Ⓜ Louvre. **St-Germain-de-Prés: Tav** 12 E3. Ⓜ St-Germain-de-Prés. **Notre-Dame: Tav** 13 B4. Ⓜ Cité. **Hôtel de Ville: Tav** 13 B4. Ⓜ Hôtel de Ville.

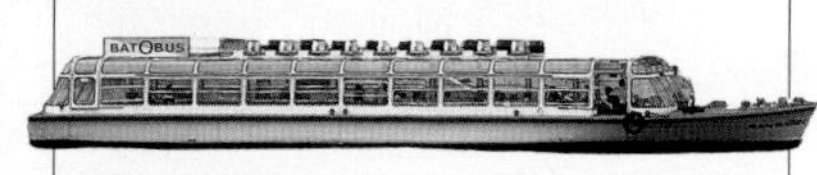

BATEAUX-MOUCHES

Bateaux Mouches Gita sulla Senna

Questa famosa compagnia possiede 11 battelli e trasporta da 600 a 1400 passeggeri alla volta. Punto d'imbarco:

Pont de l'Alma. Tav 10 F1. ☎ *01 42 25 96 10.* Ⓜ *Alma-Marceau.* RER *Pont de l'Alma.* 🚌 *28, 42, 49, 63, 72, 80, 83, 92.* ***Partenze*** *mar–nov: 10–23.30 (ogni 30 min); nov–mar: 11, 14.30, 16, 21 (partenze straordinarie di sab, dom e festivi).* ***Durata*** *1 h.* ***Pranzo a bordo*** *solo mar–nov, 13 mart–dom.* ***Durata*** *1 h 45 min. Bambini sotto i 12 anni, metà prezzo.* ***Cena a bordo*** *20.30.* ***Durata*** *2 h 15 min. Giacca e cravatta di rigore.*

Vedettes du Pont Neuf

Bateaux Vedettes Pont Neuf Gita sulla Senna

I sei battelli di questa compagnia portano 80 passeggeri ciascuno. Imbarcazioni vecchio stile assicurano una crociera suggestiva. Punto d'imbarco:

Square du Vert Galant (Pont Neuf). **Tav** 12 F3. ☎ *01 46 33 98 38.* Ⓜ *Pont Neuf.* RER *Châtelet.* 🚌 *24, 27, 58, 67, 70, 72, 74, 75.* ***Partenze*** *mar–ott: 10, 11.15, 12; 13.30–22.30 tutti i giorni (ogni 30 min); nov–feb: 10.30, 11.15, 12, 14–18.30 (ogni 45 min), 20, 22 lun–ven; 10.30, 11.15, 12, 14–18.30, 20, 21–22.30 (ogni 30 min) sab e dom.* ***Durata*** *1 h. Pranzo/cena a bordo.*

Gite sul canale

La Canauxrama organizza crociere lungo il canale St-Martin che attraversa la città e il Canal de l'Ourcq. La crociera sul St-Martin percorre il canale alberato, che ha nove chiuse, due ponti mobili e otto romantici ponticelli. La gita sul Canal de l'Ourcq si prolunga, invece, nella campagna circostante fino alla chiusa di Vignely. Anche la **Paris Canal** (01 42 40 96 97) organizza una crociera sul canale St-Martin, ma in questo caso il tragitto va oltre il canale, entrando nella Senna, e arriva fino al Musée d'Orsay.

CANAUXRAMA

Canal St-Martin

La compagnia Canauxrama offre diversi tragitti lungo il canale. In particolare, ha due battelli da 125 passeggeri che coprono il tragitto tra il Bassin de la Villette e il Porte de l'Arsenal. Punti d'imbarco: **Bassin de la Villette. Tav** 8 E1. Ⓜ *Jaures.* **Porte de l'Arsenal. Tav** 14 E4. Ⓜ *Bastille.* ☎ *01 42 39 15 00.* ***Partenze*** *apr–ott (telefonare per prenotare e controllare gli orari): Bassin de la Villette 9.45 e 14.45; Porte de l'Arsenal 9.45 e 14.30 tutti i giorni. Riduzioni per studenti, pensionati e bambini sotto i 12 anni nei giorni feriali. I bambini sotto i 6 anni non pagano. Prenotazioni per crociere con concerti di musica sul canale St-Martin e sulla Senna.* ***Durata*** *3 h.*

Canal de l'Ourcq

Questa crociera dura un giorno e arriva a 108 km a nord-est del canale St-Martin. I passeggeri possono fermarsi per il pranzo nell'incantevole paesino di Claye-Souilly. Punto d'imbarco: **Bassin de la Villette. Tav** 8 E1. Ⓜ *Jaures.* ☎ *01 42 39 15 00.* ***Partenze*** *apr–ott: 8.30 mart–gio. Necessaria la prenotazione. Non adatta ai bambini.* ***Durata*** *8 h 30 min.*

Crociera sul canale St-Martin

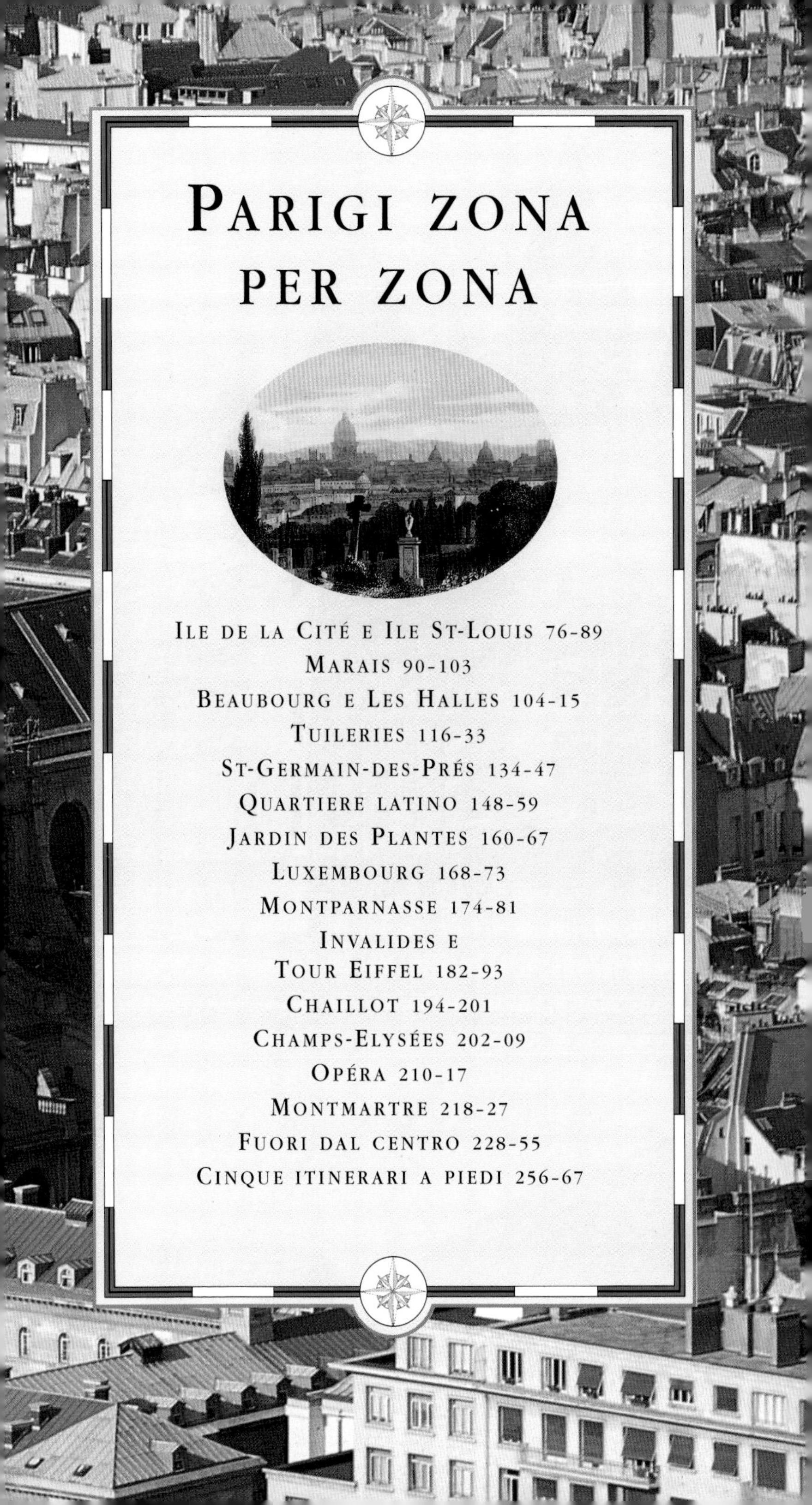

PARIGI ZONA PER ZONA

ILE DE LA CITÉ E ILE ST-LOUIS

LA STORIA dell'Ile de la Cité è la storia di Parigi. Quest'isola sulla Senna era solo un villaggio primitivo quando Giulio Cesare lo conquistò, nel 53 a.C. I primi re ne fecero il centro del potere politico e nel Medioevo accolse la sede del potere religioso e civile. Oggi quel potere non c'è più, ma chiesa e legge animano ancora l'isola, con schiere di turisti che si recano a visitare l'imponente palazzo di giustizia e il grande capolavoro gotico rappresentato dalla cattedrale di Notre-Dame.

L'agglomerato medievale fatto di piccole case e di stradine tortuose che caratterizzava un tempo l'isola è stato spazzato via dalle grandi arterie di traffico costruite nel XIX secolo. Ma rimangono ancora delle piccole, deliziose oasi di tranquillità, tra cui il colorato mercato dei fiori e degli uccelli, il romantico Square du Vert-Galant e l'antica Place Dauphine.

Il ponte St-Louis, sulla punta est dell'isola, collega l'Ile de la Cité alla più piccola Ile St-Louis, un tempo terreno acquitrinoso, trasformato nel XVII secolo in un'elegante zona residenziale. In tempi recenti qui hanno vissuto artisti affermati, medici, attrici e ricche ereditiere. Il suo aspetto più suggestivo e pittoresco è rappresentato dai viali alberati lungo il fiume.

Lo stemma della città di Parigi

DA VEDERE

Edifici storici
Hôtel Dieu 6
Conciergerie 8
Palais de Justice 10
Hôtel de Lauzun 16

Ponti
Pont Neuf 12

Monumenti
Mémorial des Martyrs de la Déportation 4

Mercati
Marché aux Fleurs e Marché aux Oiseaux 7

Piazze e giardini
Square Jean XXIII 3
Place Dauphine 11
Square du Vert-Galant 13

Musei e gallerie
Musée de Notre-Dame de Paris 2
Crypte Archéologique 5
Musée Adam Mickiewicz 14

Chiese e cattedrali
Notre-Dame pp 82–5 1
Sainte-Chapelle pp 88–9 9
St-Louis-en-l'Ile 15

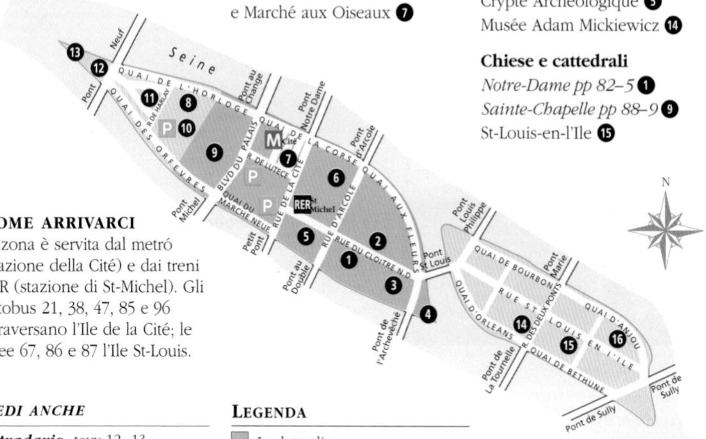

COME ARRIVARCI

La zona è servita dal metró (stazione della Cité) e dai treni RER (stazione di St-Michel). Gli autobus 21, 38, 47, 85 e 96 attraversano l'Ile de la Cité; le linee 67, 86 e 87 l'Ile St-Louis.

VEDI ANCHE

- ***Stradario***, tavv 12–13
- ***Percorso a St-Louis*** pp 262–3
- ***Dove alloggiare*** pp 278–9
- ***Ristoranti*** pp 296–8

LEGENDA

- In dettaglio
- M Metropolitana
- RER Stazione RER
- P Parcheggio

0 metri 400

La Conciergerie e il Pont au Change

L'Ile de la Cité in dettaglio

PARIGI FU FONDATA dai Celti sull'Ile de la Cité, l'isola della Senna a forma di barca, più di 2000 anni fa. Una delle loro tribù, i Parisii, diede probabilmente il nome alla città. L'isola consentiva una comoda traversata del fiume, si trovava sulla strada che collegava il nord e il sud della Gallia ed era facilmente difendibile. Il primitivo insediamento fu ampliato nei secoli successivi dai Romani, dai Franchi e dai re capetingi, fino a formare il nucleo attuale.

È il luogo più antico di Parigi e i resti dei primi edifici si possono oggi ammirare nella cripta archeologica, sotto il sagrato di Notre-Dame, la grande cattedrale medievale meta di milioni di visitatori ogni anno. All'altro capo dell'isola si trova un altro capolavoro dell'arte gotica, la Sainte-Chapelle, un vero miracolo di luce.

★ **Conciergerie**
Usata come prigione durante la Rivoluzione, era l'anticamera della ghigliottina 8

La Cour du Mai è l'imponente cortile principale del Palais de Justice.

Metro Cité

★ **Sainte-Chapelle**
Gioiello dell'architettura gotica e uno dei luoghi più magici di Parigi, è famosa per la bellezza delle sue vetrate colorate 9

Verso il Pont Neuf

Il Quai des Orfèvres deve il suo nome alla presenza degli orafi, attivi nella zona fin dal Medioevo.

La Préfecture de Police, sede del comando di polizia, è stata teatro di scontri durante la seconda guerra mondiale.

Palais de Justice
Con le sue celebri torri allineate lungo la Senna, l'antico palazzo reale è oggi sede del tribunale. La sua storia risale a più di 16 secoli fa 10

0 metri 100

La statua di Carlo Magno celebra l'imperatore, incoronato nell'800, che unificò l'Impero cristiano d'occidente.

★ Marché aux Fleurs et Oiseaux
Il mercato dei fiori e degli uccelli è pieno di colori e di vita. Parigi era famosa per i suoi mercati floreali; questo è uno dei pochi rimasti ❼

NELLA CARTINA
Vedi piantina di Parigi pp 12-3

Hôtel Dieu
Un tempo orfanotrofio, è ora un ospedale ❻

★ Crypte Archéologique
Sepolti sotto il sagrato vi sono i resti di abitazioni di 2000 anni fa ❺

DA NON PERDERE

- ★ **Notre-Dame**
- ★ **Sainte-Chapelle**
- ★ **Conciergerie**
- ★ **Marché aux Fleurs et Oiseaux**
- ★ **Crypte Archéologique**

LEGENDA

— — — Percorso consigliato

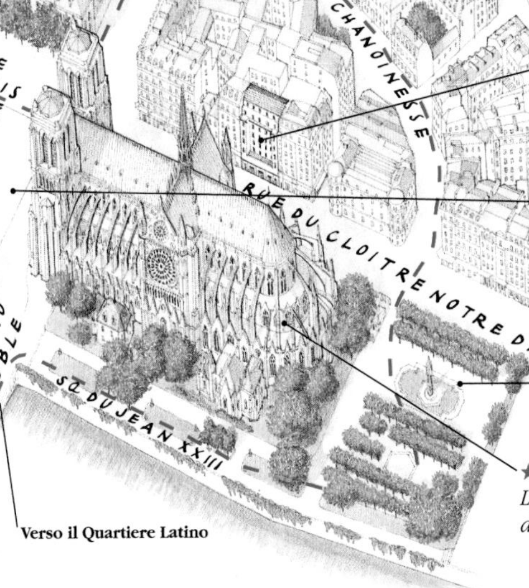

La Rue Chanoinesse ha avuto residenti molto famosi, tra cui il drammaturgo Racine.

Musée Notre-Dame
Nel museo è ricostruita la storia della cattedrale ❷

Point Zéro
è il punto da cui si misurano tutte le distanze riferite a Parigi.

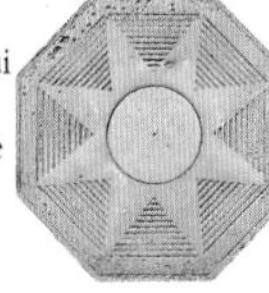

Square Jean XXIII
è una tranquilla piazza vicinissima al fiume ❸

★ Notre-Dame
La cattedrale è un superbo esempio di architettura medievale ❶

Verso il Quartiere Latino

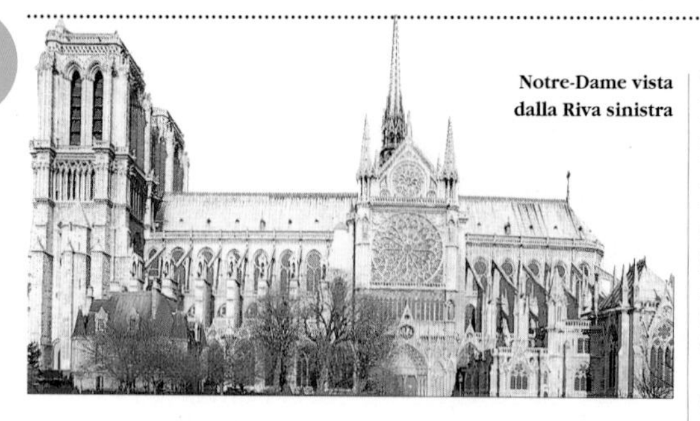

Notre-Dame vista dalla Riva sinistra

Notre-Dame ❶

Vedi pp 82–5.

Musée de Notre-Dame de Paris ❷

10 Rue du Cloître-Notre-Dame 75004. **Tav** 13 B4. ☎ *01 43 25 42 92.* Ⓜ *Cité.* ***Apertura*** *14.30–18 mer, sab, dom (ultima entrata: 17.40).* ***A pagamento***.

FONDATO NEL 1951, conserva i documenti e i reperti che ricordano gli avvenimenti principali della storia di Notre-Dame, tra cui oggetti gallo-romani, antiche incisioni, opere d'arte e la più antica reliquia cristiana di Parigi, una coppa del IV secolo.

Moneta gallo-romana

Square Jean XXIII ❸

75004. **Tav** 13 B4. Ⓜ *Cité.*

IL PORTALE DI Santo Stefano di Notre-Dame si apre su un piacevole giardino dedicato a papa Giovanni XXIII. Il giardino si estende lungo il fiume ed è il luogo ideale per ammirare le sculture, i rosoni e gli archi rampanti del lato est della cattedrale. Dal XVII secolo questa piazza fu occupata dal palazzo dell'arcivescovo. Saccheggiato dagli insorti nel 1831, il palazzo venne successivamente demolito. Al posto del palazzo, il prefetto di Parigi Rambuteau fece costruire la piazza. La fontana della Vergine, in stile gotico, è stata collocata al centro della piazza fin dal 1845.

Mémorial des Martyrs de la Déportation ❹

Sq de l'Ile de France 75004. **Tav** 13 B4. ☎ *01 46 33 87 56.* Ⓜ *Cité.* ***Apertura*** *apr-set 10–12, 14–19 tutti i giorni; ott-mar: 10–12, 14–17 tutti i giorni.*

QUESTO MONUMENTO semplice e moderno, dedicato ai 200000 francesi deportati nei campi di concentramento durante la seconda guerra mondiale, è ricoperto dall'elenco dei loro nomi; dai campi è stata presa la terra con cui sono stati realizzati dei piccoli tumuli. All'estremità si trova la tomba del Deportato Ignoto.

Interno del Mémorial des Martyrs de la Déportation

Square Jean XXIII dietro Notre-Dame

Resti gallo-romani nella Crypte Archéologique

Crypte Archéologique ❺

Pl du Parvis Notre-Dame 75004. **Tav** 13 A4. *01 44 59 58 78.* *Cité.* ***Aperto*** *10–18 mart–dom (ult entr: 17.30).* ***Chiuso*** *1 mag, 1 e 11 nov, 25 dic, 1 gen.* ***A pagam****. (dom 10–13 gratis)* www.paris-france.org/musees

SITUATA SUL sagrato (il *parvis*) di Notre-Dame, la cripta, che si estende per 120 m, contiene i resti di fondazioni e di mura che anticipano di parecchi secoli la data di costruzione della cattedrale. Nella cripta si trovano anche tracce del sofisticato impianto di riscaldamento sotterraneo di una casa di Lutezia, l'antico insediamento dei Parisii, tribù celtica che abitò l'isola 2000 anni fa e che probabilmente diede il nome alla città.

Hôtel Dieu ❻

1 Pl du Parvis Notre-Dame 75004. **Tav** 13 A4. **Chiuso** al pubblico per visite. *Cité.*

SUL LATO NORD della piazza si trova l'Hôtel Dieu, l'ospedale che serve il centro di Parigi. Fu eretto al posto di un orfanotrofio tra il 1866 e il 1878. L'Hôtel Dieu originale, eretto nel XII secolo, si estendeva attraverso l'isola, su entrambe le rive del fiume. Fu demolito nell'800 a seguito delle grandi trasformazioni realizzate dal barone Haussmann. Fu qui che nel 1944 la polizia municipale tenne testa ai tedeschi; la battaglia è commemorata da un monumento nella Cour de 19-Août.

L'ospedale Hôtel Dieu

Il mercato floreale di Parigi

Marché aux Fleurs e Marché aux Oiseaux ❼

Pl Louis-Lépine 75004. **Tav** 13 A3. *Cité.* ***Apertura*** *8–19.30 lun–sab; 8–19 dom.*

DURANTE TUTTO l'anno il mercato riempie di colori e di profumi una zona altrimenti dominata da edifici amministrativi. È il più famoso e, sfortunatamente, uno degli ultimi mercati floreali rimasti nella città di Parigi e vi si può trovare un'ampia gamma di fiori e di piante, tra cui le orchidee. La domenica è sostituito dal mercato degli uccelli.

Conciergerie ❽

1 Quai de l'Horloge 75001. **Tav** 13 A3. *01 53 73 78 50.* *Cité.* ***Aperto*** *apr–set: 9.30–18.30; ott–mar: 10–17 (ult entr: 16.30).* ***Chiuso*** *1 gen, 1 mag, 1 e 11 nov, Natale.* ***A pagamento****.* *11 e 15 tutti i giorni.*

LA CONCIERGERIE, che occupa una parte del piano più basso del Palais de Justice, era in origine la residenza del Comte des Cierges (Conte dei Ceri), il sovrintendente di palazzo, responsabile del fisco e degli alloggi, che divenne capo delle guardie quando gli splendidi saloni gotici vennero trasformati in prigione. Qui venne imprigionato e torturato Ravaillac, l'assassino di Enrico IV.

Durante la Rivoluzione la Conciergerie ospitò più di 4000 prigionieri, tra i quali Maria Antonietta, imprigionata in una piccola cella fino alla sua esecuzione, e Charlotte Corday, che aveva pugnalato Marat nel bagno. Per ironia della sorte anche i giudici rivoluzionari Danton e Robespierre "soggiornarono" qui prima di essere ghigliottinati.

La Conciergerie possiede una grandiosa sala gotica a quattro navate detta Salle des Gens d'Armes (Sala degli uomini d'arme), un tempo mensa del palazzo reale. L'edificio, ristrutturato nel XIX secolo, conserva ancora la camera di tortura dell'XI secolo, la torre Bonbec e quella dell'orologio del XIV secolo sulla Tour de l'Horloge (Palais de Justice). È l'orologio più vecchio della città ed è ancora funzionante.

Il ritratto di Maria-Antonietta alla Conciergerie, in attesa dell'esecuzione

Notre-Dame ❶

NESSUN'ALTRA COSTRUZIONE si lega alla storia di Parigi come Notre-Dame. Essa si erge maestosamente sull'Ile de la Cité, culla della città. Papa Alessandro III pose la prima pietra nel 1163; dando inizio a 170 anni di lavori da parte di schiere di architetti e di artigiani medievali. Da allora molte famose personalità sono passate sotto i tre portali principali e le imponenti torri.

La cattedrale è un capolavoro gotico, sorto sul luogo dove c'era un tempio romano. Alla fine dei lavori, nel 1330 circa, misurava 130 m in lunghezza, aveva archi rampanti, un ampio transetto, un profondo coro e torri alte 69 m.

★ Facciata ovest
Caratterizzata dai tre portali, con le loro stupende sculture, dal rosone centrale e dalla galleria traforata.

La torre sud con la famosa campana della cattedrale, Emmanuel.

★ Galerie des Chimères
I famosi doccioni della cattedrale (chimères) *sono nascosti dietro la galleria superiore tra le torri.*

★ Rosone occidentale
Vi è rappresentata la figura della Vergine su un fondo a vivaci colori.

La Galleria dei Re con le 28 statue dei re di Giuda che guardano verso la folla.

Portale della Vergine
La Vergine circondata da santi e da re in una stupenda composizione scultorea del XIII secolo.

DA NON PERDERE

- ★ **Facciata occidentale e portali**
- ★ **Archi rampanti**
- ★ **Rosoni**
- ★ **Galerie des Chimières**

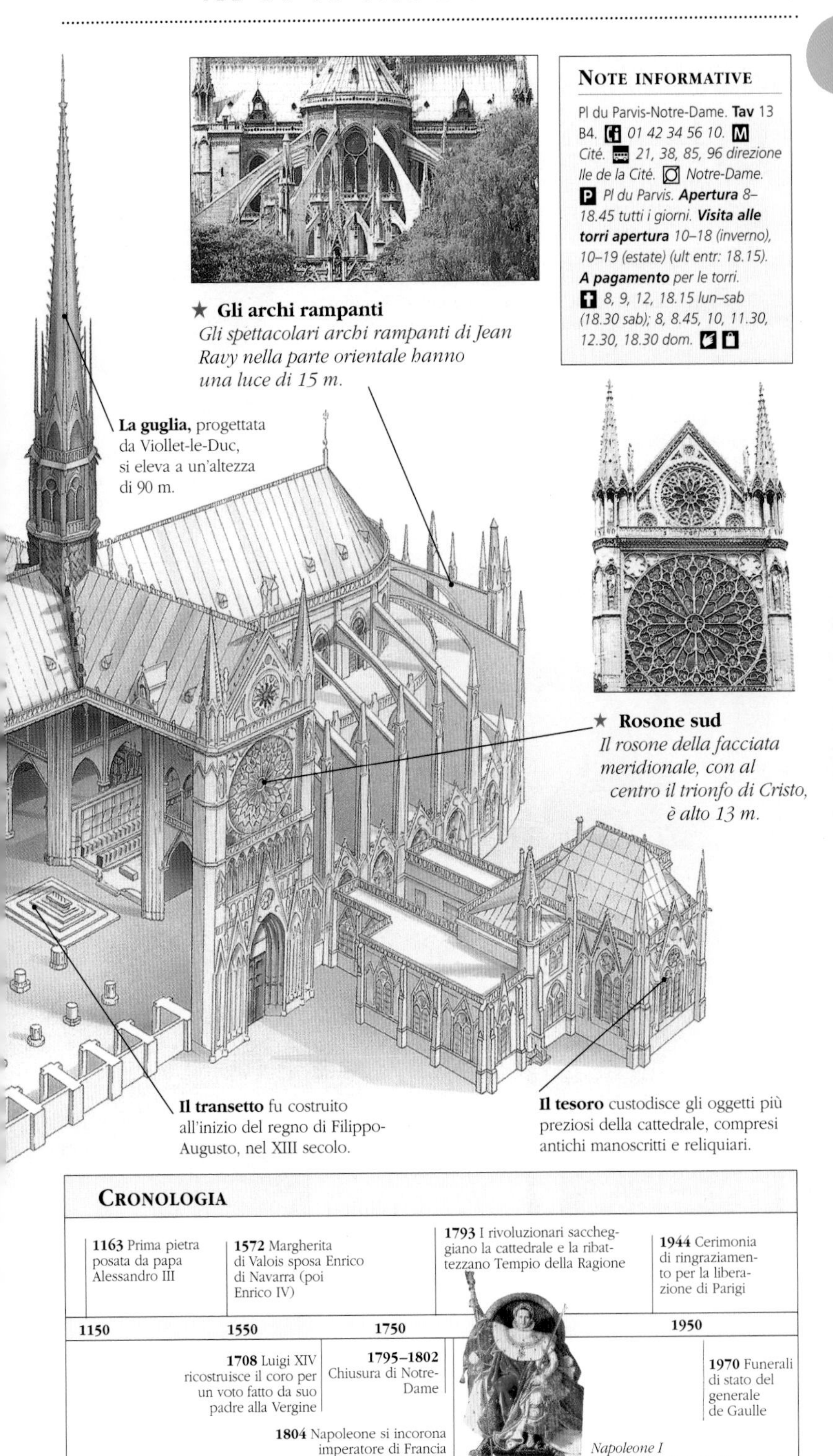

Note informative

Pl du Parvis-Notre-Dame. **Tav** 13 B4. 01 42 34 56 10. Cité. 21, 38, 85, 96 direzione Ile de la Cité. Notre-Dame. Pl du Parvis. **Apertura** 8–18.45 tutti i giorni. **Visita alle torri apertura** 10–18 (inverno), 10–19 (estate) (ult entr: 18.15). **A pagamento** per le torri. 8, 9, 12, 18.15 lun–sab (18.30 sab); 8, 8.45, 10, 11.30, 12.30, 18.30 dom.

★ Gli archi rampanti
Gli spettacolari archi rampanti di Jean Ravy nella parte orientale hanno una luce di 15 m.

La guglia, progettata da Viollet-le-Duc, si eleva a un'altezza di 90 m.

★ Rosone sud
Il rosone della facciata meridionale, con al centro il trionfo di Cristo, è alto 13 m.

Il transetto fu costruito all'inizio del regno di Filippo-Augusto, nel XIII secolo.

Il tesoro custodisce gli oggetti più preziosi della cattedrale, compresi antichi manoscritti e reliquiari.

Cronologia

1163 Prima pietra posata da papa Alessandro III

1572 Margherita di Valois sposa Enrico di Navarra (poi Enrico IV)

1793 I rivoluzionari saccheggiano la cattedrale e la ribattezzano Tempio della Ragione

1944 Cerimonia di ringraziamento per la liberazione di Parigi

1150 — 1550 — 1750 — 1950

1708 Luigi XIV ricostruisce il coro per un voto fatto da suo padre alla Vergine

1795–1802 Chiusura di Notre-Dame

1804 Napoleone si incorona imperatore di Francia

Napoleone I

1970 Funerali di stato del generale de Gaulle

Una visita guidata a Notre-Dame

Un calice gemmato di Notre-Dame

LA BELLEZZA dell'interno di Notre-Dame si manifesta immediatamente guardando le alte volte della navata centrale, che è intersecata da un magnifico transetto, alle cui estremità si trovano i rosoni medievali di 13 m di diametro. La cattedrale è decorata con le opere dei più grandi scultori, tra cui i pannelli della recinzione del coro di Jean Ravy, la statua della *Pietà* di Nicolas Coustou e quella di Luigi XIV di Antoine Coysevox. Vi furono incoronati re e imperatori e benedetti i crociati. Notre-Dame fu anche teatro di disordini. I rivoluzionari la saccheggiarono, bandirono la religione e la trasformarono prima in un tempio dedicato al culto della Ragione e poi in deposito di vini. Napoleone restaurò il culto nel 1804 e l'architetto Viollet-le-Duc ristrutturò l'edificio, sostituendo le statue perdute, costruendo la guglia e consolidando i doccioni.

⑨ Rosone nord
Questo rosone del XIII secolo rappresenta la Vergine circondata da figure del Vecchio Testamento ed è alto 21 m.

⑩ Panorama e doccioni
I 387 gradini della torre nord conducono ai celebri doccioni e a un magnifico panorama.

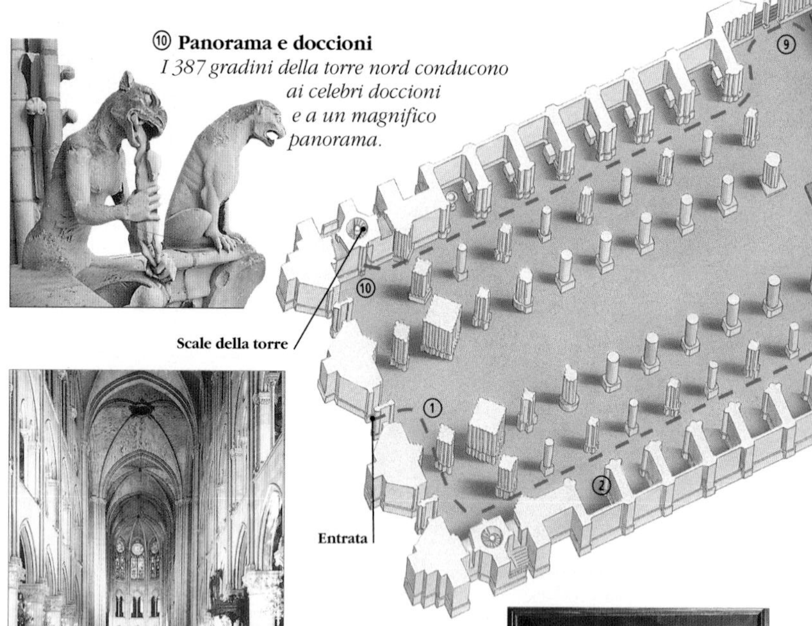

① Vista dell'interno
Dall'entrata principale la vista corre lungo la navata centrale fino al maestoso transetto, il coro e l'altare.

LEGENDA

— — — Percorso consigliato

② I dipinti di Le Brun
Nelle cappelle laterali vi sono i dipinti commissionati dalle gilde a Charles Le Brun. Nel XVII e XVIII secolo, ogni 1° maggio, le gilde parigine donavano alla cattedrale un dipinto.

⑧ Gli stalli del coro
Famosi per i loro intagli in legno del XVIII secolo, gli stalli del coro furono commissionati da Luigi XIV, la cui statua si trova dietro l'altare. Tra gli altri, sul retro degli alti stalli vi sono alcuni bassorilievi rappresentanti scene della vita della Vergine.

⑦ Statua di Luigi XIII
Dopo molti anni di matrimonio senza figli Luigi XIII si impegnò a costruire un grande altare e a decorare il coro est in onore della Vergine se gli fosse nato un erede. Il futuro Luigi XIV nacque nel 1638, ma passarono 60 anni prima che la promessa venisse mantenuta. Gli stalli del coro sono una delle testimonianze di quel periodo.

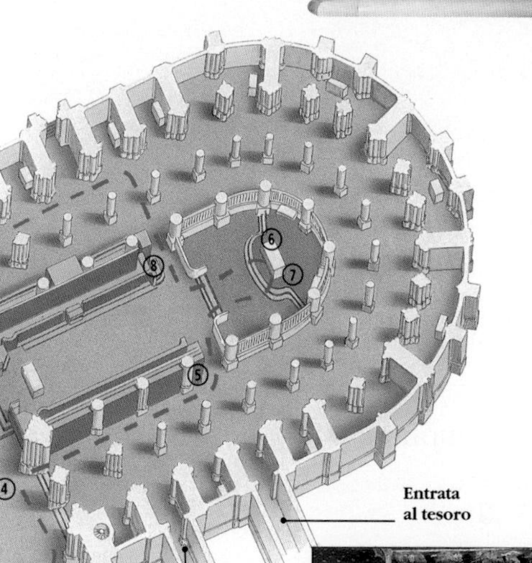

⑥ Pietà
Dietro l'alto altare si trova la Pietà di *Nicolas Coustou, sopra un basamento dorato scolpito da François Girardon.*

⑤ Transenne del coro
Un'alta transenna in pietra del XIV secolo racchiudeva il coro e procurava ai canonici in preghiera tranquillità e riparo dal rumore dei fedeli. Alcune transenne sono sopravvissute e schermano parzialmente il coro.

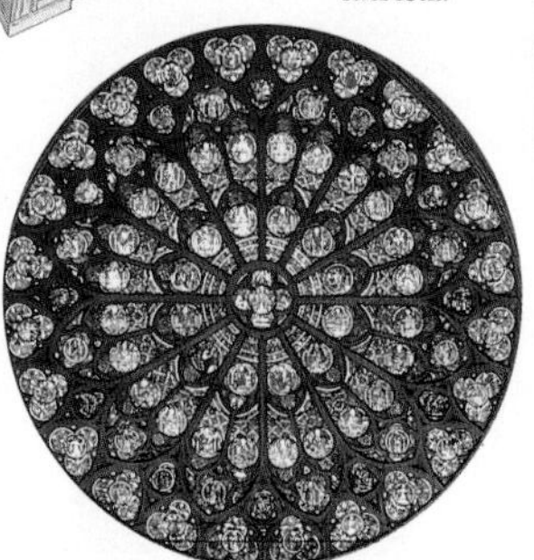

③ Rosone sud
Localizzato sul lato sud del transetto, il rosone conserva alcune delle sue vetrate originali del XIII secolo. Vi è rappresentata al centro la figura di Cristo circondato da vergini, santi e dai dodici apostoli.

④ Statua della Vergine e del Bambino
Contro un pilastro a sud-est del transetto si erge la statua della Vergine e del Bambino. Fu trasportata nella cattedrale dalla cappella di St Aignan, ed è nota come Notre-Dame de Paris (Nostra Signora di Parigi).

Il Pont Neuf collega l'Ile de la Cité alle due rive della Senna

Sainte-Chapelle ❾

Vedi pp 88–9.

Sainte-Chapelle: rappresentazione di angeli con la corona di spine

Palais de Justice ❿

4 Blvd du Palais (entrata dalla Cour de Mai) 75001. **Tav** 13 A3. *01 44 32 50 00.* Cité. **Apertura** *8.30–18.30 lun–ven.*

IL TRIBUNALE, con le sue antiche torri affacciate sulla Senna, è un vasto e splendido complesso di edifici che si estende per l'intera larghezza dell'Ile de la Cité. Il luogo, occupato sin dai tempi dei Romani, divenne in seguito la sede del potere reale finché Carlo V non spostò la corte al Marais, nel XIV secolo. Nell'aprile del 1793 il Tribunale della Rivoluzione iniziò ad amministrare la giustizia dalla Première Chambre. Oggi esso è il cuore del sistema giudiziario francese, eredità dell'età napoleonica.

Place Dauphine ⓫

75001 (entrata da Rue Henri-Robert). **Tav** 12 F3. *Pont Neuf, Cité.*

A EST DEL PONT NEUF si trova questa antica piazza che venne realizzata nel 1607 da Enrico IV e prese il nome dal Delfino di Francia, futuro Luigi XIII. Il n. 14 è uno dei pochi edifici rimasti inalterati. Questo angolo conserva intatto il fascino del XVII secolo ed è il rifugio dei giocatori di *pétanque* (bocce) e degli impiegati del Palais de Justice.

Pont Neuf ⓬

75001. **Tav** 12 F3. *Pont Neuf, Cité.*

A DISPETTO del nome, è il più antico ponte di Parigi, immortalato dai più grandi letterati e artisti fin dal tempo della sua costruzione. La prima pietra fu posata da Enrico III nel 1578, ma fu Enrico IV a inaugurarlo e a dargli il nome nel 1607. Il ponte ha 12 archi e misura 275 m. Primo ponte in pietra su cui non compaiono costruzioni, esso stabilì un nuovo rapporto tra la Cité e il fiume, tra la Parigi medievale e quella rinascimentale, diventando subito famoso. A ragione, al centro del ponte si erge la statua di Enrico IV.

Sculture del Palais de Justice

Square du Vert-Galant: Enrico IV

Square du Vert-Galant ⓭

75001. **Tav** 12 F3. Ⓜ *Pont Neuf, Cité.*

La piazza, uno dei luoghi più affascinanti di Parigi, è stata battezzata con il soprannome di Enrico IV. Questo re, innamorato della sua città e ancora oggi molto popolare, si adoperò per abbellire Parigi agli inizi del XVII secolo. Da qui si possono ammirare il Louvre e la Riva destra del fiume, luogo dove Enrico fu assassinato nel 1610. Lo Square è anche il punto di partenza per le crociere con le Vedettes de Paris *(pp 72–3).*

Musée Adam Mickiewicz ⓮

6 Quai d'Orléans 75004. **Tav** 13 C4. *01 55 42 83 83.* Ⓜ *Pont Marie.* ***Chiuso*** *per restauri fino al 2003.* ***A pagamento****.* *14, 15.30 e 17.*

Il poeta romantico polacco Adam Mickiewicz, che visse a Parigi nel XIX secolo, fu il maggiore rappresentante della cultura e della vita politica polacca e si dedicò con i suoi scritti ad aiutare i connazionali perseguitati in patria e all'estero. Il museo venne fondato nel 1903 dal figlio maggiore del poeta, Ladislas. Parte della famosa biblioteca è stata trasferita in 74 rue Lauriston, ma gli archivi sono rimasti. Insieme, costituiscono probabilmente la più bella collezione polacca esistente fuori della Polonia: dipinti, libri, carte geografiche, archivi di emigrati del XIX e del XX secolo e una raccolta di cimeli di Frédéric Chopin, tra cui la sua maschera funeraria.

St-Louis-en-l'Ile ⓯

19 bis Rue St-Louis-en-l'Ile 75004. **Tav** 13 C4. *01 46 34 11 60.* Ⓜ *Pont Marie.* ***Apertura*** *9–12, 15–19 mart–dom.* ***Chiuso*** *al pubblico nei giorni festivi.* ***Concerti****.*

La costruzione di questa chiesa fu iniziata nel 1664 secondo il progetto dell'architetto di corte Louis Le Vau, che visse sull'isola. Fu completata e consacrata nel 1726. All'esterno si possono ammirare la guglia in ferro traforato e l'orologio del 1741.

L'interno, in stile barocco, è fastosamente decorato con dorature e marmi. Vi si trova la statua di San Luigi con la spada dei crociati. Nella navata settentrionale una targa, donata nel 1926, porta l'iscrizione "in ricordo di San Luigi dal quale ha preso il nome la città di St Louis nel Missouri, USA". La chiesa è gemellata con la cattedrale di Cartagine in Tunisia, dove il santo è stata sepolto.

Busto di Adam Mickiewicz

L'interno di St-Louis-en-l'Ile

Hôtel de Lauzun ⓰

17 Quai d'Anjou 75004. **Tav** 13 C4. Ⓜ *Pont Marie.* ***Chiuso*** *al pubblico.* *occasionali (01 44 54 19 30).*

Questo splendido palazzo fu costruito da Louis Le Vau intorno al 1650 per Charles Gruyn des Bordes, un mercante d'armi. Fu venduto nel 1682 al comandante militare francese Duc de Lauzun, cortigiano nelle grazie di Luigi XIV. In seguito divenne luogo d'incontro dei letterati e degli artisti bohémien di Parigi. Oggi è di proprietà della città e chi avrà la fortuna di visitarlo si renderà conto del grande sfarzo della vita dei nobili nel XVII secolo. Charles Le Brun prima di andare a Versailles ne decorò gli splendidi soffitti con dipinti e pannelli. Il poeta Charles Baudelaire (1821–67) visse al terzo piano di questo edificio e scrisse la maggior parte del suo capolavoro, *Les Fleurs du mal*, in una stanza piena di oggetti antichi e di bric-à-brac. Un altro famoso poeta, Théophile Gautier (1811–72), abitò qui nel 1848. Nell'edificio si tenevano inoltre le riunioni del Club des Haschischines (fumatori di hashish). Fra gli altri residenti famosi, sono da ricordare il poeta austriaco Rainer Maria Rilke, l'artista inglese Walter Sickert e il compositore tedesco Richard Wagner. Attualmente l'edificio viene utilizzato dal sindaco di Parigi per gli incontri ufficiali.

Sainte-Chapelle ❾

MAGICA ED ETEREA, la Sainte-Chapelle è uno dei più grandi capolavori dell'architettura occidentale. Nel Medioevo i fedeli la definirono la "porta d'ingresso del Paradiso". Oggi nessun visitatore può restare indifferente davanti alla splendida luce creata dalle 15 magnifiche vetrate colorate, separate da esilissime colonne che s'innalzano per 15 m fino alla volta punteggiata di stelle del soffitto. Le vetrate descrivono in un caleidoscopio di rossi, ori, verdi, blu e malva più di 1000 scene di soggetto religioso. La cappella fu costruita nel 1248 da Luigi IX per ospitare la presunta corona di spine di Cristo e altre reliquie sacre.

La guglia s'innalza per 75 m e fu costruita nel 1853. Le tre guglie precedenti erano state distrutte da incendi.

La corona di spine orna i pinnacoli a ricordo della prima reliquia portata da Luigi IX.

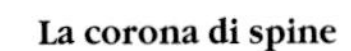

★ **Rosone**
*La luce del tramonto è la più indicata per ammirare gli 86 pannelli di vetro colorato che descrivono la storia dell'*Apocalisse. *La vetrata fu donata da Carlo VIII nel 1485.*

DA NON PERDERE

★ **Rosone**

★ **Vetrata della passione di Cristo**

★ **Statue degli apostoli**

★ **Vetrata delle reliquie**

Portale
La struttura a doppio ordine del portale richiama quella della cappella. Nella foto se ne vede la parte inferiore.

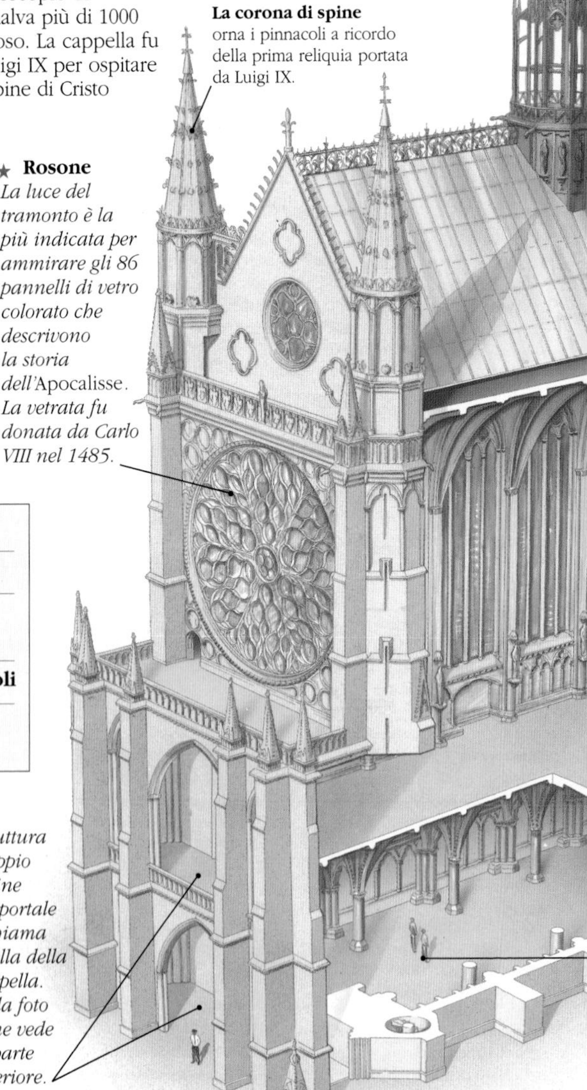

Reliquie di San Luigi
Luigi IX fu molto pio e venne fatto santo con il nome di San Luigi. Nel 1239 egli acquistò la corona di spine dall'imperatore di Costantinopoli e altre reliquie nel 1241, tra cui un frammento della croce di Cristo. Il costo di queste reliquie superò di quasi tre volte quello sostenuto per la costruzione della Sainte-Chapelle, concepita da Luigi come un reliquiario per la loro custodia.

Note informative

2 Blvd du Palais. **Tav** 13 A3. *01 53 73 78 50.* *Cité.* *21, 38, 85, 96 direzione Ile de la Cité.* *St-Michel.* *Notre-Dame.* *Palais de Justice.* ***Apertura** apr–set: 9.30–18.30; ott–mar: 10–17 ultima entrata 30 min prima della chiusura.* ***Chiusura** 1 gen, 1 mag, 1 nov, 11 nov, 25 dic.*
A pagamento.

L'angelo
Un tempo ruotava, così che la sua croce potesse essere vista da qualsiasi punto di Parigi.

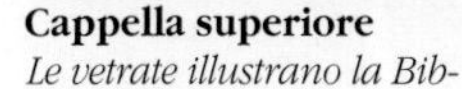

Cappella superiore
Le vetrate illustrano la Bibbia, con scene del Vecchio e del Nuovo Testamento.

Cappella superiore: vetrate

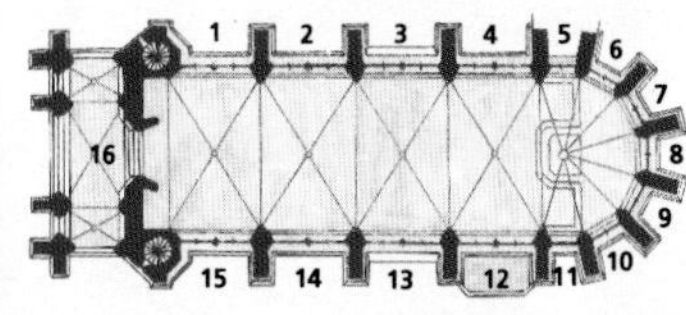

1 Genesi
2 Esodo
3 Numeri
4 Deuteronomio: Giosuè
5 Giudici
6 *sx* Isaia *dx* Stirpe di Iesse
7 *sx* San Giovanni Evangelista *dx* Infanzia di Cristo
8 Passione di Cristo
9 *sx* San Giovanni Battista *dx* Storia di Daniele
10 Ezechiele
11 *sx* Geremia *dx* Tobia
12 Giuditta e Giobbe
13 Ester
14 Libro dei Re
15 Storia delle reliquie
16 Rosone: L'Apocalisse

★ **Passione di Cristo: vetrata**
L'Ultima Cena è raffigurata in una delle più belle vetrate della cappella superiore.

★ **Statue degli Apostoli**
Magnifiche sculture medievali in legno intagliato ornano i 12 pilastri della cappella superiore.

★ **Vetrata delle reliquie**
Raffigura il viaggio della Croce e dei chiodi della Crocifissione fino alla Sainte-Chapelle.

Cappella inferiore
La gente del popolo pregava qui, mentre la cappella superiore era riservata al re e alla famiglia reale.

MARAIS

IL MARAIS È una delle zone più affascinanti di Parigi. Luogo di residenza dell'aristocrazia nel XVII secolo, fu abbandonato alla furia del popolo durante la Rivoluzione e lasciato cadere in rovina, prima di essere restaurato negli anni '60. Fu ufficialmente dichiarato monumento storico dal governo presieduto da Charles de Gaulle nel 1962, anno in cui ebbe inizio la sua rinascita. I palazzi sono oggi restaurati e la zona, con le sue gallerie, i ristoranti e le eleganti boutique, è di nuovo in auge. L'aumento dei prezzi ha provocato l'allontanamento di molti commercianti, ma il quartiere ha conservato un buon numero di artigiani, fornai e piccoli caffè, e ha mantenuto il miscuglio etnico che lo caratterizzava: vi si trovano ebrei, ex-coloni algerini, asiatici e altri ancora.

DA VEDERE

Edifici storici e strade

Hôtel de Lamoignon 2
Rue des Francs-Bourgeois 3
Rue des Rosiers 8
Hôtel de Ville 19
Hôtel de Rohan 22
Hôtel de Soubise 23
Hôtel Guénégaud (Musée de la Chasse et de la Nature) 24
Musée des Arts et Métiers 25
Musée d'Art et d'Histoire du Judaïsme 27

Chiese

St-Paul–St-Louis 15
St-Gervais–St-Protais 18
Cloître des Billettes 20
Notre-Dame-des-Blancs-Manteaux 21

Musei e gallerie d'arte

Musée Carnavalet pp 96–7 1
Musée Cognacq-Jay 4
Maison de Victor Hugo 6
Hôtel de Sully 7
Hôtel de Coulanges 9
Hôtel Libéral Bruand (Musée Bricard) 10
Musée Picasso pp 100–1 11
Hôtel de Sens 16

Monumenti e statue

Colonne de Juillet 13
Mémorial du Martyr Juif Inconnu 17

Teatri dell'opera

Opéra de Paris Bastille 12

Piazze

Place des Vosges 5
Place de la Bastille 14
Square du Temple 26

COME ARRIVARCI

Le stazioni del metró in zona sono Bastille e Hôtel de Ville. L'autobus 29 percorre Rue des Francs-Bourgeois e attraversa Rue de Sévigné, dove si trova il Musée Carnavalet, e Place des Vosges.

VEDI ANCHE

- ***Stradario***, tav 13–4
- ***Dove alloggiare*** pp 278–9
- ***Ristoranti*** pp 296–8

LEGENDA

- In dettaglio
- M Metropolitana
- Punto d'imbarco Batobus
- P Parcheggio

0 metri 400

Ora di pranzo in un caffè del Marais

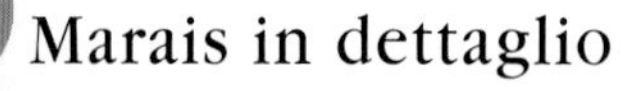

Marais in dettaglio

Un tempo zona paludosa, come suggerisce il suo nome (*marais* significa palude), il Marais acquistò importanza a partire dal XIV secolo, grazie alla sua vicinanza al Louvre, residenza preferita di Carlo V. Raggiunse l'apogeo nel XVII secolo, quando divenne la zona preferita dall'aristocrazia. Furono costruiti allora splendidi e imponenti palazzi (*hôtels*), che ancora oggi costellano il Marais. Molti di questi edifici sono stati restaurati di recente e trasformati in musei. Nuovamente apprezzato dalle classi abbienti, ospita boutiques, ristoranti alla moda e caffè.

Verso il Centre Pompidou

Rue Barbette · Rue Elzévir · Rue Payenne · Rue des Hospitalières St Gervais · Rue des Rosiers · Rue Pavée · Rue Malher · Rue des Francs-Bourgeois

Rue des Francs-Bourgeois
In quest'antica strada si trovano importanti musei ❸

Hotel Libéral Bruand
Così chiamato dal nome dell'architetto che lo costruì per uso personale, l'edificio ospita un originale museo di serrature ❿

Rue des Rosiers
Dai ristoranti e dai negozi della zona israelita si diffonde il profumo dei dolci appena sfornati ❽

Musée Cognacq-Jay
Una preziosa collezione di dipinti e mobili del XVIII secolo collocata in perfette ricostruzioni di ambienti d'epoca ❹

Da non perdere

- ★ Musée Picasso
- ★ Musée Carnavalet
- ★ Place des Vosges

Legenda

— — — Percorso consigliato

0 metri 100

Hôtel de Lamoignon
L'ingresso decorato del palazzo conduce alla biblioteca storica di Parigi ❷

★ **Musée Picasso**
Il palazzo di un esattore delle tasse del XVII secolo ospita la più grande collezione esistente al mondo di opere di Picasso, donata dalla famiglia allo Stato ⓫

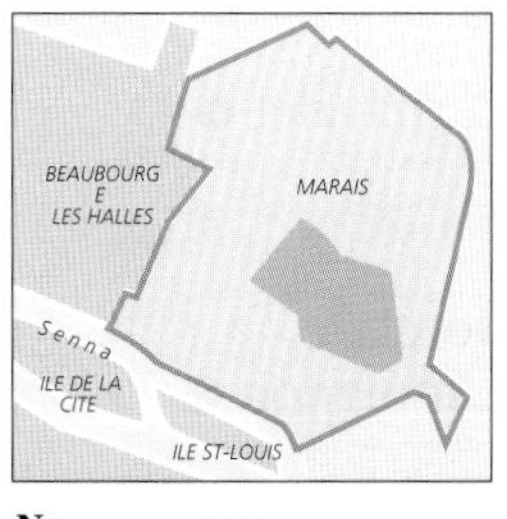

NELLA CARTINA
Vedi cartina di Parigi pp 12–3

L'Hôtel le Peletier de St-Fargeau insieme all'Hôtel Carnavalet costituisce il museo della storia di Parigi.

★ **Musée Carnavalet**
La statua di Luigi XIV in costume romano, di Coysevox, si trova nel cortile dell'Hôtel Carnavalet ❶

PARC ROYAL
SEVIGNE
RUE DE TURENNE
RUE DE BEARN
BOURGEOIS
RUE DE
RUE
RUE DE BIRAGUE

Casa di Victor Hugo
Victor Hugo, autore de I miserabili, *visse al n.6 di Place des Vosges. La casa è oggi un museo sulla sua vita e sulle sue opere* ❻

Al Metrò Sully Morland

Hôtel de Sully
*L'*hôtel, *in stile rinascimentale, appartenne a un famoso giocatore* ❼

★ **Place des Vosges**
Un tempo sede di giostre e tornei, la storica Place des Vosges si trova nel cuore del Marais ed è una piazza perfettamente simmetrica ❺

Musée Carnavalet ❶

Vedi pp 96–7.

Hôtel de Lamoignon ❷

24 Rue Pavée 75004. **Tav** 14 D3.
01 44 59 29 40. *St-Paul.*
Apertura *9.30–18 lun–sab.*
Chiusura *feste naz e 1–15 ago.*

L'IMPONENTE Hôtel de Lamoignon ospita la biblioteca storica della città di Parigi. Il palazzo fu costruito nel 1584 per Diana di Francia, nota anche come Duchesse d'Angoulême, figlia di Enrico II. L'edificio è famoso per le sei alte colonne corinzie sormontate da un timpano e per gli ornamenti che raffigurano teste di cani, archi, frecce e faretre, a ricordo della passione di Diana per la caccia. La collezione comprende documenti della Rivoluzione francese e 80000 stampe sulla storia di Parigi.

Rue des Francs-Bourgeois ❸

75003, 75004. **Tav** 14 D3.
Rambuteau, Chemin-Vert.

ALLE DUE ESTREMITÀ di questa importante strada nel cuore del Marais, che collega Rue des Archives con la Place des Vosges, si trovano l'imponente Hôtel de Soubise e il Musée Carnavalet. La strada ha preso il nome dai *francs* (esenti da tasse), ospizi costruiti per i poveri nel 1334 ai numeri 34 e 36. Gli ospizi furono successivamente chiusi a causa di illeciti finanziari, ma lo Stato tenne in vita un'agenzia di pegni nelle vicinanze.

Entrata al Musée Carnavalet

Musée Cognacq-Jay ❹

Hôtel de Donon, 8 Rue Elzévir 75004.
Tav 14 D3. *01 40 27 07 21.*
St-Paul. ***Apertura*** *10–17.40 mart–dom.* ***Chiusura*** *festività.*
A pagam. *prenotare.*
www.paris-france.org/musees

LA PICCOLA E BELLA collezione di oggetti d'arte e di mobili francesi del XVIII secolo fu messa insieme da Ernest Cognacq e dalla moglie, Louise Jay, fondatrice dei famosi grandi magazzini di Parigi La Samaritaine *(p 115)*. La collezione fu lasciata in eredità alla città ed è ora collocata nell'Hôtel de Donon, elegante palazzo, situato nel cuore del Marais. Il palazzo è del 1575, ma la facciata e un ampliamento sono del XVIII secolo.

Place des Vosges ❺

75003, 75004. **Tav** 14 D3.
Bastille, St-Paul.

SIA I PARIGINI sia i turisti considerano questa piazza una delle più belle al mondo *(pp 22–3)*. La sua impressionante simmetria, 36 edifici, nove su ogni lato, in pietra e mattoni, con gli alti tetti in ardesia, gli abbaini e i portici, è ancora intatta dopo 400 anni. Nel corso dei secoli essa è stata teatro di molti avvenimenti storici. Nel 1615 vi si tenne un torneo di tre giorni per celebrare il matrimonio di Luigi XIII con Anna d'Austria. Madame de Sévigné, famosa promotrice di cenacoli letterari, nacque qui nel 1626; il cardinale Richelieu, pilastro della monarchia, vi abitò nel 1615; Victor Hugo, lo scrittore, visse qui per 16 anni.

Place des Vosges in un'incisione del XIX secolo

Casa di Victor Hugo ❻

6 Pl des Vosges 75004.
Tav 14 D3. *01 42 72 10 16.*
Bastille. ***Apertura*** *su app. 10–17.40 mart–dom.* ***Chiusura*** *feste naz.* ***A pagamento.*** ***Biblioteca.***
www.paris-france.org/musees

Il poeta, drammaturgo e romanziere francese visse al secondo piano dell'ex Hôtel Rohan-Guéménée, l'edificio più grande della piazza, dal 1832 al 1848. Qui scrisse la maggior parte de *I miserabili* e portò a termine molte altre opere famose. Alcune delle sue stanze sono state ricostruite e vi sono esposti disegni a penna, libri e oggetti ricordo dei momenti più importanti della sua vita, dall'infanzia all'esilio, tra il 1852 e il 1870.

Busto in marmo di Victor Hugo, di Auguste Rodin

Hôtel de Sully ❼

62 Rue St-Antoine 75004. **Tav** 14 D4.
01 44 61 21 50. *St-Paul.*
Apertura *(solo cortile) 9–19 tutti i giorni.* ***Chiusura*** *feste naz.*

Situato in una delle strade più antiche di Parigi, questo bel palazzo del XVII secolo è stato completamente e perfettamente restaurato. Il restauro è stato eseguito in base ad antiche incisioni e disegni. Il palazzo fu costruito nel 1624 per un famoso giocatore, Petit Thomas, che in una sola notte perse tutto al gioco. Il Duc de Sully, primo ministro di Enrico IV, lo acquistò nel 1634, aggiunse alcune decorazioni interne e l'aranceto Petit Sully. Oggi è la sede del Centre des Monuments Nationaux. All'esterno l'*hôtel* presenta un'imponente facciata del Rinascimento. All'interno vi è un vasto e proporzionato cortile con timpani ben modellati, abbaini e statue che rappresentano le quattro stagioni e le sfingi.

La facciata rinascimentale dell'Hôtel de Sully

Rue des Rosiers ❽

75004. **Tav** 13 C3. *St-Paul.*

Il quartiere ebreo che si sviluppa intorno a questa strada è tra i più pittoreschi di Parigi. Il nome ricorda i cespugli di rose che erano all'interno delle antiche mura della città. L'insediamento sorse nel XIII secolo e si ampliò nel XIX secolo con nuovi arrivi dalla Russia, dalla Polonia e dall'Europa centrale. Negli anni '50 e '60 molti ebrei sefarditi giunsero da Algeria, Tunisia, Marocco ed Egitto. Durante una retata, circa 165 studenti della scuola ebraica maschile di 10 Rue de Hospitalières-St-Gervais furono deportati. *N'Oubliez pas (Per non dimenticare),* è inciso su una lapide. Oggi questa zona è ravvivata da sinagoghe, panetterie, ristoranti kasher, tra cui il famoso Jo Goldenberg *(p 322).*

Hôtel de Coulanges ❾

35 Rue des France Bourgeois, 75004
Tav 13 C3. *01 44 61 85 85.*
St-Paul. ***Apertura*** *8.30–18.30 lun–ven.* ***Chiusura*** *feste naz.* ***A pagam.*** *tel per orari (01 42 07 22 07).*

Esempio di architettura di inizio '700. L'ala destra separa il cortile dal giardino e risale al '600. L'edificio fu donato nel 1640 al cortigiano Filippo II di Coulanges. Denominato "Piccolo hôtel Le Tellier" nel 1662 dal nuovo proprietario Le Tellier, vi furono allevati i figli di Luigi XIV e Madame de Montespan. Oggi è la sede della Maison de L'Europe.

Ebrei ortodossi al Marais

Musée Carnavalet ❶

Entrata del Carnavalet

DEDICATO ALLA storia di Parigi, questo grande museo occupa due edifici adiacenti. Vi si trovano stanze interamente decorate con pannelli, mobili e *objets d'art*; molte importanti opere d'arte di pittura e di scultura; incisioni della città di Parigi nelle diverse epoche. L'edificio principale è l'Hôtel Carnavalet, costruito nel 1548 da Nicolas Dupuis. L'Hôtel le Peletier del XVII secolo, aggiunto al museo nel 1989, mostra bellissime ricostruzioni d'interni che risalgono all'inizio degli anni Venti.

Maria Antonietta *(1793)*
A. Kucharski la ritrasse alla prigione di Temple, dopo la morte di Luigi XVI.

I cimeli di questa sala sono dedicati ai filosofi del XVIII secolo, in particolare a Jean-Jacques Rousseau e a Voltaire.

★ **Charles Le Brun: soffitto**
Opere dell'artista del XVII secolo, provenienti dall'Hôtel de la Rivière, decorano l'ex studio e la grande sala.

★ **Galleria di Mme de Sévigné**
La galleria comprende il ritratto di Mme de Sévigné, la celebre scrittrice che abitò in questa casa, la sua preferita, per vent'anni fino alla morte.

★ **Hôtel d'Uzès: Sala di ricevimento**
Ricreata nel 1761 da Claude Nicolas Ledoux. I pannelli in bianco e oro provengono da un palazzo di Rue Montmartre.

Entrata del museo

DA NON PERDERE

★ **Galleria di Mme de Sévigné**

★ **Charles Le Brun: soffitto**

★ **Hôtel d'Uzès: Sala di ricevimento**

★ **Hôtel de Wendel: Sala da ballo**

Sala della Convenzione
Tra i cimeli della Rivoluzione vi è il ritratto di Georges Danton.

Gioielleria Fouquet
(1900) I decori Art Nouveau provengono dalla Rue Royale e sono di A. Moucha.

★ **Hôtel de Wendel: Sala da ballo**
Gli interni di questa stanza di inizio secolo sono stati completamente ricostruiti. L'immenso murale rappresenta il corteo della regina di Saba ed è opera del pittore e designer catalano José María Sert y Badia.

Camera lilla di Luigi XV
Questa bella stanza conserva opere d'arte della collezione Bouvier e pannelli dell'Hôtel de Broglie.

NOTE INFORMATIVE

23 Rue de Sévigné 75003. **Tav** 14 D3. *01 44 59 58 58.* *St-Paul.* *29, 69, 76, 96 direzione St-Paul, Pl des Vosges.* *Hôtel de Ville, Rue St-Antoine.* ***Aperto*** *10–17.40 mart–dom (stanze aperte in rotaz, tel per pren).* ***Chiuso*** *feste naz.* ***A pagam****. (gratis dom matt).* *tel. per orari.* www.paris-france.org/musees

LEGENDA

- Preistoria e Gallo-Romani
- Parigi medievale
- Parigi rinascimentale
- Parigi del XVII secolo
- Parigi di Luigi XV
- Parigi di Luigi XVI
- Parigi rivoluzionaria
- Primo e Secondo Impero
- Dal Secondo Impero a oggi
- Mostre temporanee
- Spazio non espositivo

GUIDA ALLA GALLERIA

La collezione è ordinata per lo più cronologicamente e copre la storia di Parigi fino al 1789. Il Rinascimento si trova al piano terra; le opere che vanno dal XVII secolo alla Rivoluzione al primo piano. Nell'Hôtel le Peletier il piano terra è dedicato al Primo e Secondo Impero, l'Orangerie ospita le nuove sezioni Preistoria e Gallo-Romani; il primo piano ripercorre la storia dal Secondo Impero a oggi, mentre il secondo piano è dedicato alla Rivoluzione.

Hôtel Libéral Bruand ⑩

1 Rue de la Perle 75003. **Tav** 14 D3. *01 42 77 79 62. M St-Paul, Chemin-Vert.* ***Apertura Museo*** *10–12, mart–ven, 14–17 lun–ven.* ***Chiusura*** *ago e feste naz.* ***A pagamento.***

Con i suoi eleganti tocchi all'italiana questa casa d'abitazione, costruita per uso personale dall'architetto Libéral Bruand nel 1685, è molto diversa dalla sua opera più famosa, gli Invalides *(pp 186–7)*. L'edificio, completamente restaurato, è oggi la sede del Musée Bricard, uno dei più affascinanti musei al mondo nel suo genere, e conserva serrature, maniglie e battenti che datano sin dal tempo degli antichi Romani.

Musée Picasso ⑪

Vedi pp 100–1.

Opéra de Paris Bastille ⑫

120 Rue de Lyon 75012. **Tav** 14 E4. *01 40 01 17 89. 08 36 69 78 68. M Bastille.* ***Apertura*** *telefonare per orari.* ***Chiusura*** *alcune feste naz.* ***A pagamento.***
Vedi ***Divertimenti*** *pp 334–5.*

Tra i più moderni e discussi teatri in Europa, fu inaugurato il 14 luglio 1989 in occasione del bicentenario della presa della Bastiglia. L'architettura di Carlos Ott si discosta decisamente dalla tradizione del XIX secolo, di cui l'esempio più significativo è rappresentato dal teatro dell'Opéra di Parigi, di Charles Garnier *(pp 214–5)*. Il massiccio edificio ha una grande facciata curva in vetro, che contiene l'auditorium principale, capace di 2700 posti, di forma moderna e funzionale, con poltrone nere che contrastano con il granito delle pareti e il grande soffitto in vetro. Con le sue cinque scene mobili questo teatro è all'avanguardia in quanto a tecnologie utilizzate.

Il "Genio della Libertà" svetta sulla Colonne de Juillet

Colonne de Juillet ⑬

Pl de la Bastille 75004. **Tav** 14 E4. *M Bastille.* ***Chiusa*** *al pubblico.*

Sormontata dalla statua del "Genio della Libertà", questa colonna in bronzo raggiunge i 51,5 m di altezza. Il monumento ricorda le vittime dei moti del luglio 1830, che determinarono il rovesciamento della monarchia *(pp 30–1)*. La cripta custodisce le spoglie di 504 vittime di quegli scontri e di altri caduti nella rivoluzione del 1848.

Place de la Bastille ⑭

75004. **Tav** 14 E4. *M Bastille.*

Nulla rimane oggi dell'antica prigione *(pp 28–9)* presa d'assalto dai rivoluzionari il 14 luglio 1789, evento celebrato ogni anno dai francesi, sia in patria sia all'estero. Sulla pavimentazione stradale, dal n. 5 al n. 49 del Boulevard Henri IV, è segnato il tracciato delle vecchie torri e delle fortificazioni. Il luogo dove sorgeva la fortezza è oggi una grande piazza intasata dal traffico, che conserva ancora il suo antico ruolo di collegamento tra il brillante centro di Parigi e i *faubourgs* orientali, i quartieri operai. La zona sta oggi cambiando aspetto, con eleganti caffè e il porto fluviale.

La facciata in vetro del teatro dell'Opéra

St-Paul-St-Louis ⓯

99 Rue St-Antoine 75004. **Tav** 14 D4.
01 42 72 30 32. *St-Paul.*
***Aperto** 8–20 tutti i giorni.* ***Concerti**.*

La chiesa di St-Paul-St-Louis fu un simbolo significativo del potere esercitato dai gesuiti tra il 1627, quando Luigi XIII posò la prima pietra, e il 1762, quando essi vennero cacciati dalla Francia. La chiesa del Gesù di Roma servì da modello per la costruzione della navata, mentre la cupola, alta 60 m, anticipò quelle degli Invalides e della Sorbonne. La maggior parte dei tesori della chiesa fu saccheggiata durante la Rivoluzione o nei tumulti successivi, ma si è salvata l'opera di Delacroix *Cristo nell'orto degli ulivi*. La chiesa sorge in una delle strade principali del Marais, ma si può raggiungere anche attraverso l'antico Passage St-Paul.

Hôtel de Sens ⓰

1 Rue du Figuier 75004. **Tav** 13 C4.
01 42 78 14 60. *Pont-Marie.*
***Apertura** 13.30–20.30 mart–ven; 10–20.30 sab.* ***Chiusura** feste naz.*
***A pagamento** per mostre.*
solo su appuntamento.

L'hôtel è uno dei pochi edifici medievali ancora esistenti a Parigi. Oggi è la sede della biblioteca d'arte Forney. Ai tempi della Lega cattolica, nel XVI secolo, fu trasformato in fortezza e occupato dai Borboni, dai Guisa e dal cardinale de

L'Hôtel de Sens, oggi sede di una bella biblioteca d'arte

***Cristo nell'orto degli ulivi* di Delacroix, in St-Paul–St-Louis**

Pellevé, che morì di rabbia, quando seppe che il protestante Enrico IV era entrato a Parigi nel 1594. Margherita di Valois, relegata qui dal suo ex marito, Enrico IV, vi condusse una vita dissoluta, culminata nella decapitazione di un suo ex amante, che aveva assassinato il favorito del momento.

Monumento in memoria dell'Ebreo Ignoto, inaugurato nel 1956

Mémorial du Martyr Juif Inconnu ⓱

17 Rue Geoffroy-l'Asnier 75004.
Tav 13 C4. *01 42 77 44 72.*
Pont-Marie. ***Apertura** 9–13, 14–17.30 dom–ven.* ***A pagamento**.*

Una fiamma perenne brucia nella cripta del monumento, costruito nel 1956 ai margini del quartiere ebraico in memoria dell'Ebreo Ignoto, martire dell'olocausto. Ha l'aspetto di un grande cilindro su cui sono riportati i nomi dei campi di concentramento. L'edificio di marmo che sorge dietro di esso, al n. 17, ospita il nuovo Musée du Shoah, gli archivi del centro di documentazione ebraica e una biblioteca.

St-Gervais-St-Protais ⓲

Pl St-Gervais 75004. **Tav** 13 B3.
01 48 87 32 02.
Hôtel de Ville.
***Apertura** 5.30–22 tutti i giorni.*

Prende il nome dai santi Gervaso e Protaso, i due soldati cristiani martirizzati sotto Nerone. Risale al VI secolo e la sua facciata è la più antica facciata classicheggiante di Parigi, con tre ordini di colonne doriche, ioniche e corinzie. Dietro la facciata l'interno, rinnovato per inserire l'organo usato per i concerti di musica sacra, è in stile gotico. Fu per il prezioso organo di questa chiesa che François Couperin (1668–1733) compose le sue due Messe. La chiesa è sede di una comunità monastica cattolico-romana, la cui particolare liturgia attira turisti da ogni parte del mondo.

La facciata di St-Gervais–St-Protais con le sue colonne classiciste

Musée Picasso ⓫

Alla morte dell'artista spagnolo Pablo Picasso (1881–1973), che visse la maggior parte della sua vita in Francia, lo Stato francese, in cambio delle tasse di successione, incamerò molte delle sue opere. Esse furono usate per costituire, nel 1986, il Musée Picasso, ospitato nell'Hôtel Salé, un grande palazzo del XVII secolo, al Marais. Le caratteristiche originali dell'Hôtel, costruito nel 1656 per Aubert de Fontenay, un esattore della tassa sul sale (*salé* viene da sale), sono state mantenute. L'ampiezza della collezione copre l'intero percorso artistico di Picasso, compresi i periodi blu, rosa e cubista, e mostra i tanti materiali da lui utilizzati.

★Autoritratto *La povertà, la solitudine e l'inverno alle porte resero la fine del 1901 un periodo molto difficile per Picasso. Fu allora che dipinse questo quadro.*

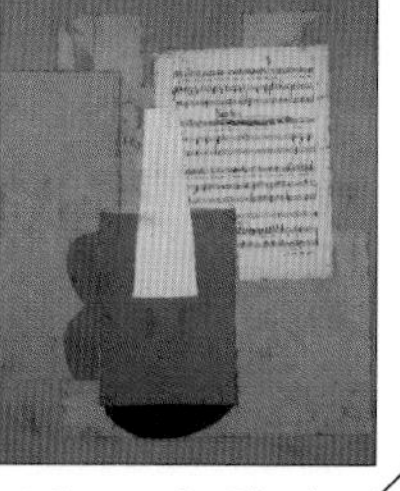

Violon et feuille de musique *Questo collage (1912) appartiene al periodo del Cubismo sintetico.*

★ I due fratelli *Durante l'estate del 1906 Picasso ritornò in Catalogna, in Spagna, dove dipinse questo quadro.*

★ Il bacio *(1969) Picasso sposò Jacqueline Roque nel 1961 e all'incirca nello stesso periodo tornò a dipingere i suoi temi preferiti: la coppia e l'artista con modella.*

Seminterrato

Guida alla galleria

La collezione, organizzata in ordine cronologico, parte dal primo piano con i periodi blu e rosa e con le opere cubiste e neoclassiche. Le mostre cambiano regolarmente - non tutti i quadri sono visibili contemporaneamente. Al piano terreno si trova un giardino con sculture ed opere che vanno dal 1920 al 1930 e dalla metà degli anni '50 fino al 1973.

Legenda

- Dipinti
- Disegni
- Giardino delle sculture
- Ceramiche
- Spazi non espositivi

Femme à la mantille *(1949) Nel 1948 Picasso iniziò a lavorare anche con la ceramica.*

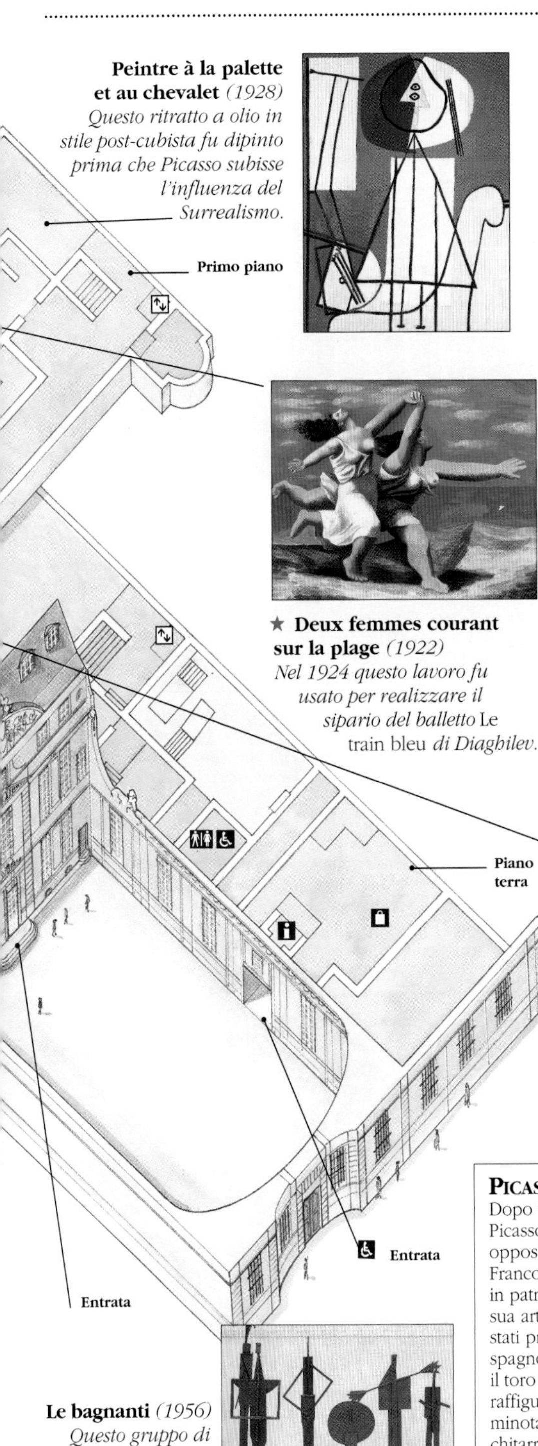

Peintre à la palette et au chevalet *(1928)*
Questo ritratto a olio in stile post-cubista fu dipinto prima che Picasso subisse l'influenza del Surrealismo.

★ **Deux femmes courant sur la plage** *(1922)*
Nel 1924 questo lavoro fu usato per realizzare il sipario del balletto Le train bleu *di Diaghilev.*

Le bagnanti *(1956)*
Questo gruppo di sculture è collocato nel giardino dietro l'Hôtel.

NOTE INFORMATIVE

Hôtel de Salé, 5 Rue de Thorigny. **Tav** 14 D2. *01 42 71 25 21.* *St-Sébastien, St-Paul.* *29, 96, 75, 86, 87 per St-Paul, Bastille, Pl des Vosges.* *Châtelet-Les-Halles.* *Rue St-Antoine, Bastille.* ***Apertura*** *mag–sett: 9.30–18 mer–lun; ott–apr: 9.30–17.30 mer–lun.* ***Chiusura*** *25 dic, 1 gen.* ***A pagamento.*** *gruppi solo su appuntamento.* www.musee-picasso.fr

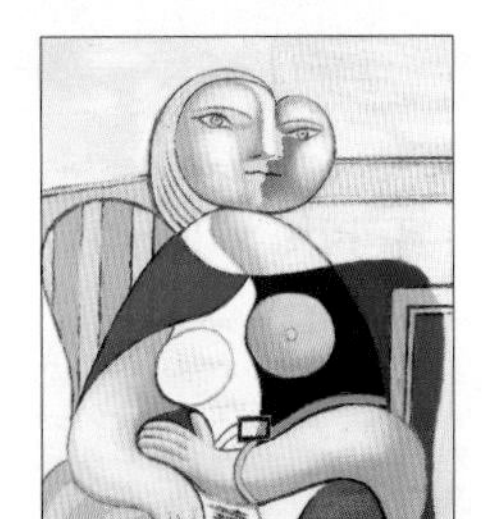

La lecture *(1932)*
Picasso usava spesso il porpora e il giallo quando ritraeva Marie-Thérèse Walter.

DA NON PERDERE

★ **Autoritratto**

★ **I due fratelli**

★ **Deux femmes courant sur la plage**

★ **Il bacio**

PICASSO E LA SPAGNA

Dopo una visita nel 1934 Picasso, che era un oppositore del regime di Franco, non fece più ritorno in patria. Tuttavia nella sua arte sono sempre stati presenti motivi spagnoli, come il toro (spesso raffigurato come minotauro) e la chitarra, che egli associava alla sua infanzia in Andalusia.

La sede del municipio (Hôtel de Ville) domina la bella piazza antistante

Hôtel de Ville ⓳

Pl de l'Hôtel de Ville 75004. **Tav** 13 B3. *01 42 76 50 49.* *Hôtel-de-Ville.* ***Apertura*** *gruppi: tel per accordi.* ***Chiusura*** *feste naz, cerimonie ufficiali.*

La sede del consiglio comunale è stata ricostruita nel XIX secolo nel punto in cui sorgeva l'antico municipio del XVII secolo, distrutto in un incendio nel 1871. Sull'edificio, costruito in blocchi di pietra e riccamente decorato, sono presenti torrette e statue che si affacciano sulla piazza pedonale, dove è piacevole passeggiare, specialmente la sera, quando le fontane sono illuminate.

La piazza era un tempo il luogo dove si svolgevano le esecuzioni capitali. Fu qui che Ravaillac, l'uomo che assassinò Enrico IV nel 1610, fu squartato vivo e fatto orrendamente a pezzi da quattro robusti cavalli.

All'interno dell'Hôtel de Ville si possono ammirare l'enorme Salles des Fêtes (sala da ballo) e i saloni adiacenti, dedicati alle scienze, alle arti e alla letteratura. L'imponente scalone, i soffitti decorati a cassettoni, con i loro candelabri, e le numerose statue e cariatidi contribuiscono a creare nelle grandi sale un ambiente fastoso e solenne, adatto alle cerimonie ufficiali, ai banchetti e al ricevimento di personalità straniere.

Cloître des Billettes ⓴

24 Rue des Archives 75004.**Tav** 13 B3. *01 42 72 38 79.* *Hôtel-de-Ville.* ***Chiostro*** *14–18 tutti i giorni;* ***chiesa*** *18.30–19.45 gio, 9.30–16 dom.*

Si tratta dell'unico chiostro medievale ancora esistente a Parigi. Fu eretto nel 1427 per i Frati della Carità o *Billettes* e sono ancora visibili tre delle sue quattro gallerie originarie. La chiesa adiacente è un semplice edificio classico che sostituì quello monastico originale nel 1756.

Il più antico chiostro di Parigi

Notre-Dame-des-Blancs-Manteaux ㉑

12 Rue des Blancs-Manteaux 75004. **Tav** 13 C3. *01 42 72 09 37.* *Rambuteau.* ***Apertura*** *10–12, 16–19 tutti i giorni.* ***Concerti****.*

La chiesa, costruita nel 1685, prende il nome dal saio dei frati agostiniani che nel 1258 fondarono un convento. All'interno si può ammirare un magnifico pulpito fiammingo del XVIII secolo, in stile rococò, e un famoso organo usato per i concerti di musica sacra che si svolgono nella chiesa.

Hôtel de Rohan ㉒

87 Rue Vieille-du-Temple 75003. **Tav** 13 C2. *01 40 27 60 09.* *Rambuteau.* ***Apertura*** *solo per mostre temporanee.*

Anche se diverso d'aspetto, questo palazzo fa coppia con l'Hôtel de Soubise. Entrambi sono stati progettati dallo stesso architetto, Delamair, per Armand de Rohan-Soubise, cardinale e vescovo di Strasburgo e fin dal 1927 sono la sede di una parte degli archivi nazionali. Nel cortile, sopra l'arco che conduce alle antiche scuderie, si trova il bassorilievo del XVIII secolo *I Cavalli del Sole* di Robert Le Lorrain.

I Cavalli del Sole **di Le Lorrain**

Hôtel de Soubise ㉓

60 Rue des Francs-Bourgeois 75003. **Tav** 13 C2. 01 40 27 60 96. *Rambuteau.* **Apertura** *10–17.45 lun, mer–ven; 14–17.45 sab–dom.* **Chiusura** *feste naz.* **A pagam.**

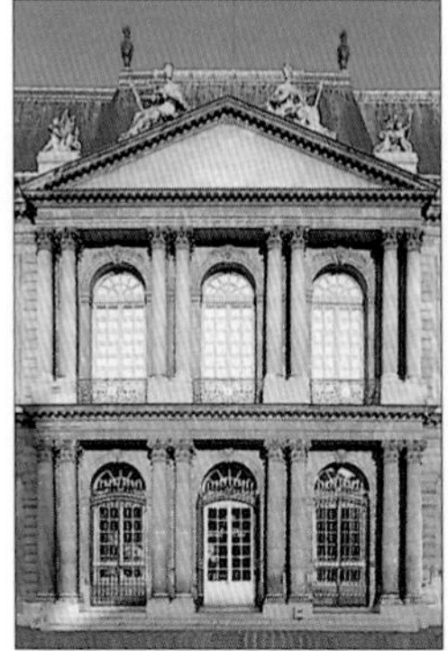

L'Hôtel de Soubise

IMPONENTE PALAZZO, costruito dal 1705 al 1709 per la principessa di Rohan, è una delle due sedi principali degli archivi nazionali (l'altra è l'Hôtel de Rohan). Dal maestoso cortile si accede all'interno, riccamente decorato durante gli anni tra il 1735 e il 1740 da alcuni tra i più dotati pittori dell'epoca: Carl Van Loo, Jean Restout, Natoire e François Boucher.

L'edificio ospita il museo di storia francese ed è quindi visitabile. Nel Salone ovale, camera da letto della principessa, si può ammirare un capolavoro dello stile *rocaille,* opera di Natoire; tra gli oggetti esposti figura anche il testamento di Napoleone, in cui egli chiede che le sue spoglie siano restituite alla Francia.

Hôtel Guénégaud ㉔

60 Rue des Archives 75003. **Tav** 13 C2. 01 42 72 86 43. *Hôtel de Ville.* **Apertura** *11–18 mart-dom.* **Chiusura** *feste nazionali.* **A pagamento.**

IL FAMOSO architetto François Mansart progettò questo magnifico palazzo a metà del XVII secolo per Henri de Guénégaud des Brosses, segretario di stato e guardasigilli. In un'ala vi è oggi il Musée de la Chasse et de la Nature (museo della caccia), inaugurato da André Malraux nel 1967. Vi sono preziose armi da caccia, che vanno dal XVI al XIX secolo, molte provenienti dalla Germania e dall'Europa centrale, oltre a trofei di animali da ogni parte del mondo. Vi sono anche disegni e dipinti di Oudry, Rubens, Rembrandt, Monet e di altri famosi artisti.

Musée des Arts et Métiers ㉕

60 Rue Réaumur 75003. **Tav** 13 B1-C1. *01 53 01 82 00.* *Arts et Métiers.* **Apertura** *10–18 mart–dom (21.30 gio).* **Chiusura** *feste naz.* **A pagam.**
www.cnam.fr/museum

OSPITATO nella vecchia abbazia di Saint-Martin-des-Champs, il Musée des Arts et Métiers fu fondato nel 1794 e chiuso due secoli dopo per lavori di ristrutturazione. L'eccellente museo della scienza e dell'industria, riaperto nel 2000, espone 5000 pezzi (altri 75.000 sono a disposizione di accademici e ricercatori). Tema del museo sono l'ingegno umano e il mondo delle invenzioni, dall'industria tessile alla fotografia alle macchine. Tra le esposizioni più interessanti ci sono quelle degli orologi musicali, degli strumenti musicali meccanici e degli automi (figure meccaniche), uno dei quali, la "Joueuse de Tympanon", rappresenta Maria Antoinetta.

Square du Temple ㉖

75003. **Tav** 13 C1. *Temple.*

LA TRANQUILLA e piacevole piazza di oggi era nel Medioevo il centro del dominio dei Templari. Stato dentro lo Stato, la zona comprendeva un palazzo, una chiesa e dei negozi. Alte mura e un un ponte levatoio la rendevano un rifugio sicuro per chi cercava di sfuggire alla giustizia reale. Nel 1792 Luigi XVI e Maria Antonietta vennero imprigionati qui *(pp 28–9).* Il re lasciò la prigione solo per andare alla ghigliottina.

Musée d'Art et d'Histoire du Judaïsme ㉗

Hotel de St-Aignan, 71 rue du Temple *75003.* **Tav** 13 B2. *01 53 01 86 53.* *Rambuteau.* **Apertura** *11–18 lun–ven, 10–18 dom.* **A pagamento.**

QUESTO MUSEO, che ha sede in una villa del Marais, raccoglie una serie di collezioni in precedenza sparse per la città, e commemora la cultura degli ebrei francesi dal periodo medievale a oggi. Fin dai tempi dei romani, in Francia vive una considerevole comunità ebraica, di cui hanno fatto parte alcuni dei più grandi studiosi ebrei. Vi sono esposti squisite opere artigianali, elaborate argenterie, custodie per la Torah, stoffe e magnifici oggetti religiosi. Vi sono inoltre raccolti fotografie, dipinti, fumetti e documenti storici.

"Essere ebreo a Parigi nel 1939", in mostra al Museo Ebraico

Beaubourg e Les Halles

Il quartiere, sulla riva destra della Senna, è dominato dai moderni Forum des Halles e Centre Pompidou. Queste due spettacolari architetture costituiscono il punto d'incontro preferito per negozianti, amatori d'arte, studenti e turisti. Tra le due piazze c'è un flusso continuo di gente. Le Halles sono alla moda, la maggior parte dei negozi si trovano sotto il livello stradale e la folla che passeggia sotto le cupole in vetro e cemento è costituita soprattutto da giovani. Le strade circostanti sono ravvivate da negozi a buon mercato e piccoli bar. Tuttavia rimane ancora un buon numero di negozi di alimentari, macellerie e mercatini, che rievocano l'atmosfera del quartiere quando Les Halles erano ancora i mercati generali di Parigi. Tutte le strade intorno alle Halles portano all'area del Beaubourg e al Centre Pompidou, struttura d'avanguardia fatta di grandi tubi, condotti e cavi, riaperta dopo un restauro necessario per far fronte ai suoi 20.000 visitatori giornalieri. Le stade adiacenti, come la Rue St-Martin e la Rue Beaubourg, ospitano piccole gallerie d'arte contemporanea in edifici dall'aspetto un po' fatiscente.

Fontana nella piazza Igor Stravinsky

Da vedere

Edifici storici e strade
- N. 51 Rue de Montmorency 11
- Torre di Jean Sans Peur 12
- Bourse du Commerce 14
- Torre St-Jacques 17

Chiese
- St-Merry 2
- St-Eustache 13
- St-Germain l'Auxerrois 15

Musei e gallerie
- *Centre Pompidou pp 110–3* 1
- Pavillion des Arts 5
- Forum des Images 7
- Musée de la Poupée 10

Architettura moderna
- Forum des Halles 8
- Le Défenseur du Temps 9

Caffè
- Café Beaubourg 4
- Bistrot d'Eustache 6

Fontane
- Fontaine des Innocents 3

Negozi
- La Samaritaine 16

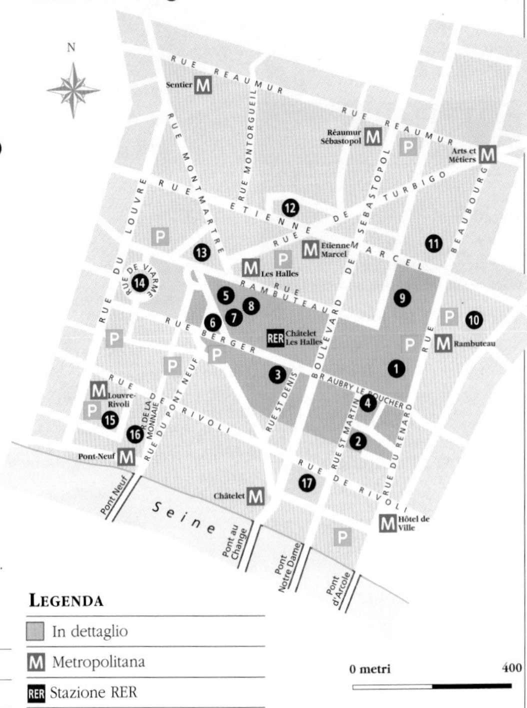

Come arrivarci

Rambuteau, Hôtel de Ville, Châtelet e Les Halles sono le stazioni del metró più vicine. Tra le linee di autobus che servono la zona, il 47 percorre la Rue Beaubourg passando dal Centre Pompidou e prosegue lungo il Boulevard Sebastopol.

Legenda

- In dettaglio
- M Metropolitana
- RER Stazione RER
- P Parcheggio

Vedi anche

- ***Stradario***, tav 13
- ***Dove alloggiare*** pp 278–9
- ***Ristoranti*** pp 296–8

St-Eustache e la scultura, *l'Ecoute*, di Henri de Miller

Beaubourg e Les Halles in dettaglio

EMILE ZOLA definiva Les Halles "il ventre di Parigi", riferendosi al fatto che dal 1183 erano i mercati generali per la carne, le verdure e la frutta. Il traffico congestionato degli anni '60 costrinse a spostare i mercati in periferia; nonostante le vivaci proteste, gli enormi padiglioni in ferro costruiti da Baltard furono demoliti e sostituiti dal complesso del Forum, con negozi e attività per il tempo libero. L'operazione ha avuto successo e dalla loro inaugurazione nel 1977 Les Halles e il Centre Pompidou, nel Beaubourg, hanno costituito la principale attrazione turistica di Parigi, richiamando una folla composita di visitatori.

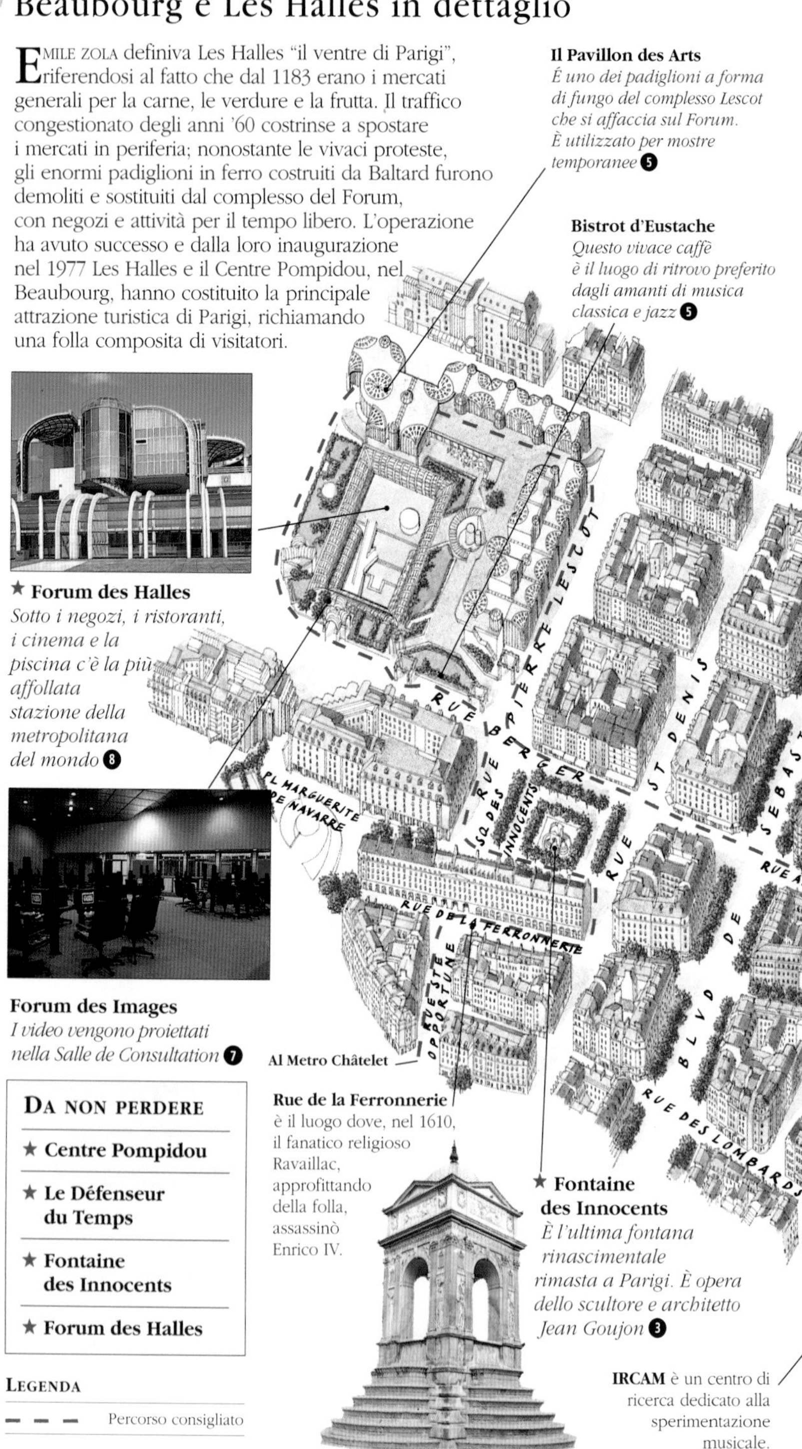

Il Pavillon des Arts
È uno dei padiglioni a forma di fungo del complesso Lescot che si affaccia sul Forum. È utilizzato per mostre temporanee ❺

Bistrot d'Eustache
Questo vivace caffè è il luogo di ritrovo preferito dagli amanti di musica classica e jazz ❺

★ Forum des Halles
Sotto i negozi, i ristoranti, i cinema e la piscina c'è la più affollata stazione della metropolitana del mondo ❽

Forum des Images
I video vengono proiettati nella Salle de Consultation ❼

Al Metro Châtelet

Rue de la Ferronnerie è il luogo dove, nel 1610, il fanatico religioso Ravaillac, approfittando della folla, assassinò Enrico IV.

★ Fontaine des Innocents
È l'ultima fontana rinascimentale rimasta a Parigi. È opera dello scultore e architetto Jean Goujon ❸

IRCAM è un centro di ricerca dedicato alla sperimentazione musicale.

DA NON PERDERE

- ★ Centre Pompidou
- ★ Le Défenseur du Temps
- ★ Fontaine des Innocents
- ★ Forum des Halles

LEGENDA

— — — Percorso consigliato

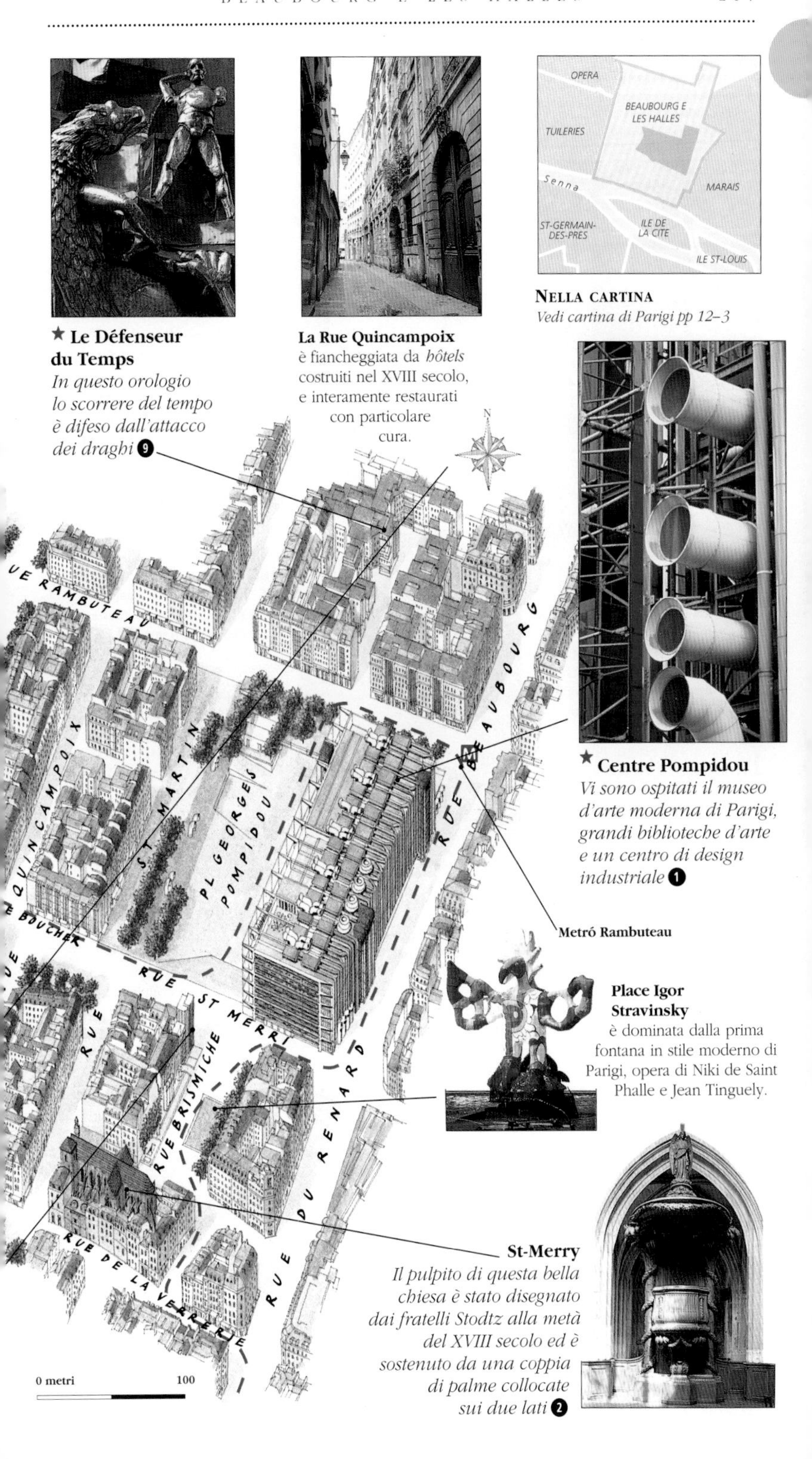

NELLA CARTINA
Vedi cartina di Parigi pp 12–3

★ **Le Défenseur du Temps**
In questo orologio lo scorrere del tempo è difeso dall'attacco dei draghi ❾

La Rue Quincampoix è fiancheggiata da *hôtels* costruiti nel XVIII secolo, e interamente restaurati con particolare cura.

★ **Centre Pompidou**
Vi sono ospitati il museo d'arte moderna di Parigi, grandi biblioteche d'arte e un centro di design industriale ❶

Place Igor Stravinsky è dominata dalla prima fontana in stile moderno di Parigi, opera di Niki de Saint Phalle e Jean Tinguely.

St-Merry
Il pulpito di questa bella chiesa è stato disegnato dai fratelli Stodtz alla metà del XVIII secolo ed è sostenuto da una coppia di palme collocate sui due lati ❷

Centre Pompidou ❶

Vedi pp 110–3

La vetrata della Natività nella chiesa di St-Merry

St-Merry ❷

76 Rue de la Verrerie 75004. **Tav** 13 B3. *01 42 71 93 93.* M *Hôtel-de-Ville.* ***Aperto*** *15–19 tutti i giorni. I e III dom del mese.* ***Concerti****.*

Le origini di questa chiesa risalgono al VII secolo. All'inizio dell'VIII secolo vi venne sepolto St Médéric, abate di St-Martin d'Autun. Il nome del santo, che venne in seguito trasformato in Merry, venne dato a una cappella costruita nelle vicinanze. La costruzione della chiesa, in stile gotico fiammeggiante, non venne completata fino al 1552. La facciata occidentale è riccamente decorata e nella torre a nord-ovest si trova la più vecchia campana di Parigi, che risale al 1331. St-Merry era la ricca chiesa dei banchieri lombardi, che diedero il loro nome alla vicina Rue des Lombards.

Fontaine des Innocents ❸

Sq des Innocents 75001. **Tav** 13 A2. M *Les Halles.* RER *Châtelet-Les-Halles.*

La fontana rinascimentale, accuratamente restaurata, si erge nello Square des Innocents, l'incrocio principale della zona. Eretta nel 1549 nella Rue St-Denis, venne traslocata nel luogo attuale nel XVIII secolo, quando, al posto di un cimitero, fu realizzato lo square. Punto d'incontro preferito dai giovani, la fontana è uno dei punti di riferimento delle Halles.

Bassorilievo della Fontaine des Innocents

Café Beaubourg ❹

100 Rue St-Martin 75004. **Tav** 13 B2. *01 48 87 63 96.* M *Les Halles.* RER *Châtelet-Les-Halles.* ***Apertura*** *8–13 dom–mart; 8–14 ven e sab.*

La terrazza del Café Beaubourg

Aperto alla fine del 1987 da Gilbert Costes, questo caffè è stato disegnato e decorato da uno dei più noti architetti francesi:Christian de Portzamparc, che progettò la monumentale Città della musica, nel Parco della Villette *(vedi p 234).* L'ampia terrazza è arredata con comode sedie in vimini rosse e nere. L'interno, spazioso ed elegante, è decorato con file di libri che rendono meno severo l'ambiente Art Deco. Questo caffè è il luogo di ritrovo dei commercianti d'arte delle gallerie circostanti o dello staff del Centre Pompidou. Il menù propone *brunch* e pasti leggeri. In mezzo alla confusione de Les Halles, il Café Beaubourg è il posto ideale in cui rilassarsi.

Pavillon des Arts ❺

101 Rue Rambuteau, Terrasse Lautréamont 75001. **Tav** 13 A2. *01 42 33 82 50.* M *Les Halles.* RER *Châtelet-Les-Halles.* ***Apertura*** *11.30–18.30 mart–dom.* ***Chiusura*** *festività.* ***A pagamento****.*

Con questo nuovo centro espositivo inaugurato nel 1983, il quartiere Les Halles, rianimato di recente, si è aperto alle arti. Collocato nel futuristico Pavilion Baltard, in ferro e acciaio, ospita esposizioni spesso incentrate su opere insolite o raramente visibili da altre parti, prese in prestito da musei francesi ed esteri. Ad esempio, in passato si sono avute mostre sulla storia della Russia descritta dalle immagini di fotografi sovietici, sui Surrealisti visti tramite le loro collezioni di bambole indiane e sulla Senna attraverso gli occhi di Turner.

Esterno del Pavillon des Arts

Bistrot d'Eustache ❻

37 Rue Berger 75001. **Tav** 13 A2. ☎ *01 40 26 23 20.* Ⓜ *Les Halles.* RER *Châtelet-Les-Halles.* ***Apertura*** *9–18 mart–sab; 9–2 dom–lun.* ***Live jazz*** *gio,* ***Flamenco/gypsy*** *ven–sab.*

Locale raccolto, arredato con vecchi pannelli di legno e numerosi specchi, mantiene il fascino della Parigi anni '30 e '40, periodo in cui fiorivano nella città i luoghi di ritrovo per esibizioni jazz. Il locale è molto affollato soprattutto il giovedì sera, in occasione delle serate dedicate al jazz gitano. Gli altri giorni, invece, la musica è più commerciale. Il menù prevede piatti tipici della cucina francese, durante tutto il giorno, a prezzi ragionevoli.

Interno del Bistrot d'Eustache

Forum des Images ❼

2 Grande Galerie, Forum des Halles 75001. **Tav** 13 A2. ☎ *01 44 76 62 00.* Ⓜ *Les Halles.* RER *Châtelet-Les-Halles.* ***Aperto*** *13–21 mart, mer, ven–dom; 13–22 gio.* ***Chiuso*** *feste naz.* ***A pagam.*** www.forumdesimages.net

Nel forum è possibile scegliere tra migliaia di film. Tutti hanno come tema la città di Parigi. La storia di Parigi è documentata a partire dal 1895 e c'è anche un cinegiornale sul generale de Gaulle che sfugge ai cecchini durante la liberazione di Parigi nel 1944. Moltissimi sono i film, tra cui *Baci rubati* di Truffaut. Oltre alla possibilità di visionare per due ore il video scelto nella Salle de Consultation *(p 106)* il biglietto d'ingresso dà accesso ai due auditorius dove si proiettano film a tema.

Baci rubati **di François Truffaut**

Forum des Halles ❽

75001. **Tav** 13 A2. Ⓜ *Les Halles.* RER *Châtelet-Les-Halles.*

L'attuale Forum des Halles, conosciutosemplicemente come Les Halles, venne realizzato nel 1979, tra mille controversie, al posto del famoso mercato della frutta e della verdura. Il complesso attuale occupa 7 ha distribuiti sopra e sotto il livello stradale. I livelli sotterranei 2 e 3 sono occupati da negozi di tutti i tipi, dalle boutique eleganti ai grandi magazzini. In superficie vi sono giardini coperti, pergolati e mini-padiglioni. Edifici a forma di palma, in metallo e vetro, ospitano il Pavillon des Arts, la Maison de la Poésie e il Musée de l'Holographie. Il Pavillon des Arts e la Maison de la Poésie sono due centri culturali che si occupano rispettivamente di arte e di poesia contemporanea.

Le Défenseur du Temps ❾

Rue Bernard-de-Clairvaux 75003. **Tav** 13 B2. Ⓜ *Rambuteau.*

Nel moderno Quartier de l'Horloge (Quartiere dell'Orologio) si erge il più moderno orologio pubblico di Parigi, "Il difensore del tempo" di Jacques Monastier, una massiccia scultura meccanica in ottone e acciaio alta 4 m e pesante 1 t. Il difensore combatte contro tre elementi, aria terra e acqua che, sotto forma di mostri, lo assalgono prima dello scoccare dell'ora. La lotta è accompagnata dal rombo di terremoti, uragani e mari in tempesta. Alle 14 e alle 18, con grande gioia dei bambini presenti, il difensore sconfigge tutti i mostri.

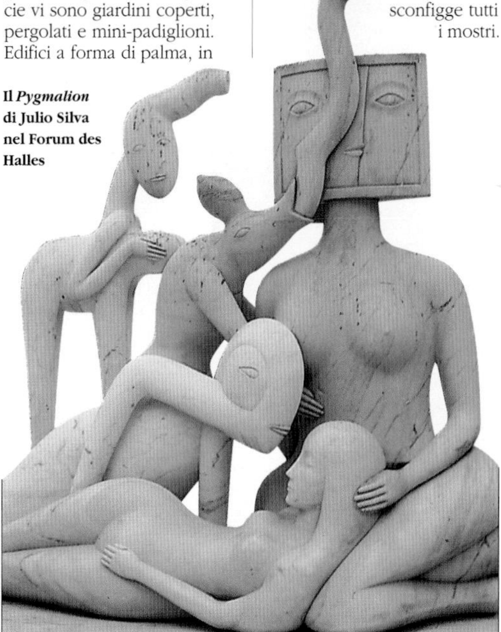

Il *Pygmalion* di Julio Silva nel Forum des Halles

Centre Pompidou ❶

IL POMPIDOU è un edificio rovesciato: scale mobili, ascensori, condotti dell'aria; tubi dell'acqua, perfino le massicce travi in acciaio sono stati infatti collocati all'esterno. Gli architetti Richard Rogers, Renzo Piano e Gianfranco Franchini hanno così potuto creare all'interno uno spazio flessibile e senza barriere che ospita il Musée National d'Art Moderne e le altre attività del Pompidou. Tra gli artisti di spicco del museo vi sono Matisse, Picasso, Miró e Pollock, che rappresentano scuole come il Fauvismo, il Cubismo e il Surrealismo. Sulla piazza si esibiscono artisti di strada. Il Centre Pompidou ha riaperto, dopo lunghi lavori di restauro, nel gennaio 2000.

Le scale mobili, che salgono lungo la facciata prospiciente la piazza, corrono dentro un tubo di vetro. Dall'alto si gode una splendida vista di Parigi, estesa a Montmartre, La Défense e la Tour Eiffel.

LEGENDA

- ☐ Spazio espositivo
- ▒ Spazio non espositivo

GUIDA ALLA GALLERIA

Le collezioni permanenti sono al V e al IV piano: il primo contiene le opere dal 1905 al 1960, il secondo, invece, è riservato all'arte contemporanea. Il I el il VI piano ospitano le principali mostre di artisti, mentre al I, II e III vi è una biblioteca.
Ai piani più bassi si trova il "Forum", uno spazio pubblico che include un centro spettacoli, un cinema e un laboratorio per bambini.

Ritratto della giornalista Sylvia von Harden *(1926)*
Lo stile di Dix trasforma il ritratto in una tagliente caricatura.

Le Cheval Majeur
Cavallo di bronzo (1914–16) di Duchamp-Villon, uno dei migliori esempi di scultura cubista.

Alla Russia, agli asini e agli altri *(1911)*
Durante tutta la sua vita Chagall si ispirò alla piccola città russa di Vitebsk, dove era nato.

NOTE INFORMATIVE

Pl Georges Pompidou. **Map** 13 B2. 01 44 78 12 33. M *Rambuteau, Châtelet, Hôtel de Ville.* *21, 29, 38, 47, 58, 69, 70, 72, 74, 75, 76, 81, 85, 96.* RER *Châtelet-Les-Halles.* ***Apertura*** *MNAM e mostre temporanee: 11–21 mer–lun; biblioteca: 12–22 lun–ven; 11–22 sab–dom; studio Brancusi: 13–18.45 mer–dom.* ***A pagam.***
W www.centrepompidou.fr

Terrazza della vasca e della scultura

Tristezza di re *(1952)*
Verso la fine della sua vita Matisse realizzò diversi collage, usando ritagli di carta ridipinti a tempera.

Il Duo *(1937)*
Georges Braque, come Picasso, sviluppò la tecnica cubista che presentava simultaneamente diverse visioni dello stesso soggetto.

Terrazza della vasca e della scultura

IL CODICE COLORE

I tubi colorati sono la più strana delle architetture che caratterizzano la facciata posteriore del Pompidou, su rue de Renard, al punto da spingere un critico a paragonare l'edificio a una raffineria di petrolio. Lontani dall'essere solamente decorativi, i colori servono a distinguere le diverse funzioni dei tubi: i condotti dell'aria sono blu, quelli dell'acqua verdi e quelli per l'elettricità gialli. I percorsi che servono alla salita dei visitatori (come gli ascensori e le scale mobili), sono rossi. L'idea degli architetti che hanno realizzato il progetto era di far capire ai visitatori come funziona il "metabolismo" di un edificio delle dimensioni del Centre Pompidou.

Visita alla Collezione d'arte moderna del Pompidou

Con una collezione di oltre 50.000 opere d'arte di più di 42.000 artisti, il Pompidou offre tutto ciò che riguarda le Belle arti. Dopo il rinnovo, alle discipline classiche -pittura, scultura, disegno e fotografia- si sono aggiunti il cinema, l'archittetura, il design e archivi visivi e sonori. Le collezioni reappresentano una panoramica completa dell'attività artistica moderna e contemporanea.

Le due chiatte (1906) di André Derain

Dal 1905 al 1960

La collezione "storica" mostra i grandi movimenti artistici della prima metà del XX secolo, dal Fauvismo all'Espressionismo astratto, fino alle nuove correnti degli anni Cinquanta. La grande collezione di sculture cubiste, tra cui il notevole *Cheval Majeur* di Duchamp-Villon (1914–1916) è qui esposta, insieme ad altre opere di grandi maestri del XX secolo. Matisse, Picasso, Braque, Duchamp, Kandinsky, Léger, Miró, Giacometti e Dubuffet dominano il cuore della collezione.

Verso la fine della sua vita, Matisse creò diversi collage ritagliando grandi fogli di carta. Tra i tanti, il museo conserva *La Tristesse du Roi* (La tristezza del Re) del 1952. Con *Homme à la Guitare* (Uomo con chitarra), Braque dimostra di saper dominare la tecnica cubista di cui egli fu pioniere, insieme a Picasso. Considerato uno dei primi, se non il primo pittore astratto, Kandinsky trasformò le opere ispirate dalla natura in complesse costruzioni di forme e colori. Il museo presenta un'ampia collezione di opere del pittore russo. Tra queste le Impressioni (*Impressions V, Parc*, 1911) segnano la fine del suo periodo espressionista prima di consacrarsi all'arte astratta con *Improvisations XIV* o *Avec l'Arc Noir* (Con l'arco nero), entambe del 1912.

La collezione mostra anche i gruppi e i movimenti sui quali si fonda la storia dell'arte moderna, o che furono influenti nell'evoluzione del suo percorso, come ad esempio il movimento Dada, l'Astrattismo e l'Arte informale. Un pioniere del movimento informale, Jean Fautrier, è qui rappresentato con i suoi *Otages* (Ostaggi), che rievocano le sofferenze dei soldati della resistenza.

Al centro del suo percorso cronologico, alcuni spazi aperti sono una rivelazione. Una sala mostra l'Union des Artistes Modernes (l'Unione degli Artisti Moderni) dove architetti, artisti visivi e disegnatori si incontrarono negli anni Venti. Un'altra sala riproduce l'atmosfera dell'atelier di André Breton, in cui sono esposte le opere dei suoi amici surrealisti.
La sala dedicata ai tre grandi *Bleus* (Blu) di Miró lascia tempo e spazio ai visitatori per riflettere sul carattere esplosivo e rivoluzionario dell'arte moderna.

Avec l'arc noir (1912) di Vassily Kandinsky

Studio di Brancusi

Lo Studio di Brancusi, sito sul lato della piazza che dà verso Rue Rambuteau, è la ricostruzione dello studio originale dell'artista rumeno Constantin Brancusi (1876-1957), che visse e lavorò a Parigi. Egli lasciò tutte le proprie opere allo Stato francese, a patto che il suo studio venisse ricostruito esattamente com'era. La collezione comprende oltre 200 sculture e plinti, 1600 fotografie e una selezione degli attrezzi dell'artista. Vengono inoltre presentati alcuni oggetti personali appartenuti a Brancusi, come documenti, mobili e la sua collezione di libri.

Mlle Pogany (1919–20) di Constantin Brancusi

The good-bye door **(1980) di Joan Mitchell**

DAL 1960 A OGGI

LA SEZIONE di arte contemporanea si apre con gli anni Sessanta e rende omaggio a Jean Tinguely. Questo scultore/ingegniere creò la fontana Stravinsky, posta vicino al Centre Pompidou, insieme a Niki de Saint-Phalle. L'esposizione si sviluppa intorno a un corridoio da cui si aprono le sale espositive.

Gli anni Sessanta videro la nasciata della Pop Art in America, che si ispirava alle immagini della pubblicità e dei mass-media e a oggetti ripresi dalla società dei consumi. Opere di Jasper Johns, Andy Warhol e Claes Oldenburg sono qui esposte. Nell'opera *Oracle* di Rauschenberg, ad esempio, gli oggetti diventano forme astratte. Tra le altre importanti creazioni si trovano *Ghost Drums Set* di Claes Oldenburg e *Electric Chair* di Andy Warhol.

In Francia, i nuovi realisti, un gruppo eterogeneo che comprende Yves Klein, César, Arman e altri, si ispiravano a oggetti della vita quotidiana, ritenendo che fosse possibile dar loro una valenza artistica. Arman produce "accumulazioni", Raymond Hains raccoglie poster murali per creare tele astratte, mentre Jean Tinguely costruisce macchine utilizzando materiali di raccolta.

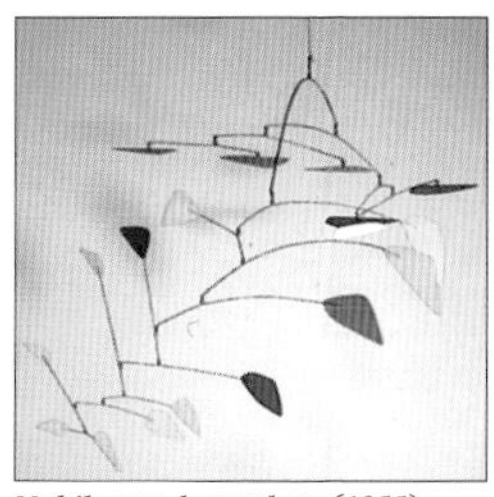

Mobile sur deux plans **(1955) di Alexander Calder**

Il sottile erotismo di Balthus (conte Balthasar Klossowski de Rola) traspare dalla sua opera *Le peintre et son modèle* (1980–81). In un altro spazio espositivo sono raccolti i disegni a penna del poeta-pittore Henri Michaux.

Infiltrazioni omogenee **(1966) di Joseph Beuys**

Il lavoro di Herbin, fondatore del gruppo di pittori non figurativi Abstraction-Création, è il punto di riferimento del lavoro degli astrattisti geometrici, mentre il movimento americano Hard Edge Abstraction, caratterizzato da forme definite e colori piatti, è rappresentato tra gli altri da Ellsworth Kelly e Frank Stella. Tra le numerose sculture dei minimalisti vi sono *Etait à angle n. 7 (Per Natalie)* (1983) di Richard Serra e *Cassé d'étain en 44 éléments* (1975) di Carl André.

Il museo ha anche una selezione di opere figurative di Georg Baselitz, Gilbert e George, e Anselm Kiefer, e anche opere della paesaggista astratta Joan Mitchell.

L'arte cinetica, l'arte povera e concettuale e le nuove correnti della pittura figurativa e astratta segnano il percorso delle gallerie di arte contemporanea.

Da quando il Centre Pompidou è stato riaperto certe sezioni sono state destinate a raccogliere le diverse opere per temi e non più per scuole o movimenti. Per esempio, l'uso del materiale plastico nell'arte contemporanea si trova nelle opere di Jean Dubuffet, César o Claes Oldenburg che compaiono tra i lavori degli architetti Richard Buckminster o Hans Hollein e dei disegnatori, come Ettore Sottsass.

Nella sua nuova sistemazione il quarto piano presenta sale che permettono di scoprire i vari aspetti della collezione del museo. Queste rappresentano spesso la preferenza della collezione per le forme più ironiche e concettuali. In una recente esposizione sono state esposte opere come *Plight* (1985) di Joseph Beuys, costituita da un pianoforte, da una parete e da un soffitto coperti da circa 7 t di feltro, e come il video di Nam June Paik, intitolato *Video Fish* (1979–85), in cui sugli schermi televisivi lampeggiavano immagini ossessive da dietro un acquario pieno di pesci.

Nel museo possono essere esposte mostre temporanee. Una sala per l'arte grafica e una sezione per i video completano il museo. Un'altra sala dà accesso alla collezione di video e registrazioni audio di numerosi artisti moderni.

Le magazin de Ben **(1973) di Ben Vautier**

Musée de la Poupée ⑩

Impasse Berthaud 75003. **Tav** 13 B2. *01 42 72 73 11.* *Rambuteau.* ***Apertura*** *10–18 mart–dom.* ***A pagamento.*** *gruppi su app.*

IN QUESTO MUSEO è esposta una collezione di bambole fatte a mano dalla metà del XIX secolo ai giorni nostri. Trentasei bacheche contengono bambole francesi con testa di porcellana del periodo dal 1850 al 1950. In altre 24 vetrine sono esposte bambole tematiche provenienti da tutto il mondo. I proprietari del museo, Guido Odin e il figlio Samy, sono al vostro servizio se dovete riparare le vostre bambole. Il negozio del museo dispone di tutto il necessario per conservare in buono stato o restaurare queste opere d'arte veramente uniche. La famiglia Odin, inoltre, organizza corsi vari e completi per imparare a costruire le bambole,destinati sia agli adulti che ai bambini.

Una bambola francese del XIX sec. con testa di porcellana.

N. 51 Rue de Montmorency ⑪

75003. **Tav** 13 B1. *Réaumur-Sébastopol.* ***Chiuso*** *al pubblico.*

L'EDIFICIO è il più antico di Parigi, precedente anche al n. 3 di Rue Volta nel quartiere del Marais. Il n. 51, che oggi ospita un ristorante, venne costruito nel 1407 da Nicolas Flamel, scrittore e insegnante. La sua casa era sempre aperta ai poveri, ai quali in cambio domandava solo di pregare per i defunti.

L'interno di St-Eustache nel 1830

Tour de Jean Sans Peur ⑫

20 Rue Etienne-Marcel 75002. **Tav** 13 A1. *01 40 26 20 28.* *Etienne-Marcel.* ***Apertura*** *13.30–18 mer, sab, dom.* ***A pagamento.***

DOPO AVER fatto assassinare il duca d'Orléans nel 1408 il duca di Borgogna temeva rappresaglie e per proteggersi fece costruire sopra la sua casa, l'Hôtel de Bourgogne, una torre alta 27 m. Trasferì quindi la sua camera da letto al quarto piano della torre (raggiungibile solo salendo una rampa di 140 gradini), per dormire al sicuro dai complotti dei suoi nemici.

Il n. 51 di Rue de Montmorency, la più antica casa di Parigi

St-Eustache ⑬

Pl du Jour 75001. **Tav** 13 A1. *01 42 36 31 05.* *Les Halles.* RER *Châtelet-Les-Halles.* ***Apertura*** *9–20 (19 in inverno) tutti i giorni.* *10, 18 mart–ven; 18 lun e sab; 9.30, 11, 18 dom.* ***Concerti d'organo*** *17.30 dom.*

PER LA SUA PIANTA gotica e le decorazioni rinascimentali St-Eustache è una delle più belle chiese di Parigi. Sul modello di Notre-Dame, la pianta presenta 5 navate e cappelle laterali e radiali. Durante la sua costruzione, durata 105 anni (1532–1637), si affermò lo stile rinascimentale, riconoscibile nei magnifici archi, nei pilastri e nelle colonne. Le vetrate colorate del coro sono state disegnate da Philippe de Champaigne. La chiesa è legata a molti personaggi famosi: Molière è sepolto qui; la marchesa di Pompadour, amante ufficiale di Luigi XV, vi è stata battezzata, così come il cardinale Richelieu.

Entrata alla Bourse du Commerce, un tempo borsa del grano

Bourse du Commerce ⓮

2 Rue de Viarmes 75001. **Tav** 12 F2. *01 55 65 55 65.* *Les Halles.* *Châtelet-Les-Halles.* ***Apertura*** *9–13; 14–17 lun–ven.* *solo comitive su appuntamento.*

PARAGONATO DA Victor Hugo al cappello di un fantino senza la visiera, il vecchio edificio che serviva da borsa del grano fu costruito nel XVIII secolo e ristrutturato nel 1889. Oggi vi si trattano merci come zucchero e caffè. L'edificio ospita un Centro per il commercio internazionale e la Chambre de Commerce et d'Industrie di Parigi.

St-Germain l'Auxerrois ⓯

2 Pl du Louvre 75001. **Tav** 12 F2. *01 42 60 13 96.* *Louvre, Pont-Neuf.* ***Apertura*** *8–19 tutti i giorni (dom chiuso 13–15).* ***Musica d'organo*** *dom pom.* ***Concerti***.

DOPO IL TRASFERIMENTO della corte dei Valois dall'Ile de la Cité al Louvre, nel XIV secolo, questa divenne la chiesa preferita dei re, che qui assistevano alla messa.

È legata a diversi avvenimenti storici, tra cui il terribile massacro della notte di San Bartolomeo del 24 agosto 1572, alla vigilia delle nozze tra Enrico di Navarra e Margherita di Valois. Migliaia di ugonotti, attirati a Parigi dal matrimonio, vennero assassinati, mentre suonavano le campane. Dopo la Rivoluzione la chiesa fu usata come granaio. Nonostante i molti restauri, è un gioiello di architettura gotica.

La Samaritaine ⓰

19 Rue de la Monnaie 75001. **Tav** 12 F2. *01 40 41 20 20.* *Pont-Neuf.* ***Apertura*** *9.30–19 lun–mer, ven e sab; 9.30–22 gio.* *Vedi p 313.*

L'ELEGANTE grande magazzino venne fondato nel 1900 da Ernest Cognacq, un ex commerciante ambulante. Costruito nel 1926 con una struttura in ferro e ampie vetrate, La Samaritaine è un ottimo esempio di stile Art Déco. Nell'interno restaurato si possono ammirare una bella scala in ferro in stile Art Nouveau e gallerie sospese sotto un'ampia cupola. Dal ristorante sul tetto si gode una delle più belle vedute di Parigi. Cognacq era anche un collezionista d'arte del XVIII secolo e la sua collezione è oggi in mostra nel Musée Cognacq-Jay al Marais *(p 94)*.

L'interno Art Déco dei magazzini La Samaritaine

La Tour St-Jacques con le sue ricche decorazioni

Tour St-Jacques ⓱

Square de la Tour St-Jacques 75004. **Tav** 13 A3. *Châtelet.* ***Chiuso*** *al pubblico.*

L'IMPONENTE torre tardo-gotica, che risale al 1523, è tutto quello che rimane di un'antica chiesa, punto di ritrovo dei fedeli in partenza per i lunghi pellegrinaggi. Dopo la Rivoluzione la chiesa venne distrutta. In precedenza Blaise Pascal, matematico, fisico, filosofo e scrittore del XVII secolo, usò la torre per i suoi esperimenti sul barometro. Al piano terreno c'è infatti una statua in suo onore. La regina Vittoria passò di qui durante la sua visita di stato del 1854; da lei prese il nome la vicina Avenue Victoria.

Il massacro di San Bartolomeo **(1572–84 circa) di François Dubois**

TUILERIES

LA ZONA DELLE TUILERIES si estende da un lato fino all'ampio e armonioso slargo di Place de la Concorde e dall'altro fino al complesso del Louvre. Questa era la zona dove vivevano i re. Il Re Sole (Luigi XIV) è ancora qui, perché la sua statua campeggia nella Place des Victoires, progettata proprio per accogliere il suo monumento. Oggi invece l'ammirazione va soprattutto ai re della moda. In Place Vendôme lo splendore regale è stato sostituito da quello delle pietre preziose di Cartier, Boucheron e Chaumet e dall'eleganza degli uomini d'affari arabi, tedeschi e giapponesi e delle signore chic che frequentano il Ritz. La zona è attraversata dalle due più eleganti strade commerciali di Parigi. Parallelamente al Jardin des Tuileries corre infatti la lunga Rue de Rivoli, con i suoi portici, le costose boutique, le librerie e gli alberghi a cinque stelle. Subito dietro la Rue de Rivoli c'è la Rue St-Honoré, dove si trovano negozi di ogni tipo.

Un lampione di Place de la Concorde

DA VEDERE

Musei e gallerie
Musée du Louvre pp 122–9 1
Musée de la Mode et des Textiles 9
Musée de la Publicité 10
Musée des Arts Décoratifs 11
Galerie National du Jeu de Paume 15
Musée de l'Orangerie 16
Village Royal 18

Edifici storici
Palais Royal 3
Banque de France 20

Piazze, parchi e giardini
Jardin du Palais Royal 5
Place des Pyramides 8
Jardin des Tuileries 14
Place de la Concorde 17
Place Vendôme 19
Place des Victoires 21

Monumenti e fontane
Fontaine Molière 6
Arc de Triomphe du Carrousel 12

Negozi
Louvre des Antiquaires 2
Rue de Rivoli 13

Teatri
Comédie Française 4

Chiese
St-Roch 7

N
Madeleine
Rue Boissy d'Anglas
Rue Royale
Rue Saint Honoré
Concorde
Place de la Concorde
Rue de Castiglione
Rue de Rivoli
Rue des Petits Champs
Avenue de l'Opéra
Pyramides
Tuileries
Rue Croix des Petits Champs
Rue du Louvre
Ave du Gen Lemonnier
Palais Royal Musée du Louvre
Louvre-Rivoli
Quai des Tuileries
Quai du Louvre
Seine
Pont de la Concorde
Passerelle de Solferino
Pont Royal
Pont du Carrousel
Passerelle des Arts
0 metri 400

COME ARRIVARCI

La zona è ben servita dalle linee metropolitane; le stazioni sono: Tuileries, Pyramides, Palais Royal e Louvre. Ci sono anche numerosi autobus: le linee 24 e 72 percorrono il lungosenna passando davanti al Jardin des Tuileries e al Musée du Louvre.

VEDI ANCHE

• ***Stradario***, tavv 6, 11–2
• ***Dove alloggiare*** pp 278–9
• ***Ristoranti*** pp 296–8

LEGENDA

In dettaglio
M Metropolitana
P Parcheggio

Place de la Concorde con il suo obelisco

Tuileries in dettaglio

Piazze eleganti, giardini all'italiana, portici e cortili interni danno a questa zona di Parigi un fascino speciale. Antichi palazzi reali e importanti musei coesistono con il lusso di oggi: alberghi a cinque stelle, ristoranti famosi, negozi di moda e gioiellerie di fama internazionale. I lavori di restauro hanno riportato all'antico splendore le facciate del Louvre e degli edifici della Place du Palais Royal, dove il palazzo reale, costruito dal cardinale Richelieu, ospita oggi gli uffici governativi. Da qui il ministero della cultura sovrintende ai lavori di restauro degli edifici più importanti della città. Il palazzo reale più antico, il Louvre, è oggi sede del più grande museo del mondo.

St-Roch
La chiesa di St Roch, costruita nel XVII secolo e insolitamente orientata lungo un asse nord-sud, custodisce importanti tesori d'arte sacra 7

Il Normandie è un elegante albergo in stile Belle Epoque, un periodo particolarmente allegro della Parigi di fine secolo.

Metró Pyramides

★ Jardin des Tuileries
La cavalcata sull'asino è uno dei piaceri offerti da questi giardini in stile classico, progettati dall'architetto di corte André Le Nôtre nel XVII secolo 14

Place des Pyramides
La statua di Giovanna d'Arco, di Frémiet, molto amata dai monarchici 8

Al Quai du Louvre

Musée de la Mode et des Textiles
Le collezioni di alta moda di questo museo sono una recente acquisizione del Louvre 9

Musée des Arts Décoratifs
Gioiello del museo è la sezione dedicata all'Art Nouveau 11

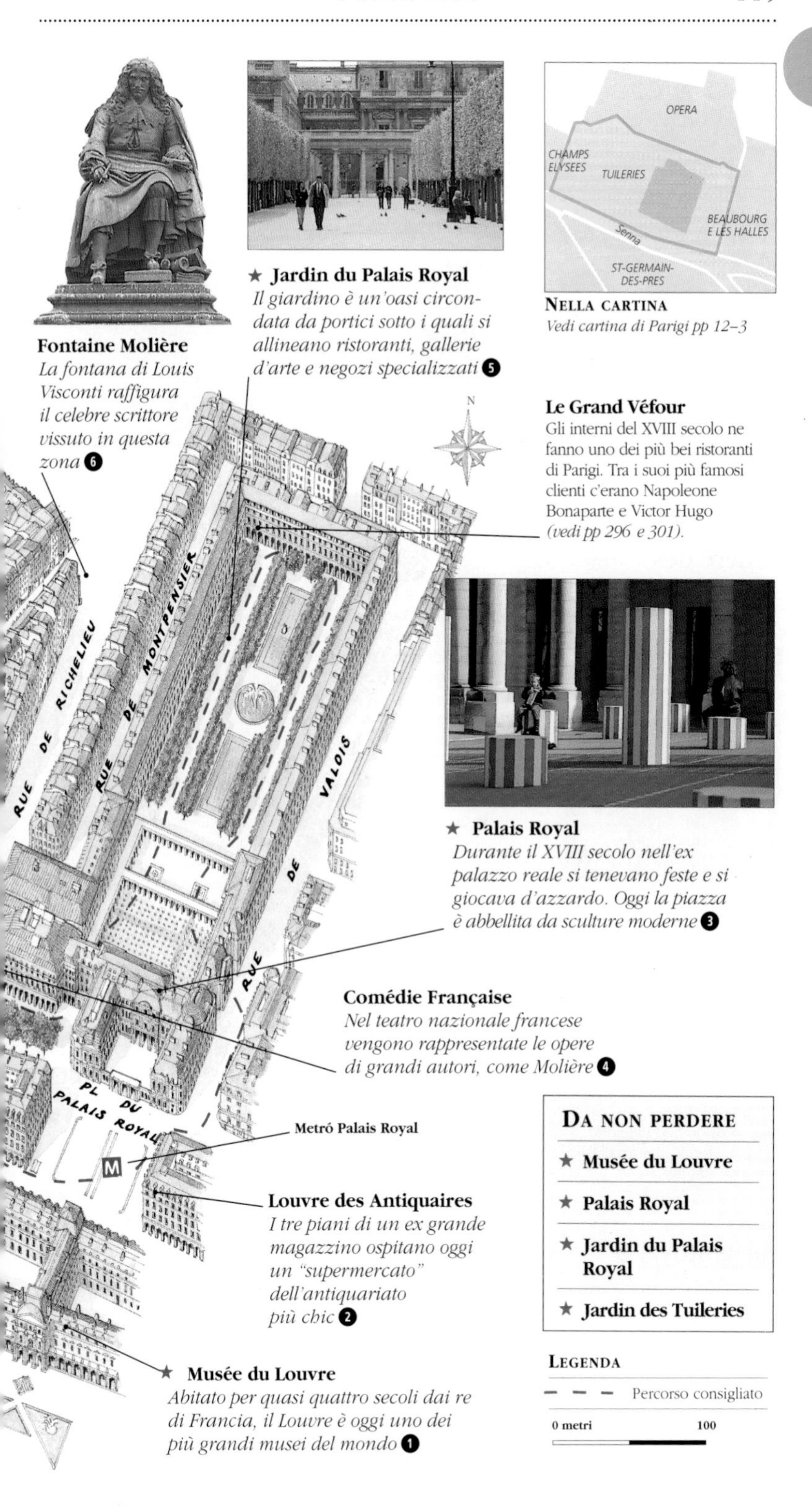

Fontaine Molière
La fontana di Louis Visconti raffigura il celebre scrittore vissuto in questa zona ❻

★ **Jardin du Palais Royal**
Il giardino è un'oasi circondata da portici sotto i quali si allineano ristoranti, gallerie d'arte e negozi specializzati ❺

Nella cartina
Vedi cartina di Parigi pp 12–3

Le Grand Véfour
Gli interni del XVIII secolo ne fanno uno dei più bei ristoranti di Parigi. Tra i suoi più famosi clienti c'erano Napoleone Bonaparte e Victor Hugo *(vedi pp 296 e 301).*

★ **Palais Royal**
Durante il XVIII secolo nell'ex palazzo reale si tenevano feste e si giocava d'azzardo. Oggi la piazza è abbellita da sculture moderne ❸

Comédie Française
Nel teatro nazionale francese vengono rappresentate le opere di grandi autori, come Molière ❹

Metró Palais Royal

Louvre des Antiquaires
I tre piani di un ex grande magazzino ospitano oggi un "supermercato" dell'antiquariato più chic ❷

★ **Musée du Louvre**
Abitato per quasi quattro secoli dai re di Francia, il Louvre è oggi uno dei più grandi musei del mondo ❶

Da non perdere

- ★ **Musée du Louvre**
- ★ **Palais Royal**
- ★ **Jardin du Palais Royal**
- ★ **Jardin des Tuileries**

Legenda

– – – Percorso consigliato

0 metri 100

Il Pont Royal, a cinque arcate, unisce il Louvre alla Riva sinistra

Musée du Louvre ❶

Vedi pp 122–9.

Louvre des Antiquaires ❷

2 Pl du Palais Royal 75001. **Tav** 12 E2. *01 42 97 27 00.* ***Aperto*** *11–19 mart–dom (lug e ago: mart–sab).* ***Chiuso*** *1 gen, 25 dic.* *Vedi pp 322–3*

Un negozio di antiquariato nel Louvre des Antiquaires

ALLA FINE DEGLI anni '70, i Grands Magasins du Louvre vennero trasformati in questo complesso di negozi di antiquariato e gallerie d'arte. Non vi si trovano forse grandi occasioni, ma i 250 negozi di questo elegante mercato sono aggiornatissimi sui gusti più attuali dei *nouveaux riches*.

Palais Royal ❸

Pl du Palais Royal 75001. **Tav** 12 E1. *Palais Royal.* ***Edifici chiusi*** *al pubblico.*

L'EX PALAZZO REALE ha avuto una storia travagliata. All'inizio del XVII secolo si chiamava Palais Cardinale e apparteneva a Richelieu. Alla sua morte passò alla corona e Luigi XIV vi abitò da bambino. Passato in mano ai duchi d'Orleans, nel XVIII secolo vi si svolsero feste brillanti, intervallate da periodi di scandali e dissolutezze. Il teatro del cardinale, dove aveva recitato Molière, bruciò nel 1763, ma venne sostituito dalla Comédie Française. Dopo la Rivoluzione il palazzo divenne una bisca. Nel 1815 venne rivendicato dal futuro re Luigi Filippo, di cui Alexandre Dumas era bibliotecario. Durante l'insurrezione del 1871 l'edificio si salvò a stento dalle fiamme.

Dopo essere stato nuovamente restaurato tra il 1872 e il 1876, il palazzo ritornò di proprietà statale e ospita oggi il Consiglio di Stato, massimo organismo amministrativo, e la Corte costituzionale, istituzione più recente. Un'altra ala del palazzo è occupata dal ministero della cultura.

Comédie Française ❹

2 Rue de Richelieu 75001. **Tav** 12 E1. *01 44 58 15 15.* *Palais Royal.* ***Apertura*** *per spettacoli.* *10.15, 10.30 dom (01 44 58 13 16).* ***A pagamento.*** *Vedi* ***Divertimenti*** *pp 330–3.*

Targa dedicata a Pierre Corneille

LA SEDE DEL TEATRO nazionale francese si affaccia su Place Colette e Place André Malraux, due piazze incantevoli, anche se soffocate dal traffico. Le origini di questo teatro risalgono alla compagnia di attori di Molière del XVII secolo. Nel ridotto si trova ancora la poltrona in cui Molière morì nel 1673, proprio mentre recitava *Il malato immaginario*. La compagnia venne fondata nel 1680 da Luigi XIV e il teatro, che è sempre stato patrocinato dallo Stato in quanto centro di cultura nazionale, ha avuto la sua sede in questo palazzo fin dal 1799. Il repertorio comprende opere di Corneille, Racine, Molière, Shakespeare e di autori moderni.

Le colonne di Daniel Buren (anni '80) nel cortile del Palais Royal

Jardin du Palais Royal ❺

Pl du Palais Royal 75001. **Tav** 12 F1.
Ⓜ *Palais Royal.*

GLI ATTUALI giardini sono più piccoli di quelli originali, disegnati per conto del cardinale Richelieu intorno al 1630. Questo si deve alla costruzione, tra il 1781 e il 1784, di 60 edifici ai tre lati della piazza, oggi circondata anche da ristoranti, gallerie d'arte e negozi specializzati. La piazza ha importanti tradizioni letterarie e tra i suoi ultimi residenti famosi ha avuto personaggi come Jean Cocteau, Colette e Jean Marais.

Statua nel Jardin du Palais Royal

Fontaine Molière ❻

Rue de Richelieu 75001. **Tav** 12 F1.
Ⓜ *Palais Royal.*

IL PIÙ FAMOSO commediografo francese visse nelle vicinanze, al n. 40 di Rue de Richelieu. La fontana fu progettata nel XIX secolo da Louis Visconti, che disegnò anche la tomba di Napoleone agli Invalides *(pp 188–9).*

St-Roch ❼

296 Rue St-Honoré 75001. **Tav** 12 E1.
☎ *01 42 44 13 20.* Ⓜ *Tuileries.* **Apertura** *8–19 tutti i giorni.* **Chiusura** *festività non religiose.* ✝ *tutti i giorni, cambiano gli orari.* **Concerti.** 📷

***Predica di San Dionigi* di Vien (1767) in St-Roch**

LEMERCIER, architetto del Louvre, progettò questa grande chiesa, la cui prima pietra fu posata da Luigi XIV nel 1653. Jules Hardouin-Mansart vi aggiunse nel XVIII secolo la vasta cappella della Vergine, con la sua cupola riccamente decorata; due cappelle più recenti ampliarono la chiesa fino a 126 m di lunghezza, poco meno di Notre-Dame. Custodisce importanti tesori di arte sacra, parecchi provenienti da monasteri e da chiese non più esistenti, e ospita le tombe del drammaturgo Pierre Corneille, del sovrintendente dei giardini reali André Le Nôtre e del filosofo Denis Diderot. Le facciate conservano ancora i segni della battaglia tra napoleonici e lealisti del 1795.

Place des Pyramides ❽

75001. **Tav** 12 E1. Ⓜ *Tuileries, Pyramides.*

GIOVANNA D'ARCO, ferita nelle vicinanze nel 1429, in uno scontro con gli inglesi, è ricordata da una statua equestre del XIX secolo, opera di Emmanuel Frémiet e meta ancora oggi dei lealisti.

Musée de la Mode et des Textiles ❾

107 Rue de Rivoli 75001. **Tav** 12 E1.
☎ *01 44 55 57 50.* Ⓜ *Palais Royal, Tuileries.* **Apertura** *11–18 mart–ven (21 mer), 10–18 sab e dom.* **A pagam.** 🔒 W www.ucad.fr

SITUATO NEL Pavillon de Marsan al Louvre, il museo vuole promuovere una delle più antiche e famose industrie parigine: la moda. Ospita una vasta collezione di abiti e accessori ed è diventato una sede importante di mostre temporanee.

Giacca di Schiapparelli nel museo

Musée du Louvre ❶

LA STORIA del Musée du Louvre, che contiene oggi una delle più importanti collezioni d'arte al mondo, risale al Medioevo. Costruito nel 1190 come fortezza dal re Filippo-Augusto per proteggere Parigi dai Vichinghi, fu trasformato in palazzo rinascimentale sotto Francesco I, che ne abbatté il torrione. Da allora per quattro secoli re e imperatori francesi si impegnarono ad ampliarlo. Uno degli interventi più recenti è costituito dalla piramide di vetro nel cortile principale, da cui si accede a tutte le gallerie.

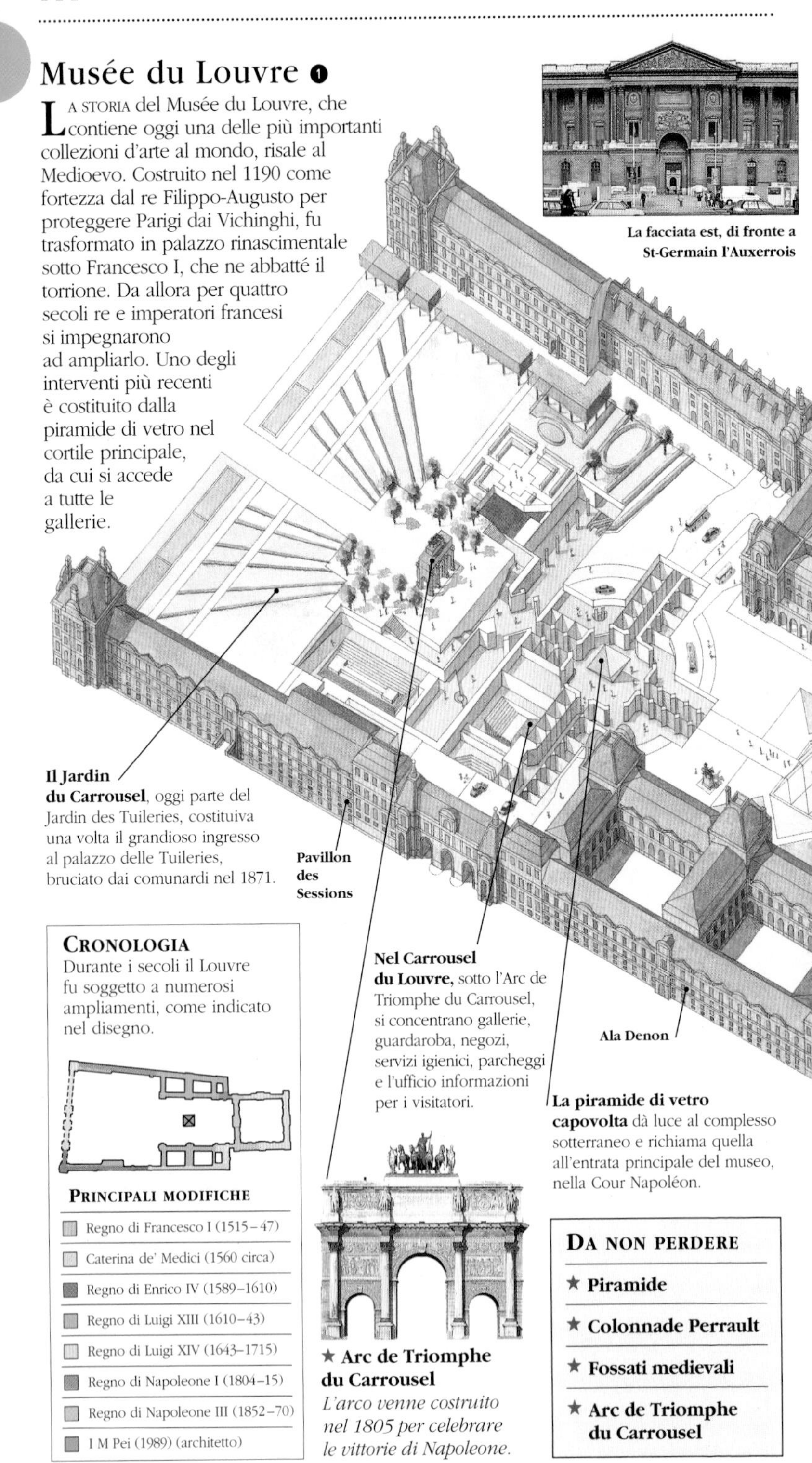

La facciata est, di fronte a St-Germain l'Auxerrois

Il Jardin du Carrousel, oggi parte del Jardin des Tuileries, costituiva una volta il grandioso ingresso al palazzo delle Tuileries, bruciato dai comunardi nel 1871.

Pavillon des Sessions

Nel Carrousel du Louvre, sotto l'Arc de Triomphe du Carrousel, si concentrano gallerie, guardaroba, negozi, servizi igienici, parcheggi e l'ufficio informazioni per i visitatori.

Ala Denon

La piramide di vetro capovolta dà luce al complesso sotterraneo e richiama quella all'entrata principale del museo, nella Cour Napoléon.

★ Arc de Triomphe du Carrousel
L'arco venne costruito nel 1805 per celebrare le vittorie di Napoleone.

CRONOLOGIA

Durante i secoli il Louvre fu soggetto a numerosi ampliamenti, come indicato nel disegno.

PRINCIPALI MODIFICHE

- Regno di Francesco I (1515–47)
- Caterina de' Medici (1560 circa)
- Regno di Enrico IV (1589–1610)
- Regno di Luigi XIII (1610–43)
- Regno di Luigi XIV (1643–1715)
- Regno di Napoleone I (1804–15)
- Regno di Napoleone III (1852–70)
- I M Pei (1989) (architetto)

DA NON PERDERE

- ★ **Piramide**
- ★ **Colonnade Perrault**
- ★ **Fossati medievali**
- ★ **Arc de Triomphe du Carrousel**

Pavillon Richelieu
Questo imponente padiglione del XIX secolo fa parte dell'ala Richelieu, sede un tempo del ministero delle finanze e oggi trasformato in splendide gallerie.

NOTE INFORMATIVE

Tav 12 E2. 01 40 20 53 17. 01 40 20 51 51. *Palais Royal, Musée du Louvre.* *21, 24, 27, 39, 48, 68, 69, 72, 75, 81, 95.* *Châtelet-Les-Halles.* *Louvre.* *Carrousel du Louvre (entr da Ave du Général Lemmonier); Pl du Louvre, Rue St-Honoré.* **Apertura** *9–18 mer–lun (21.45 lun e mer). Le sale dedicate alla storia del Louvre aprono solo lun e ven, orari come sopra (non tutte le sezioni sono aperte tutti i giorni).* ***Chiusura*** *alcune feste naz.* ***A pagam****. (dom prezzo ridotto dopo le 15, gratis prima dom di ogni mese e per i minori di 18 anni).* *parziale (01 40 20 53 17).* *tel 01 40 20 52 09.* ***Conferenze, proiezioni, concerti*** *(01 40 20 67 89).* www.louvre.fr

Cour Marly è un cortile con la copertura in vetro che ospita le sculture dei cavalli di Marly *(p 125)*.

★ **Piramide del Louvre**
La famosa nuova entrata principale del museo, progettata dall'architetto I M Pei e inaugurata nel 1989.

Ala Richelieu

Cour Puget

Cour Khorsabad

Ala Sully

Cour Carrée

★ **Colonnade Perrault**
La facciata est, con il magnifico colonnato, fu realizzata da Claude Perrault, che lavorò al Louvre con Louis Le Vau a metà del XVII secolo.

La Salle des Caryatides prende il nome dalle sculture femminili create da Jean Goujon nel 1550 per sostenere la galleria superiore.

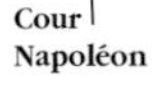

Cour Napoléon

Il Louvre di Carlo V
Intorno al 1360 Carlo V trasformò l'antica, robusta fortezza di Filippo-Augusto in residenza reale.

★ **Fossati medievali**
Nella zona degli scavi sono visibili le basi dei due torrioni e il sostegno del ponte levatoio della fortezza di Filippo-Augusto.

La collezione del Louvre

I TESORI DEL LOUVRE si possono far risalire alla collezione di Francesco I (1515–47) che acquistò molti dipinti italiani, tra i quali *La Gioconda*. Durante il regno di Luigi XIV (1643–1715) essa ammontava a sole 200 opere, ma si accrebbe anche a seguito di donazioni e acquisti. Il Louvre fu aperto per la prima volta al pubblico nel 1793, dopo la Rivoluzione, e da allora la sua collezione si è continuamente arricchita.

La merlettaia
In questo squisito dipinto del 1665 circa Jan Vermeer ci mostra uno scorcio di vita domestica in Olanda. Il dipinto arrivò al Louvre nel 1870.

La zattera della Medusa *(1819)*
Théodore Géricault si ispirò per questa sua grande opera al naufragio di una fregata francese, avvenuto nel 1816. Il dipinto mostra il momento in cui i naufraghi sopravvissuti avvistano una vela all'orizzonte.

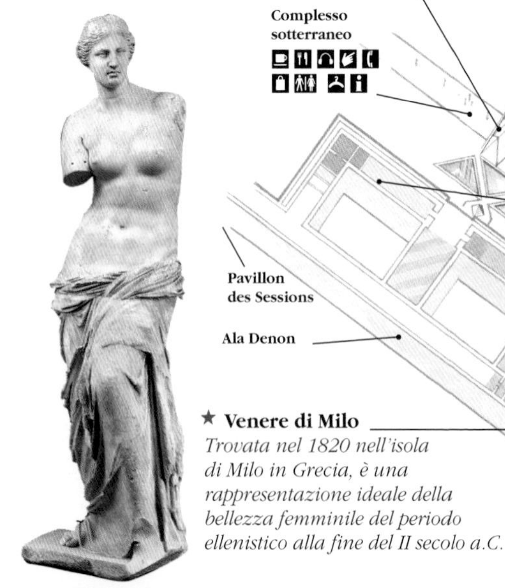

GUIDA ALLA GALLERIA

L'ingresso principale è sotto la piramide di vetro. Da qui partono i percorsi che conducono alle ali del museo. Le opere sono esposte su quattro piani: le sale per la pittura e la scultura sono organizzate per paese di origine. Ci sono sezioni autonome per l'arte antica orientale, egizia, greca, etrusca e romana, per gli objets d'art, *per stampe e disegni. Le opere provenienti da Africa, Asia, Oceania e Americhe sono nel Pavillon des Session fino al 2004.*

LEGENDA

- Pittura
- *Objets d'art*
- Scultura
- Arte antica
- Spazi non espositivi

★ **Venere di Milo**
Trovata nel 1820 nell'isola di Milo in Grecia, è una rappresentazione ideale della bellezza femminile del periodo ellenistico alla fine del II secolo a.C.

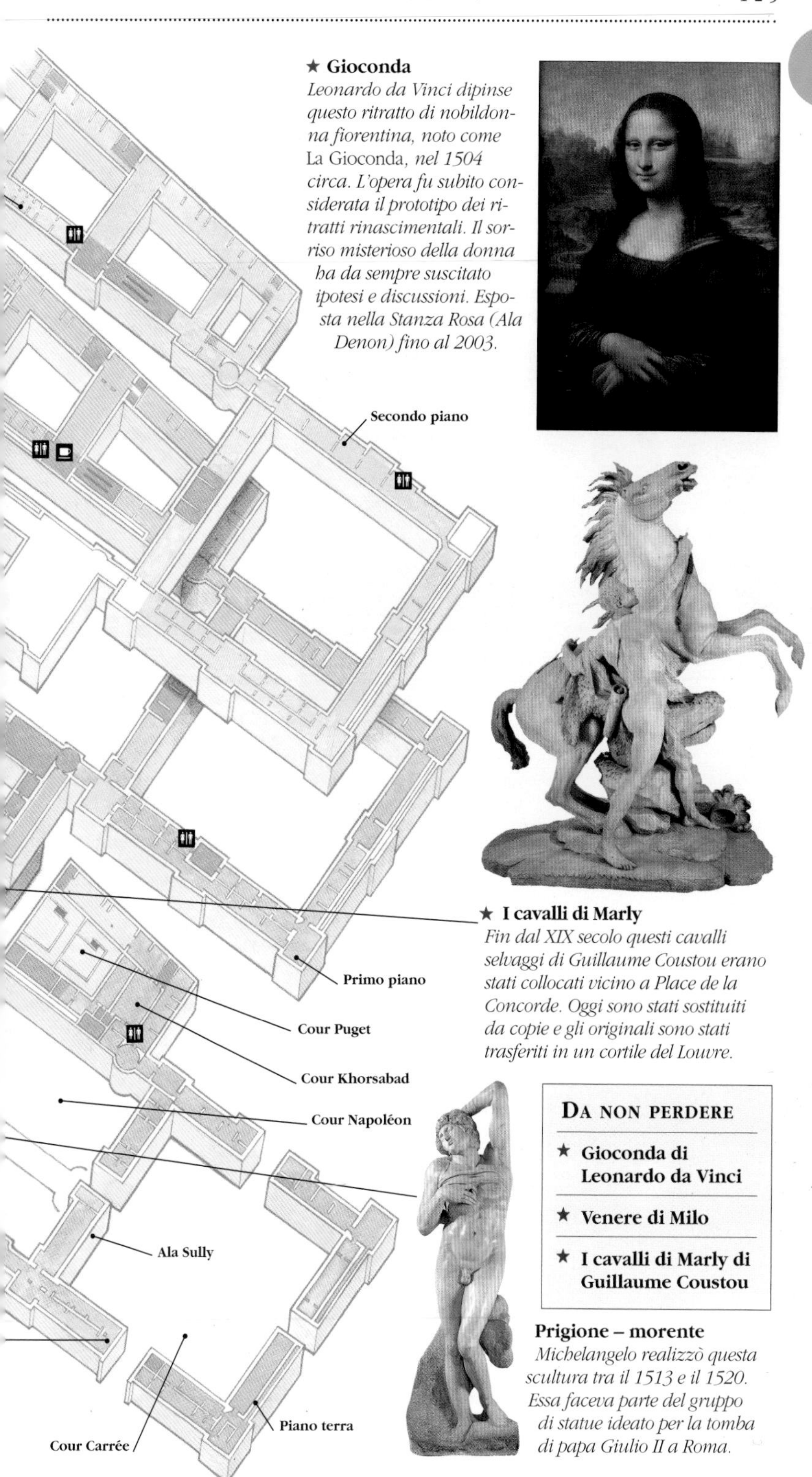

★ Gioconda
Leonardo da Vinci dipinse questo ritratto di nobildonna fiorentina, noto come La Gioconda, *nel 1504 circa. L'opera fu subito considerata il prototipo dei ritratti rinascimentali. Il sorriso misterioso della donna ha da sempre suscitato ipotesi e discussioni. Esposta nella Stanza Rosa (Ala Denon) fino al 2003.*

★ I cavalli di Marly
Fin dal XIX secolo questi cavalli selvaggi di Guillaume Coustou erano stati collocati vicino a Place de la Concorde. Oggi sono stati sostituiti da copie e gli originali sono stati trasferiti in un cortile del Louvre.

Da non perdere

- ★ **Gioconda di Leonardo da Vinci**
- ★ **Venere di Milo**
- ★ **I cavalli di Marly di Guillaume Coustou**

Prigione – morente
Michelangelo realizzò questa scultura tra il 1513 e il 1520. Essa faceva parte del gruppo di statue ideato per la tomba di papa Giulio II a Roma.

Visita al Louvre

Importante è non sottovalutare le dimensioni del museo e può quindi essere utile stabilire per prima cosa delle priorità tra le opere che si vogliono vedere. La collezione dei pittori europei (1400–1850) è molto vasta, con un quaranta per cento di opere francesi, mentre la collezione di sculture è meno completa. La sezione dedicata all'arte antica, orientale, egizia, greca, etrusca e romana è rinomata in tutto il mondo e comprende un'enorme quantità di opere. Molti anche gli *objets d'art* in mostra, tra cui mobili e gioielli.

L'indovina **(1594 circa) di Caravaggio**

Pittura europea: dal 1200 al 1850

La pittura dell'Europa settentrionale (fiamminga, olandese, tedesca e inglese) è ben rappresentata. Una delle prime opere fiamminghe è la *Madonna del cancelliere Rolin* di van Eyck (1435 circa) che mostra il cancelliere di Borgogna inginocchiato in preghiera davanti alla Vergine e al Bambino. *La nave dei folli* di Hieronymus Bosch (1500) è una rappresentazione satirica della futilità dell'esistenza umana. Tra gli olandesi il *Ritratto di Carlo I d'Inghilterra* (1635), di Anton van Dyck, raffigura il re in tutta la sua raffinata eleganza. Jacob Jordaens, più conosciuto per la rappresentazione di scene di ingordigia e di lussuria, rivela un'insolita sensibilità nell'opera *I quattro Evangelisti*. Il sorriso malizioso de *La zingara* (1628) mette in luce il naturale virtuosismo di Frans Hals. L'*Autoritratto* dell'artista insieme ai *Pellegrini di Emmaus* (1648) e a *Betsabea* (1654) sono esempi del genio di Rembrandt.

Ritratto di Erasmo **(1523) di Hans Holbein**

Ci sono relativamente pochi esempi di pittura tedesca, ma ci sono opere importanti dei tre maggiori maestri del XV e XVI secolo. C'è l'*Autoritratto* del 1493 di Albrecht Dürer, dipinto quando l'artista aveva 22 anni, una *Venere* di Luca Cranach del 1529 e un ritratto del grande umanista Erasmo da Rotterdam di Hans Holbein. Tra gli inglesi figurano Thomas Gainsborough (*Conversation in a Park*, 1746 circa), Sir Joshua Reynolds (*Master Hare*, 1788) e J M W Turner (*Landscape with a River and Bay in the Distance*, 1835–40 circa).

In molti dei capolavori della collezione spagnola traspare il senso tragico della vita: *La Crocefissione* di El Greco (1576) e i *Funerali di San Bonaventura* di Francisco de Zurbarán (1629 circa) con i suoi forti contrasti luministici sono due tra i pezzi migliori del Louvre. *El Patizambo* (1642) di José de Ribera raffigura un povero muto che chiede l'elemosina. Di tono meno cupo sono i diversi ritratti di Goya del XIX secolo.

La collezione di pittura italiana è molto vasta e copre il periodo dal 1200 al 1800. Sono presenti Cimabue e Giotto, precursori del primo Rinascimento, Beato Angelico con la sua *Incoronazione della Vergine* (1435) e Pisanello con il suo delizioso *Ritratto di Ginevra d'Este* (1435 circa). C'è anche un bel ritratto di profilo di Sigismondo Malatesta, opera di Piero della Francesca (1450 circa) e un'intensa scena di battaglia di Paolo Uccello. Diverse opere di Leonardo da Vinci, come la *Madonna con il Bambino e Sant'Anna*, sono tanto affascinanti quanto *La Gioconda*.

La bella collezione di pittori francesi spazia dal XIV secolo al 1848. I dipinti posteriori si trovano al Musée d'Orsay *(pp 144–7)*. Una tra le più celebri

Gilles o Pierrot **(1717 circa) di Jean Antoine Watteau**

Leonardo da Vinci in Francia

Leonardo, artista, ingegnere e scienziato, nacque nel 1452 e fu uno dei maggiori rappresentanti del Rinascimento italiano. Francesco I lo incontrò nel 1515 e lo invitò a trasferirsi in Francia. Il pittore portò con sé *La Gioconda*. Già in cattive condizioni di salute, morì tre anni più tardi tra le braccia del re.

Autoritratto (inizi del XVI secolo)

opere dell'antica pittura francese è la *Pietà di Avignone* di Enguerrand Quarton (1455). Un altro antico dipinto mostra la figura di *Gabrielle d'Estrée*, amante di Enrico IV. Tra le opere del XVI e XVII secolo ci sono molti splendidi quadri di Georges de la Tour dai drammatici effetti luministici.

Tra i pittori del XVIII secolo sono presenti Jean Watteau, con la sua arte piena di sensibilità e poesia e J H Fragonard, maestro del Rococò. La sua pittura rappresenta soggetti frivoli e deliziosi come *Le bagnanti* del 1770. Di segno opposto è il classicismo di Nicolas Poussin e di J L David. La maggior parte delle opere di J-D Ingres è al Musée d'Orsay, ma il Louvre conserva *Il bagno turco* del 1862.

Scultura europea: dal 1100 al 1850

L'antica scultura fiamminga e tedesca è presente con capolavori come *La madonna dell'Annunciazione* di Tilman Riemenschneider della fine del XV secolo e una *Maria Maddalena* a grandezza naturale di Gregor Erhart (inizi del XVI secolo).
Un esempio di arte sacra fiamminga è rappresentato da un altare in legno dorato dello stesso periodo. Un'altra importante scultura fiamminga è *Mercurio e Psiche* del 1593, realizzata per la corte di Rodolfo II a Praga.
La sezione francese si apre con le prime sculture romaniche, come una figura di Cristo del XII secolo di uno scultore borgognone e una testa di San Pietro. Le otto imponenti figure della tomba di Philippe Pot (grande siniscalco di Borgogna) formano un inconsueto gruppo scultoreo. A Diana di Poitiers, amante di Enrico II, venne dedicata una grande scultura di Diana, dea della caccia, collocata nel cortile del suo castello a ovest di Parigi, che si trova oggi al Louvre.
Le opere di Pierre Puget (1620–94), grande scultore di Marsiglia, sono state riunite in una vasta sala vetrata chiamata, Cour Puget.
Tra queste il grande gruppo di Milone da Crotone, l'atleta greco le cui mani rimasero prigioniere nella spaccatura di un tronco e che venne divorato da un leone. I cavalli di Marly si trovano oggi nella sala vetrata chiamata Cour Marly, circondati da altri capolavori della scultura francese, tra cui i busti di personaggi famosi come Diderot e Voltaire, opere degli inizi del XIX secolo di Jean-Antoine Houdon.

Tra le sculture italiane vi sono i due splendidi *Prigioni* di Michelangelo e la *Ninfa* di Fontainebleau di Benvenuto Cellini.

***Tomba di Philippe Pot* (fine del XV secolo) di Antoine le Moiturier**

Antichità orientali, egizie, greche, etrusche e romane

La sezione del museo dedicata all'arte antica ha dimensioni impressionanti e comprende oggetti che vanno dal Neolitico (6000 a.C. circa) fino alla caduta dell'Impero romano. Tra le importanti opere dell'arte mesopotamica vi è la figura seduta di Ebih-il, del 2400 a.C., e diversi ritratti di Gudea, principe di Lagash, del 2255 a.C. circa. Su una stele di basalto nero è riportato il codice del re babilonese Hammurabi, del 1700 a.C. circa, una delle più antiche raccolte di leggi del mondo.

I feroci Assiri sono rappresentati da delicati bassorilievi e da una spettacolare ricostruzione di una parte del palazzo di Sargon II (722–705 a.C.) con i grandi tori alati con testa umana. Un bell'esempio di arte persiana è rappresentato dai pannelli in terracotta smaltata (V secolo a.C.), con figure di arcieri della guardia personale del re di Persia, che decoravano il palazzo reale di Susa.

La maggior parte dell'arte egizia era dedicata al culto dei morti e ai corredi funerari. Nelle tombe erano spesso rappresentate scene di vita quotidiana dell'antico Egitto. Un esempio è la piccola cappella funebre costruita per un alto ufficiale nel 2500 a.C., coperta di squisiti bassorilievi con scene di pesca e di caccia.

È possibile anche avere un'idea della vita famigliare nell'antico Egitto attraverso numerosi ritratti funebri, come quello dello scriba accovacciato, e le sculture di coppie sposate. La più antica scultura risale al 2500 a.C., la più recente al 1400 a.C.

Una cripta del Nuovo Regno, dedicata al dio Osiris, (1555–1080 a.C.) contiene alcuni colossali sarcofagi e un grande numero di animali mummificati.

Tra gli oggetti più piccoli di maggior fascino c'è una statuetta femminile, alta 29 cm, priva della testa e con il corpo sensualmente modellato da una leggera veste, che si ritiene raffiguri la regina Nefertiti (1365–1349 a.C. circa).

Toro alato con testa umana **dell'VIII secolo a.C., trovato a Khorsabad in Assiria**

La sezione delle antichità greche, romane ed etrusche comprende un vasto numero di reperti, tra cui alcuni pezzi eccezionali. C'è una grande testa geometrica dell'arte cicladica (2700 a.C.) e un'elegante coppa a forma di collo di cigno, in lamina d'oro sbalzata, modernissima nella sua disadorna semplicità e risalente al 2500 a.C. Il periodo greco arcaico, dal VII al V secolo a.C., è rappresentato dalla *Dama di Auxerre*, e dalla ionica *Hera di Samo*. Al periodo classico (V secolo a.C. circa) appartengono invece diversi torsi e teste maschili, come la *Testa Laborde*. Questa testa è stata identificata come parte di una scultura del frontone orientale del Partenone di Atene.

***Vittoria alata di Samotracia* (Grecia, III secolo a.C.)**

Le due più famose statue greche del Louvre, la *Vittoria alata di Samotracia* e la *Venere di Milo*, appartengono al periodo ellenistico (dalla fine del III secolo al II secolo a.C.), in cui le figure umane venivano rappresentate in modo più dinamico e naturale.

Il capolavoro indiscusso dell'arte etrusca presente al Louvre è il sarcofago in terracotta che rappresenta una coppia di sposi che

Sarcofago etrusco (VI secolo a.C.)

viene immortalata durante un banchetto.

Le sculture della sezione romana risentono in parte dell'influenza dell'arte greca. Ci sono pezzi particolarmente interessanti, tra cui un busto di Agrippa, una testa in basalto di Livia, moglie di Augusto, e una splendida e vigorosa testa in bronzo dell'imperatore Adriano, risalente al II secolo d.C., notevole per il suo realismo e diversa da altri ritratti ufficiali, più idealizzati e impersonali.

***Scriba accovacciato* (Egitto, 2500 a.C.)**

Oggetti d'arte

Il termine *objets d'art* (oggetti d'arte) comprende una vasta gamma di oggetti "decorativi": gioielli, mobili, orologi di tutti i tipi,meridiane, arazzi, miniature, oggetti in argento e in vetro, coltellerie, bronzetti italiani e francesi, avori intagliati bizantini e parigini, smalti dipinti di Limoges, ceramiche italiane e francesi, tappeti, tabacchiere, strumenti scientifici e armature. Il Louvre possiede ben più di 8000 oggetti di ogni periodo e provenienza.

Molti di essi si trovavano nell'abbazia di St-Denis, dove venivano incoronati i re di Francia. Molto prima della Rivoluzione un flusso costante di visitatori aveva fatto diventare l'abbazia quasi un museo. Dopo la Rivoluzione tutti gli oggetti furono asportati e donati allo Stato. Molti vennero persi o rubati durante il trasferimento, ma ciò che ne rimane è ancora notevole.

Il tesoro comprende un piatto in serpentino del I secolo d.C. con bordo in oro del IX secolo e pietre preziose. (Il piatto è decorato con otto delfini dorati.)

C'è anche il vaso in porfido, che Suger, abate di St-Denis fece montare in oro in forma di aquila ieratica e lo scettro dorato realizzato per Carlo V nel 1380 circa.

I gioielli della corona francese comprendono le corone di Luigi XV e di Napoleone e scettri, spade e altri accessori usati durante le cerimonie di incoronazione. In mostra c'è anche il diamante Reggente, una delle pietre più pure al mondo. Fu acquistato nel 1717 e portato da Luigi XV durante la sua incoronazione nel 1722.

Un'intera sala è dedicata agli arazzi della serie chiamata *Le cacce di Massimiliano,* realizzati originariamente per l'imperatore Carlo V nel 1530 su disegni di Bernard Van Orley.

***L'aquila di Suger* (metà del XII secolo)**

La vasta collezione di mobili francesi va dal XVI al XIX secolo ed è organizzata per periodi oppure in sale dedicate ai donatori più famosi, come il collezionista Isaac de Camondo. In mostra ci sono importanti pezzi realizzati da mobilieri famosi, come André-Charles Boulle, artigiano di corte di Luigi XIV, che lavorò al Louvre dalla fine del XVII secolo fino a metà del XVIII secolo. Egli è famoso per la sua tecnica di intarsio in rame e tartaruga. A un periodo più recente appartiene un bizzarro scrittoio in acciaio e bronzo, realizzato nel 1784 da Adam Weisweiler per la regina Maria Antonietta, uno dei pezzi più insoliti della collezione del museo.

La piramide di vetro

I progetti per la modernizzazione e l'ampliamento del Louvre risalgono al 1981. Essi prevedevano il trasferimento del ministero delle finanze dall'ala Richelieu del Louvre e la realizzazione di una nuova entrata principale al museo. L'architetto americano di origine cinese, I M Pei, fu incaricato del progetto. Pei disegnò una piramide che doveva diventare punto di riferimento visivo e nuovo ingresso al museo. Le sue pareti in vetro consentono ai visitatori di ammirare gli edifici storici circostanti e alla luce di illuminare la sala d'ingresso.

Musée de la Publicité ⑩

Palais du Louvre, 107 Rue de Rivoli 75001. **Tav** 12 E2. *01 44 55 57 50.* *Palais Royal, Tuileries.* ***Aperto*** *11–18 mart, gio, ven; 11–21 mer; 10–18 sab e dom.* ***A pagam.*** www.ucad.fr

Il museo della pubblicità, aperto alla fine del 1999, contiene una collezione di più di 40.000 poster storici che vanno dal 1700 al 1949, oltre a 45.000 poster più recenti, arte moderna, pubblicità multimediale, tra cui video e oggetti promozionali. Vi è anche una libreria.

Musée des Arts Décoratifs ⑪

Palais du Louvre, 107 Rue de Rivoli 75001. **Tav** 12 E2. *01 44 55 57 50.* *Palais Royal, Tuileries.* ***Apertura*** *11–18 mart, gio, ven; 11–21 mer; 10–18 sab e dom.* ***Libreria: chiusa*** *fino al 2003.* ***A pagam.*** www.ucad.fr

Il museo, che ha cinque piani e più di 100 sale, possiede un'eclettica collezione di oggetti di arte applicata, dal Medioevo a oggi. Particolarmente interessanti le sale dedicate all'Art Nouveau e all'Art Déco, che comprendono anche la ricostruzione della casa della stilista Jeanne Lanvin, regina della moda parigina nel periodo compreso tra le due guerre. La gioielleria in stile Déco e gli oggetti in vetro di Gallé sono ampiamente rappresentati. Agli altri piani del museo, mobili e decorazioni artistiche in stile Luigi XIV, XV e XVI. Bella la collezione di bambole.

Le statue della restaurazione di Lemot con la figura dorata della Vittoria

Arc de Triomphe du Carrousel ⑫

Pl du Carrousel, 75001. **Tav** 12 E2. *Palais Royal.*

Costruito da Napoleone nel 1806-8 com entrata al Palais des Tuleries, l'arco ha colonne di marmo sormontate da soldati della Grande Armée, al posto dei Cavalli di San Marco, restituiti nel 1815, dopo Waterloo.

I portici della Rue de Rivoli

Rue de Rivoli ⑬

75001. **Tav** 11 C1 e 13 A2. *Louvre, Palais Royal, Tuileries, Concorde.*

I lunghi portici con i loro negozi, sormontati da appartamenti in stile neoclassico, risalgono al XVIII secolo, sebbene essi siano stati ultimati solo intorno al 1850. Commissionata da Napoleone dopo la sua vittoria di Rivoli nel 1797, la strada collegò il Louvre con gli Champs-Elysées, diventando un'importante arteria di traffico e anche un elegante centro commerciale. Le mura delle Tuileries furono sostituite da una cancellata e tutta la zona acquistò respiro.

Oggi lungo la Rue de Rivoli si trovano eleganti camiciai e costose librerie verso Place de la Concorde e grandi magazzini vicino allo Châtelet e all'Hôtel de Ville. Da Angélina, al n. 226, si serve la migliore cioccolata calda di Parigi *(p 287)*.

Jardin des Tuileries ⑭

75001. **Tav** 12 D1. *01 40 20 90 43.* *Tuileries, Concorde.* ***Apertura*** *7.30–19.30 tutti i giorni.*

Un tempo erano i giardini dell'antico Palais des Tuileries. Essi sono parte integrante del paesaggio dell'area compresa tra il Louvre, gli Champs-Elysées e l'Arc de Triomphe.

I giardini furono realizzati nel XVII secolo da André Le Nôtre, sovrintendente ai giardini reali di Luigi XIV. I recenti restauri hanno creato un nuovo giardino con castagni e alberi di limette, mentre l'intero complesso dei giardini è stato arricchito di sculture moderne e contemporanee.

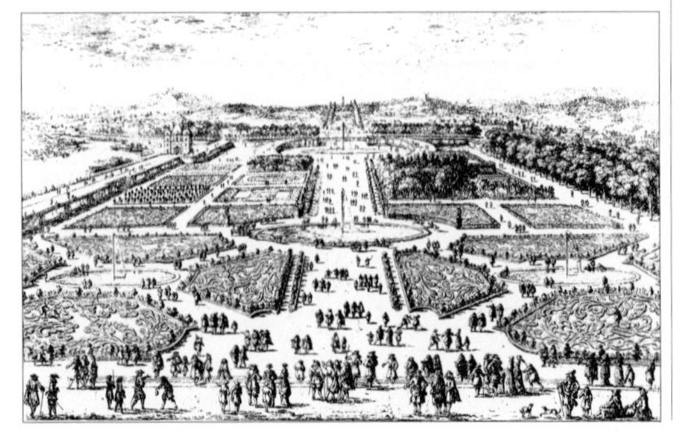

Un'incisione del XVII secolo del Jardin des Tuileries di G. Perelle

Galerie Nationale du Jeu de Paume ⓯

Jardin des Tuileries, Pl de la Concorde 7500. **Tav** 11 C1. *01 47 03 12 50.* *01 42 60 69 69.* *Concorde.*
Apertura *12–21.30 mart, 12–19 mer–ven, 10–19 sab e dom.*
Chiusura *1 gen, 1 mag, 25 dic.*
A pagamento.

IL JEU DE PAUME venne fatto costruire da Napoleone III nel 1851 per il gioco della pallacorda. Quando tale gioco cadde in disuso, sostituito dal tennis, l'edificio fu adibito a mostre d'arte e vi fu infine installato il museo degli impressionisti. Nel 1986 la raccolta venne trasferita al nuovo Musée d'Orsay (nell'ex stazione Orsay, *pp 144–7*) al di là del fiume. Il Jeu de Paume ospita oggi mostre di arte contemporanea.

L'entrata del Jeu de Paume

Le ninfee di Monet esposte al Musée de l'Orangerie

Musée de l'Orangerie ⓰

Jardin des Tuileries, Pl de la Concorde 7500. **Tav** 11 C1. *01 42 97 48 16.* *Concorde.*
Chiusura *fino al 2002/inizio 2003.*
A pagamento. *solo su appuntamento.*

LE SALE OVALI del piano terreno sono occupate dall'opera più matura di Claude Monet, la serie delle ninfee, le *Nymphéas*, dipinte dall'artista nel suo giardino di Giverny, vicino a Parigi, e presentate al pubblico nel 1927. A questo superbo insieme fa da complemento la notevole collezione Walter-Guillaume che raccoglie artisti della Scuola di Parigi, dal tardo Impressionismo al periodo tra le due guerre, tra cui numerosi capolavori come le opere di Soutine che occupano un'intera sala e circa 14 quadri di Cézanne, nature morte, ritratti *(Madame Cézanne)* e paesaggi, come *Dans le Parc du Château Noir*. Renoir è presente con 27 tele, tra cui *Les Fillettes au Piano (Fanciulle al pianoforte)*. Ci sono anche alcuni tra i primi Picasso, opere di Henri Rousseau, in particolare *Le Carriole du Père Junier* di Matisse e un ritratto del gallerista Paul Guillaume dipinto da Modigliani. I quadri sono immersi nella luce naturale che piove dalle finestre.

Place de la Concorde ⓱

75008. **Tav** 11 C1. *Concorde.*

LA PIAZZA è una delle più splendide e cariche di storia in Europa e si stende per più di 8 ha nel cuore di Parigi. Dedicata a Luigi XV, una statua del quale ne dominava il centro, la piazza venne realizzata nel XVIII secolo da Jacques-Ange Gabriel, che ne progettò la pianta ottogonale chiusa a nord da aristocratici palazzi. Durante la Rivoluzione la piazza cambiò il nome in Place de la Révolution e la statua del re venne sostituita dalla ghigliottina. In due anni e mezzo vi furono giustiziati 1119 condannati, tra cui Luigi XVI, Maria Antonietta (che moriva così vicinissima al suo appartamento segreto, al n. 2 di Rue Royale) e i capi rivoluzionari Danton e Robespierre.

Ribattezzata Concorde in nome della riconciliazione nazionale, il suo splendore si accrebbe nel XIX secolo quando fu completata con l'obelisco di Luxor, due fontane e otto statue simboleggianti le maggiori città francesi. La piazza è il punto culminante delle sfilate che il 14 luglio percorrono gli Champs-Elysées e nel 1989 vi si svolsero i festeggiamenti per il bicentenario della Rivoluzione, salutato da un milione di persone e da numerose personalità internazionali.

L'obelisco di Luxor ha 3200 anni

Ingresso con colonne del Village Royale

Village Royale ⑱

75008. **Tav** 5 C5. **M** *Madeleine.* ***Galerie Royale. Apertura** 10–18 mart–dom. **Chiusura** festività.*

QUESTA BELLA zona residenziale di case del XVIII secolo si estende tra Rue Royale Rue Boissy d'Anglas. La Galerie Royale è l'antica magione della duchessa d'Abrantès. Fu trasformata nel 1994 dall'architetto Laurent Bourgois in una mescolanza di stili classici e moderni che riflettono gli oggetti in esposizione, tra cui vetreria e argenteria antica e opere in vetro e orificeria contemporanea che occupano le volte. Sotto l'originale tetto in vetro nella corte centrale, una statua della dea Pomona è illuminata mediante fibre ottiche e colorata da pietre blu cabochon di cristallo di Boemia. Vi è anche una tranquilla sala da tè di Porcellana Bernardaud.

Place Vendôme ⑲

75001. **Tav** 6 D5. **M** *Tuileries.*

LA PIAZZA reale, progettata dall'architetto Jules Hardouin-Mansart e iniziata nel 1698, è forse il più bell'esempio dell'eleganza della Parigi del XVIII secolo. Il progetto originale aveva destinato le facciate e i portici alle accademie e alle ambasciate. Vi si insediarono, invece, i banchieri e le loro splendide abitazioni. Miracolosamente intatta, la piazza ospita oggi gioiellerie e banche. Frederic Chopin morì nel 1848 al n. 12 e, alla fine del secolo, César Ritz insediò al n. 15 il suo famoso albergo.

Banque de France ⑳

39 Rue Croix des Petits Champs 75001. **Tav** 12 F1. **M** *Palais Royal.*

FONDATA DA Napoleone nel 1800, la Banca centrale di Francia ha oggi la sua sede in un palazzo nato per scopi completamente diversi. Esso fu infatti progettato da François Mansart, architetto del XVII secolo, per conto del segretario

Statua di Napoleone in Place Vendôme

GIARDINI FORMALI A PARIGI

Il giardino Sud a Versailles *(vedi pp 248-9)*

NEGLI ULTIMI 300 anni i giardini d'impianto formale sono stati sempre aperti al pubblico, costituendo un punto di riferimento nella vita dei parigini: il Jardin des Tuileries *(p 130)* è stato di recente sottoposto a un'ampia opera di restauro; il Jardin du Luxembourg *(p 172)*, giardino privato del Senato francese, è il più amato dai residenti della Riva sinistra; il Jardin du Palais Royal *(p 121)* è la meta di coloro che cercano pace e intimità.

La progettazione dei giardini assurse ad arte in Francia nel XVII secolo grazie ad André Le Nôtre, sovrintendente dei giardini di Luigi XIV e creatore dei giardini di Versailles *(pp 248–9)*. Egli realizzò un brillante connubio tra la tradizione rinascimentale italiana e l'amore dei francesi per le forme geometriche.

Il ruolo dell'architetto dei giardini in Francia non era quello di assecondare la natura, ma di trasformarla,

La lunga Galerie Dorée nella Banque de France

di stato di Luigi XIII, Louis de la Vrillière e contiene all'interno una sontuosa sala dorata, lunga 50 m, destinata a una vasta collezione di dipinti storici. Il palazzo fu in seguito venduto al Comte de Toulouse, figlio di Luigi XIV e di Madame de Montespan. L'edificio fu ricostruito nel XIX secolo, dopo le devastazioni della Rivoluzione. Il personaggio più famoso formatosi in questa banca è Jacques Delors, ex presidente della Commissione Europea.

Place des Victoires ㉑

75002. **Tav** 12 F1. Ⓜ *Palais Royal.*

GLI ELEGANTI palazzi di questa piazza circolare furono costruiti nel 1685 unicamente come scenario per la statua di Luigi XIV, che vi fu collocata al centro e illuminata giorno e notte da fiaccole accese. Le proporzioni dei palazzi e perfino la disposizione delle strade circostanti furono progettate dall'architetto di corte Jules Hardouin-Mansart per dare risalto alla statua.

Nel 1792 il popolo in rivolta la considerò un segno del potere e la abbatté. Essa venne sostituita nel 1822 con quella attuale, di stile diverso, che non si rapporta in modo altrettanto armonioso con lo stile dei palazzi circostanti. La piazza conserva comunque gran parte del suo fascino originale ed è oggi la sede delle più famose case di moda, come Thierry Mugler, Cacharel e Kenzo.

Luigi XIV in Place des Victoires

Un giardino del Bagatelle pieno di colori *(p 255)*

Nel XVII secolo i giardini classici francesi servivano a due scopi: erano lo scenario contro cui si stagliavano castelli e palazzi e il luogo destinato al tempo libero. Il punto di vista migliore di un giardino classico si godeva dal piano nobile del castello; da qui le siepi di bosso, i fiori e la ghiaia creando forme scultoree vegetali, attraverso opportune potature di alberi, cespugli e siepi. I complessi disegni geometrici delle aiuole e dei sentieri venivano realizzati con ciottoli e con macchie colorate. Simmetria e armonia erano le parole d'ordine dei creatori, grandezza e magnificenza il loro obbiettivo finale.

si fondevano in un intricato disegno astratto, una tappezzeria in fiore che completava gli arredi interni del castello. Sentieri alberati guidavano lo sguardo verso l'infinito, suggerendo all'osservatore quanta terra l'ospite possedesse, e testimoniando così della sua opulenza. I giardini classici, sia pubblici sia privati, divennero presto uno status symbol come accade ancora oggi. Napoleone Bonaparte concluse la prospettiva vista dal Jardin des Tuileries con un arco trionfale. Seguendo questo principio, Mitterrand ha fatto costruire lungo lo stesso asse la Grande Arche de la Défense (*pp 38–9, 255*).

Ma i giardini classici del XVII secolo erano fatti anche per dare piacere e salute. Si riteneva infatti, sicuramente a ragione, che passeggiare all'aperto fosse salutare. Un giardino classico, ornato di statue e fontane, era il luogo ideale non solo per gli anziani e i malati, che erano accompagnati a prendere un po' d'aria, ma anche per gli altri, che potevano trascorrere qualche ora in compagnia, tra siepi di bosso e candide statue, in un ambiente che ristorava anche lo spirito.

Les Deux Magots

St-Germain-des-Prés

La zona di St-Germain-des-Prés, sulla Riva sinisra, con le sue strade e i suoi caffè, è oggi ancora più frequetata e vivace di quando, negli anni Cinquanta, era il centro della vita intellettuale della città. I personaggi guida di allora oggi non ci sono più e i loro discepoli sono ritornati nei loro ambienti borghesi di origine, ma vi si trovano invece i nuovi filosofi, i radicali dei moti studenteschi della fine degli anni Sessanta, e vi sono rimaste le migliori case editrici, i cui dirigenti si intrattengono con gli scrittori e i loro agenti nei famosi caffè. Essi dividono la zona con la società più brillante, rappresentata da chi può permettersi di essere cliente di Yves St-Laurent o degli arredatori alla moda di Rue Jacob. Sul lato sud di Boulevard St-Germain si trovano strade tranquille e pittoresche piene di buoni ristoranti: dalle parti dell'Odéon ci sono antichi caffè e moltissimi cinema.

Orologio al Musée d'Orsay

Da vedere

Edifici storici e strade
Palais Abbatial 2
Boulevard St-Germain 7
Rue du Dragon 8
Rue de l'Odéon 10
Cour de Rohan 12
Cour du Commerce St-André 13
Institut de France 15
Ecole Nationale Supérieure des Beaux-Arts 16
Ecole Nationale d'Administration 17
Quai Voltaire 18

Chiese
St-Germain-des-Prés 1

Musei e gallerie
Musée Eugène Delacroix 3
Musée de la Monnaie 14
Musée d'Orsay pp 144–7 19
Musée Nationale de la Légion d'Honneur 20

Teatri
Théâtre National de l'Odéon 11

Caffè e ristoranti
Les Deux Magots 4
Café de Flore 5
Brasserie Lipp 6
Le Procope 9

Come arrivarci

La zona è servita dalle stazioni di metrò St-Germain-des-Prése Odéon e dalla stazione RER del Musée d'Orsay. L'autobus 63 percorre il Boulevard St-Germain; le linee 48 e 95 la Rue Bonapart; le linee 58 e 70 la Rue Mazarine.

Legenda

- In dettaglio
- Metropolitana
- Punto d'imbarco Batobus
- Stazione RER
- Parcheggio

Vedi anche

- ***Stradario***, tavv 11–12
- ***Dove alloggiare*** pp 278–9
- ***Ristoranti*** pp 296–8

Il caffè Les Deux Magots vicino alla chiesa di St-Germain-des-Prés

St-Germain-des-Prés in dettaglio

Organetto a St-Germain

DOPO LA SECONDA GUERRA St-Germain-des-Prés divenne sinonimo di vita intellettuale, che aveva il suo centro nei bar e nei caffè della zona. Filosofi, scrittori, attori e musicisti si mescolavano nei ritrovi notturni sotterranei (*caves*) e nelle brasserie, dove la filosofia esistenzialista coesisteva con il jazz. La zona è oggi più elegante che ai tempi di Jean-Paul Sartre e Simone de Beauvoir, della onnipresente Juliette Greco e dei registi della *Nouvelle Vague*. Gli scrittori frequentano ancora la zona e siedono a Les Deux Magots, al Café de Flore e negli altri ritrovi; anche gli edifici del XVII secolo sono rimasti, ma i segni del cambiamento sono evidenti negli affollati negozi di antichità, di libri e di moda.

Les Deux Magots
Famoso caffè frequentato da grandi personaggi, come Hemingway ❹

Café de Flore
Negli anni '50 in questo caffè Art Déco gli intellettuali francesi discutevano le nuove idee filosofiche ❺

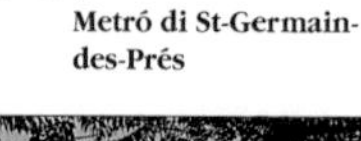

Metró di St-Germain-des-Prés

Brasserie Lipp
Famosa birreria decorata con ceramiche colorate e frequentata da uomini politici ❻

★ **St-Germain-des-Prés**
In questa chiesa, la più antica di Parigi, sono sepolti Cartesio e il re di Polonia ❶

★ **Boulevard St-Germain**
Caffè all'aperto, boutique, cinema, ristoranti e librerie caratterizzano la parte centrale della principale strada della Rive Gauche ❼

La scultura di Picasso *Omaggio ad Apollinaire* è un tributo all'amico poeta Guillaume Apollinaire. Fu collocata nel 1959 vicino al Café de Flore, dove il poeta si riuniva con i suoi amici.

★ Musée Delacroix
Qui Delacroix creò lo splendido affresco La Lotta di Giacobbe *per St. Sulpice* ❸ (vedi p 172)

Rue de Fürstenberg è una piccola piazza alberata, con lampioni in vecchio stile. È spesso usata per riprese cinematografiche.

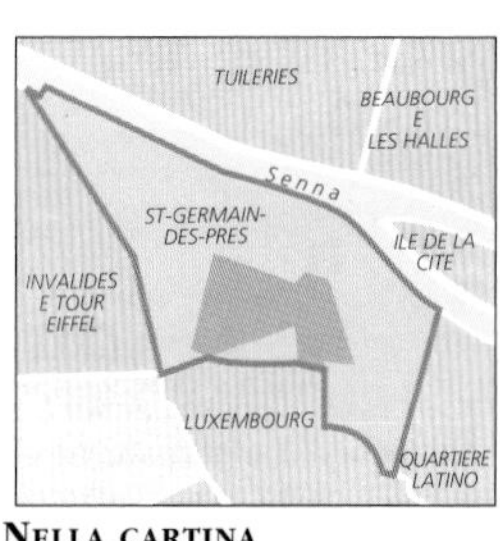

NELLA CARTINA
Vedi cartina di Parigi pp 12–3

DA NON PERDERE

- ★ **St-Germain-des-Prés**
- ★ **Boulevard St-Germain**
- ★ **Musée Delacroix**

LEGENDA

— — — Percorso consigliato

0 metri 100

Rue de Buci è stata per secoli una strada importante con appositi spazi per il gioco della pallacorda. Oggi vi si tiene tutti i giorni un bel mercato.

Palais Abbatial
Fu la residenza degli abati dal 1586 fino alla Rivoluzione del 1789 ❷

Metró Odéon

Metró Mabillon

Marché St-Germain: è un antico mercato coperto aperto nel 1818, sul luogo dove si svolgeva una precedente fiera *(vedi p 326)*.

Statua di Danton (1889), di Auguste Paris, in ricordo di uno dei capi della Rivoluzione francese.

St-Germain-des-Prés ❶

3 Pl St-Germain-des-Prés 75006.
Tav 12 E4. 01 43 25 41 71.
St-Germain-des-Prés. **Apertura** *8–19 tutti i giorni.* **Concerti**.

Le origini della più antica chiesa di Parigi risalgono al 542, quando re Childeberto la costruì per custodirvi alcune reliquie sacre. Divenuta una potentissima abbazia benedettina, essa fu soppressa durante la Rivoluzione, dopo che una gran parte dell'edificio era stata distrutta in un incendio nel 1794. Nelle vicinanze del monastero ebbe luogo uno degli episodi più feroci della Rivoluzione: il massacro di 318 preti da parte della folla, il 3 settembre 1792. La chiesa attuale, costruita nell'XI secolo circa, è stata restaurata nel XIX secolo. Una delle tre torri è sopravvissuta e contiene una delle più antiche celle campanarie di Francia. All'interno vi sono, in un'interessante mescolanza di stili, colonne di marmo del VI secolo, volte gotiche e archi romanici. Tra le sepolture famose, quelle del XVII secolo del filosofo Cartesio, del poeta Nicolas Boileau e del re Giovanni Casimiro di Polonia, divenuto abate di St-Germain-des-Prés nel 1669.

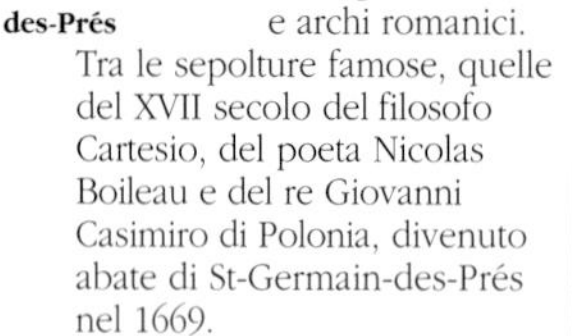
***Notre-Dame de Consolation* a St-Germain-des-Prés**

Palais Abbatial ❷

1–5 Rue de l'Abbaye 75006.
Tav 12 E4. St-Germain-des-Prés.
Chiuso *al pubblico.*

Il palazzo in pietra e mattoni fu costruito nel 1586 per Carlo di Borbone, cardinale e abate di St-Germain e, per brevissimo tempo, re di Francia. Più di dieci abati si susseguirono fino alla Rivoluzione, quando il palazzo fu venduto. James Pradier, scultore del XIX secolo famoso per le sue figure femminili, installò qui il suo studio. Il palazzo è rinomato per l'abbinamento di vari materiali e per le belle finestre verticali.

An ironwork detail from the facade of the Palais Abbatial

Musée Eugène Delacroix ❸

6 Rue de Fürstenberg 75006.
Tav 12 E4. 01 44 41 86 50.
St-Germain-des-Prés. **Apertura** *9.30–17 mer–lun (ultima entrata: 16.30).* **A pagamento**.
www.museedelacroix.fr

Eugène Delacroix

Il caposcuola della pittura romantica, Eugène Delacroix, celebre per i suoi quadri dall'intensa espressività cromatica, visse e lavorò qui dal 1857 fino alla morte, nel 1863. Qui egli dipinse *La sepoltura di Cristo* e *L'ascesa al calvario* (ora esposti nel museo). Realizzò anche stupendi affreschi per la cappella dei Saints-Anges, vicina alla chiesa di St-Sulpice. Questo lavoro è una delle ragioni per cui il pittore si trasferì nella zona. L'appartamento al primo piano e lo studio nel giardino sono oggi museo nazionale e vi si tengono regolarmente mostre delle opere di Delacroix. Vi sono esposti un ritratto di George Sand, autoritratti, studi preparatori e cimeli artistici.
Il fascino del giardino si estende anche alla piccola piazza Fürstenberg che, con una coppia di rari alberi catalpa e con i suoi lampioni vecchio stile, è uno degli angoli più romantici di Parigi.

Les Deux Magots ❹

6 Pl St-Germain-des-Prés 75006.
Tav 12 E4. 01 45 48 55 25.
St-Germain-des-Prés.
Apertura *7.30–1.30 tutti i giorni.*
Chiusura: *una settimana in gen.*

Il caffè sfrutta ancora la sua fama di luogo d'incontro dell'élite intellettuale e letteraria di Parigi, fama che gli deriva dall'essere stato punto d'incontro degli artisti surrealisti e di giovani scrittori, tra cui Ernest Hemingway, negli anni '20 e '30, e di filosofi esistenzialisti e scrittori negli anni '50.
La clientela attuale è composta più da editori e da curiosi che non da nuovi Hemingway.
Il nome del caffè deriva dalle due statue di legno di commercianti cinesi *(magots)* che adornano uno dei pilastri. È un luogo piacevole per bere una cioccolata calda e osservare il viavai della gente.

Interno di Les Deux Magots

Il Café de Flore, dove un tempo si incontravano gli esistenzialisti

Café de Flore ❺

172 Blvd St-Germain 75006.
Tav 12 D4. *01 45 48 55 26.*
St-Germain-des-Prés. ***Apertura*** *7–1.30 tutti i giorni.* *parziale.*

L'ARREDAMENTO Art Déco, di sedie rosse, mogano e specchi, è rimasto quasi immutato dai tempi della guerra. Come il Les Deux Magots, il caffè è stato frequentato dagli intellettuali francesi negli anni del dopoguerra. Jean-Paul Sartre e Simone de Beauvoir incontravano qui i loro amici più intimi, "la famiglia", per discutere di esistenzialismo davanti a un bicchiere.

Un cameriere della Brasserie Lipp

Brasserie Lipp ❻

151 Blvd St-Germain 75006.
Tav 12 E4. *01 45 48 53 91.*
St-Germain-des-Prés. ***Apertura*** *12–1 tutti i giorni.* *Vedi p 302.*

TERZO DEI famosi caffè della zona di St-Germain-des-Prés, la Brasserie Lipp, fondata da un profugo alsaziano, offre birra alsaziana, crauti e salsicce, ma anche un buon caffè ed è diventata una vera e propria istituzione della Rive Gauche frequentata da politici e guru della moda. Aperta alla fine del XIX secolo, è considerata la quintessenza delle brasserie parigine, benché oggi si gusti di più l'atmosfera della cucina, peggiorata rispetto a un tempo. L'interno è luminoso, rivestito di piastrelle con disegni di pappagalli e gru.

Boulevard St-Germain ❼

75006, 75007. **Tav** 11 C2 e 13 C5.
Solférino, Rue du Bac, St-Germain-des-Prés, Mabillon, Odéon.

LA PIÙ FAMOSA strada della Riva sinistra, lunga più di 3 km, attraversa tre distretti, dall'Ile St-Louis al Pont de la Concorde. Lo stile architettonico del viale è omogeneo perché esso venne creato nel XIX secolo da Haussmann, e tuttavia nel boulevard convivono moltissimi stili di vita e istituzioni religiose e culturali. Partendo da est, cioè dai numeri civici più bassi, il boulevard passa davanti a quella che fu l'ultima casa di François Mitterrand in Rue de Bièvre, attraversa la piazza Maubert-Mutualité, dove si tiene un mercato, supera il Musée de Cluny e l'università dalla Sorbona prima di incrociare il vivacissimo Boulevard St-Michel. Dopo l'Ecole de Médecine e la Place de l'Odéon si arriva a St-Germain-des-Prés, con la storica chiesa e i caffè all'aperto. Negozi di moda, cinema, ristoranti e librerie danno a questa parte centrale del boulevard il suo aspetto caratteristico. Questo è il tratto dove è più facile incontrare personaggi famosi. La zona pulsa di vita da mezzogiorno fino alle prime ore del mattino. Più oltre il boulevard diviene esclusivamente residenziale e termina poi con un tratto tutto occupato da edifici sede della politica, come il Ministero della Difesa e l'Assemblea Nazionale.

Rue du Dragon ❽

75006. **Tav** 12 D4.
St-Germain-des-Prés.

IN QUESTA CORTA strada tra il Boulevard St-Germain e il Carrefour de la Croix Rouge, risalente al Medioevo, sopravvivono case del XVII e del XVIII secolo con i grandi portoni, le finestre alte e i balconi in ferro battuto. Prima della Rivoluzione al n. 37 visse un gruppo di pittori fiamminghi. Al n. 30, invece, Victor Hugo affittò una soffitta quando ancora era uno scapolo diciannovenne.

Una targa al n. 30 di Rue du Dragon ricorda la casa di Victor Hugo

Le Procope ❾

13 Rue de l'Ancienne-Comédie 75006. **Tav** 12 F4. 📞 *01 40 46 79 00.* Ⓜ *Odéon.* ***Apertura*** *7–1 (24 dom–mer). Vedi* ***Note storiche*** *pp 26–7.*

FONDATO NEL 1686 dal siciliano Francesco Procopio dei Coltelli, è forse il più antico caffè del mondo. Esso divenne subito popolare presso l'élite politica e letteraria e gli attori della Comédie Française. Tra i suoi clienti famosi vi furono Benjamin Franklin e Voltaire, che sembra bevesse 40 tazze al giorno della sua bevanda preferita, un misto di caffè e cioccolata. Si racconta anche che una volta il giovane Napoleone vi avesse lasciato in pegno il suo cappello, mentre andava a cercare il denaro per pagare il conto. Nel 1989 Le Procope è stato ristrutturato in stile XVIII secolo e oggi è un ristorante.

La facciata del ristorante Le Procope

Il Théâtre de l'Odéon, una volta sede della Comédie Française

Rue de l'Odéon ❿

75006. **Tav** 12 F5. Ⓜ *Odéon.*

DAL 1921 AL 1940 il n. 12 è stato occupato dalla libreria Shakespeare & Company *(pp 320–1)* di Sylvia Beach, che aiutò molti scrittori americani e inglesi in difficoltà, come Ezra Pound, T S Eliot, Scott Fitzgerald e Ernest Hemingway. Fu in gran misura per il suo aiuto che l'*Ulisse* di James Joyce fu pubblicato per la prima volta in inglese. L'equivalente francese, Les Amis des Livres di Adrianne Monnier, al n. 7, di fronte, era frequentata da André Gide e Paul Valéry.

Aperta nel 1779 per creare un accesso al teatro dell'Odéon, questa è stata la prima strada di Parigi a disporre di tombini e presenta ancora oggi molti edifici e negozi attraenti, per la maggior parte risalenti al XVIII secolo.

Théâtre National de l'Odéon ⓫

1 Pl Paul-Claudel 75006. **Tav** 12 F5. 📞 *01 44 41 36 00.* Ⓜ *Odéon, Luxembourg.* ***Apertura*** *solo per spettacoli. Vedi* ***Divertimenti*** *pp 332–3.* 🌐 www.theatre-odeon.fr

COSTRUITO NEL 1779 in stile neoclassico da Marie-Josephe Peyre e Charles de Wailly, il teatro sorge sul terreno del vecchio Hôtel de Condé. Il terreno era stato acquistato direttamente dal re e offerto alla città perché vi si costruisse la sede della Comédie Française. Nel 1784 vi fu rappresentata la prima di *Le nozze di Figaro*, di Beaumarchais. Con l'arrivo di una nuova compagnia, nel 1797, il nome del teatro fu cambiato in Odéon. Nel 1807 il teatro venne distrutto da un incendio, ma fu ricostruito nello stesso anno dall'architetto Jean-François Chalgrin.

Negli anni del dopoguerra il teatro si specializzò in drammi del XX secolo e ottenne un grande successo. Gravemente danneggiato durante i moti studenteschi del 1968, è stato poi restaurato.

Hemingway negli anni '20

Cour de Rohan ⓬

75006. **Tav** 12 F4. Ⓜ *Odéon.* ***Accesso*** *dalla Rue du Jardinet fino alle 20; dalle 20 alle 8 accesso dal Blvd St-Germain.*

L'insolito cortile centrale della Cour de Rohan

I TRE PITTORESCHI cortili facevano parte di un edificio del XV secolo, destinato a pied-à-terre dell'arcivescovo di Rouen (nome poi corrotto in "Rohan"). Il cortile centrale è il più caratteristico. Vi si trova ancora un tripode in ferro battuto, noto come *pas-de-mule*, probabilmente l'ultimo esemplare sopravvissuto a Parigi, che veniva usato un tempo dalle dame più anziane e dai prelati più grassi per montare sui muli. Sul cortile si affaccia un bell'edificio rinascimentale dell'inizio del XVII secolo. Tra i suoi residenti famosi vi fu l'amante di Enrico II, Diana di Poitiers.

Il terzo cortile sbocca sulla piccola Rue du Jardinet, dove, nel 1835, nacque il compositore Saint-Saëns.

Cour du Commerce St-André ⓭

75006. **Tav** 12 F4. M *Odéon.*

Il terribile spettro della ghigliottina incombe sul n. 9 di questa strada, dove si suppone che il Dottor Guillotin abbia perfezionato la sua "filantropica macchina per decapitare". In realtà fu poi Louis, un chirurgo parigino, a tradurre in pratica l'idea di Guillotin. Quando venne utilizzata per la prima volta, nel 1792, la ghigliottina era conosciuta con il nome di *Louisette.*

Nella stampa, la folla che assiste a un'esecuzione con la ghigliottina

Musée de la Monnaie ⓮

11 Quai de Conti 75006. **Tav** 12 F3. *01 40 46 55 35.* M *Pont-Neuf, Odéon.* **Apertura** *11–17.30 mart–ven; 12–17.30 sab–dom.* **A pagamento.** *per musei e laboratori.* **Film.**

Quando Luigi XV decise di ricostruire la zecca, nel XVIII secolo, bandì un concorso di architettura per il nuovo progetto. L'attuale Hôtel des Monnaies è la realizzazione del progetto prescelto. Venne completato nel 1777 dall'architetto Jacques Antoine che, totalmente soddisfatto del suo lavoro, visse qui fino alla sua morte, avvenuta nel 1801.

Le monete vennero coniate qui fino al 1973, quando la lavorazione fu trasferita a Pessac, nella Gironde. Le sale dei laminatoi e del conio ospitano oggi un museo di monete e medaglie. Le monete di questa vasta collezione sono esposte in teche vetrate e sono così visibili da entrambi i lati; sono anche corredate da schede storiche di commento. L'ultima stanza del museo mostra strumenti e macchinari della fine del XIX secolo e degli inizi del XX secolo.

Nelle sale dove una volta si coniavano le monete, oggi vengono realizzate medaglie, una selezione delle quali è messa in vendita.

Institut de France ⓯

23 Quai de Conti 75006. **Tav** 12 E3. *01 44 41 44 41.* M *Pont-Neuf, St-Germain-des-Prés.* **Apertura** *sab e dom solo su appuntamento.* **A pagamento.**

Oggi sede della prestigiosa Académie Française, questo palazzo barocco fu costruito nel 1688 e destinato all'Institut de France nel 1805. La sua caratteristica cupola fu progettata dall'architetto Louis Le Vau, per armonizzare il nuovo palazzo con il Palais du Louvre.

L'Académie Française è la più famosa tra le cinque accademie che si trovano nell'Istituto. Fu fondata nel 1635 dal cardinale Richelieu e le venne affidato il compito di redigere il dizionario ufficiale della lingua francese. Fin dall'inizio i suoi membri sono stati limitati a 40, tutti incaricati di lavorare sul dizionario.

Una vecchia insegna della Zecca, oggi sede di un museo

Ecole Nationale Supérieure des Beaux-Arts ⓰

14 Rue Bonaparte 75006. **Tav** 12 E3. *01 47 03 50 00.* M *St-Germain-des-Prés.* **Apertura** *gruppi solo su appuntamento (tel 01 47 03 52 15 per accordi).* **Biblioteca.**

La principale scuola d'arte ha la sede all'angolo tra la Rue Bonaparte e il Quai Malaquais, lungo la Senna. Occupa diversi edifici, il più prestigioso dei quali è il Palais des Etudes.

Moltissimi giovani architetti e pittori, francesi e stranieri, hanno attraversato questo vasto cortile per recarsi a studiare negli atelier della scuola. Giovani architetti, americani in particolare, hanno studiato qui nel secolo scorso.

La facciata dell'Ecole Nationale Supérieure des Beaux-Arts

I famosi caffè di Parigi

Una delle immagini più tipiche di Parigi è quella dei suoi caffè all'aperto. Al turista vengono subito in mente i grandi artisti, gli scrittori e gli intellettuali abituati a riunirsi nei celebri caffè della Rive Gauche. Per i parigini, invece, il caffè è una costante della vita quotidiana, un luogo dove la gente si dà appuntamento, beve, incontra gli amici, conclude affari o semplicemente guarda il viavai dei passanti.

Il primo caffè in assoluto risale al 1686, quando venne aperto Le Procope *(p 140)*. Nel secolo successivo i caffè assunsero un ruolo vitale nella vita sociale parigina. Con l'ampliamento delle strade cittadine e la realizzazione dei Grands Boulevards, per opera di Haussmann nel XIX secolo, i caffè occuparono i marciapiedi e, come diceva Emile Zola, "grandi folle silenziose si sedettero a guardare la vita fluire nelle strade".

Le caratteristiche di un caffè erano talvolta determinate dagli interessi dei proprietari. Alcuni erano luogo d'incontro degli appassionati di scacchi, domino o biliardo. Nel XVII secolo, all'epoca di Molière, i letterati si riunivano da Le Procope. Nel XIX secolo, gli ufficiali della Guardia del Primo Impero andavano al Café d'Orsay, mentre i finanzieri del Secondo Impero si riunivano nei caffè lungo la Rue de la Chaussée d'Antim. La società brillante preferiva il Café de Paris e il Café Tortini; gli appassionati di teatro si ritrovavano nei caffè intorno all'Opéra, tra cui il Café de la Paix *(p 213)*.

I più famosi caffè si

La lettura dei giornali è un classico passatempo da caffè

Ecole Nationale d'Administration ⓱

13 Rue de l'Université 75007.
Tav 12 D3. ☎ *01 49 26 45 45.*
Ⓜ *Rue du Bac.*
***Chiuso** al pubblico.*

La storia di questo bel palazzo del XVIII secolo ha inizio nel 1713, quando, al posto dei due edifici progettati da Briçonnet nel 1643, Thomas Gobert costruì un *hôtel* per la vedova di Denis Feydeau de Brou. Il palazzo passò poi, fino al 1767, al figlio Paul-Espirit Feydeau de Brou. Nell'*hôtel* abitò in seguito l'ambasciatore di Venezia. Fu occupato da Belzunce nel 1787 e divenne un deposito di munizioni durante la Rivoluzione fino alla Restaurazione. Infine è recentemente diventato la sede dell'Ecole Nationale d'Administration, dove una volta si formava l'élite politica, economica e scientifica della nazione, tra cui anche l'attuale Presidente Jacques Chirac.

Una targa indica la casa dove morì Voltaire, in Quai Voltaire

Quai Voltaire ⓲

75006 and 75007. **Tav** 12 D3.
Ⓜ *Rue du Bac.*

Un tempo parte del Quai Malaquais e in seguito noto come Quai des Théatins, il Quai Voltaire ospita oggi alcuni dei più importanti antiquari di Parigi. È anche famoso per l'eleganza dei suoi palazzi costruiti nel XVIII secolo e per i personaggi famosi che vi hanno abitato. È quindi una strada dove è piacevole e interessante passeggiare.

Nel XVIII secolo, al n. 1, vissero l'ambasciatore svedese conte Tessin e lo scultore James Pradier, celebre per la sua arte ma ancor più per la moglie, che nuotava nuda nella Senna. Louise de Kéroualle, spia di Luigi XIV e nominata duchessa di Portsmouth da Carlo II d'Inghilterra, infatuato di lei, visse ai n. 3–5.

Tra i famosi residenti del n. 19 vi furono i compositori Richard Wagner e Jean Sibelius, lo scrittore Charles Baudelaire e l'esule caduto in disgrazia Oscar Wilde.

Il filosofo francese Voltaire morì al n. 27, l'Hôtel de la Villette. St-Sulpice, la chiesa della zona, rifiutò di accettare le sue spoglie (a causa del suo ateismo) e il suo corpo fu in fretta e furia trasferito in campagna per evitare una sepoltura anonima.

Un po' di musica nel caffè Claude Alain in Rue de Seine negli anni '50

trovano sulla Riva sinistra, a St-Germain e a Montparnasse; scelti dai letterati di un tempo per riunirsi, servono ai perdigiorno di oggi per mettersi in mostra. Agli inizi del '900, Montparnasse era invasa da rivoluzionari russi, tra cui Lenin e Trotzkij, che trascorrevano le loro giornate nei vari caffè alle prese con i problemi della Russia e del mondo gustando un *petit café*.

La vita culturale fiorì negli anni '20, quando i Surrealisti, come Salvador Dalí e Jean Cocteau, dominavano la scena dei caffè. Più tardi gli scrittori americani, tra cui Ernest Hemingway e Scott Fitzgerald, discutevano, bevevano e lavoravano in caffè, quali La Coupole *(p 178)*, Le Sélect e La Closerie des Lilas *(p 179)*. Alla fine della seconda guerra mondiale, l'epicentro della scena culturale si spostò a nord, a St-Germain. Il credo esistenzialista era diventato dominante e Jean-Paul Sartre ne era il capo carismatico. Sartre e i suoi amici e discepoli, tra cui gli scrittori Simone de Beauvoir e Albert Camus, il poeta Boris Vian e l'affascinante cantante Juliette Gréco, si riunivano per elaborare le loro teorie e discutere le loro idee al caffè Les Deux Magots *(p 138)* e al vicino e rivale Café de Flore *(p 139)*. Gli habitué di questi caffè si ritrovano ancora lì, mischiati con il jet-set internazionale e gli intellettuali di oggi.

Romanzi di Albert Camus (1913–1960)

Musée d'Orsay ⓳

Vedi pp 144–7.

Il Musée d'Orsay, una vecchia stazione ferroviaria trasformata in museo

Musée National de la Légion d'Honneur ⓴

2 Rue de Bellechasse (Place de la Légion d'Honneur) 75007. **Tav** 11 C2. *01 40 62 84 00.* M *Solférino.* RER *Musée d'Orsay.* **Apertura** *11–17 mart–dom.* **A pagamento**.

Vicino al Musée d'Orsay si trova l'imponente Hôtel de Salm. Fu l'ultimo dei grandi palazzi a essere costruito nella zona (1782). Il primo proprietario fu un conte tedesco, principe di Salm-Kyrbourg, che venne ghigliottinato nel 1794.

Oggi il palazzo è sede di un museo sulla Legione d'Onore, una decorazione istituita da Napoleone I e molto amata dai francesi (e dagli stranieri). Coloro che si aggiudicano questa onorificenza portano una piccola rosetta rossa all'occhiello. La vastissima mostra di medaglie e distintivi è completata da dipinti. In una delle sale, la Legion d'Onore di Napoleone è esposta insieme alla sua spada e alla sua corazza.

Nel museo sono esposte anche decorazioni provenienti da ogni parte del mondo, come la British Victoria Cross e l'American Purple Heart.

La grande Croce della Legione d'Onore di Napoleone III

Musée d'Orsay ⓳

NEL 1986, 47 ANNI DOPO aver smesso di funzionare come stazione ferroviaria, il bell'edificio di Victor Laloux, risalente alla fine del secolo, venne riaperto come Musée d'Orsay. La stazione era stata fatta costruire dalla società ferroviaria Orléans e doveva servire come terminale di linea nel pieno cuore di Parigi. Negli anni '70 rischiò di essere demolita come le Halles di Baltard. Nel corso della riconversione venne conservata gran parte dell'architettura originale. Il nuovo museo venne allestito per presentare lo sviluppo delle singole arti e tutte le varie forme di attività creativa del periodo dal 1848 al 1914, inserendole nel contesto della società del tempo.

Il museo visto dalla Riva destra
Victor Laloux progettò l'edificio per l'Esposizione universale del 1900.

Sedia di Charles Rennie Mackintosh
Lo stile di Mackintosh rappresentava il tentativo di esprimere le idee in forme verticali e orizzontali, come in questa sedia per sala da tè (1900).

★ **La porta dell'inferno**
(1880–1917) In questa famosa opera Rodin accostò figure che aveva già creato, come Il pensatore *e* Il bacio.

★ **Le Déjeuner sur l'herbe**
(1863) Il dipinto di Manet, esposto per la prima volta al Salon des Refusés, *è oggi in mostra nella prima zona del livello superiore.*

LEGENDA

- Architettura e arti decorative
- Scultura
- Pittura fino al 1870
- Impressionismo
- Neo-impressionismo
- Naturalismo e Simbolismo
- Art Nouveau
- Origini del cinema
- Spazi non espositivi

GUIDA ALLA GALLERIA
La collezione occupa tre livelli. Al piano terreno sono esposte opere dalla metà alla fine del XIX secolo. Il livello intermedio ospita oggetti d'arte decorativa in stile Art Nouveau e una selezione di dipinti e sculture dalla seconda metà del XIX secolo all'inizio del XX. Al livello superiore, infine, si può ammirare un'eccezionale raccolta di opere d'arte impressioniste e neo-impressioniste.

La danza *(1867–8)*
A suo tempo questa scultura di Carpeaux fece scandalo.

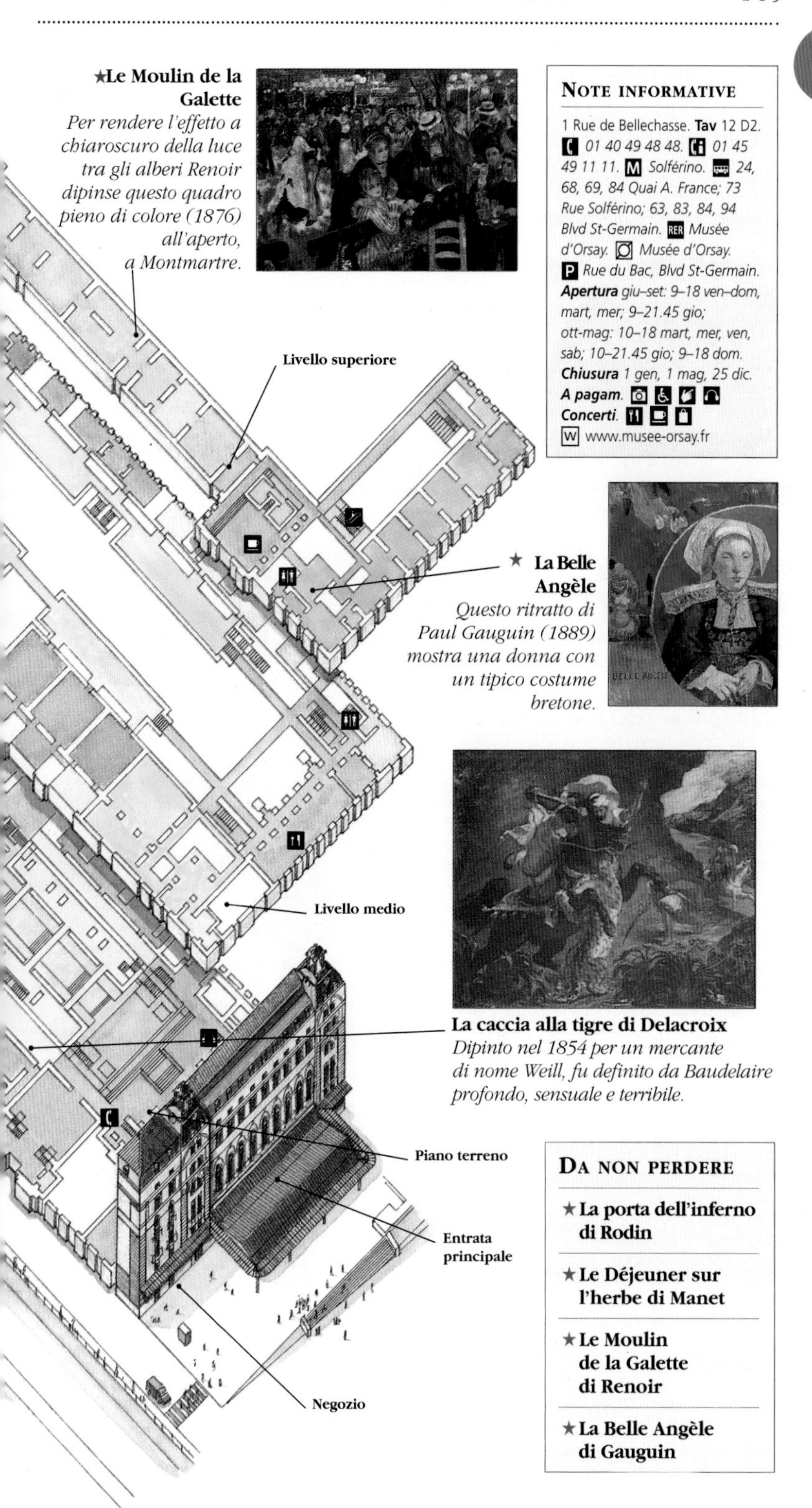

★Le Moulin de la Galette
Per rendere l'effetto a chiaroscuro della luce tra gli alberi Renoir dipinse questo quadro pieno di colore (1876) all'aperto, a Montmartre.

★ La Belle Angèle
Questo ritratto di Paul Gauguin (1889) mostra una donna con un tipico costume bretone.

La caccia alla tigre di Delacroix
Dipinto nel 1854 per un mercante di nome Weill, fu definito da Baudelaire profondo, sensuale e terribile.

Note informative

1 Rue de Bellechasse. **Tav** 12 D2. *01 40 49 48 48. 01 45 49 11 11. Solférino. 24, 68, 69, 84 Quai A. France; 73 Rue Solférino; 63, 83, 84, 94 Blvd St-Germain. RER Musée d'Orsay. Musée d'Orsay. P Rue du Bac, Blvd St-Germain.* ***Apertura*** *giu–set: 9–18 ven–dom, mart, mer; 9–21.45 gio; ott–mag: 10–18 mart, mer, ven, sab; 10–21.45 gio; 9–18 dom.* ***Chiusura*** *1 gen, 1 mag, 25 dic.* ***A pagam.*** ***Concerti.*** www.musee-orsay.fr

Da non perdere

- ★ **La porta dell'inferno di Rodin**
- ★ **Le Déjeuner sur l'herbe di Manet**
- ★ **Le Moulin de la Galette di Renoir**
- ★ **La Belle Angèle di Gauguin**

Visita al Musée d'Orsay

Al Musée d'Orsay sono esposte oggi molte opere provenienti dal Louvre e si trova anche la stupenda collezione degli impressionisti del Jeu de Paume, chiuso per insufficienza di spazio nel 1986. Oltre alle esposizioni principali sono state allestite anche sezioni didattiche che illustrano il contesto sociale, politico e tecnologico dei diversi periodi artistici e alcune di queste sono dedicate alla storia della cinematografia.

Soffitto decorato dall'artista e designer Maurice Denis (1911)

Art Nouveau

L'architetto e designer belga Victor Horta fu tra i primi a esprimersi con le linee sinuose che diedero all'Art Nouveau il suo soprannome francese di *Style Nouilles* (tagliatelle). Dopo aver preso il nome da una bottega di arredamento, aperta a Parigi nel 1895, l'Art Nouveau fiorì in tutta Europa fino allo scoppio della prima guerra mondiale.

A Vienna Otto Wagner, Koloman Moser e Josef Hoffmann combinarono le arti applicate con il nuovo design, mentre la Scuola di Glasgow, sotto l'impeto di Charles Rennie Mackintosh, sviluppò un approccio più geometrico, precursore dell'opera di Frank Lloyd Wright negli Stati Uniti.

René Lalique introdusse il gusto Art Nouveau nella gioielleria e negli oggetti in vetro, mentre Hector Guimard, ispirato da Horta, è oggi famoso per aver realizzato gli ingressi alla metropolitana parigina.

Uno degli oggetti di spicco è la libreria in legno intagliato di Rupert Carabin (1890), con nudi femminili allegorici, palme in bronzo e teste barbute.

Scultura

La corsia centrale del museo ospita una vasta selezione di sculture. Nel loro singolare assortimento esse esprimono l'ecletticismo della metà del XIX secolo, quando il classicismo del *Cenotafio dei Gracchi* di Eugène Guillaume (1848–53) coesisteva con il romanticismo di François Rude. Rude realizzò i rilievi dell'Arc de Triomphe (1836), tra i quali *La Marseillaise* *(p 209)*.

È esposta qui una magnifica serie di 36 busti dei membri del parlamento (1832), rappresentati come individui sgradevoli, senza scrupoli e presuntuosi, creazioni di Honoré Daumier e della sua grande vena satirica. Vi sono poi opere di un artista geniale, purtroppo morto precocemente, Jean-Baptiste Carpeaux, tra le quali il suo primo grande bronzo, *Il conte Ugolino* (1862), famoso personaggio dantesco. Nel 1868 egli realizzò *La danza,* opera che suscitò scandalo e che fu considerata "un insulto alla morale". Più convenzionali e di maniera sono, invece, le opere di artisti quali Alexandre Falguière e Hyppolyte Moulin.

La famosa *Giovane ballerina di 14 anni* (1881) di Edgar Degas fu esposta quando l'artista era ancora in vita, mentre gli altri bronzi sono stati ricavati da modelli in cera, trovati nel suo studio dopo la morte. L'arte sensuale ed energica di Auguste Rodin, scultore tra i più importanti del XIX secolo, fu, invece, subito apprezzata dal pubblico. Il museo ha molte sue opere, tra cui il gesso originale di *Balzac* (1897). Una feroce allegoria della morte, *L'age Mur* (1899 –1903), è opera di Camille Claudel, compagna di Rodin e vissuta per gran parte della sua vita in un istituto.

Nei lavori di Emile-Antoine Bourdelle e Aristide Maillol sono riconoscibili, invece, la fine del secolo e di un'epoca.

Pittura fino al 1870

La diversità di stili della pittura del XIX secolo risulta evidente al piano terra del museo, dove sono esposti tutti i dipinti precedenti al 1870, anno in cui fecero la loro comparsa gli impressionisti. I colori violenti e la forza quasi espressionista del quadro di Eugène Delacroix, *La caccia ai leoni* (1854), sono messi a confronto con le forme e i toni equilibrati del classicismo di *La sorgente* (1820–56) di Jean-Dominiques Ingres. L'opera monumentale di Thomas Couture, *I Romani nell'età della decadenza* (1847), è un esempio, invece, della fredda e convenzionale pittura accademica, che aveva dominato fino allora.

I quadri di Edouard Manet, *Olympia* e *Le Déjeuner sur l'Herbe* (1863), sono esposti in una sezione a parte, mentre le opere dipinte circa nello stesso periodo da Claude Monet, Pierre-Auguste Renoir, Frédéric Bazille e Alfred Sisley consentono di valutare il loro lavoro prima della nascita dell'Impressionismo.

***Giovane ballerina di 14 anni* (1881) di Degas**

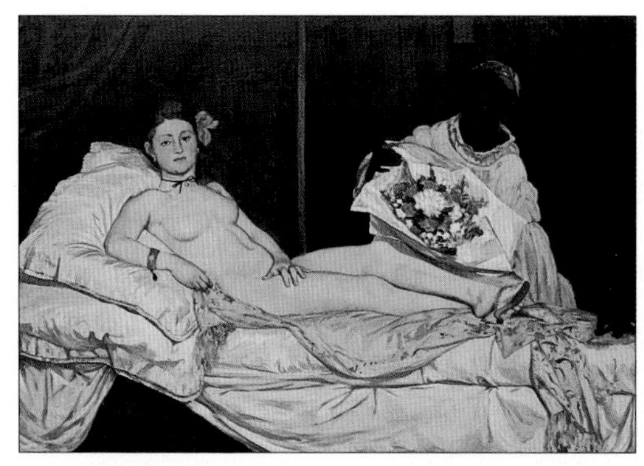

***Olympia* (1863) di Edouard Manet**

come Emile Bernard, e al gruppo dei Nabis. Vi sono anche alcuni dipinti del suo periodo a Tahiti.

I Nabis, di cui faceva parte Pierre Bonnard, tendevano a trattare la tela come una superficie piatta, dalla quale fare emergere un senso di profondità quando l'osservatore la guardava.

Le visioni oniriche di Odilon Redon sono simboliste, mentre l'arte naïve di Henri Rousseau, il Doganiere, è presente con opere come la *Guerra* (1894) e *L'incantatrice di serpenti* (1907).

IMPRESSIONISMO

LA CATTEDRALE DI Rouen, (1892–3) colta in diversi momenti della giornata, è una delle molte opere di Claude Monet, caposcuola del movimento impressionista. I flori di nudi femminili e i giovani di *Le Moulin de la Galette* (1876) di Pierre-Auguste Renoir appartengono al periodo più alto dell'Impressionismo. Sono presenti nel museo, tra gli altri, Camille Pissarro, Alfred Sisley e Mary Cassatt.

Edgar Degas, Paul Cézanne e Vincent Van Gogh sono inseriti qui, sebbene le loro tecniche pittoriche differissero da quelle degli impressionisti. Degas preferiva spesso un dinamico realismo, anche se utilizzò la tecnica veloce degli impressionisti, per esempio, ne *L'Absinthe* (1876). Cézanne era più interessato alla materia che alla luce, come si può vedere nella *Natura morta con mele e arance* (1895–1900).

***Le ninfee blu* (1919) di Claude Monet**

Van Gogh fu influenzato per breve tempo dal movimento, ma scelse in seguito una strada personale, testimoniata dai quadri della collezione Gachet, qui esposti.

***Contadine bretoni* (1894) di Paul Gauguin**

NEO-IMPRESSIONISMO

SEBBENE DEFINITA neo-impressionista, l'opera di Georges Seurat, l'autore de *Il circo* (1891), non ha alcun rapporto con il vecchio movimento. Egli, in accordo con Maximilien Luce e Paul Signac, dipingeva applicando piccoli punti di colore, che si fondevano tra loro visti da lontano. *Jane Avril mentre danza* (1892) è una delle molte opere di Henri de Toulouse-Lautrec in mostra.

I dipinti che Paul Gauguin fece a Pont-Aven in Bretagna sono esposti accanto a quelli di artisti più giovani,

NATURALISMO E SIMBOLISMO

TRE AMPIE SALE sono dedicate ai dipinti che esposero nei Salons dal 1880 al 1900. Le opere dei naturalisti si affermarono durante la Terza Repubblica e furono spesso riprodotte. Il dipinto *Caino* di Fernand Cormon ebbe un grande successo quando fu esposto per la prima volta al Salon del 1880. Jules Bastien-Lepage preferiva illustrare la vita contadina e nel 1877 dipinse *Le foins*, che lo affermò come leader dei naturalisti. La sua pittura risente dell'influsso di Manet. Più triste ed efficace è il paesaggio naturalistico di Lionel Walden *I Docks di Cardiff* (1894).

Il Simbolismo si affermò come reazione al Realismo e all'Impressionismo e privilegiava l'immaginazione e le visioni oniriche, in un'ampia varietà di soggetti e di modi espressivi. Tra le opere presenti vi sono la zuccherosa visione di eteree suonatrici d'arpa *Serenità* di Henri Martin (1899), l'opera monumentale *La ruota della fortuna* (1883) di Edward Burne-Jones e la *Scuola di Platone* (1898) di Jean Delville. Uno dei quadri più suggestivi e lirici di questa sezione è *Notte d'estate* (1890) di Winslow Homer.

Quartiere Latino

Vetrata del XV secolo nel Musée de Cluny

Le librerie studentesche, i caffè, i cinema e i locali di musica jazz riempiono questo antico quartiere sorto lungo il fiume, tra la Senna e il Luxembourg. Vi abbondano scuole famose, come i prestigiosi *lycées* Henri IV e Louis le Grand, dai quali proviene gran parte della futura élite francese.

Quando i leader dei movimenti studenteschi del '68 *(pp 38–9)* scomparvero dalla scena, il Boulevard St-Michel, spina dorsale della zona, tornò a dedicarsi al commercio invece che far da teatro alle dimostrazioni studentesche.

Oggi il boulevard è pieno di negozi economici e fast-food e il labirinto di stradine che si diramano dal boulevard è pieno di negozi folcloristici, di boutique divertenti, di teatri d'avanguardia e di cinema. Gli 800 anni di storia del quartiere sono tuttavia difficili da cancellare. La Sorbona è rimasta tale e quale e nella parte orientale della zona vi sono stradine che risalgono al XIII secolo. C'è ancora la Rue St-Jacques, la lunga strada romana che portava fuori città, la più antica di tutte le strade parigine.

Il giovane che suona sotto il Pont St-Michel fa parte del colore del Quartiere Latino, luogo d'incontro dei giovani di tutto il mondo.

Da vedere

Edifici storici e strade
Boulevard St-Michel ❷
La Sorbonne ❼
Collège de France ❽

Musei e gallerie
Musée de Cluny pp 154–7 ❶
Musée de la Préfecture de la Police ❻

Chiese e templi
St-Séverin ❸
St-Julien-le-Pauvre ❹
Eglise de la Sorbonne ❾
St-Etienne-du-Mont ❿
Panthéon pp158–9 ⓫

Piazze
Place Maubert ❺

Come arrivarci

Le stazioni del metró in zona sono St-Michel e Cluny La Sorbonne. Il Balabus e le linee 24 e 87 percorrono il Boulevard St-Germain, mentre il 38 percorre il Boulevard St-Michel, transitando per la Sorbona e il Musée de Cluny.

Vedi anche

- ***Stradario***, tavv 12, 13, 17
- ***Dove alloggiare*** pp 278–9
- ***Ristoranti*** pp 296–8

0 metri 400

Legenda

- In dettaglio
- Metropolitana
- Imbarco Batobus
- Stazione RER
- Parcheggio

Un tranquillo angolo lungo la Senna nel Quartiere Latino

Il Quartiere Latino in dettaglio

FIN DAL MEDIOEVO questo quartiere è stato dominato dalla Sorbona e il suo nome deriva appunto dal latino parlato un tempo dagli studenti. Il quartiere risale però al tempo dei Romani, come l'Ile de la Cité; a quel tempo la Rue St-Jacques era una delle principali strade che conducevano fuori città. Il nome evoca subito artisti, intellettuali e la bohème, ma nel corso della storia il quartiere conobbe anche lotte politiche. Nel 1871 Place St-Michel divenne il fulcro della Comune di Parigi e nel maggio del 1968 la zona era la roccaforte della rivolta studentesca. Oggi la parte orientale è diventata elegante e di moda ed è abitata dalla buona società.

Place St-Michel ha una bella fontana di Davioud. La statua di bronzo di Duret raffigura San Michele che uccide il drago.

Metró St-Michel

La piccola Atene è un luogo pieno di vita la sera, specialmente nei fine settimana, quando i ristoranti greci delle pittoresche vie intorno a St-Séverin si riempiono di folla.

Metró Cluny La Sorbonne

★ **Boulevard St-Michel**
L'estremità nord del Boul'Mich, come viene familiarmente chiamato, è un insieme di caffè, librerie e negozi di abiti; nelle vicinanze vi sono locali notturni e cinema sperimentali ❷

BLVD ST MICHEL

RUE DE LA HARPE

BLVD

RUE ST JACQUES

RUE DES ECOLES

RUE THENAR

★ **Musée de Cluny**
In questo bellissimo edificio del XV secolo, che comprende anche le rovine delle terme gallo-romane, è raccolta una delle più complete collezioni di arte medievale ❶

Il n. 22 di Rue St-Séverin è il palazzo più stretto di Parigi; vi abitava un tempo l'Abbé Prévost, autore di *Manon Lescaut.*

★ St-Séverin
La costruzione della chiesa, un elegante esempio di gotico fiammeggiante, venne iniziata nel XIII secolo e proseguì per 300 anni ❸

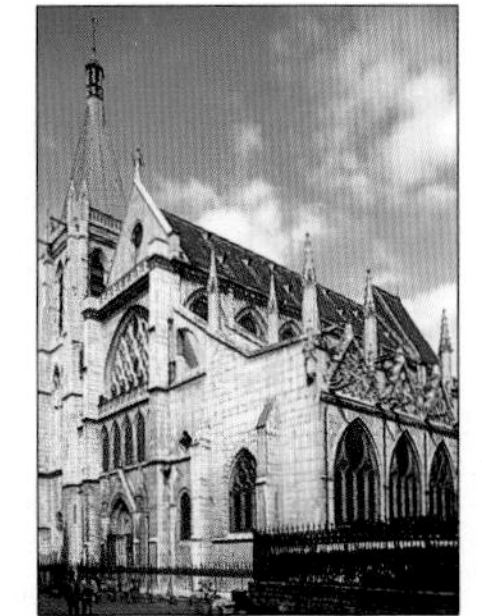

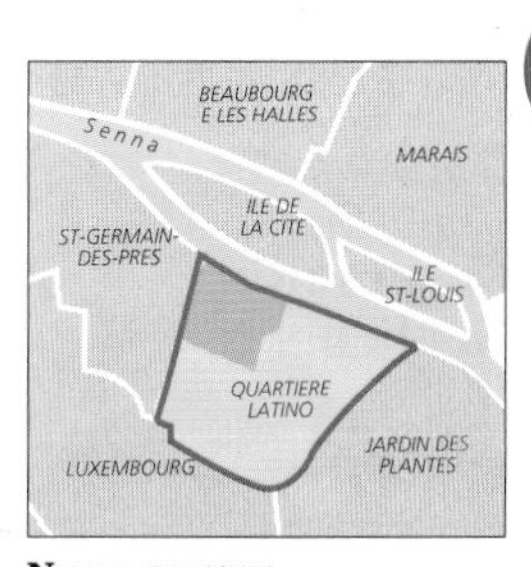

NELLA CARTINA
Vedi cartina di Parigi pp 12-3

Rue du Chat qui Pêche è una stretta strada pedonale, cambiata ben poco nei suoi 200 anni di storia.

Shakespeare & Co *(pp 320–1)*, al n. 37 di Rue de la Bûcherie, è una caotica ma deliziosa libreria. Tutti i libri comprati in questo negozio recano la dicitura *Shakespeare & Co Kilometre Zéro Paris*.

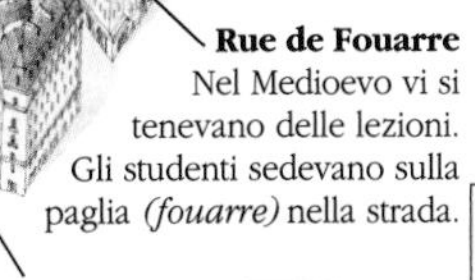

★ St-Julien-le-Pauvre
Ricostruita nel XVII secolo, la chiesa fu usata come magazzino durante la Rivoluzione ❹

Rue de Fouarre
Nel Medioevo vi si tenevano delle lezioni. Gli studenti sedevano sulla paglia *(fouarre)* nella strada.

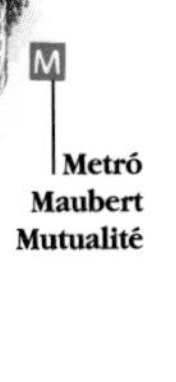

Metró Maubert Mutualité

Rue Galande era una zona ricca ed elegante nel XVII secolo, ma decadde e divenne poi famosa per le sue taverne.

DA NON PERDERE

- ★ **Musée de Cluny**
- ★ **St-Séverin**
- ★ **St-Julien-le-Pauvre**
- ★ **Boulevard St-Michel**

LEGENDA

– – – Percorso consigliato

0 metri 100

Musée de Cluny ❶

Vedi pp 154–7.

Boulevard St-Michel ❷

75005 e 75006. **Tav** 12 F5 e 16 F2.
Ⓜ *St-Michel, Cluny-La Sorbonne.*
RER *Luxembourg.*

REALIZZATO NEL 1869, il viale divenne inizialmente famoso per i caffè letterari che subito vi si stabilirono. Oggi vi abbondano raffinati negozi di abbigliamento, ma il Café Cluny, all'incrocio con il Boulevard St-Germain, resta un punto di incontro internazionale. Nella Place St-Michel, alcune targhe in marmo commemorano i numerosi studenti morti qui nel 1944 combattendo contro i nazisti.

Gli originali doccioni di St-Séverin

St-Séverin ❸

1 Rue-des-Prêtres-St-Séverin 75005.
Tav 13 A4. ☎ *01 42 34 93 50.*
Ⓜ *St-Michel.* ***Apertura*** *11–19.30 lun–ven; 11–19.40 sab; 9–20.30 dom.*
Concerti.

ST-SÉVERIN, una delle più belle chiese di Parigi, è un perfetto esempio di stile gotico fiammeggiante. Il nome riprende quello di un eremita vissuto qui nel VI secolo, che aveva convinto il futuro San Cloud, nipote di Clodoveo, a prendere gli ordini sacri. La costruzione venne terminata agli inizi del XVI secolo; notevole il doppio deambulatorio che cinge

Interno di St-Julien-le-Pauvre

il coro. Nel 1684 la Grande Mademoiselle, cugina di Luigi XIV, dopo aver lasciato quella di St-Sulpice, adottò come parrocchia St-Séverin e ne fece rimodernare a sue spese il coro.

Nel cimitero, oggi trasformato in giardino, ebbe luogo nel 1474 la prima operazione di calcoli biliari: a un arciere, condannato a morte, Luigi XI offrì salva la vita se avesse acconsentito a farsi operare e fosse sopravvissuto, come infatti avvenne. Nel giardino si erge anche l'ossario medievale.

St-Julien-le-Pauvre ❹

1 Rue St-Julien-le-Pauvre 75005.
Tav 13 A4. ☎ *01 43 29 09 09.*
Ⓜ *St-Michel.* RER *St-Michel.* ***Apertura*** *9.30–13.30, 15–18 tutti i giorni.*
Concerti. *Vedi* ***Divertimenti*** *p 336.*

ALMENO TRE SANTI possono essere considerati patroni di questa chiesa, ma il più probabile è San Giuliano Ospitaliere. La chiesa, insieme a quella di St-Germain-des-Prés, è una delle più antiche di Parigi e venne costruita tra il 1165 e il 1220. Le riunioni ufficiali dell'università si svolsero nella chiesa fino al 1524, allorché una protesta studentesca provocò tali danni che il parlamento le proibì. Dal 1889 vi si officiano servizi religiosi in rito cattolico melchita, una setta greco-ortodossa. Oggi la chiesa ospita concerti di musica da camera e sacra.

Place Maubert ❺

75005. **Tav** 13 A5.
Ⓜ *Maubert-Mutualité.*

DAL XII SECOLO alla metà del XIII, "La Maube" era un centro studentesco e vi si svolgevano lezioni all'aperto. Dopo il trasferimento degli studenti nei nuovi collegi a Montagne St-Geneviève, nella piazza ebbero luogo torture ed esecuzioni, tra cui quella del filosofo Etienne Dolet, condannato al rogo come eretico nel 1546. Nel XVI secolo vi vennero bruciati un gran numero di protestanti, tanto che la piazza divenne luogo di pellegrinaggio per gli adepti di quella nuova fede. Oggi questa fama sinistra è stata sostituita da una nuova rispettabilità e nella piazza si svolge un bel mercato all'aperto.

Musée de la Préfecture de la Police ❻

4 Rue de la Mountagne ste-Geneviève 75005. **Tav** 13 A5. ☎ *01 44 41 52 50.* Ⓜ *Maubert-Mutualité.* ***Apertura*** *9–17 lun–ven; 10–17 sab (ult entr: 16.30).* ***Chiusura*** *festività.*

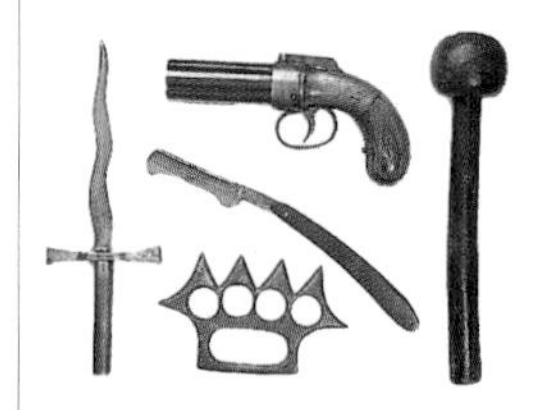

Armi nel museo della polizia

IL LATO OSCURO della storia di Parigi è in mostra in questo piccolo museo. Creato nel 1909, il museo è dedicato all'evoluzione del corpo di polizia di Parigi, dal Medioevo al XX secolo. In mostra vi sono gli ordini di arresto di persone celebri, come il rivoluzionario Danton, e una discreta collezione di armi e utensili usati da criminali famosi. Una sezione è dedicata al ruolo svolto dalla polizia municipale durante la Resistenza e la successiva liberazione di Parigi.

La Sorbonne ❼

47 Rue des Ecoles 75005. **Tav** 13 A5. ☎ *01 40 46 22 11.* Ⓜ *Cluny-La Sorbonne, Maubert-Mutualité.* ***Apertura*** *9–17 lun–ven.* ***Chiusura*** *festività.* *solo per app: scrivere al* Service des Visites.

La sorbona, sede dell'Università di Parigi, nacque nel 1253, per opera di Robert de Sorbon, confessore di Luigi IX, come collegio per 16 studenti di teologia poveri. Dopo questi modesti inizi, il collegio divenne presto il centro della teologia tomista. Nel 1469 il rettore fece arrivare tre torchi da stampa da Mainz: nacque così la prima tipografia francese. L'opposizione dell'università alla filosofia liberale del XVIII secolo condusse alla sua chiusura durante la Rivoluzione. Venne riaperta da Napoleone nel 1806. Gli edifici costruiti da Richelieu all'inizio del XVII secolo furono sostituiti da quelli attuali.

Statue fuori dal collegio

Collège de France ❽

11 Pl Marcelin-Berthelot 75005. **Tav** 13 A5. ☎ *01 44 27 12 11.* Ⓜ *Maubert-Mutualité.* ***Apertura*** *ott–giu: 9–18.30 lun–ven.*

Il collegio, uno dei principali istituti di studio e di ricerca di Parigi, venne fondato nel 1530 da Francesco I. Su consiglio del grande umanista Guillaume Budé, il re voleva contrastare l'intolleranza e il dogmatismo della Sorbona. Una statua di Budé si erge nel cortile occidentale e l'approccio al sapere libero da pregiudizi è sintetizzato nell'iscrizione all'entrata dell'antico collegio: *docet omnia* (qui si insegna tutto). Le lezioni sono gratuite e aperte al pubblico.

Chapelle de la Sorbonne ❾

Pl de la Sorbonne 75005. **Tav** 13 A5. ☎ *01 40 46 22 11.* Ⓜ *Cluny-La Sorbonne, Maubert-Mutualité.* RER *Luxembourg.* ***Apertura*** *solo per mostre temporanee.* ***A pagamento.***

Eretta da Lemercier tra il 1635 e il 1642, questa cappella è in effetti un monumento a Richelieu. Il suo stemma si trova sotto la cupola e la sua tomba, scolpita in marmo bianco da Girardon nel 1694, è collocata nel coro. La bella facciata laterale della cappella dà sul cortile della Sorbona.

Eglise de la Sorbonne: l'orologio

St-Etienne-du-Mont ❿

Pl Ste-Geneviève 75005. **Tav** 17 A1. ☎ *01 43 54 11 79.* Ⓜ *Cardinal Lemoine.* ***Apertura*** *8–19.30 lun–ven; sab e dom chiuso 12–14.30; fest. 12–16.* ***Chiusura*** *lun in lug–ago.*

In questa bella chiesa sono custodite le reliquie di Santa Genoveffa, patrona di Parigi, e le spoglie dei grandi letterati Racine e Pascal. Alcune parti della chiesa sono in stile gotico e altre in stile rinascimentale, compresa la bellissima parete divisoria tra la navata e il coro. Notevoli anche le vetrate.

Panthéon ⓫

Vedi pp 158–9.

Musée de Cluny ❶

Testa di San Giovanni Battista

IL PROPRIETARIO originale del museo, noto oggi come Musée National du Moyen Age – Thermes de Cluny, fu Pierre de Chalus, abate di Cluny, che acquistò le rovine nel 1330. Circondato da fantastici giardini medievali di recente creazione, è un'eccezionale combinazione tra le rovine gallo-romane, incorporate in un palazzo medievale, e una delle più belle collezioni al mondo d'arte medievale.

Palazzo medievale
Il museo, completato nel 1500, fu costruito da Jacques d'Amboise, abate di Cluny.

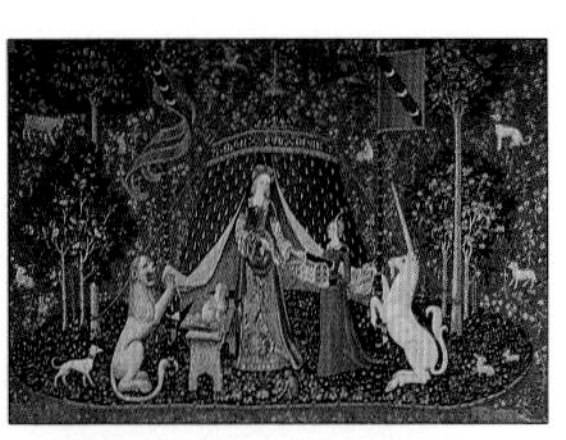

★ Dame à la Licorne
Questa eccezionale serie di arazzi è un prezioso esempio dello stile millefleurs, *sviluppatosi in Francia nel XV e all'inizio del XVI secolo, è famoso per le sue aggraziate raffigurazioni.*

★ Rosa d'oro di Basilea *(1330)*
L'orafo Minucchio da Siena realizzò questa rosa per papa Giovanni XXII, che risiedeva ad Avignone.

Terme gallo-romane
Risalgono al 200 d.C.; funzionarono per circa 100 anni, prima del saccheggio dei barbari.

Frigidarium gallo-romano
Le arcate di questa sala, datate tra la fine del II e l'inizio del III secolo, erano decorate con prue scolpite, simbolo della corporazione dei marinai di Parigi (nautes).

DA NON PERDERE

- ★ **Galleria dei re**
- ★ **Dame à la Licorne**
- ★ **Rosa d'oro di Basilea**

Libri delle ore
Il museo possiede due Libri delle ore della prima metà del XV secolo. Nelle pagine sono miniate scene raffiguranti i lavori stagionali, accompagnate dai segni dello zodiaco.

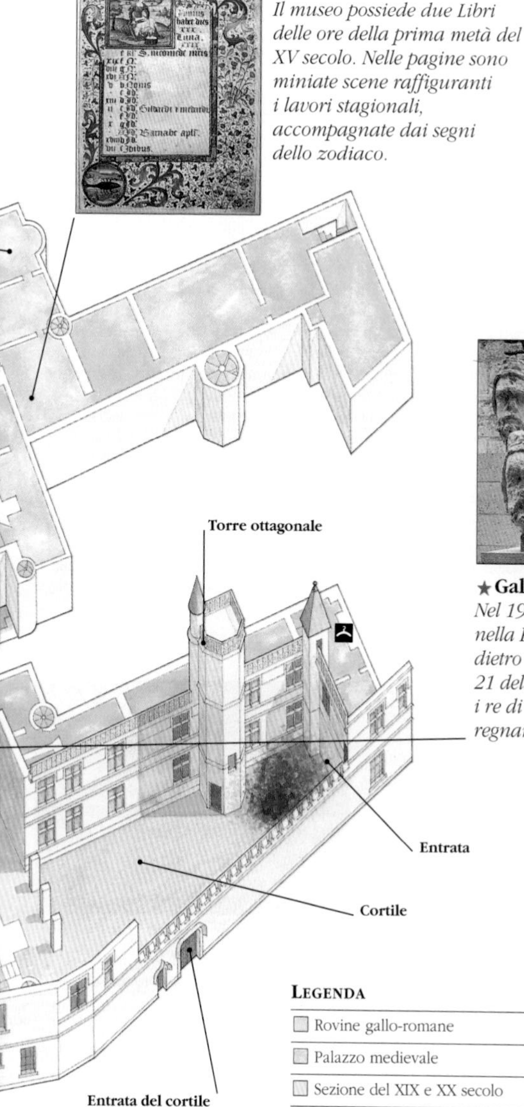

NOTE INFORMATIVE

6 Pl Paul-Painlevé. **Tav** 13 A5. *01 53 73 78.* Cluny, St-Michel, Odéon. *63, 86, 87, 21, 27, 85, 38 direzione Rue Soufflot, Rue des Ecoles.* RER St-Michel, Cluny-La Sorbonne. P Blvd St-Germain, Pl Edmond Rostand. **Apertura** 9.15–17.45 mer–lun (ult entr: 17.05). **Chiusura** 25 dic, 1 gen. **Concerti. Lettura di poesie medievali**. www.musee-moyenage.fr

★Galleria dei re
Nel 1977, durante gli scavi effettuati nella Rue de la Chaussée-d'Antin, dietro all'Opéra, vennero alla luce 21 delle 28 teste in pietra raffiguranti i re di Giuda (scolpite verso il 1220, regnante Filippo Augusto).

GUIDA ALLA GALLERIA

La collezione occupa i due piani dell'edificio. Comprende una vasta gamma di oggetti, soprattutto di epoca medievale, tra cui manoscritti miniati, arazzi, tessuti, metalli preziosi, alabastri, ceramiche, sculture e arredi sacri. Intorno al frigidarium *sono esposti molti manufatti dell'epoca gallo-romana, mentre la piccola sala circolare adiacente contiene alcuni capitelli.*

LEGENDA

- Rovine gallo-romane
- Palazzo medievale
- Sezione del XIX e XX secolo

CRONOLOGIA

200 ca. Costruzione delle terme

1500 Jacques d'Amboise completa l'Hôtel de Cluny

1747 Torre ottagonale usata come osservatorio

1789 Confiscato e rivenduto dallo Stato durante la Rivoluzione

1833 Acquistato da Alexandre du Sommerard, collezionista d'arte medievale

1844 Apertura del museo

200 | 1450 | 1750 | 1800 | 1850

300 ca. I barbari saccheggiano le terme

1600 L'Hôtel diventa residenza del nunzio papale

1819 Luigi XVIII promuove gli scavi alle terme

1842 Edificio e collezione acquistati dallo Stato

Luigi XVIII allo scrittoio

Visita al Musée de Cluny

Alexandre du Sommerard entrò in possesso dell'Hôtel de Cluny nel 1833 e lo usò per ospitare la sua vasta collezione d'arte, disponendovela con grande gusto per la scenografia. Alla sua morte l'edificio e la collezione vennero venduti allo Stato e trasformati in museo.

L'arazzo *La Vendemmia*

Arazzi

Gli arazzi conservati nel museo sono notevoli per qualità, età e stato di conservazione. I soggetti, trattati con gusto naïf, sono raffinati e colti. Uno dei più antichi, *L'offerta del cuore* (inizio del XV secolo), raffigura un gentiluomo che offre il suo cuore a una dama seduta. Scene di vita più comune sono raffigurate negli arazzi della serie *Vie seigneuriale* (1500 circa). Il piano superiore ospita l'affascinante serie della *Dame à la Licorne*.

Sculture in legno

Nel museo sono ben rappresentate le diverse tecniche usate nell'Europa medievale per intagliare il legno. Vi sono dossali in legno e alabastro provenienti dalle botteghe di Nottingham, in Inghilterra, a quel tempo apprezzate in tutta Europa. Tra le opere di minori dimensioni vi è *La scuola,* di un toccante realismo, risalente all'inizio del XVI secolo. Al piano superiore sono collocate alcune sculture in legno di scuola fiamminga e della Germania meridionale; tipica di queste due scuole è la figura policroma di San Giovanni.
Tra i dossali più belli, le due *Lamentazioni di Cristo* (1485 circa), del Ducato di Clèves, e la pala d'altare Averbode realizzata ad Anversa nel 1523, raffigurante tre scene, fra cui l'Ultima Cena. Tra i pezzi migliori vi è anche una bella statua a grandezza naturale di Maria Maddalena.

Vetrate policrome

La maggior parte delle vetrate del XII e XIII secolo esposte al museo sono di provenienza francese. I pezzi più antichi risalgono al 1144 e decoravano la basilica di St-Denis. Vi sono anche tre frammenti della cattedrale di Troyes, distrutta dal fuoco, due dei quali dedicati alla vita di San Nicola e il terzo al Cristo. Molte delle vetrate furono trasferite al museo di Cluny dalla Sainte-Chapelle *(pp 88–9),* durante il restauro del XIX secolo, e qui rimasero. Tra esse cinque scene della vita di Sansone risalenti al 1248.

La moda di creare dei contrasti tra i vetri colorati e quelli bianchi e grigi circostanti, sviluppatasi nella seconda metà del XIII secolo, è documentata da quattro vetrate provenienti dal castello reale di Rouen.

Vetrate policrome bretoni (1400)

La scuola, scultura inglese in legno del XVI secolo

Testa di regina proveniente da St-Denis, anteriore al 1120

SCULTURA

IL GIOIELLO di questa sezione è la Galleria dei Re, una serie di teste e di figure provenienti da Notre-Dame. Tra queste vi è una fine scultura di Adamo realizzata intorno al 1260. Nella sala a volte, di fronte, vi sono alcune belle sculture romaniche recuperate da diverse chiese francesi. Tra le più antiche figurano 12 capitelli provenienti dalla navata di St-Germain-des-Prés (XI secolo). Proveniente dal portale di St-Denis, vi è una bella testa di regina (1140 circa) che, sebbene gravemente mutilata, esercita ancora un grande fascino. Vi sono poi altri capitelli romanici e gotici (notevoli i sei che provengono dalla Catalogna). Le quattro statue più famose del museo sono gli apostoli (inizio XIII secolo), realizzate per la Sainte-Chapelle.

OGGETTI QUOTIDIANI

QUESTA AMPIA COLLEZIONE di oggetti quotidiani mostra un altro aspetto interessante della vita del Medioevo. La buona disposizione degli oggetti permette di capirne il loro uso. Vi sono utensili per la cucina, abiti, giocattoli per bambini e una raccolta di valige e emblemi religiosi che evoca anni di viaggi, esplorazioni e pellegrinaggi.

METALLI PREZIOSI

IL MUSEO DI CLUNY possiede una bella collezione di gioielli, monete, metalli lavorati e smalti, che datano dal periodo gallico al Medioevo. La vetrina dei gioielli gallici comprende collane, braccialetti e anelli d'oro, tutti con disegni semplici. Tra questi si trova uno dei più preziosi oggetti di Cluny, la Rosa d'oro di Basilea, un pezzo lavorato molto finemente, del 1330, il più antico che si conosca nel suo genere.

Tra gli smalti, i più antichi sono i *cloisonné* tardo romani e bizantini, tra i quali gli smalti di Limoges risalenti al tardo XII secolo. Vi sono anche due eccezionali pale d'altare, il paliotto in oro di Basilea e la pala di Stavelot.

Croce, arte italiana (tardo XV secolo)

Il pilastro dei nauta

RESTI GALLO-ROMANI

UNA DELLE MOLTE, buone ragioni per visitare il Musée de Cluny è la possibilità di ammirare il tracciato delle antiche e vaste terme gallo-romane. La sala del *frigidarium* (per il bagno freddo) era la più grande del suo genere in Francia. Qui si trova uno dei capolavori di Cluny, il pilastro dei marinai (nauta in latino), scoperto durante gli scavi fatti sotto Notre-Dame nel 1711. Composto di cinque blocchi di pietra con sculture di divinità gallo-romane, il suo fastigio si pensa raffiguri gli antichi marinai della Senna. Vi sono inoltre i resti del *calidarium* e del *tepidarium* (rispettivamente per i bagni caldi e tiepidi), e si possono visitare le volte sotterranee.

ARAZZI DELLA DAME À LA LICORNE

I sei arazzi di questa serie furono tessuti nel tardo XV secolo nell'Olanda meridionale. Sono famosi per la vivezza e l'armonia dei colori e per la lirica eleganza della figura centrale.Nei primi cinque sono illustrate le allegorie dei sensi: la vista (la dama si contempla in uno specchio), l'udito (suona un piccolo organo), il gusto (assaggia dei dolci), l'olfatto (odora dei garofani) e il tatto (tocca il corno dell'unicorno). Il sesto enigmatico arazzo mostra dei gioielli in un portagioielli e il motto "al mio solo desiderio" e rappresenta forse l'allegoria del libero arbitrio.

L'unicorno del sesto arazzo

Panthéon ⓫

Luigi XV, guarito da una gravissima malattia nel 1744, decise di costruire per riconoscenza una magnifica chiesa in onore di Santa Genoveffa. Il progetto fu affidato all'architetto francese Jacques-Germain Soufflot, che concepì la chiesa in stile neoclassico. I lavori iniziarono nel 1764 e furono completati nel 1790, dieci anni dopo la morte di Soufflot, sotto la direzione di Guillaume Rondelet. Durante la Rivoluzione la chiesa venne trasformata in pantheon e destinata ad accogliere le tombe dei grandi di Francia. Restituita alla Chiesa da Napoleone nel 1806, essa venne sconsacrata, successivamente riconsacrata e, nel 1885, definitivamente destinata a edificio pubblico.

La facciata
Ispirato al Pantheon di Roma, il pronao ha 22 colonne corinzie.

Le arcate della cupola furono progettate da Rondelet e mostrano un rinnovato interesse per l'architettura gotica. Esse collegano i quattro pilastri che sorreggono la cupola, che pesa 10000 tonnellate ed è alta 83 m.

I rilievi del frontone
I bassorilievi di David d'Angers raffigurano la madre Francia, che distribuisce corone d'alloro ai suoi figli.

L'interno del Panthéon
L'interno è formato da quattro navate, disposte a croce greca, al centro delle quali si eleva la grande cupola.

Entrata

★ Affreschi di Santa Genoveffa
Gli affreschi sulla parete sud della navata descrivono la vita di Santa Genoveffa e sono di Pierre Puvis de Chavannes, pittore del XIX secolo.

Da non perdere

- ★ **Cupola in ferro**
- ★ **Affreschi di Santa Genoveffa**
- ★ **Cripta**

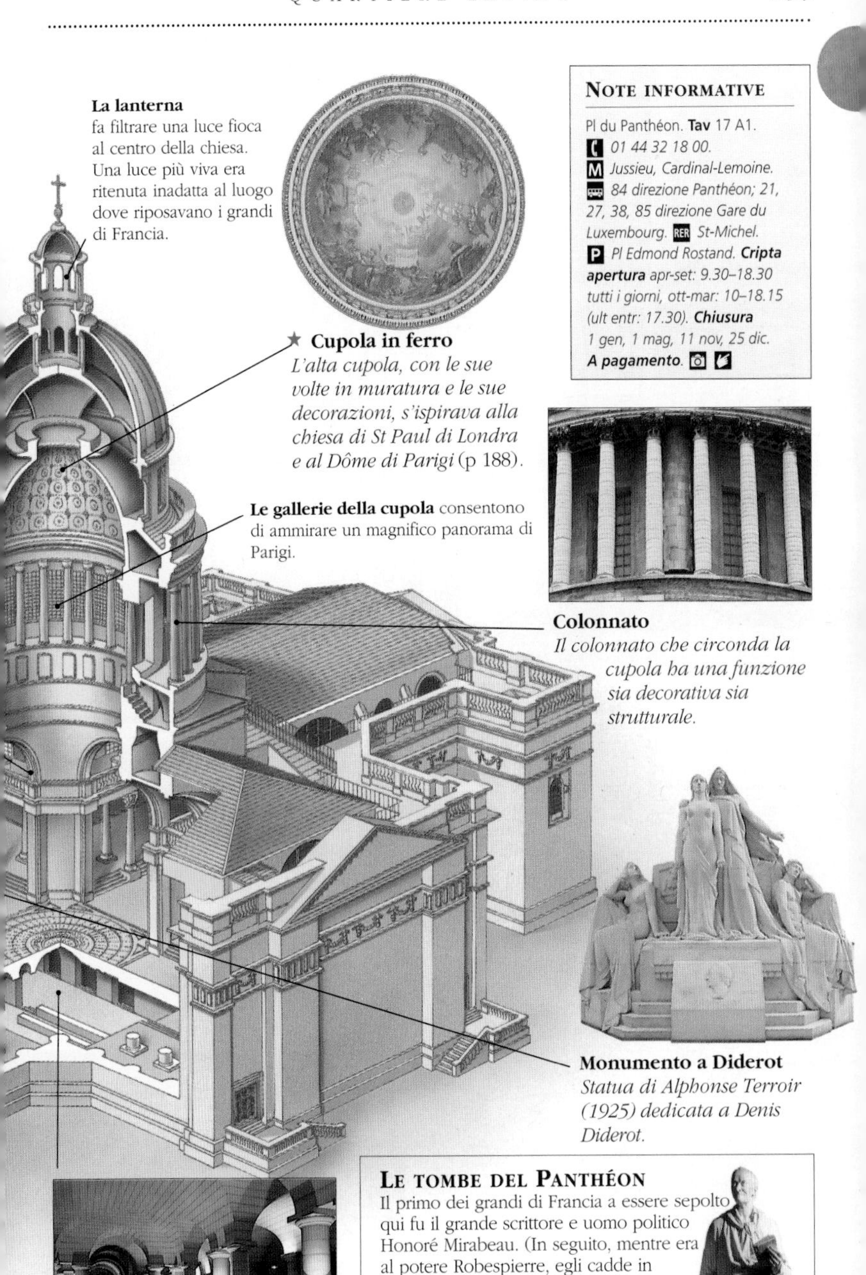

La lanterna fa filtrare una luce fioca al centro della chiesa. Una luce più viva era ritenuta inadatta al luogo dove riposavano i grandi di Francia.

★ **Cupola in ferro**
L'alta cupola, con le sue volte in muratura e le sue decorazioni, s'ispirava alla chiesa di St Paul di Londra e al Dôme di Parigi (p 188).

Le gallerie della cupola consentono di ammirare un magnifico panorama di Parigi.

Colonnato
Il colonnato che circonda la cupola ha una funzione sia decorativa sia strutturale.

Monumento a Diderot
Statua di Alphonse Terroir (1925) dedicata a Denis Diderot.

★ **Cripta**
La cripta si estende per tutta la superficie sotto l'edificio ed è divisa in gallerie per mezzo di colonne doriche. Vi sono sepolti molti francesi celebri.

Note informative

Pl du Panthéon. **Tav** 17 A1.
01 44 32 18 00.
Jussieu, Cardinal-Lemoine.
84 direzione Panthéon; 21, 27, 38, 85 direzione Gare du Luxembourg. RER *St-Michel.*
P *Pl Edmond Rostand.* **Cripta apertura** *apr-set: 9.30–18.30 tutti i giorni, ott-mar: 10–18.15 (ult entr: 17.30).* **Chiusura** *1 gen, 1 mag, 11 nov, 25 dic.*
A pagamento.

Le tombe del Panthéon

Il primo dei grandi di Francia a essere sepolto qui fu il grande scrittore e uomo politico Honoré Mirabeau. (In seguito, mentre era al potere Robespierre, egli cadde in disgrazia e le sue spoglie furono rimosse.) Fu poi la volta di Voltaire, che quando morì, nel 1788, fu sepolto fuori Parigi: i suoi resti furono quindi riportati qui in processione. Una statua di Voltaire di Jean-Antoine Houdon si erge di fronte alla sua tomba. Negli anni '70 fu sepolto qui il capo della Resistenza francese, Jean Moulin. Tra le altre, vi sono le tombe di Jean-Jacques Rousseau, Victor Hugo e Emile Zola.

STELLA
ARTOIS
BAR
LOU
THES
CAFES
TURC
LE MOULE A GATEAU
RESTAU
RUSS
TRAITE
01 43 31

Jardin des Plantes

La zona del Jardin des Plantes è sempre stata uno dei quartieri più tranquilli di Parigi. È caratterizzata dalla presenza dell'orto botanico, risalente al XVII secolo, dove i re dell'ancien régime coltivavano erbe officinali e dove oggi si trova il Musée National d'Histoire Naturelle. I molti ospedali presenti nella zona, tra cui il più grande di Parigi, il Pitié Salpêtrière, contribuiscono alla sua tranquillità. Lo scompiglio deriva, invece, dal pittoresco mercato che si svolge ogni giorno nella Rue Mouffetard. E nelle strade circostanti si respira ancora un'aria medievale.

Da vedere

Musei e gallerie

Pont de Sully et Quai St-Bernard 2
Collection des Minéraux de l'Université 4
Musée National d'Histoire Naturelle 10
La Manufacture des Gobelins 13

Architettura moderna

Institut du Monde Arabe 1

Chiese e templi

St-Médard 8
Mosquée de Paris/Institut Musulman 9

Piazze, parchi e giardini

Ménagerie 3
Place de la Contrescarpe 6
Jardin des Plantes 11

Edifici storici e strade

Arènes de Lutèce 5
Rue Mouffetard 7
Groupe Hospitalier Pitié-Salpêtrière 12

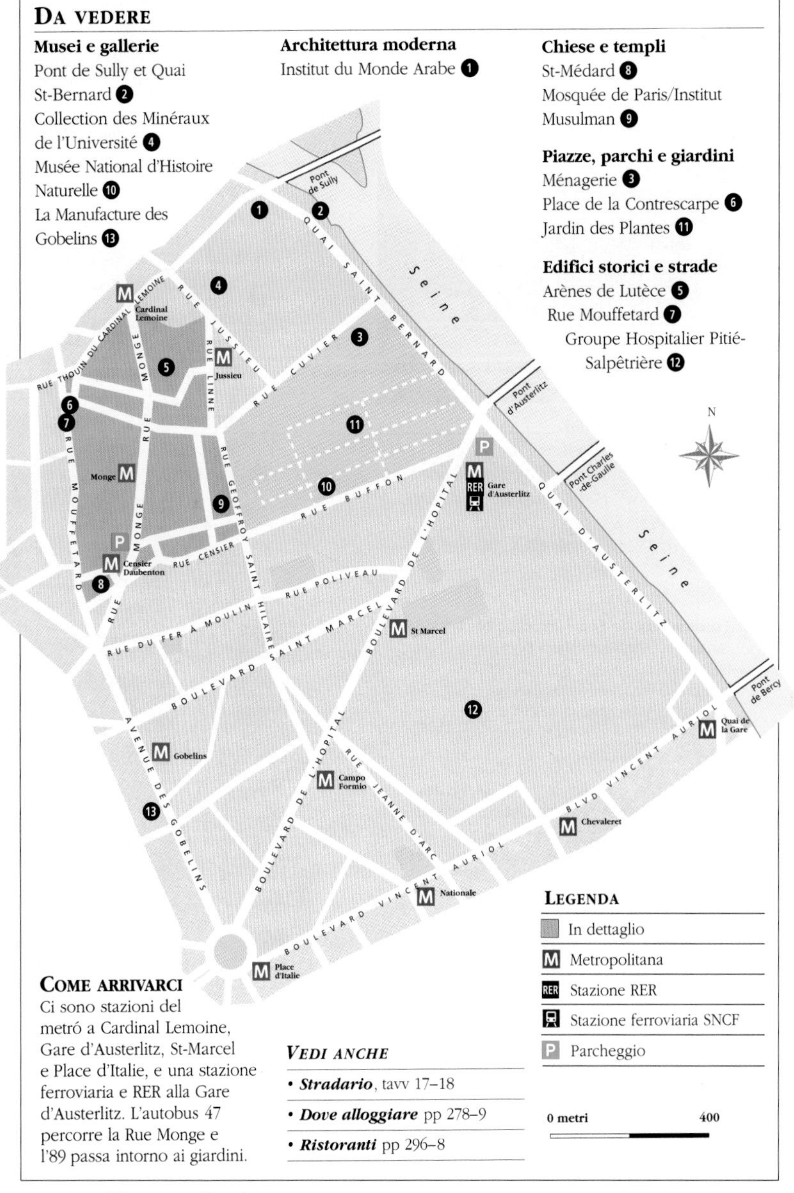

Legenda

- In dettaglio
- Metropolitana
- Stazione RER
- Stazione ferroviaria SNCF
- Parcheggio

0 metri 400

Come arrivarci

Ci sono stazioni del metró a Cardinal Lemoine, Gare d'Austerlitz, St-Marcel e Place d'Italie, e una stazione ferroviaria e RER alla Gare d'Austerlitz. L'autobus 47 percorre la Rue Monge e l'89 passa intorno ai giardini.

Vedi anche

- ***Stradario***, tavv 17–18
- ***Dove alloggiare*** pp 278–9
- ***Ristoranti*** pp 296–8

Il mercato della Rue Mouffetard

Il quartiere del Jardin des Plantes in dettaglio

Due medici di Luigi XIII, Jean Hérouard e Guy de la Brosse, ottennero l'autorizzazione per realizzare un giardino reale di erbe officinali nel suburbio scarsamente popolato di St-Victor nel 1626. L'erbario e i giardini di diversi conventi religiosi diedero alla zona un carattere rurale. Nel XIX secolo la popolazione aumentò e la zona si espanse, diventando più densamente edificata, fino ad assumere le caratteristiche attuali: un agiato quartiere prevalentemente del XIX e dell'inizio del XX secolo, con la presenza di alcuni edifici o molto più antichi o moderni.

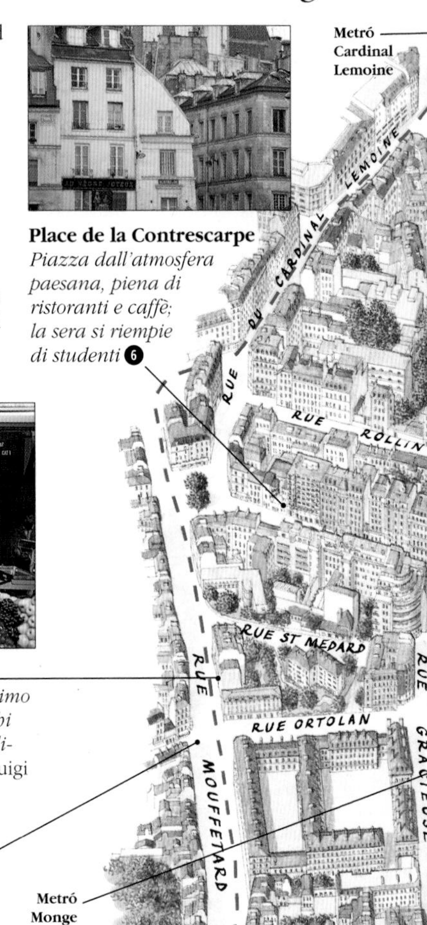

Metró Cardinal Lemoine

Place de la Contrescarpe
Piazza dall'atmosfera paesana, piena di ristoranti e caffè; la sera si riempie di studenti ❻

★ **Rue Mouffetard**
Qui si tiene ogni giorno un affollatissimo mercato all'aperto, uno dei più antichi di Parigi. Nel 1938, durante la demolizione del n. 53, furono trovati molti luigi d'oro *del XVIII secolo* ❼

Fontana Pot de Fer è una delle 14 fontane realizzate da Maria de' Medici nel 1624 come riserva d'acqua per il suo palazzo al Jardin du Luxembourg. La fontana fu ricostruita nel 1671.

Metró Monge

Passage des Postes è un'antica galleria, realizzata nel 1830. L'ingresso è sulla Rue Mouffetard.

St-Médard
La costruzione della chiesa iniziò nella metà del XV secolo e terminò nel 1655. Il coro neoclassico è del 1784; le antiche vetrate della navata, del XVI secolo, sono state sostituite da vetrate moderne ❽

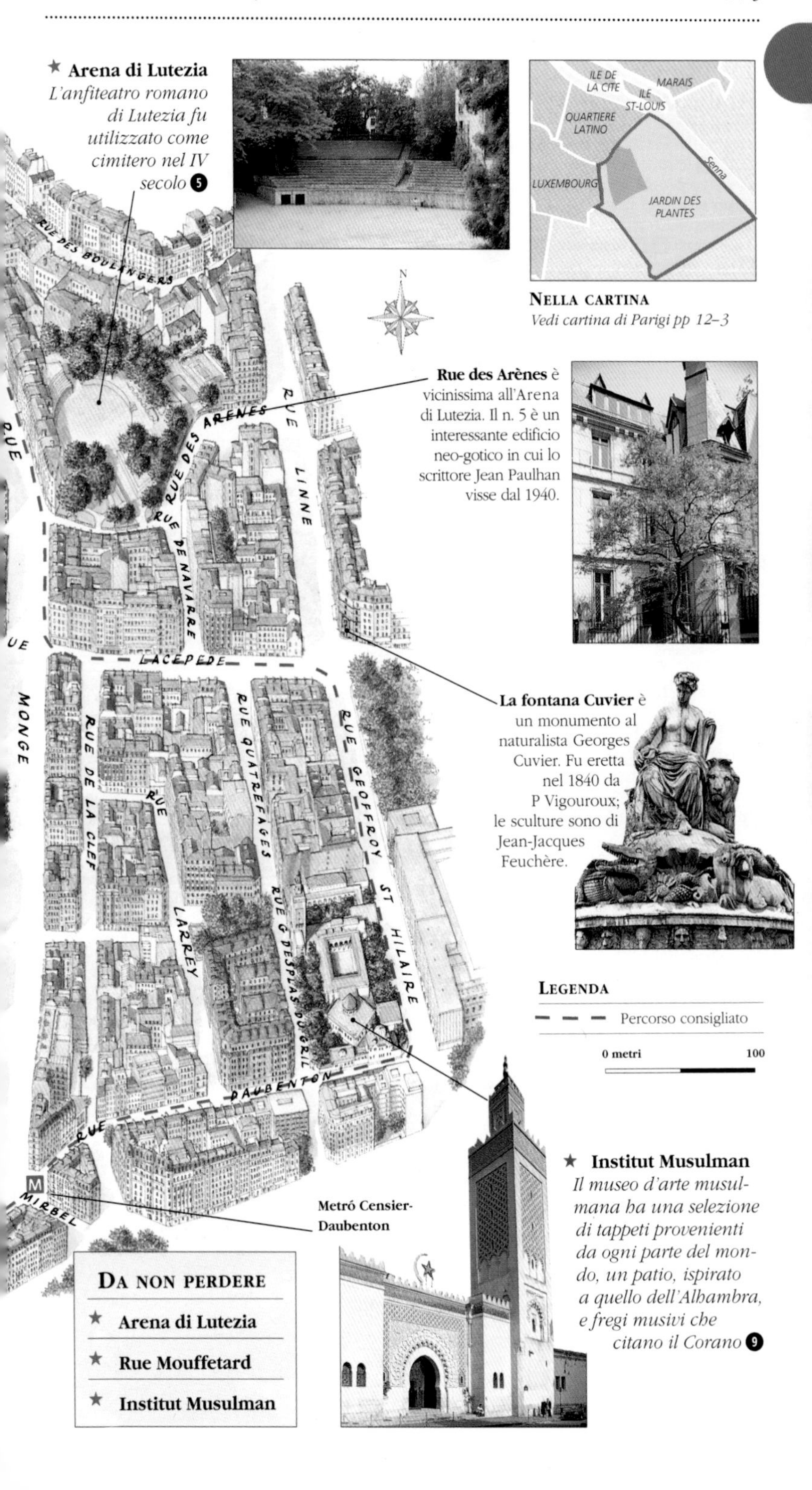

★ **Arena di Lutezia**
L'anfiteatro romano di Lutezia fu utilizzato come cimitero nel IV secolo ❺

Nella cartina
Vedi cartina di Parigi pp 12–3

Rue des Arènes è vicinissima all'Arena di Lutezia. Il n. 5 è un interessante edificio neo-gotico in cui lo scrittore Jean Paulhan visse dal 1940.

La fontana Cuvier è un monumento al naturalista Georges Cuvier. Fu eretta nel 1840 da P Vigouroux; le sculture sono di Jean-Jacques Feuchère.

Legenda

— — — Percorso consigliato

0 metri 100

★ **Institut Musulman**
Il museo d'arte musulmana ha una selezione di tappeti provenienti da ogni parte del mondo, un patio, ispirato a quello dell'Alhambra, e fregi musivi che citano il Corano ❾

Metró Censier-Daubenton

Da non perdere

★ **Arena di Lutezia**

★ **Rue Mouffetard**

★ **Institut Musulman**

Institut du Monde Arabe ❶

1 Rue des Fossées St-Bernard 75005. **Tav** 13 C5. *01 40 51 38 38.* *Jussieu, Cardinal-Lemoine.* ***Museo e mostre temporanee*** *10–18 mart–dom.* ***Biblioteca*** *13–20 mart–sab.* ***A pagamento.*** ***Conferenze.*** www.imarabe.org

L'istituto fu fondato nel 1980 dalla Francia e da 20 paesi arabi per favorire i rapporti culturali tra il mondo islamico e quello occidentale. L'edificio, progettato dall'architetto francese Jean Nouvel, abbina materiali moderni allo spirito dell'architettura tradizionale araba. La torre in marmo bianco, visibile attraverso le vetrate della facciata occidentale, si avvolge a spirale, ricordando il minareto di una moschea. La tradizionale raffinatezza degli spazi interni arabi è stata qui utilizzata per creare un cortile interno raggiungibile attraverso una stretta apertura che divide in due l'edificio.

Al settimo piano si trova un'affascinante esposizione di oggetti d'arte islamica, datati dal IX al XIX secolo, che comprende manufatti in vetro, ceramiche, sculture, tappeti e una bella collezione di astrolabi, apprezzatissimi dagli antichi astronomi arabi. L'edificio ospita anche una biblioteca e un archivio di media.

Musée de la Sculpture en Plen Air ❷

75004/ 75005. **Tav** 13 C5. *Gare d'Austerlitz, Sully-Morland.*

Confinante con la parte sinistra dell'Institut du Monde Arabe, il Pont de Sully collega l'Ile St Louis con entrambe le rive della Senna. Inaugurato nel 1877, in ferro battuto, il Pont de Sully non è particolarmente attraente. Ciononostante, vale la pena fare una breve pausa sul ponte per godersi la splendida vista di Notre-Dame che si staglia nettamente dietro il graziosissimo Pont Marie.

Costeggiando il fiume dal Pont de Sully sino al Pont d'Austerlitz, si trova il tranquillo Quai St-Bernard. Non sempre così silenzioso, il Quai St-Bernard era celebre nel XVII secolo quale luogo ove si faceva il bagno nudi, sino a quando, a causa di una scandalizzata opinione pubblica, tale pratica fu proibita. Le rive erbose lungo il *quai* sono il posto ideale per un pic-nic. A partire dal 1975 sono conosciute col nome di Jardin Tino Rossi in onore del noto cantante corso. Il giardino ospita una mostra di sculture, conosciuta come Musée de la Sculpture en Plein Air. Purtroppo, a causa dei ripetuti atti vandalici e di altri problemi, alcune statue sono state trasferite.

Ménagerie ❸

57 Rue Cuvier 75005. **Tav** 17 C1. *01 40 79 37 94.* *Jussieu, Austerlitz.* ***Apertura*** *ott–mar: 10–17 tutti i giorni; apr–set: 10–18 lun–sab (18.30 dom e fest).* ***A pagamento.***

Il più antico zoo di Francia è situato nei deliziosi dintorni del Jardin des Plantes. Fu istituito durante la Rivoluzione per ospitare gli animali sopravvissuti provenienti dal serraglio reale di Versailles, quattro in tutto. Lo Stato raccolse poi animali dai circhi e altri animali esotici arrivarono dall'estero. Durante l'assedio dei prussiani a Parigi (1870–1) la maggior parte delle bestie venne macellata per placare la fame dei parigini *(pp 224–5)*. Oggi lo zoo ospita piccoli mammiferi, insetti, uccelli, primati e rettili ed è amatissimo dai bambini. La gabbia del leone ospita alcuni grossi felini, tra cui pantere provenienti dalla Cina. Tra le altre attrazioni vi sono la gabbia delle scimmie, le fosse degli orsi, una grande uccelliera per uccelli acquatici e anche esemplari di pecore selvatiche e capre.

Le vetrine del terrario (dove sono tenuti animali nel loro habitat naturale) vengono cambiate durante l'anno e c'è una mostra permanente di piccolissimi artropodi.

Un bambino allo zoo

Frangiluce

La facciata sud è realizzata con 1600 pannelli di metallo ad alta tecnologia che filtrano la luce che entra nell'edificio. Si ispirano ai moucharabiyahs *(schermature di legno intagliato che si trovano all'esterno degli edifici dal Marocco al Sud-Est asiatico).*

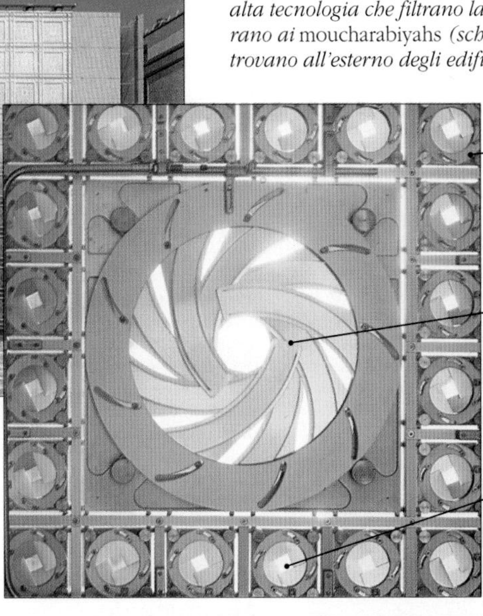

Ogni pannello contiene 21 diaframmi controllati elettronicamente, che si aprono o si chiudono in relazione alla quantità di luce solare che colpisce i pannelli.

Il diaframma centrale è realizzato con lamelle metalliche sincronizzate che si muovono per regolare le dimensioni dell'apertura centrale.

I diaframmi più piccoli sono collegati tra di loro e a quello centrale. Essi si aprono e si chiudono in sincronia, regolando la luminosità dell'ambiente all'interno dell'istituto.

Collection des Minéraux de l'Université ❹

Université Pierre et Marie Curie, 34 Rue Jussieu 75005. **Tav** 13 C5. ☎ *01 44 27 52 88.* Ⓜ *Jussieu.* ***Aperto*** *13–18 mer–lun.* ***Chiuso*** *1 gen, Pasqua, 1 mag, 14 lug, 1 nov, 25 dic.* ***A pagam.*** *gruppi mart pom.*

Il piccolo museo si trova nei seminterrati dell'edificio principale dell'università. Intitolato a una famiglia di insigni scienziati, esso contiene gemme tagliate e grezze e cristalli di roccia. Questa bella collezione mostra centinaia di minerali provenienti da ogni parte del mondo, esposti nel modo migliore, grazie a una illuminazione perfetta.

Topazio

Arènes de Lutèce ❺

Rue de Navarre 75005. **Tav** 17 B1. Ⓜ *Jussieu.* *Vedi p 19.*

I resti di questa grande arena romana (Lutetia era il nome romano di Parigi) risalgono al tardo II secolo. La sua distruzione ebbe inizio alla fine del III secolo a opera dei barbari; successivamente parti di essa vennero utilizzate per costruire le mura dell'Ile de la Cité. L'arena finì per venire gradualmente interrata e della sua esatta localizzazione rimase memoria solo negli antichi documenti, e nel nome del luogo, Clos des Arènes. Essa fu riscoperta nel 1869 durante la costruzione della Rue Monge e i lavori su alcuni terreni edificabili nelle vicinanze. Una campagna per il suo restauro fu promossa, tra gli altri, da Victor Hugo nel XIX secolo, ma i lavori non iniziarono concretamente fino al 1918.

L'arena aveva originariamente una capacità di 15000 posti a sedere, disposti su 35 file, e veniva utilizzata sia per gli spettacoli teatrali sia come anfiteatro per i crudeli combattimenti dei gladiatori. Questo tipo di uso combinato era comune in Gallia e l'arena è simile alle altre arene francesi di Nîmes e di Arles.

Il parco pubblico all'Arena di Lutezia

Buffon e il Jardin des Plantes

Georges Louis Leclerc, conte di Buffon (1707–88), diventò direttore del Jardin des Plantes in un periodo in cui gli studi di storia naturale erano all'avanguardia: *L'origine della specie* di Charles Darwin verrà infatti pubblicato 120 anni dopo. Buffon sovrintese alla riorganizzazione del Jardin, fino a fargli acquisire una posizione di prestigio nel mondo scientifico. Venne eletto membro dell'Académie Française nel 1752, dopo la pubblicazione delle sue due opere principali, *Storia naturale* e *Le epoche della natura*. Morì nella sua casa nel Jardin.

Illustrazione di un primate dalla *Storia naturale* di Buffon

Place de la Contrescarpe ❻

75005. **Tav** 17 A1. M *Place Monge.*

Una volta questo luogo si trovava fuori dalle mura della città. Il suo nome deriva dal riempimento del fossato che circondava le mura di Filippo-Augusto. L'attuale piazza venne realizzata nel 1852. Al n. 1 si trova una targa in ricordo dell'antica associazione della "Pigna", immortalata dagli scritti di Rabelais; qui un gruppo di scrittori, *La Pléiade* (dalla costellazione delle Pleiadi), era solito incontrarsi nel XVI secolo.

La piazza è sempre stata usata per incontri e festival ed è molto frequentata nei fine settimana. Il giorno della presa della Bastiglia vi si tiene una festa da ballo *(pp 64–5).*

Resti delle mura medievali

Formaggi in Rue Mouffetard

Rue Mouffetard ❼

75005. **Tav** 17 B2. M *Censier-Daubenton, Place Monge.* ***Mercato apertura*** *8–13 mart–dom. Vedi* ***Negozi e mercati*** *p 326.*

Importante fin dal tempo dei Romani, quando collegava Lutezia (Parigi) con Roma, questa strada è una delle più antiche della città. Nel XVII e nel XVIII secolo era nota come la Grande Rue du Faubourg St-Marcel e molti dei suoi palazzi risalgono a quel periodo. Qualche negozietto espone ancora l'antica insegna e alcuni edifici hanno i tetti a mansarda. Il n. 125 ha una bella facciata Luigi XIII restaurata e tutto il fronte del n. 134 è decorato con animali selvaggi, fiori e piante.

L'intera zona è famosa per i suoi mercati all'aperto, specialmente quelli in Place Maubert, Place Monge, e Rue Daubenton, una strada secondaria dove si tiene un vivace mercato africano.

St-Médard ❽

141 Rue Mouffetard 75005. **Tav** 17 B2. *01 44 08 87 00.* M *Censier-Daubenton.* ***Apertura*** *8.30–12 mart–sab; 14.30–19 lun–sab; 16–19 dom.*

Le origini di questa bella chiesa risalgono al IX secolo. St Médard, consigliere dei re merovingi, aveva l'abitudine di regalare una ghirlanda di rose bianche alle fanciulle note per la loro virtù. Il cimitero, oggi un giardino, divenne famoso nel XVIII secolo come luogo di culto dei Convulsionnaires, i cui attacchi isterici erano indotti dalla contemplazione di guarigioni miracolose. Nell'interno si trovano molti bei dipinti, tra i quali *San Giuseppe e Gesù Bambino,* opera di Francisco de Zurbarán.

Mosquée de Paris/Institut Musulman ❾

Pl du Puits de l'Ermite 75005. **Tav** 17 C2. *01 45 35 97 33.* M *Place Monge.* ***Apertura*** *9–12, 14–18 sab–gio.* ***Chiusura*** *feste musulmane.* ***A pagamento.*** ***Biblioteca.*** www.mosquee.de.paris.com

Costruito negli anni '20 in stile ispano-moresco, questo complesso di edifici rappresenta il centro spirituale della comunità musulmana di Parigi ed è la sede del grande Imam. Esso ospita funzioni religiose, didattiche e commerciali. La moschea ne

Decorazioni della moschea

rappresenta il cuore spirituale: ogni sua cupola è decorata in modo diverso e il minareto raggiunge quasi 33 m di altezza. Un vasto patio interno, ispirato a quello dell'Alhambra, mostra mosaici sulle pareti e decorazioni sugli archi.

Un tempo frequentata solo da studenti, la piazza è diventata negli anni più importante. I bagni turchi possono essere frequentati sia da uomini sia da donne, ma a giorni alterni.

Musée National d'Histoire Naturelle ⑩

2 Rue Buffon 75005. **Tav** 17 C2. *01 40 79 30 00.* *Jussieu, Austerlitz.* ***Apertura*** *10–17 mer–lun (ult entr: 16.30).* ***A pagam****.* *limitato.* ***Biblioteca****.* www.mnhn.fr

Teschio di dimetrodonte

La principale attrattiva del museo è la Grande Galerie de l'Evolution. Ci sono inoltre altri quattro dipartimenti: la paleontologia, con scheletri di vari animali e una mostra sull'evoluzione dei vertebrati; la paleobotanica, dedicata alle piante fossili; la mineralogia, che comprende anche le gemme e l'entomologia, con alcuni dei più antichi insetti fossili della Terra. La libreria si trova nella casa che fu la residenza del naturalista Buffon dal 1772 fino alla sua morte, avvenuta nel 1788.

Jardin des Plantes ⑪

57 Rue Cuvier 75005. **Tav** 17 C1. *Jussieu, Austerlitz.* ***Apertura*** *9–18 (17 in inverno).*

I giardini furono istituiti nel 1626 quando Jean Hérouard e Guy de la Brosse, medici di Luigi XIII, ottennero l'autorizzazione per creare qui un giardino di piante officinali e in seguito una scuola di botanica, di storia naturale e di farmacologia. Il giardino fu aperto al pubblico nel 1640 e si sviluppò sotto la direzione di Buffon. Oggi è uno dei grandi parchi di Parigi e comprende il museo di storia naturale, la scuola di botanica e il giardino zoologico.

Oltre a consentire belle passeggiate panoramiche in mezzo a statue e alberi secolari, il parco possiede un pregevole giardino alpino con piante provenienti dalla Corsica, dal Marocco, dalle Alpi e dall'Himalaya, e una collezione eccezionale di piante erbacee e selvatiche. Vi si trova anche il primo cedro del Libano piantato in Francia.

Groupe Hospitalier Pitié-Salpêtrière ⑫

47 Blvd de l'Hôpital 75013. **Tav** 18 D3. *St-Marcel, Austerlitz.* RER *Gare d'Austerlitz.* ***Cappella Apertura*** *8.30–18.30.* *15.30.*

Il grande ospedale della Salpêtrière si erge a fianco di una vecchia fabbrica di esplosivi e deriva il suo nome dal salnitro (salpêtre) usato per la polvere da sparo. Esso fu fondato da Luigi XIV nel 1656 per aiutare donne e bambini malati o poveri e divenne in seguito famoso per il trattamento umano dato ai malati di mente. La principale attrattiva architettonica è la cappella costruita da Libéral Bruand nel 1670 circa.

Il cedro del Libano del Jardin

L'esterno dell'ospedale Salpêtrière

La Manufacture des Gobelins ⑬

42 Ave des Gobelins 75013. **Tav** 17 B3. *01 44 54 19 30.* *Gobelins.* ***Aperto solo per visite guidate*** *14, 14.45 mart–gio (pres 15 min prima). Gruppi su app.* ***Chiusura*** *festività.* ***A pagamento****.*

Arazzo di Le Brun a Versailles

In origine negozio di tintoria, fondato nel 1440 circa dai fratelli Gobelin, l'edificio divenne all'inizio del XVII secolo una manifattura di arazzi. Luigi XIV la rilevò nel 1662 e vi riunì i più grandi artigiani dell'epoca, tessitori di tappeti, ebanisti e argentieri, per arredare il suo nuovo palazzo a Versailles *(pp 248–53)*. Sotto la direzione del pittore di corte Charles Le Brun, 250 tessitori fiamminghi posero le basi della fama di questa manifattura. Oggi gli artigiani che ci lavorano continuano a usare i metodi tradizionali, ma con disegni moderni, tra i quali quelli di Picasso e di Matisse.

LUXEMBOURG

MOLTI PARIGINI sognano di abitare nelle vicinanze dei giardini del Luxembourg, un posto più tranquillo, più verde e in qualche modo più meditativo delle zone circostanti. Il Luxembourg è uno dei luoghi più attraenti di Parigi. Il suo fascino risiede nei suoi antichi passaggi e nelle sue strade, nelle sue librerie, e nei suoi imponenti, ma intimi giardini. Sebbene scrittori dell'importanza di Paul Verlaine e André Gide non passeggino più nei suoi boschetti, i sentieri, i prati e i viali sono ancora pieni di fascino e attirano numerosi studenti dalle vicine *grandes écoles* e *lycées*. Nelle giornate calde gli anziani si incontrano all'ombra dei castagni per giocare a scacchi o al tradizionale gioco delle *boules* (bocce). Nella zona ovest vi sono edifici pubblici e ufficiali, mentre a est gli edifici sono ombreggiati dagli alti castagni del Boulevard St-Michel.

Barche a vela vengono affittate da bambini e adulti al *Grand Bassin* (uno specchio d'acqua ornamentale) al Luxembourg.

DA VEDERE

Musei
Musée du Service de Santé des Armées 10
Ecole Nationale Supérieure des Mines 11

Edifici storici
Palais du Luxembourg 3
Institut Catholique de Paris 6

Chiese
St-Sulpice 2
St-Joseph-des-Carmes 7
Val-de-Grâce 9

Piazze e giardini
Place St-Sulpice 1
Jardin du Luxembourg 5

Fontane
Fontaine de Médicis 4
Fontaine de l'Observatoire 8

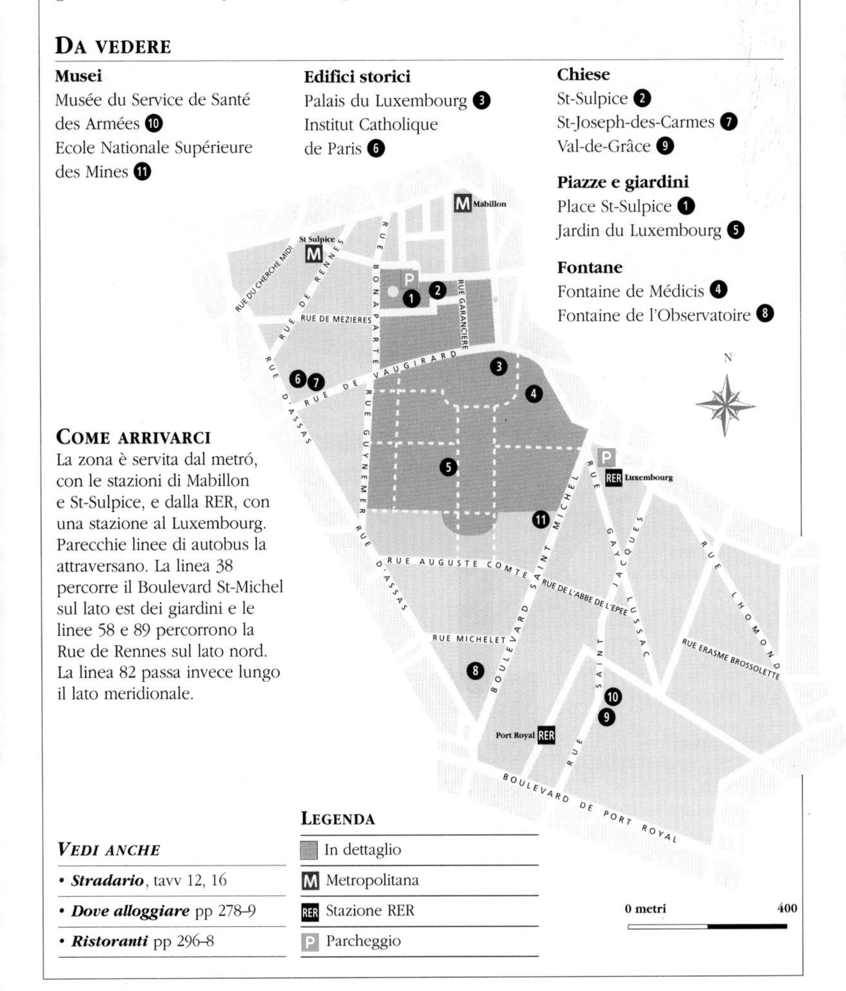

COME ARRIVARCI

La zona è servita dal metró, con le stazioni di Mabillon e St-Sulpice, e dalla RER, con una stazione al Luxembourg. Parecchie linee di autobus la attraversano. La linea 38 percorre il Boulevard St-Michel sul lato est dei giardini e le linee 58 e 89 percorrono la Rue de Rennes sul lato nord. La linea 82 passa invece lungo il lato meridionale.

LEGENDA
- In dettaglio
- M Metropolitana
- RER Stazione RER
- P Parcheggio

VEDI ANCHE

- ***Stradario***, tavv 12, 16
- ***Dove alloggiare*** pp 278–9
- ***Ristoranti*** pp 296–8

Giocatori di scacchi al Jardin du Luxembourg

Il quartiere del Luxembourg in dettaglio

Situata a soli pochi passi dal trambusto di St-Germain-des-Prés, questa graziosa e antica zona offre un'oasi di pace nel cuore della città moderna. Il Jardin du Luxembourg e il Palais du Luxembourg dominano i dintorni. I giardini furono completamente aperti al pubblico nel XIX secolo, quando, proprietario il conte di Provenza (futuro Luigi XVIII), con un piccolo pedaggio era possibile entrare e anche banchettare con la frutta del giardino. Oggi i giardini, il palazzo e le antiche case verso il lato nord sono ben conservati e attirano molti turisti.

★ St-Sulpice
La costruzione della chiesa, su progetto di Daniel Gittard, durò 134 anni. La facciata è opera dell'italiano Giovanni Servandoni ❷

Place St-Sulpice
La Fontaine des Quatre Points Cardinaux raffigura quattro personalità della Chiesa ai quattro punti cardinali. Ma point significa anche "mai": infatti non diventarono mai cardinali ❶

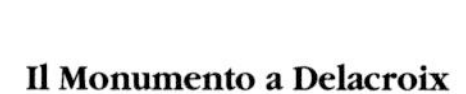

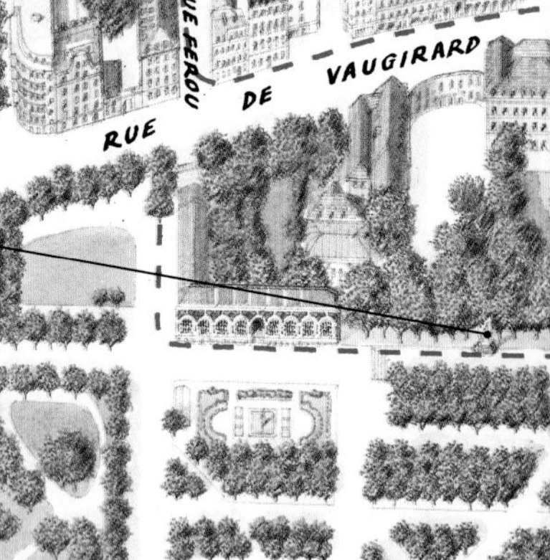

Il Monumento a Delacroix (1890) di Jules Dalou è collocato vicino ai giardini privati del Senato francese. Sotto il busto del grande pittore romantico Eugène Delacroix sono scolpite le allegorie dell'arte, del tempo e della gloria.

Da non perdere

- ★ St-Sulpice
- ★ Jardin du Luxembourg
- ★ Palais du Luxembourg
- ★ Fontaine de Médicis

★ Jardin du Luxembourg
Nel XIX secolo, durante il regno di Luigi-Filippo, furono collocate nei giardini del Luxembourg molte belle statue ❺

La Rue de Tournon è piena di edifici eleganti, boutique e vecchie librerie. Al n. 12 c'è il Grand Hôtel d'Entragues, ricostruito da Neveu nel XVIII secolo, durante il regno di Luigi XVI.

★ **Palais du Luxembourg**
Nel 1794, durante la Rivoluzione, il pittore Jacques-Louis David fu imprigionato qui e disegnò alcuni schizzi per il Ratto delle Sabine ❸

Nella cartina
Vedi cartina di Parigi pp 12–3

Legenda

Percorso consigliato

0 metri 100

★ **Fontaine de Médicis**
Fontana del XVII secolo, in stile italiano, a forma di grotta. Si pensa che sia stata progettata da Salomon de Brosse ❹

Santa Genoveffa, patrona di Parigi, fu una ricca proprietaria terriera del V secolo, in epoca gallo-romana. Quando Parigi venne invasa dagli Unni nel 451 d.C. ella pregò con alcune amiche che la città venisse risparmiata. Le sue preghiere furono ascoltate e questa statua di Michel-Louis Victor (1845) le rende omaggio.

Il lago ottagonale (Grand Bassin), attribuito a Jean-François Chalgrin, è circondato da terrazze, dove i visitatori prendono spesso il sole.

Place St-Sulpice ❶

75006. **Tav** 12 E4. Ⓜ *St-Sulpice.*

LA GRANDE PIAZZA, che è dominata sul lato est dall'imponente chiesa da cui prende il nome, fu costruita nell'ultima metà del XVIII secolo.

Essa è caratterizzata da due presenze significative: la fontana dei quattro vescovi di Joachim Visconti (1844) e gli alberi di castagno in fiore. C'è anche il Café de la Mairie, punto d'incontro di scrittori e studenti, che si vede spesso nei film francesi.

Vetrata di St-Sulpice

St-Sulpice ❷

Pl St-Sulpice 75006. **Tav** 12 E5. *01 46 33 21 78.* Ⓜ *St-Sulpice.* **Apertura** *8.30–19.30 tutti i giorni.* *di frequente.*

LA COSTRUZIONE di questa vasta e imponente chiesa, iniziata nel 1646, richiese più di un secolo. Essa mostra una semplice facciata occidentale su due ordini e con due file di colonne. L'armonia dell'architettura è in parte compromessa dalla presenza delle due torri laterali che non si integrano con la facciata.

Ampie vetrate illuminano l'interno della chiesa. Vicino all'ingresso vi sono due grandi conchiglie, donate a Francesco I dalla Repubblica di Venezia, che poggiano su basi scolpite a forma di roccia da Jean-Baptiste Pigalle.

Nella cappella a destra dopo l'entrata vi sono famose pitture di Eugène Delacroix, tra cui la *Lotta di Giacobbe con l'angelo* (p 137) e *Eliodoro cacciato dal tempio*. I turisti possono ascoltare i frequenti concerti in cui viene suonato uno splendido organo.

Palais du Luxembourg ❸

15 Rue de Vaugirard 75006. **Tav** 12 E5. *01 42 34 20 00.* Ⓜ *Odéon.* RER *Luxembourg.* *solo gruppi, su app.: lun, ven, sab. Fare domanda con 3 mesi d'anticipo.* *01 42 34 20 60.* www.senat.fr

OGGI SEDE DEL SENATO francese, questo palazzo fu costruito per ricordare a Maria de' Medici, vedova di Enrico IV, la nativa Firenze. Fu progettato da Salomon de Brosse nello stesso stile di Palazzo Pitti a Firenze. Prima che venisse terminato (1631) ella fu esiliata, ma restò palazzo reale fino alla Rivoluzione. In seguito è stato usato come prigione (per breve tempo) e, durante la seconda guerra mondiale, come quartier generale della Luftwaffe: in quel periodo, sotto i suoi giardini sono stati costruiti numerosi rifugi antiaerei.

Rilievi della Fontaine de Médicis

Fontaine de Médicis ❹

15 Rue de Vaugirard 75006. **Tav** 12 F5. RER *Luxembourg.*

COSTRUITA NEL 1624 da un ignoto architetto per Maria de' Medici, questa bella fontana barocca si erge sul limite di una lunga vasca, piena di pesci rossi e ombreggiata da alberi. Le figure mitologiche furono aggiunte molto dopo da Auguste Ottin (1866).

Jardin du Luxembourg ❺

Blvd St-Michel 75006. **Tav** 12 E5. *01 42 34 20 00.* RER *Luxembourg.* **Apertura** *apr–ott: 7.30–21.30; nov–mar: 8.15–17 (gli orari possono variare leggermente).*

OASI DI VERDE che si estende per 25 ettari nel cuore della Rive Gauche, è questo il più famoso parco di Parigi. La disposizione dei giardini è incentrata sul palazzo del Luxembourg ed è dominata da una splendida vasca ottagonale, di solito piena di barchette di bambini.

Oltre alle terrazze, agli ampi viali e alle statue, tra le attrazioni del parco vi sono un caffè all'aperto, un teatrino di marionette, numerosi campi da tennis, un palco per l'orchestra e una scuola di apicoltura. Nelle vicinanze c'è anche un maneggio.

Rilievi del Palais du Luxembourg

Institut Catholique de Paris ❻

21 Rue d'Assas 75006. **Tav** 12 D5. M *St-Placide, Rennes.* ***Musée Biblique aperto*** *sab 15–18 o su app.* *01 45 48 09 15.* ***Musée Branly aperto*** *su app.* *01 45 38 98 57.* www.icp.fr

FONDATA NEL 1875, è una delle più prestigiose istituzioni scolastiche della Francia. Ospita due piccoli musei: il Musée Biblique, che espone reperti provenienti dalla Terra Santa, e il Musée Branly, dedicato al fisico Edouard Branly, ex professore dell'istituto e inventore dei radio conduttori.

Statua nel cortile dell'Institut Catholique

St-Joseph-des-Carmes ❼

70 Rue de Vaugirard 75006. **Tav** 12 D5. *01 44 39 52 00.* M *St-Placide.* ***Apertura*** *7–19 lun–sab; 9–19 dom.* ***Chiusura*** *lun di Pasqua, Pentecoste.* *limitato.* *15 sab.*

COMPLETATA NEL 1620, questa chiesa fu costruita come cappella di un convento carmelitano ed è nota per essere stata usata come prigione nella Rivoluzione. Nel 1792 più di 100 preti furono uccisi nel cortile della chiesa, durante i Massacri di settembre *(pp 28)*. I loro resti sono conservati nella cripta.

Facciata di St-Joseph-des-Carmes

La fontana di Carpeaux

Fontaine de l'Observatoire ❽

Pl Ernest Denis, in Ave de l'Observatoire. **Tav** 16 E2. RER *Port Royal.*

SITUATA ALLA punta sud del Jardin du Luxembourg, questa è una delle più vivaci fontane di Parigi. Realizzata in bronzo, essa raffigura quattro donne che sostengono un globo, rappresentante i quattro continenti; il quinto, l'Oceania, fu escluso per ragioni di simmetria. Vi sono anche rilievi secondari, come delfini, cavalli e una tartaruga. La scultura fu creata nel 1873 da Jean-Baptiste Carpeaux.

Val-de-Grâce ❾

1 Pl Alphonse-Laveran 75005. **Tav** 16 F2. *01 40 51 51 92.* M *Gobelins.* RER *Port Royal.* ***Apertura*** *12–18 mart, mer, sab e dom.* ***A pagam****. (esclusa la navata).* *di frequente, pom.* *su app.*

È UNA DELLE più belle chiese di Francia. Fu costruita per Anna d'Austria (moglie di Luigi XIII) in ringraziamento per la nascita del figlio, Luigi XIV, che pose la prima pietra nel 1645. Il progetto mostra lo stile dell'architetto François Mansart. La chiesa è famosa per la sua bella cupola dorata. al cui interno c'è un enorme affresco di Pierre Mignard, con più di 200 figure a grandezza tripla del naturale. Le sei colonne tortili dell'altare sono simili a quelle realizzate dal Bernini per San Pietro a Roma.

Musée du Service de Santé des Armées ❿

1 Pl Alphonse-Laveran 75005. **Tav** 16 F2. *01 40 51 51 92.* RER *Port Royal.* ***Apertura*** *12–17 mart, mer; 13–17 sab; 13.30–17 dom.* ***A pagamento****.* *tel. per accordi.*

FONDATO DURANTE la prima guerra mondiale e gestito dai corpi medici dell'esercito, questo museo, noto anche come Musée du Val-de-Grace si trova nell'ala ovest della chiesa omonima, divenuta nel 1795 un ospedale militare. Sono esposti oggetti sulla storia della medicina, fra cui cimeli come arti artificiali e strumenti chirurgici; vi sono anche le ricostruzioni dei treni militari per il trasporto dei soldati feriti.

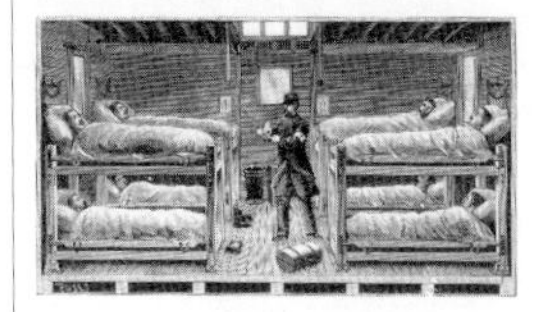

Un'incisione raffigurante l'interno di un treno-ospedale del 1887

Ecole Nationale Supérieure des Mines ⓫

60 Blvd St-Michel. **Tav** 16 F1. *01 40 51 91 45.* RER *Luxembourg.* ***Apertura*** *13.30–18 mart–ven; 10–12.30, 14–17 sab.* ***A pagamento****.*

LUIGI XIV istituì la scuola nel 1783, per formare ingegneri minerari. Oggi essa è una delle *grandes écoles,* scuole che formano i futuri dirigenti per l'amministrazione statale e per le professioni. Ospita il Musée de Minéralogie con la sua collezione di minerali.

MONTPARNASSE

NEI PRIMI TRENT'ANNI del Novecento Montparnasse è stato un fiorente centro artistico e culturale. Moltissimi pittori e scultori, romanzieri e poeti, già affermati o alle prime armi, ne furono attratti. I suoi atelier, la convivialità e la famosa vita bohémienne furono un richiamo per gli artisti più brillanti, francesi e stranieri. Questo periodo di gloria terminò con la seconda guerra mondiale. In seguito il quartiere cambiò: molti atelier scomparvero e fu costruita la torre di Montparnasse, l'edificio più alto di Parigi, che annunciò la trasformazione in senso moderno del *quartier*. La zona non ha perso tuttavia il suo fascino. I grandi caffè continuano a fare affari e ad attirare una folla vivace e internazionale, ma sono stati aperti anche piccoli caffè-teatro e nei fine settimana fuori dai cinema c'è la coda.

Monumento a Charles Augustin Ste-Beauve nel Cimetière du Montparnasse

DA VEDERE

Edifici storici e strade
Rue Campagne-Première 3
Catacombe 10
Observatoire de Paris 11

Cimiteri
Cimetière du Montparnasse pp 180–1 4

Musei e gallerie
Musée Zadkine 2
Musée Antoine Bourdelle 6
Musée de la Poste 7
Musée Montparnasse 8
Fondation Cartier 9

Architettura moderna
Tour Montparnasse 5

Caffè e ristoranti
La Coupole 1
La Closerie des Lilas 12

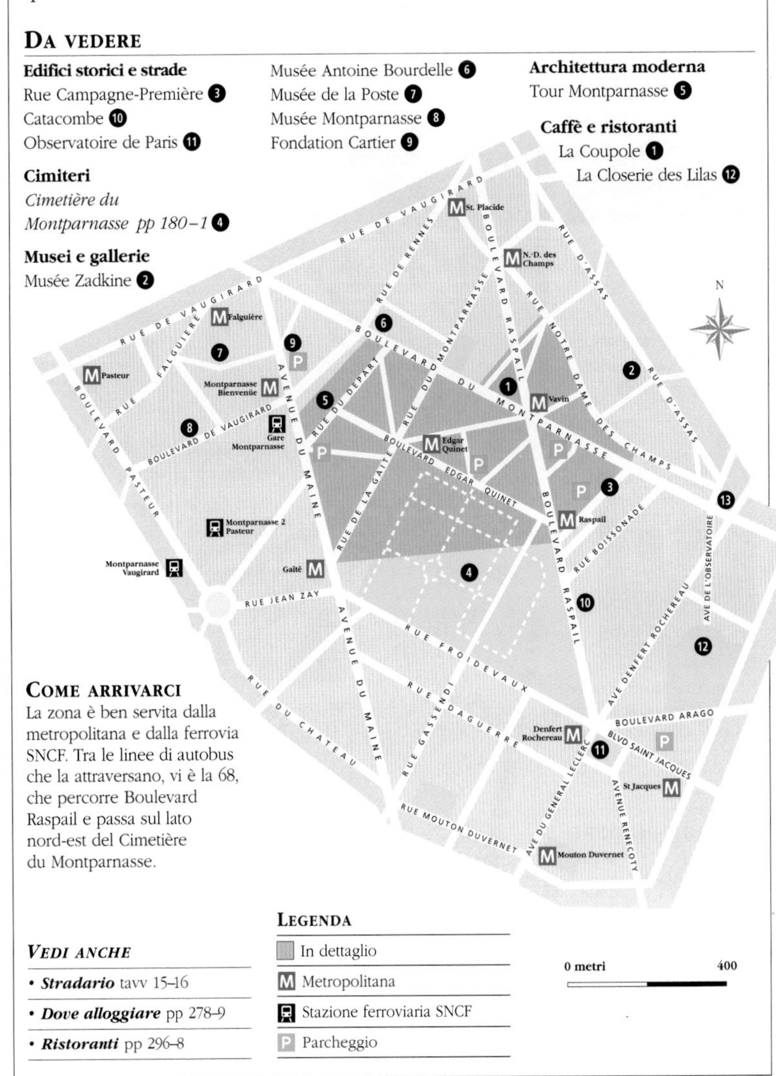

COME ARRIVARCI

La zona è ben servita dalla metropolitana e dalla ferrovia SNCF. Tra le linee di autobus che la attraversano, vi è la 68, che percorre Boulevard Raspail e passa sul lato nord-est del Cimetière du Montparnasse.

VEDI ANCHE

- ***Stradario*** tavv 15–16
- ***Dove alloggiare*** pp 278–9
- ***Ristoranti*** pp 296–8

LEGENDA

- In dettaglio
- M Metropolitana
- Stazione ferroviaria SNCF
- P Parcheggio

0 metri 400

Vista della Tour Montparnasse dal Cimetière du Montparnasse

Montparnasse in dettaglio

Celebre in passato per la sua atmosfera artistica e vivace, Montparnasse continua oggi a essere all'altezza della sua fama: il Parnaso era la montagna dedicata dai Greci antichi ad Apollo, dio delle arti. La zona era particolarmente vivace negli anni '20 e '30, quando artisti e scrittori come Picasso, Hemingway, Cocteau, Giacometti, Matisse e Modigliani frequentavano i bar, i caffè e i cabaret della zona.

★La Coupole
Questo tradizionale caffè, in stile brasserie, con la sua ampia terrazza interna, fu aperto nel 1927 e diventò un famoso punto d'incontro per artisti e scrittori ❶

★ Cimitero di Montparnasse
Questa scultura, Separazione di una coppia *di de Max, si erge nel più piccolo tra i grandi cimiteri parigini* ❹

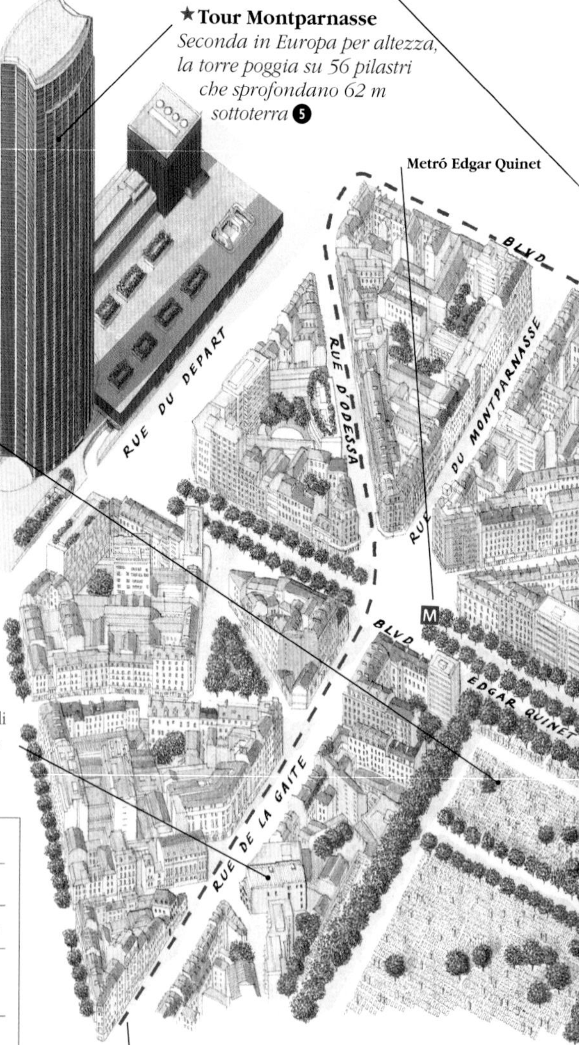

★ Tour Montparnasse
Seconda in Europa per altezza, la torre poggia su 56 pilastri che sprofondano 62 m sottoterra ❺

Metró Edgar Quinet

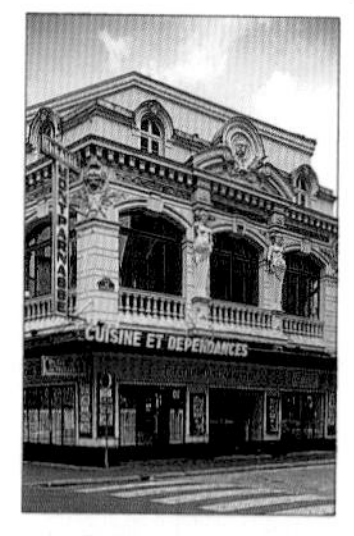

Al Théâtre Montparnasse
al n. 31 le decorazioni originali del 1880 sono state restaurate.

Verso il Metró Gaîté

Da non perdere

- ★ La Coupole
- ★ Tour Montparnasse
- ★ Rue Campagne-Première
- ★ Cimitero di Montparnasse

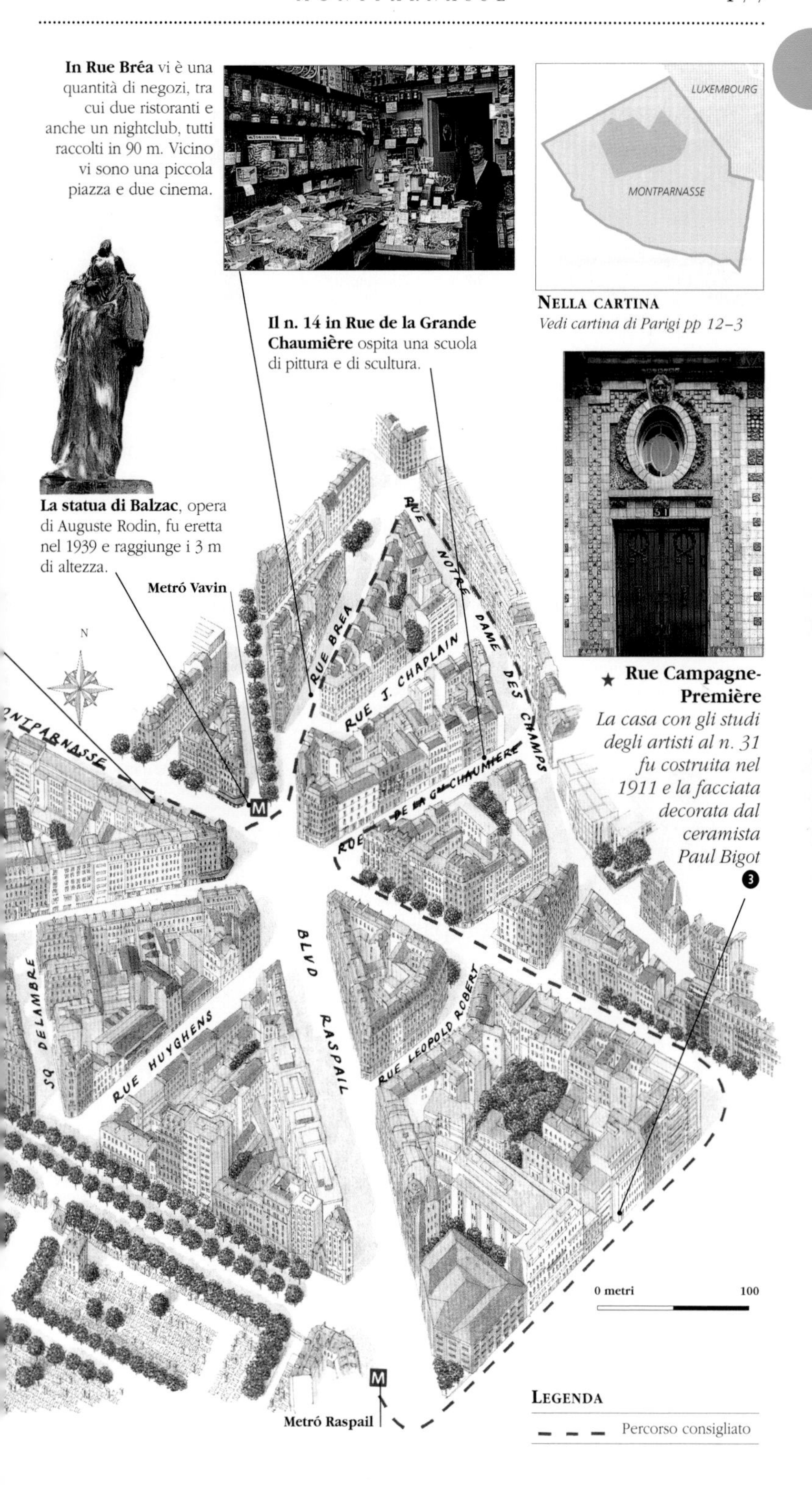

In Rue Bréa vi è una quantità di negozi, tra cui due ristoranti e anche un nightclub, tutti raccolti in 90 m. Vicino vi sono una piccola piazza e due cinema.

NELLA CARTINA
Vedi cartina di Parigi pp 12–3

Il n. 14 in Rue de la Grande Chaumière ospita una scuola di pittura e di scultura.

La statua di Balzac, opera di Auguste Rodin, fu eretta nel 1939 e raggiunge i 3 m di altezza.

★ **Rue Campagne-Première**
La casa con gli studi degli artisti al n. 31 fu costruita nel 1911 e la facciata decorata dal ceramista Paul Bigot ❸

LEGENDA

– – – Percorso consigliato

L'interno de La Coupole

La Coupole ❶

102 Blvd du Montparnasse 75014. **Tav** 16 D2. 01 43 20 14 20. *Vavin, Montparnasse.* **Apertura** *7.30–1 dom–mart (1.30 ven-sab).*
Vedi **Ristoranti e caffè** *p 303.*

Fondato nel 1927, questo elegante caffè-ristorante con sala da ballo fu rinnovato alla fine degli anni '80. Sono ancora intatte le poltroncine in velluto rosso e le note colonne decorate da diversi artisti locali. Tra i suoi clienti ci sono stati Jean-Paul Sartre, Josephine Baker e Roman Polanski.

Les Trois Belles **(1950) di Ossip Zadkine**

Musée Zadkine ❷

100 bis Rue d'Assas 75116.
Tav 16 E1. *01 43 26 91 90.* *Notre-Dame-Les Champs.* **Apertura** *(controllare chiusura per restauro) 10–17.30 mart–dom.* **Chiusura** *festivi.* **A pagam.** *su app.* *parziale.*

Lo scultore russo Ossip Zadkine visse qui dal 1928 fino alla morte nel 1967. La piccola casa, lo studio e il giardino pieno di asfodeli contengono le sue opere, di aspetto spesso tormentato. Qui realizzò la sua grande scultura commemorativa, *Ville Détruite*, ordinatagli dalla città di Rotterdam dopo la seconda guerra mondiale, e due monumenti a Van Gogh, uno per l'Olanda, l'altro per Auvers-sur-Oise, dove il pittore era morto. Le opere del museo mostrano l'evoluzione dello stile di Zadkine dagli inizi cubisti fino all'Espressionismo e all'Astrattismo.

Rue Campagne-Première ❸

75014. **Tav** 16 E2. *Raspail.*

In questa strada dalla lunga tradizione artistica si trovano alcuni interessanti edifici Art Déco. Lo sfortunato Modigliani, distrutto dall'oppio e dalla tubercolosi, visse al n. 3.
Tra le due guerre molti artisti abitarono qui, compresi Picasso, Joan Miró e Kandinsky.

Cimetière du Montparnasse ❹

Vedi pp 180–1.

Tour Montparnasse ❺

Pl Raoul Dautry 75014. **Tav** 15 C2. *Montparnasse-Bienvenüe.* *01 45 38 52 56.* **Aperto** *9.30–22 tutti i giorni.* **A pagamento.** *su appuntamento.*

Costruita nel 1973 per essere il punto focale di un nuovo centro direzionale, da realizzare in un'area degradata vicino al centro, la torre era il più grande blocco per uffici di tutta l'Europa. Realizzata in acciaio e vetro, è alta 209 m e domina tutta la zona. Il bar, il ristorante e l'osservatorio, al 56° piano, offrono uno stupendo panorama della città, fino a 40 km di distanza quando è sereno.

Vista della torre

L'arciere **(1909) di Antoine Bourdelle**

Musée Antoine Bourdelle ❻

18 Rue Antoine Bourdelle 75015. **Tav** 15 B1. *01 49 54 73 73.* *Montparnasse-Bienvenüe.* **Aperto** *10–17.40 mart–dom.* **Chiuso** *festivi.* **A pagamento.** *parziale.* www.paris-france.org/musees

Il prolifico scultore Antoine Bourdelle visse e lavorò in questo studio dal 1884 fino alla morte, nel 1929. La casa, lo studio e il giardino sono oggi un museo dedicato alle sue opere e alla sua vita.
Tra le 900 sculture in mostra vi sono anche i calchi delle opere monumentali realizzate per le grandi piazze pubbliche. Essi sono collocati in un ampliamento della casa, all'interno di una grande sala, e comprendono il gruppo di sculture per le decorazioni del Théatre des Champs-Elysées.

Musée de la Poste ❼

34 Blvd de Vaugirard 75015. **Tav** 15 B2. *01 42 79 23 45.* *Montparnasse-Bienvenüe.* **Aperto** *10–18 lun–sab.* **Chiuso** *festivi.* **A pagamento** **Biblioteca**.

La storia del servizio postale francese e dei suoi metodi di trasporto è ben illustrata in questa bella mostra. Una stanza è dedicata alla distribuzione della posta in tempo di guerra (durante la guerra franco-prussiana venivano utilizzati piccioni viaggiatori con timbri postali sulle ali). Il museo comprende anche la storia delle affrancature postali.

Un francobollo disegnato da Miró

Musée du Montparnasse ❽

21 Ave du Maine 75015. **Tav** 15 C1. 01 42 22 91 96. *Montparnasse Bienvenüe-Falguière.* **Apertura** *13–19 mer–dom.* **A pagamento**.

Durante la prima guerra mondiale l'edificio ospitava una mensa per artisti bisognosi e il suo statuto di club privato lo esonerava dal coprifuoco. Artisti come Picasso, Braque, Modigliani e Léger mangiavano qui per 65 centesimi e facevano baldoria fino a notte tarda. Questo luogo simbolico è oggi museo; dipinti e foto ricordano come all'incrocio di Vavin siano state scritte alcune delle più belle pagine della storia dell'arte.

Fondation Cartier ❾

261 Blvd Raspail 75014. **Tav** 11 A2. 01 42 18 56 50. *Raspail.* **Aperto** *12–20 mart–dom.* **Chiuso** *1 gen, 25 dic.* **A pagamento**.
www.fondation.cartier.fr

Questa fondazione consacrata all'arte contemporanea ha sede in un edificiodisegnato dall'architetto Jean Nouvel. La struttura, ideata su un gioco di trasparenze e luci, incorpora un cedro del Libano piantato nel 1823 da François-René de Chateaubriand. L'ambiente modernissimo si adatta assai bene alla natura delle mostre che vi si organizzano: personali o collettive, spesso tematiche, a cui partecipano giovani artisti.

Catacombe ❿

1 Pl Denfert-Rochereau 75014. **Tav** 16 E3. *01 43 22 47 63.* *Denfert-Rochereau.* **Aperto** *14–16 mart–ven; 9–11, 14–16 sab, dom.* **Chiuso** *festivi.* **A pagamento**.
www.paris-france.org/musees

Nel 1786 venne realizzato un monumentale progetto: lo spostamento di milioni di scheletri dall'insalubre cimitero cittadino di Les Halles alle antiche cave scavate alla base di tre "montagne": Montparnasse, Montrouge e Montsouris. Ci vollero 15 mesi per trasportare di notte su enormi carri, attraverso la città fino alla nuova destinazione, le ossa e i corpi in putrefazione.

Poco prima della Rivoluzione, il conte d'Artois (futuro Carlo X) dava sfrenate festicciole nelle catacombe e durante la seconda guerra mondiale la Resistenza stabilì qui il suo comando. Sull'ingresso sono riportate queste parole "Fermatevi! Questo è il regno della morte"

Observatoire de Paris ⓫

61 Ave de l'Observatoire 75014. **Tav** 16 E3. *01 40 51 22 21.* *01 40 51 21 74.* *Denfert-Rochereau.* **Visite** *(2 h) pren. 2 mesi prima: I sab del mese, 14.30; gruppi su app.* **Chiuso** *ago.* **A pagam.**
www.obspm.fr

Nel 1667 Luigi XIV fu convinto dai suoi scienziati e astronomi che la Francia aveva bisogno di un osservatorio reale. La costruzione iniziò il 21 giugno, solstizio d'estate, e durò cinque anni.

Tra le ricerche astronomiche avviate qui vi sono stati il calcolo delle dimensioni del sistema solare nel 1672, i calcoli per la misurazione della longitudine, la carta geografica della luna nel 1679 e la scoperta del pianeta Nettuno nel 1846.

La facciata dell'Observatoire

La Closerie des Lilas ⓬

171 Blvd du Montparnasse 75014. **Tav** 16 E2. *01 40 51 34 50.* *Vavin.* RER *Port Royal.* **Apertura** *Bar: 11–1, brasserie: 12–23.30 tutti i giorni.*

Lenin, Trotzkji, Hemingway e Scott Fitzgerald frequentarono numerosi bar e caffè a Montparnasse, ma la Closerie era il luogo che essi preferivano. Gran parte del romanzo di Hemingway *Il sole sorgerà ancora* si svolge qui. Lo scrisse sulla terrazza della Closerie in appena sei settimane. Oggi la terrazza è circondata da alberi e l'intero locale appare molto più elegante, ma molti decori originali sono rimasti *(p 37)*.

Teschi e ossa conservati nelle catacombe

Il cimitero di Montparnasse ❹

Il cimitero di Montparnasse fu progettato da Napoleone fuori delle mura, per sostituire i vecchi, piccoli cimiteri congestionati che si trovavano all'interno della città antica e che, agli inizi del XIX secolo, erano considerati un pericolo per l'igiene. Fu aperto nel 1824 e divenne l'estrema dimora di molti illustri parigini, soprattutto della Riva sinistra. Come tutti i cimiteri francesi, esso è organizzato su percorsi rettilinei, che formano blocchi ben divisi. La Rue Emile Richard lo taglia in due parti: il Grand Cimetière e il Petit Cimetière.

★ Cenotafio di Charles Baudelaire *Monumento al grande poeta e critico (1821–67), autore de* I fiori del male.

Samuel Beckett, il grande drammaturgo irlandese, autore del celebre *Aspettando Godot*, visse a lungo a Parigi. Morì nel 1989.

La tomba Pétain contiene le spoglie di famiglia del maresciallo che collaborò con i tedeschi nella seconda guerra mondiale. Egli invece è sepolto a Nantes, dove fu arrestato.

Guy de Maupassant era un romanziere del XIX secolo.

Alfred Dreyfus era un ufficiale ebreo il cui ingiusto processo per tradimento, nel 1894, provocò uno scandalo.

Frédéric Auguste Bartholdi fu lo scultore della Statua della Libertà (1886) di New York.

André Citroën, ingegnere e industriale, che morì nel 1935, fondò la famosa casa automobilistica francese.

★ Tomba di famiglia di Charles Pigeon *Questa magnifica tomba in stile Belle Epoque raffigura l'industriale e inventore francese insieme alla moglie.*

Charles-Augustin Sainte-Beuve fu un critico della generazione romantica francese ed è universalmente riconosciuto come il "il padre della critica moderna".

Camille Saint-Saëns, il pianista, organista e compositore morto nel 1921, fu uno dei più grandi musicisti francesi post-romantici.

Da non perdere

- ★ **Cenotafio di Charles Baudelaire**
- ★ **Tomba di famiglia di Charles Pigeon**
- ★ **Jean-Paul Sartre e Simone de Beauvoir**
- ★ **Serge Gainsbourg**

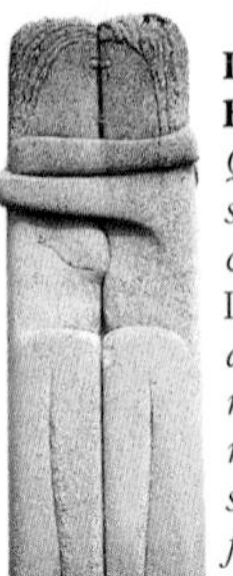

Il bacio di Brancusi *Questa è la celebre scultura primitivo-cubista (risposta a* Il Bacio *di Rodin) del grande artista rumeno, che morì nel 1957 ed è sepolto appena fuori della Rue Emile Richard.*

★ Serge Gainsbourg
Il cantante francese, mpositore e simbolo pop degli anni '70 e '80, è oto soprattutto per le sue inquiete e irriverenti canzoni. È stato sposato on l'attrice Jane Birkin.

NOTE INFORMATIVE

3 Blvd Edgar Quinet. **Tav** 16 D3. *01 44 10 86 50.* M *Edgar Quinet.* *38, 83, 91 direzione Port Royal.* RER *Port Royal.* P *Rue Campagne-Première, Blvd St-Jacques.* **Aperto** *metà mar–ott: 8–18 lun–ven, 8.30–18 sab, 9–18 dom; nov–metà mar: chiude 17.30.* ***Ingresso libero.***

La torre è tutto ciò che resta di un vecchio mulino a vento del XVII secolo, parte di un'antica proprietà dei Fratelli della Carità, su cui venne costruito il cimitero.

Génie du Sommeil Eternel
L'inquieto e vistoso angelo del sonno eterno (1902) di Horace Daillion è situato al centro del cimitero.

Tristan Tzara, scrittore rumeno, fu il leader del movimento artistico e letterario Dada nella Parigi degli anni '20.

Henri Laurens
Lo scultore francese (1885–1954) fu un rappresentante del movimento cubista.

Man Ray fu un fotografo americano che immortalò scene di vita artistica e i caffè della Montparnasse degli anni '20 e '30.

Charles Baudelaire, poeta del XIX secolo, è sepolto, insieme all'amatissima madre, nella tomba di famiglia del detestato patrigno.

Chaim Soutine, povero ebreo ucraino e pittore bohémien degli anni '20, strinse un'intensa amicizia con l'artista italiano Modigliani.

Jean Seberg
L'attrice di Hollywood, molto amata dai registi francesi della Nouvelle Vague negli anni '60, fu il simbolo della bellezza e della gioventù americana.

★Jean-Paul Sartre e Simone de Beauvoir
Nota coppia di esistenzialisti, sono sepolti qui, vicino a quei ritrovi della Rive Gauche che amavano frequentare in vita.

INVALIDES E TOUR EIFFEL

Cannone del Musée de l'Armée

TUTTO NELLA zona degli Invalidi ha dimensioni monumentali. L'area del Parc du Champs de Mars si estende dal vasto complesso settecentesco dell'Ecole Militaire, all'angolo dell'Avenue de la Motte Piquet, fino alla Tour Eiffel e alla Senna. I viali intorno alla torre sono fiancheggiati da edifici di lusso, alcuni in stile Art Nouveau, e da numerose ambasciate. La zona era già molto di moda nel periodo tra le due guerre, quando vi abitava il famoso artista Sacha Guitry. Ma anche nel Settecento era stata scelta dai ricchi che vi si erano trasferiti dal Marais e che vi avevano fatto costruire le aristocratiche residenze che ancora oggi si allineano lungo la Rue de Varennes e la Rue de Grenelle.

DA VEDERE

Strade ed edifici storici

Hôtel des Invalides 6
Hôtel Matignon 8
Assemblée Nationale
Palais-Bourbon 11
Rue Cler 12
Les Egouts 13
Champ-de-Mars 14
N. 29 dell'Avenue Rapp 16
Ecole Militaire 18

Musei e gallerie

Musée de l'Ordre
de la Libération 3
Musée de l'Armée 4
Musée des Plans-Reliefs 5
Musée Rodin 7
Musée Maillol 9

Chiese e templi

Dôme pp 188–9 1
St-Louis-des-Invalides 2
Sainte-Clotilde 10

Monumenti e fontane

Tour Eiffel pp 192–3 15

Architettura moderna

Village Suisse 17
UNESCO 19

COME ARRIVARCI

La zona è molto ben servita dal metró, con le stazioni Invalides, Solferino, Sèvres Babylone, Varenne, Latour Maubourg ed Ecole Militaire, e da diverse linee di autobus. La linea 69 percorre la Rue St-Dominique in direzione est e la Rue de Grenelle nel percorso di ritorno. L'autobus 87 percorre l'Avenue de Suffren e il 28 l'Avenue de la Motte Picquet.

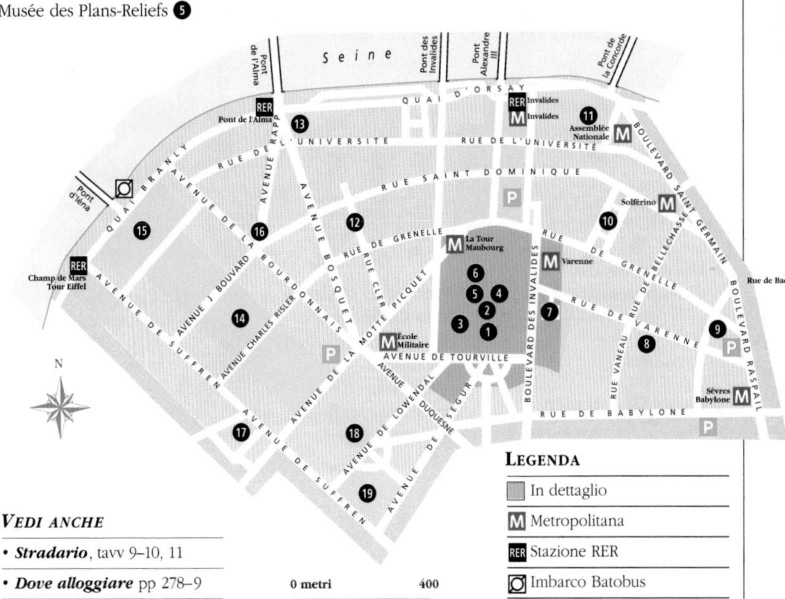

LEGENDA

In dettaglio
Metropolitana
Stazione RER
Imbarco Batobus
Parcheggio

VEDI ANCHE

- ***Stradario***, tavv 9–10, 11
- ***Dove alloggiare*** pp 278–9
- ***Ristoranti*** pp 296–8

La Tour Eiffel

Les Invalides in dettaglio

Poliziotto a cavallo

L'IMPONENTE HOTEL DES INVALIDES, che dà il nome alla zona, venne fatto edificare tra il 1671 e il 1676 da Luigi XIV per dare alloggio ai feriti e ai veterani del suo esercito e come monumento alla sua gloria. Al centro brilla la cupola dorata del Dôme, voluta dal Re Sole e dove riposano i resti di Napoleone Bonaparte. Le spoglie dell'imperatore furono traslate qui da Sant'Elena nel 1840, 19 anni dopo la sua morte, e collocate nell'imponente sarcofago rosso disegnato da Joachim Visconti, posto al centro della cripta circolare del Dôme. A est dell'Hôtel, sull'angolo del Boulevard des Invalides, il ricco Musée Rodin offre un momento di riflessione artistica, staccandosi dalla pompa e dall'ufficialità della zona circostante.

Metró La Tour Maubourg

La facciata dell'Hôtel è lunga 196 m e sormontata da abbaini ciascuno decorato con un diverso trofeo. Sopra l'ingresso centrale troneggia una testa di Ercole.

★ **Musée de l'Armée**
*Il museo tratta della storia militare dall'Età della pietra all'ultima guerra. Vi è anche illustrata la storia della bandiera francese, a partire dai vari stendardi dell'*ancien régime *fino al tricolore attuale* ❹

Musée de l'Ordre de la Libération
L'Ordine fu istituito nell'ultima guerra mondiale per onorare atti di eroismo ❸

DA NON PERDERE

- ★ **Dôme e tomba di Napoleone**
- ★ **St-Louis-des-Invalides**
- ★ **Musée de l'Armée**
- ★ **Musée Rodin**

LEGENDA

– – – Percorso consigliato

0 metri 100

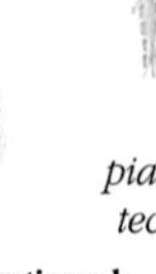

L'ordre de la Libération e la bussola del generale de Gaulle

Musée des Plans-Reliefs
Il museo raccoglie i rilievi delle principali piazzeforti e una mostra sulle tecniche per la realizzazione dei modelli ❺

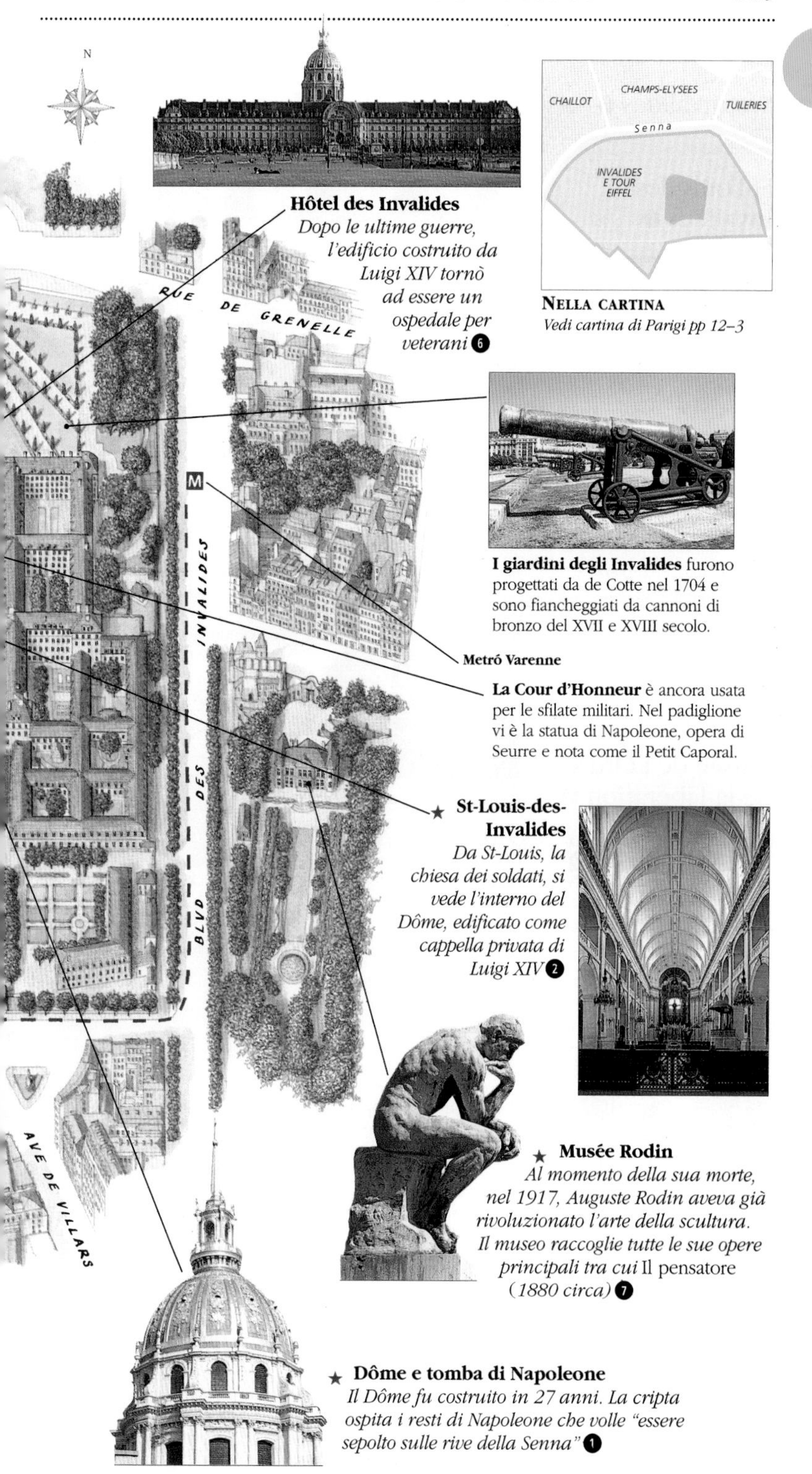

Nella cartina
Vedi cartina di Parigi pp 12–3

Hôtel des Invalides
Dopo le ultime guerre, l'edificio costruito da Luigi XIV tornò ad essere un ospedale per veterani ❻

I giardini degli Invalides furono progettati da de Cotte nel 1704 e sono fiancheggiati da cannoni di bronzo del XVII e XVIII secolo.

Metrò Varenne

La Cour d'Honneur è ancora usata per le sfilate militari. Nel padiglione vi è la statua di Napoleone, opera di Seurre e nota come il Petit Caporal.

★ **St-Louis-des-Invalides**
Da St-Louis, la chiesa dei soldati, si vede l'interno del Dôme, edificato come cappella privata di Luigi XIV ❷

★ **Musée Rodin**
Al momento della sua morte, nel 1917, Auguste Rodin aveva già rivoluzionato l'arte della scultura. Il museo raccoglie tutte le sue opere principali tra cui Il pensatore *(1880 circa)* ❼

★ **Dôme e tomba di Napoleone**
Il Dôme fu costruito in 27 anni. La cripta ospita i resti di Napoleone che volle "essere sepolto sulle rive della Senna" ❶

Dôme des Invalides ❶

Vedi pp 188–9.

St-Louis-des-Invalides ❷

Hôtel des Invalides 75007. **Tav** 11 A3. *Varenne Latour-Maubourg.* *01 44 42 37 65.* **Aperto** *apr–set: 10–18; ott–mar: 10–17 tutti i giorni.*

CONOSCIUTA ANCHE come "la chiesa dei soldati", St-Louis è la cappella dell'Hôtel des Invalides. Venne costruita tra il 1679 e il 1708 da Jules Hardouin-Mansart su progetto originale di Libéral Bruand, architetto dell'Hôtel des Invalides. L'imponente ma severo interno è decorato con numerose bandiere conquistate in battaglia.

La chiesa ha un bell'organo del XVII secolo, costruito da Alexandre Thierry, con il quale è stato eseguito per la prima volta il *Requiem* di Berliotz nel 1837.

Musée de l'Ordre de la Libération ❸

51 bis Blvd de Latour-Maubourg 75007. **Tav** 11 A4. *01 47 05 04 10.* *Latour-Maubourg.* **Aperto** *10–18 (17 in inverno) tutti i giorni.* **Chiuso** *feste naz.* **A pagam.** *appunt un mese prima.*

IL MUSEO è dedicato al periodo della Francia Libera e al suo capo, il generale Charles de Gaulle. L'Ordre

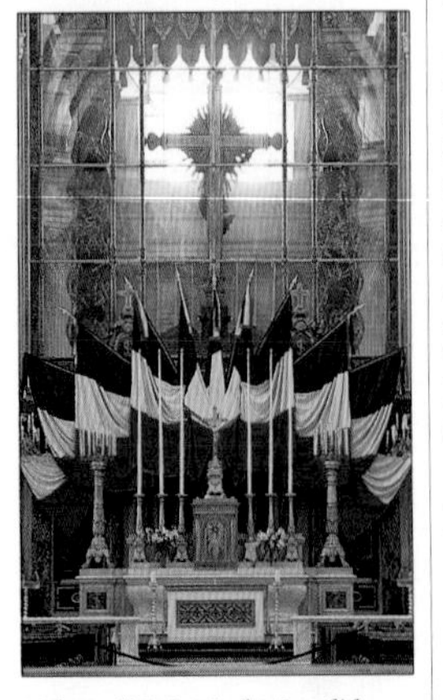

L'altare di St-Louis-des-Invalides

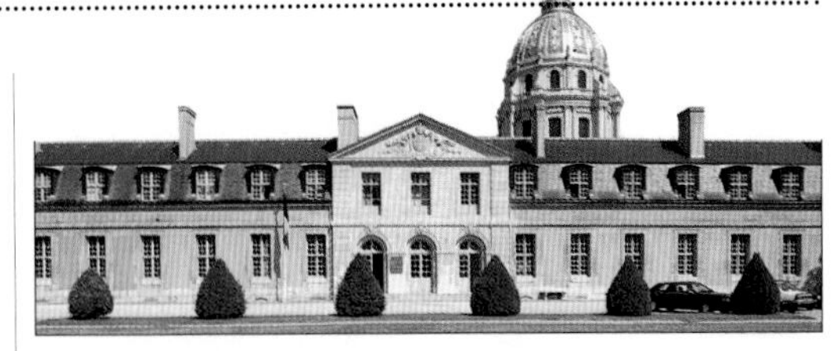

La facciata del Musée de l'Ordre de la Libération

de la Libération fu istituito dal generale de Gaulle a Brazzaville nel 1940. È la più alta onorificenza francese, destinata a coloro che diedero un contributo significativo alla vittoria finale degli Alleati nella seconda guerra mondiale. Tra i *companions* che l'hanno ricevuta vi sono civili e militari francesi e alcuni stranieri, come il re Giorgio VI, lo statista Winston Churchill e il generale americano Dwight Eisenhower.

Cannoni al Musée de l'Armée

Musée de l'Armée ❹

Hôtel des Invalides 75007. **Tav** 11 A3. *01 44 42 37 72.* *Latour-Maubourg, Varenne.* RER *Invalides.* **Apertura** *10–18 (17 in inverno) tutti i giorni.* **Chiusura** *1 gen, 1 mag, 1 nov, 25 dic.* **A pagamento.** *solo piano terreno.* **Film**.

È UNO DEI PIÙ COMPLETI musei di storia militare al mondo, con reperti che vanno dall'Età dalla pietra all'ultima guerra. È ospitato nelle gallerie che occupano due degli ex-refettori posti ai due lati dell'imponente cortile del secentesco Hôtel des Invalides e nella recente "Ala dei Preti", dove si trovano le gallerie ampliate sulla seconda guerra mondiale.

Nella galleria Turenne, sul lato est, si trova un'impressionante quantità di bandiere datate dal 1619 al 1945, tra cui quella innalzata a Fontainebleau nel 1814, alla prima abdicazione di Napoleone. La Galleria della Restaurazione, al secondo piano, ricorda la sua prigionia all'Elba, la guerra dei Cento giorni, Waterloo e il suo esilio finale a Sant'Elena, con una ricostruzione della stanza dove egli morì, nel 1821.

La Galleria orientale, sul lato ovest, raccoglie una grande quantità di armi e corazze provenienti da Cina, Giappone, India e Turchia; la galleria Pauillac ha una splendida collezione di spade e pugnali rinascimentali, mentre nell'Arsenale sono esposti corazze, 1000 elmi e centinaia di speroni, spade e armi da fuoco.

Musée des Plans-Reliefs ❺

Hôtel des Invalides 75007. **Tav** 11 B3. *01 45 51 95 05.* *Latour-Maubourg, Varenne.* RER *Invalides* **Apertura** *10–18 (17 in inverno) tutti i giorni.* **Chiusura** *1 gen, 1 mag, 1 e 11 nov, 25 dic.* **A pagamento.**

Mappa di Alessandria, Italia (1813)

I DETTAGLIATI MODELLI delle piazzeforti francesi, alcuni risalenti al tempo di Luigi XIV, furono trattati come segreto militare fino agli anni '50, quando furono infine messi a disposizione del pubblico. Il rilievo più antico è quello di Perpignan, risalente al 1686 e che mostra le fortificazioni fatte erigere da Vauban, famosissimo architetto militare del XVII secolo, che fortificò diverse altre città francesi, tra cui anche Briançon.

Hôtel des Invalides ❻

75007. **Tav** 11 A3. *01 44 42 37 70.*
Latour-Maubourg, Varenne.
Aperto *10–18 (17 inv).* **Chiuso** *festivi.*

Entrata principale agli Invalides

Fondato da Luigi XIV, è stato il primo ospedale e ricovero per veterani e invalidi di guerra francesi, prima destinati a vivere di accattonaggio. Il decreto per la costruzione del complesso venne firmato nel 1670; l'opera, su progetto di Libéral Bruand, fu terminata nel 1675.

Oggi la sua armoniosa facciata classica a quattro ordini, con il terrapieno su cui si allineano i cannoni, i giardini e la vasta Esplanade, la piazza bordata di alberi che si stende fino alla Senna, costituiscono uno dei più imponenti monumenti parigini. Il lato sud porta a St-Louis-des-Invalides, la chiesa dei soldati, il cui retro si affaccia sul sontuoso Dôme di Jules Hardouin-Mansart. La doratura della cupola del Dôme è stata rifatta nel 1989.

Musée Rodin ❼

77 Rue de Varenne 75007. **Tav** 11 B3.
01 44 18 61 10. *Varenne.*
Aperto *apr–set: 9.30–17.45 mart–dom; ott–mar: 10–16.45 mart–dom.*
Chiuso *1 gen, 1 mag, 25 dic.* **A pagam.**
parz. *occasion.*

Auguste Rodin, universalmente considerato il più grande scultore francese del XIX secolo, visse e lavorò dal 1908 alla morte, nel 1917, nell'Hôtel Biron, un elegante edificio del XVIII secolo concessogli in uso dallo Stato, a cui Rodin lasciò in cambio la sua opera, e dove ora sono esposti i suoi lavori. Alcune delle sculture più celebri sono collocate nel giardino: *I borghesi di Calais, Il pensatore, La porta dell'inferno* e *Balzac*. Il giardino, con i suoi 2000 cespugli di rose, è di per sé un'opera d'arte.

Le opere poste all'interno sono disposte in ordine cronologico e comprendono *Il bacio* ed *Eva*.

Hôtel Matignon ❽

57 Rue de Varenne 75007.
Tav 11 C4. *Solférino, Rue du Bac.*
Non aperto *al pubblico.*

È uno dei più begli edifici del Faubourg; venne costruito da Jean Courtonne nel 1721 ed è stato in seguito completamente restaurato. Tra i passati proprietari ci fu Talleyrand, lo statista e diplomatico che era solito tenervi feste leggendarie, e diversi membri della nobiltà. Dal 1958 è la residenza ufficiale del Primo ministro francese ed è circondata dal più grande giardino privato di tutta Parigi.

***Il bacio* di Rodin (1886) al Musée Rodin**

Musée Maillol ❾

59 Rue de Grenelle 75007. **Tav** 11 C4.
01 42 22 59 58. *Sèvres-Babylone, Rue du Bac.* **Aperto** *11–18 mer–lun.*
www.musee-maillol.com

Un tempo vivevano nelle vicinanze il romanziere Alfred de Musset e Dina Verny, prima modella e musa ispiratrice di Aristide Maillol, fondatore del museo. Il museo ospita le diverse espressioni dell'opera dell'artista: disegni, incisioni, dipinti, sculture e oggetti decorativi. Inoltre vi è esposta la collezione privata di Dina Verny, in cui l'arte naif si accompagna a lavori di Matisse, Dufy, Picasso e Rodin. La fontana di Bouchardon, di fronte all'edificio, è decorata con grandi figure allegoriche della città di Parigi e delle quattro stagioni.

Sculture a Ste-Clotilde

Sainte-Clotilde ❿

23bis Rue Las Cases 75007.
Tav 11 B3. *01 44 18 62 60.*
Solférino, Varenne, Invalides.
Apertura *8.30–19.30 tutti i giorni.*
Chiusura *feste nazionali non religiose.*

Progettata dall'architetto di origine tedesca Christian Gau e prima del suo genere a Parigi, questa chiesa neogotica era il frutto dell'entusiasmo per il Medioevo, suscitato verso la metà del XIX secolo da scrittori come Victor Hugo. La chiesa è famosa per le imponenti torri gemelle, visibili anche dalla riva opposta della Senna. All'interno vi si possono ammirare affreschi di James Pradier e vetrate con scene di vita della santa a cui la chiesa è dedicata. Il compositore César Franck fu l'organista della chiesa per 32 anni.

Dôme ❶

NEL 1676 IL RE SOLE, Luigi XIV, chiese a Hardouin-Mansart di costruire all'interno del complesso degli Invalides una chiesa, il Dôme. Una chiesa per i soldati era già stata eretta, ma il Dôme sarebbe dovuto servire esclusivamente al re e per ospitare le spoglie reali. Il capolavoro che ne risultò completa il complesso degli edifici circostanti ed è uno dei più begli esempi di architettura francese del '600.

Dopo la morte di Luigi XIV il progetto di tumulare la famiglia reale nella chiesa venne abbandonato e il Dôme divenne un monumento alla gloria dei Borboni. Nel 1840 Luigi-Filippo decise di collocare nella cripta le spoglie di Napoleone. A questa si aggiunsero poi le tombe di Vauban, del maresciallo Foch e di altre figure militari celebri, trasformando la chiesa in un memoriale della storia francese.

La Cupola dorata
La prima doratura è del 1715.

① Tomba di Giuseppe Bonaparte
La tomba del fratello di Napoleone, re di Napoli e poi di Spagna, è nella prima cappella a destra entrando.

② Monumento funebre a Vauban
Commissionato da Napoleone I nel 1808, il monumento contiene un'urna con il cuore di Sébastien le Prestre de Vauban. Ingegnere e architetto militare di Luigi XIV aveva rivoluzionato le tecniche dell'assedio e delle fortificazioni; morì nel 1707. La sua lunga carriera militare era culminata nella nomina a maresciallo di Francia nel 1703. La statua di Antoine Etex sul sarcofago lo raffigura morente, pianto dalla Scienza e dalla Guerra.

⑥ Galleria vetrata
Alla cripta sotto la cupola, contenente la tomba di Napoleone, si accede attraverso la scala curva di fronte all'altare. La parete in vetro dietro l'altare separa il Dôme dalla cappella più antica degli Invalides.

NOTE INFORMATIVE

Hôtel National des Invalides, 129 Rue de Grenelle. **Tav** 11 A3. *01 44 42 37 72.* *Latour-Maubourg, Varenne.* *28, 49, 63, 69, 82, 83, 87, 92 verso Les Invalides.* *Invalides.* *Tour Eiffel.* *Rue de Constantine.* **Apertura** *ott–mar: 10–17; apr–set: 10–18.* **Chiusura** *1 gen, 1 mag, 17 giu, 1 nov, 25 dic.* **A pagam.** *parziale.* *gruppi 01 44 42 37 72.*

LEGENDA

— — — Percorso consigliato

⑤ Cappella di St Jérôme
Tornando dal centro della chiesa all'entrata principale, la prima cappella a destra ospita la tomba di Gerolamo, fratello minore di Napoleone e re di Vestfalia.

Scale per la cripta

④ Volta del Dôme
Il grande affresco circolare (1692) di Charles de la Fosse sul soffitto del Dôme raffigura la Gloria del Paradiso, *con San Luigi che offre la sua spada a Cristo.*

③ Tomba di Ferdinand Foch
La tomba bronzea del maresciallo fu realizzata da Paul Landowski nel 1937.

IL RITORNO DI NAPOLEONE

Luigi Filippo aveva deciso di riportare in patria da Sant'Elena *(pp 30–1)* le spoglie di Napoleone come gesto di riconciliazione verso i repubblicani e i bonapartisti che contestavano il suo regime. Il Dôme, con il suo passato e i suoi legami storici e militari, era una scelta ovvia per il mausoleo dell'imperatore. Il corpo venne racchiuso in sei bare e collocato infine nella cripta nel 1861, al culmine di una grande cerimonia cui presenziò Napoleone III.

La facciata neoclassica dell'Assemblée Nationale Palais-Bourbon

Assemblée Nationale Palais-Bourbon ⓫

126 Rue de l'Université 75007. **Tav** 11 B2. 01 40 63 60 00. *Assemblée-Nationale.* *Invalides.* **Aperto** *10, 14, 15 sab; rich carta d'identità, entrata visitatori al nr. 33 di Quai d'Orsay.* *per gruppi tel 01 40 63 64 08.*

Costruito nel 1722 per la duchessa di Borbone, figlia di Luigi XIV, il Palais-Bourbon venne confiscato durante la Rivoluzione. Dal 1830 ospita la Camera dei Comuni del Parlamento francese. Durante la Seconda guerra mondiale il palazzo divenne sede amministrativa del governo nazista. Il pubblico può entrare per osservare il Parlamento in azione. La grande facciata neoclassica con le sue splendide colonne, che richiama la facciata della chiesa della Madeleine al di là della Senna, fu aggiunta alla costruzione nel 1806. Il vicino Hôtel de Lassay, costruito dal principe de Condé, è ora residenza ufficiale del presidente dell'Assemblea Nazionale.

Rue Cler ⓬

75007. **Tav** 10 F3. *Ecole-Militaire, Latour-Maubourg.* ***Apertura mercato*** *mart–sab.* *Vedi* ***Acquisti*** *pp 326–7.*

Vi si svolge il mercato all'aperto del settimo arrondissement, il più ricco di Parigi, dato che qui vivono moltissimi dipendenti d'alto livello dell'amministrazione pubblica, industriali e diplomatici. Il mercato occupa una zona pedonale che si estende a sud della Rue de Grenelle. È pieno di colore ma molto esclusivo, con le bancarelle più eleganti della città.Come si può immaginare, i prodotti in vendita sono ottimi, soprattutto la pasticceria e i formaggi.

Interessante l'architettura Art Nouveau degli edifici al n. 33 e al n. 151.

Les Egouts ⓭

Di fronte al n. 93 di Quai d'Orsay 75007. **Tav** 10 F2. *01 53 68 27 81.* *Alma-Marceau.* *Pont de l'Alma.* ***Aperto*** *11–17 (16 in inverno) sab–mer.* ***Chiuso*** *ultime 3 sett. di gen.* ***A pagamento*** *gruppi.*

La maggior parte delle fognature di Parigi *(égouts)*, realizzate dal barone Haussmann, risale al Secondo Impero *(pp 32–3)*. Allineati uno dopo l'altro, i 2100 km di fognature coprirebbero la distanza tra Parigi e Istanbul. Oggi le fognature sono un'attrattiva per turisti. Le visite si svolgono a piedi e sono limitate a una piccola area intorno all'entrata in Quai d'Orsay. Qui c'è anche un museo, dove si possono scoprire i misteri del sottosuolo di Parigi e vedere i vecchi macchinari usati nel passato e quelli moderni utilizzati oggi.

L'interno di un'enoteca di Rue Cler

Entrata al n. 29 di Avenue Rapp

Champ-de-Mars ⓮

75007. **Tav** 10 E3. Ⓜ *Ecole-Militaire.* RER *Champ-de-Mars–Tour-Eiffel.*

I GIARDINI che si estendono dalla Tour Eiffel all'Ecole Militaire erano in origine il terreno di parata degli ufficiali cadetti dell'Ecole Militaire. L'area è stata spesso usata per le corse dei cavalli, le mongolfiere e le grandi manifestazioni del 14 luglio in occasione dell'anniversario della Rivoluzione. La prima manifestazione si tenne nel 1790 alla presenza di Luigi XVI agli arresti. Qui si tennero anche, alla fine del XIX secolo, le grandi esposizioni, tra cui l'Esposizione universale del 1889, in occasione della quale venne costruita la Tour Eiffel.

Una mongolfiera a Parigi

Eiffel Tower ⓯

Vedi pp 192–3.

No. 29 Avenue Rapp ⓰

75007. **Tav** 10 E2. Ⓜ *Pont-de-l'Alma.*

ECCELLENTE esempio di architettura Art Nouveau, il n. 29 fece vincere al suo architetto, Jules Lavirotte, il primo premio al Concours des Façades de la Ville de Paris nel 1901. La sua trama di mattoni e di ceramiche è decorata con figure di animali e motivi floreali, mescolati a figure femminili. Queste ultime sono applicate su arenaria multicolore e danno alla facciata un tocco deliberatamente erotico, sicuramente sovversivo a quell'epoca. È degno di visita anche l'altro edificio di Lavirotte, che comprende una torre con l'orologio, nello Square Rapp.

Village Suisse ⓱

Ave de Suffren 75015. **Tav** 10 E4. Ⓜ *Dupleix.* ***Apertura*** *10.30–19 gio–lun.*

IN OCCASIONE dell'Esposizione universale del 1900, tenutasi vicino al Champ-de-Mars, il governo svizzero costruì un finto villaggio alpino. In seguito esso diventò un mercato di oggetti usati. Negli anni '50 e '60 arrivarono gli antiquari, e tutto divenne più alla moda e più caro. Il villaggio è stato restaurato alla fine degli anni '60.

Ecole Militaire ⓲

1 Pl Joffre 75007. **Tav** 10 F4. Ⓜ *Ecole-Militaire.* ***Visite*** *solo su permesso speciale; rivolgersi per iscritto al comandante.*

L'ACCADEMIA MILITARE reale di Luigi XV venne fondata nel 1751 per educare 500 figli di ufficiali bisognosi. Fu progettata dall'architetto Jacques-Ange Gabriel ed è caratterizzata da un padiglione centrale, splendido esempio di classicismo francese, con otto colonne corinzie e una cupola quadrangolare. L'interno è in stile Luigi XVI; di particolare interesse sono la cappella e la ringhiera in ferro battuto dello scalone principale, disegnata da Gabriel.

Uno dei primi cadetti dell'accademia fu Napoleone; quando fu dimesso, il giudizio espresso su di lui fu: "In circostanze favorevoli potrebbe fare molta strada".

In un'incisione del 1751, la progettazione dell'Ecole Militaire

UNESCO ⓳

7 Pl de Fontenoy 75007. **Tav** 10 F5. *01 45 68 10 00.* *01 45 68 10 60 (inglese).* Ⓜ *Ségur, Cambronne.* ***Apertura*** *9.30–12.30, 14.30–17 lun–ven.* ***Chiusura*** *festivi e durante le riunioni.* ***Mostre, film.***

È LA SEDE GENERALE dell'Organizzazione educativa, scientifica e culturale delle Nazioni Unite (UNESCO). Scopo dell'organizzazione è contribuire alla pace e alla sicurezza internazionali promuovendo l'educazione, la scienza e la cultura.

L'UNESCO possiede dei veri tesori di arte moderna, tra cui un murale di Pablo Picasso, ceramiche di Joan Miró e sculture di Henry Moore.

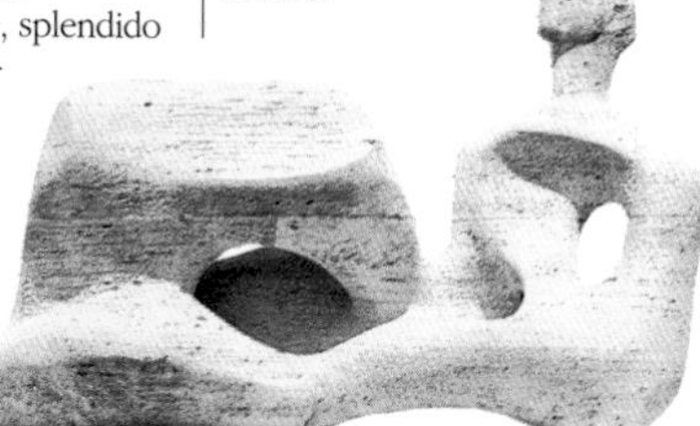

Figura distesa di Moore all'UNESCO (1958)

Tour Eiffel ⓯

La Tour Eiffel vista dal Trocadéro

Costruita per far colpo sui visitatori all'Esposizione universale del 1889, la Tour Eiffel doveva essere un'aggiunta solo temporanea al panorama di Parigi, ma ne è divenuta il simbolo. Progettata da Gustave Eiffel, fu molto criticata dagli esteti del XIX secolo. L'autore Guy de Maupassant vi andava a pranzo per poter osservare il panorama di tutta la città senza doverla vedere. È stata la più alta costruzione al mondo fino al 1931, quando fu completato a New York l'Empire State Building. Restaurata e dotata di un nuovo sistema di illuminazione, la torre è oggi ancora più bella.

La struttura in ferro
Secondo Eiffel la complessa struttura di travi in ferro era necessaria a stabilizzare la torre in caso di forte vento. Ma il progetto di Eiffel suscitò ben presto ammirazione per la sua piacevole simmetria.

La cabina motori dell'ascensore
Nella scelta degli ascensori Eiffel preferì la sicurezza alla velocità.

Da non perdere

- ★ **Il busto di Eiffel**
- ★ **Cineiffel**
- ★ **Congegno idraulico dell'ascensore**
- ★ **Vista panoramica**

★ **Cineiffel**
Questo piccolo museo illustra la storia della torre attraverso un breve filmato; in alcune sequenze si vedono anche le personalità che hanno visitato la torre, tra cui Charlie Chaplin, Josephine Baker e Adolf Hitler.

I gesti audaci e i fallimenti

La torre ha ispirato molti gesti di folle coraggio. È stata scalata da alpinisti, discesa in bicicletta da un giornalista, usata come base di lancio da paracadutisti e come palcoscenico da trapezisti. Nel 1912 un sarto parigino, Reichelt, tentò di volare lanciandosi giù dalla torre munito solo di un mantello adattato per formare delle ali, e si schiantò davanti a una grande folla. Secondo l'autopsia, morì di infarto prima ancora di toccare terra.

Reichelt

★ **Congegno idraulico**
Ancora oggi funzionante, questo congegno meccanico 1900 è stato automatizzato nel 1986.

Il terzo livello, a 276 m di altezza, può ospitare 400 persone alla volta.

★ **Terrazza panoramica**
Nelle giornate limpide si può vedere fino a 72 km di distanza e scorgere la cattedrale di Chartres.

NOTE INFORMATIVE

Champ de Mars. **Tav** 10 D3. *01 44 11 23 11.* *Bir Hakeim.* *42, 69, 72, 82, 87, 91 direzione Champ de Mars.* RER *Champ de Mars.* *Tour Eiffel.* **Apertura** *set–giu: 9.30–23.30; lug–ago: 9–24 (ult entrata: 23).* ***A pagam.*** *limitato.* ***Film, video.*** www.eiffel-tower.com

Gli ascensori
Nella stagione turistica per la limitata capacità degli ascensori si possono impiegare due ore per raggiungere la cima. Per fare la coda agli ascensori bisogna essere pazienti e non soffrire di vertigini.

Il secondo livello è a 115 m di altezza; è separato dal primo da 359 gradini o da pochi minuti in ascensore.

Il ristorante Jules Verne, uno dei migliori ristoranti di Parigi, offre piatti squisiti e vedute panoramiche *(pp 296–8).*

Il primo livello, a 57 m, può essere raggiunto in ascensore o salendo a piedi 360 gradini. Vi si trova anche un ufficio postale.

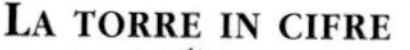

LA TORRE IN CIFRE

- compresa l'antenna è alta 324 m
- con il caldo l'altezza aumenta fino a 18 cm per la dilatazione del metallo
- i gradini fino al terzo livello sono 1652
- la tengono insieme 2,5 milioni di chiodi ribattuti
- non oscilla più di 7 cm
- pesa 10 100 tonnellate
- 40 tonnellate di vernice sono usate ogni sette anni

Uno degli operai della torre

★ **Busto di Eiffel**
Eiffel (1832–1923) fu premiato con la Legion d'Onore nel 1889. L'altro busto, collocato sotto la torre nel 1929, è un riconoscimento per lo scultore Antoine Bourdelle.

Statue in bronzo dorato, opere di scultori diversi, decorano la piazza centrale del Palais de Chaillot

CHAILLOT

NEL CORSO DEL XIX SECOLO il piccolo villaggio di Chaillot fu assorbito dalla città di Parigi e trasformato con i grandi interventi del Secondo Impero *(pp 32–3)* in una zona ricca di grandi viali, palazzi opulenti e affascinanti musei. Alcuni viali convergono su Place du Trocadéro, famosa per i suoi eleganti caffè, da dove si prosegue poi per l'Avenue du Président Wilson, la strada di Parigi con la più alta concentrazione di musei. Molti dei sontuosi palazzi della zona sono sede di importanti società e di ambasciate, tra cui quella imponente del Vaticano. Altri palazzi sono famosi per essere stati un tempo abitati dell'alta società. A ovest si trova invece la zona residenziale dell'*haute bourgeoisie*, uno dei quartieri più esclusivi e tranquilli di Parigi.

Sculture della vasca di Chaillot

DA VEDERE

Musei e gallerie

Cinémathèque Française ❷
Cité de l'Architecture et du Patrimoine ❸
Musée de l'Homme ❹
Musée de la Marine ❺
Musée du Vin ❼
Maison de Balzac ❽
Musée de Radio-France ❾
Musée de la Contrefaçon ❿
Musée National d'Ennery ⓫
Musée Arménien ⓬
Musée Dapper ⓭
Musée National des Arts Asiatiques Guimet ⓮
Musée de la Mode et du Costume Palais Galliera ⓯
Musée d'Art Moderne de la Ville de Paris ⓰

Giardini

Jardins du Trocadéro ❻

Architettura moderna

Palais de Chaillot ❶

COME ARRIVARCI

Questa zona è servita dalla metropolitana con le stazioni di Passy, Trocadéro e Iéna, e dalla RER con le stazioni in Avenue Foch e Avenue Henri Martin. Tra le linee di autobus che la servono vi è la n. 63, che percorre Avenue Georges Mandel e Avenue du Président Wilson.

VEDI ANCHE

- ***Stradario***, tavv 3, 9–10
- ***Dove alloggiare*** pp 278–9
- ***Ristoranti*** pp 296–8

LEGENDA

- In dettaglio
- M Metropolitana
- RER Stazione RER
- P Parcheggio

Chaillot in dettaglio

LA COLLINA DI CHAILLOT, con la sua stupenda posizione sulla Senna, fu il luogo prescelto da Napoleone per costruire per suo figlio un palazzo, che doveva essere "il più grande e il più straordinario", ma al momento della sua caduta ne erano stati completati solo pochi bastioni. Oggi il luogo è occupato dal monumentale Palais de Chaillot, con le sue due imponenti ali ricurve. Dalla terrazza di fronte al Palais si gode una magnifica vista sui giardini del Trocadéro, sulla Senna e sulla Tour Eiffel.

La statua del maresciallo Ferdinand Foch, che guidò gli Alleati alla vittoria nel 1918, fu inaugurata l'11 novembre 1951. Essa venne realizzata da Robert Wlérick e Raymond Martin per il centenario della nascita di Foch e il 33° anniversario dell'armistizio del 1918.

Metro Trocadéro

La Place du Trocadéro fu realizzata per l'Esposizione universale del 1878. All'inizio era nota come Place du Roi-de-Rome, in onore del figlio di Napoleone.

★ Musée de la Marine
Dedicato alla storia marittima della Francia, questo museo espone anche strumenti per la navigazione ❺

Palais de Chaillot
Questo edificio neoclassico venne costruito per la Fiera mondiale del 1937. Esso sostituì il Palais du Trocadéro, che era stato costruito nel 1878 ❶

★ Musée de l'Homme
Questa sedia proveniente dal Benin è uno dei molti manufatti africani che si trovano nel museo ❹

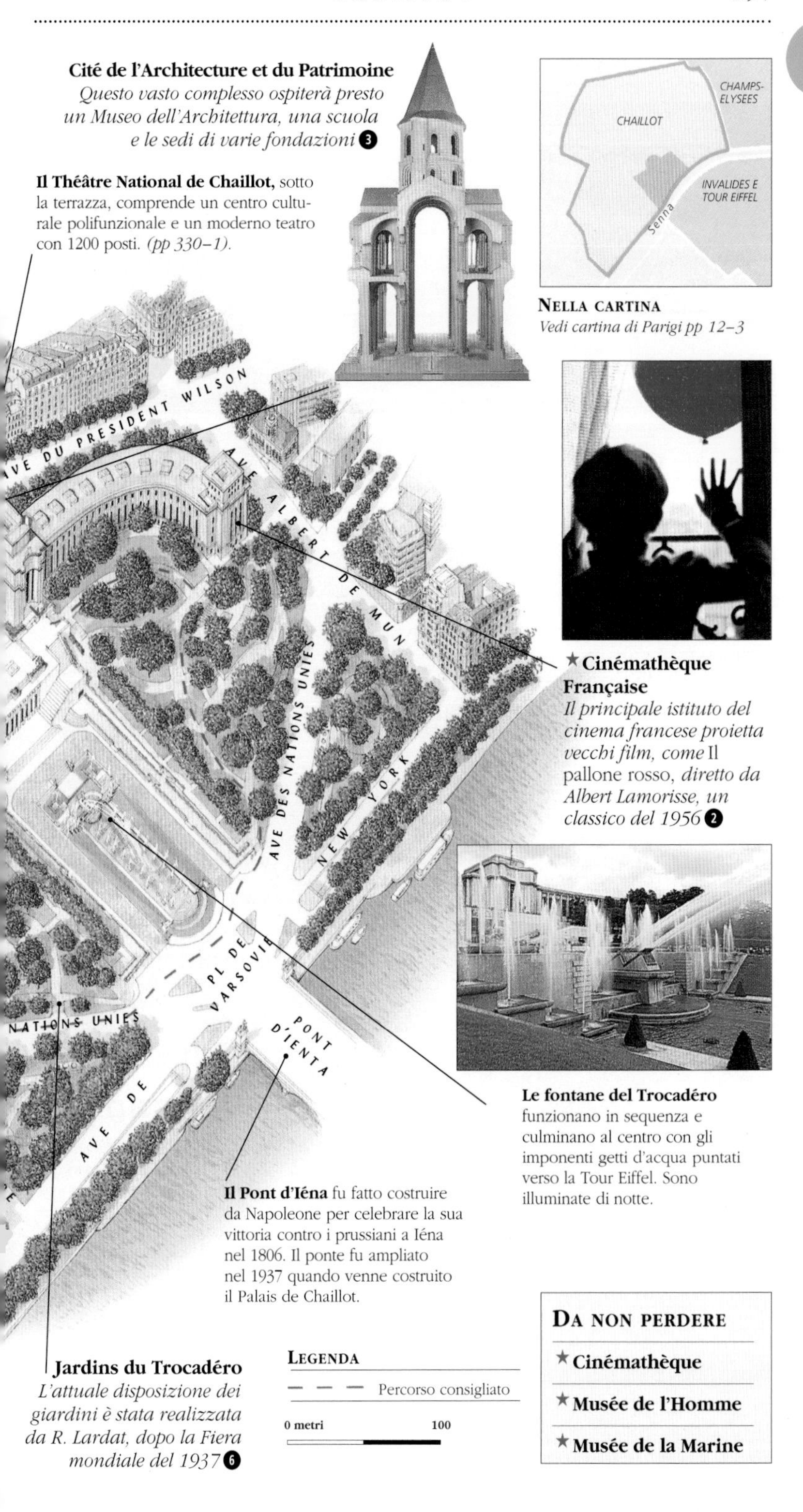

Cité de l'Architecture et du Patrimoine
Questo vasto complesso ospiterà presto un Museo dell'Architettura, una scuola e le sedi di varie fondazioni ❸

Il Théâtre National de Chaillot, sotto la terrazza, comprende un centro culturale polifunzionale e un moderno teatro con 1200 posti. *(pp 330–1).*

Nella cartina
Vedi cartina di Parigi pp 12–3

★ **Cinémathèque Française**
Il principale istituto del cinema francese proietta vecchi film, come Il pallone rosso, *diretto da Albert Lamorisse, un classico del 1956* ❷

Le fontane del Trocadéro funzionano in sequenza e culminano al centro con gli imponenti getti d'acqua puntati verso la Tour Eiffel. Sono illuminate di notte.

Il Pont d'Iéna fu fatto costruire da Napoleone per celebrare la sua vittoria contro i prussiani a Iéna nel 1806. Il ponte fu ampliato nel 1937 quando venne costruito il Palais de Chaillot.

Jardins du Trocadéro
L'attuale disposizione dei giardini è stata realizzata da R. Lardat, dopo la Fiera mondiale del 1937 ❻

Legenda

— — — Percorso consigliato

0 metri 100

Da non perdere

★ **Cinémathèque**

★ **Musée de l'Homme**

★ **Musée de la Marine**

Le fontane del Trocadéro davanti al Palais de Chaillot

Palais de Chaillot ❶

17 Pl du Trocadéro 75016.
Tav 9 C2. Ⓜ *Trocadéro.*
Apertura *9.45–17.15 mer–lun.*

Il palazzo, con le sue imponenti ali ricurve, ognuna conclusa da un immenso padiglione, ospita quattro musei, un teatro e la Cinémathèque. Progettato in stile neoclassico da Azéma, Louis-Auguste Boileau e Jacques Carlu, in occasione dell'Esposizione di Parigi del 1937, è decorato con sculture e bassorilievi. Sulle facciate dei padiglioni sono riportate iscrizioni in oro del poeta e saggista Paul Valéry.

Il *parvis*, o slargo, tra i due padiglioni, è decorato con grandi sculture in bronzo e vasche ornamentali. Sulla terrazza di fronte si ergono due statue, *Apollo* di Henri Bouchard e *Ercole* di Pommier. Le scalinate conducono dalla terrazza fino al Théâtre National de Chaillot *(pp 330–1)* che, dopo la seconda guerra mondiale, divenne famoso per le sue produzioni d'avanguardia.

Cinémathèque Française ❷

Palais de Chaillot, 7 Ave Albert de Mun 75016. **Tav** 10 D2. ☎ *01 40 22 09 79.* ***Per proiezioni*** ☎ *01 56 26 01 01.* Ⓜ *Trocadéro, Iéna.*
A pagamento*. Vedi* ***Divertimenti*** *pp 340–1.*

Devastata dal fuoco nel 1997, questa stupenda cineteca è stata riaperta dopo il restauro. Nel suo archivio è custodita la più grande collezione al mondo di film classici. Frequenti cineforum offrono la possibilità di vedere i grandi classici del passato (*p 341* per l'indirizzo di una delle sue due sale). La Cinémathèque e il Musée du Cinéma si trasferiranno in Rue de Bercy entro il 2003.

Plastico di una chiesa di Bagneux, Cité de l'Architecture et du Patrimoine

Cité de l'Architecture et du Patrimoine ❸

Palais de Chaillot, Pl du Trocadéro 75016. **Tav** 9 C2. ☎ *01 44 05 39 10.* Ⓜ *Trocadéro.* ***Apertura*** *solo mostre temporanee; collezioni permanenti a partire dal 2003.*
A pagamento*.*

Nato da un'idea di Eugène Viollet-Le-Duc, il Musée des Monuments Français (1789), che è stato in passato ospitato qui, sopravviverà come parte dell'ampio complesso architettonico attualmente in fase di realizzazione. Esso comprenderà un Museo dell'Architettura con vasti spazi espositivi, la scuola "erede" della famosa Ecole de Chaillot, un'"agenzia" governativa per l'architettura, una biblioteca, un archivio e varie fondazioni.

Sequenza del film *Il viaggio sulla luna* diretto da Méliès nel 1902

Musée de l'Homme ❹

Palais de Chaillot, 17 Pl du Trocadéro 75016. **Tav** 9 C2. *01 44 05 72 72.* *Trocadéro.* ***Apertura*** *9.45–17.15 mer–lun.* ***Chiusura*** *feste naz.* ***A pagam.*** *14.30 sab.* ***Mostre, film.***

Situato nell'ala ovest del Palais de Chaillot, il museo ripercorre la storia dell'uomo da un punto di vista antropologico, archeologico ed etnologico. La sezione antropologica affronta temi diversi, come i tatuaggi, la mummificazione e il rimpicciolimento delle teste. La parte dedicata all'Africa è particolarmente interessante e mostra affreschi provenienti dal Sahara, sculture dell'Africa centrale, raffigurazioni magiche e strumenti musicali. Tra i reperti più affascinanti del museo vi sono i costumi asiatici e una gigantesca testa dell'isola di Pasqua.

Maschera al Musée de l'Homme

Musée de la Marine ❺

Palais de Chaillot, 17 Pl du Trocadéro 75016. **Tav** 9 C2. *01 53 65 69 69.* *Trocadéro.* ***Aperto*** *10–18 mer–lun.* ***Chiuso*** *1 gen, 1 mag, 25 dic.* ***A pagamento.*** ***Film, video. Biblioteca*** *solo su appuntamento.*

La storia della marina francese, dai tempi delle navi in legno della monarchia fino alle portaerei e ai sottomarini atomici di oggi, è raccontata attraverso magnifici modelli in scala (molti antichi), ricordi degli eroi navali, dipinti e strumenti di navigazione. Il museo fu istituito da Carlo X nel 1827, e fu trasferito al Palais de Chaillot nel 1943. Tra gli oggetti esposti vi sono una lancia di Napoleone, i modelli della flotta che si riunì a Boulogne-sur-Mer nel 1805 per la progettata invasione dell'Inghilterra e una sezione sulle navi per l'esplorazione sottomarina e per la pesca.

Rilievo fuori del Musée de la Marine

Jardins du Trocadéro ❻

75016. **Tav** 10 D2. *Trocadéro.*

L'estensione di questi deliziosi giardini è di 10 ha. Il loro centro d'attrazione è costituito da una lunga vasca rettangolare, decorata con statue in pietra e in bronzo, che diventano spettacolari di notte, quando le fontane vengono illuminate. Tra le statue vi sono: *Uomo* di P. Traverse, *Donna* di G. Braque, *Toro* di P. Jouve e *Cavallo* di G. Guyot. Lungo i lati della vasca il declivio della collina di Chaillot si abbassa dolcemente fino alle rive della Senna e al Pont d'Iéna. Un acquario è situato all'angolo nord-est dei giardini, sistemati con alberi, sentieri e piccoli corsi d'acqua e un ponte.

Musée du Vin – Caveau des Echansons ❼

Rue des Eaux, 5 Sq Charles Dickens 75016. **Tav** 9 C3. *01 45 25 63 26.* *Passy.* ***Apertura*** *10–18 mart–dom.* ***Chiusura*** *25 dic–1 gen.* ***A pagamento.*** *solo gruppi.* *solo a pranzo.*

Figure di cera illustrano la storia della produzione del vino in queste celle medievali, un tempo usate dai monaci di Passy. In mostra una collezione di antiche bottiglie per il vino e di bicchieri, un apparato di strumenti scientifici usati per la vinificazione e l'imbottigliamento. Ci sono anche un bar, un punto di vendita e si organizzano visite che includono la degustazione.

Ponte nei giardini del Trocadéro

Maison de Balzac ❽

47 Rue Raynouard 75016. **Tav** 9 B3. *01 55 74 41 80.* *Passy, La Muette.* ***Apertura*** *10–17.40 mart–dom (ult entr: 17.30).* ***Chiusura*** *feste naz.* ***A pagamento.***

Il romanziere Honoré de Balzac visse qui dal 1840 al 1847 sotto il falso nome di Monsieur de Brugnol, per evitare i numerosi creditori. In questo periodo egli scrisse molti dei suoi celebri romanzi, tra i quali *La Cugina Betta* (1846).

La casa ospita oggi una biblioteca di consultazione, con alcune delle sue opere originali e un museo con ricordi della sua vita. In molte delle stanze vi sono disegni e dipinti che ritraggono la famiglia di Balzac e i suoi amici più intimi. La stanza di Madame Hanska è dedicata alla donna russa che fu legata a Balzac per 18 anni e divenne sua moglie cinque mesi prima della sua morte, avvenuta nel 1850.

La casa ha un'entrata secondaria che dà sulla Rue Berton, utilizzata per sfuggire a visitatori sgraditi. La Rue Berton, con le sue facciate ricoperte d'edera, conserva molto del suo antico fascino.

La targa sulla casa di Balzac

Radio (1955), museo della radio

Musée de Radio-France ❾

116 Ave du Président-Kennedy 75016. **Tav** 9 B4. 01 56 40 15 16. *Ranelagh.* ***Aperto*** *lun–sab: solo visite guidate.* ***Chiuso*** *festivi.* ***A pagam.*** *10.30–11.30, 14.30–16.30* www.radio-france.fr

La sede centrale di Radio-France, l'emittente nazionale, è un imponente edificio, progettato dall'architetto Henri Bernard nel 1963. È il più grande edificio di Francia ed è costituito da tre strutture circolari concentriche, con una torre rettangolare. Si estende su un'area di 2 ha. Nei suoi 70 studi e nell'auditorium principale vengono prodotti i programmi della radio francese. Il museo percorre la storia delle comunicazioni dal primo telegrafo Chappe del 1793 fino agli ultimi sviluppi multimediali nelle trasmissioni radio via internet. Offre inoltre un'affascinante panoramica sui mezzi di realizzazione dei programmi radio.

Musée de la Contrefaçon ❿

16 Rue de la Faisanderie 75016. **Tav** 3 A5. 01 56 26 14 00. *Porte Dauphine.* ***Apertura*** *14–17.30 mart–dom.* ***Chiusura*** *feste nazionali.* ***A pagamento.*** www.unifab.com

I produttori francesi di cognac, di profumi e di articoli di lusso in generale subiscono da anni la piaga della contraffazione internazionale. Il museo è stato creato dal consorzio dei produttori e illustra la storia di questo tipo di frode, che esisteva già ai tempi degli antichi Romani. La vastissima raccolta di falsi comprende copie delle borse di Louis Vuitton, di orologi di Cartier e di vini della regione di Narbonne. Il museo illustra anche il destino che attende coloro che si lasciano tentare a contraffare un prodotto.

Musée National d'Ennery ⓫

59 Ave Foch 75016. **Tav** 3 B5. *01 45 53 57 96.* *Porte Dauphine.* ***Chiuso*** *per restauro.*

Risalente al periodo del Secondo Impero, questo palazzo ospita due particolarissimi musei di preziosi *objets d'art*, il Musée d'Ennery e il Musée Arménien *(sotto)*, entrambi chiusi per restauri. Il primo custodisce l'immensa collezione di oggetti cinesi e giapponesi raccolti da Adolphe d'Ennery, il drammaturgo ottocentesco collezionista di arte orientale. Datati dal XVII al IXX secolo, i pezzi in mostra comprendono raffigurazioni di uomini e di animali, mobili, ceramiche giapponesi e centinaia di *netsuke*, piccoli ornamenti per cinture in osso, legno e avorio.

Vaso cinese (XVIII secolo circa) al Musée d'Ennery

Musée Arménien ⓬

59 Ave Foch 75016. **Tav** 3 B5. *01 45 53 57 96.* *Porte Dauphine.* ***Chiuso*** *per restauri fino a nuovo avviso.*

Il piano terra del n. 59 di Avenue Foch ospita il museo armeno, nato dopo la seconda guerra mondiale. Nonostante le sue dimensioni ridotte, la collezione comprende affascinanti tesori, tra cui arredi sacri, squisite miniature, argenterie, ceramiche, tappeti e dipinti contemporanei.

Arte Khmer al Musée National des Arts Asiatiques Guimet

Musée Dapper ⓭

50, avenue Victor Hugo, 75116. 01 45 00 01 50. Victor-Hugo. ***Aperto*** *11–19.* ***A pagam.*** *(mer gratis).*

Non solo un museo ma un centro mondiale di ricerca etnografica, la fondazione Dapper è la principale esposizione francese di arte e cultura africana. Ospitata in una splendida costruzione immersa in un giardino africano, è una preziosa raccolta di oggetti dai colori forti e vibranti, che evocano i paesi africani. Il museo dà maggiore rilevanza alle diverse espressioni di arte popolare precoloniale (sculture, lavori d'intaglio e artigianato tribale), ma vi sono anche opere più recenti. Ospita una straordinaria collezione di maschere tribali finemente intagliate, usate durante riti religiosi o funebri o in rappresentazioni teatrali comiche, magiche e simboliche, alcune delle quali risalgono al XII secolo. Antropologi, parigini e turisti si riuniscono qui per assistere a mostre e manifestazioni.

Corona armena (XIX secolo)

Musée National des Arts Asiatiques Guimet ⓮

6 Pl d'Iéna 75116. **Tav** 10 D1.
01 56 52 53 00. *Iéna.*
***Apertura** 10–18 mer–lun.*
***A pagamento**.* *Panthéon Bouddhique (nuove sale) al 19 Ave d'Iéna.* *01 40 73 88 00.* www.museeguimet.fr

UNO DEI PRIMI musei al mondo di arte asiatica, il Guimet possiede la più bella collezione di arte cambogiana (khmer) in Occidente. Il museo fu fondato a Lione nel 1879 dall'industriale e appassionato di arte orientale Emile Guimet per ospitare la sua collezione di opere cinesi e giapponesi. Trasferito a Parigi nel 1884, è stato appena riaperto dopo un lungo periodo di restauro, e ora presenta con precisione ogni tradizione artistica asiatica, dall'Afghanistan all'India, dalla Cina al Giappone, dalla Corea al Vietnam, al resto del Sudest Asiatico. Con oltre 45 000 opere d'arte, il museo è apprezzato per alcune collezioni inusuali, tra cui le sculture cambiogiane Angkor Wat e 1600 esempi di arte himalayana. Altri pezzi forti sono i bronzi e le lacche cinesi e le statue di Buddha provenienti da Giappone, India, Vietnam e Indonesia. Ospita inoltre un centro di ricerca asiatico.

Le porte scolpite di Gabriel Forestier, Musée d'Art Moderne

Musée de la Mode et du Costume Palais Galliera ⓯

10 Ave Pierre 1er de Serbie 75116. **Tav** 10 E1. *01 56 52 86 00.* *Iéna, Alma Marceau.* ***Apertura** solo per mostre, 10–18 mart–dom.*
***A pagamento**. **Sala per bambini**.*
www.paris-france.org/musees

DEDICATO ALLA STORIA della moda, questo museo ha la sua sede in un palazzo rinascimentale costruito per la duchessa Maria de' Ferrari Galliera nel 1892. La collezione vanta più di 100 000 pezzi, dal XVIII secolo a oggi. Alcuni di essi, quelli più recenti, sono stati donati al museo da donne affascinanti come la baronessa Hélène de Rothschild e la principessa Grace di Monaco. Importanti stilisti come Balmain e Balenciaga hanno donato invece i loro disegni.
A causa della caducità della moda, gli abiti vengono esposti a rotazione in due grandi manifestazioni l'anno. Queste o illustrano la carriera di un particolare stilista o sviluppano un singolo tema.

Musée d'Art Moderne de la Ville de Paris ⓰

Palais de Tokyo, 11 Ave du Président-Wilson 75016. **Tav** 10 E1.
01 53 67 40 00 *Iéna.*
***Apertura** 10–17.30 mart–dom (12–24 per il Site de Création Contemporaine).*
***A pagam**.* ***Film**.*

www.palaisdetokyo.com

IL MUSEO, ricco e interessante, ospita la famosa collezione d'arte moderna della città, che presenta le maggiori tendenze del XX secolo (il XXI verrà incluso). Il museo occupa la vasta ala est del Palais de Tokyo, costruito per l'Esposizione mondiale del 1937. Principale attrattiva è il gigantesco murale di Raoul Dufy, *La fata elettricità*. Notevoli anche i cubisti, Amadeo Modigliani, Georges Rouault, e i fauves, soprattutto Henri Matisse, la cui *La danza* è presente in entrambe le versioni. In questo museo sono esposte molte opere contemporanee interessanti e innovative, come il nuovo **Site de Création Contemporaine** nell'ala ovest.

Giardino e facciata del Palais Galliera

CHAMPS-ELYSÉES

DUE GRANDI STRADE caratterizzano questa zona: l'Avenue des Champs-Elysées e la Rue St-Honoré. La prima è il viale più famoso di Parigi. La sua larghezza è spettacolare e i suoi ampi marciapiedi con caffè, cinema e negozi attraggono una folla di persone, che vengono qui per mangiare e fare acquisti, ma anche per vedere e farsi vedere. Il viale si conclude nel bel Rond Point des Champs Elysées, con alberi di castagno e marciapiedi contornati da aiuole fiorite. L'avenue è il luogo delle grandi parate, ma anche lo scenario di uno stile di vita alla moda ed edonistico. Si avverte la vicinanza con il lusso e con il potere politico. Alberghi a cinque stelle, ristoranti raffinati e negozi eleganti si allineano lungo le strade e i viali circostanti. Lungo la Rue St-Honoré si trovano l'imponente Palais de l'Elysée, le ricche residenze cittadine degli uomini d'affari e molte sedi di ambasciate e consolati.

Lampione d'epoca sul Pont Alexandre III

DA VEDERE

Edifici storici e strade

Palais de l'Elysée 5
Avenue Montaigne 6
Avenue des Champs-Elysées 8
Place Charles de Gaulle (l'Etoile) 9

Monumenti

Arc de Triomphe pp 208–9 10

Ponti

Pont Alexandre III 1

Musei e gallerie

Grand Palais 2
Palais de la Découverte 3
Petit Palais 4
Musée Jacquemart-André 7

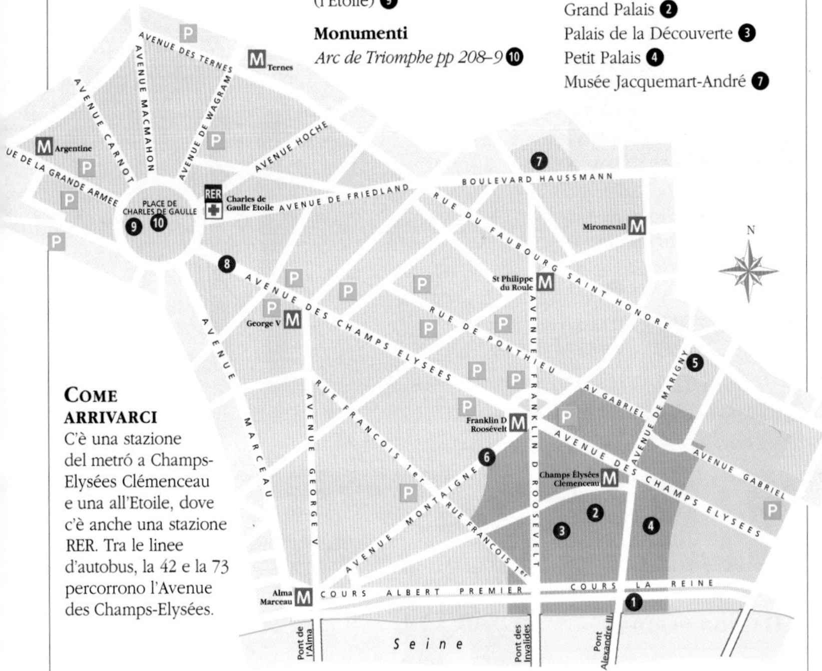

COME ARRIVARCI

C'è una stazione del metró a Champs-Elysées Clémenceau e una all'Etoile, dove c'è anche una stazione RER. Tra le linee d'autobus, la 42 e la 73 percorrono l'Avenue des Champs-Elysées.

LEGENDA

- In dettaglio
- Metropolitana
- Stazione RER
- Parcheggio

VEDI ANCHE

- ***Stradario***, tavv 3–4, 5, 11
- ***Dove alloggiare*** pp 278–9
- ***Ristoranti*** pp 296–8

0 metri 400

Vista dell'Arc de Triomphe di notte

Gli Champs-Elysées in dettaglio

I GIARDINI che costeggiano gli Champs-Elysées da Place de la Concorde al Rond-Point non sono cambiati molto da quando furono realizzati dall'architetto Jacques Hittorff nel 1838. Essi ospitarono l'Esposizione mondiale del 1855, occasione in cui fu costruito il Palais de l'Industrie, contraltare francese del Crystal Palace di Londra. Il palazzo venne poi sostituito dal Grand Palais e dal Petit Palais, realizzati durante la Terza Repubblica per l'Esposizione universale del 1900. Essi si trovano ai due lati di un'impressionante prospettiva che parte da Place Clémenceau e, attraverso le eleganti linee del Pont Alexandre III, arriva fino agli Invalides.

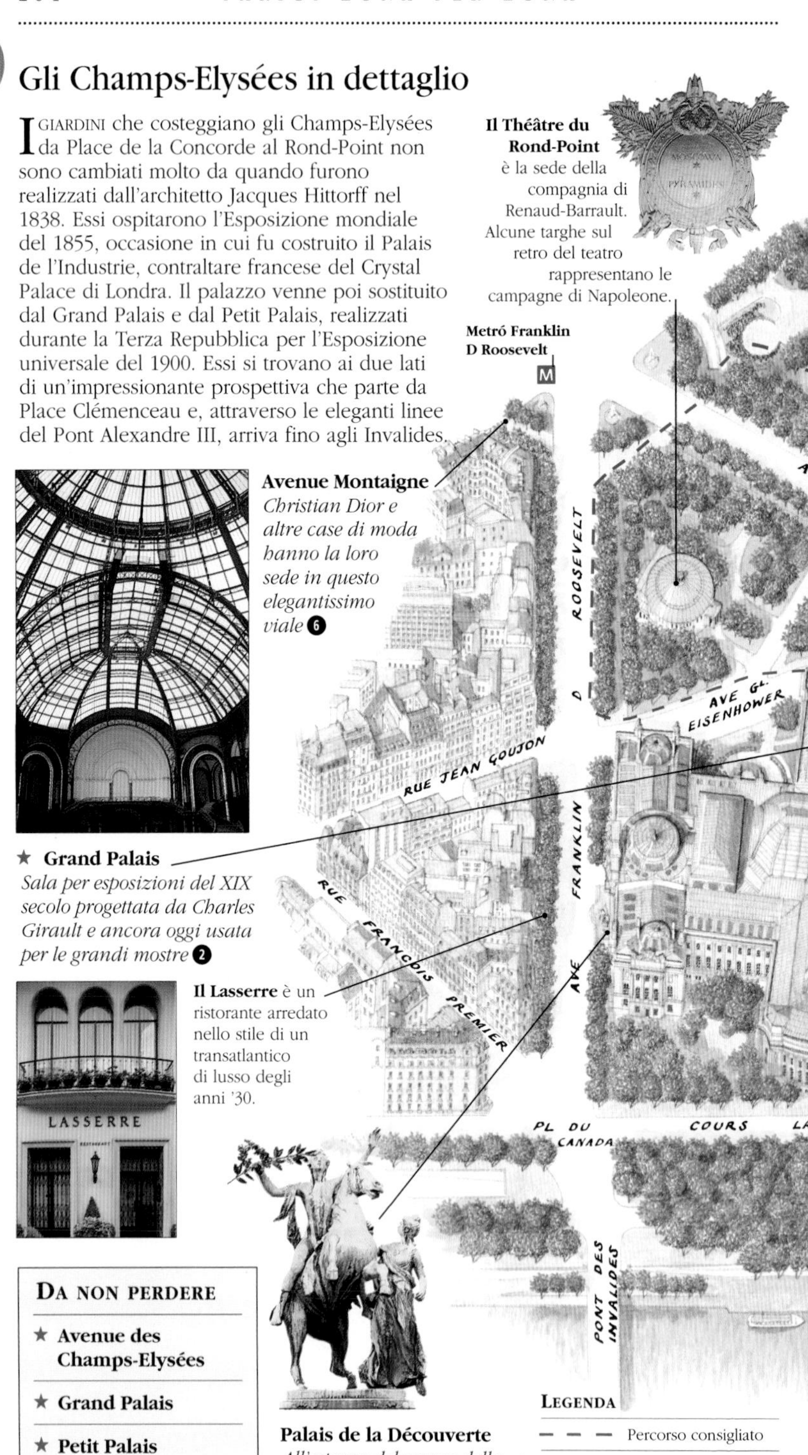

Il Théâtre du Rond-Point è la sede della compagnia di Renaud-Barrault. Alcune targhe sul retro del teatro rappresentano le campagne di Napoleone.

Metró Franklin D Roosevelt

Avenue Montaigne *Christian Dior e altre case di moda hanno la loro sede in questo elegantissimo viale* ❻

★ **Grand Palais** *Sala per esposizioni del XIX secolo progettata da Charles Girault e ancora oggi usata per le grandi mostre* ❷

Il Lasserre è un ristorante arredato nello stile di un transatlantico di lusso degli anni '30.

Palais de la Découverte *All'esterno del museo delle scoperte scientifiche c'è una coppia di statue equestri* ❸

DA NON PERDERE

★ **Avenue des Champs-Elysées**

★ **Grand Palais**

★ **Petit Palais**

★ **Pont Alexandre III**

LEGENDA

— — — Percorso consigliato

0 metri 100

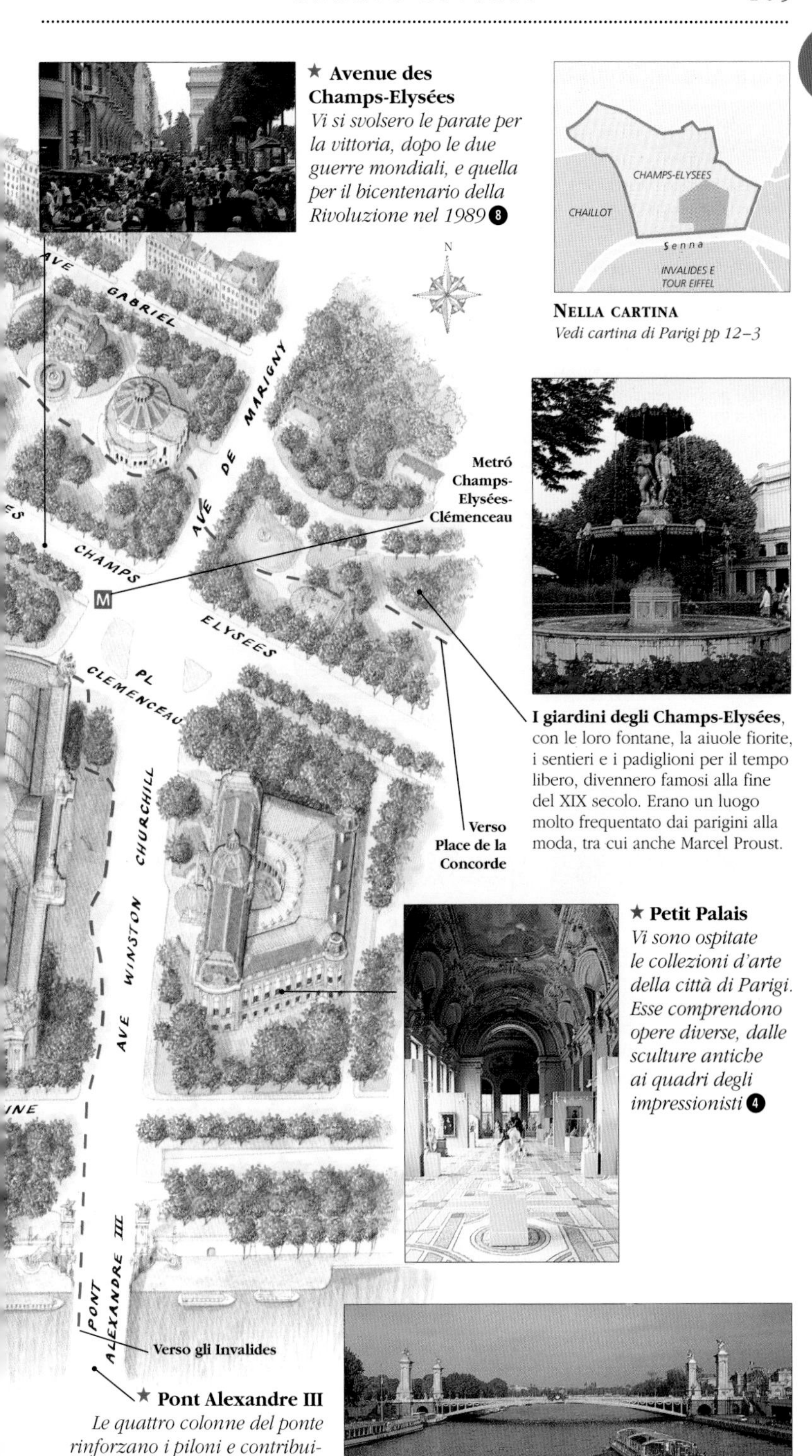

★ Avenue des Champs-Elysées
Vi si svolsero le parate per la vittoria, dopo le due guerre mondiali, e quella per il bicentenario della Rivoluzione nel 1989 ❽

Nella cartina
Vedi cartina di Parigi pp 12–3

Metró Champs-Elysées-Clémenceau

I giardini degli Champs-Elysées, con le loro fontane, la aiuole fiorite, i sentieri e i padiglioni per il tempo libero, divennero famosi alla fine del XIX secolo. Erano un luogo molto frequentato dai parigini alla moda, tra cui anche Marcel Proust.

Verso Place de la Concorde

★ Petit Palais
Vi sono ospitate le collezioni d'arte della città di Parigi. Esse comprendono opere diverse, dalle sculture antiche ai quadri degli impressionisti ❹

Verso gli Invalides

★ Pont Alexandre III
Le quattro colonne del ponte rinforzano i piloni e contribuiscono all'equilibrio statico di questa grande struttura ❶

Pont Alexandre III ❶

75008. **Tav** 11 A1. Ⓜ *Champs-Elysées-Clémenceau.*

È IL PIÙ ELEGANTE PONTE di Parigi, riccamente decorato in stile Art Nouveau con lampioni, cherubini, ninfe e cavalli alati, collocati su entrambi i lati. Fu costruito tra il 1896 e il 1900, in tempo per l'Esposizione universale e prese il nome dallo zar Alessandro III (padre di Nicola II) che pose la prima pietra nell'ottobre del 1896.

Lo stile del ponte rispecchia quello del Grand Palais, sulla Riva destra. La sua struttura è un prodigio dell'ingegneria del XIX secolo ed è costituita da un'unica campata, un'arcata alta 6 m, che collega le due rive della Senna. Il progetto fu esaminato con molta attenzione perché si temeva che il ponte potesse rovinare la prospettiva sugli Champs-Elysées o sugli Invalides, due magnifiche viste che invece è ancora possibile godere.

Pont Alexandre III

Grand Palais ❷

Porte A, Ave Eisenhower 75008. **Tav** 11 A1. ☎ *01 44 13 17 30.* Ⓜ *Champs-Elysées-Clémenceau.* **Apertura** *13–20 (22 mer) mer–lun (mattina su appuntamento).* **A pagamento**. *mer e sab pomeriggio.*

COSTRUITO insieme al Petit Palais e al ponte Alexandre III, questo palazzo abbina un'imponente facciata neoclassica in pietra a una ricca decorazione Art Nouveau in ferro battuto. Sulla sua splendida copertura vetrata sono collocate enormi statue in bronzo di carri e cavalli alati. Il palazzo è molto bello di notte, quando la copertura in vetro è illuminata dall'interno e le sagome delle statue si stagliano contro il cielo. Sfortunatamente ciò non accade dal 1993, quando la grande sala è stata chiusa per restauri, in attesa di trasformarla in nessuno sa bene cosa. Le mostre temporanee si tengono ancora nelle Galeries Nationales du Grand Palais. Il seminterrato ospita un importante Comando di Polizia.

Palais de la Découverte

Palais de la Découverte ❸

Ave Franklin D Roosevelt 75008. **Tav** 11 A1. ☎ *01 56 43 20 21.* Ⓜ *Franklin D Roosevelt.* **Aperto** *9.30–18 mart–sab; 10–19 dom.* **Chiuso** *1 gen, 1 mag, 14 lug, 15 ago, 25 dic.* **A pagam.** *su richiesta.* www.palais-decouverte.fr

INAUGURATO IN UN'ALA del Grand Palais durante l'Esposizione del 1937, il museo delle scoperte scientifiche riscosse un immediato successo ed è ancora oggi molto famoso. Le mostre illustrano le scoperte su cui si basano tutte le scienze del mondo.

Entrata al Petit Palais

Petit Palais ❹

Ave Winston Churchill 75008. **Tav** 11 B1. ☎ *01 42 65 12 73.* Ⓜ *Champs-Elysées-Clémenceau.* **Chiuso** *per restauri fino al 2003.* **A pagamento**. *per mostre.*

COSTRUITO IN OCCASIONE dell'Esposizione del 1900 per ospitare un'importante mostra di arte francese, questo gioiello di architettura ospita oggi il Musée des Beaux-Arts de la Ville de Paris. Organizzato intorno a un grazioso cortile semicircolare con giardino, il palazzo è simile per stile al Grand Palais, presenta colonne ioniche e un grande portico e la sua cupola richiama quella degli Invalides al di là del fiume.

Gli oggetti in mostra si dividono in due sezioni: la collezione Dutuit, che espone *objets d'art,* dipinti e disegni d'epoca medievale e rinascimentale; la collezione Tuck con mobili e *objets d'art* del XVIII secolo e la collezione della città di Parigi, che comprende opere di artisti francesi, tra cui Jean Ingres, Eugène Delacroix, Gustave Courbet, i paesaggisti della scuola di Barbizon e gli impressionisti.

GRAND PALAIS

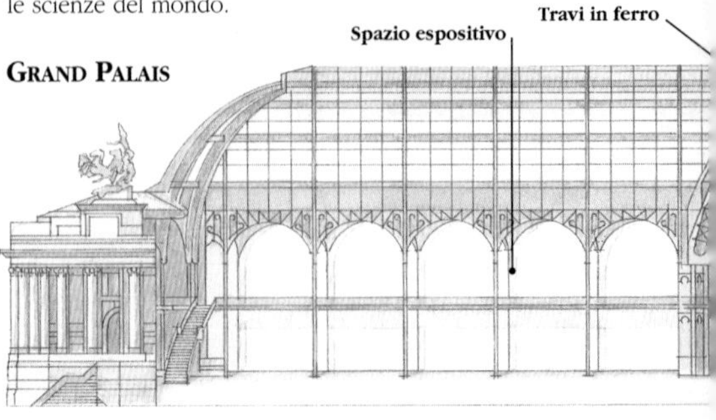

Palais de l'Elysée ❺

55 Rue du Faubourg-St-Honoré 75008. **Tav** 5 B5. M *St-Philippe-du-Roule.* ***Chiuso*** *al pubblico.*

Immerso in splendidi giardini in stile inglese, il palazzo dell'Eliseo fu costruito nel 1718 ed è stata la residenza ufficiale del Presidente della Repubblica fin dal 1873. Nel XIX secolo fu occupato dalla sorella di Napoleone, Carolina, e da suo marito, Murat. Due bellissime stanze di quel periodo sono state conservate: il salone Murat e il salone d'argento. Il generale de Gaulle era solito tenere le conferenze stampa nella sala degli specchi. Oggi gli appartamenti ammodernati del presidente si trovano al primo piano, di fronte alla Rue de l'Elysée.

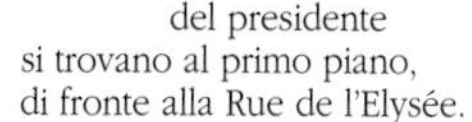

Guardia dell'Eliseo

Avenue Montaigne ❻

75008. **Tav** 10 F1. M *Franklin D Roosevelt.*

Nel XIX secolo questo viale era famoso per le sue sale da ballo e per il Giardino d'Inverno, dove i parigini andavano ad ascoltare Adolphe Sax suonare il sassofono, di recente invenzione. Oggi è ancora una delle strade più alla moda di Parigi, piena di ristoranti, caffè, alberghi e boutique.

Musée Jacquemart-André: interno

Musée Jacquemart-André ❼

158 Blvd Haussmann 75008. **Tav** 5 A4. ☎ *01 45 62 39 94.* M *Miromesnil, St-Philippe-du-Roule.* ***Apertura*** *10–18 tutti i giorni.* ***A pagamento.*** www.musee-jacquemart-andre.com

Il museo, noto per la sua collezione di opere d'arte francesi del XVIII secolo e del Rinascimento italiano, possiede bellissimi affreschi di Tiepolo. Attrazioni principali sono le opere di Mantegna, il capolavoro *San Giorgio e il drago* (1435 circa) di Paolo Uccello, i dipinti di Boucher e Fragonard e gli arazzi e i mobili del XVIII secolo.

Avenue des Champs-Elysées ❽

75008. **Tav** 5 A5. M *Franklin D Roosevelt, George V.*

La più famosa e popolare arteria di Parigi fu iniziata nel 1667 circa, quando l'architetto paesaggista André Le Nôtre ampliò la prospettiva reale che partiva dalle Tuileries, creando un viale alberato che divenne poi famoso con il nome di Champs-Elysées. Essa è stata la "via trionfale" (come la chiamano i francesi) fin dal tempo del ritorno delle spoglie di Napoleone da Sant'Elena nel 1840. Con l'aggiunta di caffè e ristoranti, nella seconda metà del XIX secolo, gli Champs-Elysées divennero in seguito un luogo per passeggiate e incontri.

Place Charles de Gaulle (l'Etoile) ❾

75008. **Tav** 4 D4. M *Charles de Gaulle-Etoile.*

Conosciuta come Place de l'Etoile fino alla morte di Charles de Gaulle nel 1969, l'area è ancora oggi chiamata semplicemente l'Etoile, la stella. L'attuale *place* fu realizzata secondo i progetti di Haussmann nel 1854 *(pp 32–3)*. Per gli automobilisti rappresenta una vera sfida.

L'Arc de Triomphe visto da ovest

Arc de Triomphe ❿

Vedi pp 208–9.

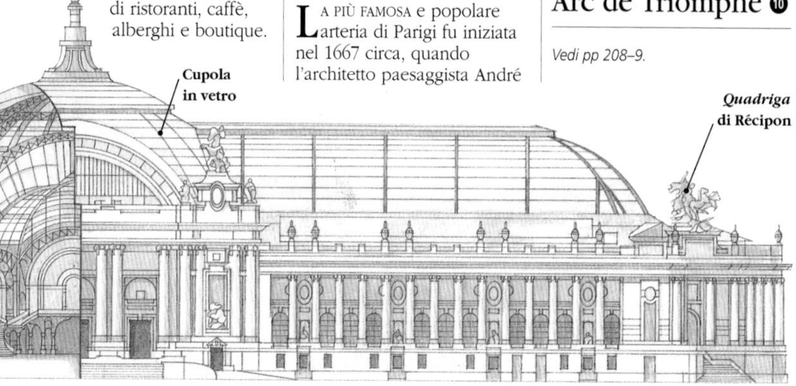

Arc de Triomphe ⑩

La facciata est dell'Arc de Triomphe

Dopo la sua più grande vittoria, la battaglia di Austerlitz nel 1805, Napoleone promise ai suoi uomini: "Tornerete a casa passando sotto un arco di trionfo". La prima pietra di quello che doveva diventare l'arco di trionfo più famoso del mondo fu posata l'anno successivo. Ma le contestazioni ai progetti dell'architetto Jean Chalgrin e la caduta di Napoleone ritardarono il completamento della costruzione fino al 1836. Alto 50 m, l'arco è oggi l'abituale punto di partenza di celebrazioni e parate.

Trenta scudi collocati appena sotto il tetto dell'Arco indicano i nomi delle vittorie di Napoleone in Europa e in Africa.

Facciata est

Il fregio fu realizzato da Rude, Brun, Jacquet, Laitié, Caillouette e Seurre il Vecchio. La facciata est mostra la partenza degli eserciti francesi per le nuove campagne, quella ovest il loro ritorno.

La battaglia di Aboukir, un bassorilievo di Seurre il Vecchio, raffigura la scena della vittoria di Napoleone sull'esercito turco nel 1799.

Trionfo di Napoleone
L'altorilievo di J P Cortot celebra il trattato di pace firmato al Congresso di Vienna nel 1810.

Da non perdere

★ **La partenza dei volontari nel 1792**

★ **Tomba del Milite ignoto**

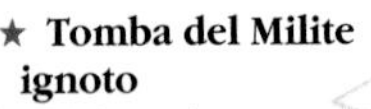

★ **Tomba del Milite ignoto**
Vi è sepolto un ignoto soldato della prima guerra.

Cronologia

1806 Napoleone incarica Chalgrin di costruire l'Arco di Trionfo

1815 Caduta di Napoleone. I lavori dell'Arco sono sospesi

1836 Luigi-Filippo completa l'Arco

1840 Il feretro di Napoleone passa sotto l'Arco

1885 Il corpo di Victor Hugo sosta in parata sotto l'Arco

1919 La parata per la vittoria degli Alleati passa sotto l'Arco

1944 Liberazione di Parigi. De Gaulle guida la folla dall'Arco

1800 1850 1900 1950

LA PARATA NUZIALE DI NAPOLEONE

Napoleone nel 1809 divorziò da Giuseppina, che non riusciva a dargli un figlio. Nel 1810 fu combinato un matrimonio diplomatico con Maria-Luisa, figlia dell'imperatore d'Austria. Napoleone voleva colpire la sua futura sposa facendola passare sotto l'Arco di Trionfo prima di dirigersi al Louvre per il matrimonio. Poiché la costruzione era appena iniziata, Chalgrin fece costruire per la coppia di sposi un modello dell'arco a grandezza naturale.

NOTE INFORMATIVE

Pl Charles de Gaulle. **Tav** 4 D4. *01 55 37 73 77.* *Charles de Gaulle–Etoile.* *22, 30, 31, 73, 92 direzione Pl Charles de Gaulle.* *Charles de Gaulle– Etoile.* *vicino Pl Charles de Gaulle.* ***Museo** apr–set: 9.30–23; ott–mar: 10–22.30 (ult. entr. 22).* ***Chiusura** 1 gen, 1 mag, 14 lug, 11 nov, 25 dic.* ***A pagamento**.*

La piattaforma panoramica offre una delle più belle viste di Parigi: da un lato sui grandiosi Champs-Elysées, dal lato opposto verso la Défense.

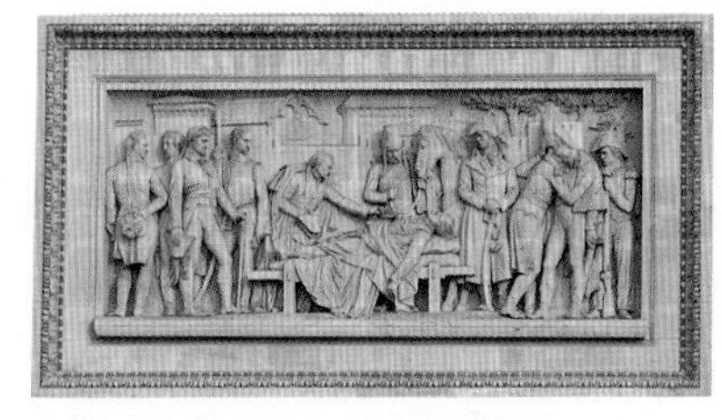

I funerali del Generale Marceau
Marceau sconfisse gli austriaci nel 1795, ma fu ucciso in battaglia l'anno successivo.

La battaglia di Austerlitz di Gechter mostra l'esercito che rompe il ghiaccio sul lago Satschan per far annegare le truppe nemiche.

Gli ufficiali dell'Armata imperiale sono elencati sugli archi più piccoli.

Entrata al museo

★ **La partenza dei volontari nel 1792**
Nell'opera di Rude i cittadini partono per difendere la nazione.

Place Charles de Gaulle
Dodici viali s'irradiano dall'Arco di Trionfo. Alcuni di essi sono intitolati a importanti comandanti militari francesi, come l'Avenue Marceau e l'Avenue Foch (pp 32–3).

OPÉRA

IL QUARTIERE DELL'OPÉRA è la zona dei banchieri e degli agenti di cambio, dei giornalisti, di chi va per acquisti, degli appassionati di teatro e dei turisti. Lo splendore del XIX secolo sopravvive nei Grands Boulevards disegnati da Haussmann. Questi sono il luogo preferito per le passeggiate da migliaia di parigini e di turisti, attratti dalla profusione di negozi e di grandi magazzini, dai più esclusivi a quelli a buon mercato. L'antico fascino della zona è ancora rinvenibile nei numerosi *passages*, deliziosi e stretti portici interni con il tetto in ferro e in vetro, pieni di negozi. In uno dei più eleganti, la Galerie Vivienne, ha il suo negozio l'*enfant terrible* della moda, Jean-Paul Gaultier. Ma quelli che hanno conservato in modo più accentuato l'aspetto originale sono il Passage des Panoramas, il Passage Jouffroy, il Passage Verdeau, con negozi di macchine fotografiche e di fumetti e il Passage des Princes, un sogno per i fumatori di pipa. Nella zona vi sono due tra i migliori negozi di alimentari di Parigi, Fauchon e Hédiard, famosi per le loro mostarde, le conserve, le spezie, i pâté e le salse. La zona è famosa inoltre per la presenza della stampa, anche se *Le Monde* si è recentemente trasferito altrove, ed è storicamente importante per il cinema e il teatro. Fu qui che nel 1895 i fratelli Lumière proiettarono il primo spettacolo cinematografico al mondo e che il teatro dell'Opéra di Garnier mise in scena memorabili rappresentazioni.

Les Coulisses de l'Opéra (1889) di J Beraud

DA VEDERE

Edifici storici e strade
Place de la Madeleine ❷
Les Grands Boulevards ❸
Palais de la Bourse ❾
Avenue de l'Opéra ⓬

Chiese
La Madeleine ❶

Teatri per l'opera
Opéra de Paris Garnier ❹

Musei e gallerie
Musée de l'Opéra ❺
Musée Grévin ❼
Musée du Cabinet des Médailles et des Antiques ❿
Bibliothèque Nationale ⓫

Negozi
Drouot (Hôtel des Ventes) ❻
Les Galeries ❽

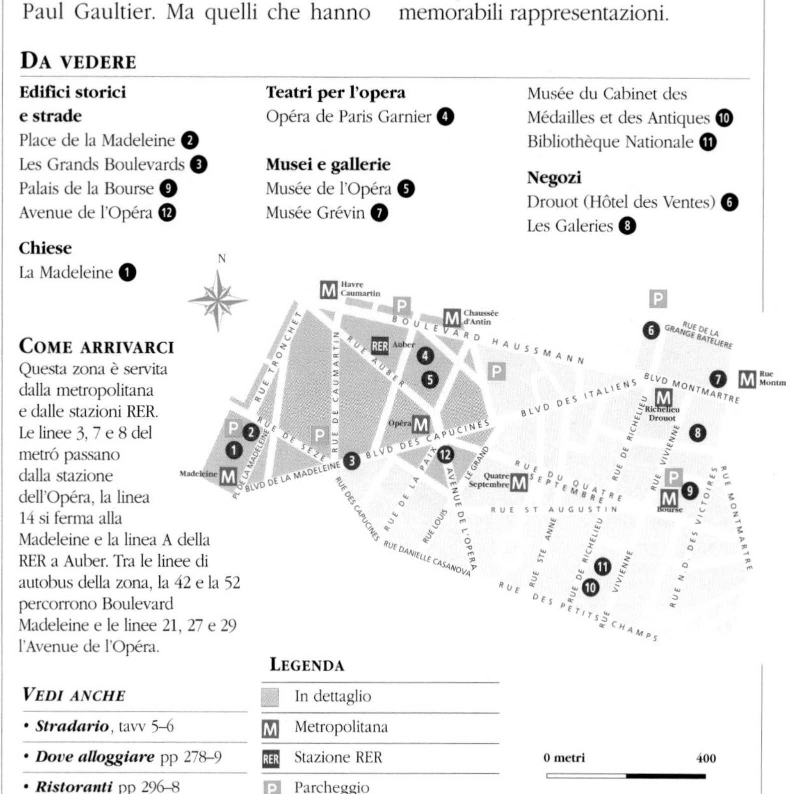

COME ARRIVARCI

Questa zona è servita dalla metropolitana e dalle stazioni RER. Le linee 3, 7 e 8 del metró passano dalla stazione dell'Opéra, la linea 14 si ferma alla Madeleine e la linea A della RER a Auber. Tra le linee di autobus della zona, la 42 e la 52 percorrono Boulevard Madeleine e le linee 21, 27 e 29 l'Avenue de l'Opéra.

LEGENDA

- In dettaglio
- M Metropolitana
- RER Stazione RER
- P Parcheggio

VEDI ANCHE

• ***Stradario***, tavv 5–6
• ***Dove alloggiare*** pp 278–9
• ***Ristoranti*** pp 296–8

I lampioni con le statue delle Vestali all'esterno dell'Opéra de Paris

L'Opéra in dettaglio

Si dice che se rimarrete seduti per un certo tempo al Café de la Paix (di fronte all'Opéra de Paris Garnier) tutto il mondo vi passerà davanti. Di giorno, la zona è un misto di commercio (le tre principali banche francesi hanno qui la loro sede) e di turismo. I negozi variano da quelli chic, nell'elegante Place de l'Opéra, a quelli più popolari, come Marks e Spencer subito dopo Place Diaghilev. La sera, i teatri e i cinema richiamano una folla completamente diversa, e i caffè lungo il Boulevard des Capucines pulsano di vita.

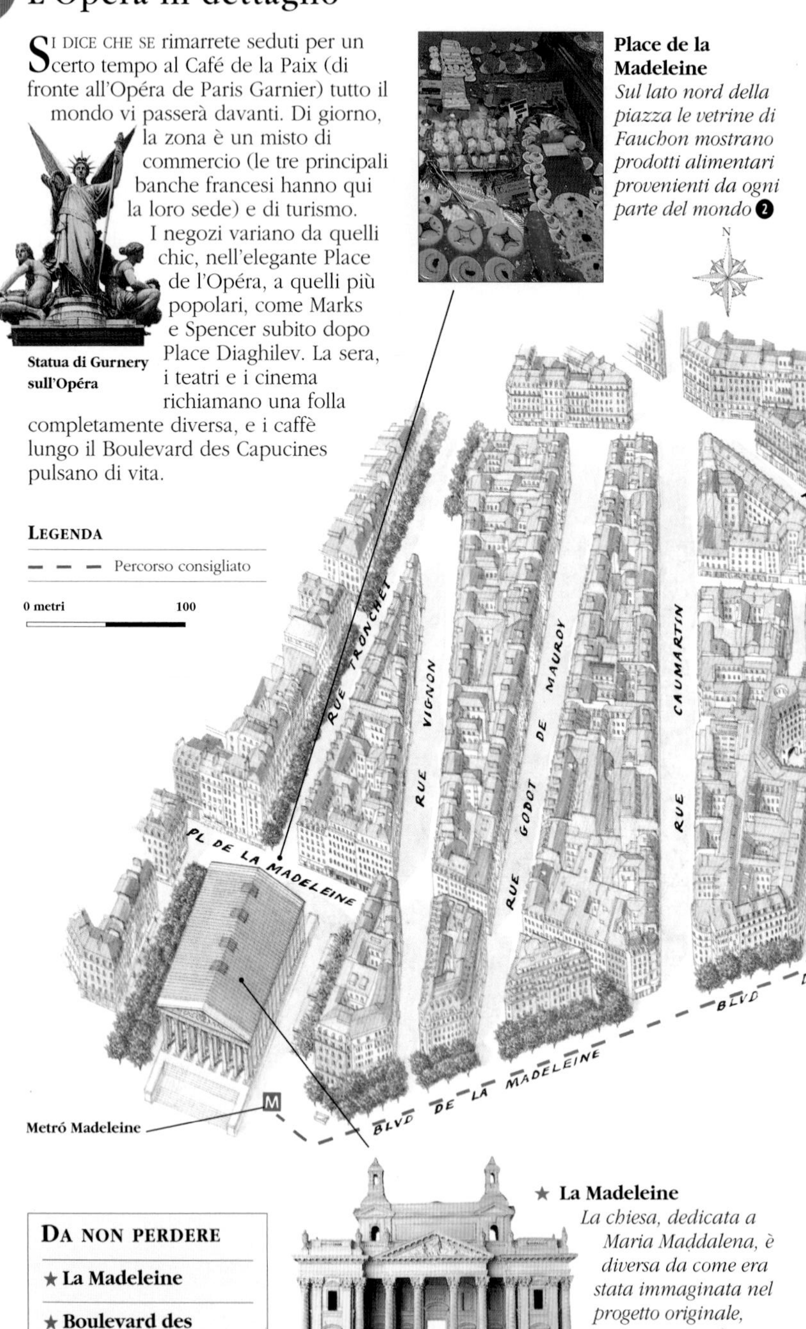

Statua di Gurnery sull'Opéra

Place de la Madeleine
Sul lato nord della piazza le vetrine di Fauchon mostrano prodotti alimentari provenienti da ogni parte del mondo ❷

Metró Madeleine

★ **La Madeleine**
La chiesa, dedicata a Maria Maddalena, è diversa da come era stata immaginata nel progetto originale, conservato nel Musée Carnavalet (pp 96–7) ❶

Da non perdere

★ **La Madeleine**

★ **Boulevard des Capucines**

★ **Opéra de Paris Garnier**

★ **Opéra de Paris Garnier**
Mescolando stili diversi, dal classico al barocco, questo edificio fu costruito nel 1875 e divenne il simbolo dell'opulenza del Secondo Impero ❹

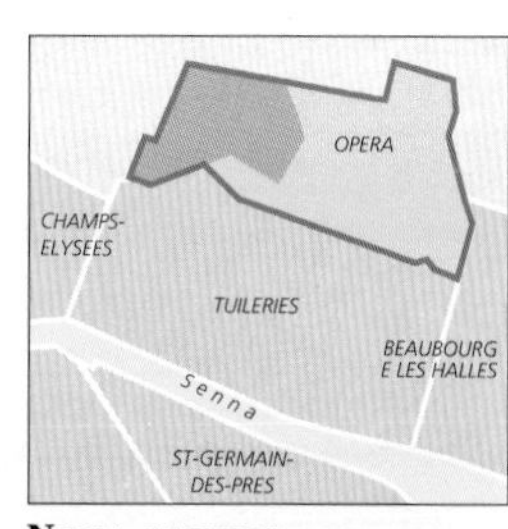

NELLA CARTINA
Vedi cartina di Parigi pp 12–3

Metró Chaussée d'Antin

PL DIACHILEV
RUE GLUCK
HALEVY
PL J ROUCHE
SCRIBE
RUE
PL CH GARNIER
PL DE L'OPERA
RUE
CINES
RUE DAUNOU
AVE DE L'OPERA

Musée de l'Opéra
Vi si tengono frequenti mostre temporanee di opere di artisti famosi ❺

La Place de l'Opéra, progettata dal barone Haussmann, è oggi uno dei punti nevralgici di Parigi.

Metró Opéra

Il Café de la Paix conserva ancora oggi l'antico fascino e le decorazioni del XIX secolo, disegnati da Garnier *(p 311)*.

L'Harry's Bar deve il suo nome a Harry MacElhone, che lo inaugurò nel 1913. Tra i suoi clienti abituali vi furono in passato F Scott Fitzgerald e Ernest Hemingway.

★ **Boulevard des Capucines**
Al n. 14 una targa ricorda la prima rappresentazione cinematografica dei fratelli Lumière, tenutasi nel 1895 nel Salon Indien, una sala del Grand Café ❸

La Maddalena portata in cielo (1837) di Charles Marocchetti, dietro l'altare maggiore della Madeleine

La Madeleine ❶

Pl de la Madeleine 75008. **Tav** 5 C5. 📞 *01 44 51 69 00.* Ⓜ *Madeleine.* ***Apertura*** *7.30–19 tutti i giorni (21 sab).* ✝ *frequenti.* ***Concerti.*** *Vedi* ***Divertimenti*** *pp 333–4.*

TRA LE CHIESE più note di Parigi per la sua posizione strategica e le sue dimensioni, la Madeleine si erge alla fine della curva dei Grands Boulevards e fa da contrappunto architettonico al Palais-Bourbon (sede dell'Assemblée Nationale, il parlamento francese) al di là del fiume. La chiesa fu iniziata nel 1764, ma la sua consacrazione avvenne solo nel 1845. In questo intervallo di tempo vi furono diverse proposte per trasformarla in sede del parlamento, in una banca e in un tempio dedicato all'armata di Napoleone.

La costruzione come è oggi si basa sul progetto di Barthélemy Vignon per il Tempio della Gloria, ordinato da Napoleone nel 1806 dopo la battaglia di Jena (Iéna). Un colonnato corinzio alto 20 m si sviluppa lungo il perimetro esterno della chiesa e sostiene fregi scultorei. I rilievi delle porte bronzee, opera di Henri de Triqueti, illustrano i dieci comandamenti. L'interno è decorato con marmi, dorature e sculture, tra le quali spicca il *Battesimo di Cristo*, di François Rude.

Latta di Fauchon

Place de la Madeleine ❷

75008. **Tav** 5 C5. Ⓜ *Madeleine.* ***Mercato floreale apertura*** *8–19.30 mart–dom.*

LA PIAZZA della Madeleine venne realizzata insieme alla chiesa. Oggi è un paradiso per i buongustai, per la presenza di molti negozi specializzati in raffinatezze come tartufi, champagne, caviale e cioccolati artigianali. Fauchon, il negozio dei milionari, è situato al n. 26 e contiene più di 20000 prodotti *(pp 322–3)*. Nel grande palazzo al n. 9 Marcel Proust passò la sua infanzia. Sul lato est della Madeleine si svolge un piccolo mercato dei fiori *(p 326)*.

OPÉRA DE PARIS GARNIER

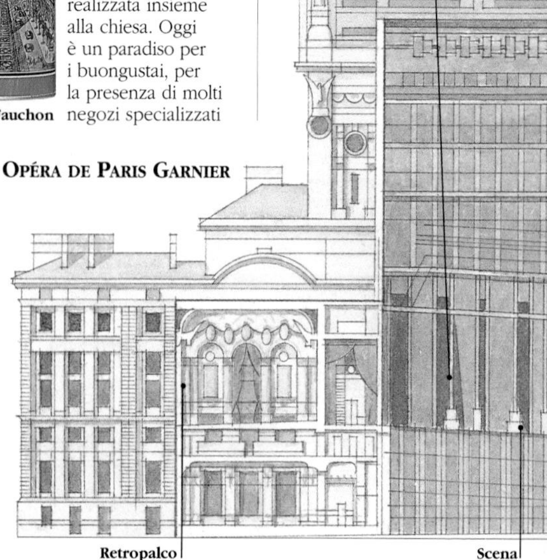

Les Grands Boulevards ❸

75002 & 75009. **Tav** 6 D5–7C5. Ⓜ *Madeleine, Opéra, Richelieu-Drouot, Grands Boulevards.*

OTTO AMPI VIALI, Madeleine, Capucines, Italiens, Montmartre, Poissonière, Bonne Nouvelle, St-Denis e St-Martin, partono dalla Madeleine e arrivano a Place de la République. Essi furono realizzati nel XVII secolo per trasformare le vecchie mura della città in passeggiate alla moda (la parola *boulevard* deriva dall'olandese *bulwerc*, che significa bastione, fortificazione). Essi divennero così famosi nel XIX secolo che la parola *boulevardier* fu coniata per indicare chi si metteva in mostra sui boulevard.

Nella zona intorno alla chiesa della Madeleine e all'Opéra si può ancora immaginare com'erano i viali all'inizio, con i loro caffè e gli eleganti negozi. Altrove la maggior parte dei caffè e dei ristoranti sono purtroppo scomparsi da molto tempo e le antiche facciate sono nascoste dai neon della pubblicità. Nonostante ciò, i Grands Boulevards e i grandi magazzini nelle vicinanze del boulevard Haussmann attraggono ancora una moltitudine di persone.

Boulevard des Italiens

Opéra de Paris Garnier ❹

Pl de l'Opéra 75009. **Tav** 6 E4. 01 40 01 22 63. Ⓜ *Opéra.* **Aperto** *10–17 tutti i giorni.* **Chiuso** *festività.* **A pagam.** *Vedi* **Divertimenti** *pp 334–6.*

PARAGONATO DA ALCUNI a una gigantesca torta nuziale, questo sontuoso edificio, progettato da Charles Garnier per Napoleone III, iniziò a essere costruito nel 1862. La sua inconfondibile architettura è il risultato di una combinazione di materiali, tra cui la pietra, il marmo e il bronzo, e di stili diversi, dal classico al barocco, con una profusione di colonne, fregi e sculture all'esterno. Il teatro richiese 13 anni per essere terminato, con interruzioni durante la guerra franco-prussiana e durante i moti del 1871, e fu inaugurato nel 1875.

Nel 1858 Orsini cercò di assassinare l'imperatore fuori del vecchio teatro. Il fatto indusse Garnier ad aggiungere un altro padiglione sul lato est del nuovo edificio, raggiungibile direttamente attraverso una scalinata, così da consentire al sovrano, una volto sceso dalla carrozza, di arrivare con sicurezza alla suite accanto al palco reale.

L'esterno della struttura riflette le varie funzioni che si svolgono all'interno. Dietro la copertura piana del ridotto, sopra l'auditorium, si erge la cupola, mentre il frontone dietro di essa è posto davanti al palcoscenico. Sotto la costruzione si trova un piccolo lago, che suggerì il luogo del nascondiglio del fantasma nell'opera di Paul Leroux *Il fantasma dell'Opera*.

Sia l'interno che l'esterno sono stati recentemente restaurati. All'interno, si può ammirare il grande scalone in marmo bianco con la balaustra in marmi rosso e verde e il Grand Foyer, con la cupola decorata a mosaici. L'auditorium su cinque file è un trionfo di velluti rossi, cherubini e foglie dorate, che contrastano con il soffitto dipinto da Marc Chagall nel 1964. Molte delle opere si rappresentano ora al teatro dell'Opéra della Bastiglia *(p 98)*, ma i balletti restano qui.

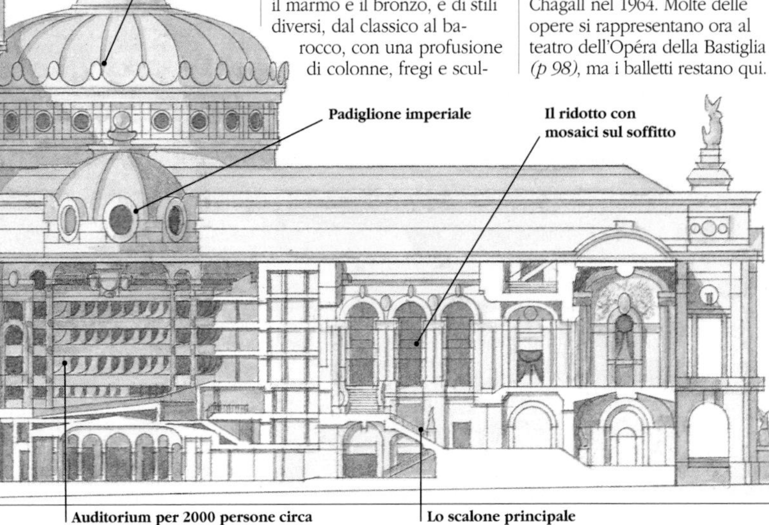

Manifesto fuori del Musée Grévin

Musée de l'Opéra ❺

Pl de L'Opéra 75009. **Tav** 6 E5. *01 40 01 17 89.* M *Opéra.* **Apertura** *10–17 tutti i giorni (lug–ago: 10–18).* **Chiuso** *1 gen, 1 mag.* **A pagamento***.* *01 40 01 22 63.*

L'ENTRATA di questo piccolo e affascinante museo era in origine l'ingresso privato dell'imperatore all'Opéra. Il museo illustra la storia dell'opera, mediante un'ampia raccolta di partiture musicali, di manoscritti, di fotografie e di cimeli degli artisti come le scarpette da ballo e le carte per il gioco dei tarocchi del ballerino russo Waslaw Nijinsky. Sono esposti anche modelli di scenografie e busti dei maggiori compositori. Nel museo vi è inoltre una splendida biblioteca, con libri e manoscritti sul teatro, la danza e la musica.

Drouot (Hôtel des Ventes) ❻

9 Rue Drouot 75009. **Tav** 6 F4. *01 48 00 20 20.* M *Richelieu Drouot.* **Apertura** *11–18 lun–sab.* *Vedi* ***Acquisti*** *pp 324–5.* www.gazette-drouot.com

È LA PIÙ IMPORTANTE casa d'aste francese (Hôtel des Ventes) e prende il suo nome dal conte di Drouot, aiutante in campo di Napoleone. La casa d'aste esiste dal 1858 e nel 1860 Napoleone III visitò l'Hôtel e acquistò una coppia di vasi di terracotta. L'Hôtel è conosciuto come Nouveau Drouot da quando negli anni '70 il vecchio edificio fu demolito e sostituito da quello attuale, una struttura poco attraente.

Sebbene siano meno famose a livello internazionale di quelle di Christie e di Sotheby, le aste del Nouveau Drouot risultano tuttavia vivaci e coinvolgono un'affascinante varietà di oggetti. La presenza della casa d'aste nella zona ha attratto molti negozi di antiquariato e di numismatica, che si sono insediati nelle Galeries vicine.

Musée Grévin ❼

10 Blvd Montmartre 75009. **Tav** 6 F4. *01 47 70 85 05.* M *Grands Boulevards.* **Apertura** *10–18 tutti i giorni.* **A pagamento***.* www.musee-grevin.com

IL MUSEO DELLE CERE fu fondato nel 1882 ed è oggi una delle maggiori attrattive di Parigi, come il Madame Tussauds a Londra. Esso contiene vivaci ricostruzioni di scene storiche, specchi deformanti e il Cabinet Fantastique, dove c'è anche un mago. Vi sono inoltre famosi personaggi del mondo dell'arte, dello sport e della politica. Una nuova sezione del museo, dedicata alla vita di Parigi durante il periodo della Belle Epoque, si trova al Forum des Halles *(p 109).*

Galerie Vivienne

Les Galeries ❽

75002. **Tav** 6 F5. M *Bourse.*

I PORTICI INTERNI con negozi dell'inizio del XIX secolo, noti come *galeries* o *passages,* sono situati tra il Boulevard Montmartre e la Rue St-Marc (per esempio il Passage des Panoramas). Altri *passages* si trovano tra la Rue du Quatre Septembre e la Rue des Petits Champs.

Quando vennero realizzate, le *galeries* costituirono una nuova zona pedonale destinata a negozi, laboratori e appartamenti. In seguito esse caddero in disuso, ma successivamente negli anni '70 furono ristrutturate e oggi ospitano una congerie di piccoli negozi che vendono di tutto, dai gioielli ai libri rari.

Le *galeries* hanno alti soffitti in ferro e vetro. Una delle più affascinanti è senza dubbio la Galerie Vivienne (tra la Rue Vivienne e la Rue des Petits Champs) con il suo pavimento decorato con mosaici e una ottima e confortevole sala da tè.

Una scena de *Gli ugonotti* (1875) al Musée de l'Opéra

Il colonnato neoclassico della facciata del Palais de la Bourse

Palais de la Bourse ⑨

(Bourse des Valeurs) 4 Pl de la Bourse 75002. **Tav** 6 F5. *01 49 27 55 54 (visite).* *Bourse.* ***Apertura** solo su appuntamento.* ***A pagamento**.* *obbligatoria.* ***Film**.*

VOLUTO DA NAPOLEONE, questo tempio del commercio è stato la sede della Borsa francese dal 1826 al 1987. Oggi il mercato della Borsa (29 rue Cambon, non aperto al pubblico) è completamente computerizzato. La sala delle grida del Palais de la Bourse è stata notevolmente ridotta ed è limitata oggi al Matif (il mercato dei contratti a termine) e al Monep (il mercato delle opzioni).

Cammeo della Sainte-Chapelle nel Musée du Cabinet

Musée du Cabinet des Médailles et des Antiques ⑩

58 Rue de Richelieu 75002. **Tav** 6 F5. *01 53 79 83 34.* *Bourse.* ***Apertura** 13–18 lun–ven (17 sab); 12–18 dom.* ***Chiusura** feste nazionali.* ***A pagamento**.* www.bnf.fr

LA PREZIOSA COLLEZIONE di monete, medaglie, gioielli e altri oggetti fa parte della Bibliothèque Nationale. Vi sono anche il tesoro di Berthouville (argenteria del I secolo) e un grande cammeo proveniente dalla Sainte-Chapelle.

Bibliothèque Nationale ⑪

58 Rue de Richelieu 75002. **Tav** 6 F5. *01 47 03 81 26.* *Bourse.* ***Chiuso** al pubblico.* www.bnf.fr

LA BIBLIOTECA NAZIONALE trae origine dalla collezione di manoscritti dei re medievali. Dal 1537 per legge una copia di ogni libro stampato in Francia viene aggiunta alla biblioteca. Essa è ospitata in un complesso del XVII secolo voluto dal cardinale Mazarino e contiene milioni di libri, tra cui due bibbie di Gutenberg.

Bibliothèque Nationale

Nonostante il recente trasferimento dei libri stampati, dei periodici e dei CD Rom presso la nuova *Bibliothèque Nationale de France (p 246)* a Tolbiac, gli edifici della rue Richelieu ospitano ancora un'ampia gamma di oggetti, tra cui i manoscritti originali di Victor Hugo e di Marcel Proust. La biblioteca vanta inoltre la collezione più ricca del mondo di incisioni e di fotografie e sezioni dedicate alle cartine e alle mappe, all'arte teatrale e agli spartiti musicali. Purtroppo la sala di lettura ottocentesca non è aperta al pubblico.

Avenue de l'Opéra ⑫

75001 e 75002. **Tav** 6 E5. *Opéra, Pyramides.*

L'AMPIA AVENUE è un esempio significativo delle grandi trasformazioni di Parigi operate dal barone Haussmann intorno al 1860 e al 1870 *(pp 32–3)*. Una gran parte della città medievale venne spazzata via per far posto ai grandi viali di oggi. L'Avenue de l'Opéra, che parte dal Louvre e arriva fino all'Opéra de Paris Garnier, fu completata nel 1876. I suoi edifici a cinque piani molto uniformi tra loro contrastano con quelli del XVII e XVIII secolo delle strade adiacenti. Vicino al viale, nella Place Gaillon, si trova il caffè e ristorante Drouant, dove ogni anno si assegna il prestigioso Premio Goncourt per la letteratura. Oggi il viale è caratterizzato dalla presenza di agenzie di viaggi e negozi di lusso. Al n. 27 c'è la sede del Centro nazionale di Arti Visive, che ha una curiosa entrata.

Avenue de l'Opéra

MONTMARTRE

MONTMARTRE E ARTE formano un connubio indissolubile. Alla fine del XIX secolo la zona era la mecca di artisti, scrittori, poeti e appassionati d'arte; essi frequentavano i bordelli, i cabaret e i ritrovi di ogni genere che contribuivano a creare, agli occhi dei benpensanti, quella fama di luogo peccaminoso che circondava Montmartre. Da molto tempo tuttavia molti artisti e scrittori non vivono più qui e anche la vita notturna non ha più la stessa autenticità. Ma la collina di Montmartre (la Butte) ha ancora il suo fascino e conserva intatta la sua atmosfera paesana. Una gran massa di turisti curiosi sale ogni giorno sulla Butte, affollando i pochi spazi aperti, in particolare quelli dove si raccolgono i ritrattisti di strada e i venditori di souvenir, come la Place du Tertre. Nella zona inoltre vi sono ancora deliziose piazzette, stradine tortuose, piccole terrazze, lunghe scalinate e infine la famosa vigna della Butte, i cui pochi grappoli vengono vendemmiati all'inizio dell'autunno in un'atmosfera di festa. Da vari punti, specialmente dal monumentale Sacré-Coeur, si gode un panorama spettacolare della città. La Butte è stata a lungo un luogo di divertimenti e oggi la sua tradizione continua con i tanti emuli di Edith Piaf che ancora si esibiscono nei ristoranti.

Teatro di strada a Montmartre

DA VEDERE

Edifici storici e strade
Bateau-Lavoir ⓫
Moulin de la Galette ⓮
Avenue Junot ⓯

Chiese
Sacré-Coeur pp 224–5 ❶
St-Pierre de Montmartre ❷
Chapelle du Martyre ❽
St-Jean l'Evangéliste de Montmartre ❿

Musei e gallerie
Espace Montmartre ❹
Musée de Montmartre ❺
Musée d'Art Naïf Max Fourny ❼

Piazze
Place du Tertre ❸
Place des Abbesses ❾

Cimiteri
Cimetière de Montmartre ⓭

Teatri e nightclub
Au Lapin Agile ❻
Moulin Rouge ⓬

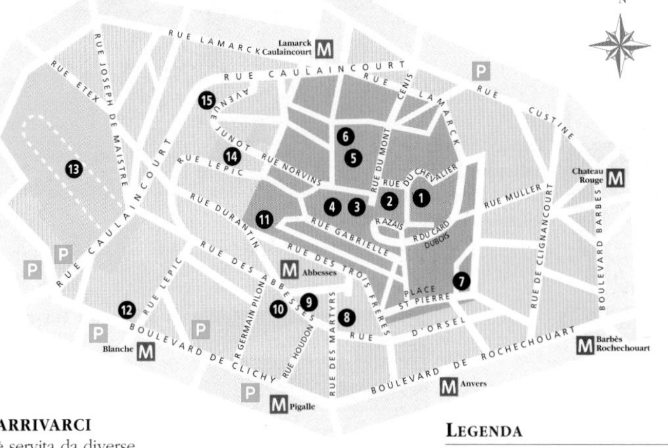

COME ARRIVARCI

La zona è servita da diverse stazioni del metró, tra cui Abbesses e Pigalle.
Il Montmartobus parte da Pigalle e sale alla Butte; l'autobus n. 80 passa dal cimitero di Montmartre e l'85 percorre la Rue de Clignancourt.

VEDI ANCHE

- ***Stradario*** tavv 2, 6, 7
- ***Montmartre a piedi*** pp 266–7
- ***Dove alloggiare*** pp 278–9
- ***Ristoranti*** pp 296–8

LEGENDA

- In dettaglio
- M Metropolitana
- P Parcheggio

0 metri 400

La stretta Rue Rustique che si arrampica fino al Sacré-Coeur

Montmartre in dettaglio

Da 200 anni la ripida *butte* (collina) di Montmartre è indissolubilmente legata all'arte. Théodore Géricault e Camille Corot vennero qui agli inizi del XIX secolo e nel XX Maurice Utrillo ne immortalò le stradine nei suoi quadri. Oggi i pittori di strada prosperano sul commercio con i turisti che affollano a frotte questa pittoresca zona dove in alcuni punti si respira ancora un'atmosfera della Parigi d'anteguerra. Il nome Montmartre deriva da *mons martyrum*, a ricordo di alcuni martiri giustiziati qui nel 250 d.C.

Pittore di strada

La vigna di Montmartre è l'ultima vigna esistente a Parigi. Nel primo sabato di ottobre vi si festeggia l'inizio della vendemmia.

Metró Lamarck Caulaincourt

★ **Au Lapin Agile** *In questo ritrovo notturno dallo stile rustico (Al coniglio agile) si sono tenuti incontri letterari fin dal 1910* ❻

A La Mère Catherine *nel 1814 era il ristorante preferito dai cosacchi che picchiando sul tavolo gridavano* Bistro! *("presto" in russo), da qui deriva il nome di bistró.*

Espace Montmartre Salvador Dalí *La mostra è un omaggio all'eclettico Dalí. Alcune delle opere sono esposte al pubblico per la prima volta in Francia* ❹

★ **Place du Tertre** *La piazza è il centro turistico di Montmartre ed è piena di ritrattisti. Il n. 3 ricorda i bambini della zona, resi famosi dai disegni di Poulbot* ❸

Da non perdere

- ★ **Sacré-Coeur**
- ★ **Place du Tertre**
- ★ **Musée de Montmartre**
- ★ **Au Lapin Agile**

Legenda

– – – Percorso consigliato

0 metri 100

★ **Musée de Montmartre**
Abitualmente si svolgono mostre concernenti artisti che abitarono il quartiere come nel caso del Ritratto di donna *(1918) del pittore e scultore Amedeo Modigliani* ❺

Nella cartina
Vedi cartina di Parigi pp 12–3

★ **Sacré-Coeur**
La chiesa, in stile romanico-bizantino, con una bella figura di Cristo (1911) di Eugène Benet, fu iniziata intorno al 1870 e completata nel 1914 ❶

St-Pierre de Montmartre
La chiesa fu trasformata in Tempio della Ragione durante la Rivoluzione ❷

La funicolare, alla fine di Rue Foyatier, porta ai piedi della basilica del Sacré-Coeur. I biglietti del metró valgono anche per la funicolare.

Square Willette, sotto il sagrato del Sacré-Coeur, scende con una serie di terrazze degradanti lungo il fianco della collina, tra prati, cespugli, alberi e aiuole fiorite.

Musée d'Art Naïf Max Fourny
Il museo ospita 580 esempi di arte naïf. Quest'olio intitolato L'Opéra de Paris *(1986) è di L Milinkov* ❼

Quadri per strada a Montmartre

Sacré-Coeur ❶

Vedi pp 224–5.

St-Pierre de Montmartre ❷

2 Rue du Mont-Cenis 75018. **Tav** 6 F1. *01 46 06 57 63.* *Abbesses.* ***Apertura*** *8.30–19 tutti i giorni.* *di frequente.* ***Concerti.***

St-Pierre de Montmartre, all'ombra del Sacré-Coeur, è una delle più vecchie chiese di Parigi. È quanto rimane dell'abbazia benedettina di Montmartre, fondata nel 1133 da Luigi VI e da sua moglie Adelaide di Savoia che, come prima badessa, è stata sepolta proprio qui.

All'interno vi sono quattro colonne in marmo provenienti forse dal tempio romano che qui sorgeva in origine. Il coro a volta risale al XII secolo; la navata fu rimodellata nel XV secolo e la facciata ovest nel XVIII. Durante la Rivoluzione la badessa fu ghigliottinata e la chiesa cadde in disuso. Venne riconsacrata nel 1908. Le vetrate in stile gotico sostituiscono quelle distrutte da una bomba durante la seconda guerra. La chiesa ha anche un piccolo cimitero aperto al pubblico solo l'1 novembre.

La porta di St-Pierre

Place du Tertre ❸

75018. **Tav** 6 F1. *Abbesses.*

Tertre significa "collinetta", o montagnola; questa pittoresca piazzetta è infatti il punto più alto di Parigi, a 130 m di altitudine. Era un tempo il luogo delle esecuzioni, ma ormai è legata al mondo degli artisti che cominciarono a esporre qui le loro opere nel XIX secolo. È circondata da suggestivi ristoranti: La Mère Catherine risale al 1793. Il n. 21 ospitò un tempo l'irriverente "Comune libera", fondata nel 1920 per perpetuare lo spirito bohémien della zona e ospita oggi l'ufficio informazioni di Montmartre.

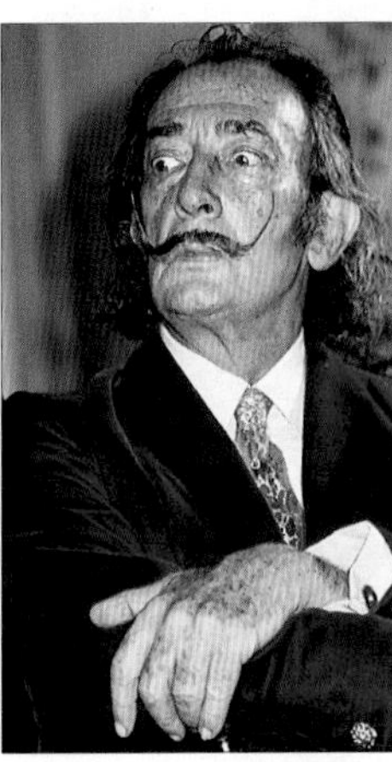

L'artista spagnolo Salvador Dalí

Espace Montmartre Salvador Dalí ❹

11 Rue Poulbot 75018. **Tav** 6 F1. *01 42 64 40 10.* *Abbesses.* ***Apertura*** *10–18.30 tutti i giorni.* ***A pagamento.*** *comitive su appunt.*

Una mostra permanente di 330 opere del pittore e scultore Salvador Dalí è esposta qui, nel cuore di Montmartre. L'interno, vasto e in penombra, simboleggia il carattere drammatico di questo genio del XX secolo, mentre una luce in movimento illumina ora una, ora l'altra delle sue opere surrealiste, accompagnata dal ritmo regolare della voce di Dalí. Nel museo c'è anche una biblioteca e una galleria d'arte.

Musée de Montmartre ❺

12 Rue Cortot 75018. **Tav** 2 F5. *01 46 06 61 11.* *Lamarck-Caulaincourt.* ***Apertura*** *11–18 mart–dom.* ***A pagamento.***

Durante il XVII secolo questa bella casa apparteneva all'attore Roze de Rosimond (Claude de la Rose), membro della compagnia teatrale di Molière che, come il suo mentore Molière stesso, morì durante la recitazione de *Il malato immaginario.* Dal 1875 la grande casa bianca, indubbiamente la più bella di Montmartre, divenne abitazione e studio di molti artisti, tra cui Maurice Utrillo, sua madre Suzanne Valadon, ex acrobata e modella, divenuta pittrice di talento, Dufy e Renoir.

Attraverso manufatti, documenti, disegni e fotografie, il museo racconta la storia di Montmartre dai tempi dell'abbazia ai nostri giorni. È particolarmente ricco di memorie della vita bohémienne, e c'è persino una ricostruzione del Café de l'Abreuvoir, il preferito da Utrillo.

Il caffè de l'Abreuvoir ricostruito

L'esterno falsamente rustico del cabaret Au Lapin Agile, uno dei più noti di Parigi

Au Lapin Agile ❻

22 Rue des Saules 75018. **Tav** 2 F5. *01 46 06 85 87.* *Lamarck-Caulaincourt.* ***Apertura*** *21–2 mart–dom. Vedi* ***Divertimenti*** *pp 330–1.*

L'EX CABARET des Assassins trae il suo nome attuale da un'insegna dipinta da André Gill, dove si vedeva un coniglio scappare dalla pentola, e dal gioco di parole tra *Le Lapin à Gill* (Il coniglio di Gill) e *Le Lapin Agile* (Il coniglio agile). Alla fine del secolo il ritrovo divenne famoso tra gli artisti e gli intellettuali. Qui, nel 1911, il disprezzo del romanziere Roland Dorgelès per l'arte moderna, in particolare quella di Picasso e di altri pittori del "Bateau-Lavoir" (al n. 13 di Place Emile-Goudeau), lo spinse a giocare un feroce tiro a uno dei clienti, Guillaume Apollinaire, poeta, critico d'arte e convinto sostenitore del Cubismo. Legò infatti un pennello alla coda dell'asino del proprietario del caffè ed espose la tela che ne risultò al Salon des Indépendents con il titolo *Tramonto sull'Adriatico*.

Nel 1903 il locale venne acquistato dal Aristide Bruand (immortalato in una serie di manifesti da Toulouse-Lautrec). Oggi il locale conserva ancora una sua aria di autenticità.

Musée d'Art Naïf Max Fourny ❼

Halle St-Pierre, 2 Rue Ronsard 75018. **Tav** 7 A1. *01 42 58 72 89.* *Anvers.* ***Apertura*** *10–18 (ult entr: 17.30) tutti i giorni.* ***A pagam.*** www.hallesaintpierre.org

L'ARTE NAÏF è generalmente caratterizzata da temi semplici, colori brillanti e piatti e l'assenza di prospettiva. La sua attività portò l'editore Max Fourny a contatto con molti pittori naïf e l'insolito museo situato nella Halle St-Pierre ospita appunto la sua collezione di dipinti e sculture, raccolti in oltre 30 paesi, con mostre a tema.

Il muro **di F. Tremblot (1944)**

Molti dei quadri esposti sono difficilmente visibili nei musei.

Il museo organizza anche esposizioni temporanee di arte underground, etnica e artigianale di artisti autodidatti, che conducono anche laboratori per bambini. L'edificio è una struttura in ferro e vetro del XIX secolo, un tempo parte del mercato di tessuti di St-Pierre.

Chapelle du Martyre ❽

9 Rue Yvonne-Le-Tac 75018. **Tav** 6 F1. *Pigalle.* ***Apertura*** *10–12, 15–17 ven–mer.*

LA CAPPELLA del XIX secolo si erge dove sorgeva la cappella di un convento medievale. Quest'ultima segnava il luogo dove il martire cristiano San Dionigi, primo vescovo di Parigi, venne decapitato dai Romani nel 250 d.C. Per tutto il Medio Evo rimase meta importante di pellegrinaggio. Nella cripta della cappella originale, nel 1534, Ignazio di Loyola, fondatore della Compagnia di Gesù (il potente ordine dei Gesuiti che voleva salvare la Chiesa cattolica dall'assalto della Riforma protestante), pose le basi della congregazione, insieme a sei compagni.

Sacré-Coeur ❶

Rosone sud-est (1960)

ALL'INIZIO della guerra franco-prussiana del 1870 due uomini d'affari cattolici fecero un voto: avrebbero costruito una chiesa dedicata al Sacro Cuore di Cristo se la Francia si fosse salvata dal prossimo attacco dei prussiani.
I due uomini, Alexandre Legentil e Rohault de Fleury, vissero abbastanza per vedere Parigi salva nonostante un lunghissimo assedio e per dare inizio alla costruzione della basilica del Sacré-Coeur. L'arcivescovo Guibert di Parigi si incaricò di seguire i lavori, che iniziarono nel 1875 su progetto di Paul Abadie, ispiratosi alla chiesa romano-bizantina di St-Front a Périgueux. Venne completata nel 1914, ma l'invasione dei tedeschi ne ritardò la consacrazione fino al 1919, quando la Francia vinse la guerra.

La facciata
La più bella vista del Sacré-Coeur si gode dai giardini sottostanti.

Il campanile (1895) è alto 83 m e contiene una delle campane più pesanti del mondo. La campana da sola pesa infatti 18,5 tonnellate, mentre il battaglio pesa 850 kg.

★ Il grande mosaico
L'enorme mosaico bizantino raffigurante il Cristo (1912–22) domina la volta del coro ed è opera di Luc Olivier Merson.

Madonna con Bambino *(1896)*
Statua d'argento, in stile rinascimentale, di P Brunet. Si trova nel deambulatorio.

★ Cripta
Una cappella della cripta contiene il cuore di Legentil in un'urna di pietra.

L'ASSEDIO DI PARIGI

La Prussia invase la Francia nel 1870. Durante i quattro mesi dell'assedio di Parigi, deciso dallo statista tedesco Otto von Bismarck, i parigini, ridotti alla fame, mangiarono tutti gli animali della città.

DA NON PERDERE

- ★ **Il grande mosaico di Cristo**
- ★ **Porte bronzee**
- ★ **Cupola**
- ★ **Le volte della cripta**

NOTE INFORMATIVE

35 Rue de Chevalier 75018.
Tav 6 F1. *01 53 41 89 00.*
Abbesses (prendete poi la funicolare davanti alla scalinata del Sacré-Coeur), Anvers, Barbès-Rochechouart, Château-Rouge, Lamarck-Caulaincourt.
30, 54, 80, 85.
Blvd de Clichy, Rue Custine.
Basilica apertura 6.15–22 tutti i giorni. **Cupola e cripta apertura** 9–19 tutti i giorni (18 in inverno).
A pagamento per la cripta e la cupola.
10.30, 12.15, 18.30, 22 lun–ven (+ 15 ven); 10.30, 12.15, 18, 22 sab; 9,30, 11, 18, 22 dom.
parziale.

★ **Cupola**
È il punto più alto di Parigi, subito dopo la Tour Eiffel.

Scala a spirale

La struttura interna che sorregge la cupola è in pietra.

La galleria con vetrate offre una vista dall'alto verso l'interno.

Statua di Cristo
La più importante statua della basilica è posta simbolicamente sopra le due statue bronzee dei santi.

Statue equestri
Le statue di Giovanna d'Arco e di San Luigi sono opere di H Lefèbvre.

★ **Porte bronzee**
I rilievi delle porte della chiesa illustrano scene della vita di Cristo, come l'Ultima Cena.

Entrata principale

Il famoso nightclub Moulin Rouge

Place des Abbesses ❾

75018. **Tav** 6 F1. M *Abbesses.*

SITUATA tra la Place Pigalle, con le sue dubbie attrattive come i locali di spogliarello, e la Place du Tertre, invasa da centinaia di turisti, questa è una delle piazze più pittoresche di Parigi. È da vedere assolutamente la stazione del metró di Abbesses, con i suoi insoliti archi verdi in ferro lavorato e le sue luci ambrate. Progettata dall'architetto Hector Guimard, è una delle poche stazioni rimaste in stile Art Nouveau originale.

Entrata al metró di Abbesses

St-Jean l'Evangéliste de Montmartre ❿

19 Rue des Abbesses 75018. **Tav** 6 F1. ☎ *01 46 06 43 96.* M *Abbesses.* **Apertura** *9–12, 15–19 lun–sab; 14–19 dom.* ✝ *frequenti.* 📷 *una volta al mese.*

PROGETTATA da Anatole de Baudot e completata nel 1904, questa è stata la prima chiesa costruita in cemento armato. I motivi floreali all'interno sono tipici dell'Art Nouveau, mentre la forma degli archi ricorda l'architettura islamica. La facciata in mattoni rossi le è valsa il soprannome di St-Jean-des-Briques.

St-Jean l'Evangéliste, dettaglio in facciata

Bateau-Lavoir ⓫

13 Pl Emile-Goudeau 75018. **Tav** 6 F1. M *Abbesses.* ***Chiuso*** *al pubblico.*

UN TEMPO questa mecca artistica era una fabbrica di pianoforti. Il nome le derivò dalla somiglianza con i battelli-lavanderia che una volta percorrevano la Senna.
Tra il 1890 e il 1920 molti artisti e scrittori importanti vissero qui in condizioni di estrema povertà: disponevano di un unico lavandino e dovevano dormire a turno, perché i letti erano insufficienti. Tra essi vi furono anche Picasso, Van Dongen, Marie Laurencin, Juan Gris e Modigliani. Qui Picasso dipinse *Les Demoiselles d'Avignon* nel 1907, dipinto noto per aver dato inizio al Cubismo. Il vecchio e cadente edificio, distrutto in un incendio nel 1970, fu sostituito da una copia, in cui vi è anche un atelier a disposizione degli artisti di oggi.

Moulin Rouge ⓬

82 Blvd de Clichy 75018. **Tav** 6 E1. ☎ *01 53 09 82 82.* M *Blanche.* **Apertura** *ristorante: 19; I show: 21 (tutti i giorni); II show: 23 (sab–dom).* ***A pagam****. Vedi* ***Divertimenti*** *p 339.* W www.moulin-rouge.com

COSTRUITO NEL 1885 fu trasformato in sala da ballo ai primi del 1900. Il cancan nacque a Montparnasse, dove si ballava la polca, in Rue de la Grande-Chaumière, ma viene ormai definitivamente associato al Moulin Rouge, dove la sfrenata danza venne immortalata nei manifesti e nei disegni di Henri de Toulouse-Lautrec. La famosa e trascinante ruota, eseguita allora da Yvette Guilbert e Jane Avril, continua oggi in una sfavillante rivista in stile Las Vegas, con luci computerizzate e giochi di magia.

W. Nijinsky è sepolto a Montmartre

Cimetière de Montmartre ⓭

20 Ave Rachel 75018.
Tav 2 D5. *01 43 87 64 24.*
Place de Clichy, Blanche.
Apertura *8–17.30 lun–sab, 9–17.30 dom (ult entr: 17.15).*

Dall'inizio dell'Ottocento questo cimitero ha accolto le spoglie di molti artisti importanti. I compositori Hector Berlioz e Jacques Offenbach (autore del famoso motivo del cancan), sono sepolti qui, insieme ad altre celebrità come La Goulue (nome d'arte di Louise Weber, prima stella del cancan e modella di Toulouse-Lautrec), il pittore Edgar Degas, lo scrittore Alexandre Dumas, il poeta tedesco Heinrich Heine, il ballerino russo Waslaw Nijinsky e il regista François Truffaut.

È un luogo evocativo, di atmosfera, capace di trasmettere il caldo entusiasmo e la creatività artistica presenti a Montmartre più di un secolo fa.

Nelle vicinanze, vicino allo Square Roland Dorgeles, si trova un altro piccolo cimitero, il **Cimetière St-Vincent**. Qui riposano molti grandi artisti di Montmartre, fra cui il compositore svizzero Arthur Honegger e lo scrittore Marcel Aymé. Fra tutti è da ricordare la tomba del grande pittore francese Maurice Utrillo, quintessenza della Montmartre artistica, le cui opere sono fra le immagini più durature.

Moulin de la Galette ⓮

Angolo di Rue Tholoze e Rue Lepic 75018. **Tav** 2 E5. *Lamarck-Caulaincourt.* **Chiuso** *al pubblico.*

Una volta c'erano a Montmartre più di 30 mulini a vento, utilizzati per macinare il grano e spremere l'uva. Oggi ne restano solo due, il Moulin du Radet, che si trova in fondo alla Rue Lepic, e il Moulin de la Galette, che è stato trasformato in ristorante.

Quest'ultimo fu edificato nel 1622 ed è anche noto con il nome di Blute-fin; uno dei suoi proprietari, Debray, si dice sia stato crocifisso sulle pale del mulino durante l'assedio di Parigi del 1814 per aver tentato di respingere gli invasori cosacchi. Alla fine del XIX secolo il mulino fu trasformato in un famoso locale da ballo e ispirò molti artisti; tra i più importanti vi furono Auguste Renoir e Vincent Van Gogh.

La Rue Lepic è una ripida strada di negozi, dove si tiene un popolare mercato *(p 327)*. Al n. 54 abitarono il pittore impressionista Armand Guillaumin, al primo piano, e Van Gogh, al terzo.

***Sacré Couer, Montmartre*, di Maurice Utrillo**

Moulin de la Galette

Avenue Junot ⓯

75018. **Tav** 2 E5. *Lamarck-Caulaincourt.*

In questa larga e tranquilla strada, aperta nel 1910, si trovano molti studi e residenze di artisti. Al n. 13 vi sono mosaici disegnati da uno dei suoi ex abitanti, l'illustratore Francisque Poulbot, famoso per i suoi disegni di monelli. Si dice anche che egli sia stato l'inventore di un gioco del biliardo. Al n. 15 si trova la casa di Tristan Tzara, il poeta rumeno dadaista. Essa fu progettata in modo originale e corrispondente al carattere del poeta dall'architetto austriaco Adolf Loos. Al n. 25 si trova Villa Léandre, un gruppo di case in perfetto Art Deco.

Appena fuori dell'Avenue Junot, alla fine dei gradini dell'Allée des Brouillards, si trova un'eccentrica architettura del XIX secolo, lo Château des Brouillards. Nel XIX secolo fu la residenza dello scrittore simbolista Gérard de Nerval, che si suicidò nel 1855.

FUORI DAL CENTRO

MOLTI DEI GRANDI CASTELLI nei dintorni di Parigi, originariamente edificati come dimore di campagna dell'aristocrazia e della borghesia post-rivoluzionaria, sono oggi dei musei. Versailles è uno dei più belli, ma per chi preferisce l'architettura moderna, c'è Le Corbusier. Ci sono anche due parchi a tema, Disneyland Paris e il Parc de la Villette, divertenti sia per i bambini sia per gli adulti, e dei bei parchi per rilassarsi un po' quando il ritmo frenetico della città diviene intollerabile.

DA VEDERE

Musei e gallerie

Musée Nissim de Camondo 3
Musée Cernuschi 4
Musée Gustave Moreau 5
Musée de Cristal de Baccarat 8
Musée Edith Piaf 13
Musée National des Arts d'Afrique et d'Océanie 17
Musée Marmottan 29
Musée des Années 30 31

Chiese

St-Alexandre-Nevsky Cathédral 1
Basilique Saint-Denis 7
Notre-Dame du Travail 23

Edifici storici e strade

Bercy 19
Bibliotheque Nationale de France 20
Cité Universitaire 22
Institut Pasteur 24
Versailles pp2 48–53 26
Rue de la Fontaine 27
Fondation Le Corbusier 28
La Défense 32
Château de Malmaison 33

Mercati

Marché aux Puces de St-Ouen 6
Portes St-Denis et St-Martin 9
Marché d'Aligre 16

Parchi, giardini e canali

Parc Monceau 2
Canal St-Martin 10
Parc des Buttes-Chaumont 11
Château et Bois de Vincennes 18
Parc Montsouris 21
Parc André Citroën 25
Bois de Boulogne 30

Cimiteri

Cimetière du Père Lachaise pp 240–41 14

Parchi a tema

Parc de la Villette pp 234–9 12
Disneyland Paris pp 242–5 15

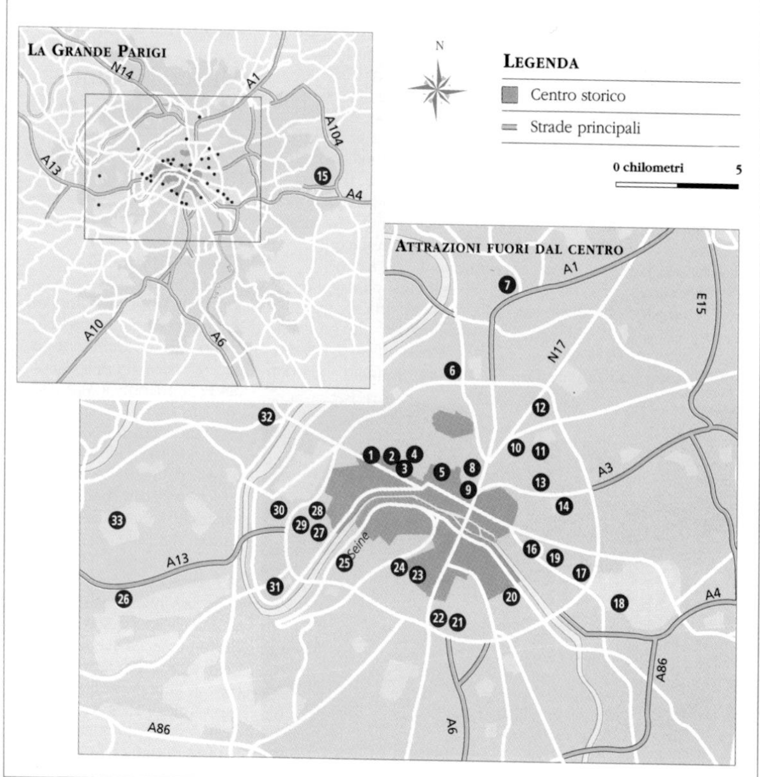

Un panoramico isolotto nel Bois de Boulogne

A nord del centro

La cattedrale St-Alexandre-Nevsky

St-Alexandre-Nevsky ❶

12 Rue Daru 75008. **Tav** 4 F3.
01 42 27 37 34. *Courcelle.*
***Apertura** 15–17 mart, ven, dom.*
18 sab; 10.30 dom.

L'IMPONENTE cattedrale ortodossa, con le sue cinque cupole in rame dorato, indica la presenza in questa zona della numerosa comunità russa di Parigi. Progettata da membri dell'Accademia di Belle Arti di San Pietroburgo e finanziata dallo zar Alessandro II e dalla comunità russa, la cattedrale fu completata nel 1861. All'interno la chiesa è divisa in due da una parete di icone. La pianta a croce greca, i mosaici e gli affreschi sono in stile neo-bizantino, mentre l'esterno e le cupole dorate hanno la forma tradizionale delle chiese ortodosse russe. La comunità russa di Parigi aumentò considerevolmente di numero all'indomani della Rivoluzione bolscevica del 1917. La Rue Daru, dove è situata la cattedrale, e la zona circostante formano la "Piccola Russia", una zona dove vi sono scuole russe, molte accademie di danza, deliziosi negozi in cui si vende il tè e librerie, dove i turisti possono curiosare.

Parc Monceau ❷

Blvd de Courcelles 75017. **Tav** 5 A3.
01 42 27 08 64. *Monceau.*
***Apertura** 7–20 tutti i giorni (22 in estate). Vedi **Cinque itinerari a piedi** pp 258–9.*

IL BELLISSIMO PARCO risale al 1778, quando il duca di Chartres, futuro duca d'Orléans, affidò al pittore, scrittore e architetto Louis Carmontelle l'incarico di realizzare un magnifico giardino. Carmontelle, progettista anche di teatri, creò un "giardino dei sogni", un paesaggio esotico con architetture eccentriche, secondo la moda inglese e tedesca del tempo. Nel 1783 l'architetto scozzese Thomas Blaikie realizzò una zona di giardini all'inglese. Il parco fu il campo di atterraggio del primo lancio con il paracadute, a opera di André-Jacques Garnerin il 22 ottobre 1797.

Dopo diversi passaggi di proprietà, nel 1852 fu acquistato dallo Stato, che ne rivendette metà ai privati. I restanti 9 ha furono destinati a giardini pubblici e furono restaurati da Adolphe Alphand, cui si devono il Bois de Boulogne e il Bois de Vincennes.

Oggi il parco resta uno dei più eleganti di Parigi, anche se ha perso molti dei caratteri originali. È rimasto un bacino d'acqua, una *naumachia*, fiancheggiato da un colonnato corinzio. È una versione ornamentale dei bacini usati dagli antichi Romani per simulare le battaglie navali. Ci sono poi un arco classico, le piramidi, un fiume e il Pavillon de Chartres, una rotonda usata un tempo come casello del dazio.

Colonnato a fianco del bacino, la *naumachia*, nel Parc Monceau

Musée Nissim de Camondo

Musée Nissim de Camondo ❸

63 Rue de Monceau 75008. **Tav** 5 A3.
01 53 89 06 40. *Monceau, Villiers.* ***Apertura** 10–17 mer–dom (ult entr: 16.30). **Chiusura** feste nazionali. **A pagamento**.*
(01 44 55 59 26).

IL CONTE MOISE de Camondo, un importante finanziere ebreo, fece costruire questo palazzo nel 1914 nello stile del Petit Trianon, a Versailles *(pp 248–9)* per ospitare una rara collezione di mobili, arazzi, dipinti e altri preziosi oggetti del XVIII secolo. Il museo è stato fedelmente restaurato per ricreare una dimora signorile del tempo di Luigi XV e Luigi XVI. Nel museo vi sono tappeti della Savonnerie, arazzi di Beauvais e un servizio di Buffon (porcellana di Sèvres).

Gli oggetti più recenti, in base al periodo, sono oggi esposti negli alloggi restaurati della servitù, attrezzati con la massima cura ed efficienza dal loro proprietario.

Musée Cernuschi ❹

7 Ave Vélasquez 75008. **Tav** 5 A3. *01 45 63 50 75.* *Villiers, Monceau.* ***Apertura*** *10–17.40 mart–dom.* ***Chiuso*** *festivi.* ***A pagamento.*** www.paris-france.org/musees

IL PALAZZO vicino al Parc Monceau ospita la collezione d'arte dell'Estremo Oriente del banchiere e uomo politico Enrico Cernuschi (1821–96). La raccolta comprende un Bodhisattva assiso (una figura buddista) del V secolo, proveniente dallo Yunkang; *La Tigresse*, vaso in bronzo del XII secolo a.C. e, su seta, un dipinto T'ang dell'VIII secolo con *Cavalli e palafrenieri*, attribuito al più grande pittore di cavalli del tempo, l'artista di corte Han Kan.

Bodhisattva al Musée Cernuschi

Musée Gustave Moreau ❺

14 Rue de la Rochefoucauld 75009. **Tav** 6 E3. *01 48 74 38 50.* *Trinité.* ***Apertura*** *11–17.15 lun e mer; 10–12.45, 14–17.15 gio–dom.* ***Chiuso*** *1 gen, 1 mag, 25 dic (tel. per controllare).* ***A pagam.***

IL PITTORE simbolista Gustave Moreau (1826–98), famoso per la forza immaginifica e per i temi biblici e mitologici delle sue opere, lasciò allo Stato la vasta collezione della sua abitazione di città, con più di 1000 oli, acquarelli e circa 700 disegni. Qui si può ammirare uno dei dipinti più celebri di Gustave Moreau, *Giove e Semele.*

***Angelo viaggiatore* di Gustave Moreau, al Musée Gustave Moreau**

Marché aux Puces de St-Ouen ❻

Rue des Rosiers, St-Ouen 75018. **Tav** 2 F2. *Porte-de-Clignancourt.* ***Apertura*** *9–18 sab–lun.* *Vedi* ***Mercati*** *p 327.*

IL PIÙ ANTICO e vasto mercato delle pulci di Parigi si estende per 6 ha. Nell'800 straccivendoli e vagabondi pare si radunassero fuori delle fortificazioni che segnavano i limiti della città per vendere le loro merci. Negli anni '20 si stabilì qui un vero e proprio mercato, dove era allora possibile acquistare a poco prezzo da venditori sconosciuti veri capolavori.

Oggi l'area si divide in diversi mercati. Il mercato è famoso soprattutto per la profusione di mobili e di oggetti decorativi del Secondo Impero (1852–70). Ai giorni nostri si fanno pochi affari, ma circa 150000 persone alla settimana si affollano qui per curiosare tra le 2000 e oltre bancarelle del mercato.

Basilique Saint-Denis ❼

2 Rue de Strasbourg, 93200 Saint-Denis. *01 48 09 83 54.* *Saint-Denis Basilique.* RER *Saint-Denis.* ***Apertura*** *apr-set: 10–19 lun–sab, 12–18.30 dom; ott-mar: 10–17 lun–sab, 12–17 dom.* *8.30, 10 dom.* ***A pagamento.***

COSTRUITA tra il 1137 e il 1281, la basilica sorge sul luogo della tomba di St Denis, primo arcivescovo di Parigi, che venne decapitato a Montmartre nel 250 d.C. L'edificio divenne presto una delle pietre miliari del gotico europeo, e dal tempo dei Merovingi fu utilizzato come luogo di sepoltura per i monarchi francesi. Durante la Rivoluzione molte tombe furono profanate, ma le più belle sono state restaurate e oggi costituiscono una bella collezione di arte funeraria. Sono sepolti qui Dagoberto (morto nel 638), Francesco I (morto nel 1547), Luigi XVI e Maria Antonietta (1793).

Il Vase d'Abyssinie, in cristallo Baccarat e bronzo

Musée de Cristal de Baccarat ❽

30 bis Rue de Paradis 75010. **Tav** 7 B4. *01 47 70 64 30.* *Château d'Eau.* ***Aperto*** *10–18 lun–sab.* ***Chiuso*** *feste naz.* ***A pagamento.*** www.baccarat.fr

LA RUE DE PARADIS ospita negozi di cristalli e ceramiche, compresa la ditta Baccarat, fondata nel 1764 in Lorena. Il Musée de Cristal, conosciuto anche come Musée Baccarat, si trova di fianco alla sala espositiva della Baccarat ed espone più di 2000 oggetti prodotti dalla società, tra cui i servizi realizzati per le corti reali e imperiali d'Europa e i pezzi più pregiati prodotti dalle manifatture.

Arco occidentale della Porte St-Denis, un tempo entrata della città

Portes St-Denis et St-Martin ❾

Blvds St-Denis & St-Martin 75010. **Tav** 7 B5. M *St-Martin, Strasbourg-St-Denis.*

LE DUE PORTE danno accesso a due antiche arterie di attraversamento nord-sud,di cui portano il nome. In origine indicavano l'entrata alla città. La Porte St-Denis è alta 23 m e fu costruita nel 1672 da François Blondel. È decorata con figure allegoriche opera di François Girardon, scultore di Luigi XIV, che celebrano le vittorie riportate quell'anno dall'armata francese nelle Fiandre e sul Reno. La Porte St-Martin è alta 17 m e fu costruita nel 1674 da Pierre Bullet, un allievo di Blondel. Celebra la presa di Besançon e la sconfitta di Spagna, Olanda e Germania.

Barche ancorate al Port de l'Arsenal

A est del centro

Canal St-Martin ❿

Tav 8 E2. M *Jaurès, J Bonsergent, Goncourt. Vedi* ***Cinque itinerari a piedi*** *pp 260–1.*

IL CANALE, lungo cinque chilometri, fu aperto nel 1825 e fornisce una scorciatoia al traffico fluviale tra i meandri della Senna. Esso è sempre stato amato da romanzieri, registi e turisti. È percorso da chiatte e da battelli che partono dall'Arsenale. All'estremità nord del canale si trova il Bassin de la Villette e l'elegante Rotonde de la Villette in stile neoclassico, tutta illuminata di notte.

Parc des Buttes-Chaumont ⓫

Rue Manin 75019 (accesso princ. da Rue Armand Carrel). ☎ *01 53 35 89 35.* M *Botzaris, Buttes-Chaumont.* ***Apertura*** *ott–apr: 7–21 tutti i giorni; mag–set: 7–23 tutti i giorni.*

CONSIDERATO il più sorprendente parco di Parigi, in origine era una discarica e una cava di gesso alla cui sommità era eretta una forca. Haussmann la trasformò verso il 1860 in un parco. Il progetto fu realizzato dall'architetto paesaggista Adolphe Alphand, cui in quegli anni era stato richiesto un vasto programma di arredo urbano per dotare i nuovi viali alberati di panchine e lampioni. Collaborarono alla creazione di questo parco anche l'ingegner Darcel e il progettista di giardini Barillet-Deschamps. Essi realizzarono un laghetto e un'isola con rocce naturali e artificiali e vi aggiunsero un tempietto in stile classico, una cascata, corsi d'acqua, ponticelli, spiaggette e pini. Oggi nel parco è anche possibile noleggiare barche e asinelli.

Parc de la Villette ⓬

Vedi pp 234–9.

Musée Edith Piaf ⓭

5 Rue Crespin du Gast 75011. ☎ *01 43 55 52 72.* M *Ménilmontant.* ***Aperto*** *13–18 lun–gio (ult entr: 17.30).* ***Visite*** *solo su appunt.* ***Chiuso*** *feste naz.* ***A pagam.***

Edith Piaf – "il passerotto" (1915–63)

CRESCIUTA COL NOME di Edith Gassion nei sobborghi operai a est di Parigi, Edith Piaf – il cui nome d'arte significa "passerotto" – cominciò la sua carriera interpretando canzoni sentimentali nei caffè e nei bar locali, prima di diventare, alla fine degli anni '30, una star internazionale.

La Piaf non visse mai all'indirizzo di questo museo, fondato nel 1967 da un gruppo di suoi ammiratori, Les Amis d'Edith Piaf. Da allora questo gruppo ha raccolto molti ricordi della cantante, stipandoli in questo piccolo appartamento. Vi si trovano fotografie e ritratti, litografie di Charles Kiffer, lettere personali, abiti e libri, dono dei suoceri della Piaf o lasciti di altri cantanti. A richiesta si possono ascoltare nel museo dischi della cantante, morta nel 1963 e sepolta nel cimitero Père Lachaise *(pp 240–1)*.

Cimetière du Père Lachaise ⓮

Vedi pp 240–1.

Disneyland Paris ⓯

Vedi pp 242–5.

Marché d'Aligre ⓰

Place d'Aligre 75012. **Tav** 14 F5. Ⓜ *Ledru-Rollin.* **Apertura** *7.30–12.30 tutti i giorni.*

La domenica mattina questo vivace mercato rappresenta una delle attrattive più pittoresche di Parigi. Per strada francesi, arabi e africani vendono frutta, verdura, fiori e abiti, mentre nel vicino mercato coperto, il Beauveau St-Antoine, si possono acquistare carne, formaggi, pâté e specialità internazionali.

Parigi vecchie e nuova si incontra ad Aligre. Qui, la comunità formata da vecchi artigiani convive con gruppi di giovani intraprendenti, i quali hanno deciso di vivere e lavorare ad Aligre attirati dalle recenti trasformazioni avvenute nell'area della Bastiglia poco lontana *(p 98)*.

Bassorilievo del Musée National des Arts d'Afrique et d'Océanie

L'imponente Château de Vincennes

Musée National des Arts d'Afrique et d'Océanie ⓱

293 Ave Daumesnil 75012. *01 44 74 84 80.* Ⓜ *Porte Dorée.* **Apertura** *10–17.30 mer–lun (ult entr: 16.50).* **Acquario apertura:** *10–17.30 mer–lun.* **Chiusura** *1 mag.* **A pagamento.** *solo gruppi, su appuntamento.* *parziale.*

Il museo è ospitato in un edificio Art Déco, progettato dagli architetti Albert Laprade e Léon Jaussely per l'Esposizione coloniale del 1931. Sulla facciata c'è un enorme fregio di A Janniot raffigurante i contributi delle colonie.

All'interno vi è una collezione di arte primitiva e tribale dell'Africa occidentale, centrale e settentrionale, dell'Oceania e dell'Australasia. Maschere del Mali, zanne d'avorio intagliato del Benin, gioielli del Marocco, dipinti su corteccia aborigeni, figure in rame e legno sui temi della vita e della morte, provenienti dall'Africa occidentale e centrale. Nel seminterrato vi sono un acquario e un terrario tropicali con tartarughe e coccodrilli.

Château et Bois de Vincennes ⓲

Ⓜ *Château de Vincennes* RER *Vincennes* **Château** Ave de Paris 94300 Vincennes. *01 48 08 31 20.* **Apertura** *10–18 (17 in inverno).* **A pagam.** *obbligatorie nel torrione e nella cappella.* **Bois de Vincennes Apertura** *fino al tramonto.* **Parco zoologico** *01 44 75 20 10.* **Apertura** *9–18 (17 in inverno); (ult entr: 17.30).* **A pagam.**

Il castello di Vincennes, circondato da mura difensive, fu un tempo residenza reale. Qui, nel 1422, trovò la morte Enrico V d'Inghilterra a causa di una grave dissenteria. Il suo corpo fu bollito nelle cucine del castello per poter essere rispedito in patria. Abbandonato per Versailles, il castello fu trasformato in arsenale da Napoleone e, nel 1840, in fortezza.

Il torrione del XIV secolo è un bell'esempio di architettura militare medievale e ospita il vasto museo del castello. La cappella reale a navata unica, costruita intorno al 1550, è in stile gotico e ha magnifici rosoni. Nei due seicenteschi padiglioni reali vi è un museo di insegne militari.

Un tempo riserva di caccia reale, il bosco fu donato alla città da Napoleone III nel 1860.

L'architetto paesaggista di Haussmann vi aggiunse laghetti ornamentali e cascate. Vi è inoltre uno zoo e il più grande luna park di Francia (allestito dalla domenica delle palme fino alla fine di maggio).

Parc de la Villette ⓬

IL VECCHIO MATTATOIO e il mercato del bestiame di Parigi sono stati trasformati in questo vasto parco urbano, progettato da Bernard Tschumi. Le sue attrezzature si estendono su 55 ha. Il piano intende far rivivere la tradizione dei parchi come luogo d'incontri e di attività e stimolare l'interesse per le arti e la scienza. I lavori sono iniziati nel 1984 e il parco include oggi un immenso museo della scienza, una sala per concerti pop, un padiglione per le mostre, un cinema di forma sferica e un centro per la musica. Il tessuto connettivo è costituito dal parco stesso con le sue strutture, i giardini, i viali e i campi da gioco.

Le divertenti strutture
rosse, sparse per il parco, assicurano una serie di servizi come toilette, caffè e laboratori per i bambini.

Campo giochi
Uno scivolo a forma di drago, sabbia e attrezzature in un labirinto rendono il campo giochi un paradiso per i più piccini.

★ **Grande Halle**
La vecchia sala del bestiame è stata trasformata in uno spazio per mostre, con pavimenti mobili e un auditorium.

DA NON PERDERE

- ★ **Cité des Sciences**
- ★ **Grande Halle**
- ★ **Cité de la Musique**
- ★ **Teatro Zénith**

Entrata

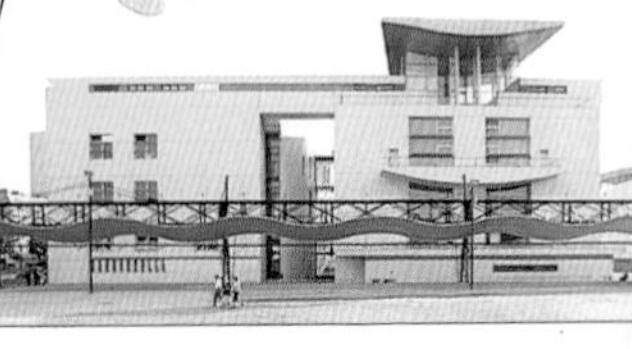

★ **Cité de la Musique**
Questo particolare ma elegante complesso ospita conservatorio, museo, sala concerti, biblioteca e alcuni studi.

Maison de la Villette è un centro di studi storici con documenti e mostre sulla storia del complesso e della zona.

Entrata

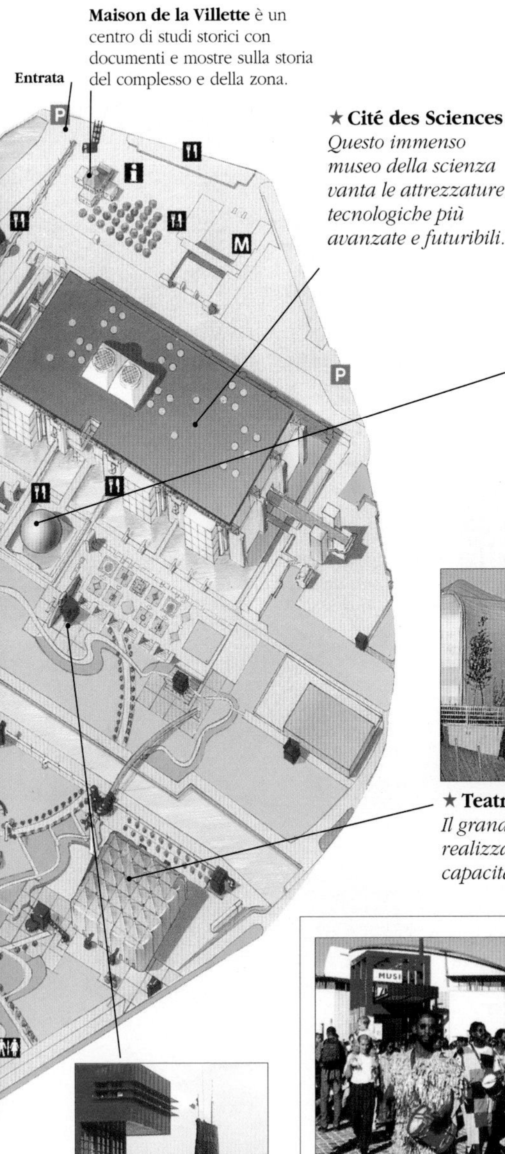

★ Cité des Sciences
Questo immenso museo della scienza vanta le attrezzature tecnologiche più avanzate e futuribili.

La Géode
L'immenso schermo cinematografico a 360 gradi combina effetti ottici e sonori con sensazioni fantastiche, come quella del viaggio nello spazio.

★ Teatro Zénith
Il grande tendone in poliestere è stato realizzato per i concerti pop e ha una capacità di più di 6000 posti a sedere.

L'Argonauta
C'è un sottomarino degli anni '50 e nelle vicinanze un museo sulla navigazione.

Musicisti itineranti da Guadalupe si esibiscono davanti al museo

Le Musée de la Musique

Il museo possiede una collezione di più di 4.500 pezzi tra strumenti, oggetti, utensili e opere d'arte che riguardano la storia della musica a partire dal Rinascimento. L'esposizione permanente, secondo un ordine cronologico, conta più di 900 pezzi. Cuffie audio facilitano la comprensione.

La Villette: Cité des Sciences

La maggior parte del vecchio mattatoio della Villette è oggi occupata dal museo della scienza e della tecnica. La costruzione è alta 40 m e si estende per più di 3 ha. L'architetto Adrien Fainsilber ha creato una relazione tra l'edificio e tre elementi naturali: l'acqua che circonda la struttura, la vegetazione che s'infiltra attraverso le serre e la luce che penetra all'interno dalle cupole. Il museo si estende su cinque livelli. Il centro è costituito dalla sezione Explora ai livelli 1 e 2, dove la presenza di attrezzature e di attività vivaci e divertenti attivano l'interesse per la scienza e la tecnologia. I visitatori possono cimentarsi con giochi spaziali, con computer e con i suoni. Agli altri livelli vi sono sale per le proiezioni, per l'informazione scientifica, un centro per le conferenze, una biblioteca e negozi.

Statua di Atlante

Cupole
Le due cupole di vetro, di 17 m di diametro, consentono il passaggio della luce naturale nella sala principale.

★ **Planetario**
In questo auditorium con 260 posti proiettori dagli effetti speciali e sofisticate tecniche sonore creano stupende immagini di stelle e pianeti.

Sala principale
Colonne, ponti, scale mobili e gallerie creano qui un'atmosfera simile a quella di una cattedrale.

Entrata dal lato ovest

Da non perdere

- ★ **Planetario**
- ★ **Stazione spaziale**
- ★ **La Géode**

★ **Stazione spaziale**
Vi sono esposti affascinanti razzi e stazioni spaziali che mostrano come gli astronauti vengono lanciati nello spazio e come ci vivono e lavorano.

Il fossato è stato progettato da Fainsilber a 13 m sotto il livello del parco, in modo che la luce naturale possa penetrare ai livelli inferiori dell'edificio. L'impressione di grandiosità della costruzione è accentuata dai riflessi sull'acqua.

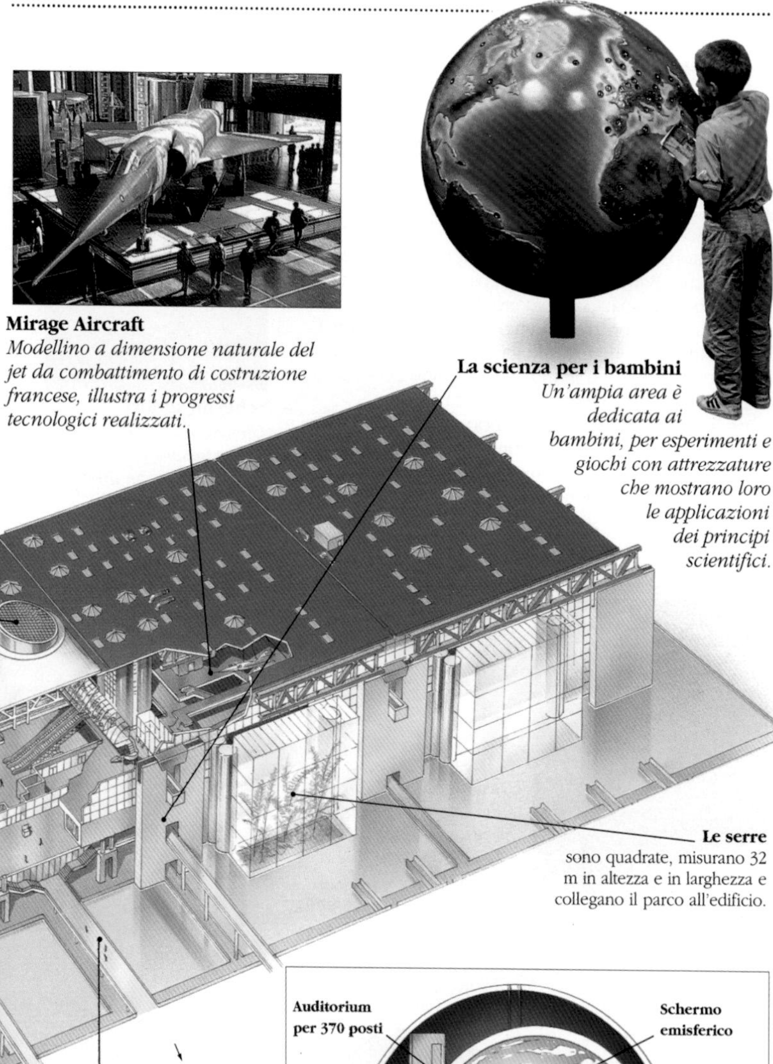

Mirage Aircraft
Modellino a dimensione naturale del jet da combattimento di costruzione francese, illustra i progressi tecnologici realizzati.

La scienza per i bambini
Un'ampia area è dedicata ai bambini, per esperimenti e giochi con attrezzature che mostrano loro le applicazioni dei principi scientifici.

Le serre
sono quadrate, misurano 32 m in altezza e in larghezza e collegano il parco all'edificio.

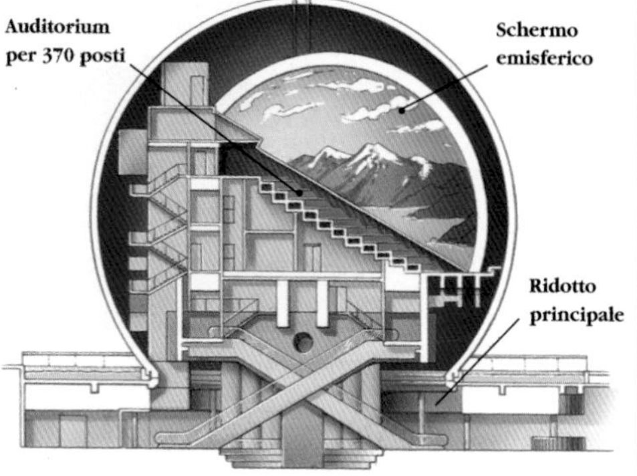

La Géode

La gigantesca sfera per lo spettacolo, di 36 m di diametro, ha un involucro formato da 6500 triangoli in acciaio lucidati a specchio, che riflettono l'immagine dei dintorni e il cielo. All'interno un immenso schermo emisferico di 1000 m² mostra film sulla natura, i viaggi e lo spazio.

Passerelle
Le passerelle attraversano il fossato e collegano i diversi piani del museo con la Géode e il parco.

Cité des Sciences: Explora

Gli oggetti esposti ai livelli 1 e 2 di Explora sono un affascinante mezzo per penetrare nel mondo della scienza e della tecnologia. Audaci e fantasiose presentazioni multimediali, computer interattivi e modelli informativi sono gli strumenti per ampliare le conoscenze dei visitatori su temi come i calcolatori, lo spazio, gli oceani, la terra, il suono e il cinema. Bambini e adulti imparano giocando con la luce, lo spazio e il suono. I più piccoli possono sperimentare dal vivo le leggi dell'acustica e dell'ottica, o vedere come gli astronauti vivono nel vuoto. Quelli più grandicelli possono vedere come l'uomo vive e lavora sott'acqua e come vengono realizzati gli effetti sonori al cinema, oppure ascoltare la storia di una stella o assistere alla nascita di una montagna.

Schermi sonori
Gli schermi parabolici sonori trasmettono una conversazione tra due persone poste a 15 m di distanza.

Gli affreschi di Monory sono piastre in alluminio, dipinte da Jacques Monory e collegate da tubi al neon, che decorano le pareti esterne del planetario.

★ **Le stelle**
Diecimila stelle proiettate sulla cupola del planetario costituiscono la volta celeste. Gli effetti sonori e ottici ricreano le fantastiche sensazioni di un viaggio nello spazio.

Livello 2

Livello 1

Il cielo
La sfera del planetario, grazie alle sue 10000 lenti, riproduce la volta stellata come appare agli astronauti che ruotano intorno alla Terra.

Tele-X è un modello a grandezza naturale di un satellite che i visitatori possono manipolare.

Legenda

- Mostre permanenti
- Mostre temporanee
- Planetario
- Spazio per mostre future
- Spazio non espositivo

Da non perdere

★ **Le stelle**

★ **Il Robot di Roussi**

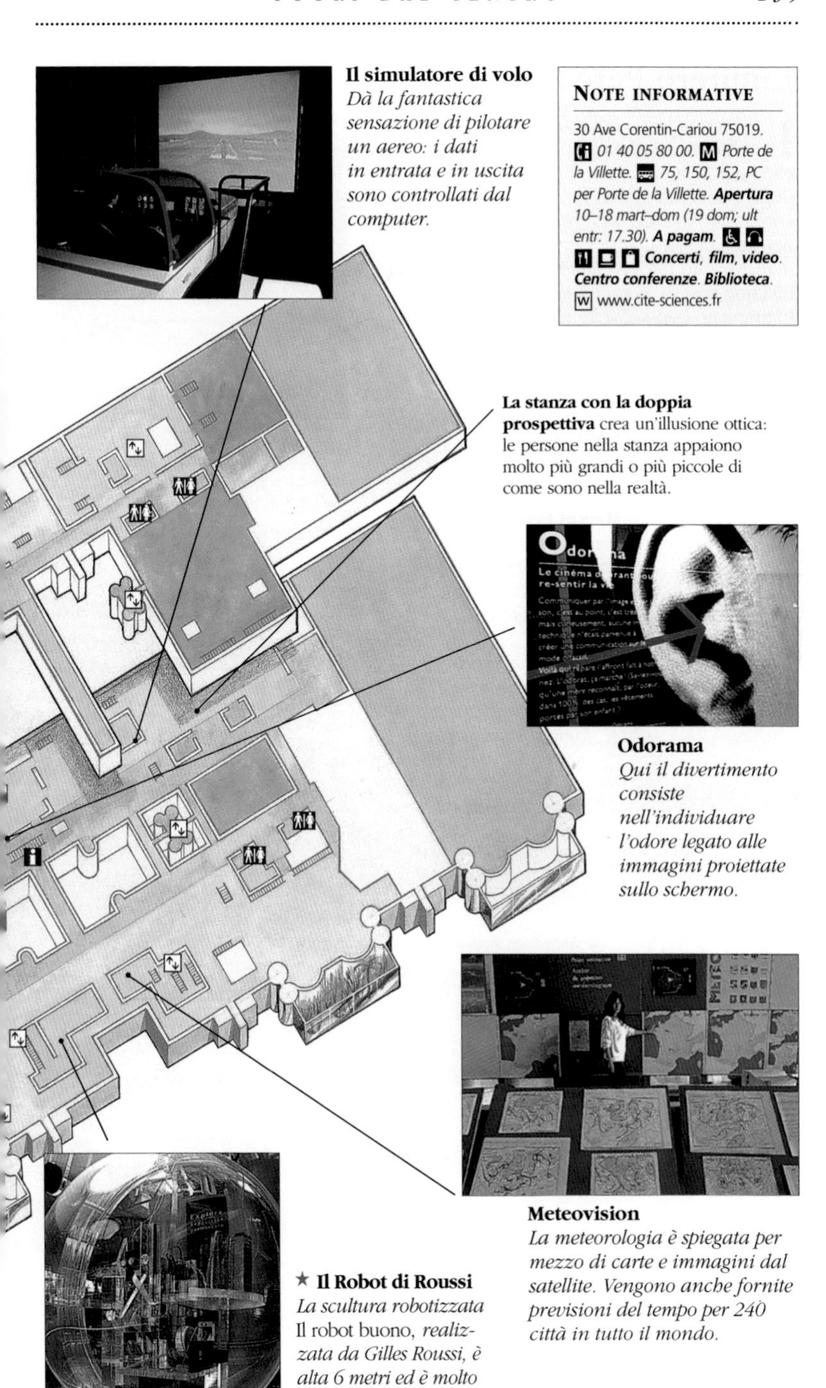

Il simulatore di volo
Dà la fantastica sensazione di pilotare un aereo: i dati in entrata e in uscita sono controllati dal computer.

NOTE INFORMATIVE

30 Ave Corentin-Cariou 75019. *01 40 05 80 00.* M *Porte de la Villette.* Bus *75, 150, 152, PC per Porte de la Villette.* **Apertura** *10–18 mart–dom (19 dom; ult entr: 17.30).* ***A pagam.*** ***Concerti, film, video. Centro conferenze. Biblioteca.*** W www.cite-sciences.fr

La stanza con la doppia prospettiva crea un'illusione ottica: le persone nella stanza appaiono molto più grandi o più piccole di come sono nella realtà.

Odorama
Qui il divertimento consiste nell'individuare l'odore legato alle immagini proiettate sullo schermo.

Meteovision
La meteorologia è spiegata per mezzo di carte e immagini dal satellite. Vengono anche fornite previsioni del tempo per 240 città in tutto il mondo.

★ **Il Robot di Roussi**
La scultura robotizzata Il robot buono, *realizzata da Gilles Roussi, è alta 6 metri ed è molto sensibile: reagisce al più piccolo movimento delle persone vicine illuminandosi e parlando.*

Cimitero Père Lachaise ⓮

Il più prestigioso cimitero di Parigi è collocato su una collina alberata che guarda la città. La terra, un tempo di proprietà di Père de la Chaise, confessore di Luigi XIV, fu acquistata nel 1803 per ordine di Napoleone per realizzare un nuovo cimitero. Esso divenne così di moda tra la borghesia che fu ampliato ben sei volte nel corso di questo secolo. Vi furono sepolte celebrità come Honoré de Balzac e Frédéric Chopin e, più di recente, il cantante Jim Morrison e l'attore Yves Montand. Tombe famose e bei monumenti ne fanno un luogo pieno di nostalgia, che vale la pena di visitare.

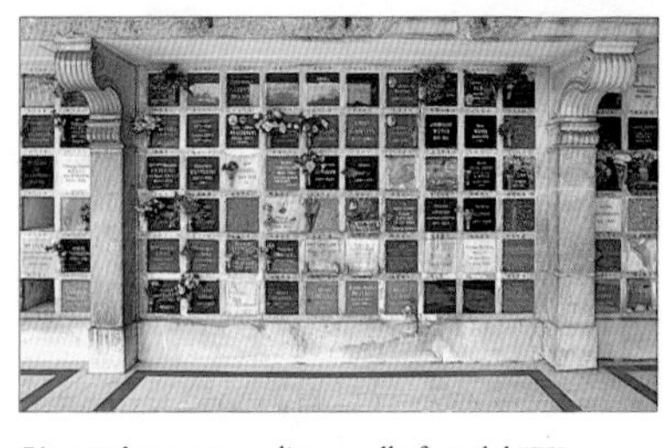

L'ossario venne realizzato alla fine del XIX secolo. Qui riposano le ceneri di Isadora Duncan e di altre celebrità.

Marcel Proust
Proust ha brillantemente descritto la Belle Epoque nella sua A la recherche du temps perdu.

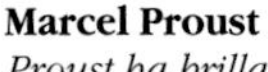

★ Simone Signoret e Yves Montand
La coppia del cinema più famosa del dopoguerra era nota per le sue simpatie di sinistra e per la relazione molto turbolenta.

Allan Kardec fondò nel XIX secolo un culto religioso, ancor vivo oggi. La sua tomba è sempre coperta di fiori lasciati dai pellegrini.

Sarah Bernhardt
La grande attrice tragica, morta nel 1923 a 78 anni, era famosa per le sue interpretazioni di Racine.

Monumento ai defunti di Paul Albert Bartholmé è una delle più belle sculture del cimitero e domina il viale centrale.

Entrata

Frédéric Chopin, grande compositore polacco, va annoverato tra i romantici francesi.

Théodore Géricault
Il capolavoro del pittore romantico, La zattera della Medusa *(vedi p 124), è riprodotto sulla sua tomba.*

Da non perdere

- ★ **Oscar Wilde**
- ★ **Jim Morrison**
- ★ **Edith Piaf**
- ★ **Simone Signoret e Yves Montand**

★ Oscar Wilde
Il drammaturgo inglese, scacciato dalla puritana Inghilterra, morì alcolizzato e povero nel 1900 a Parigi. Il suo monumento è opera di Jacob Epstein.

NOTE INFORMATIVE

16 Rue du Repos. 01 55 25 82 10. *Père Lachaise, Alexandre Dumas.* *62, 69, 26 direzione Pl Gambetta.* *Pl Gambetta.* ***Apertura** 8–17.30 tutti i giorni (8.30 sab; 9 dom).*

I resti di Molière, attore e drammaturgo del XVII secolo, furono trasferiti qui nel 1817 per inaugurare con una figura illustre il nuovo cimitero.

Mur des Fédérés è il muro contro il quale gli ultimi comunardi vennero fucilati nel 1871. È oggi un luogo di pellegrinaggi per i simpatizzanti di sinistra.

★ Edith Piaf
Nota come "il passerotto", la Piaf è stata la più famosa cantante francese di questo secolo. Con la sua voce espressiva ha cantato le pene d'amore del popolo parigino.

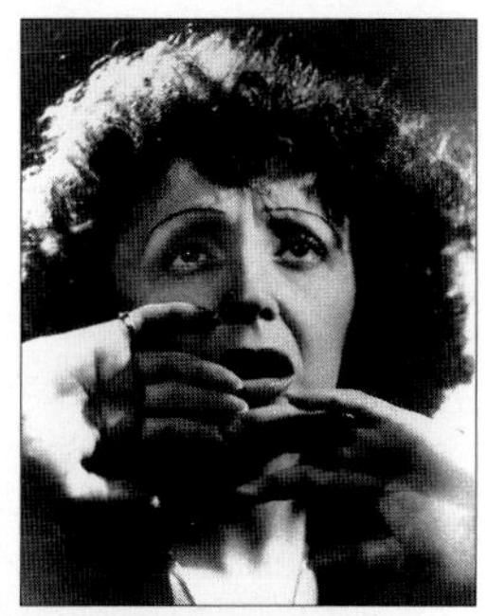

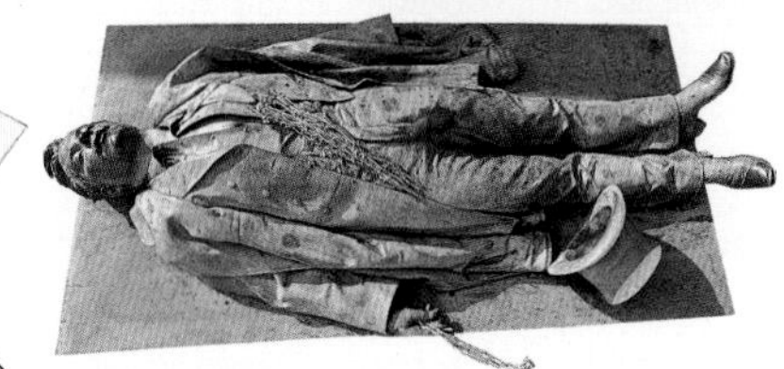

Victor Noir
Si dice che la statua del giornalista ucciso da Pierre Bonaparte, cugino di Napoleone III, abbia il potere di rendere fertili.

George Rodenbach, poeta del XIX secolo, è raffigurato mentre esce dalla tomba con una rosa in mano.

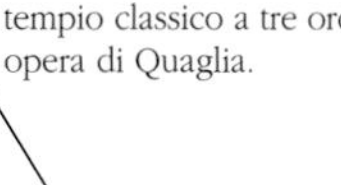

Elizabeth Demidoff, principessa russa morta nel 1818, è ricordata da un tempio classico a tre ordini, opera di Quaglia.

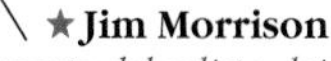

★ Jim Morrison
La morte del solista dei Doors, avvenuta a Parigi nel 1971, è rimasta un mistero.

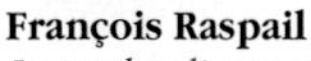

François Raspail
La tomba di questo rivoluzionario che partecipò ai moti del 1830 e del 1840 ha la forma di una prigione.

Disneyland Paris ⓯

Disneyland Paris si estende per 200 ha, circa un quinto della città di Parigi. Comprende due parchi a tema, sei alberghi (i più grandi d'Europa), un complesso con negozi, ristoranti, caffè e locali, un campeggio, una pista per il pattinaggio sul ghiaccio, laghi, due centri congressi, un campo da golf e alcune piscine. A una fermata della stazione del treno si trova Val d'Europe, un enorme centro commerciale con più di 180 negozi e un centro marino. Il parco permette una totale evasione dalla realtà e comunica vibrante eccitazione ed energia pura, offrendo percorsi estremi ed esperienze tranquille, sempre accompagnati da straordinari effetti visivi.

Il castello della Regina di Cuori, nel Labirinto di Alice nel Paese delle Meraviglie

I Parchi

Disneyland Paris è formato dal parco Disneyland e dai Walt Disney Studios. Il primo è ispirato al magico regno della California con 42 percorsi o attrazioni. La parte più recente è costituita dai Walt Disney Studios basati sui Disney M.G.M. in Florida e costruiti, secondi al mondo, per continuare il rapporto tra la Disney e i leggendari studi della Metro Goldwin Mayer. Per informazioni www.2000.disneylandparis.com

Come arrivarci

In auto
Disneyland Paris si trova a 32 km a est di Parigi, prendendo l'A4 in direzione ovest da Parigi e in direzione est da Strasburgo, uscita 14 "Val d'Europe, Parc Disneyland". Basta seguire le indicazioni per Marne la Vallée (Val d'Europe) e le indicazioni per Disneyland. (Per il Davy Crockett Ranch prendere l'uscita 13.)

In aereo
Sia dall'aeroporto di Orly che dal Charles de Gaulle ci sono servizi navetta ogni 30 minuti (45 in bassa stagione). Non occorre prenotare. Il prezzo è di 12€ per persona.

In treno
Raggiunta la stazione Gare de Lyon in TGV, la linea A della RER arriva all'entrata del parco, fermata Marne la Vallée-Disneyland Paris.

Dove mangiare

Non è necessario lasciare il parco per pranzare. Lo **Chalet de la Marionette** (Fantasyland) è perfetto per i bambini (quasi deserto alle 15) come il **Cowboy Cookout** (Frontierland), che invece è più frequentato. Il **Colonel Hathi's Pizza Place** (Adventureland) merita una visita anche solo per ammirare l'autentico arredamento coloniale, mentre il **Café Hyperion – Videopolis** (Discoveryland) offre ottimi pasti e divertimento straordinario, ma il servizio è molto lento. Forse è un po' caro, ma l'esperienza di mangiare al **Blue Lagoon** (Adventureland) non si dimentica facilmente. Si può pranzare sulla "spiaggia", nascondiglio dei Pirati dei Caraibi, mentre le navi pirata navigano silenziosamente. **Walt's**, sulla Main Street, è un buon ristorante, ma il prezzo è alto perché basato sulle tariffe americane. Se si è fortunati, si può osservare comodamente la parata pomeridiana dalle finestre del piano superiore. Da **Annette's Diner** , nel Disney Village, le cameriere servono ai tavoli sui pattini a rotelle e il sottofondo musicale è degli anni '50. **Planet Hollywood** è un'altra ottima scelta, mentre **Rainforest Cafe** offre un pranzo straordinariamente animato. **Steakhouse** è eccellente, anche se un po' caro, mentre il colosso **McDonald's** presenta le solite tariffe. I ristoranti degli alberghi sono più cari man mano che ci si avvicina al parco.

Parcheggio

Più di 12 000 veicoli trovano spazio, ed efficenti nastri trasportatori vi portano all'uscita. Il parcheggio costa 6€ al giorno per le auto e 10€ per camper e pullman. Per gli ospiti degli alberghi Disneyland Paris il parcheggio è gratuito; il Disneyland Hotel e il New York Hotel hanno un parcheggio interno a disposizione dei clienti.

Orari

Generalmente, il parco apre alle 9 in alta stagione e alle 10 negli altri periodi. Di solito la chiusura è alle 22 in alta stagione, fra le 19 e le 21 in bassa stagione o nei giorni feriali e fra le 20 e le 22 al sabato. Gli orari cambiano con breve preavviso e in occasione di eventi speciali, come Halloween, possono essere allungati.

Quando

I periodi più affollati sono quelli di Natale e Capodanno, da metà febbraio ai primi di aprile, da luglio ai primi di settembre e metà ottobre. I giorni con maggior frequenza sono dal sabato al lunedì, mentre il martedì e il mercoledì sono i più tranquilli.

Quanto

Per sperimentare tutto a Disneyland Paris occorrono almeno tre o quattro giorni di permanenza. È possibile visitare i parchi in un solo giorno, ma per evitare di fare tutto a gran velocità, ne occorrono almeno due. Se volete includere il Wild West Show o visitare qualche locale nel Disney Village, ne occorrono almeno quattro. La gente della zona visita il parco in giornata partendo da Parigi, che è a soli 35 minuti con la RER, ma la maggior parte dei visitatori stranieri soggiorna nei vari alberghi. La Disney offre diversi pacchetti turistici, che comprendono gli ingressi ai parchi, pernottamento e prima colazione. Si possono prenotare inoltre pacchetti "tutto compreso".

Biglietti e passaporti

Prenotando un pacchetto, i passaporti per il parco sono compresi nel prezzo. Il passaporto per Disneyland può essere acquistato in qualunque Disney Store prima di partire oppure all'arrivo, all'entrata del parco, anche se ciò significa spesso dover fare una lunga coda agli sportelli. Sono disponibili passaporti validi per uno, due o tre giorni; i prezzi variano a seconda della stagione.

Come muoversi

Disneyland mette a disposizione un efficiente sistema di trasporti fra parchi e alberghi (escluso il Davy Crockett Ranch) con navette ogni mezz'ora. In estate, è piacevole viaggiare sui piccoli bus aperti che fanno il giro del lago Disney, trasportando gli ospiti ai tre hotel che si affacciano sul lago e al Disney Village. Se si soggiorna in uno di questi alberghi, è possibile raggiungere il parco con una piacevole passeggiata di una ventina di minuti.

Il castello della Bella Addormentata, il cuore del parco

Quale albergo?

Ci sono sei alberghi in zona, e un campeggio a 2 km. Gli alberghi migliori sono i più vicini al parco.
Santa Fe: semplice, piccolo ed economico. È l'unico che dà la possibilità di parcheggiare direttamente fuori dalla camera.
Hotel Cheyenne: ambientato nel selvaggio west, a circa 17 minuti a piedi dal parco. Le stanze sono piccole (con cuccette per i bambini), ha un accampamento indiano come area gioco e permette l'utilizzo della piscina del Sequoia Lodge. Conveniente e indimenticabile: i bambini lo amano.
Sequoia Lodge: un "rifugio di caccia" sul lago, non troppo costoso e con più di 1000 stanze. Chiedete una stanza nell'edificio principale: le stanze sul davanti hanno un magnifico panorama.
Newport Bay: enorme albergo sul lago, a tema nautico. Dai prezzi moderati, questo imponente albergo ha un grande centro convegni, una piscina e tre piani che offrono un club fitness, massaggi e sauna disponibili, pagando un supplemento.
New York: caro e dedicato agli affari, non è adatto ai bambini. Questo hotel offre un ampio centro congressi, e una pista di pattinaggio sul ghiaccio da ottobre a marzo.
Disneyland Hotel: è il gioiello della corona. Costoso, ma proprio all'entrata del parco. È ricco di deliziosi dettagli come le pendole che girano al contrario, ed è sempre animato dai personaggi Disney. Il Castle Club è un albergo nell'albergo, di 50 stanze. Se ve lo potete permettere, qui trascorrerete una settimana indimenticabile di totale relax e piacere.
Davy Crockett Ranch: un campeggio relativamente caro. Il prezzo comprende gli allacciamenti di acqua e luce. La piscina è una delle più belle di tutto Disneyland Paris.

Valuta

Le carte di credito sono accettate ovunque all'interno di Disneland Paris. I bancomat e gli uffici per il cambio di valuta straniera (senza commissione) si trovano vicino all'entrata del parco e alle reception degli alberghi.

Visitatori disabili

Si può trovare al City Hall, all'interno del parco, una brochure che descrive le agevolazioni per i visitatori disabili, ed è possibile ordinare gratuitamente la *Guida visitatori disabili* sul sito web di Disneyland Paris. Il complesso è stato progettato tenendo bene a mente l'accesso per i visitatori disabili, ma i lavoratori dipendenti del parco non sono tenuti ad accompagnarli.

Soggiornare in un Disney Hotel

Gli alberghi Disneyland Paris offrono sistemazioni a prezzi diversi: più si è vicini al parco e più sono care. In

Il convoglio su rotaia delle miniere di Big Thunder Mountain

questo caso, però, i turisti hanno il vantaggio di non doversi spostare per raggiungere il parco, e in date prestabilite, di solito nei periodi di punta, possono entrare nel parco prima dell'apertura.

Al momento della registrazione nei Disneyland Hotel, viene consegnata una "Carta d'identità" che può essere utilizzata come strumento di pagamento nei ristoranti, nei bar e nei negozi del parco che faranno recapitare gli acquisti in camera.

I bambini (di qualunque età) che soggiornano negli alberghi del parco avranno la straordinaria possibilità di pranzare con i personaggi Disney.

Disneyland in dettaglio

Il parco si estende per 56 ha, diviso in cinque aree tematiche, ognuna delle quali è la rievocazione nostalgica di un passato leggendario o ricrea un luogo con pittoreschi effetti hollywoodiani. L'idea di fondo, con la ricostruzione di luoghi esotici, treni e meraviglie tecnologiche, si rifà a quella delle esposizioni universali del XIX secolo.

Main Street, USA

Main Street è la ricostruzione ideale di una piccola città americana. Per le strade circolano tram a cavalli, una copia esatta di un vecchio cellulare Keystone della polizia e altri veicoli d'epoca, che si spostano fra Town Square e Central Plaza, il cuore del parco, da cui si diramano i viali che conducono alle altre quattro aree tematiche.

Le facciate degli edifici vittoriani sono ricche di dettagli fedeli agli originali, e nascondono curiosi negozi. L'Emporium è il luogo dove acquistare regali. Poco più avanti, un vero, ma caro, barbiere può tagliarvi i capelli mentre il resto della famiglia fa uno spuntino da Casey o cede alla tentazione dei deliziosi aromi che arrivano da Cookie Kitchen o dal Cable Car Bake Shop. I lati dei negozi si chiamano Discovery Arcade e Liberty Arcade e offrono un percorso coperto verso Central Plaza che ospita mostre e piccole scuderie. Al mattino, all'apertura dei cancelli, i portici sono anche la via più breve verso Frontierland.

Di sera, milioni di piccole luci risplendono delicate in Main Street. La Parata Elettrica, scintillante fantasia di musica e di carri decorati, inizia in Town Square. È l'ultimo posto a riempirsi di visitatori in attesa di vedere la parata ed è un ottimo punto di osservazione. Inoltre, osservare da qui la parata permette di lasciare il parco subito dopo, senza doversi mescolare alla folla.

Da Main Street partono i vecchi trenini a vapore che fanno il giro del parco (ogni 10 min), e si fermano nelle altre aree tematiche, ma spesso non è possibile prenderli prima di mezzogiorno.

Frontierland

È la ricostruzione del selvaggio west americano. Vi si accede passando attraverso la palizzata di tronchi di Fort Comstock. Frontierland ospita una delle più famose attrazioni del parco, la Big Thunder Mountain, un giro sulle montagne russe attraverso il paesaggio del midwest. Nei corsi d'acqua che la circondano si può viaggiare su un battello a pale dell'epoca di Mark Twain e Molly Brown, e ammirare la splendida ricostruzione della natura americana.

Phantom Manor è una dimora infestata da fantasmi gentili e divertenti. L'attesa in coda è affascinante quasi quanto il percorso stesso. Nel cimitero all'uscita si possono leggere alcune lapidi davvero spiritose. Il Chaparral Theatre offre piacevoli performance all'aperto, in perfetto stile Disney. Se rimane tempo, visitate il villaggio indiano di Pocahontas e il Critter Corral, i bambini ne saranno affascinati.

Adventureland

Ispirato ai racconti di pirati e d'avventura, divertitevi con i percorsi selvaggi e le animazioni elettroniche di Adventure Island. Indiana Jones™ and the Temple of Peril vi lancia a tutta velocità sulle rotaie di una miniera abbandonata... al contrario! Basata sui film di Spielberg, la corsa abbonda di torce infiammate, ripidi strapiombi e curve a 360°. Per un'esperienza del genere vale la pena fare la coda. L'attrazione dei Pirates of the Caribbean vi porta fra prigioni sotterranee e combattimenti fra galeoni del XVI secolo. Qui è stato messo in atto ogni possibile effetto speciale, si possono sentire persino i profumi dei Caraibi, in parte provenienti dal vicino ristorante Blue Lagoon. All'uscita, uno dei negozi più curiosi del parco vende accessori per aspiranti capitani di navi corsare. La costruzione della Cabane des Robinson, ispirata dal libro *La famiglia Robinson* di Johann David Wyss, è stata realizzata usando un finto banano alto 27 m. Da qui si può esplorare il resto dell'isola, le caverne di Ben Gunn, uno dei personaggi de *L'isola del tesoro*, e il ponte sospeso vicino alla Eyeglass Hill. Se siete in compagnia di bambini, la Plage des Pirates è un'altra sosta obbligata.

Fantasyland

Questa parte del parco è stata costruita nello stile dei classici film di Disney. Il castello, *Le Château de la Belle au Bois Dormant*, è identico a quello del cartone animato. Nei

Walt Disney Studios

Gli spettacoli e i percorsi dei nuovi Studio sono tutti ispirati ai film. Il tram del Blacklot Tour conduce gli ospiti a visitare i diversi set (durante le riprese) e il Catastrophe Canyon vi accompagna a vedere un set "in movimento" che subirà incredibili trasformazioni. Il Rock'n'Roller Coaster è un ottovolante con musica a tutto volume e brillanti insegne al neon. Il momento più divertente è il lancio della catapulta che vi spingerà a una velocità di 72 km orari in meno di due secondi. L'Animation tour metterà a confronto il vostro senso artistico con quello dei migliori disegnatori della Disney al lavoro sui prossimi cartoni animati. Il Great Movie Ride offre ai visitatori una panoramica dei capolavori cinematografici americani ed europei degli ultimi cent'anni, unendo movimenti dal vivo ed effetti speciali. Infine, non da meno, potrete assistere a uno stunt show.

sotterranei, un enorme drago sputafuoco che si agita irrequieto, affascina i bambini più grandi e terrorizza i più piccoli. Molte attrazioni sono dedicate ai bambini più piccoli, come il percorso di Biancaneve e i Sette Nani, durante il quale si incontra anche la strega, o il Viaggio di Pinocchio. I bambini amano anche la velocità della giostra aerea di Dumbo, l'elefantino volante, così come girare nelle tazze da tè del Cappellaio Matto, dove infatti si formano spesso code. Peter Pan, una delle attrazioni più famose del parco, con il suo volo sopra le strade di Londra, è un trionfo di immaginazione e tecnologia. Un simpatico diversivo è il labirinto di Alice nel Paese delle Meraviglie, che ci guida verso il castello della Regina di Cuori.

A ogni ora al It's a Small World c'è una parata musicale di figure caricate a molla, una delle prime attrazioni concepite dallo stesso Walt Disney. A bordo di una barca, viaggiate attraverso terre di modellini animati al ritmo di un'allegra canzoncina. *Le Pays des Contes des Fées* (Il paese delle fiabe) è un altro viaggio a bordo di una barca fra scene in miniatura tratte dai classici Disney. L'ossessionante motivetto è un ottimo antidoto antistress. Subito dopo, a bordo del Casey Jr (*le Petit Train du Cirque*), un trenino che gira intorno alle barche e permette di vedere da vicino il delizioso castello in miniatura della Bella e la Bestia.

Discoveryland

Le Space Mountain dominano il paesaggio, proprio come in *Dalla Terra alla Luna* di Verne. Questo percorso veloce e tortuoso attira da sempre i visitatori, ma spesso a fine giornata non si trovano più code. *Les Mysteres du Nautilus* vi trasporta in un sottomarino, nel mondo di *20 000 leghe sotto i mari* di Verne. Autopia, dove si può guidare una macchina a benzina in un percorso recintato, è una calamita per i ragazzini. Orbitron con le sue navicelle spaziali è quasi sempre affollato, ma è un'esperienza da non perdere. Nella Terra delle esperienze, Star Tours è una delle più grandi: sarete il passeggero di uno shuttle in un viaggio da incubo nello spazio. Questa attrazione, frutto della collaborazione Disney-Lucas, lascia senza fiato. Gli spettacoli migliori sono a Videopolis, un caffè cavernoso che può contenere centinaia di persone, dove si proiettano cartoni animati tra uno spettacolo e l'altro. Al Visionarium si viene proiettati attraverso il tempo e lo spazio in un'esperienza a 360°. Infine, con *Honey, I Shrunk the Audience* (Tesoro, ho rimpicciolito il pubblico), Disney ha prodotto un capolavoro in cui ogni stimolo sensoriale contribuisce a creare un'esperienza divertente e travolgente.

Note informative

Questo schema aiuta a gestire nel miglior modo il tempo a Disneyland Paris, quali percorsi e attrazioni sono i più adatti ai vostri desideri e quando visitarli.

	Code	Altezza / Età	Orario migliore per visitare	Fastpass	Grado di paura	Può causare problemi di moto	Grado compless.
Phantom Manor	◗		Sem		❷		★
Battello a vapore	❍		Sem		❶		▼
Big Thunder Mountan	●	1,2 m	PP	✔	❷		★
Pocahontas Indian Village	❍		Sem		❶		▼
Indiana Jones and the Temple of Peril	●	1,4 m	PU	✔	❸	✔	★
Adventure Island	❍		Sem		❶		▼
La Cabane des Robinson	❍		Sem		❶		▼
Pirates of the Caribbean	❍		Sem		❶		★
Peter Pan's Flight	●		PP	✔	❶		◆
Blanche-Neige et les Sept Nains	●		➤11		❶		◆
Le Voyages de Pinocchio	●		➤11		❶		▼
Dumbo the Flying Elephant	●		PP		❶		▼
Mad Hatter's Teacups	◗		➤12		❶		▼
Alice's Curious Labyrinth	❍		Sem		❶		▼
It's a Small World	❍		Sem		❶		◆
Casey Jr	❍		➤11		❶		◆
Le Pays des Contes des Fees	❍		Sem		❶		◆
Star Tours	❍	1,3 m	Sem	✔	❶		★
Space Mountain	●	1,4 m	PU	✔	❸	✔	★
Honey, I Shrunk the Audience	❍		Sem		❶		★
Autopia	●		PP		❶		▼
Orbitron	●	1,2 m	PP		❶		▼

Breve - ❍ Medio - ◗ Lungo - ● Sempre - Sem Prima 11 - ➤11 Per primo - PP Per ultimo - PU
No - ❶ Abbastanza - ❷ Molto - ❸ Abbastanza bello - ▼ Molto bello - ◆ Eccezionale - ★

Bercy ⓳

75012. **Tav** 18 F3. *Bercy, Cour St-Emilion.* *Port de Bercy (01 43 43 40 30).*

A EST DEL CENTRO della città, il quartiere, pieno di magazzini, padiglioni e abitazioni squallide, era in passato la sede principale del commercio del vino. Negli ultimi anni è stato trasformato in una zona ultramoderna e una nuova linea metropolitana automatica (Linea 14) lo collega al cuore della città.

Centro del nuovo distretto è il Palais d'Omnisports de Paris-Bercy conosciuto come POPB o semplicemente Bercy, oggi sede dei maggiori concerti e delle principali manifestazioni sportive della città. L'enorme struttura piramidale, con i ripidi lati ricoperti di erba, è divenuta una peculiarità della zona orientale del centro di Parigi. Si tengono qui numerosi eventi sportivi, rappresentazioni di opere classiche e specialmente concerti rock *(pp 337, 343)*.

Altri edifici amministrativi e commerciali, estremamente innovativi dal punto di vista architettonico, dominano l'orizzonte di Bercy, tra questi l'imponente costruzione di Chemetov, sede del ministero della Finanza, spostato qui dal Louvre, e l'American Center progettato da Frank Gehry (che dal 2003 ospiterà la Maison du Cinema e la Cinemathèque Française).

Ai piedi di queste strutture, il fantasioso Parc de Bercy, che si estende su 70 ha, costituisce un parco ospitale per gli abitanti di questa zona della città. I mattoni, che ricordano gli antichi magazzini, sono stati usati per lastricare i sentieri che attraversano prati e roseti, mentre tra platani e laghetti sono poste sculture moderne. Il parco include fra le sue attrazioni per i bambini una giostra tradizionale.

Gli antichi negozi di vini di Cours St Emilion sono stati restaurati e trasformati in bar, ristoranti e negozi. I Pavillons de Bercy, ristrutturati di recente, ospitano il Musée des Arts Forains.

La Marina di Bercy è il punto di partenza e di arrivo delle gite sulla Senna fino alla Tour Eiffel. Nei pressi si trova la Promenade Plantée, molto piacevole da percorrere a piedi o in bicicletta, una parte della quale si snoda lungo un viadotto in disuso chiamato Viaduc des Arts, le cui arcate ospitano gallerie d'arte, boutique e ristoranti.

La Bibliothèque Nationale de France

L'American Center, progettato da Frank Gehry

Bibliothèque Nationale de France ⓴

Quai François-Mauriac 75013. **Tav** 18 F4. *01 53 79 59 59.* *Bibliothèque François Mitterrand, Quai de la Gare.* ***Apertura*** *10–19 mart-sab; 12–19 dom.* ***Chiusura*** *feste naz e 2 sett a metà set.* ***A pagam.*** www.bnf.fr

IL PROGETTO di Dominique Perrault del 1996 è il più controverso e impressionante dei *Grand Projets* con cui il presidente Mitterand ha ridato vita alla parte orientale della città. Quattro grandi torri ospitano una raccolta di 12 000 000 volumi, con biblioteche per studiosi e ricercatori nel complesso centrale, 50 000 illustrazioni digitalizzate, archivi sonori e CD-ROM.

A sud del centro

Parc Montsouris ㉑

Blvd Jourdan 75014. *01 45 88 28 60.* *Porte d'Orléans.* *Cité Universitaire.* ***Apertura*** *7.30–19 tutti i giorni; in inverno 7.30–17.30.*

IL PARCO IN STILE INGLESE fu progettato dall'architetto paesaggista Adophe Alphand, tra il 1865 e il 1878. Vi si trovano un buon ristorante, tappeti verdi ondulati, eleganti alberi d'alto fusto e un laghetto abitato da diverse specie di uccelli. È il secondo parco per grandezza nella zona centrale di Parigi e ospita anche la stazione meteorologica della città.

Cité Universitaire ㉒

19–21 Blvd Jourdan 75014.
44 16 64 00. RER *Cité Universitaire.*

È UNA PICCOLA CITTÀ internazionale abitata da più di 5000 studenti stranieri che frequentano l'Università di Parigi. Realizzata negli anni '20 con i contributi raccolti in ogni parte del mondo, comprende oggi 37 edifici, eretti negli stili architettonici delle diverse nazioni. L'edificio svizzero e quello franco-brasiliano sono stati progettati dall'architetto Le Corbusier. La sede internazionale, donata da John D Rockefeller nel 1936, contiene una biblioteca, un ristorante, una piscina e un teatro. I molti studenti rendono interessante e vivace questa zona della città.

Edificio nella Cité Universitaire

Notre-Dame du Travail ㉓

59 Rue Vercingetorix 75014. **Tav** 15 B3. *01 44 10 72 92.* M *Pernety.* ***Apertura*** *8–12 mart–dom; 14.30-18.30 tutti i giorni.* *9, 19 lun–ven; 18.30 sab; 9, 11 dom.*

LA CHIESA RISALE al 1902 ed è realizzata con un'insolita commistione di materiali tra cui pietra, pietrisco e mattoni sopra un'intelaiatura metallica. È opera di padre Soulange-Boudin, un prete operaio che organizzava cooperative e cercava di conciliare lavoro e capitalismo. I parrocchiani stessi raccolsero parte del denaro per la costruzione, ma alcune parti, come i campanili, non furono mai realizzate per mancanza di fondi. Sulla facciata c'è la campana di Sebastopoli, proveniente dalla guerra di Crimea e donata alla gente del quartiere di Plaisance da Napoleone III. L'interno in stile Art Nouveau è stato completamente restaurato e comprende dipinti dei santi patroni.

The Sebastopol Bell in Notre-Dame du Travail

Institut Pasteur ㉔

25 Rue du Docteur Roux 75015. **Tav** 15 A2. *01 45 68 82 83.* M *Pasteur.* ***Aperto*** *14–17.30 tutti i giorni (ult entr: 16.45).* ***Chiuso*** *ago, feste naz.* ***A pagam.*** ***Film, video.*** *obbligat.* www.pasteur.fr

L'ISTITUTO PASTEUR è uno dei più prestigiosi centri di ricerca medica in Francia e fu fondato nel 1888–89 dallo scienziato di fama mondiale Louis Pasteur. Lo scienziato scoprì il processo di pastorizzazione del latte e i vaccini contro rabbia e carbonchio. Il centro di ricerca ospita un museo in cui l'appartamento e il laboratorio di Pasteur sono stati fedelmente ricostruiti con l'aiuto dei suoi nipoti, scienziati anch'essi. La tomba di Pasteur si trova in una cripta sotterranea costruita nello stile di una piccola cappella bizantina. Nel giardino si trova anche la tomba del dottor Emile Roux, inventore del siero contro la difterite. L'istituto comprende laboratori per la ricerca pura e applicata, auditorium per le conferenze, una sala di consultazione e un ospedale fondato per mettere in pratica le teorie di Pasteur.

Louis Pasteur

Vi è anche una biblioteca, contenuta nell'edificio originale del 1888, dove vengono portate avanti le ricerche sull'AIDS guidate dal professor Luc Montagnier che scoprì il terribile virus nel 1983.

Giardino nel Parc André Citroën

Parc André Citroën ㉕

Rue Balard 75015. *01 40 71 74 03.* M *Javel, Balard.* ***Apertura*** *7.30–tramonto lun–ven; (dalle 9 sab, dom e feste naz.*

APERTO NEL 1992, questo parco è il terzo più grande tra quelli della Senna, dopo Les Invalides e Champ de Mars. Progettato da architetti e specialisti di giardini, è un affascinante intreccio di stili, che vanno dai prati di fiori selvatici che caratterizzano la parte settentrionale alle elaborate e monocrome sculture minerali della zona più a sud. Composizioni d'acqua in tutto il parco, serre in vetro dove vengono fatti crescere esemplari dei giardini mediterranei e una Orangery che viene utilizzata, in estate, per mostre di orticultura.

Versailles ㉖

Vedi pp 248–53.

Il palazzo e i giardini di Versailles ㉖

ATTRAVERSANDO le vaste sale di questo immenso palazzo o passeggiando per i vastissimi giardini si può capire perché era considerato la massima espressione della gloria del Re Sole. Luigi XIV diede il via ai lavori nel 1668 trasformando il modesto padiglione di caccia di suoi padre nel più grande palazzo europeo capace di ospitare 20000 persone per volta. Gli edifici vennero progettati dagli architetti Louis Le Vau e Jules Hardouin-Mansart, Charles Le Brun progettò gli interni e l'architetto paesaggista André Le Nôtre ridisegnò i giardini in stile classico, con viali, siepi, aiuole, specchi d'acqua e fontane.

Statua in giardino

★ **Giardini classici**
Caratterizzati da uno stile geometrico, alternano viali a boschetti.

L'Orangerie venne realizzata sotto il Parterre du Midi per far svernare le piante esotiche.

Nel Parterre du Midi i cespugli e le aiuole di fiori si affacciano sul laghetto svizzero.

★ **Castello**
Luigi XIV fece diventare il castello il centro del potere politico in Francia.

Il Parterre d'Eau
Le ampie vasche d'acqua sono decorate con splendide statue bronzee.

Fontana di Latona
La statua di Latona di Balthazar Marsy domina diverse vasche in marmo.

Fontana del dragone
Al centro della fontana si erge un mostro alato.

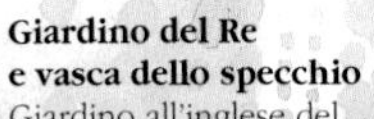

Giardino del Re e vasca dello specchio Giardino all'inglese del XIX secolo e vasca voluta da Luigi XVIII.

Colonnato *Mansart progettò il peristilio circolare in marmo nel 1685.*

NOTE INFORMATIVE

Versailles. 📞 *01 30 83 77 88.* ℹ *01 30 83 77 77.* 🚌 *171 direzione Versailles.* RER *Versailles Rive Gauche.* **Castello, apertura** *ott–apr: 9–17.30 mart–dom; mag–set: 9–18.30 mart–dom.* **Grand Trianon e Petit Trianon, apertura** *apr–ott: 12–18.30 tutti i giorni; nov–mar: 12–17.30 tutti i giorni.* *Les Fêtes de Nuit (lug–set); Les Grandes Eaux Musicales (apr–ott).* W www.chateauversailles.com

Nel Grand Canal Luigi XIV organizzava le sue feste sull'acqua.

Fontana di Nettuno *Dalle sculture di questa secentesca fontana di Le Nôtre e Mansart fuoriescono spettacolari getti d'acqua.*

Petit Trianon *Costruito nel 1762 come rifugio per Luigi XV, divenne il luogo preferito di Maria-Antonietta.*

★ **Grand Trianon** *Luigi XIV costruì questo piccolo edificio in pietra e marmo rosa nel 1687 per evadere dai doveri di corte e trattenersi con la sua amante, Madame de Maintenon.*

DA NON PERDERE

- ★ **Castello**
- ★ **Giardini classici**
- ★ **Grand Trianon**

Il palazzo di Versailles

Stemma d'oro dal Petit Trianon

L'ATTUALE palazzo crebbe con una serie di aggiunte realizzate intorno all'originale padiglione di caccia, la cui bassa facciata in mattoni è ancora oggi visibile al centro. Intorno al 1660 Louis Le Vau realizzò un primo ampliamento, due ali decorate con busti marmorei, antichi trofei e tetti dorati, intorno a un cortile più grande. Sul lato verso il giardino, vennero aggiunte delle colonne sulla facciata occidentale e al primo piano fu creata una grande terrazza. Mansart nel 1678 aggiunse le due vaste ali a nord e a sud e chiuse la terrazza di Le Vau, realizzando la Galleria degli Specchi. Progettò anche la cappella, terminata nel 1710. *L'Opéra* venne aggiunta da Luigi XV nel 1770.

Ala sud
Gli appartamenti della nobiltà furono sostituiti da Luigi-Filippo con un museo di storia francese.

Cour Royale
Durante il regno di Luigi XIV era separata dalla Cour des Ministres da una cancellata. Era accessibile solo alle carrozze reali.

Statua di Luigi XIV, eretta da Luigi Filippo nel 1837, si erge dove un tempo il cancello dorato segnava l'inizio del cortile reale.

DA NON PERDERE

★ **Cour de Marbre**

★ **L'Opéra**

★ **Chapelle Royale**

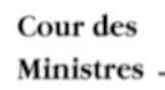

Cour des Ministres

La cancellata d'onore
Il cancello originale di Mansart, sormontato dalle insegne reali, porta alla Cour des Ministres.

Cronologia

1667 Inizio del Grand Canal

1668 Costruzione del nuovo castello da parte di Le Vau

Luigi XV

1722 Il dodicenne Luigi XV occupa Versailles

1793 Esecuzione di Luigi XVI e di Maria-Antonietta

1833 Luigi Filippo trasforma il castello in museo

1650 — 1700 — 1750 — 1800 — 1850

1671 Le Brun inizia a decorare gli interni

1661 Luigi XIV amplia il castello

1715 Morte di Luigi XIV. La corte abbandona Versailles

1682 Luigi XIV e Maria-Teresa si trasferiscono a Versailles

1789 I reali costretti a lasciare Versailles per Parigi

1774 Luigi XVI e Maria-Antonietta vivono a Versailles

1919 Firma del Trattato di Versailles il 28 giugno

L'orologio
Ercole e Marte fiancheggiano l'orologio nella Cour de Marbre.

★ **La Cour de Marbre**
Il cortile dal pavimento in marmo è ornato con urne, busti e una balaustra dorata.

Ala nord
Cappella, Opéra e gallerie di quadri occupano l'ala nord, dove si trovavano gli appartamenti reali.

★ **L'Opéra**
Il teatro fu completato nel 1770, in tempo per il matrimonio del futuro Luigi XVI con Maria-Antonietta.

★ **Chapelle Royale**
Ultima grande opera di Mansart, fu anche l'ultima aggiunta barocca di Luigi XIV a Versailles.

L'interno del castello di Versailles

Gli sfarzosi appartamenti reali si trovano al primo piano del castello. Intorno alla Cour de Marbre ci sono gli appartamenti privati del re e della regina. Verso il giardino si affacciano le sale in cui si svolgeva la vita ufficiale di corte, riccamente decorate da Charles Le Brun con marmi colorati, intarsi in pietra e legno, pitture murali, velluti, argenti e mobili dorati. Partendo dal salone d'Ercole, ogni sala è dedicata a una divinità dell'Olimpo. La più bella di tutte è la Galleria degli Specchi, dove 17 grandi specchi fronteggiano le alte finestre ad arco.

★ Camera della regina
In questa stanza la regina di Francia dava alla luce i figli del re, circondata dalla corte.

Da non perdere

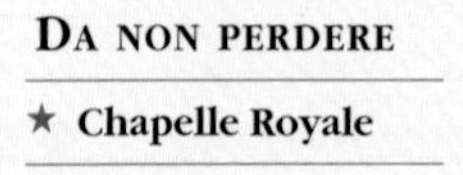

- ★ **Chapelle Royale**
- ★ **Salone di Venere**
- ★ **Sala degli Specchi**
- ★ **Camera della regina**

Legenda

- Ala sud
- Sala dell'incoronazione
- Appartamenti di Madame de Maintenon
- Appartamenti privati della regina
- Appartamenti di stato
- Appartamenti privati del re
- Ala nord
- Spazio non espositivo

Entrata

Biblioteca di Luigi XVI con pannelli neoclassici e il mappamondo del re.

La Sala dell'incoronazione contiene alcuni dipinti di Napoleone di Jacques-Louis David.

Entrata

★ Salone di Venere
Statua di Luigi XIV incorniciata da ricche decorazioni in marmo.

★ Chapelle Royale
Il primo piano della cappella era riservato alla famiglia reale, il piano terreno alla corte. Gli interni barocchi sono decorati in marmo bianco con stucchi dorati.

★ **Galleria degli Specchi**
In questo salone lungo 70 m, ornato da specchi, si tenevano le cerimonie ufficiali. Alla fine della prima guerra mondiale, nel 1919, vi fu firmato il Trattato di Versailles.

Occhio di Bue

La camera del re, dove Luigi XIV morì nel 1715, all'età di 77 anni.

Salone della Guerra
È decorato da un medaglione a stucco di Luigi XIV che cavalca verso la vittoria, opera di Antoine Coysevox.

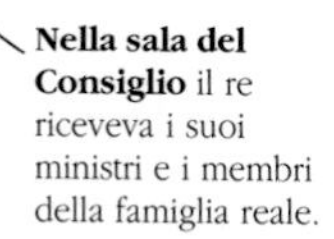

Nella sala del Consiglio il re riceveva i suoi ministri e i membri della famiglia reale.

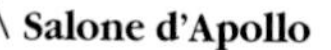

Salone d'Apollo
Progettato da Le Brun, era la sala del trono di Luigi XIV. Alla parete pende una copia del famoso ritratto del re (1701) di Hyacinthe Rigaud.

Salone d'Ercole

Scale verso l'ingresso al piano terreno

L'ARRESTO DELLA REGINA

Il 6 ottobre 1789 una folla di parigini invase il palazzo in cerca dell'odiata Maria-Antonietta. La regina fuggì spaventata dal suo letto e si precipitò verso la camera del re, passando attraverso il Salone dell'Occhio di Bue. Mentre la folla cercava di irrompere nella stanza, la regina bussava alla camera del re. Una volta entrata fu al sicuro, almeno fino al mattino seguente, quando i sovrani furono trascinati a Parigi da una folla urlante.

Ovest del centro

Una finestra in stile Art Nouveau in Rue La Fontaine

Rue la Fontaine 27

75016. **Map** 9 A4. M *Jasmin, Michel-Ange Auteuil.*

IN RUE LA FONTAINE e nelle strade circostanti si trovano alcune delle architetture più interessanti degli inizi del XX secolo. Al n. 14 c'è il Castel Béranger, un magnifico edificio residenziale che, pur realizzato con materiali economici per contenere i costi di costruzione, mostra vetrate colorate, ricchi lavori in ferro battuto, balconi e mosaici. Questo edificio Art Nouveau rese famoso il suo architetto Hector Guimard, che in seguito progettò gli ingressi del metró parigino. Altri suoi lavori sono visibili in questa strada, come l'Hôtel Mezzara al n. 60.

Fondation Le Corbusier 28

8–10 Square du Docteur Blanche 75016. *01 42 88 41 53.* M *Jasmin.* **Apertura** *10–12.30, 13.30–18 (17 ven) lun–ven.* **Chiusura** *feste naz, ago, 24 dic–2 gen.* **A pagam.** **Film, video.** *Vedi* **Note storiche** *pp 36–7.*
www.fondationlecorbusier.asso.fr

AD AUTEUIL si trovano le ville La Roche *(p 265)* e Jeanneret, le prime due opere parigine dell'architetto Charles-Edouard Jeanneret, noto come Le Corbusier. Costruite all'inizio degli anni '20, evidenziano l'uso nuovo del cemento armato e delle forme cubiste. Gli spazi si compenetrano con magnifici effetti di luce e di volume; le ville, sollevate da terra, poggiano su pilastri; le finestre si estendono per tutta la lunghezza delle facciate. Proprietario della villa La Roche era il mecenate Raoul La Roche (possono entrare solo 20 persone alla volta). Oggi le ville sono un centro di documentazione sull'opera di Le Corbusier.

Musée Marmottan 29

2 Rue Louis Boilly 75016. *01 44 96 50 33.* M *Muette.* **Apertura** *10–18 mart–dom (ult entr: 17.30).* **Chiusura** *1 mag, 25 dic.* **A pagamento.**
W www.marmottan.com

IL MUSEO FU realizzato nella casa ottocentesca dello storico dell'arte Paul Marmottan nel 1932, quando egli la lasciò in eredità all'Institut de France insieme alle sue collezioni di dipinti e di arredi del periodo rinascimentale, consolare e del Primo Impero. Il museo nel 1971 si arricchì di 65 quadri del pittore impressionista Claude Monet, lascito del figlio dell'artista, Michel. Tra di essi si trovano alcuni dei dipinti più famosi di Monet, compresi *Impression, soleil levant* (da cui ebbe origine il termine Impressionismo), una cattedrale di Rouen e parecchie *Ninfee.*

Il museo acquisì inoltre parte della collezione personale di Monet, con dipinti di Camille Pissarro e degli impressionisti Pierre Auguste Renoir e Alfred Sisley. Il museo espone anche manoscritti miniati medievali.

La Barque (1887) di Claude Monet, al Musée Marmottan

Villa La Roche, sede della Fondazione Le Corbusier

Bois de Boulogne 30

75016. M *Porte Maillot, Porte Dauphine, Porte d'Auteuil, Sablons.* **Aperto** *24 ore su 24.* **A pagamento** *giardini particolari e musei.* **Giardino di Shakespeare** **Teatro all'aperto.** *01 40 19 95 33/01 42 76 55 06.* **Aperto** *mag–set.* **Bagatelle e Giardino delle rose** *01 40 67 97 00.* **Apertura** *8.30. Chiusura variabile (16.30–20) a seconda della stagione.* **Jardin d'Acclimatation** *01 40 67 90 82.* **Apertura** *10–19 tutti i giorni (ott–mag: 18).* **Musée en Herbe** *01 40 67 97 66.* **Apertura** *10–18 lun–ven; 14–18 sab.* **A pagam.** **Musée des Arts et Traditions Populaires** *01 44 17 60 00.* **Apertura** *9.30–17.15 mer–lun.* **A pagam.** *su appuntamento.*

SITUATO TRA i margini occidentali di Parigi e la Senna questo parco di 865 ha offre vaste zone per picnic, passeggiate, giri in bicicletta, cavalcate e gite in barca,

Chiosco dell'imperatore, su un'isola del Grand Lac, Bois de Boulogne

o la possibilità di passare una giornata all'ippodromo. Il Bois de Boulogne rappresenta ciò che resta della Forêt du Rouvre. A metà del XIX secolo il parco fu ridisegnato ad opera di Haussmann sul modello di Hyde Park a Londra.

Nel Bois de Boulogne vi sono molte aree attraenti: il Pré Catelan, un parco autonomo con i faggi più grandi di Parigi, il Bagatelle, con i suoi bei giardini e una villa settecentesca famosa per i suoi roseti, dove a giugno si tengono competizioni internazionali per le rose. La villa fu costruita in 64 giorni per una scommessa tra il conte d'Artois e Maria-Antonietta.

Di notte il Bois è pericoloso, pertanto è meglio non andarci dopo l'imbrunire.

Musée des années 30 ㉛

28 Ave André Morizet, Boulogne-Billancourt 92100. *01 55 18 46 42.* M *Marcel Sembat.* ***Aperto** 11–17.45 mart–dom.* ***A pagam.***
www.boulognebillancourt.com

INAUGURATO NEL 1998, questo museo degli anni Trenta fa parte dell'Espace Landowski, un complesso artistico dedicato a Paul Landowski, uno scultore che visse a Boulogne-Billancourt dal 1905 fino alla sua morte, nel 1961, e al fratello musicista, Marcel. Nel museo sono esposte molte opere di Paul. Il complesso comprende anche una libreria, una galleria di registi di video, un cinema e presto avrà un centro multimediale con laboratori di artisti. I dipinti, i disegni, le sculture e gli oggetti d'arte del museo trasmettono l'atmosfera artistica dell'epoca. Il museo organizza anche esposizioni temporanee a tema, relative al periodo. Vengono inoltre promosse gite per esplorare e visitare il patrimonio architettonico e industriale di Boulogne-Billancourt.

La Grande Arche a La Défense

La Défense ㉜

La Grande Arche. *01 49 07 27 57.* RER *La Défense.* ***Apertura** 10–19 tutti i giorni (ult entr: 18).* ***A pagam.*** *Vedi* ***Note storiche*** *pp 38–9.*
www.grandearche.com

IL CENTRO DIREZIONALE alla periferia ovest di Parigi è il più grande centro d'affari d'Europa, con un'estensione di 80 ha. Fu iniziato negli anni Sessanta per ospitare le sedi delle grandi compagnie francesi e multinazionali. Un'attenta progettazione artistica ha trasformato molte delle sue piazze in autentici musei all'aperto.

Nel 1989 fu aggiunta al complesso la Grande Arche, un enorme cubo che potrebbe addirittura contenere la cattedrale di Notre-Dame. Fu disegnato dall'architetto danese Otto von Spreckelsen come parte di un'opera più grande, o *Grands Travaux*, iniziata dallo scomparso presidente François Mitterrand e ora dedicata alla sua memoria.

L'arco ospita ora una galleria espositiva e un centro conferenze; da qui si può anche godere un superbo panorama di Parigi.

Château de Malmaison ㉝

Ave du Château 92500 Rueil-Malmaison. *01 41 29 05 55.* RER *La Défense poi bus 258.* ***Apertura** 10 mer–lun; chiusura variabile a seconda delle stagioni; tel. per dettagli.* ***A pagam.*** *Vedi* ***Note storiche*** *pp 30–1.* www.napoleon.org

Il letto di Giuseppina Beauharnais, Château de Malmaison

NEL 1799 QUESTO castello del XVII secolo fu acquistato da Giuseppina de Beauharnais, moglie di Napoleone I. Vi furono aggiunti una magnifica veranda, delle statue classiche e un piccolo teatro. Alla fine di ogni campagna militare Napoleone veniva qui con il suo seguito per riposarsi. Il castello diventò la residenza principale di Giuseppina dopo il suo divorzio. Oggi è un importante museo napoleonico insieme al vicino Château de Bois-Préau.

Mobili, ritratti e ricordi della famiglia imperiale sono esposti nelle sale ricostruite nello stile del Primo Impero. Parte della tenuta originale esiste ancora, tra cui il famoso giardino di Giuseppina.

CINQUE ITINERARI A PIEDI

Parigi è una città ideale per passeggiare. È più compatta e più facile da girare di molte altre capitali. La maggior parte delle sue attrattive sono circoscritte in un'area facilmente percorribile a piedi e vicine all'Ile de la Cité, il cuore della città.

Statua in Parc Monceau

Le zone turistiche classiche, descritte nella sezione *Parigi zona per zona* della guida, sono 14; per ognuna di esse, nella parte intitolata *In dettaglio*, viene consigliato un breve percorso a piedi. A Parigi vi sono tuttavia molte altre zone ugualmente interessanti, anche se meno famose; la storia, l'architettura e i costumi di queste zone mettono in luce altri aspetti della città.

I cinque itinerari a piedi consigliati in questo capitolo, oltre a segnalare le maggiori attrattive di alcune zone, ne svelano i minimi dettagli e i contrasti che le caratterizzano, come caffè, mercati all'aperto, chiese, canali, giardini, vecchie strade e ponti. In questo modo il passato artistico, letterario e storico si fonde con il presente, dando al visitatore l'immagine di una città viva e in continuo mutamento.

Gli itinerari consigliati variano dalle eleganti zone di Auteuil, Monceau e Ile St-Louis a quelle un tempo operaie di Montmartre e St-Martin. Auteuil è rinomata per l'architettura moderna, Monceau per gli sfarzosi palazzi Secondo Impero e St-Louis per le dimore *ancien régime*, i *quai* alberati, le stradine strette e i residenti famosi, appartenenti al mondo delle lettere e del cinema. Montmartre ha ancora le sue deliziose stradine da villaggio di un tempo, dimora degli artisti bohémien, mentre lungo il Canal St-Martin sopravvivono ancora oggi i vecchi e affascinanti ponti in ferro.

Tutte le zone sono facilmente raggiungibili con i mezzi pubblici e nelle *Note informative* sono segnalate le stazioni del metró e le linee di autobus più vicine. Per ogni itinerario vengono indicati caffè, ristoranti, giardini e piazze dove fermarsi per una sosta lungo il percorso.

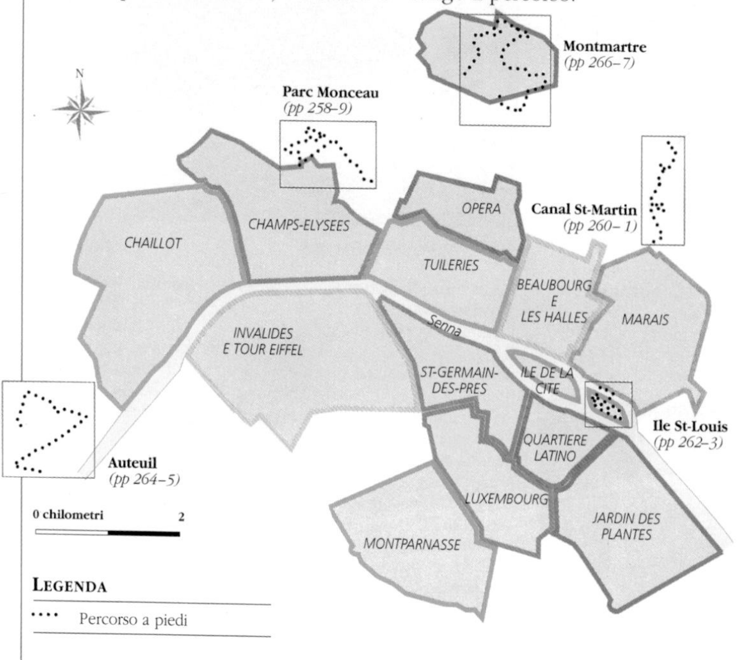

Ponte sul Canal St-Martin

Parc Monceau (90 minuti)

Il comodo percorso attraversa il raffinato Parc Monceau, realizzato alla fine del XVIII secolo, centro di un elegante distretto del Secondo Impero. Prosegue poi nelle strade circostanti, dove una serie di sontuose dimore danno l'idea degli agi in cui vivono alcuni parigini, e termina poi a Place St-Augustin. Per maggiori dettagli sul Parc Monceau, vedi pagine 230–1.

Cancello Ruysdaël

Dal Parc Monceau all'Avenue Velasquez

La passeggiata inizia alla stazione del metró di Monceau ① sul Boulevard de Courcelles. Entrando nel parco si trova il casello del dazio del XVIII secolo, progettato da Nicolas Ledoux ②. Sui due lati vi sono cancelli in ferro battuto, del XIX secolo, riccamente dorati, con lampioni decorati.

Prendete poi il secondo sentiero sulla sinistra fino al monumento di Guy de Maupassant (1897) ③, uno dei sei monumenti della Belle Epoque dedicati a scrittori e musicisti francesi e sparsi nel parco. La maggior parte rappresenta il busto solenne di un grande, affiancato da una musa adorante.

Proseguendo oltre si trova la più importante delle strutture architettoniche del parco, un colonnato corinzio ricoperto di muschio ④ che circonda un piccolo delizioso laghetto con l'immancabile isola al centro. Passeggiate intorno al colonnato e sotto l'arcata del XVI secolo ⑤, proveniente dall'antico Hôtel de Ville di Parigi *(p 102)*, bruciato nel 1871.

Girate a sinistra verso l'Allée de la Comtesse de Ségur e arrivate all'Avenue Velasquez, un ampio viale alberato con palazzi neoclassici del XIX secolo. Al n. 7 c'è lo splendido museo Cernuschi ⑥ e la sua collezione d'arte dell'Estremo Oriente.

Casello del Parc Monceau ②

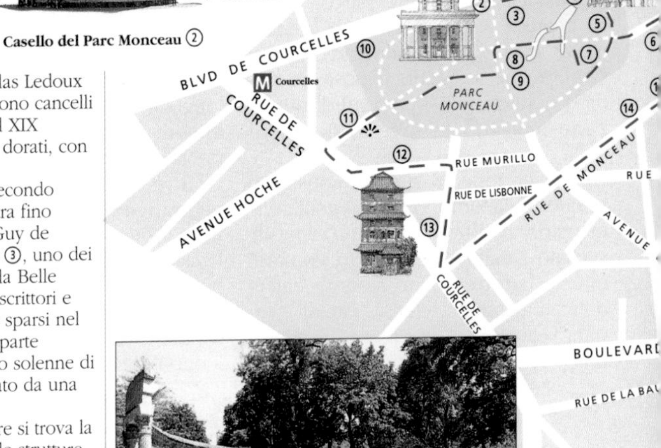

Colonnato nel Parc Monceau ④

Statua di Ambroise Thomas ⑧

Da Avenue Velasquez a Avenue Van Dyck

Rientrate nel parco e girate a sinistra nel secondo vialetto, fiancheggiato da una piramide del XVIII secolo ⑦, da antiche tombe, da un arco in pietra, da un obelisco e da una piccola pagoda cinese. Il romanticismo malinconico di queste false rovine si adattava allo spirito del XVIII secolo.

Girate a destra dopo la piramide e tornate indietro fino al viale centrale. Diritto davanti a voi troverete un ponte rinascimentale che scavalca un piccolo ruscello proveniente dal lago. Girate a sinistra, diretti al monumento (1902) del musicista Ambroise Thomas ⑧. Subito dietro c'è una deliziosa montagnola con una cascata. Girate a sinistra nel viale successivo e camminate fino al monumento (1897) del compositore Charles Gounod ⑨ sulla sinistra. Da qui seguite il primo sentiero sulla destra verso l'uscita di Avenue Van Dyck. Più avanti sulla destra, all'angolo del parco, si trova il monumento di Chopin ⑩ (1906) e, lungo l'Allée de la Comtesse de Ségur, il monumento al poeta Alfred de Musset (1810–57).

Da Avenue Van Dyck a Rue de Monceau

Lasciate il parco e dirigetevi in Avenue Van Dyck. Al n. 5 si trova il palazzo più imponente di Parc Monceau ⑪, un edificio neo-barocco costruito da un produttore di cioccolata, Emile Menier; l'edificio al n. 6 è in stile rinascimentale francese, tornato di moda intorno al 1860. Andando avanti, dietro un'inferriata decorata, si vede un bello scorcio di Avenue Hoche e in lontananza l'Arc de Triomphe.

La cascata ⑧

Superate il cancello e girate a sinistra in Rue de Courcelles e poi di nuovo a sinistra in Rue Murillo, fiancheggiata da edifici decorati in stile rinascimentale francese e settecentesco ⑫. All'incrocio con Rue Rembrandt, sulla sinistra, c'è un'altra entrata al parco e sulla destra un massiccio edificio del 1900 (n. 7) e un elegante palazzo rinascimentale con un portone d'ingresso in legno riccamente decorato (n. 1). All'angolo con la Rue Rembrandt e la Rue de Courcelles si erge la più antica costruzione della zona, una pagoda cinese rossa a cinque piani ⑬: è un emporio di arte cinese.

Girate a sinistra verso la Rue de Monceau, passate oltre l'Avenue Ruysdaël e proseguite fino al Musée Nissim de Camondo al n. 63 di Rue de Monceau ⑭. Ai n. 52, 60 e 61 ⑮, si trovano edifici interessanti.

Legenda

- Percorso a piedi
- Punto panoramico
- Metropolitana

0 metri 250

Emporio cinese ⑬

Boulevard Malesherbes

Arrivati all'incrocio con Rue de Monceau girate a destra nel Boulevard Malesherbes. Questo lungo boulevard con i suoi austeri edifici a sei piani è uno dei caratteristici viali realizzati da Haussmann, prefetto della Senna durante il Secondo Impero *(pp 32–3)*. I viali incontrarono il favore della borghesia ottocentesca, ma furono criticati da artisti e scrittori che paragonarono gli edifici a quelli di New York.

Al n. 75 si trova l'elegante facciata in marmo di Benneton, la stamperia più famosa di Parigi ⑯. Sulla sinistra, avvicinandosi al Boulevard Haussmann, si scorge in lontananza la più grande chiesa parigina del XIX secolo, St-Augustin ⑰, progettata da Victor-Louis Baltard. Entrate nella chiesa dall'ingresso secondario in Rue de la Bien-faisance e uscite dall'entrata principale. Sulla sinistra si trova un massiccio edificio in pietra, sede del circolo ufficiali ⑱. Proseguendo troverete la statua bronzea di Giovanna d'Arco ⑲. Continuate fino a Place St-Augustin, dove c'è la stazione del metró.

Statua di Giovanna d'Arco ⑲

Note informative

Punto di partenza: *Blvd de Courcelles.*
Lunghezza: *3 km.*
Come arrivarci: *La stazione del metró più vicina è quella di Monceau, autobus n. 30; il n. 84 ferma alla stazione di Courcelles e il n. 94 fra la stazione di Monceau e Villiers.*
Chiesa di St Augustin: *Apertura: 7–19.*
Soste: *Vicino al ponte rinascimentale di Parc Monceau c'è un chiosco che serve caffè e panini. Ci sono poi due caffè a Place de Rio de Janeiro, e alcune brasserie intorno a Place St-Augustin. La piazza M. Pagnol è un luogo piacevole per riposarsi e godersi la bellezza del parco alla fine della passeggiata.*

Lungo il Canal St-Martin (90 minuti)

La passeggiata lungo le rive del Canal St-Martin è un'esperienza molto diversa dalla visita alle zone più eleganti di Parigi. Qui infatti sopravvivono i tradizionali elementi della periferia: le fabbriche, i magazzini, le case, le taverne e i caffè, caratteristici del mondo operaio nella fiorente civiltà industriale del XIX secolo. Ma vi si rivive anche il fascino discreto degli antichi ponticelli in ferro, delle rive alberate, degli immancabili pescatori e dell'acqua ancora trasparente negli ampi bacini del canale. Una passeggiata lungo il canale che collega il Bassin de la Villette alla Senna vi farà venire in mente la Parigi dei Pernod, di Jean Gabin e di Edith Piaf.

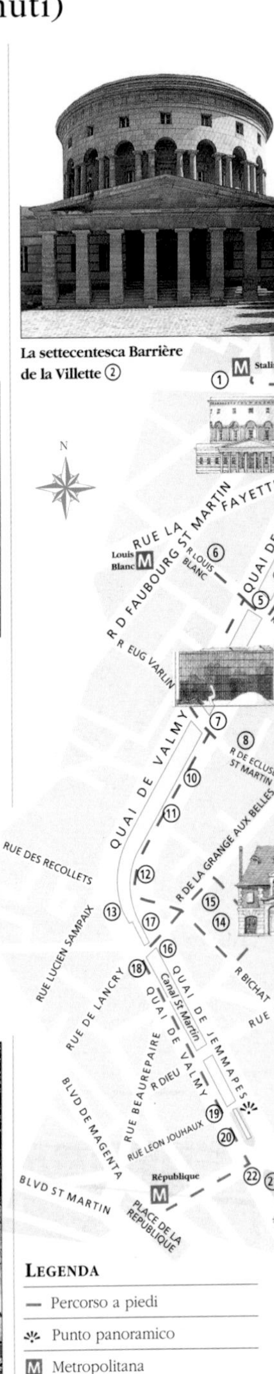

Il Bassin de la Villette verso nord ③

Da Place de Stalingrad alla Avenue Jean-Jaurès

Dalla stazione del metró di Stalingrad ①, seguite il Boulevard de la Villette fino alla piazza di fronte alla Barrière de la Villette ②. È uno dei pochi caselli daziari rimasti dal XVIII secolo ed è stato progettato dal famoso architetto Nicolas Ledoux intorno al 1780. La piazza, le fontane e le terrazze sono una felice realizzazione degli anni '80 con una bella prospettiva del Bassin de la Villette ③ verso nord.

Proseguite verso Avenue Jean-Jaurès. Sulla sinistra si trova la prima chiusa ④ che porta giù al canale.

Da Quai de Valmy a Rue Bichat

Attraversate il canale fino al Quai de Jemmapes sulla riva sinistra e proseguite fino al

Note informative

Punto di partenza: *Place de Stalingrad.*
Lunghezza: *3,5 km.*
Come arrivarci: *Stalingrad è la stazione del metró più vicina: prendere l'autobus n. 54 o il n. 26 che ferma alla stazione di Jaurès.*
Hôpital St-Louis: *Apertura cappella 14–17 ven–dom; il cortile è aperto tutti i giorni.*
Soste: *Sulla Rue du Faubourg du Temple si trova una gran quantità di ristoranti e negozi di alimentari etnici. Anche sul Quai de Valmy abbondano ristoranti e bar (Antoine et Lily, La 25e image, l'Atmosphère), e le sue panchine costituiscono piacevoli punti di sosta e lungo il Boulevard Jules Ferry si trova un giardino ombreggiato.*

Vista dal ponte di Rue E Varlin ⑦

Giardino nel cortile dell'Hôpital St-Louis ⑭

Passerella in ferro sul canale ⑤

primo ponte sulla Rue Louis Blanc ⑤. Attraversate il ponte fino al Quai de Valmy. Dall'angolo si scorge la facciata in vetro e granito del nuovo Tribunale dell'Industria di Parigi ⑥ sulla Rue Louis Blanc.

Proseguite lungo il Quai de Valmy. All'altezza della Rue E Varlin attraversate il ponte ⑦, da cui si gode una bella vista della seconda chiusa del canale, con la casa del custode, i giardini pubblici e i vecchi lampioni stradali. Sull'altro lato del ponte, sulla sinistra, potete procedere lungo la strada pedonale Rue Haendel, che offre una bella vista sugli alti e terrazzati edifici di un quartiere residenziale pubblico ⑧. Nelle vicinanze, in Place du Colonel Fabien, si trova la sede generale del Partito Comunista Francese ⑨. L'edificio è riconoscibile dalla sua torre vetrata curvilinea.

Ritornate sul Quai de Jemmapes, dove al n. 134 ⑩ troverete uno degli ultimi edifici industriali in mattoni e ferro di quelli che nel XVIII secolo fiancheggiavano il canale. Al n. 126 ⑪ vi è un'interessante costruzione moderna, una residenza per gli anziani, con monumentali archi in cemento armato e bovindi vetrati. Più avanti, al n. 112 ⑫, troverete un edificio Art Déco con bovindi, balconi in ferro battuto e piastrelle. Al pian terreno c'è un tipico caffè popolare degli anni '30. Qui il canale curva dolcemente verso la terza chiusa, sopra la quale si staglia una passerella in ferro ⑬.

Dall'Hôpital St-Louis alla Rue Léon Jouhaux

Girate a sinistra nella Rue Bichat, che conduce al bell'ospedale del XVII secolo, St-Louis ⑭. Entrate nel cortile attraverso l'antico ingresso principale, con il suo tetto spiovente e l'imponente arco in pietra. L'ospedale venne fondato nel 1607 da Enrico IV, il primo re della dinastia dei Borboni, per curare i malati di peste. Lasciate il cortile uscendo dal passaggio principale nell'ala a sinistra. Arriverete alla secentesca cappella dell'ospedale ⑮, uscendo poi sulla Rue de la Grange aux Belles.

Girate a sinistra e tornate fino al canale. All'incrocio di Rue de la Grange con il Quai de Jemmapes s'innalzava fino al 1627 la famigerata forca Montfaucon ⑯, uno dei principali luoghi per le esecuzioni pubbliche della Parigi medievale. Prendete Quai de Jemmapes. Al n. 101 ⑰ c'è l'originale facciata dell'Hôtel du Nord, reso celebre dall'omonimo film degli anni '30. Di fronte corre un'altra passerella in ferro e un ponte levatoio ⑱ per il traffico, in posizione tale da consentire la vista su entrambi i lati del canale. Attraversate e continuate lungo il Quai de Valmy fino all'ultima passerella ⑲, sull'angolo della Rue Léon Jouhaux. Da qui si vede il canale scomparire, attraverso un arco in pietra, per continuare il suo viaggio nel sottosuolo di Parigi.

Entrata dell'Hôpital St-Louis ⑭

Da Square Frédéric Lemaître a Place de la République

Percorrete lo Square Frédéric Lemaître ⑳ fino al Boulevard Jules Ferry, al centro del quale c'è un giardino pubblico. A un'estremità del giardino si erge la bella statua di una fioraia, *La Grisette* ㉑, innalzata intorno al 1830. A sinistra c'è la popolare e movimentata Rue du Faubourg du Temple ㉒, piena di ristoranti e negozi etnici. Seguite la strada sulla destra e raggiungete la stazione del metró in Place de la République.

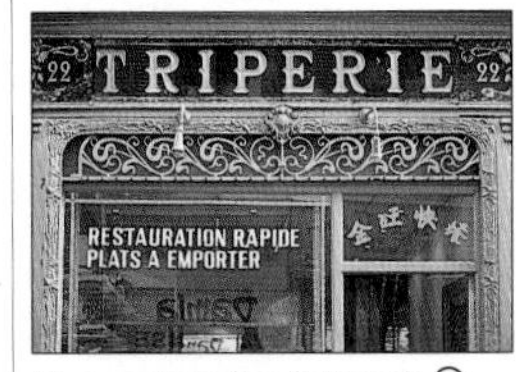

Un negozio in Rue du Temple ㉒

Ile St-Louis (90 minuti)

Il percorso attraverso questa piccola e affascinante isola si snoda per gli incantevoli e pittoreschi quai alberati che vanno dal Pont Louis-Philippe fino al Quai d'Anjou, con i bellissimi *hôtels* del XVII secolo che conferiscono alla zona un'atmosfera pregna del prestigio del passato. Attraverso l'arteria principale, la Rue St-Louis-en-l'Ile, ravvivata da ristoranti eleganti, caffè, gallerie d'arte e boutique, si arriva al cuore dell'isola, tornando poi verso nord fino al Pont Marie. Per altri dettagli sulle attrattive della zona, vedi pp 77 e 87.

L'Ile St-Louis vista dalla Rive Gauche

Pescatori sul lungosenna

Dal metró Pont Marie alla Rue Jean du Bellay

Dalla stazione del metró di Pont Marie ① procedete lungo il Quai des Celestins e il Quai de l'Hôtel de Ville, fiancheggiato dalle tradizionali bancarelle di libri, da dove godrete di una bella vista sull'Ile St-Louis. Voltate a sinistra sul Pont Louis-Philippe ② e, dopo averlo attraversato, scendete i gradini a destra che conducono al lungosenna. Girate intorno all'alberata punta occidentale dell'isola ③, poi prendete per l'altro lato del Pont St-Louis ④. Di fronte al ponte, sull'angolo della Rue Jean du Bellay, c'è il Flore en l'Ile ⑤, il caffè più elegante dell'isola.

Quai d'Orléans

Dall'angolo formato dalla Rue Jean du Bellay e dal Quai d'Orléans si gode una bella vista della cupola del Panthéon e di Notre-Dame. Lungo il quai, ai n. 18–20, l'Hôtel Rolland ha insolite finestre moresche. Al n. 12 ⑥, sorge una delle molte case signorili del XVII secolo dagli splendidi balconi in ferro battuto. Al n. 6 l'ex biblioteca polacca, fondata nel 1838, accoglie un piccolo museo dedicato al poeta polacco Adam Mickiewicz (chiuso per restauri fino al 2003) ⑦ e contiene anche alcuni spartiti di Chopin e scritti autografi di George Sand e Victor Hugo. Sulla destra il Pont de la Tournelle ⑧ unisce l'isola alla Riva sinistra.

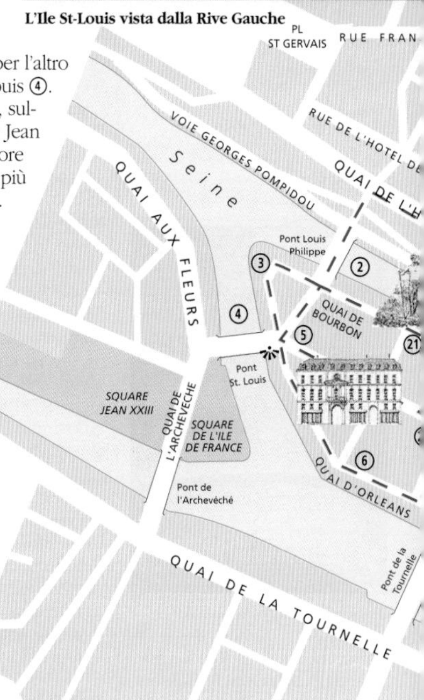

Legenda

- Percorso a piedi
- Punto panoramico
- M Metropolitana

0 metri 250

Una chiatta passa davanti al lungosenna St-Louis

Dal Quai de Béthune al Pont Marie

Continuate oltre il ponte lungo il Quai de Béthune, dove, al n. 36 ⑨, visse il premio Nobel Marie Curie e dove dei bei balconi in ferro battuto decorano i n. 34 e 30. L'Hôtel Richelieu ⑩, al n. 18, è uno dei più interessanti palazzi dell'isola, con un bel giardino che ha conservato le originali arcate classiche.

Girando a sinistra per la Rue Bretonvilliers incontrerete un imponente edificio settecentesco ⑪, con un alto tetto spiovente su un arco classico. Tornati sul Quai de Béthune, procedete fino al Pont de Sully ⑫, un ponte della fine dell'Ottocento che unisce le due rive. Più avanti c'è l'ottocentesco e incantevole Square Barye ⑬, un ombreggiato giardino pubblico sulla punta orientale dell'isola, con una bella vista sul fiume. Da qui dirigetevi verso il Quai d'Anjou fino all'angolo della Rue St-Louis-en-l'Ile per vedere l'edificio più famoso dell'isola, l'Hôtel Lambert ⑭ *(pp 24–5)*. Continuate lungo il Quai d'Anjou dove l'Hôtel de Lauzun ⑮ al n. 17 ha un'austera facciata classica e ringhiere e pluviali dorati.

St-Louis church door ⑰

Girate poi a sinistra nella Rue Poulletier dove, al n. 5 bis, c'è il convento delle Figlie della Carità ⑯. Più avanti all'angolo tra la Rue Poulletier e la Rue St-Louis-en-l'Ile c'è la chiesa di St-Louis ⑰, con l'insolita torre, l'orologio sporgente e il portale intagliato.

Proseguite lungo la Rue St-Louis-en-l'Ile, piena di piccoli ed eleganti ristoranti, tipo bistró, con belle decorazioni vecchio stile. Al n. 31 c'è la prima gelateria di Berthillon ⑱, al n. 60 una galleria d'arte ⑲, con una facciata originale del XIX secolo, e al n. 51 c'è uno dei pochi *hôtels* del XVIII secolo dell'isola, l'Hôtel Chernizot ⑳, con una stupenda balconata rococò poggiante su doccioni che raffigurano mostri.

Doccione al 51 di Rue St-Louis-en-l'Ile ⑳

Girate a destra nella Rue Jean du Bellay fino al Pont Louis-Philippe e poi di nuovo a destra nel Quai de Bourbon, lungo il quale si allinea una delle più belle teorie di *hôtels* dell'isola, il più notevole dei quali è l'Hôtel Jassaud al n. 19 ㉑. Continuate fino al secentesco Pont Marie ㉒ e attraversatelo in direzione del metró di Pont Marie.

Il seicentesco Pont Marie ㉒

Finestre dell'Hôtel Rolland

Note informative

Punto di partenza: *metró Pont Marie.*
Lunghezza: *2,6 km.*
Come arrivarci: *Il percorso inizia dal metró Pont Marie; l'autobus 67 arriva alla Rue du Pont Louis-Philippe e attraversa l'isola lungo la Rue des Deux Ponts e il Blvd Pont de Sully; anche le linee 86 e 87 attraversano l'isola percorrendo Blvd Pont de Sully.*
Soste: *Vi sono diversi caffè, tra cui il Flore en l'Ile e la gelateria Berthillon (p 311). Tra i ristoranti della Rue St-Louis-en-l'Ile c'è l'Auberge de la Reine Blanche (n. 30) e Au Gourmet de l'Isle (n. 42), oltre a una pasticceria e a un negozio di formaggi. Per riposarsi, ottimi i quai alberati e lo Square Barye nella parte orientale dell'isola.*

Auteuil (90 minuti)

PARTE DEL FASCINO di questo percorso nella roccaforte della borghesia parigina, nella parte più occidentale della città, è rappresentato dai contrasti presenti nella zona. L'atmosfera da vecchio villaggio della Rue d'Auteuil cede a poco a poco il passo alla moderna architettura di lusso della Rue La Fontaine e della Rue du Docteur Blanche. La camminata finisce alla stazione del metró di Jasmin. Per maggiori dettagli su Auteuil, vedi p 254.

Obelisco, Place d'Auteuil ①

Rue d'Auteuil

L'itinerario comincia a Place d'Auteuil ①, una piazzetta con un'appariscente ingresso alla metropolitana disegnato da Guimard, un obelisco del XVIII secolo e la neo-romanica Notre Dame d'Auteuil del XIX secolo. Percorrete la Rue d'Auteuil, la strada principale del vecchio villaggio, e immergetevi in questa atmosfera di vecchia provincia. La brasserie Auberge du Mouton Blanc ② occupa i locali dove c'era un tempo la più vecchia taverna della zona, molto amata da Molière e dai suoi attori nel XVII secolo. La casa ai n. 45–47 ③ era la residenza dei presidenti americani John Adams e John Quincy Adams, suo figlio. Dirigetevi verso l'ombreggiata Place Jean Lorrain ④, dove si svolge il locale mercato e dove c'è una delle fontanelle per bere donate dal milionario inglese Richard Wallace nel XIX secolo. Sulla destra scendete per Rue Donizetti fino alla Villa Montmorency ⑤, un'enclave di ville di lusso, costruite sull'ex proprietà della contessa di Boufflers.

Fontana di Wallace ④

Rue La Fontaine

Continuate il percorso lungo la Rue La Fontaine, famosa per gli edifici di Hector Guimard. Marcel Proust è nato al n. 96. Il complesso di studi di artisti di Henri Sauvage al n. 65 ⑥ è uno delle più originali strutture Art Déco di Parigi. Il n. 60 è un edificio Art Nouveau di Guimard ⑦, con eleganti balconi in ghisa. Al n. 40 ⑧, c'è una piccola cappella neogotica e ai n. 19 e 21 ⑨ ci sono edifici per appartamenti in stile Art Nouveau. Il n. 14, il Castel Béranger ⑩, è l'architettura più spettacolare di Guimard, con un superbo ingresso.

NOTE INFORMATIVE

Punto di partenza: *Place d'Auteuil.*
Lunghezza: *3 km.*
Come arrivarci: *Il metró più vicino a Place d'Auteuil è Eglise d'Auteuil e vi arrivano anche gli autobus 22, 52 e 62.*
Soste: *lungo la Rue d'Auteuil c'è una brasserie alla moda, ma economica, L'Auberge du Mouton Blanc, con decori anni '30. Il n. 17 di Rue La Fontaine è un simpatico caffè Art Nouveau 1900, con vecchi pavimenti in piastrelle e il bancone coperto di zinco. Place Jean Lorrain è una piazza ben ombreggiata dove riposarsi e nella Rue La Fontaine, di fronte alla cappella neogotica del n. 40 c'è un piccolo parco. A Place Rodin c'è un piacevole giardino pubblico.*

Ingresso del n. 28 di Rue d'Auteuil

LEGENDA

— Percorso a piedi

Punto panoramico

M Metropolitana

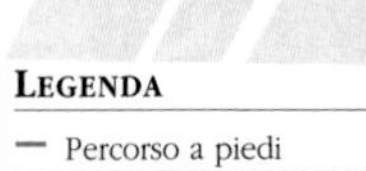

0 metri 250

Da Rue de l'Assomption a Rue Mallet Stevens

All'angolo della Rue de l'Assomption si gode la vista della Maison de Radio-France ⑪, costruita nel 1963 per ospitare la radiotelevisione francese *(p 200)*. È uno dei primi edifici moderni del dopoguerra della città.

Girate a sinistra in Rue de l'Assomption e raggiungete il n. 18 ⑫, un bell'edificio per appartamenti degli anni '20.

Girate a sinistra in Rue du Général Dubail e proseguite fino a Place Rodin, il cui centro è occupato dal

Bovindo al n. 3 di Square Jasmin ⑲

nudo bronzeo dello scultore, *L'età del bronzo* (1877) ⑬.

Prendete l'Avenue Théodore Rousseau tornando verso Rue de l'Assomption e girate a sinistra verso l'Avenue Mozart. Tracciata intorno al 1880, è la principale arteria del 16° arrondissement, che corre da nord a sud ed è fiancheggiata da tipiche case borghesi del XIX secolo.

Attraversate il viale e continuate verso l'Avenue des Chalets, dove c'è un insieme di ville ⑭ per il fine settimana che ricordano il più tranquillo sobborgo di Auteuil della metà del XIX secolo.

In Rue de l'Assomption c'è Notre-Dame de l'Assomption ⑮, una chiesa neo-rinascimentale del XIX secolo.

Girate a sinistra in Rue du Docteur Blanche. Al n. 9 e lungo la vicina Rue Mallet Stevens ⑯ c'è una schiera di famose abitazioni progettate dall'architetto del movimento moderno Robert Mallet Stevens. In queste case costose, un tempo di avanguardia, vivono oggi architetti, designer, artisti e molti dei loro clienti.

Le proporzioni originali sono state purtroppo rovinate dall'aggiunta di altri tre piani negli anni '60.

Proseguite lungo la Rue du Docteur Blanche fino alla Villa du Docteur Blanche sulla sinistra. Alla fine di questa strada senza uscita si trova l'edificio più famoso di Auteuil, la Villa Roche ⑰ di Le Corbusier. Insieme alla vicina Villa Jeanneret, ospita la sede della Fondazione Le Corbusier *(pp 36–7)*. Costruita per un collezionista d'arte nel 1924 con la nuova tecnica del cemento armato, la villa, con le sue forme geometriche e l'assenza di decorazioni è un capolavoro dell'architettura moderna.

Rue de l'Assomption 18, dettaglio ⑫

Da Rue du Docteur Blanche a Rue Jasmin

Tornate indietro in Rue du Docteur Blanche e girate a destra in Rue Henri Heine. Il n. 18 bis ⑱ è un edificio neoclassico degli anni '20 che crea un bel contrasto con quello adiacente, una delle ultime creazioni di Guimard, del 1926, con una facciata Art Nouveau più equilibrata di quella del Castel Béranger, ma ugualmente costruita in mattoni, con bovindi e tetto a terrazza.

Girate a sinistra in Rue Jasmin. Nella seconda strada sulla sinistra al n. 3 di Square Jasmin ⑲, si trova un'altra opera di Guimard.

Il metrò è alla fine di Rue Jasmin.

Cortile del n. 14 in Rue La Fontaine

L'età del bronzo ⑬

Montmartre (90 minuti)

IL PERCORSO INIZIA alla base della *butte* (collina), dove i vecchi teatri e le sale da ballo, un tempo frequentati e dipinti da pittori, tra cui Renoir e Picasso, sono stati oggi trasformati in locali rock. Si arrampica poi fino al villaggio di un tempo, lungo strade che conservano l'atmosfera catturata da artisti come Van Gogh, prima di ridiscendere serpeggiando verso Place Blanche. Per maggiori dettagli su Montmartre e sul Sacré-Coeur, vedi pp 218–27.

Panorama di Montmartre

Da Place Pigalle a Rue Ravignan

Il percorso inizia nella vivace Place Pigalle ① e segue la Rue Frochot fino alla Rue Victor Massé. Sull'angolo c'è la decorativa entrata di una strada privata fiancheggiata da chalet ② della fine del secolo. Di fronte, al n. 27 di Rue Victor Massé, c'è un palazzo di appartamenti della metà del XIX secolo e al n. 25 vissero Vincent Van Gogh e suo fratello Theo nel 1886 ③. Il famoso Chat Noir ④, il più rinomato cabaret di Montmartre negli anni intorno al 1890, stava al n. 12. Alla fine della strada inizia l'ampio e alberato Avenue Trudaine. Prendete a sinistra la Rue Lallier fino al Boulevard de Rochechouart. Continuate verso est. Lo Chat Noir stava prima al n. 84, mentre al n. 82 c'era il Grand Trianon ⑤, il più vecchio cinema in attività di Parigi, che risale agli anni intorno al 1890. Il n. 74 è la facciata originale del primo locale di Montmartre dove venne eseguito il cancan, l'Elysée-Montmartre ⑥.

Girate a sinistra nella Rue Steinkerque, che porta ai giardini del Sacré-Coeur e poi ancora a sinistra nella Rue d'Orsel, che conduce all'ombreggiata Place Charles Dullin, dove si trova il piccolo Théâtre de l'Atelier ⑦ dell'inizio del XIX secolo. Continuate a salire la collina per la Rue des Trois Frères e girate a sinistra in Rue Yvonne le Tac, che porta a Place des Abbesses ⑧. Questa è una delle più vivaci e piacevoli piazze della zona, che ha conservato intatta l'entrata in stile Art Nouveau della metropolitana di Hector Guimard.

Ingresso all'Avenue Frochot

NOTE INFORMATIVE

Punto di partenza: *Place Pigalle.*
Lunghezza: *2,3 km. Il percorso sale fino alla cima per alcune strade molto ripide; se non ve la sentite di arrampicarvi, prendete il Montmartrobus, che fa la maggior parte del percorso, partendo da Place Pigalle.*
Come arrivarci: *il metró più vicino è Pigalle; gli autobus più comodi sono il 30, il 54 e il 67.*
Soste: *In Rue Lepic e in Rue des Abbesses ci sono molti caffè e negozi. Il Rayons de la Santé, alla destra del teatro in Place Charles Dullin, è uno dei migliori ristoranti vegetariani della città. Per riposarvi all'ombra, scegliete i giardini di Place Jean-Baptiste Clément e dello Square S Buisson nell'Avenue Junot.*

Lamarck Caulaincourt M
AVENUE JUNOT
RUE S DEREURE
AVENUE JUNOT
RUE LEPIC
RUE NORV
R D'ORCHAMPT
RUE DURANTIN
RUE DURANTIN
RUE L
Abbesses
RUE LEPIC
RUE VERON
RUE GERMAIN PILON
Blanche M
BOULEVARD DE CLICHY
RUE HOUDON
Pigalle M
RUE VICTOR MASSE

Rue André Antoine ⑩

Di fronte c'è St-Jean l'Evangéliste ⑨, in stile Art Nouveau. A destra della chiesa una ripida scalinata porta a Rue André Antoine, dove al n. 39 visse Georges Seurat ⑩. Continuate per Rue des Abbesses e girate a destra in Rue Ravignan.

Rue Ravignan

Da qui si gode uno splendido panorama di Parigi. Salite i gradini dritto davanti a voi fino all'ombreggiata Place Emile Goudeau ⑪. A sinistra, al n. 13, c'è l'originale entrata del Bateau-Lavoir, il più importante insieme di studi artistici di Montmartre, dove Picasso visse e lavorò agli inizi del secolo. Ancora più avanti, all'angolo tra Rue Orchampt e Rue Ravignan, c'è una fila di pittoreschi studi artistici del XIX secolo ⑫.

St-Jean l'Evangéliste, dettaglio ⑨

Vendita di quadri a Place du Tertre ⑮

Da Rue Ravignan a Rue Lepic

Continuate a salire la collina lungo i giardini di Place Jean-Baptiste Clément ⑬. Arrivati in alto, attraversate Rue Norvins. Di fronte c'è un vecchio ristorante di Montmartre, Auberge de la Bonne Franquette ⑭, che, come Aux Billards en Bois, era il ritrovo preferito degli artisti del XIX secolo. Continuate per la Rue St-Rustique, da cui si vede il Sacré-Coeur. Alla fine e sulla destra c'è Place du Tertre ⑮, la piazza principale del villaggio.

Da qui andate a nord nella Rue du Mont Cenis e girate a sinistra in Rue Cortot, dove al n. 6 visse l'eccentrico compositore Erik Satie ⑯ e al n. 12 c'è il Musée de Montmartre ⑰. Girate a destra in Rue des Saules e passando dalla deliziosa vigna di Montmartre ⑱ arrivate a Au Lapin Agile ⑲ all'angolo di Rue St-Vincent. Ritornate in Rue des Saules e girate a destra in Rue de l'Abreuvoir, una bella strada ricca di ville e giardini di fine secolo. Continuate nella pedonale Allée des Brouillards. Il n. 6 ⑳ è stata l'ultima casa di Renoir a Montmartre. Scendete i gradini verso Rue Simon Dereure e girate subito a sinistra in un piccolo parco, che potete attraversare per raggiungere Avenue Junot. Qui, al n. 15 ㉑, visse il dadaista Tristan Tzara all'inizio degli anni '20. Continuate per l'Avenue Junot, girate a destra in Rue Girardon e ancora a destra in Rue Lepic.

Il cabaret Au Lapin Agile ⑲

Da Rue Lepic a Place Blanche

All'angolo c'è uno dei pochi mulini a vento rimasti a Montmartre, il Moulin du Radet ㉒. Continuate lungo Rue Lepic: a destra, in cima alla salita, c'è un altro mulino, il Moulin de la Galette ㉓. Girate a sinistra in Rue de l'Armée d'Orient, con i pittoreschi studi ㉔, e ancora a sinistra in Rue Lepic. Nel giugno 1886 Van Gogh visse qui, al n. 54 ㉕. Continuate per Place Blanche e sul Boulevard de Clichy, a destra, troverete il simbolo della zona, il Moulin Rouge ㉖.

Il night-club Moulin Rouge vicino a Place Blanche ㉖

LEGENDA

— Percorso a piedi

Punto panoramico

M Metropolitana

0 metri 250

INFORMAZIONI TURISTICHE

Dove alloggiare

Parigi ha più camere d'albergo di ogni altra città europea. Vi si trovano alberghi di gran lusso, come il Ritz (i francesi li chiamano *palaces*) e alberghi esclusivi, come L'Hôtel dove Oscar Wilde morì in povertà, fino agli alberghetti più semplici nei vecchi e affascinanti quartieri della città.

Abbiamo esaminato alberghi in tutte le categorie di prezzo e ne abbiamo scelti una vasta gamma, tutti convenienti. La tabella alle pagine 278-9 vi aiuterà a restringere la vostra scelta; per maggiori dettagli su ogni albergo, consultate le pagine 280-5. L'elenco e la tabella presentano raggruppamenti per zona, a seconda della tariffa praticata dall'albergo. Alle pagine 272-4 troverete informazioni su altri tipi di sistemazioni.

Vale la pena di notare che la parola *hôtel* non significa sempre "albergo". Può anche significare municipio (*hôtel de ville*), ospedale (*Hôtel-Dieu*), oppure palazzo.

Dove cercare

Gli alberghi a Parigi tendono a concentrarsi per categorie in aree particolari. Quelli di lusso sono quasi sempre nella parte nord, mentre gli *hôtels de charme* in quella sud.

Nei distretti eleganti vicino agli Champs-Elysées si trovano molti dei più famosi alberghi di Parigi, tra cui il Royal Monceau, il Bristol, il Four Seasons George V, il Meurice e il Plaza Athénée. Altri alberghi eleganti, anche se meno conosciuti, si trovano nel quartiere residenziale e delle ambasciate, vicino al Palais de Chaillot.

A est, sempre sulla Riva destra, nella zona del Marais, vi sono piccoli alberghi particolarmente attraenti che praticano prezzi ragionevoli. Le zone vicine intorno a Les Halles e a Rue St-Denis, tuttavia, sono frequentate da prostitute e da spacciatori. Appena più a sud del Marais, l'Ile St-Louis e l'Ile de la Cité hanno molti begli alberghi.

Sulla Riva sinistra si trovano alcune delle zone turistiche più famose e vi è una grande varietà di piccoli alberghi caratteristici. L'atmosfera cambia man mano che ci si sposta dal Quartiere Latino, assai migliorato negli ultimi anni, e dall'elegante e artistica zona settentrionale e meridionale di Boulevard St-Germain, verso la parte più trascurata del viale stesso e la zona austera e istituzionale dove sorgono Les Invalides e la Tour Eiffel. Gli alberghi rispecchiano queste differenze.

Più distante dal centro, a Montparnasse, vi sono molti grandi alberghi per uomini d'affari e l'area di Porte de Versailles verso sud è sempre affollata per via delle fiere. Le zone intorno alla Gare du Nord e alla Gare de Lyon dispongono di un certo numero di alberghi (da scegliere con attenzione). A Montmartre ci sono un paio di alberghi piacevoli se non vi preoccupano le salite, ma fate attenzione a quelli che, pur essendo a Montmartre, si trovano di fatto nella zona a luci rosse di Pigalle. Se cercate un alloggio di persona, le ore migliori sono quelle della tarda mattinata oppure a metà pomeriggio. Se le camere sono tutte prenotate, provate di nuovo dopo le 18, quando le prenotazioni dei clienti che non si sono presentati decadono. Non giudicate dalla reception: chiedete sempre di vedere la camera e, se non vi soddisfa, chiedetene un'altra, se disponibile. (Per gli aeroporti *pp 360–5*).

Hôtel de Crillon ***(p 280)***

L'Hôtel du Louvre *(p 280)*, tra il Louvre e il Palais Royal

Tariffe

Gli alberghi non sono sempre a buon mercato in bassa stagione (da metà novembre a marzo o luglio e agosto) perché le sfilate di moda o altri avvenimenti possono riempirli facendo salire i prezzi. Talvolta le differenze nella dimensione e nella posizione delle camere possono incidere sul costo. Le camere piccole sono più economiche.

Le camere a due letti sono un po' più care di quelle doppie; le tariffe per persona sono pari o di poco inferiori a quelle per la camera doppia (le tariffe si intendono sempre per camera, non per persona). Le camere singole sono scarse, molto piccole e spoglie. Le camere senza bagno sono circa il 20% più economiche delle altre. Con tanti buoni ristoranti in città, la mezza pensione può essere superflua.

Vale sempre la pena di chiedere uno sconto: potreste per esempio ottenere una tariffa speciale. In alcuni alberghi ci sono sconti per studenti, famiglie e anziani.

Extra

Per legge, tasse e servizi devono essere inclusi nel prezzo o indicati alla reception o nella camera. Le mance non sono necessarie, salvo che per servizi particolari, se per esempio il portiere vi prenota uno spettacolo o se la cameriera vi lava della biancheria. Al momento della prenotazione, comunque, chiedete se la prima colazione è inclusa nel prezzo. Fate attenzione agli extra, come bevande o spuntini dal mini-bar, che saranno probabilmente costosi, come il servizio lavanderia, il garage o le telefonate dalla camera, specialmente quelle in teleselezione.

I cambi negli alberghi sono sempre più sfavorevoli che nelle banche; perciò assicuratevi di avere abbastanza contante per pagare il conto, a meno che non paghiate con carta di credito o Traveller's cheque.

Four Seasons George V *(p 285)*

L'Hôtel Meurice *(p 281)* alle Tuileries

Categorie

L'ente del turismo ha diviso gli alberghi francesi in cinque grandi categorie: da una a quattro stelle, più una categoria quattro stelle deluxe. Alcuni alberghi molto piccoli non sono classificati. Le stelle indicano i servizi che potete aspettarvi (per esempio, gli alberghi con più di tre stelle devono avere l'ascensore). Questa suddivisione, tuttavia, non vi dice nulla sulla cordialità, la pulizia o il buon gusto.

Comfort

Pochi alberghi con meno di quattro stelle hanno il ristorante, anche se c'è quasi sempre la sala per la prima colazione; parecchi dei ristoranti degli alberghi chiudono in agosto. Molti degli alberghi più vecchi non hanno una sala comune. Quelli più moderni e più cari offrono servizi corrispondenti al prezzo e hanno spesso anche un bar. Gli alberghi più economici spesso non hanno l'ascensore, importante al momento di trascinarsi i bagagli in camera. Di solito solo gli alberghi più cari hanno il parcheggio. Per le eccezioni consultate le pagine 280–5. Se si viaggia in macchina è consigliabile fermarsi in un albergo più periferico sul tipo dei motel *(pp 273–4)*.

Tutti gli alberghi, salvo quelli più piccoli, hanno il telefono in camera; molti anche la televisione. Fax e internet sono disponibili nei grandi alberghi. Il letto matrimoniale *(grands lits)* è comune in Francia, ma se lo volete è meglio specificarlo prima.

Statua nell'Hôtel Relais Christine *(p 282)*

Il Plaza Athénée *(p 284)* sugli Champs-Elysées

Abitudini locali

Molti alberghi continuano a far uso del vecchio cuscino francese a forma di salsiccia, molto scomodo se non ci si è abituati. Se volete un guanciale, chiedete un *oreillers*. Se volete essere sicuri che ci siano i servizi igienici, chiedete un *WC*, mentre per il bagno chiedete un *bain*. Il *cabinet de toilette* è infatti solo il lavabo con il bidet, e *eau courante* significa semplicemente lavabo con acqua corrente calda e fredda. Una camera duplex è una suite su due piani.

La tradizionale prima colazione degli alberghi francesi (caffè, croissant, marmellata e succo d'arancia) a Parigi si sta trasformando in un elaborato buffet con carni fredde e formaggio. In ogni caso, insistete per avere un'*orange pressée* (una spremuta d'arancia) e non un *jus d'orange*, che è il succo in lattina. La prima colazione in alcuni alberghi di lusso sta diventando così popolare che, se non volete consumarla in camera, vi conviene prenotare un tavolo. Una piacevole alternativa è arrivare fino al più vicino caffè dove i parigini fanno colazione leggendo il giornale.

Di solito le camere devono essere liberate per le 12; oltre quest'ora vi verrà addebitata l'intera giornata.

Offerte particolari

Poiché Parigi è una meta turistica e di affari molto frequentata, le offerte speciali per il fine settimana sono rare. Se è un periodo di bassa stagione potete chiedere uno sconto o sfruttare i pacchetti tutto compreso.

Bambini

I bambini piccoli possono dividere la camera con i genitori gratis o con un piccolo supplemento e spesso le agenzie hanno offerte speciali in questo senso. Pochi alberghi rifiutano di ospitare i bambini, anche se non tutti dispongono dei servizi necessari.

Disabili

Le informazioni circa l'accesso per le sedie a rotelle sono state raccolte tramite questionario e non sono quindi verificate. Pochi alberghi sono ben attrezzati per questo tipo di ospiti. L'**Association des Paralysés de France** e il **Comité Nationale pour la Réadaptation des Handicapés** pubblicano opuscoli informativi. *(Vedi* Indirizzi *p 351).*

Residence

L'ente **Résidences de Tourisme** offre appartamenti in residence. Alcuni servizi prevedono un supplemento. I prezzi vanno da circa 90€ per notte per un piccolo alloggio a più di 300€ per notte per un appartamento per diverse persone. Per informazioni e prenotazioni rivolgetevi a **Paris-Séjour-Réservation** o contattate il *résidence*; l'elenco completo è disponibile presso l'**Office du Tourisme**. I turisti scelgono sempre più spesso le sistemazioni con uso cucina. Fra le agenzie che offrono questo servizio ci sono: **Allo Logement Temporaire**, **At Home In Paris**, **ASLOM**, **Paris Appartements Services** e **3,2,1: International**. Anche **Good Morning Paris** e **France-Lodge** affittano appartamenti con uso cucina pur essendo agenzie B&B. *(Vedi* Indirizzi *p 274).*

Il tranquillo Hôtel des Grands Hommes *(p 282)*

Tutti forniscono alloggi ben arredati per soggiorni da una settimana a sei mesi, talvolta in appartamenti di parigini I prezzi sono simili a quelli dei Résidences de Tourisme, ma spesso un po' meno cari per gli appartamenti più grandi.

Case private

Il bed and breakfast, fenomento tipicamente anglosassone, è conosciuto come *chambre d'hôte* o *café-couette* ("caffè e coperta"). Le sistemazioni in B&B sono disponibili a prezzi contenuti, fra i 35€ e i 75€ per camera doppia a notte. **Alcôve & Agapes**, **Good Morning Paris**, **Mondialoca** e **France-Lodge** forniscono sistemazioni in tutta Parigi.

Catene di alberghi

Alla periferia di Parigi un gran numero di motel, accolgono oggi molti visitatori, sia turisti sia uomini d'affari. Le catene più economiche sono Formule 1, Première Class e Fast Hotel, consigliabili esclusivamente per il prezzo. Tra i migliori ci sono **Campanile**, **Ibis** e **Primevère**. Sono pratici, poco costosi e comodi se si è in macchina, ma manca completamente l'atmosfera parigina. Molti sono in località poco attraenti, spesso su strade a traffico intenso e sono perciò rumorosi. I più nuovi sono meglio attrezzati e meno squallidi di quelli di una volta. Molte catene di alberghi

Terrazza dell'Hôtel Atala *(p 284)*

Il giardino del Relais Christine *(p 282)*

(**Sofitel**, **Novotel** e **Mercure**) si rivolgono ai viaggiatori d'affari e hanno servizi migliori e prezzi più alti; in realtà, alcuni fra i più centrali sono di buona qualità. Per gli sconti praticati, possono tuttavia costituire una buona scelta per un fine settimana. Parecchi sono dotati di

L'Hôtel Prince de Galles Sheraton *(p 284)*

ristorante. La maggior parte delle catene pubblica opuscoli propri, spesso con cartine molto utili che indicano con precisione la dislocazione del motel *(vedi* Indirizzi *p 274)*.

Ostelli e sistemazioni economiche

A Parigi ci sono diverse catene di ostelli. La **Maisons Internationales de la Jeunesse et des Etudiants (MIJE)** offre sistemazioni per giovani dai 18 ai 30 anni in tre splendidi palazzi al Marais. Non serve prenotare in anticipo (salvo che per i gruppi): basta telefonare agli uffici centrali il giorno stesso.

Il **Bureau Voyage Jeunesse (BVJ)** ha camere doppie e camerate a prezzi abbordabili (20€–25€ con colazione e bagno privato). È consigliabile prenotare con una settimana d'anticipo.

La **Maison de L'UCRIF (Union des Centres de Rencontres Internationales de France)** dispone di nove centri intorno a Parigi, con camere singole, a più letti e camerate. Non ci sono limiti di età. Alcuni centri sono dotati di attrezzature sportive.

La **Fédération Unie des Auberges de Jeunesse (FUAJ)** fa parte della International Youth Hostels Federation. Per essere accolti nei due ostelli della metropoli non ci sono limiti di età. *(Vedi* Indirizzi *p 274)*.

Campeggi

Il solo campeggio di Parigi è il **Camping du Bois de Boulogne/Ile de France** (9€–25€ per notte). Questo campeggio ben attrezzato vicino alla Senna di solito è sempre al completo nei mesi estivi. Nella regione circostante, tuttavia, ce ne sono molti di più e alcuni sono in prossimità delle linee RER, quindi facilmente raggiungibili. Per avere informazioni, ci si può rivolgere all'Office du Tourisme oppure consultare l'opuscolo pubblicato dalla **Fédération Française de Camping-Caravaning** *(vedi* Indirizzi *p 274)*.

INDIRIZZI

OFFICE DU TOURISME

127 Ave des Champs-Elysées 75008.
08 36 68 31 12.
Uffici alla Gare de Lyon e alla Tour Eiffel (in estate).
www.paris-touristoffice.com

AGENZIE

Paris-Séjour-Réservation
90 Ave des Champs-Elysées 75008.
01 53 89 10 50.
FAX *01 53 89 10 59.*

Ely 12 12
9 Rue d'Artois 75008.
01 43 59 12 12.
www.ely1212.com

RESIDENCE

Allo Logement Temporaire
64 Rue du Temple 75003.
01 42 72 00 06.
FAX *01 42 72 03 11.*

At Home in Paris
16 Rue Médéric 75017.
01 42 12 40 40.
FAX *01 42 12 40 48.*

ASLOM
75 Ave Parmentier 75011.
01 43 49 67 79.
www.aslom.com

Paris Appartements Services
69 Rue d'Argout 75002.
01 40 28 01 28.
FAX *01 40 28 92 01.*

3,2,1: International
BP 60, 95472 Fosses.
01 34 31 10 23.
www.mondialoca.net

RÉSIDENCES DE TOURISME

Résidences in Paris
35 Rue de Berri 75008.
01 53 77 56 00.
FAX *01 42 56 52 75.*

Les Citadines
27 Rue Esquirol 75013.
08 25 01 03 29.
www.citadines.com

Flatotel
14 Rue du Théâtre 75015.
01 45 75 62 20.
FAX *01 45 79 73 30.*

Pierre et Vacances
10 Pl Charles-Dullin 75018.
01 45 58 87 00.
FAX *01 42 54 48 87.*

Résidence du Roy
8 Rue François-1er 75008.
01 42 89 59 59.
www.hroy.com

CASE PRIVATE

Alcôve & Agapes
8bis Rue Coysevox 75018.
01 44 85 06 05.
FAX *01 44 85 06 14.*

France-Lodge
41, Rue Lafayette 75009.
01 53 20 09 09.
www.apartments-in-paris.com

Mondialoca
BP 60, 95472 Fosses.
01 34 31 10 23.
www.mondialoca.net

Good Morning Paris
43 RueLacépède 75005.
01 47 07 28 29.
FAX *01 47 07 44 45.*

CATENE DI ALBERGHI

Campanile
01 64 62 46 46 (per prenotazioni).
www.campanile.fr

Ibis
08 03 88 22 22 (per prenotazioni).
www.ibishotels.com

Primevère
08 00 12 12 12 (per prenotazioni).
www.choicehotels.com

Golden Tulip St-Honoré
218 Rue du Faubourg St-Honoré 75008.
01 49 53 03 03.
www.gtshparis.com

Hilton
18 Ave de Suffren 75015.
01 44 38 56 00.
www.hilton.com

Holiday Inn
92 Rue de Vaugirard 75006.
01 49 54 87 00.
www.holiday-inn.com

Holiday Inn République
10 Pl République 75011.
01 43 55 44 34.
www.holiday-inn.com

Mercure Paris Bercy
77 Rue de Bercy 75012.
01 53 46 50 50.
www.mercure.com

Mercure Pont Bercy
6 Blvd Vincent Auriol 75013.
01 45 82 48 00.
www.mercure.com

Mercure Paris Montparnasse
20 Rue de la Gaîté 75014.
01 43 35 28 28.
www.mercure.com

Mercure Paris Tour-Eiffel Suffren
20 Rue Jean Rey 75015.
01 45 78 50 00.
www.mercure.com

Mercure Paris Porte de Versailles
69 Blvd Victor 75015.
01 44 19 03 03.
www.mercure.com

Méridien Montparnasse
19 Rue du Commandant René Mouchotte 75014.
01 44 36 44 36.
www.lemeridien-montparnasse.com

Nikko
61 Quai de Grenelle 75015.
01 40 58 20 00.
www.nikkohotels.com

Novotel Paris Bercy
85 Rue de Bercy 75012.
01 43 42 30 00.
www.novotel.com

Novotel Paris Les Halles
8 Pl Marguerite de Navarre 75001.
01 42 21 31 31.
www.novotel.com

Sofitel Paris Forum Rive Gauche
17, Blvd St-Jacques 75014.
01 40 78 79 80.
www.sofitel.com

Sofitel Paris CNIT
2 Pl de la Défense, 92053.
01 46 92 10 10.
www.sofitel.com

Sofitel Paris Arc de Triomphe
(p 285).

Sofitel Le Faubourg
15 Rue Boissy d'Anglas 75008.
01 44 94 14 14.
www.sofitel.com

Hotel Sofitel Scribe
1 Rue Scribe 75009.
01 44 71 24 24.
www.sofitel.com

Warwick
5 Rue de Berri 75008.
01 45 63 14 11.
www.warwick hotel.com

OSTELLI E SISTEMAZIONI ECONOMICHE

FUAJ – Centre National
27 Rue Pajol 75018.
01 44 89 87 27.
FAX *01 44 89 87 49.*

MIJE
Sede centrale: 11 Rue du Fauconnier 75004.
01 42 74 23 45.
FAX *01 40 27 81 64.*

BVJ
44 Rue des Bernardins 75005.
01 53 00 90 90.
FAX *01 53 00 90 91.*

La Maison de l'UCRIF
27 Rue de Turbig 75002.
01 40 26 57 64.
FAX *01 40 26 58 20.*

CAMPEGGI

Camping du Bois de Boulogne/Ile de France
Allée du Bord de l'Eau 75016.
01 45 24 30 00.
FAX *01 45 24 51 85.*

FFCC
78 Rue de Rivoli 75004.
01 42 72 84 08.
FAX *01 42 72 70 21.*

Come prenotare

L'alta stagione turistica a Parigi corrisponde ai mesi di maggio, giugno, settembre e ottobre, ma manifestazioni particolari, come sfilate di moda, fiere o grandi mostre possono riempire gli alberghi durante tutto l'anno. Euro Disney ha incrementato la domanda, poiché molti turisti preferiscono alloggiare a Parigi e raggiungere il parco con i treni della RER. Luglio e agosto sono più tranquilli, poiché molti parigini scelgono questo periodo per le ferie, ma oggi anche ad agosto, a differenza di alcuni anni fa, circa la metà degli alberghi, dei ristoranti e dei negozi rimane aperta.

Se avete scelto l'albergo, prenotate almeno un mese prima. Gli alberghi compresi nella tabella sono tra i migliori delle loro categorie e si riempiono facilmente. Tra maggio e ottobre conviene prenotare con sei settimane di anticipo. La via migliore è quella di rivolgersi direttamente all'albergo. Se telefonate, fatelo di giorno, perché vi sarà più facile trovare il personale autorizzato a ricevere le prenotazioni. Nei periodi di alta stagione sarà necessario confermare per iscritto (in alcuni casi sono disponibili siti web e indirizzi e-mail).

Se preferite rivolgervi a un'agenzia, **Ely 12 12** e **Paris-Séjour-Réservation** possono prenotare alberghi o altri tipi di sistemazione, perfino una chiatta sulla Senna.

Se non siete troppo esigenti o se vi è stato detto che tutti gli alberghi sono pieni, potete rivolgetevi all'**Office du Tourisme di** Parigi che offre un servizio di prenotazioni sul posto a un prezzo ragionevole.

Caparre

Se prenotate per telefono, vi verrà chiesto il numero della vostra carta di credito (da cui dedurre la cauzione) o una caparra (*arrhes*), che può arrivare a coprire il prezzo di una notte, ma generalmente corrisponde al 15%. Versate la caparra tramite carta di credito, Eurocheque o bonifico internazionale. Potete anche inviare un assegno pari all'importo della caparra per confermare la prenotazione. Di solito l'albergo conserverà l'assegno straniero fino al vostro arrivo, restituendovelo e consegnandovi il conto totale alla partenza. Prima di inviare un assegno, però, verificate se l'albergo lo accetta. In Francia c'è l'abitudine di specificare la scelta della camera al momento della prenotazione.

Cercate di arrivare all'albergo entro le 18 del giorno stabilito o almeno avvisate per telefono se siete in ritardo, altrimenti potreste perdere il diritto alla camera. Un albergo che non rispetta una prenotazione prepagata rompe un contratto e il cliente ha diritto a un risarcimento pari ad almeno il doppio della caparra versata.

Se avete dei problemi rivolgetevi all'Ufficio del Turismo.

Ufficio informazioni turistiche all'aereoporto Charles de Gaulle

Uffici informazioni turistiche

Potete prenotare un albergo a qualsiasi ufficio turistico presso gli aeroporti, ma solo di persona e per il giorno stesso.

Gli uffici turistici della Gare de Lyon e della Tour Eiffel (quest'ultimo è stagionale) offrono lo stesso servizio per tutti i tipi di alloggi.

Molti uffici turistici di Parigi hanno una lista completa degli alberghi e alcuni prenotano anche spettacoli e gite (*vedi* Guida pratica *p 350*).

Legenda

Gli alberghi alle pagine 280–5 sono divisi in funzione delle zone e delle fasce di prezzo. Tutti sono in centro. I seguenti simboli ne descrivono le caratteristiche.

- chiuso
- bagno/doccia in tutte le camere se non specificato diversamente
- 1 disponibilità di camere singole
- camere per più di due persone o possibilità di lettino in camera doppia
- 24 servizio in camera 24 ore su 24
- TV TV in tutte le camere
- frigobar in tutte le camere
- camere per non fumatori
- camere con vista
- aria condizionata in tutte le camere
- attrezzature sportive
- piscina in albergo
- servizi di segreteria, fax, telefono in tutte le camere e disponibilità di una sala riunioni nell'hotel
- agevolazioni per bambini: culle e servizio babysitter
- accesso per disabili
- ascensore
- animali permessi nelle camere se confermato; la maggior parte degli alberghi accettano i cani per non vedenti
- P parcheggio nell'hotel
- terrazza o giardino aperti agli ospiti
- bar
- ristorante
- informazioni turistiche
- carte di credito:

AE American Express
DC Diners Club
MC Mastercard/Access
V Visa
JCB Japanese Credit Bureau

Tariffe per camera doppia per una notte, comprendenti colazione, tasse e servizi:

€ meno di 90€
€€ 600€–900€
€€€ 90€–140€
€€€€ 181€–260€
€€€€€ oltre 260€

Il meglio di Parigi: gli alberghi

PARIGI È FAMOSA per i suoi alberghi, ottimi in tutte le categorie, dagli opulenti *palaces* (gli alberghi di gran lusso) agli *hôtels de charme*, romantici e caratteristici, fino ai più semplici alberghi a conduzione famigliare. Come prestigioso centro della cultura e della moda, la città è stata per lungo tempo la mecca sia per gente ricca e famosa sia per persone di tutti i ceti. Non sorprende quindi che possa vantare alcuni dei più splendidi alberghi al mondo e che il solo centro storico conti più di un migliaio di hotel. Qualsiasi sia la categoria, comunque, gli alberghi scelti *(pp 280–5)* hanno tutti quello stile e quel gusto inimitabile che caratterizza tutto ciò che fanno i parigini. In queste pagine una selezione del meglio.

Bristol
Nel cuore elegante di Parigi, è sinonimo di lusso (p 284).

Champs-Elysées

Chaillot

FIUME SENNA

Invalides e Tour Eiffel

Balzac
Piccolo ma elegante, questo hotel è carico di fascino storico. Il ristorante Pierre Gagnaire è ottimo (p 285).

Hôtel de Crillon
Uno dei grandi palace*, costruito per Luigi XV* (p 280)

Plaza Athénée
Nel cuore della haute couture *di Parigi, è il preferito dal mondo della moda. Splendidi decori e un superbo ristorante sono le principali attrazioni* (p 284).

Duc de St-Simon
In questo tranquillo hôtel de charme *ospitato in un palazzo settecentesco a sud della Senna le camere danno su un bel giardino* (p 283).

Le Grand Hôtel International
Costruito per Napoleone III nel 1862, questo storico hotel è stato amato da personaggi famosi, tra cui Mata Hari e Winston Churchill (p 285).

L'Hôtel
Famoso perché vi morì Oscar Wilde, questo elegante hotel ha camere imponenti e un po' bizzarre. Una delle camere fu arredata e occupata dalla stella del music hall Mistinguett (p 281).

Relais Christine
Oasi di pace nel cuore della città, questo hotel offre comfort tradizionali, come un bel camino nella sala soggiorno (p 282).

Opéra
Beaubourg e Les Halles
Marais
St-Germain-des-Prés
Ile de la Cité
Ile St-Louis
Luxembourg
Quartiere Latino
Jardin des Plantes

Hôtel du Jeu de Paume
Questo albergo ben ristrutturato era un tempo la palestra per la palla-corda (jeu de paume) (p 280).

0 chilometri 1

Lutétia
Decorato dalla grande designer Sonia Rykiel (p 282).

Hôtel de l'Abbaye
Un bel giardino, un cortile e delle deliziose camere caratterizzano questo alberghetto appartato vicino ai Jardins du Luxembourg (p 282).

Come scegliere un albergo

GLI ALBERGHI SEGNALATI nelle pagine seguenti sono stati ispezionati e verificati uno a uno, appositamente per questa guida. La tabella evidenzia i fattori che possono influenzare la scelta. Per maggiori dettagli sui singoli alberghi vedi l'elenco alle pagine 280–5.

Albergo	Prezzo	Numero di camere	Camere spaziose	Per gli uomini d'affari	Per i bambini	Ristorante consigliato	Vicinanza negozi e ristoranti	Posizione tranquilla	Servizio 24 ore su 24
Ile St-Louis, Marais *(p 280)*									
Hôtel des Deux-Iles	€€	17						■	
St-Merry	€€	11					●		
St-Paul-le-Marais	€€	27		■			●		
Hôtel de la Bretonnerie	€€€	30	●		●		●		
Hôtel du Jeu de Paume	€€€€	31						■	
Pavillon de la Reine	€€€€€	55			●		●	■	
Tuileries *(pp 280–81)*									
Brighton	€€	70			●		●		
Clarion St-James et Albany	€€€€€	203		■	●		●		
Hôtel du Louvre	€€€€€	199			●		●		●
Regina	€€€€€	130	●	■	●		●		●
Hôtel de Crillon	€€€€€	160	●	■	●	■	●		●
Intercontinental	€€€€€	450		■	●	■	●		●
Lotti	€€€€€	130		■			●		
Meurice	€€€€€	160	●	■		■	●		●
Ritz	€€€€€	175	●	■	●	■	●		●
St-Germain-des-Prés *(pp 281–2)*									
Hôtel du Quai Voltaire	€€	33			●				●
Hôtel d'Angleterre	€€	27					●	■	
Hôtel de Lille	€€	20					●		
Hôtel des Marronniers	€€	37					●	■	
Hôtel des Sts-Pères	€€	39					●	■	
Senateur	€€	40		■	●		●		
Lenox St-Germain	€€€	34					●	■	
Hôtel de Fleurie	€€€	29			●		●		
L'Hôtel	€€€€€	27			●	■	●	■	
La Villa St-Germain des Prés	€€€€	32			●		●	■	●
Lutétia	€€€€€	250	●	■	●	■	●		●
Montalembert	€€€€€	56		■		■	●	■	●
Relais Christine	€€€€€	51		■	●		●	■	●
Quartiere Latino *(p 282)*									
Esmeralda	€	19						■	●
Hôtel des Grandes Ecoles	€	51			●			■	
Hôtel des Grands Hommes	€€	32			●			■	
Hôtel de Notre-Dame	€€	34					●	■	
Hôtel du Panthéon	€€€	34			●			■	
Luxembourg *(p 282)*									
Perreyve	€€	30						■	●
Récamier	€€	30					●	■	
Hôtel de l'Abbaye	€€€	46			●		●	■	

Tariffe per una camera doppia standard per notte comprendenti colazione e servizi:
€ meno di 90€
€€ 90€–140€
€€€ 141€–180€
€€€€ 181€–260€
€€€€€ oltre 260€

Vicinanza negozi e ristoranti
A 5 minuti a piedi da negozi e ristoranti.

Per i bambini
Disponibili culle e servizio baby sitter. Alcuni alberghi prevedono anche porzioni ridotte e seggioloni al tavolo.

Per gli uomini d'affari
Servizio ricezione messaggi, fax per i clienti, scrivania e telefono in ogni camera, disponibilità di una sala riunioni nell'hotel.

		Numero di camere	Camere spaziose	Per gli uomini d'affari	Per i bambini	Ristorante consigliato	Vicinanza negozi e ristoranti	Posizione tranquilla	Servizio 24 ore su 24
Montparnasse *(p 283)*									
Lenox Montparnasse	€€	52			●			■	
Ferrandi	€€	42						■	
Villa des Artistes	€€	59			●			■	
Ste-Beuve	€€	22			●			■	
Le St-Grégoire	€€€	20			●		●	■	
Invalides *(p 283)*									
Hôtel de Suède St-Germain	€€	39			●			■	
Hôtel de Varenne	€€	24			●				
Hôtel Bourgogne et Montana	€€€€	32						■	
Duc de St-Simon	€€€€	34					●	■	
Chaillot, Porte Maillot *(pp 283–4)*									
Hôtel de Banville	€€€	38			●				●
Concorde La Fayette	€€€€	968		■	●	■			●
Le Méridien	€€€€	1,025		■	●	■			●
Square	€€€€	22		■			●		
Melia-Alexander	€€€€€	62	●		●		●		
Villa Maillot	€€€€€	42		■					
Raphaël	€€€€€	90	●	■		■	●		●
St-James	€€€€€	48		■		■	●	■	●
Champs-Elysées *(pp 284–5)*									
Résidence Lord Byron	€€	31			●		●	■	
Atala	€€€€	48				■	●	■	
Claridge-Bellman	€€€€	42	●				●		
Bristol	€€€€€	192	●	■	●	■	●		●
Plaza Athénée	€€€€€	188		■		■	●		●
Four Seasons George V	€€€€€	245	●	■	●	■	●		●
Balzac	€€€€€	70	●			■	●	■	●
Prince de Galles Sheraton	€€€€€	168	●	■	●	■	●		●
Royal Monceau	€€€€€	219		■		■			●
San Regis	€€€€€	44			●		●	■	●
Sofitel Paris Arc de Triomphe	€€€€€	135	●	■	●	■	●	■	●
Hôtel de la Trémoille	€€€€€	107	●	■	●	■	●	■	
Vernet	€€€€€	51			●		●		●
Opéra *(p 285)*									
Ambassador	€€€€	288	●	■	●	■	●		●
Le Grand Hôtel Intercontinental	€€€€€	514		■	●	■	●		●
Montmartre *(p 285)*									
Terrass' Hôtel	€€€€	101		■	●				

Ile St-Louis
Marais

Hôtel des Deux-Iles

59 Rue St-Louis-en-l'Ile 75004. **Tav** 13 C4. *01 43 26 13 35.* FAX *01 43 29 60 25.* ***Camere:*** *17.* *AE, MC, V.* €€ www.hotel-ile-stlouis.com

È un vero privilegio riuscire ad alloggiare nell'Ile St-Louis, e questa residenza del XVII secolo ve ne offre la possibilità. Qui l'atmosfera è tranquilla, le camere da letto attraenti e ben isolate e la sala realizzata nella cantina coperta a volte ha un vero camino. Le camere da letto, però, non sono spaziose.

St-Merry

78 Rue de la Verrerie 75004. **Tav** 13 B3. *01 42 78 14 15.* FAX *01 40 29 06 82.* ***Camere:*** *11.* *AE, MC, V.* €€ www.francehotelguide.com

Vicino al Centre Pompidou, l'albergo era il presbiterio secentesco della chiesa accanto. Arredato in stile gotico, l'albergo merita una visita, anche solo per dare un'occhiata alla camera n. 9, ricavata nella parete della chiesa, con archi rampanti all'interno.

St-Paul-le-Marais

8 Rue de Sévigné 75004. **Tav** 14 D3. *01 48 04 97 27.* FAX *01 48 87 37 04.* www.hotel-paris-marais.com ***Camere:*** *27.* *AE, DC, MC, V, JCB.* €€

Vicino a Place des Vosges, nel cuore del Marais, l'albergo, costruito in pietra e con travi in legno, è adatto a chi ama gli ambienti rustici; l'arredamento è semplice, elegante e moderno. Chiedete una camera sul cortile per evitare il rumore del traffico della stretta Rue de Sévigné. Gli ospiti sono accolti con un sorriso e fatti sentire subito a loro agio.

Hôtel de la Bretonnerie

22 Rue Ste-Croix de la Bretonnerie 75004. **Tav** 13 C3. *01 48 87 77 63.* FAX *01 42 77 26 78.* www.labretonnerie.com *ago.* ***Camere:*** *30.* *MC, V.* €€€

Il seicentesco Hôtel de la Bretonnerie, situato sulla deliziosa Rue Ste-Croix de la Bretonnerie, è uno degli alberghi più confortevoli del Marais. Le spaziose camere da letto hanno travi di legno al soffitto e mobili antichi. L'accoglienza è particolarmente gentile.

Hôtel du Jeu de Paume

54 Rue St-Louis-en-l'Ile 75004. **Tav** 13 C4. *01 43 26 14 18.* FAX *01 40 46 02 76.* www.hoteljeudepaume.com ***Camere:*** *31.* *AE, DC, MC, V, JCB.* €€€€

Situato sul lato di un cortile che era destinato un tempo al gioco della pallacorda, sull'Ile St-Louis, questa struttura è stata trasformata in un ottimo albergo famigliare, caratterizzato da ascensore in vetro, travi in legno, pavimenti in cotto, sauna e diverse camere duplex. L'accoglienza è calorosa.

Pavillon de la Reine

28 Pl des Vosges 75003. **Tav** 14 D3. *01 40 29 19 19.* FAX *01 40 29 19 20.* www.pavillon-de-la-reine.com ***Camere:*** *55.* *AE, DC, MC, V, JCB.* €€€€€

Un po' arretrato rispetto alla Place des Vosges, è l'albergo di lusso del quartiere del Marais. Il cortile è un'oasi di pace e le camere sono state sontuosamente rinnovate e sono arredate con ottime riproduzioni di mobili antichi.

Tuileries

Brighton

218 Rue de Rivoli 75001. **Tav** 12 D1. *01 47 03 61 61.* FAX *01 42 60 41 78.* www.esprit-de-france.com ***Camere:*** *70.* *AE, DC, MC, V, JCB.* €€

L'Hôtel Brighton, un tempo gloria della Rue de Rivoli, è stato salvato da un lento declino da una società giapponese. Le camere hanno alti soffitti intagliati e grandi finestre che danno sul Jardin des Tuileries o sul cortile. Le camere sul cortile sono più tranquille, ma meno belle. Alcune hanno il balcone.

Clarion St-James et Albany

202 Rue de Rivoli 75001. **Tav** 12 E1. *01 44 58 43 21.* FAX *01 44 58 43 11.* www.clarionstjames.com ***Camere:*** *203.* *AE, DC, MC, V. JCB.* €€€€€

È un gruppo di edifici che comprende l'Hôtel Noailles con la sua bella facciata. L'albergo è tranquillo e pulito, ma avrebbe bisogno di essere restaurato. È in una posizione perfetta di fronte al Jardin des Tuileries. A causa del traffico sulla Rue de Rivoli, è meglio chiedere una camera affacciata sul cortile.

Hôtel du Louvre

Pl André Malraux 75001. **Tav** 12 E1. *01 44 58 38 38.* FAX *01 44 58 38 01.* www.hoteldulouvre.com ***Camere:*** *200.* *AE, DC, MC, V, JCB.* €€€€€

In posizione eccezionale tra il Louvre e il Palais Royal. Dalle lussuose camere si godono viste spettacolari: la suite Pissarro è il luogo dove l'artista dipinse la sua veduta della *Place du Théâtre Français*, mentre se prenotate la camera 551 potete ammirare il teatro dell'opera dal vostro bagno.

Regina

2 Pl des Pyramides 75001. **Tav** 12 E1. *01 42 60 31 10.* FAX *01 40 15 95 16.* www.regina-hotel.com ***Camere:*** *130.* *AE, DC, MC, V, JCB.* €€€€€

L'Hôtel Regina è sconosciuto a molti turisti. Le strutture in legno del soggiorno sono uno splendido esempio di stile Art Nouveau e molti film sono stati girati qui. Dalle camere che si affacciano sulla Rue de Rivoli, arredate con mobili antichi, è ottimo il panorama.

Hôtel de Crillon

10 Pl de la Concorde 75008. **Tav** 11 C1. *01 44 71 15 00.* FAX *01 44 71 15 02.* www.crillon-paris.com ***Camere:*** *160.* *AE, DC, MC, V, JCB.* €€€€€

In splendida posizione in Place de la Concorde, è lussuoso ed elegante, con un soggiorno in marmo, una galleria in quercia e una splendida sala da pranzo nel Salone degli Ambasciatori. È frequentato dagli uomini di stato in visita ufficiale. Le camere che danno su Place de la Concorde sono le migliori. Dispone anche di una splendida suite reale e di una terrazza.

Intercontinental

3 Rue de Castiglione 75001. **Tav** 12 D1. *01 44 77 11 11.* FAX *01 44 77 14 60.* www.paris.interconti.com ***Camere:*** *450.* *AE, DC, MC, V, JCB.* €€€€€

Elegante albergo della fine del XIX secolo, è in posizione ideale tra il Jardin des Tuileries e Place Vendôme. È stato progettato da Charles Garnier, architetto dell'Opéra di Parigi, e i suoi storici saloni sono spesso usati per le sfilate di alta moda. La prima colazione è servita, d'estate, in cortile. Le camere sono tranquille e le migliori danno su uno dei cortili.

Lotti

7 Rue de Castiglione 75001. **Tav** 12 D1. *01 42 60 37 34.* FAX *01 40 15 93 56.* W www.jollihotels.com
Camere: 130. *AE, DC, MC, V, JCB.* €€€€€

Una sottile atmosfera di lenta decadenza circonda questo albergo una volta tra i più famosi della città. Alcune delle camere sono molto grandi, e quelle mansardate al sesto piano sono molto pittoresche.

Meurice

228 Rue de Rivoli 75001. **Tav** 12 D1. *01 44 58 10 10.* FAX *01 44 58 10 15.* W www.meuricehotel.com
Camere: 160. *AE, DC, MC, V, JCB.* €€€€€

L'Hôtel Meurice è un esempio perfetto di restauro, con ottime riproduzioni degli stucchi e degli arredi originali. Nel salone Pompadour, dove a volte è acceso il camino durante i mesi invernali, si tengono deliziosi pomeriggi musicali. Siccome le camere ampie e lussuose del primo e del secondo piano si affacciano sul Jardin des Tuileries, è senza dubbio necessario prenotare con molto anticipo.

Ritz

15 Pl Vendôme 75001. **Tav** 6 D5. *01 43 16 30 30.* FAX *01 43 16 31 78.* W www.ritzparis.com *Camere: 175.* *AE, DC, MC, V, JCB.* €€€€€

Dopo un secolo il Ritz è ancora all'altezza della sua ottima e discreta fama, dovuta all'abbinamento di eleganza e comfort. Gli arredi Luigi XVI, i camini in marmo e i candelieri sono tutti originali. Il duca di Windsor alloggiava nella suite Windsor. Hemingway frequentava regolarmente l'Hemingway bar (che oggi vene usato solo in occasioni speciali). Fotografie firmate testimoniano le visite. Perciò non sorprendetevi se finite a fare colazione vicino a Kissinger o Madonna.

ST-GERMAIN-DES-PRÉS

Hôtel du Quai Voltaire

19 Quai Voltaire 75007. **Tav** 12 D2. *01 42 61 50 91.* FAX *01 42 61 62 26.* W www.hotelduquaivoltaire.com
Camere: 33. *30.* *on request.* *AE, DC, MC, V, JCB.* €€

Affacciato sul fiume, quest'albergo era un tempo amato da Blondin, Baudelaire e Pissarro. Non ci sono i doppi vetri e le camere sul *quai* sono rumorose. Tuttavia il panorama è stupendo, le camere deliziose e c'è molta atmosfera.

Hôtel d'Angleterre

44 Rue Jacob 75006. **Tav** 12 E3. *01 42 60 34 72.* FAX *01 42 60 16 93.* @ anglotel@wanadoo.fr
Camere: 27. *AE, DC, MC, V, JCB.* €€

L'Hôtel d'Angleterre, un tempo Ambasciata britannica, conserva molte delle sue caratteristiche originali, compresi l'antica scala, il delizioso giardino e il camino del salone. Camini altrettanto imponenti si trovano nelle camere, una diversa dall'altra; molte con soffitto a travi e letti a baldacchino. È delizioso e molto raffinato.

Hôtel de Lille

40 Rue de Lille 75007. **Tav** 12 D2. *01 42 61 29 09.* FAX *01 42 61 53 97.* W www. hotel-de-lille.com
Camere: 20. *AE, DC, MC, V, JCB.* €€

L'Hôtel de Lille è situato vicino ai musei d'Orsay e Louvre, nel cuore dell'aristocratico Faubourg St-Germain. Le camere sono moderne e piccole e il bar è minuscolo. Nel seminterrato con soffitto a volta c'è un piccolo, affascinante soggiorno.

Hôtel des Marronniers

21 Rue Jacob 75006. **Tav** 12 E3. *01 43 25 30 60.* FAX *01 40 46 83 56.* W www.hotel-marronniers.com
Camere: 37. *MC, V.* €€

Collocato tra un cortile e un giardino, questo hotel offre tranquillità assoluta. Gli arredi sono banali, ma le camere al quarto piano, sul lato del giardino, danno sui tetti di Parigi e sul campanile della chiesa di St-Germain-des-Prés. Prenotate con molto anticipo, perché l'albergo è frequentato da clienti abituali.

Hôtel des Sts-Pères

65 Rue des Sts-Pères 75006. **Tav** 12 E3. *01 45 44 50 00.* FAX *01 45 44 90 83.* W www.esprit-de-france.com
Camere: 39. *AE, MC, V.* €€

L'albergo occupa un antico e aristocratico palazzo di St-Germain-des-Prés con giardino interno e una scala originale con balaustra in legno del XVII secolo. Il soggiorno è poco accogliente, ma le camere sono tranquille e confortevoli; la migliore ha il soffitto affrescato e il bagno separato solamente da un divisorio.

Senateur

10 Rue de Vaugirard 75006. **Tav** 12 F5. *01 43 26 08 83.* FAX *01 46 34 04 66.* *Camere: 40.* *AE, DC, MC, V, JCB.* €€

In posizione ideale, vicino al Senato e ai Jardins du Luxembourg, la maggior parte delle camere è arredata in stile classico e funzionale, anche se il soggiorno ha una carta da parati con motivi tropicali. I bagni sono splendidi.

Lenox St-Germain

9 Rue de l'Université 75007. **Tav** 12 D3. *01 42 96 10 95.* FAX *01 42 61 52 83.* W www.lenoxstgermain.com
Camere: 34. *AE, DC, MC, JCB, V.* €€€

Situato nel cuore del Faubourg St-Germain, l'albergo ha il fascino della semplicità. L'accoglienza è spesso disinvolta. Le camere sono decorate in modo impeccabile; le camere duplex hanno balconi fioriti, camini d'angolo e soffitto con travi in legno a vista.

Hôtel de Fleurie

32 Rue Grégoire de Tours 75006. **Tav** 12 F4. *01 53 73 70 00.* FAX *01 53 73 70 20.* W www.hotel-de-fleurie.com
Camere: 29. *AE, DC, MC, V.* €€€

La facciata da sola è sufficiente per desiderare un soggiorno in questo ospitale albergo a conduzione familiare. All'interno, gli oggetti in legno e la pietra bianca danno la stessa sensazione, così come le camere splendidamente arredate e i bagni con tutti i comfort.

L'Hôtel

13 Rue des Beaux-Arts 75006. **Tav** 12 E3. *01 43 25 27 22.* FAX *01 43 25 64 81.* W www.l-hotel.com *Camere: 27.* *AE, DC, MC, V.* €€€€€

Da nessun'altra parte potreste trovare scale coperte da una cupola, un seminterrato con soffitti a volta realizzato con lo stile di un harem, un tronco di albero in mezzo alla sala da pranzo, un agnello in metallo dorato e un pappagallo in una gabbia gigante. Qui è possibile soggiornare nella camera dove Oscar Wilde morì in povertà, dormire nel letto di Mistinguett o nella camera del Cardinale. A parte tutto ciò, L'Hôtel si impone per qualità e stile ed è un'oasi di pace nel cuore di St-Germain-des-Prés.

Vedi Legenda *p 275*

La Villa St-Germain des Prés

29 Rue Jacob 75006. **Tav** 12 E3. *01 43 26 60 00.* FAX *01 46 34 63 63.* www.villa-saintgermain.com ***Camere:*** *32.* *AE, DC, MC, V, JCB.* €€€€

Vicino a St-Germain-des-Prés, La Villa è un albergo modernissimo che vanta, all'interno, un club privato di jazz. La sua severa e stilizzata semplicità può non piacere a tutti, ma il soggiorno al piano terreno è molto elegante.

Lutétia

45 Blvd Raspail 75006. **Tav** 12 D4. *01 49 54 46 46.* FAX *01 49 54 46 00.* www.lutetia-paris.com ***Camere:*** *250.* *AE, DC, MC, V, JCB.* €€€€€

Il Lutétia è il solo *palace* (hotel di lusso) a sud della Senna, per molto tempo l'albergo meta dei provinciali che visitavano la città. L'edificio, in cui si mescolano stili Art Nouveau e Art Déco, è stato ristrutturato da poco. Il ristorante e il bar dell'albergo sono frequentati dai dipendenti delle vicine case editrici. Il Lutétia è un albergo pieno di fascino e lo scultore francese César Baldiaccini ci abita permanentemente.

Montalembert

3 Rue de Montalembert 75007. **Tav** 12 D3. *01 45 49 68 68.* FAX *01 45 49 69 49.* www.montalambert.com ***Camere:*** *56.* *AE, DC, MC, V.* €€€€€

Situato nel cuore della zona delle case editrici, l'Hôtel Montalembert è stato lussuosamente ristrutturato. Il bar è diventato un ritrovo sempre più alla moda; le camere sono arredate con mobili e tessuti firmati e dotate di videoregistratore. Le suite all'ottavo piano godono di un ottimo panorama.

Relais Christine

3 Rue Christine 75006. **Tav** 12 F4. *01 40 51 60 80.* FAX *01 40 51 60 81.* ***Camere:*** *51.* www.relais-christine.com *AE, DC, MC, V, JCB.* €€€€€

Sempre pieno, il Relais Christine rappresenta il vero *hôtel de charme*. Fa parte del chiostro della cinquecentesca abbazia ed è un romantico angolo di pace e tranquillità nel cuore di St-Germain-des-Prés. La prima colazione è servita nell'antica cappella. Le camere sono spaziose e inondate di luce, soprattutto le duplex.

Quartiere Latino

Esmeralda

4 Rue St-Julien-le-Pauvre 75005. **Tav** 13 A4. *01 43 54 19 20.* FAX *01 40 51 00 68.* ***Camere:*** *19.* *16.* *AE, V.* €

L'Esmeralda, un po' bohémien, è situato nel cuore del Quartiere Latino. Entro i vecchi muri in pietra e i soffitti a travi gli arredi riflettono periodi e stili contrastanti. Il suo irresistibile fascino ha sedotto in passato personaggi come Chet Baker, Terence Stamp e Serge Gainsbourg. Le camere migliori danno su Notre-Dame.

Hôtel des Grandes Ecoles

75 Rue Cardinal Lemoine 75005. **Tav** 13 B5. *01 43 26 79 23.* FAX *01 43 25 28 15.* www.hotel-grandes-ecoles.com ***Camere:*** *51.* *MC, V.* €

Collocato tra il Panthéon e Place de la Contrescarpe, l'Hôtel des Grandes Ecoles è un sorprendente insieme di tre piccoli edifici con un giardino. Nonostante l'università si sia ormai trasferita, l'hotel rimane sulla Montagne Ste-Geneviève. L'edificio principale è stato sapientemente rinnovato, ma gli altri due conservano l'antico fascino.

Hôtel des Grands Hommes

17 Pl du Panthéon 75005. **Tav** 17 A1. *01 46 34 19 60.* FAX *01 43 26 67 32.* hotel-grands-hommes @wanadoo.fr ***Camere:*** *32.* *AE, DC, MC, V, JCB.* €€

Questo tranquillo albergo, situato nel cuore del Quartiere Latino, vicino ai Jardins du Luxembourg, è frequentato in particolare da professori universitari. Dall'attico si gode una splendida vista del Panthéon. Le camere sono confortevoli e hanno dei bei bagni, ma nient'altro di notevole.

Hôtel de Notre-Dame

19 Rue Maître Albert 75006. **Tav** 13 B5. *01 43 26 79 00.* FAX *01 43 26 61 75.* www.france-hotel-guide.com ***Camere:*** *34.* *AE, DC, MC, V, JCB.* €€

Da non confondere con l'omonimo albergo sul Quai St-Michel, guarda da un lato su Notre-Dame e dall'altro sul Panthéon. È la base ideale da cui partire alla scoperta della vecchia Parigi.

Hôtel du Panthéon

19 Pl du Panthéon 75005. **Tav** 17 A1. *01 43 54 32 95.* FAX *01 43 26 64 65.* www.france-hotel-guide.com ***Camere:*** *34.* *AE, DC, MC, V.* €€€

L'hotel è gestito dalla stessa famiglia che gestisce l'Hôtel des Grands Hommes: l'accoglienza è altrettanto calorosa e gli arredi hanno lo stesso stile classico. La camera 33 ha un letto a baldacchino.

Luxembourg

Perreyve

63 Rue Madame 75006. **Tav** 12 E5. *01 45 48 35 01.* FAX *01 42 84 03 30.* perreyvehotel@gofornet.com ***Camere:*** *30.* *AE, DC, MC, V.* €€

L'Hôtel Perreyve è situato in una strada tranquilla tra Montparnasse e St-Germain-des-Prés. Dispone di 30 camere, sobrie, semplici e pulite ed è frequentato da medici e personale universitario, tutti accolti in modo amichevole. Le camere d'angolo o gli attici al sesto piano sono le sistemazioni migliori.

Récamier

3 bis Pl St-Sulpice 75006. **Tav** 12 E4. *01 43 26 04 89.* FAX *01 46 33 27 73.* ***Camere:*** *30.* *23.* *MC, V.* €€

L'Hôtel Récamier, situato sulla Place St-Sulpice e raggiungibile a piedi da St-Germain-des-Prés, è un albergo famigliare; non ha televisione né ristorante. Molto amato da scrittori e turisti della Riva sinistra, vi si respira il fascino del passato. Cercate di ottenere una delle camere che si affacciano sulla piazza: sono più soleggiate e la vista è suggestiva.

Hôtel de l'Abbaye

10 Rue Cassette 75006. **Tav** 12 D5. *01 45 44 38 11.* FAX *01 45 48 07 86.* www.hotel-abbaye.com ***Camere:*** *46.* *AE, MC, V.* €€€

Questo albergo elegante, con un'atmosfera molto tranquilla, era un tempo un'abbazia. Le camere sono piccole, ma arredate in modo impeccabile e alcune hanno ancora le travi originali. Il grazioso cortile e il caminetto acceso nel salone incoraggiano la distensione. Le migliori sono le camere che danno sul giardino o le confortevoli camere duplex.

MONTPARNASSE

Lenox Montparnasse

15 Rue Delambre 75014. **Tav** 16 D2. 01 43 35 34 50. FAX 01 43 20 46 64. ***Camere:*** *52.* TV AE, DC, MC, V, JCB. €€ W www.parishotels.com

Meno elegante del Lenox St-Germain, l'albergo di Montparnasse gode di una posizione centrale in un distretto che ha pochi alberghi caratteristici. Il bar è decorato in stile Art Déco e l'atmosfera generale è di sommessa eleganza. Le sei grandi suites al piano superiore hanno ciascuna un camino. Fino alle due si possono ordinare spuntini in camera, cosa insolita per un albergo di queste dimensioni.

Ferrandi

92 Rue du Cherche-Midi 75006. **Tav** 15 C1. 01 42 22 97 40. FAX 01 45 44 89 97. W www.123france.com ***Camere:*** *42.* TV AE, DC, MC, V, JCB €€

La Rue du Cherche-Midi è famosa tra gli amanti delle antichità e dei bistró e sta diventando il cuore del mondo dell'editoria. L'Hôtel Ferrandi è un albergo tranquillo con un camino nel soggiorno e camere confortevoli, molte con letti a baldacchino.

Villa des Artistes

9 Rue de la Grande Chaumière 75006. **Tav** 16 D2. 01 43 26 60 86. FAX 01 43 54 73 70. W www.villa-artistes.com ***Camere:*** *59.* TV AE, DC, MC, V, JCB. €€

L'albergo Villa des Artistes vuole ricreare l'atmosfera Belle Epoque che incantava i pittori di Montparnasse. Le camere sono pulite con bei bagni, ma l'attrattiva principale dell'hotel è il giardino con patio e fontana, dove si possono fare tranquille colazioni. Alcune stanze danno sul cortile. Facilitazioni per i bambini oltre i 5 anni.

Ste-Beuve

9 Rue Ste Beuve 75006. **Tav** 16 D1. 01 45 48 20 07. FAX 01 45 48 67 52. W www.paris-hotel-charme.com ***Camere:*** *22.* TV AE, MC, V, JCB. €€

Il Ste-Beuve è un piccolo albergo sapientemente ristrutturato per gli esteti e gli *habitués* delle gallerie della Rive Gauche. Riceverete un'accoglienza premurosa in un ambiente attraente (gli interni sono stati disegnati dal designer inglese David Hicks). Nella hall c'è un camino, le stanze hanno piacevoli colori pastelloe ci sono molti dipinti classici contemporanei. Per la prima colazione, croissant e tè speciali sono di prima qualità e vengono serviti ai tavoli da bridge o sui divani del salone. L'atmosfera è calda e intima.

Le St-Grégoire

43 Rue de l'Abbé Grégoire 75006. **Tav** 11 C5. 01 45 48 23 23. FAX 01 45 48 33 95. ***Camere:*** *20.* 1 TV AE, DC, MC, V, JCB. €€€ W www.hotelstgregoire.com

L'Hôtel Le St-Grégoire è un bel palazzo con camere decorate e mobili del XIX secolo. Al centro del soggiorno c'è un bel camino. L'ottima prima colazione viene servita nella cantina con soffitto a volte. Alcune delle stanze hanno la terrazza privata.

INVALIDES

Hôtel de Suède St-Germain

31 Rue Vaneau 75007. **Tav** 11 B4. 01 47 05 00 08. FAX 01 47 05 69 27. W www.hoteldesuede.com ***Camere:*** *39.* 1 TV AE, DC, MC, V, JCB. €€

L'Hôtel de Suède guarda direttamente sul parco dell'Hôtel Matignon, residenza del Primo Ministro. Le camere eleganti sono decorate in stile fine '700, con toni chiari, e l'accoglienza è calorosa. Le stanze dei piani più alti hanno la vista sul parco.

Hôtel de Varenne

44 Rue de Bourgogne 75007. **Tav** 11 B2. 01 45 51 45 55. FAX 01 45 51 86 63. @ hotel.varenne @wanadoo.fr ***Camere:*** *24.* TV AE, MC, V. €€

Dietro la severa facciata, questo albergo nasconde uno stretto cortile con giardino, dove gli ospiti, in estate, possono fare colazione. I doppi vetri delle camere riducono il rumore del traffico, ma in ogni caso le stanze che danno sul cortile rimangono le più tranquille e allegre.

Hôtel Bourgogne et Montana

3 Rue de Bourgogne 75007. **Tav** 11 B2. 01 45 51 20 22. FAX 01 45 56 11 98. W www.bourgogne-montana.com ***Camere:*** *32.* TV AE, DC, MC, V, JCB. €€€€

Situato di fronte all'Assemblée Nationale, l'hotel ha un'aspetto particolarmente sobrio. Le attrattive comprendono un bar in mogano, un vecchio ascensore e una hall circolare con colonne in marmo rosa. Le stanze sono più ordinarie, salvo quelle al quarto piano da cui si spazia su Place de la Concorde. È un albergo intimo e distensivo.

Duc de St-Simon

14 Rue de St-Simon 75007. **Tav** 11 C3. 01 44 39 20 20. FAX 01 45 48 68 25. @ duc.de.st.simon@wanadoo.fr ***Camere:*** *34.* TV AE, MC, V. €€€€

L'Hôtel Duc de St-Simon è molto popolare presso gli americani. È un bell'edificio del XVIII secolo, arredato con mobili antichi; all'altezza delle sue pretese aristocratiche, si colloca bene tra i più famosi palazzi del Faubourg St-Germain. Le camere che danno sulla grande terrazza sono un lusso raro nel cuore di Parigi.

CHAILLOT PORTE MAILLOT

Hôtel de Banville

166 Blvd Berthier 75017. **Tav** 4 D1. 01 42 67 70 16. FAX 01 44 40 42 77. W www.hotelbanville.com ***Camere:*** *38.* 1 24 TV AE, DC, MC, V, JCB. €€€

L'hotel, costruito negli anni '30, era un condominio, e conserva ancora l'originale entrata in ferro, le scale in pietra e l'ascensore. Le sale sono sontuose e le camere confortevoli.

Concorde La Fayette

3 Pl du Général Koenig 75017. **Tav** 3 C2. 01 40 68 50 68. FAX 01 40 68 50 43. W www.concorde-lafayette.com ***Camere:*** *968.* 24 TV AE, DC, MC, V, JCB. €€€€

Il Concorde La Fayette, con la torre a forma di uovo, si affaccia sul Palais des Congrès alla Porte Maillot ed è supermoderno. È dotato di più servizi, fra cui una palestra attrezzata, un bar eccezionale al trentatreesimo piano, diversi ristoranti, una galleria di negozi e camere tutte uguali, tipo alveare, ma con splendida vista.

Vedi Legenda *p 275*

Le Méridien

81 Blvd Gouvion St-Cyr 75017. **Tav** 3 C2. *01 40 68 34 34.* FAX *01 40 68 31 31.* W www.lemeridien-hotels.com ***Camere:*** *1025.* *AE, DC, MC, V, JCB.* €€€€

Nonostante la mancanza di fascino, l'Hôtel Le Méridien è uno dei più popolari di Parigi. In ottima posizione di fronte al Palais des Congrès e al terminal Air France per Roissy, il suo ristorante è uno dei migliori tra quelli degli alberghi parigini. Il Lionel Hampton Club si è costruito una solida fama nel mondo del jazz e ospita un ristorante con una band che suona nelle domeniche invernali.

Square

3 Rue de Boulainvilliers 75016. **Tav** 9 A4. *01 44 14 91 90.* FAX *01 44 14 91 99.* W www.bermuda-onion.com ***Camere:*** *22.* *AE, DC, MC, V.* €€€€

Nei pressi della Senna, con stupende viste sul fiume e sulla Torre Eiffel, è un albergo che aspira a essere elegantemente moderno e lussuosamente confortevole. Le 22 camere e suite, alcune delle quali progettate per gli ospiti disabili, sono sontuosamente tappezzate e ammobiliate e ognuna ha il suo bagno in marmo. Sono disponibili linee telefoniche dirette e fax in tutte le stanze. Nell'atrio sono esposte opere di artisti contemporanei.

Villa Maillot

143 Ave de Malakoff 75016. **Tav** 3 C4. *01 53 64 52 52.* FAX *01 45 00 60 61.* W www.lavillamaillot.fr ***Camere:*** *42.* *AE, DC, MC, V, JCB.* €€€€€

In buona posizione rispetto a Porte Maillot e a La Défense, il Villa Maillot è una creazione moderna che, con i suoi arredi in stile Art Déco, si rifà agli anni '30. Il ristorante è immerso nel verde. Le stanze hanno grandi letti, un angolo cottura nascosto e bagni in marmo. Ogni sette piani c'è una suite dedicata a un pittore.

Melia-Alexander

102 Ave Victor Hugo 75016. **Tav** 3 B5. *01 45 53 64 65.* FAX *01 45 53 12 51.* W www.solmelia.com ***Camere:*** *62.* *AE, DC, MC, V, JCB.* €€€€€

Questo tradizionale albergo riflette la sicurezza borghese che si respira su tutta Avenue Victor Hugo. Le piccole sale tranquille, danno un senso di calore e di intimità e sono perfette per incontrare gli amici. Le camere sono spaziose e confortevoli.

Raphaël

17 Ave Kléber 75016. **Tav** 4 D4. *01 53 64 32 00.* FAX *01 53 64 32 01.* W www.raphael-hotel.com ***Camere:*** *90.* *AE, DC, MC, V, JCB.* €€€€€

Molti film sono stati girati nel bar neogotico di questo albergo fuori dal tempo. Luogo riservatissimo, dove i vip sono al riparo dai paparazzi e dagli sguardi dei curiosi.

St-James

43 Ave Bugeaud 75016. **Tav** 3 B5. *01 44 05 81 81.* FAX *01 44 05 81 82.* W www.saint-james-paris.com ***Camere:*** *48.* *AE, DC, MC, V, JCB.* €€€€€

Il St-James occupa un palazzo con un piccolo parco vicino all'Avenue Foch e al Bois de Boulogne. Gli ospiti diventano "membri temporanei" (del club dell'hotel), e una tassa di iscrizione simbolica è compresa nel prezzo. L'albergo ha un'atmosfera costosa, con saloni, biblioteche, sale biliardo e camere ampie sul parco.

CHAMPS-ELYSÉES

Résidence Lord Byron

5 Rue Chateaubriand 75008. **Tav** 4 E4. *01 43 59 89 98.* FAX *01 42 89 46 04.* ***Camere:*** *31.* *AE, DC, MC, V, JCB.* €€ W www.escapade-paris-.com

Vicino all'Etoile, il Résidence Lord Byron è un piccolo hotel discreto con un giardino nel cortile per la prima colazione in estate. Le camere sono abbastanza tranquille, ma non grandi. Se volete più spazio, chiedete una delle camere grandi o una di quelle al piano terra nel padiglione tra i due giardini.

Atala

10 Rue Chateaubriand 75008. **Tav** 4 E4. *01 45 62 01 62.* FAX *01 42 25 66 38.* W www.france-hotel-guide.com ***Camere:*** *48.* *AE, DC, MC, V, JCB.* €€€€

Situato in una tranquilla strada vicino ai frenetici Champs-Elysées, l'Atala ha camere che danno su un giardino alberato. Il ristorante sulla terrazza è circondato da ortensie e la vista sulla Tour Eiffel che si gode dall'ottavo piano è davvero spettacolare. Le camere sono tuttavia arredate banalmente e la reception e il ristorante sono piuttosto ordinari.

Claridge-Bellman

37 Rue François-1er 75008. **Tav** 4 F5. *01 47 23 54 42.* FAX *01 47 23 08 84.* W www.france-infotourism.com ***Camere:*** *42.* *AE, DC, MC, V.* €€€€

Il Claridge-Bellman è una versione in miniatura del vecchio Claridge Hotel, sotto la guida degli stessi direttori. L'albergo, tranquillo, sobrio ed efficiente, è arredato con tappezzerie e mobili antichi e ha dei begli attici al sesto piano.

Bristol

112 Rue du Faubourg-St-Honoré 75008. **Tav** 5 A4. *01 53 43 43 00.* FAX *01 53 43 43 01.* W www.hotel-bristol.com ***Camere:*** *192.* *AE, DC, MC, V, JCB.* €€€€€

Fra gli alberghi più belli di Parigi, le sue camere sono ampie e sontuosamente arredate con mobili antichi e hanno magnifici bagni in marmo. La sala da pranzo d'epoca è decorata con arazzi fiamminghi e lucenti candelabri di cristallo. D'estate, il pranzo viene servito all'aperto accanto al giardino.

Plaza Athénée

25 Ave Montaigne 75008. **Tav** 10 F1. *01 53 67 66 65.* FAX *01 53 67 66 66.* W www.plaza-athenee-paris.com ***Camere:*** *204.* *AE, DC, MC, V, JCB.* €€€€€

Il leggendario Plaza Athénée si trova sulla brillante Avenue Montaigne da più di 80 anni. È un albergo per gli sposi in luna di miele, la vecchia aristocrazia e la *haute couture*. Il ristorante che porta lo stesso nome (tre stelle Michelin) è particolarmente romantico, specialmente d'estate, quando si cena sotto un tetto di edera, mentre Le Relais passa per essere il grill più snob di Parigi. Le camere dell'albergo sono conformi ai più elevati standard del lusso moderno, così come alle regole di un comfort senza tempo.

Four Seasons George V

31 Ave George V 75008. **Tav** 4 E5.
01 49 52 70 00. FAX *01 49 52 70 10.* W www.fourseasons.com
Camere: 245. *AE, DC, MC, V, JCB.*
€€€€€

Questo leggendario hotel, che nasconde e conserva sale segrete, mobili antichi, dipinti e memorie, ha perso un po' del suo fascino dopo i lavori di restauro, ma in compenso ha guadagnato due stelle Michelin per il suo ristorante, Le Cinq. Il servizio rimane eccellente. Colazione sopra la media.

Balzac

6 Rue Balzac 75008. **Tav** 4 F4.
01 44 35 18 00. FAX *01 44 35 18 05.*
@ hotelbalzac@wanadoo.fr
Camere: 70. *AE, DC, MC, V, JCB.* €€€€€

Il Balzac è noto soprattutto per il suo ristorante, Pierre Gagnaire (tre stelle Michelin). Ma questo piccolo hotel di lusso merita di essere visitato per se stesso. Dietro la facciata *fin-de-siècle* c'è un'imponente sala con colonne e il "Bar à Cigares" di Philip Starck.

Prince de Galles Sheraton

33 Ave George V 75008. **Tav** 4 E5.
01 53 23 77 77. FAX *01 53 23 78 78.*
Camere: 168. *AE, DC, MC, V, JCB.* €€€€€
W www.luxurycollection.com

Il Prince de Galles Sheraton passa per essere una seconda scelta rispetto al suo vicino, il Four Seasons George V. L'hotel è meno famoso, i clienti meno prestigiosi e le camere non ancora pronte per via dei lavori di restauro. Soltanto l'accogliente bar inglese e il ristorante possono reggere il confronto.

Royal Monceau

37 Ave Hoche 75008. **Tav** 4 F3.
01 42 99 88 00. FAX *01 42 99 89 90.* W www.royalmonceau.com
Camere: 219. *AE, DC, MC, V, JCB.*
€€€€€

Maestosamente situato tra Place de l'Etoile e il Parc Monceau, il Royal Monceau è stato di recente restaurato e riportato ai suoi fasti originali. Il suo club igienista è oggi uno dei più lussuosi di Parigi e il suo Le Carpaccio è giustamente reputato uno dei migliori ristoranti italiani di tutta la città. La sala della prima colazione ha un design davvero singolare: un gazebo vetrato con le parete ricurve. Le camere sono eleganti: se fosse possibile, è consigliabile prenotarne una affacciata sul cortile o, ancora meglio, una suite.

San Regis

12 Rue Jean Goujon 75008. **Tav** 11 A1. *01 44 95 16 16.* FAX *01 45 61 05 48.* W www.hotel-sanregis.com *Camere: 44.* *AE, DC, MC, V, JCB.* €€€€€

Fin dalla sua apertura nel 1923 il San Regis è stato l'albergo preferito da stilisti della *haute couture* e da attori di cinema, per la sua posizione tranquilla, ma centrale. Questo albergo di lusso, particolarmente intimo e ospitale, è in stile inglese, soprattutto il suo celebre bar. Le suite del piano superiore danno su una bella terrazza.

Sofitel Arc de Triomphe

14 Rue Beaujon 75008. **Tav** 4 E4.
01 53 89 50 50. FAX *01 53 89 50 51.* W www.sofitel.com *Camere: 135.* *AE, DC, MC, V, JCB.* €€€€€

Il Sofitel Arc de Triomphe, situato nella zona degli affari vicino all'Etoile, è un albergo tranquillo. Le camere sono state restaurate nello stile dell'albergo, con moquette grigia, pareti beige e rosa e mobili neo-Art Déco. Il ristorante Clovis è ottimo e le suite più piccole particolarmente confortevoli.

Hôtel de la Trémoille

14 Rue de la Trémoille 75008. **Tav** 10 F1. *01 56 52 14 00.* FAX *01 40 70 01 08.* W www.hotel-tremoille.com
Camere: 107. *AE, DC, MC, V.* €€€€€

L'Hôtel de la Trémoille è imponente e rilassante nello stesso tempo; nel ristorante un camino è sempre acceso. Le camere sono arredate con mobili d'epoca e i bagni lussuosi.

Vernet

25 Rue Vernet 75008. **Tav** 4 E4.
01 44 31 98 00. FAX *01 44 31 85 69.* W www.hotelvernet.com
Camere: 51. *AE, DC, MC, V, JCB.* €€€€€

L'Hôtel Vernet non è molto noto al grande pubblico. Gustave Eiffel, l'architetto della famosa Torre, ha realizzato la copertura vetrata della sala da pranzo. Le camere, ampie e tranquille, sono arredate con gusto e i clienti hanno libero accesso alla palestra del Royal Monceau.

Opéra

Ambassador

16 Blvd Haussmann 75009. **Tav** 6 E4. *01 44 83 40 40.* FAX *01 40 22 08 74.* W www.hotelambassador-paris.com *Camere: 288.* *AE, DC, MC, V, JCB.*
€€€€

Uno dei migliori alberghi Art Déco di Parigi, l'Ambassador è stato restaurato con soffici moquette e mobili d'epoca. Al piano terreno ci sono colonne in marmo rosa, candelabri di cristallo di Baccarat e arazzi di Aubusson. La cucina è eccezionale; l'attuale chef dirigeva in precedenza il ristorante Grand Véfour *(p 301)*.

Le Grand Hôtel International

2 Rue Scribe 75009. **Tav** 6 D5.
01 40 07 32 32. FAX *01 42 66 12 51.* W www.paris.interconti.com
Camere: 514. *AE, DC, MC, V, JCB.*
€€€€€

La catena Intercontinental ha investito molto in questo hotel. Una palestra è stata insediata all'ultimo piano e le camere sono attrezzate con il massimo del comfort contemporaneo. L'hotel ha una sontuosa sala per concerti, sotto una cupola Art Déco.

Montmartre

Terrass Hôtel

12 Rue Joseph-de-Maistre 75018. **Tav** 6 E1. *01 46 06 72 85.* FAX *01 42 52 29 11.* W www.terrass-hotel.com *Camere: 101.* *AE, DC, MC, V, JCB.*
€€€€

Dai piani superiori e dalla terrazza della prima colazione del Terrass Hôtel si gode un panorama sui tetti di Parigi. Le camere sono arredate in modo ordinario, ma confortevole. Alcune camere conservano lavori in legno Art Déco.

Ristoranti, caffè e bar

La passione francese per la buona cucina fa del mangiar fuori uno dei principali piaceri di un soggiorno a Parigi. Ovunque in città si incontra gente che prende del cibo: nei ristoranti, nei bistró, nelle sale da te, nei caffè e persino nelle enoteche.

La maggior parte dei ristoranti serve cibi francesi, ma in molte zone ci sono anche ristoranti cinesi, vietnamiti e nordafricani, come pure italiani, greci, libanesi e indiani.

I ristoranti elencati (*pp 299-309*) sono tra i migliori che Parigi offre in tutte le categorie di prezzo. L'elenco e la tabella alle pagine 296-8 sono suddivisi per zona e per prezzo. La maggior parte dei locali serve il pranzo dalle 12 alle 14 circa e il menù prevede spesso anche il prezzo fisso. I parigini cenano verso le 20.30 e la maggior parte dei locali serve la cena dalle 19.30 circa alle 23. (*Vedi anche* Pasti e spuntini veloci *pp 310–1*).

Cosa mangiare

A Parigi la scelta dei cibi è molto ampia e va dai piatti di carne alla pasticceria, per cui la Francia è famosa, fino alla semplice cucina regionale francese *(pp 290–1)*. Quest'ultima si trova soprattutto nelle brasserie e nei bistró, e il tipo dipende dal luogo di origine del cuoco. In qualsiasi ora della giornata si possono fare pasti semplici e gustosi nei caffè e nei bar e le brasserie, i bistró e le pasticcerie abbondano. Alcuni caffè, come il Bar du Marché *(p 311)* a St. Germain-des-Prés, sono famosi per i piatti freddi e non servono piatti caldi neppure a pranzo. I migliori cibi esotici sono quelli delle ex colonie francesi: Vietnam o Nord Africa. I locali nordafricani sono noti come ristoranti *couscous* e servono cibo nutriente, un po' piccante, economici e di qualità variabile. Buoni i ristoranti vietnamiti, con una cucina più leggera rispetto alla cucina francese. Esistono anche ottimi ristoranti giapponesi, intorno a Rue Monsieur le Prince (sesto arrondissement), Rue de la Roquette (undicesimo) e Rue de Belleville (diciannovesimo).

Dove trovare buoni ristoranti e caffè

Si può mangiare bene quasi ovunque a Parigi. In qualsiasi zona siate, ricordate come regola generale che i ristoranti e i caffè migliori sono quelli affollati soprattutto da francesi.

La Riva sinistra ha probabilmente la più alta concentrazione di ristoranti, specialmente nelle zone turistiche di St-Germain-des-Prés e del Quartiere Latino. La qualità del cibo varia, ma ci sono alcuni bistró, caffè all'aperto ed enoteche molto buoni. (Per bistró, brasserie e ristoranti con tavoli all'aperto, vedi *Come scegliere un ristorante* alle pagine 296–8).

Il ristorante Beauvilliers *(p 306)*

Nel Quartiere Latino ci sono molti ristoranti greci, in particolare nei pressi di Rue de la Huchette.

Nelle zone alla moda del Marais e della Bastiglia ci sono molti piccoli bistró, sale da tè e caffè, alcuni nuovi e molto piacevoli. Ci sono anche molti buoni, vecchi bistró e brasserie tradizionali.

Nella zona degli Champs-Elysées e della Madeleine è difficile mangiare a buon mercato: abbondano fast food e caffè costosi, in cui spesso non si mangia molto bene. Tuttavia vi si trovano alcuni ristoranti cari ma buoni.

Sul Boulevard Montparnasse si trovano alcuni dei grandi caffè degli anni '20, tra cui Le Sélect e La Rotonde *(p 311)*, tornati al vecchio splendore dopo i restauri effettuati con criterio. In questa zona ci sono anche ottimi bistró.

La ricercata sala da tè Mariage Frères *(p 311)*

Nella zona del Louvre-Rivoli ci sono ottimi ristoranti, bistró e caffè, in concorrenza con i carissimi caffè destinati ai turisti. La vicina zona di Les Halles è piena di fast food e di ristoranti mediocri, ma ci sono anche alcuni locali decisamente apprezzabili.

Vicino all'Opéra si possono trovare dei buoni ristoranti giapponesi e ottime brasserie, ma nel complesso la zona intorno all'Opéra e ai Grands Boulevards non ha buoni ristoranti. Vicino alla Borsa ci sono ottimi ristoranti e bistró frequentati dagli agenti di cambio.

Come si può immaginare, Montmartre è pieno di ristoranti per turisti, ma vi si trovano anche alcuni buoni bistró. Più costosi sono il lussuoso Beauvilliers *(p 306)* e La Table d'Anvers con cucina italiana *(p 306)* vicino alla Butte Montmartre.

Zone di sera tranquille, come Les Invalides, la Tour Eiffel e il Palais de Chaillot, hanno ristoranti meno vivaci e più seri rispetto alle zone dove c'è un'intensa vita notturna. I prezzi possono tuttavia essere piuttosto alti.

Nei due quartieri cinesi di Parigi, che si trovano uno nella zona a sud di Place d'Italie e l'altro nella zona operaia di Belleville in cima alla collina, si trovano moltissimi ristoranti etnici, ma pochi locali francesi degni di nota.
Vi sono molti ristoranti vietnamiti e alcuni grandi ed economici locali cinesi, mentre Belleville è piena di ristoranti nordafricani.

Alla Tour d'Argent ***(p 302)***

Le Grand Véfour alle Tuileries ***(p 301)***

Tipi di ristoranti e caffè

La possibilità di scegliere tra posti e specialità molto diversi tra loro rende ancora più piacevole mangiare a Parigi. I bistró sono ristoranti piccoli, spesso convenienti, con una scelta di piatti limitata. Particolarmente caratteristici quelli della Belle Epoque, con bancone in zinco, specchi e belle piastrelle. La cucina è di solito, ma non sempre, regionale e tradizionale. Molti chef di ristoranti famosi hanno aperto dei bistró che in questo caso hanno un'ottima cucina.

Le brasserie sono locali ampi, pieni di vita e di colore, spesso alsaziano, che servono vino della regione e salsiccia coi crauti. Hanno menù sterminati e la maggior parte serve pasti tutto il giorno e rimane aperta fino a tardi. All'esterno si possono vedere distese di crostacei e camerieri in grembiulone che aprono ostriche fino a notte inoltrata.

I caffè (e alcune enoteche) aprono presto la mattina e chiudono verso le 22, a eccezione dei grandi caffè per turisti. Per tutto il giorno servono bevande e vari piatti, tra insalate, panini e uova. A pranzo la maggior parte propone una piccola scelta di piatti caldi. I prezzi nei caffè variano da zona a zona, e sono direttamente proporzionali al numero dei turisti. Caffè rinomati, come il Café de Flore e Les Deux Magots, servono cibo fino a tarda notte. I caffè che vendono anche birra hanno sempre in menù anche cozze, patatine fritte e tortine di cipolla. In molti locali, durante il weekend, si serve il brunch a partire da 15€.

Le enoteche sono informali. Per pranzo hanno di solito un menù semplice e conveniente e servono vino sfuso. A qualsiasi ora del giorno, fino alle 21 (ma alcune rimangono aperte per la cena) servono spuntini deliziosi, come soffici tartine *(tartines)* di pane Poilâne (formaggio, salsiccia o pâté).

Menù del Bistrot du Dôme

Le sale da tè aprono per la colazione o a metà mattina e rimangono aperte fino alle 22. Molte servono il pranzo e una scelta di dolci insieme al tè nel pomeriggio. A metà pomeriggio vi si possono gustare caffè, cioccolata calda e squisiti tè. Alcune come Le Loir dans la Théière, sono meno formali, con divani e grandi tavoli, a differenza di altre come Mariage Frères. Angélina sulla Rue de Rivoli è famosa per la sua cioccolata calda e Ladurée vende ottimi amaretti al cioccolato. *(Per gli indirizzi vedi p 311).*

Vegetariani

I RISTORANTI VEGETARIANI a Parigi sono pochi e i menù di quelli non vegetariani sono decisamente orientati verso la carne e il pesce. È comunque possibile farsi fare una buona insalata quasi ovunque e si può spesso rimediare ordinando due portate della lista delle *entrées* (primo piatto). I ristoranti nordafricani servono il *couscous nature*, che non contiene carne. Non abbiate timore a chiedere una variazione del contenuto di un piatto. Se un'insalata contiene prosciutto, bacon o *foie gras*, chiedete al cameriere di portarvela senza. Se dovete recarvi in un ristorante elegante, telefonate in anticipo al direttore per chiedere se possono prepararvi un pasto speciale. Quasi tutti saranno felici di farlo. I prodotti biologici stanno entrando a far parte della cucina francese.

Prezzi

I PREZZI DI UN PASTO a Parigi possono oscillare moltissimo. Si può ancora pranzare in un buon ristorante o in un caffè con 12€, ma la media di un pasto in un bistró tipico, in una brasserie o in un ristorante del centro di Parigi è 30–38€ con il vino. (Ricordate che i migliori vini francesi possono far lievitare notevolmente il prezzo.) I ristoranti più cari partono da 45€ con il vino e arrivano a 150€ per i locali di prima classe. Molti locali hanno menù *formule* (a prezzo fisso), specialmente a pranzo, e sono spesso la soluzione

Le Carré des Feuillants *(p 301)*

migliore. Alcuni ristoranti hanno menù a meno di 15€, ma pochi includono il vino. Anche il caffè è di solito a parte.

Per legge i ristoranti francesi devono esporre il menù all'esterno. I prezzi comprendono il servizio, ma una mancia in casi particolari sarà sempre apprezzata (una cifra qualsiasi, da un Euro al 5% del totale).

La carta di credito più comune è la Visa. Pochi ristoranti accettano l'American Express e alcuni bistró non accettano carte di credito, perciò è meglio chiedere al momento della prenotazione. Anche i Traveller's cheques non sono molto diffusi e nei caffè occorre denaro contante.

Prenotazioni

IN RISTORANTI, brasserie e bistró è meglio riservare un tavolo. Nelle brasserie si può anche mangiare senza prenotazione, ma si deve talvolta aspettare per avere un tavolo.

Le Pavillon Montsouris vicino al Parc Montsouris *(p 309)*

Come vestirsi

SALVO ALCUNI ristoranti a tre stelle che esigono giacca e cravatta, a Parigi ci si può vestire come si vuole, purché si rimanga entro limiti ragionevoli. L'elenco dei ristoranti *(pp 299–309)* indica quelli che esigono giacca e cravatta.

Menù e ordinazioni

NEI PICCOLI RISTORANTI, nei bistró e perfino nelle grandi brasserie i menù sono spesso scritti a mano e difficili da decifrare, perciò, se necessario, chiedete aiuto.

Il cameriere di solito prende l'ordinazione per l'*entrée* (antipasto) e per la portata principale, il *plat*. Il dessert viene ordinato alla fine, salvo alcuni dessert caldi che devono essere ordinati all'inizio. Il cameriere ve lo preciserà, o troverete scritto

Il ristorante Angélina è anche una sala da tè *(p 311)*

à commander avant le repas nella sezione dessert.

La prima portata in generale comprende insalate o verdure di stagione, pâté e piccoli piatti di verdure fredde o calde o torte salate. Potrebbero esserci anche assaggi di pesce, come salmone affumicato, sardine grigliate, aringhe, insalate di pesce e tartare. Le brasserie offrono anche molluschi, come ostriche, che possono essere mangiati come piatto centrale. (I francesi mangiano molluschi solo quando i mesi finiscono in 're'.) La portata principale comprende un insieme di carne, pollame e pesce e, nei ristoranti più cari, selvaggina in autunno. La

Il ristorante della stazione della Gare de Lyon, Le Train Bleu *(p 309)*

maggior parte dei ristoranti ha il piatto del giorno *(plats du jour)*. Questi piatti comprendono prodotti freschi di stagione e sono un'ottima scelta.

Il formaggio viene mangiato o come dessert o subito prima. Insieme al formaggio a volte c'è l'insalata verde. Il caffè è servito alla fine. Specificate se lo volete *au lait* (con latte). Dopo il pasto sono molto popolari anche il caffè decaffeinato e le tisane.

Nella maggior parte dei ristoranti vi chiederanno se volete bere qualcosa prima di ordinare. Un aperitivo tipico è il *kir* (vino bianco con una goccia di cassis) o il *kir royal* (champagne con crema di cassis). In Francia, comunque, si bevono raramente alcolici prima dei pasti *(vedi* Cosa bere a Parigi *pp 292–3)*.

Il ristorante Lucas Carton *(p 306)*

Il menù di bistró e brasserie include di solito la lista dei vini. I ristoranti più costosi hanno una lista separata per i vini, portata al tavolo dal sommelier, dopo che avrete dato un'occhiata al menù.

Servizio

Stare a tavola in Francia è considerato un modo piacevole per passare il tempo e sebbene il servizio nei ristoranti di Parigi sia di alto livello, non sempre è veloce. Specialmente nei piccoli ristoranti non aspettatevi un servizio veloce: potrebbe esserci un solo cameriere e i piatti sono preparati al momento.

Bambini

I bambini sono di solito bene accetti, ma può esserci poco spazio in un ristorante affollato per passeggini e carrozzine, e di solito non esistono seggioloni ai tavoli.

Fumatori

In Francia è stata approvata una legislazione molto restrittiva, che obbliga i ristoranti ad avere tavoli per non fumatori. Mentre molti ristoranti la rispettano, i caffè soprattutto sono solitamente pieni di fumo.

Disabili

L'accesso per le sedie a rotelle può essere difficoltoso. Una parola al momento della prenotazione può assicurarvi un tavolo più adeguato e aiuto all'arrivo.

Legenda

Come leggere i simboli delle pagine 299–309.

- chiuso
- aperto
- menù a prezzo fisso
- specialità vegetariane
- porzioni per bambini
- ingresso per disabili
- obbligo di indossare giacca e cravatta
- musica dal vivo
- tavoli all'aperto
- ottima lista dei vini
- ★ vivamente raccomandato
- carte di credito:
- AE American Express
- DC Diners Club
- MC Mastercard/Access
- V Visa
- JCB Japanese Credit Bureau

Prezzi di un pasto completo, compresi mezza bottiglia di vino della casa, tasse e servizio:

- € meno di 25€
- €€ 25€–35€
- €€€ 36€–50€
- €€€€ 51€–75€
- €€€€€ oltre 75€

Cosa mangiare a Parigi

Formaggi caprini

LA CUCINA FRANCESE è un'arte ancora in evoluzione. Quella classica è a base di burro e incentrata su carne, pollame e pesce. Non è più tuttavia così ricca come un tempo, né è più la "nouvelle cuisine" degli anni '80. Oggi gli chef di molti ristoranti parigini sono attratti dalla cucina regionale e dalla più semplice cucina casalinga. Questa si basa su ingredienti freschi e di stagione, come nelle *coquilles Saint-Jacques* e *moules marinières* illustrate qui. La cucina francese non è eccessivamente piccante, ma aromi freschi come scalogno, prezzemolo e dragoncello sono ingredienti essenziali di salse e brodi. Le cucine regionali più popolari a Parigi sono quelle di Lione, la borgognona e quella del sud-ovest. La cucina provenzale, che usa aglio e olio d'oliva, sta diventando molto popolare. La cucina lionese è caratterizzata da molte insalate e da piatti robusti a base di carne, come le *andouillettes*. I ricchi e tipici piatti borgognoni e del sud-ovest sono il *foie gras* (fegato d'oca), il *jambon* o l'*homard persillé* (prosciutto o aragosta con prezzemolo) e il *cassoulet*, un rustico piatto di maiale e fagioli.

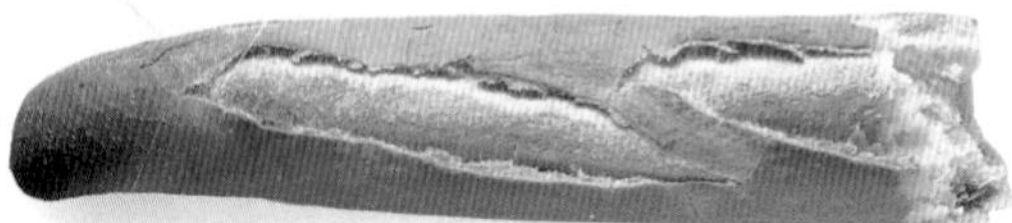

Baguette
Questa caratteristica forma di pane croccante è ottima per un panino o anche solo imburrata, appena sfornata.

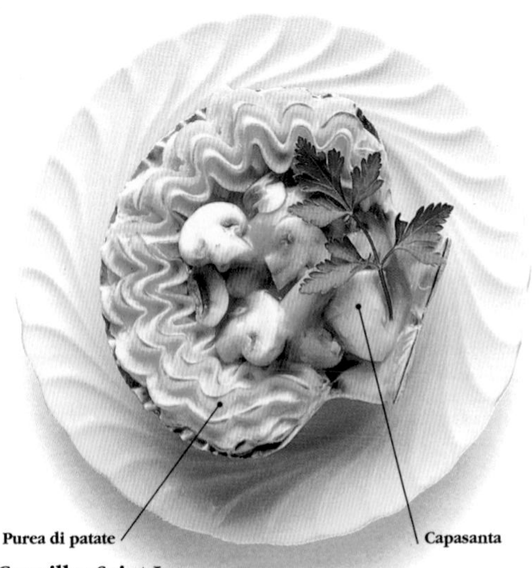

Purea di patate

Capasanta

Coquilles Saint-Jacques
Le capesante possono essere preparate e guarnite in molti modi, ma la cottura più classica è nel vino bianco con funghi affettati, succo di limone e burro. Vengono servite su metà conchiglia. Della purea di patate è spesso usata per trattenere la capasanta e il sugo nella conchiglia.

Croissant
I croissant sono deliziosi a colazione.

Pain au chocolat
Le paste piene di cioccolato sono un'alternativa ai croissant.

Brioche
Sono ottime inzuppate nel caffè.

Foie gras
Fegato d'oca o di anatra messa all'ingrasso.

Moules marinières
I mitili sono cotti a vapore con aglio e vino.

Escargot à la Bourguignonne
Le lumache cotte si rimettono nel guscio e sono guarnite.

Homard persillé
La terrina di aragosta è cotta in un brodo con aromi, prezzemolo e scalogno.

Oeufs en cocotte à l'estragon
Una salsa con dragoncello è versata sulle uova rapprese.

Andouillette à la Lyonnaise
Le salsicce fatte con interiora di maiale sono grigliate o fritte e servite con cipolle.

Noisette d'agneau
Tenere costolette di agnello fritte in burro e servite con diversi contorni.

Chèvre tiede sur un lit de salade
Formaggio caprino grigliato su un fondo di insalata.

Fetta di Brie de Meaux

Crottin de Chavignol

Formaggi *(Fromages)*
Il formaggio è una delle glorie di Francia. Se ne producono molte varietà, da latte di mucca, pecora e capra. I formaggi teneri e semistagionati, come il Brie e il Camembert, sono serviti in tutti i ristoranti di Parigi.

Fetta di Pont l'Evêque

Forma di Camembert

Crêpe Suzette
Le crêpe si servono con liquore di mandarino e Curaçao.

Tarte Tatin
La torta di mele capovolta è una specialità parigina.

Tarte Alsacienne
Il classico dolce alsaziano contiene crema e frutta.

Cosa bere a Parigi

PARIGI È IL LUOGO IDEALE per gustare una vasta gamma di vini francesi. È più economico ordinare vino sfuso in caraffa, di solito nelle misure di 33 cl *(fillette)*, 50 cl *(demi)* o 75 cl *(pichet*, equivalente a una bottiglia*)*. I caffè e i bar servono sempre il vino in bicchiere: *un petit blanc* è un piccolo bicchiere di bianco, *un ballon rouge*, uno più grande di rosso. Il vino della casa è quasi sempre una scelta sicura.

L'ultima vigna di Parigi vicino al Sacré-Coeur *(p 220)*

I VINI ROSSI

ALCUNI DEI MIGLIORI e più costosi vini rossi del mondo provengono dalle regioni del Bordeaux e della Borgogna, ma per il vino di tutti i giorni scegliete tra i numerosi Bordeaux commerciali o tra i vini della Côtes du Rhône. In alternativa, provate il Beaujolais, che proviene dalla Borgogna del sud ed è abbastanza leggero da potersi bere freddo.

Tipiche bottiglie di Bordeaux e Borgogna

I Bordeaux châteaux includono il Margaux, che produce alcuni dei migliori rossi al mondo.

Tra i Borgogna ci sono alcuni grandi rossi robusti, del villaggio di Gevrey-Chambertin in Côte de Nuits.

Il Beaujolais Nouveau, vino fruttato, è festeggiato il 15 novembre in tutti i caffè francesi.

La Loira produce rossi molto buoni, specie nella zona di Chinon. Di solito sono leggeri e molto secchi.

Il sud del Rodano è famoso per i rossi scuri e corposi, come lo Châteauneuf-du-Pape, a nord di Avignone.

Il nord del Rodano ha rossi profumati, meglio se invecchiati almeno 10 anni, della zona di Côte-Rôtie.

TABELLA DELLE ANNATE

	2000	1999	1998	1997	1996	1995	1994	1993	1992
BORDEAUX									
Margaux, St-Julien, Pauillac, St-Estèphe	8	7	7	7	8	8	6	5	5
Graves, Pessac-Léognan (rosso)	8	7	8	7	8	8	6	5	5
Graves, Pessac-Léognan (bianco)	8	8	7	8	7	7	7	7	6
St-Emilion, Pomerol	8	7	7	7	8	8	6	5	5
BORGOGNA									
Chablis	8	8	8	9	8	9	6	6	9
Côte de Nuits (rosso)	7	7	7	8	7	8	5	7	7
Côte de Beaune (bianco)	7	7	8	9	8	9	6	6	7
LOIRE									
Bourgueil, Chinon	8	8	7	9	9	8	6	6	4
Sancerre (bianco)	8	8	7	9	8	8	7	6	6
RHONE									
Hermitage (rosso)	7	8	8	7	9	8	7	5	6
Hermitage (bianco)	9	7	8	8	8	7	7	5	6
Côte-Rôtie	8	9	8	7	9	8	7	5	6
Châteauneuf-du-Pape	8	7	8	7	8	8	7	6	5

Il punteggio da 1 a 10 assegnato all'annata è solo indicativo.

I vini bianchi

I PIU PREGIATI Bordeaux e Borgogna bianchi sono indicati ai pasti, ma per la tavola di tutti i giorni provate un bianco secco leggero, come l'Entre-Deux-Mers di Bordeaux, o l'Anjou Blanc o il Sauvignon de Touraine della Loire. L'Alsazia produce ottimi bianchi. Vini dolci come il Sauternes, il Barsac o il Coteaux du Layon sono ottimi con il *foie gras*.

Riesling alsaziano e Borgogna

Gli spumanti

IN FRANCIA lo champagne è la scelta obbligata per le occasioni e la sua qualità va dai non millesimati al deluxe. Molte regioni producono vini spumanti con il metodo champenoise, che tendono a essere meno costosi. Cercate il Crémant de Loire e de Bourgogne, il Vouvray Mousseux, il Saumur Mousseux e il Blanquette de Limoux.

Champagne

L'Alsazia etichetta i suoi vini secondo il vitigno. Il Gewürztraminer è uno dei più famosi.

La Loira produce il Pouilly-Fumé, a est della regione. È molto secco e ha un profumo speciale.

La Borgogna produce, tra gli altri, lo Chablis, un bianco secco, fresco e rotondo, dei vigneti più a nord.

La Loira dà un vino ideale per il pesce, cioè il Muscadet, un bianco secco della costa atlantica.

Lo Champagne viene dai vigneti a est di Parigi. Billecart-Salmon è uno Champagne leggero e rosato.

I Bordeaux dolci sono vini da dessert profumati e ambrati. I più famosi sono il Barsac e il Sauternes.

Aperitivi e digestivi

IL KIR, VINO BIANCO mischiato con una piccola quantità di liquore di ribes o *crème de cassis*, è l'aperitivo più diffuso. È comune anche il *pastis*, dal sapore di anice, servito con ghiaccio e una brocca d'acqua, che può essere molto rinfrescante. Anche i vermouth, specialmente il Noilly-Prat, sono aperitivi comuni.

I digestivi vengono spesso ordinati con il caffè e comprendono l'*eaux-de-vie*, l'acquavite distillata dalla frutta, e i brandy, come il Cognac, l'Armagnac e il Calvados.

Kir: vino bianco con *cassis*

Birre

LA BIRRA IN FRANCIA è venduta in bottiglia o, meno cara, alla spina, nella misura di un bicchiere, *un demi*. La lager più economica è la *bière française*: le marche migliori sono Meteor e Mutzig, seguite da "33", "1664" e Kronenbourg. Una birra con più malto è la Leffe, nelle versioni *blonde* (lager) o *brune* (scura). La Pelforth produce ottime birre chiare e scure. Alcuni locali sono specializzati in birre straniere, specialmente belghe, che sono al malto e più forti; altri le producono in proprio. (Per le birrerie vedi alle pagine 310–1.)

Altre bevande

LE BEVANDE dai vivaci colori consumate in tutti i caffè di Parigi sono fatte con sciroppi e acqua minerale e sono chiamate *sirops à l'eau*. Quella verde smeraldo usa la menta, quella rossa la granatina. I succhi di frutta e quello di pomodoro sono venduti in bottiglia, a meno che non specifichiate *citron pressé* o *orange pressée* (spremuta di limone o arancia), che è servita con una caraffa d'acqua e con zucchero o sciroppo di zucchero, per essere diluita e addolcita a piacere. Se chiedete acqua vi verrà servita acqua minerale frizzante *(gazeuse)* o naturale *(naturelle)*. L'acqua di rubinetto *(eau de robinet)* è potabile.

La spremuta di limone è servita con acqua e zucchero

Il meglio di Parigi: i ristoranti

PARIGI ha più ristoranti di qualsiasi altra città delle stesse dimensioni. Dai più semplici bar con i banconi in zinco ai più famosi tra i ristoranti eleganti, ognuno può trovare quello che cerca. Anche nel più umile bistró il pane e le paste saranno fresche di forno e il formaggio perfettamente stagionato. I ristoranti citati sono solo alcuni dei più famosi di Parigi, scelti dall'elenco delle pagine 299–309, sia per l'ambiente che offrono sia per la qualità del cibo che vi viene servito.

Le Grand Colbert
Simpatica brasserie in un edificio storico, serve cibi classici fino a tardi (p 306).

N
Champs-Elysées
Opéra
Chaillot
Tuileries
FIUME SENNA
Invalides e Tour Eiffel
St-Germain-des-Prés
Luxemb
Montparnasse

L'Astrance
Appena oltre il fiume, giungendo dalla Torre Eiffel, questo ristorante è una sorpresa, soprattutto per la straordinaria fantasia dei piatti (p 304).

Taillevent
Ambiente sommessamente lussuoso, squisita cucina moderna, straordinaria lista dei vini e servizio impeccabile ne fanno un ristorante di classe (p 305).

RESTAURANT
Arpège

L'Arpège
Questo ristorante moderno vicino al Musée Rodin offre una splendida cucina d'alta classe (p 303).

0 chilometri 1

Chartier
L'atmosfera vivace e i piatti tipici francesi a poco prezzo rendono il locale, decorato in gusto fin-de-siècle, molto popolare (p 305).

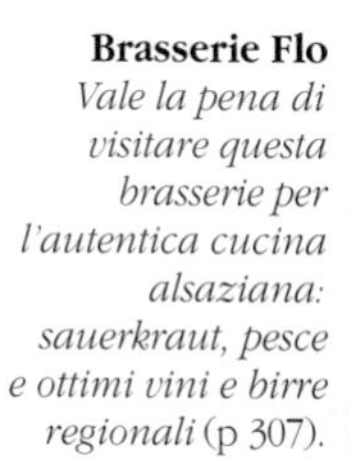

Brasserie Flo
Vale la pena di visitare questa brasserie per l'autentica cucina alsaziana: sauerkraut, pesce e ottimi vini e birre regionali (p 307).

Au Pied de Cochon
Questo pittoresco ristorante delle vecchie Halles serve autentico cibo da brasserie (p 300).

Benoît
In questo archetipo di bistró con gli interni a specchio del 1912 si serve cucina francese classica (p 300).

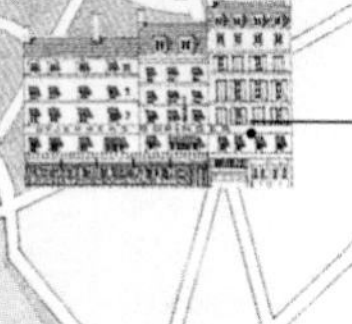

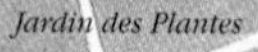

Brasserie Bofinger
Risale al 1864 ed è la più antica e una delle più famose brasserie di Parigi, nota per i suoi interni, per gli ottimi crostacei e un menù affidabile (p 299).

Pharamond
Mosaici e piastrelle rendono il vecchio bistró un gioiello Art Nouveau (p 300).

La Tour d'Argent
Ristorante con veduta panoramica è il massimo del lusso e della spesa (p 302).

Come scegliere un ristorante

I RISTORANTI SEGNALATI nelle pagine seguenti sono stati scelti per la convenienza o l'ottima cucina. La tabella evidenzia i fattori che possono influenzare la scelta. Per maggiori dettagli sui singoli ristoranti vedi l'elenco alle pagine 299–309. Informazioni su bar e paninerie sono nella sezione *Pasti leggeri e spuntini* alle pagine 310–1.

		Specialità di mare	Menù a prezzo fisso	Apertura oltre le 23.30	Per i bambini	Tavoli all'aperto	Ristorante tranquillo	Specialità vegetariane
Ile de la Cité *(p 299)*								
Vieux Bistrot	€€€€					●		
Marais *(p 299)*								
Galerie 88	€		■			●		●
Le Baracane	€		■					
Le Passage	€				■		■	
Aux Vins des Pyrénées	€			●			■	●
Le Repaire de Cartouche	€€							
Chez Jenny	€€		■	●		●		●
Le Bar à Huîtres	€€	●	■	●		●		
Brasserie Bofinger	€€€		■	●				
La Guirlande de Julie	€€€			●		●		
L'Ambroisie ★	€€€€€						■	
Beaubourg e Les Halles *(p 300)*								
Le Grizzli	€		■			●		
Le Loubechem	€		■					
Bleu Marine	€	●	■			●	■	
Le Bistrot Beaubourg	€		■			●		
Aux Tonneaux des Halles	€			●		●		
Saudade	€€							
Le 404 ★	€€			●				●
Pharamond	€€€		■			●	■	
Au Pied de Cochon	€€€		■	●		●		
Benoît ★	€€€€€							
Tuileries *(pp 300–1)*								
Gaya	€€	●	■					
Le Grand Louvre	€€		■		■			
L'Espadon ★	€€€€		■		■	●		
Goumard	€€€€	●						
Les Ambassadeurs ★	€€€€€		■					
Le Carré des Feuillants ★	€€€€€		■					
Le Grand Véfour ★	€€€€€		■					
St-Germain-des-Prés *(pp 301–2)*								
Aux Charpentiers	€		■			●		
Rôtisserie d'en Face	€		■					
Le Petit St-Benoît	€							
Alcazar	€		■	●	■			●
Le Procope	€€		■	●				
Yugaraj	€€		■					●
Aux Fins Gourmets	€€€							
Brasserie Lipp	€€€			●				
Tan Dinh	€€€€						■	
Lapérouse	€€€€€		■					
Restaurant Jacques Cagna ★	€€€€€		■					
Quartiere Latino *(p 302)*								
Restaurant Perraudin	€		■				■	
Loubnane	€€		■	●	■			

Prezzi di un pasto completo per persona, compresi mezza bottiglia di vino della casa, tasse e servizio:
€ meno di 25€
€€ 25€–35€
€€€ 36€–50€
€€€€ 51€–75€
€€€€€ oltre 75€

★ Vivamente consigliato.

Menù a prezzo fisso
Menù a prezzo fisso a pranzo o a cena o in entrambe le occasioni.

Per i bambini
Porzioni ridotte per bambini. (I bambini sono benvenuti in quasi tutti i ristoranti di Parigi, soprattutto se il locale dispone di seggioloni.)

Ristorante tranquillo
Atmosfera tranquilla e intima. Niente musica fastidiosa.

	Prezzo	Specialità di mare	Menù a prezzo fisso	Apertura oltre le 23.30	Per i bambini	Tavoli all'aperto	Ristorante tranquillo	Specialità vegetariane
Le Balzar	€€			●		●		
Restaurant Moissonnier	€€€		■					
Rôtisserie du Beaujolais	€€€					●		
La Tour d'Argent ★	€€€€€		■		■		■	
Jardin des Plantes *(pp 302–3)*								
Au Petit Marguéry	€€		■			●		
Montparnasse *(p 303)*								
La Coupole	€		■	●				
La Cagouille ★	€€€	●	■		■	●		
Contre-Allée	€€€		■			●		
Invalides e Tour Eiffel *(p 303)*								
L'Oeillade	€€		■					
La Serre	€€				■			
Thoumieux	€€		■					
Vin sur Vin	€€€€							
L'Arpège ★	€€€€€		■					
Le Jules Verne	€€€€€		■					
Chaillot, Porte Maillot *(pp 303–4)*								
La Plage	€		■			●		
L'Huîtrier	€	●						
La Butte Chaillot	€€€		■	●		●		
Chez Géraud	€€€		■					
Oum El Banine	€€€						■	
Le Timgad	€€€							
L'Astrance	€€€		■				■	
Alain Ducasse ★	€€€€€		■		■			
Amphyclès ★	€€€€€		■		■			
Champs-Elysées *(pp 304–5)*								
La Fermette Marbeuf 1900	€€		■			●		
Savy	€€		■				■	
Sébillon	€€		■	●				
Le Cercle Ledoyen	€€€					●		
Spoon	€€€							●
L'Avenue	€€€€			●				
La Maison Blanche/15 Avenue Montaigne	€€€€					●		
Lasserre	€€€€€							
Taillevent ★	€€€€€							
Guy Savoy ★	€€€€€							
Laurent ★	€€€€€		■			●		
Opéra *(pp 305–6)*								
Chartier	€		■					
La Ferme St-Hubert	€						■	●
Chez Clément	€		■	●				
Au Petit Riche	€€		■	●				
Café Runtz	€€							
Le Vaudeville	€€		■	●	■	●		

Prezzi di un pasto completo per persona, compresi mezza bottiglia di vino della casa, tasse e servizio:
€ meno di 25€
€€ 25€–35€
€€€ 36€–50€
€€€€ 51€–75€
€€€€€ oltre 75€

★ Vivamente consigliato.

Menù a prezzo fisso
Menù a prezzo fisso a pranzo o a cena o in entrambe le occasioni.

Per i bambini
Porzioni ridotte per bambini. (I bambini sono benvenuti in quasi tutti i ristoranti di Parigi, soprattutto se il locale dispone di seggioloni.)

Ristorante tranquillo
Atmosfera tranquilla e intima. Niente musica fastidiosa.

	Prezzo	Specialità di mare	Menù a prezzo fisso	Apertura oltre le 23.30	Per i bambini	Tavoli all'aperto	Ristorante tranquillo	Specialità vegetariane
Les Noces de Jeannette	€€		■		■		■	
Café Drouant	€€		■	●				
Le Grand Colbert	€€€		■	●				
A.G. Le Poète	€€€		■					
Chez Georges	€€€€							
Lucas Carton ★	€€€€€		■					
Montmartre *(pp 306–7)*								
La Table d'Anvers	€€€		■					
Beauvilliers	€€€€		■			●		
Fuori dal centro *(pp 307–9)*								
Dao Vien (75013)	€		■					
Le Volant (75015)	€		■					
Astier (75011)	€		■		■			
Chez Fernand (75011)	€		■					
Brasserie Flo (75010)	€		■	●				●
Julien (75010)	€			●				
Le Baron Rouge (75012)	€	●	■		■			●
Le Petit Keller (75011)	€							
Pause Café Bastille (75011)	€		■	●		●		●
L'Occitanie (75011)	€		■					
Favela Chic (75011)	€			●				●
Les Allobroges (75020)	€€		■					
Le Bistro des Deux Théâtres (75009)	€€		■	●				
La Perle des Antilles (75014)	€€		■		■			
Les Amognes (75011)	€€		■					
L'Oulette (75012)	€€		■			●		
La Marine (75010)	€€	●				●		
Aux Senteurs de Provence (75015)	€€		■			●		
La Maison du Cantal (75015)	€€		■					
Le Clos Morillons (75015)	€€		■				■	
Le Bistrot d'à Côté Flaubert (75017)	€€€					●		
L'Auberge du Bonheur (75016)	€€€		■		■	●		
Le Chardenoux (75011)	€€€				■			
Le Pavillon Montsouris (75014)	€€€		■		■	●		
La Table de Pierre (75017)	€€€				■	●		
Au Trou Gascon (75012)	€€€		■					
Le Train Bleu (75012)	€€€		■					
Augusta (75017)	€€€	●			■		■	
Pavillon Puebla (75019)	€€€		■		■	●		●
Le Villaret (75011) ★	€€€		■					
Au Pressoir (75012)	€€€€		■		■			
Le Pré Catelan (75016)	€€€€		■		■	●		
Faucher (75017)	€€€€€		■					
Apicius (75017) ★	€€€€€							

ILE DE LA CITÉ

Vieux Bistrot

14 Rue du Cloître-Notre-Dame 75004. **Tav** 13 B4. 01 43 54 18 95. *12–14, 19.30–22.30 tutti i giorni* *24–25 dic.* AE, MC, V. €€€€

Nonostante il nome senza fantasia e la posizione nella zona turistica vicino a Notre-Dame, è un autentico, vecchio bistrò, popolare tra ristoratori e personaggi dello spettacolo. Gli interni un po' fuori moda si adattano al posto e i piatti forti come il filetto con midollo, il *boeuf bourguignon,* il *gratin dauphinois* (patate a fette cucinate con panna), la *tarte tatin* (torta di mele capovolta) e i profiteroles sono ottimi.

MARAIS

Galerie 88

88 Quai de l'Hotel de Ville 75004. **Tav** 13 B4. 01 42 72 17 58. *12–15, 19–23 tutti i giorni (22.30 dom).* V €

Nonostante l'arredamento piuttosto banale, questo grande ristorante sulle rive della Senna richiama una grande quantità di studenti e di clienti in genere. I prezzi sono bassi, il servizio è molto amichevole e ci si sente davvero a Parigi. Il cibo è semplice e comprende terrine, uova sode con maionese, cosciotti di agnello, anitra con le prugne e gustose crostate di mele.

Le Baracane

38 Rue des Tournelles 75004. **Tav** 14 E3. 01 42 71 43 33. *12–14.30, 19–24 lun–ven; 19–24 sab.* MC, V. €

Nella turistica e costosa zona del Marais, in questo piccolo ristorante si mangia davvero bene e a prezzi ragionevoli. Il menú a prezzo fisso è particolarmente conveniente: un aperitivo, un pasto con tre portate, una bottiglia di vino (che sceglierete voi stessi dalla carta dei vini) e il caffé. Vi si serve un'ottima cucina del sud-ovest che comprende il delizioso coniglio *confit* (cotto e messo in conserva), brasato di codino, pere cotte nel Madeira e nel cassis (liquore di ribes) e un superbo castagnaccio casalingo.

Le Passage

18 Passage de la Bonne Graine 75011. **Tav** 14 F4. 01 47 00 73 30. *12–14.30, 19.30–23.30 lun–ven; 19.20–23.30 sab.* AE, DC, MC, V. €

Nascosto nel piccolo Passage de la Bonne Graine, a pochi passi da Place de la Bastille, in questo accogliente ristorante casalingo potreste essere accolti personalmente dal proprietario Soiziky. Sebbene si proclami un'enoteca (e la scelta dei vini, in bicchiere o in bottiglia, è eccellente), qui si serve un menù completo che comprende cinque qualità di *andouillette* (salsicce di interiora) e una scelta variegata di piatti del giorno, accompagnati spesso da un delizioso gratin di patate. I formaggi sono ottimi e buoni anche i dessert, tra cui l'éclair di cioccolato.

Aux Vins des Pyrénées

25 Rue Beautreillis 75004. **Tav** 13 C3. 01 42 72 64 94. *12–15, 19.30–23.30 mart–sab.* V DC, MC, V. €

Un bistró molto antico caratterizzato da un'atmosfera amichevole tipicamente parigina che continua a renderlo popolare. Il menú del giorno, scritto su una lavagna, offre diversi piatti alla griglia. Possiede un'eccellente varietà di vini sfusi (da segnalare il Bordeaux e altri vini meno conosciuti provenienti dalla Francia sudoccidentale).

Le Repaire de Cartouche

8 Blvd Filles du Calvaire 75011. **Tav** 14 D2. 01 47 00 25 86. *12–14, 19.30–23 lun–sab.* *ago.* DC, MC, V. €€

Come il locale "gemello", Le Villaret, questo ristorante è diretto da un ex dipendente di Astier, agli stessi eccellenti livelli. Il menú cambia con il variare delle stagioni, e comprende piccioni arrosto con porri in salsa vinegre e coniglio al cioccolato. L'ambiente e la cucina sono tradizionali senza essere eccessivi.

Chez Jenny

39 Blvd du Temple 75003. **Tav** 14 D1. 01 42 74 75 75. *11.30–1 tutti i giorni.* V DC, MC, V. €€

Questa immensa brasserie in Place de la République è stata una colonna portante della cucina alsaziana fin dalla sua apertura, più di 60 anni fa. Le cameriere in costumi alsaziani contribuiscono a creare un'atmosfera conviviale. Il piatto principale, la *choucroute* (crauti) *spéciale Jenny* costituisce un pasto generoso accompagnato da crostata di frutta o un sorbetto serviti come dessert insieme a un liquore.

Le Bar à Huîtres

33 Blvd Beaumarchais 75003. **Tav** 14 E3. 01 48 87 98 92. *12–1 lun–gio, 12–2 ven e sab, 12–0.30 dom.* AE, MC, V. €€

Crostacei e mitili dominano nei due bar à Huîtres di Parigi (l'altro bar è a Montparnasse). Potete comporre il vostro piatto iniziale, seguito da piatti caldi di pesce. Per i carnivori impenitenti è disponibile la carne. Il locale, molto frequentato, è situato tra la sempre sveglia Place de la Bastille e il Marais.

Brasserie Bofinger

5 Rue de la Bastille 75004. **Tav** 14 E4. 01 42 72 87 82. *12–15, 18.30–1 tutti i giorni.* AE, DC, MC, V. €€€

Bofinger, aperta nel 1864, passa per essere la più antica brasserie di Parigi. È certamente una delle più belle, con vetrate colorate della fine del secolo, sedili in cuoio, decorazioni di ottone e murali dell'artista alsaziano Hansi. Si servono ottimi molluschi, una buona *choucroute* e carni alla griglia. Questo ristorante molto popolare, frequentato da politici, uomini d'affari e amanti dell'opera lirica, è situato poco oltre Place de la Bastille giungendo dal teatro dell'opera. Potreste dover aspettare per il tavolo, pur avendo prenotato.

La Guirlande de Julie

25 Pl des Vosges 75003. **Tav** 14 D3. 01 48 87 94 07. *12–14.30, 19–22.30 mart–dom.* MC, V. €€€

Questo bel ristorante si trova nella stupenda secentesca Place des Vosges. L'esperto Claude Terrail della Tour d'Argent *(p 302)* ha assunto per la Guirlande de Julie un ottimo chef; l'arredamento è delicato, fresco e accogliente. La vista migliore la si gode dalla finestra della prima sala. Durante le belle giornate i pasti vengono serviti all'aperto sotto i portici.

L'Ambroisie

9 Pl des Vosges 75004. **Tav** 14 D3. 01 42 78 51 45. *12–13.30, 20–22 mart–sab.* ★ AE, MC, V. €€€€€

Il locale, romantico e discreto, è uno degli unici sette ristoranti tre stelle di Parigi della Michelin. Si consiglia di prenotare un mese prima (non un giorno di più, né uno di meno).
Lo chef Monsieur Pacaud ha restaurato questa ex gioielleria con un bel pavimento in pietra e illuminazione soffusa.
La cucina comprende una mousse di peperoni rossi dolci, tartufi *feuilleté* (su strati di sfoglia), e un *croustillant* di agnello.

Beaubourg e Les Halles

Le Grizzli

7 Rue St-Martin 75004. **Tav** 13 B3. *01 48 87 77 56. 12–14.30, 19.30–23 lun–sab.* AE, MC, V, JCB. €

Il cambiamento di proprietario ha rivitalizzato il Grizzli, fondato nel 1903, quando era uno degli ultimi locali con gli orsi ballerini. Il proprietario fa arrivare la maggior parte dei prodotti dal nativo sud-ovest, compreso il prosciutto locale, i formaggi e i vini prodotti dalla sua famiglia. L'ambiente è accogliente.

Le Loubechem

31 Rue Berger 75001. **Tav** 12 F2. *01 42 33 12 99. 11–15 lun–sab.* AE, DC, MC, V. €

Negli anni '50 del Novecento, quando il commercio all'ingrosso di carni si svolgeva ancora nel centro di Parigi, questo locale era una macelleria; infatti, in slang, "Loubechem" significa macellaio. E in effetti, la carne è il piatto principale, con porzioni più adatte a giocatori di rugby che a ballerini. *L'assiette du rôtisseur* è un piatto tipico (3 portate, ciascuna con la sua salsa), e le *aiguillette à la ficelle* sono ancora preparate seguendo la ricetta tradizionale.

Bleu Marine

28 Rue Léopold Bellan 75002. **Tav** 13 A1. *01 42 36 92 44. 12–15, 20–23 lun–sab.* MC, V. €

Il ristretto menù di questo posticino accogliente comprende prodotti di stagione e piatti come le sardine marinate, i profiteroles di salmone e la trota salmonata al basilico. Gli interni chiari in frassino e con tanti fiori danno una sensazione di fresco.

Le Bistrot Beaubourg

25 Rue Quincampoix 75004. **Tav** 13 B2. *01 42 77 48 02. 12–14, 19.45–22 tutti i giorni.* *solo a pranzo.* DC, MC, V. €

Questo locale dalle pretese artistiche ma elegante offre piatti tipici francesi a prezzi sorprendentemente abbordabili. La razza con salsa di burro 'nero' e le costine al pepe verde sono piatti tipici dell'eccellente menù che varia di giorno in giorno. Qui, attardarsi sul proprio piatto non è un peccato, l'atmosfera è ugualmente piacevole all'interno, circondati dall'insolita collezione di manifesti, e all'esterno, sulla terrazza soleggiata.

Aux Tonneaux des Halles

28 Rue Montorgueil 75001. **Tav** 13 A1. *01 42 33 36 19. 20-24 lun-sab.* DC, MC, V. €

Questo tradizionale bistrò parigino è uno degli ultimi del suo genere, con il suo bancone di zinco, l'interno fumoso e una delle più piccole cucine di Parigi. Il servizio non è veloce, ma il cibo è buono, ed è questo che conta! I vini sono genuini e pregiati.

Saudade

34 Rue des Bourdonnais 75001. **Tav** 13 A2. *01 42 36 30 71. 12–14 lun–sab, 19.30–22.30 lun–gio, 19.30–23 ven, sab.* AE, MC, V. €€

È probabilmente il più bel ristorante portoghese di Parigi e il suo arredamento fa pensare di essere sul Tago e non sulla Senna. Il famoso baccalà portoghese è preparato in diversi modi: in frittelle, con il pomodoro e la cipolla o con le patate e le uova. Altri piatti gustosi sono il lattonzolo arrosto e il *cozido* (tipico stufato portoghese). Ci sono diversi tipi di porto e un'ottima scelta di vini portoghesi.

Le 404

69 Rue Gravilliers 75003. **Tav** 13 B1. *01 42 74 57 81. 20–2 tutti i giorni.* ★ AEC, MC, V. €€

In una posizione magnifica, nell'*hôtel particulier* costruito per Gabrielle d'Estrées (amante di Enrico IV) nel 1737, il 404 è diretto impeccabilmente dall'attore Smaïn, proprietario anche del Momo di Londra. Il cibo qui si ispira profondamente al Marocco (terra d'origine di Smaïn): couscous, tajine e piatti vegetariani. I decori del locale danno l'impressione di essere in una tenda beduina. La sera è molto affollato, quindi occorre prenotare.

Pharamond

24 Rue de la Grand-Truanderie 75001. **Tav** 13 B2. *01 40 28 03 00. 12–15, 19.30–23.30 tutti i giorni. dom sera in inverno.* *a pranzo.* AE, DC, MC, V. €€€

Fondato nel 1870, questo vero bistrò è sopravvissuto al trasferimento delle Halles fuori città ed è un incantevole residuo del XIX secolo, con piastrelle colorate e mosaici, legni e specchi. Tra le sue specialità, la *tripes à la mode de Caen* (trippa cotta con cipolle, porri, sidro e Calvados) e il *boeuf en daube* (stufato di manzo). Da provare l'ottimo sidro della Normandia.

Au Pied de Cochon

6 Rue Coquillière 75001. **Tav** 12 F1. *01 40 13 77 00. 24 ore su 24 tutti i giorni.* AE, DC, MC, V. €€€

Questa vivace brasserie era un tempo popolare presso l'alta società, che ci veniva nelle ore piccole per vedere i facchini lavorare alle Halles e per gustare la zuppa di cipolle. Pur essendo un locale turistico, questo posto gigantesco è divertente, ha un menù vastissimo (compresi ottimi molluschi), ed è tuttora considerato uno dei locali migliori per chiudere una serata in città.

Benoît

20 Rue St-Martin 75004. **Tav** 13 B2. *01 42 72 25 76. 12–14, 20–22 tutti i giorni.* *solo a pranzo.* ★ AE. €€€€€

È il più elegante dei bistrò parigini. Il proprietario conserva con orgoglio i deliziosi *faux-marbre*, gli ottoni lucidati e le tendine in pizzo messi da suo nonno nel 1912. L'ottima cucina tradizionale comprende *saladiers* (insalate miste), *foie gras* della casa, *boeuf à la mode* e *cassoulet* (carne in umido con fagioli). La lista dei vini è eccezionale.

Tuileries

Gaya

17 Rue Duphot 75001. **Tav** 5 C5. *01 42 60 43 03. 12–14.30, 19–23 lun–ven.* AE, MC, V. €€

Il *bistrot de la mer* di Monsieur Goumard era il suo elegante ristorante di pesce, prima del restauro dell'ottocentesco Goumard Prunier. Il menù propone piatti a base di pesce molto semplici. La sala al piano terreno è particolarmente attraente, con belle piastrelle di tipo portoghese.

Le Grand Louvre

Le Louvre 75001. **Tav** 12 F2. *01 40 20 53 41. 12–15, 19–22 mer–lun.* AE, DC, MC, V, JCB. €€

È davvero raro trovare all'interno di un museo un ristorante così buono. Le Grand Louvre è situato proprio sotto la piramide vetrata del Louvre e i suoi sobri decori in metallo e legno si integrano perfettamente con l'essenziale struttura in vetro. Il menù propone specialità caratteristiche del sud-ovest della Francia: collo d'oca ripieno, *foie gras*, *boeuf en daube* (stufato di manzo), gelato di prugne con Armagnac. I piatti tipici sono stati originariamente messi a punto da André Daguin, una delle stelle gastronomiche della regione.

L'Espadon

15 Pl Vendôme 75001. **Tav** 6 D5. *01 43 16 30 80.* *7–11, 12–15, 19.30–23 tutti i giorni.* ★ *AE, DC, MC, V, JCB.* €€€€

È ristorante del Ritz *(p 281)*, ha ottenuto le due stelle della Michelin e vale davvero la pena di provarlo. Tra i suoi molti meriti possono essere annoverati l'ambiente elegante, il giardino, il servizio impeccabile e la cucina classica moderna dello chef M. Guillouët.

Goumard

9 Rue Duphot 75001. **Tav** 5 C5. *01 42 60 36 07.* *12.15–14.30, 19–22.30 mart–sab.* *solo a pranzo.* *AE, DC, MC, V, JCB.* €€€€

L'antico nome del ristorante, Prunier, è ancora quasi sinonimo di pesce. Questo ottocentesco ristorante è stato restaurato da Monsieur Goumard, senza badare a spese; ha una cucina elegante, lampade di Lalique e sculture ben armonizzate con gli arredi originali della fine del secolo e degli anni '30. Il pesce è sempre fresco ed è a disposizione una scelta di eccellenti dessert.

Les Ambassadeurs

10 Pl de la Concorde 75008. **Tav** 11 C1. *01 44 71 16 16.* *7–10.30, 12–14.30, 19–22.30 tutti i giorni.* ★ *AE, DC, MC, V, JCB.* €€€€€

Principale ristorante del lussuoso Hôtel de Crillon *(p 280)*, è uno dei due soli ristoranti di alberghi di Parigi con le due stelle Michelin. Lo chef Dominique Bouchet mantiene alti livelli di creatività, preparando cibi tradizionali con un tocco di novità e grande attenzione ai dettagli. Bouchet cambia menu a seconda della stagione; provate le ottime scaloppine alla pancetta e i pancake di patate con crema, salmone affumicato e caviale. Il servizio è davvero superbo e la stupenda sala, completamente in marmo, si affaccia su Place de la Concorde.

Le Carré des Feuillants

14 Rue de Castiglione 75001. **Tav** 12 D1. *01 42 86 82 82.* *12–14, 19.30–22.30 lun–ven, 19.30–22.30 sab.* *ago.* ★ *AE, DC, MC, V, JCB.* €€€€€

Questo ristorante è la vetrina del grande chef Alain Dutournier e dei migliori prodotti del sud-ovest, sua regione natale, come agnelli, manzo, *foie gras* e pollame. Le decorazioni con vetri veneziani e i tromp l'oeil sui soffitti creano un'atmosfera del tutto particolare. La lista dei vini è davvero eccezionale.

Le Grand Véfour

17 Rue de Beaujolais 75001. **Tav** 12 F1. *01 42 96 56 27.* *12.30–14, 20–22 lun–ven.* *ago.* ★ *AE, DC, MC, V, JCB.* €€€€€

Questo settecentesco ristorante, con le sue ricche decorazioni, è considerato da molti il più bel locale di Parigi. Lo chef Guy Martin mantiene le tre stelle Michelin con piatti come le conchiglie al formaggio Beaufort, i ravioli di cavolo con crema di tartufo e la *galette* di indivia. Chiedete il tavolo preferito di Colette, di Victor Hugo o di Napoleone. Si tratta senza dubbio di un locale ideale per le grandi occasioni.

St-Germain-des-Prés

Aux Charpentiers

10 Rue Mabillon 75006. **Tav** 12 E4. *01 43 26 30 05.* *12–15, 19–23.30 tutti i giorni.* *AE, DC, MC, V, JCB.* €

Non aspettatevi sorprese culinarie da questo vecchio bistrò amato dagli studenti e dagli abitanti di St-Germain-des-Prés: il menù cambia ogni giorno, ma potete contare sui soliti piatti da bistrò ben preparati, come il vitello alla marengo, il *boeuf à la mode* e la pasticceria casalinga, serviti a prezzi ragionevoli nella grande e rumorosa sala.

Rôtisserie d'en Face

2 Rue Christine 75006. **Tav** 12 F4. *01 43 26 40 98.* *12–14.30, 19.30–23 lun–gio, 19–23.30 ven, sab.* *AE, DC, MC, V, JCB.* €

Questo elegante ristorante, tipo bistrò, è uno dei quattro appartenenti allo chef da due stelle Jacques Cagna. Anche i ricchi apprezzano un vero affare e una piccola folla viene qui per l'economico menù a prezzo fisso. Tra gli altri piatti la rosticceria offre polli ruspanti con purea di patate, salmone grigliato con spinaci freschi e profiteroles al cioccolato.

Le Petit St-Benoît

4 Rue St-Benoît 75006. **Tav** 12 E3. *01 42 60 27 92.* *12–14.30, 19–22.30 lun–sab.* €

È un ristorante molto economico e adatto a chi cerca il colore locale; le cameriere sono disinvolte e potreste essere fatti accomodare al tavolo con altri. Nel corso degli anni non si è fatto molto per gli arredi, ma il cibo è buono, semplice e casalingo.

Alcazar

62 Rue Mazarine 75006. **Tav** 12 F4. *01 53 10 19 99.* *12–15, 19–1 tutti i giorni.* *solo a pranzo* *AE, DC, MC, V, JCB.* €

Club di gran moda durante gli anni '70, l'Alcazar è stato acquistato nel 1999 da Sir Terence Conrad, che l'ha trasformato in una nuova brasserie-bar. Il risultato di tale cambiamento è un locale grande, elegante e assolutamente moderno, dove vengono serviti i piatti di una cucina semplice ma sempre impeccabile.

Le Procope

13 Rue de l'Ancienne Comédie 75006. **Tav** 12 F4. *01 40 46 79 00.* *11–1 tutti i giorni.* *AE, MC, V.* €€

Anche se la cucina non offre piatti straordinari, il ristorante merita una visita da parte di chi apprezza l'idea di avere come commensali i "fantasmi" dei più grandi nomi della storia di Francia. La brasserie più antica della città fu, dall'anno della sua apertura, il 1686, il luogo di ritrovo di scrittori, artisti, politici e filosofi, da Diderot a Danton, da Beaumarchais a Balzac. Ancora oggi svolge il ruolo di ritrovo d'artisti e il suo menù fisso a 20€ (servito fino alle 20) sembra fatto apposta per gli intellettuali squattrinati.

Yugaraj

14 Rue Dauphine 75006. **Tav** 12 F3. *01 43 26 44 91.* *12–14.15 mart–dom, 19–23 tutti i giorni.* *AE, DC, MC, V.* €€

Risistemato di recente, è ancora considerato da molti il miglior ristorante indiano di Parigi. L'ottimo chef dà risalto ai piatti della sua terra d'origine, l'India del nord, e le spezie principali sono importate direttamente dal subcontinente. Anche la lista dei vini è, forse sorprendentemente, ottima.

Aux Fins Gourmets

213 Blvd St-Germain 75007.
Tav 11 C3. *01 42 22 06 57.*
12–14.15, 19.30–22 mart–sab, 19.30–22 lun. €€€

Situato per molti anni all'estremità del Boulevard St-Germain vicino all'Assemblée Nationale, questo ristorante senza pretese e accogliente propone una cucina semplice e generosa, con specialità del sud-ovest, tra cui un buon *cassoulet* (carne in umido con fagioli bianchi). I dolci sono dell'eccellente pasticceria Peltier.

Brasserie Lipp

151 Blvd St Germain 75006.
Tav 12 E4. *01 45 48 53 91.*
12–1 tutti i giorni.
AE, DC, MC, V. €€€

Questa è la brasserie che tutti vorrebbero odiare. Eppure la clientela, costituita da personalità dello spettacolo e politici, continua a tornare per il cibo genuino. I piatti comprendono aringhe alla crema e una monumentale *mille-feuille.* Chiedete un posto al pianterreno, se volete essere "in": il primo piano è chiamato Siberia.

Tan Dinh

60 Rue de Verneuil 75007. **Tav** 12 D3.
01 45 44 04 84. *12–14, 19.30–23 lun–sab.* *ago.*
€€€€

Questo ristorante franco-vietnamita, gestito dalla famiglia Vifian, ha prezzi relativamente alti dovuti all'eccellente qualità della cucina e all'eccezionale lista dei vini, con una delle più grandi collezioni di Pomerols della città. L'arredo è molto sobrio: questo locale non ha bisogno di sgargianti lanterne orientali per creare una piacevole atmosfera.

Lapérouse

51 Quai des Grands Augustins 75006.
Tav 12 F4. *01 43 26 68 04.*
12–14.30 lun–ven, 20–22 sab.
AE, DC, MC, V.
€€€€€

Questo famoso locale del XIX secolo era una delle glorie di Parigi. Sotto le impeccabili direttive dello chef e proprietario Alain Hacquard, oggi sta tornando in auge. La serie di sale ha conservato i decori del 1850. I tavoli migliori sono quelli vicini alla finestra che guarda direttamente sulla Senna.

Restaurant Jacques Cagna

14 Rue des Grands Augustins 75006.
Tav 12 F4. *01 43 26 49 39.*
12–14 mart–ven, 19.30–22.30 lun–sab. ★ *AE, DC, MC, V, JCB.* €€€€€

Questo locale settecentesco, nel cuore della vecchia Parigi, è la vetrina della costosa ed eccellente cucina classico-contemporanea dello chef Jacques Cagna, che ne è il proprietario. I piatti dai tocchi esotici testimoniano il suo amore per l'Oriente. Tra i piatti proposti, l'insalata di triglie con il *foie gras*, il *confit* di piccione con le rape e un classico Paris-Brest (pasta choux ripiena di crema pralinata). La lista dei vini è assolutamente superba.

Quartiere Latino

Restaurant Perraudin

157 Rue St-Jacques 75005.
Tav 16 F1. *01 46 33 15 75.*
12–22.15 mart–ven, 19–22.15 lun e sab. *ago.* *DC, MC, V.* €

Vicino al Pantheon, questo minuscolo ristorante non si vergogna di servire piatti tradizionali ma sempre buoni come l'*oeuf-cocotte* e l'anatra in scatola. Grazie alla sua atmosfera amichevole, all'ora di pranzo è sempre piuttosto affollato.

Loubnane

29 Rue Galande 75005. **Tav** 9 A4.
01 43 26 70 60. *12–15, 19–24 mart–dom.* *AE, DC, MC, V.* €€

È un ristorante libanese che annovera tra le sue specialitàun delizioso e abbondante *mezzes*, servito sotto lo sguardo attento del proprietario, il cui scopo nella vita sembra essere la felicità dei clienti. Spesso, nel seminterrato, si suona musica libanese dal vivo.

Le Balzar

49 Rue des Ecoles 75005. **Tav** 13 A5.
01 43 54 13 67. *12–24 tutti i giorni.* *AE, MC, V.* €€

In questo locale c'è una discreta scelta di piatti caratteristici, ma l'attrattiva principale è l'ambiente. È l'atmosfera tipica della Riva sinistra: affacendate cameriere con costumi tradizionali e arredamento tipico da brasserie: grandi specchi e comodi sedili di cuoio.

Restaurant Moissonnier

28 Rue des Fossés St-Bernard 75005.
Tav 13 B5. *01 43 29 87 65.*
12–14, 19.30–22.30 mart–sab.
ago. *MC, V.* €€€

Questo bistrò famigliare ha un'atmosfera provinciale. Serve piatti classici interpretati secondo il gusto di Lione, come *saladiers* (insalate miste), *gras-double* (trippa), *tablier de sapeur* (trippa di bue), *quenelles de brochet* (polpette di luccio) e dolce di cioccolato. Nella lista dei vini ci sono ottimi Beaujolais. Chiedete un tavolo al pianterreno, più frequentato di quello superiore.

Rôtisserie du Beaujolais

19 Quai de la Tournelle 75005.
Tav 13 B5. *01 43 54 17 47.*
12–14.15, 19.30–23 mart–dom.
V. €€€

Di fronte alla Senna e di proprietà di Claude Terrail della vicina Tour d'Argent, il ristorante ha una grande rosticceria. Carni e formaggi sono spesso ordinati dai migliori fornitori di Lione. Da bere, ordinate naturalmente un Beaujolais.

La Tour d'Argent

15–17 Quai de la Tournelle 75005.
Tav 13 B5. *01 43 54 23 31.*
12–13.30, 19.30–21 mart–dom.
★
AE, DC, MC, V. €€€€€

Fondata nel 1582, La Tour può sembrare eterna, ma non moribonda. Il proprietario, il nobile Claude Terrail, ha assunto giovani chef che hanno ridato vigore al menù classico. Il bar al piano terreno è anche un museo gastronomico; da qui un ascensore porta al ristorante panoramico. Secondo alcuni il servizio è condiscendente, ma così è La Tour. La cantina è probabilmente una delle più belle al mondo.

Jardin Des Plantes

Au Petit Marguéry

9 Blvd de Port-Royal 75013.
Tav 17 B3. *01 43 31 58 59.*
12–14.15, 19.30–22.15 mart–sab.
AE, DC, MC, V.
€€

Questo accogliente e affidabile bistrò è gestito da tre fratelli che creano piatti insoliti per il menù classico dei bistrò: consommé freddo di aragosta con caviale, insalata di funghi con *foie gras*, merluzzo alle spezie e dolce di cioccolato in salsa moka. È conosciuto anche per la selvaggina.

Montparnasse

La Coupole

102 Blvd du Montparnasse 75014. **Tav** 16 D2. *01 43 20 14 20.* *7.30–1 (2 ven–sab) dom–gio.* *24 dic sera.* *AE, DC, MC, V, JCB.* €

Fin dalla sua creazione, nel 1927, questa famosa brasserie è stata molto popolare soprattutto tra gli stilisti, gli artisti e gli intellettuali. Dello stesso proprietario che possiede la brasserie Flo, la Coupole ha un menù simile: ottimi crostacei, salmone affumicato, *choucroute* e molti buoni dessert. L'agnello al curry è invece una specialità caratteristica del locale. Gli interni un po' monumentali sono stati restaurati alla fine degli anni '80. È un locale vivace e allegro tutto il giorno, dalla prima colazione fino alle 2 di notte. *(p 178).*

La Cagouille

10–12 Pl Constantin Brancusi 75014. **Tav** 15 C3. *01 43 22 09 01.* *12–14.30, 19.30–22.30 tutti i giorni.* ★ *AE, MC, V.* €€€

Situato nella nuovissima Place Brancusi, a Montparnasse, questo grande e moderno locale ha un'atmosfera nautica ed è uno dei migliori ristoranti di pesce a Parigi. I pesci più grandi sono serviti semplicemente con qualche salsa o contorno e talvolta ingredienti di stagione, come molluschi e *vendangeurs* (piccole triglie).

Contre-Allée

83 Ave Denfert-Rochereau 75014. **Tav** 16 E3. *01 43 54 99 86.* *12–14 lun–ven, 20–22 lun–sab.* *AE, MC, V.* €€€

Il ristorante sulla Place Denfert-Rochereau è popolare presso i professori della Sorbona e, in genere, gli anticonformisti del luogo. Michel Inizian (prima chef di Le Procope) rievoca una cucina che è un insieme di ottimi piatti di pasta, merluzzo con il parmigiano, *hachis parmentier* (una specie di pasticcio di carne) con *foie gras* e anatra, delizioso fegato di vitello e gratin all'arancia. L'interno è minimalista con sorprendenti foto in bianco e nero. Il servizio è giovane, di modi energici.

Invalides e Tour Eiffel

L'Oeillade

10 Rue de St-Simon 75007. **Tav** 11 C3. *01 42 22 01 60.* *12.30–14 mart–ven, 19.30–23 lun–sab.* *MC, V.* €€

I piatti principali di questo bel ristorante lo hanno trasformato in un locale turistico. È tuttavia un locale valido e ha diversi menù a prezzo fisso con pesce fritto, *pipérade* (peperoni in umido con pomodori e aglio) e uova in camicia, *sole meunière*, *brandade* (purea di baccalà con aglio), agnello arrosto e *oeufs à la neige* (meringa in crema di vaniglia).

La Serre

29 Rue de l'Exposition 75007. **Tav** 10 F3. *01 45 55 20 96.* *12–15 mart–sab, 19–23 mart–dom.* *MC, V.* €€

Piccolo e intimo ristorante posto in una stradina vicino alla Tour Eiffel è caratterizzato da un'atmosfera accogliente e assolutamente amichevole. I proprietari, Mary-Alice e Philippe Beraud offrono una buona cucina casalinga, basata su ingredienti freschi, a prezzi ragionevoli. Le specialità sono del sud-ovest, come i *gesiers confit sur salade*, la *cuisse de canard confite*, e la *foie de veau peole*, servita con *confiture d'oignons*.

Thoumieux

79 Rue St-Dominique 75007. **Tav** 11 A2. *01 47 05 49 75.* *12–15.30, 18.30–24 tutti i giorni.* *AE, MC, V.* €€

Questo ristorante ben gestito è molto conveniente. Gli ingredienti sono freschi e i piatti casalinghi, compresi il *foie gras*, le *rillettes* d'anatra (simile al pâté), il *cassoulet* (manzo in umido con fagioli, specialità della casa) e due tipi di mousse alla cioccolata.

Vin sur Vin

20 Rue de Monttessuy 75007. **Tav** 10 E2. *01 47 05 14 20.* *12–14 mart–ven, 20–22 lun–sab.* *MC, V.* €€€€

Lo chef e proprietario Patrice Vidal ha tutte le ragioni di essere orgoglioso del suo piccolo ristorante, vicino alla Tour Eiffel. Il menù è originale e di stagione, la lista dei vini eccezionale, con molti vini interessanti a prezzi ragionevoli. Tra i piatti, *galette* (frittelle) di seppie, pasticcio di lumache, *blanquette* (con salsa bianca) e anatra con le pesche.

L'Arpège

84 Rue de Varenne 75007. **Tav** 11 B3. *01 45 51 47 33.* *12.30–14.30, 19.30–22.30 lun–ven.* ★ *AE, DC, MC, V.* €€€€€

Situato vicino al Musée Rodin, il ristorante a tre stelle di Alain Passard, chef e proprietario, è uno dei più noti di Parigi. Il locale ha un arredamento in legno chiaro, un servizio allegro e un'ottima cucina. L'aragosta di Passard, le rape in vinaigrette e l'anatra Louise Passard sono dei classici. Davvero ottima la torta di mele.

Le Jules Verne

2ª piattaforma, Tour Eiffel 75007. **Tav** 10 D3. *01 45 55 61 44.* *12.15–13.30, 19.15–21.30 tutti i giorni.* *AE, DC, MC, V.* €€€€€

Oggi è difficilissimo prenotare un tavolo al Jules Verne, al secondo piano della Tour Eiffel. Gli interni in nero lucido si adattano bene al monumento, e la delicata e aromatica cucina è davvero buona. Sedete nella sala a est o a ovest, a seconda della vista che preferite.

Chaillot Porte Maillot

La Plage

Port Javel 75015. **Tav** 9 B5. *01 40 59 41 00.* *12.30–14.30, 19.30–22.30 lun–ven.* *AE, DC, MC, V.* €

Di fronte alla Statua della Libertà sulla Ile aux Cignes, nel cuore della zona dei media, solo il quartiere merita una visita. L'enorme terrazza dev'essere assolutamente vista all'ora di pranzo, ma è anche un luogo idilliaco per una cena a lume di candela in una dolce serata estiva. I decori sono un'elegante combinazione di legno e toni pastello.

L'Huîtrier

16 Rue Saussier Leroy 75017. **Tav** 4 E2. *01 40 54 83 44.* *12–14.30, 19–22.30 mart–sab, 12–14.30 dom.* *metà lug–ago.* *AE, MC, V.* €€€

Questo ristorante dagli interni attraenti è specializzato in ostriche, ordinate a mezza o una dozzina per volta. Serve anche piatti caldi di pesce e rappresenta una sosta riposante, prima o dopo la visita dell'animato mercato della vicina Rue Poncelet.

La Butte Chaillot

110 bis Ave Kléber 75116. **Tav** 4 D5. *01 47 27 88 88. 12–14.30, 19–24 tutti i giorni.* AE, MC, V, JCB. €€€

È il più recente ristorante elegante del famoso chef Guy Savoy. È anche il più moderno, con pavimenti in legno lucido, pareti ocra e beige e una massiccia scala in acciaio e vetro, che porta ai tavoli del piano inferiore. La sofisticata cucina tipo campagnolo/bistrò comprende insalata di lumache, ostriche in mousse, petto arrosto di vitello al rosmarino e torta di mele. La clientela è molto elegante.

Chez Géraud

31 Rue Vital 75016. **Tav** 9 B3. *01 45 20 33 00. 12–14, 19.30–22 lun–ven. ago.* AE, MC, V. €€€

Géraud Rongier, il gioviale proprietario del bistrò, vi accoglierà come amici e vorrà che vi godiate il pranzo. La sua è una *cuisine du marché* che usa quello che c'è di meglio al mercato ogni giorno, per creare piatti, come agnello allo spiedo, *sabodet* al vino rosso, razza con la mostarda, piccione arrosto al porto e il dolce di cioccolato amaro. Le decorazioni sono stati disegnate appositamente per il ristorante.

Oum El Banine

16 bis Rue Dufrenoy 75016. **Tav** 9 A1. *01 45 04 91 22. 12–14, 20–22.30 mart–sab.* AE, MC, V. €€€

La proprietaria di questo piccolo ristorante, situato in un quartiere chic, ha imparato a cucinare da sua madre in Marocco e prepara qui i suoi piatti preferiti, tra cui una buona zuppa *barira* (una minestra densa e speziata), la *pastilla* (una soffice torta) e i *brik* (triangoli di pasta ripiena). Il couscous, servito con cinque diversi ragoût, è esemplare. I *tagines* (brasati) sono molto saporiti.

Le Timgad

21 Rue Brunel 75017. **Tav** 3 C3. *01 45 74 23 70. 12–14.30, 19.30–23 tutti i giorni.* AE, DC, MC, V. €€€

Per anni è stato il più famoso ed elegante ristorante maghrebino di Parigi, per cui è necessario prenotare. Il menù è ampio con diversi tipi di *briks* (triangoli di pasta ripiena), *tagines* (brasati) e piatti di couscous, oltre a specialità come il piccione alla griglia, la *pastilla* (una torta soffice) e il *méchoui* (agnello intero arrosto) su ordinazione. Gli interni decorati con stucchi, i camerieri in uniforme e una clientela internazionale aumentano la sensazione di opulenza.

L'Astrance

4 Rue de Beethoven 75016. **Tav** 9 C3. *01 40 50 84 40. 12.15–13.45, 19.45–21.45 mart pom–dom.* AE, DC, MC, V. €€€

La cucina dai sapori forti dei due chef dell'Astrance, entrambi ex cuochi dell'Arpège, ha reso questo locale così popolare che occorre prenotare almeno un mese prima. I loro piatti estremamente fantasiosi comprendono piccione sauté con salsa caramellata di nocciole, agnello alla griglia con salsa di yogurt, menta e cannella e minestrone di mele e sedano al forno con gelato alle spezie. L'eccellente menù a sorpresa è stupefacente come la montagna di fiori da cui il ristorante prende nome.

Alain Ducasse

59 Ave Raymond Poincaré 75116. **Tav** 9 C1. *01 47 27 12 27. 12–14, 19.45–22 lun–ven. fest. pubbl., metà lug–metà ago, 25 dic, I sett gen.* ★ AE, DC, MC, V, JCB. €€€€€

Questo edificio d'epoca, tipicamente parigino con la sua facciata belle epoque, è il luogo in cui Alain Ducasse prepara i suoi celebri piatti. Il menù ha ingredienti di ogni regione francese, in particolare del sud-ovest, dove è nato Ducasse. La sala da pranzo è molto elegante, arredata con *trompe l'oeils* e sculture, è la sede perfetta per una cucina così raffinata. Tra i piatti, si segnalano *turbot de Bretagne, chevreuil d'Alsace, agneau de Pauillac* e *foie gras de canard des Landes*. Ottima, naturalmente, anche la lista dei vini.

Amphyclès

78 Ave des Ternes 75017. **Tav** 3 C2. *01 40 68 01 01. 12–14.30 lun–ven, 20–22.30 lun–sab.* ★ AE, DC, MC, V, JCB. €€€€€

Questo piccolo locale è il regno di Philippe Groult che, a pochi mesi dall'apertura, ne ha fatto uno dei più bei ristoranti di Parigi. I piatti classici comprendono la zuppa di funghi, il risotto di aragosta ai funghi e l'anatra all'arancia e coriandolo. Tra le altre creazioni il *foie gras* al vapore con fagioli, il filetto di branzino al sesamo e il piccione in crosta d'alga. I dessert sono su un ben fornito carrello.

Champs-Elysées

La Fermette Marbeuf 1900

5 Rue Marbeuf 75008. **Tav** 4 F5. *01 53 23 08 00. 12–15, 19–23.30 tutti i giorni.* AE, DC, MC, V. €€

Sotto le pareti in formica di questo bistrò sugli Champs-Elysées sono stati trovati mosaici, piastrelle e ferro battuto della Belle Epoque. A parte la bellissima zona, La Fermette Marbeuf ha un'ottima cucina da brasserie e il menù a prezzo fisso è raccomandato, con molti vini ad *appellations contrôlées*, che ne garantisce la qualità. L'ambiente è molto parigino e diventa rumoroso la sera tardi.

Savy

23 Rue Bayard 75008. **Tav** 10 F1. *01 47 23 46 98. 12–15, 19.30–23 lun–ven. ago.* AE, MC, V. €€

Nonostante sia vicinissimo a Dior e ad altre case di moda famose, il Savy è rimasto un onesto bistrò. Gli interni Art Déco sono semplici e la cucina genuina, suggerita a Monsieur Savy dalla nativa Auvergne, propone il cavolo ripieno, le polpette di baccalà, la spalla di agnello arrosto e la crostata di prugne.

Sébillon

66 Rue Pierre Charron 75008. **Tav** 4 F5. *01 43 59 28 15. 12–15, 19–24 tutti i giorni.* AE, DC, MC, V. €€

Situato proprio vicino agli Champs-Elysées, questo locale è una emanazione del Sébillon originale, che ha nutrito i borghesi di Neuilly fino dal 1913. Il menù è lo stesso, con molti crostacei, insalata di aragosta, capesante *à la provençale*, biancostato arrosto e giganteschi *éclair*. La grande specialità è il cosciotto di agnello a volontà, affettato davanti a voi nella lucente sala da pranzo.

Le Cercle Ledoyen

1 Ave Dutuit 75008. **Tav** 11 B1. *01 53 05 10 02. 12–14.30, 19–23 lun–sab.* AE, DC, MC, V, JCB. €€€

La cucina è abbastanza raffinata con rombo alla griglia e funghi, fagiano con mele cotogne o un più semplice salmone affumicato (preparato dai proprietari) con uova strapazzate. Vi si trova una magnifica scelta di dessert al cioccolato. La sala curva ricrea l'atmosfera di una rosticceria anni Cinquanta con soffitti e pareti decorati con scorci parigini. In alternativa, fatevi preparare un tavolo sulla bella terrazza all'aperto.

Spoon

14 Rue de Marignan 75008. **Tav** 4 F5. *01 40 76 34 44. 12–14.30, 19–23 lun–ven.* *AE, MC, V, JCB.* €€€

Locale dello chef di fama internazionale Alain Ducasse, non solo è diventato un luogo di gran moda in cui mangiare entro pochi mesi dall'apertura, ma ha altresì dimostrato che anche in Francia può esistere una cucina varia. È necessario prenotare con diverse settimane d'anticipo, ma i piatti meravigliosamente cucinati, i deliziosi wok-sauté di verdure e le torte di cioccolato fondente valgono decisamente l'attesa. I posti a sedere risultano confortevoli, e le decorazioni sono costituite da un mix di legni esotici.

L'Avenue

41 Ave Montaigne 75008. **Tav** 10 F1. *01 40 70 14 91. 20–24 tutti i giorni.* *AE, DC, MC, V.* €€€€

Situato all'angolo delle Avenues Montaigne e François-1er, il cuore dell'alta moda, L'Avenue ha una clientela elegante. Gli insoliti interni in stile anni '50 sono freschi e pieni di colore. Il servizio diventa frenetico nelle ore di punta, perché L'Avenue rimane una brasserie. La cucina è buona, soddisfa tutti i gusti e tutti gli appetiti ed è aperta fino a notte inoltrata.

La Maison Blanche/ 15 Avenue Montaigne

15 Ave Montaigne 75008. **Tav** 10 F1. *01 47 23 55 99. 12–14 mart–ven, 20–23 lun–sab.* *ago.* *AE, MC, V, JCB.* €€€€

Il famoso ristorante Maison Blanche ha aggiunto la dicitura 15 Avenue Montaigne quando si è trasferito qui, sopra il Théâtre des Champs-Elysées. Sebbene gli interni siano rigorosamente moderni, il ristorante è vasto e opulento. La cucina, con le sue influenze provenzali e del sud-ovest, è ricca di sapori e colori ed è la principale attrazione della clientela internazionale che riempie il locale.

Lasserre

17 Ave Franklin D Roosevelt 75008. **Tav** 11 A1. *01 43 59 53 43, 01 43 59 67 45* *12.30–14.30 mart–sab, 19.30–22.30 lun–sab.* *AE, MC, V.* €€€€€

Situato di fronte al Grand Palais, è uno dei migliori ristoranti di Parigi. L'affascinante proprietario René Lasserre da oltre cinquant'anni tiene in vita questo ambiente ricco ma amichevole. Il menù è classico e delicato: lo chef, Michel Roth, garantisce cucina di qualità. In particolare, il *canard de Challons à l'Orange*, è il migliore del suo genere. Altre prelibatezze sono *Mesclagne Landais Mère Irma* (un piatto di *foie gras* e pollo chiamato come la madre di Lasserre), *pigeon André Malraux*, *sole rôtie aux Crustacés* e *sauce Noilly*. Sublimi anche i dolci, vere e proprie sculture, così come la lista dei vini. D'estate il soffitto si apre, e si mangia sotto il cielo stellato.

Taillevent

15 Rue Lamennais 75008. **Tav** 4 F4. *01 44 95 15 01.* *12.30–14, 19.30–22.30 lun–ven.* ★ *AE, DC, MC, V, JCB.* €€€€€

Taillevent è il più elegante e aristocratico dei ristoranti a tre stelle di Parigi. L'ambiente, tranquillo e dignitoso, non è adatto a tutti, ma la genuina accoglienza del proprietario Jean-Claude Vrinat, l'impeccabile servizio, la straordinaria lista dei vini e la cucina neoclassica del giovane chef Michel Del Burgo rendono davvero memorabile una cena in questo locale. Il menù del Taillevent comprende il pasticcio ai tartufi, l'agnello dei Pirenei al cavolo e il *moelleux* (crema) di aragosta. Lo chef pasticciere è considerato uno dei migliori di Parigi. Non sorprendetevi quindi se dovrete prenotare con mesi di anticipo.

Guy Savoy

18 Rue Troyon 75017. **Tav** 4 D3. *01 43 80 40 61.* *12.30–14.30 lun–ven, 19.30–22.30 lun–sab.* *3 sett in ago.* ★ *AE, DC, MC, V, JCB.* €€€€€

Il Guy Savoy offre il meglio di ogni cosa. La sala è grande ed elegante, il servizio è professionale e l'eccellente cucina dello chef, Guy Savoy, è tanto bella quanto buona. Scegliete tra piatti, come l'aspic di ostriche, i mitili ai funghi, il pollo in gelatina all'aceto di sherry e il piccione lessato o alla griglia con le lenticchie, oltre che uno degli straordinari dessert. Nonostante usi pochissima panna o brodo, M. Savoy riesce a ottenere il massimo dagli ingredienti che impiega. Ne risulta una cucina raffinata e poco pesante.

Laurent

41 Ave Gabriel 75008. **Tav** 5 B5. *01 42 25 00 39.* *12.30–14.30 lun–ven, 19.30–23 lun–sab (lug–ago tutti i giorni).* *festività.* ★ *AE, DC, MC, V.* €€€€€

Questo bell'edificio del XIX secolo, dipinto di un rosa leggero, gode di un'ottima posizione: è situato infatti nei giardini degli Champs-Elysées. Laurent è il locale dove mangiano i ricchi e i potenti. La sala è riccamente decorata e all'esterno c'è una magnifica terrazza protetta da fitte siepi. Mentre gli antipasti arrivano su un carrello, l'insalata di aragosta è preparata al tavolo. Fra le specialità sono da ricordare i cannelloni di verdure con seppie, un ottimo agnello e una scelta di squisita pasticceria.

Opéra

Chartier

7 Rue du Faubourg Montmartre 75009. **Tav** 6 F4. *01 47 70 86 29.* *11.30–15, 18–22 tutti i giorni.* *MC, V.* €

Nonostante gli interni imponenti dei primi del '900, questo buio ristorante accoglie per lo più studenti e turisti. Alcuni dei vecchi *habitués* continuano a venirci per la cucina (uova sode e maionese, pâté della casa, pollo arrosto, bistecca al pepe).

La Ferme St-Hubert

21 Rue Vignon 75008. **Tav** 6 D5. *01 47 42 79 20.* *12–15.30, 19–23 (23.30 ven, sab) lun–gio.* *AE, MC, V.* €

È il ristorante della vicina e famosa *fromagerie* con lo stesso nome, affollato a pranzo e a cena. La cucina a base di formaggi è ottima: il miglior *croque-monsieur* di Parigi, la *raclette* (piatto di formaggi svizzeri), due tipi di fondue di formaggio, insalate al formaggio e formaggio da solo. È vicino agli eleganti negozi di gastronomia di Place de la Madeleine.

Vedi Legenda *p 289*

Chez Clément

17 blvd des Capucines 75002. **Tav** 6 E5. *01 53 43 82 00.* *7–1 tutti i giorni.* *MC, V.* €

A due minuti di cammino dall'Opéra, questo confortevole bistrò (parte di una catena di locali) serve i suoi piatti tipici di carne arrosto anche dopo la mezzanotte, tutti i giorni dell'anno. Il piatto del giorno, spesso conveniente, viene proposto sia a pranzo che a cena.

Au Petit Riche

25 Rue le Peletier 75009. **Tav** 6 F4. *01 47 70 68 68.* *12–14.15, 19–24 lun–sab.* *AE, DC, MC, V, JCB.* €€

Circondato da teatri, questo autentico bistrò ha molta atmosfera. Le piccole sale, con decorazioni in rame e legno e splendenti di specchi, sono affollate a pranzo dalla clientela della casa d'aste Drouot e a cena dai parigini. La regione della Loira è rappresentata dalle *rillettes* in stile Vouvray (pasticci di carne simili al pâté), dal *boudin* (sanguinaccio), dalle *andouillette* (salsicce di interiora) e dai vini della regione.

Café Runtz

16 Rue Favart 75002. **Tav** 6 F5. *01 42 96 69 86.* *10–23 lun–ven; 18–23.30 sab.* *festività.* *AE, MC, V, DC.* €€

Questa piacevole brasserie è, fin dall'inizio del secolo, una delle poche enoteche (*weinstub*) genuinamente alsaziane di Parigi. Le foto di star ricordano che la Salle Favart (ex Opéra Comique) è vicina. Il locale offre specialità regionali: insalata di Gruyère, torta di cipolle, *choucroute*, *jambonneau* e crostate di frutta. Il servizio è amichevole.

Le Vaudeville

29 Rue Vivienne 75002. **Tav** 6 F5. *01 40 20 04 62.* *12–15, 19–1 tutti i giorni.* *AE, DC, MC, V, JCB.* €€

È una delle sette brasserie di proprietà di Jean-Paul Bucher, re delle brasserie parigine. Gli interni Art Déco, luminosi e attraenti, costituiscono un ottimo scenario per il cibo: buoni crostacei, il famoso salmone affumicato di Bucher, molti piatti di pesce e altre specialità classiche, come il piedino di maiale e le *andouillette* (salsicce di trippa). Il servizio è veloce e cordiale, l'atmosfera allegra e il locale sempre affollato.

Les Noces de Jeannette

14 Rue Favart 75002. **Tav** 6 F5. *01 42 96 36 89.* *12–14, 19–21.30 tutti i giorni.* *AE, DC, MC, V.* €€

Si tratta del tipico bistrò parigino, noto per le opere teatrali a un solo atto rappresentate dall'altra parte della strada, all'Opéra Comique. All'interno, nonostante la fastosa decorazione, l'atmosfera risulta intima e accogliente. Il menù a prezzo fisso è conveniente e offre una vasta scelta di piatti caratteristici. Da provare assolutamente la *Vichyssoise*, una terrina di crostacei alla salsa d'Oseille.

Café Drouant

18 Rue Gaillon 75002. **Tav** 6 E5. *01 42 65 15 16.* *12–15, 19–24 tutti i giorni.* *ago.* *AE, DC, MC, V.* €€

Fondato nel XIX secolo, il Drouant è uno dei ristoranti storici di Parigi. Il caffè, da non confondere con il molto più caro ristorante, è un locale piacevole che serve ottimi pasti fino a tardi e ha un menù estremamente valido a cena. Nell'interno si fa notare il famoso soffitto di soggetto marino.

Le Grand Colbert

2 Rue Vivienne 75002. **Tav** 6 F5. *01 42 86 87 88.* *12–15.30, 19–1 tutti i giorni.* *AE, DC, MC, V.* €€€

Situato nella Galérie Colbert, di proprietà della Bibliothèque Nationale, Le Grand Colbert è una delle più deliziose brasserie di Parigi. La sua unica lunga sala è suddivisa da pannelli di vetro opaco e decorata con quadri e specchi. Il menù offre i piatti tipici delle brasserie: filetti di aringa con patate o panna, lumache, zuppa di cipolle, merlano Colbert classico (in crosta) e carni alla griglia.

A.G. Le Poète

27 Rue Pasquier 75008. **Tav** 5 C4. *01 47 42 00 64.* *12–14.30 lun–ven, 19–22.30 lun–sab.* *3 sett in ago.* *AE, MC, V, JCB.* €€€

Vicino a Place de la Madeleine, A.G. Le Poète è un romantico ristorante con arredamento in velluto rosso e luci soffuse e con alcuni piatti interessanti a disposizione. Cuoco e poeta, la passione di Antoine Gayet per la cucina è evidente dal suo menù davvero originale, sia per la ricchezza della scelta che per il piacere dato dalla lettura. Il menù include piatti come triglia e capesante con crema di ortiche selvatiche e scampone arrosto con piedini di maiale fritti.

Chez Georges

1 Rue du Mail 75002. **Tav** 12 F1. *01 42 60 07 11.* *12–14.30, 19.15–21.30 lun–sab.* *festività, 3 sett in ago.* *AE, MC, V.* €€€€

La maggior parte dei ristoranti di una volta, intorno alla Place des Victoires, è stata trasformata in boutiques alla moda, ma Chez Georges è uno dei pochi rimasti ancora in attività. Con i suoi interni eclettici attira i parigini che amano la cucina da bistrò: terrina di fegatini di pollo, sogliola *meunière* (infarinata, saltata e servita con burro fuso e fette di limone) e deliziosi babà al rum.

Lucas Carton

9 Pl de la Madeleine 75008. **Tav** 5 C5. *01 42 65 22 90.* *12–14.30 mart–ven, 19.45–22.30 lun–sab.* *ago.* *solo a pranzo.* ★ *AE, DC, MC, V.* €€€€€

L'audace cucina (Michelin le ha dato tre stelle) dell'ormai leggendario chef Alain Senderens si fa odiare o amare. Tra le più copiate creazioni dello chef ci sono il *foie gras* con cavoli, la saporita anitra Apicius e una *tarte tatin* (capovolta) di mango. Gli interni Belle Epoque sono sorprendenti, il servizio vivace e i clienti eleganti. Ci sono inoltre diversi menù fissi, comprendenti anche il vino, che sono molto interessanti.

MONTMARTRE

La Table d'Anvers

2 Pl d'Anvers 75009. **Tav** 7 A2. *01 48 78 35 21.* *12.15–14.15 lun–ven, 19.15–22.15 lun–sab.* *AE, MC, V, JCB.* €€€

Situato vicino alla Butte Montmartre, questo classico ristorante è gestito dal padre e dai suoi due figli. Il menù risente di influenze italiane e provenzali, con piatti come gli gnocchi, i funghi freschi, il coniglio con polenta e branzino al timo e limone. La pasticceria e gli altri dessert sono eccellenti.

Beauvilliers

52 Rue Lamarck 75018. **Tav** 2 E5. *01 42 54 54 42.* *12.30–14 mart–sab, 19.30–22.30 lun–sab.* *AE, DC, MC, V, JCB.* €€€€

Questo locale è il migliore di Montmartre e uno dei più simpatici ristoranti di Parigi. Le sale piene di fiori sono animate dall'estroverso chef Edouard Carlier.

Il famoso chef Paul Bocuse cena qui quando è a Parigi e il locale è popolare anche tra i personaggi dello spettacolo. Carlier spulcia vecchi libri di cucina alla ricerca di idee e il suo menù è vario: *escabèche* di triglie rosse (cotte e marinate), *rognonnade* di vitello (lombo di vitello con rognone), filetto di manzo ripieno e una gustosa crostata di limone. C'è una deliziosa terrazza coperta.

Fuori dal centro

Dao Vien

82 Rue Baudricourt 75013. **Tav** 18 D5. *01 45 85 20 70.* *12–15, 19–23.30 tutti i giorni.* €

Ci sono molti ristoranti orientali nel quartiere cinese di Parigi, ma questo accogliente locale vietnamita è particolarmente piacevole e molto popolare tra i residenti. La *Soupe Saïgonnaise* è una specialità, insieme alle crêpes ripiene di uovo, al pollo allo zenzero e al tè al gelsomino.

Le Volant

13 Rue Beatrix Dussane 75015. **Tav** 10 D5. *01 45 75 70 04.* *12–14, 20–23 lun–ven, 20–23 sab.* *sab a pranzo, dom e 1–15 ago.* *AE, MC, V.* €

Il proprietario di Le Volant è un grande appassionato di corse automobilistiche, come testimonia l'arredamento di questo piccolo ristorante, con i suoi muri pieni di foto di assi del volante. Per quanto riguarda la cucina, si tratta della tradizionale cucina francese al suo meglio: *boeuf bourgignon*, torte di frutta fatte in casa e un'indimenticabile mousse al cioccolato.

Astier

44 Rue Jean-Pierre Timbaud 75011. **Tav** 14 E1. *01 43 57 16 35.* *12–14, 20–23 lun–ven.* *ago e festività.* *MC, V.* €

In rapporto ai prezzi, la qualità del cibo è tra le migliori di Parigi e le sale sono sempre piene. Il menù è ottimo e comprende zuppa di mitili allo zafferano, coniglio in salsa di senape, petto d'anatra al miele, ottimi fomaggi e vini eccellenti.

Chez Fernand

7–9 Rue de la Fontaine au Roi 75011. **Tav** 8 E5. *01 43 57 46 25.* *12–14.30, 20–23.30 mart–sab.* *ago.* *MC, V.* €

Gli interni ordinari di questo piccolo locale vicino a Place de la République non corrispondono alla sua buona cucina normanna rielaborata: *rillettes* di sgombri, razza al Camembert, anatra, *tarte Normande* (crostata di mele) flambée al Calvados. I prezzi sono ottimi e l'adiacente e più piccolo Fernandises, dello stesso chef, è ancora meno costoso.

Brasserie Flo

7 Cour des Petites-Ecuries 75010. **Tav** 7 B4. *01 47 70 13 59.* *12–15, 19–1 tutti i giorni.* *AE, DC, MC, V.* €

Questa autentica brasserie alsaziana è situata in una zona un po' fuori mano, ma vale la pena andarla a cercare. I begli interni in legno pregiato e vetri decorati sono unici e molto attraenti e l'ottimo menù comprende buoni crostacei e *choucroute* (crauti con salsiccia). Il vino alsaziano è servito in boccale.

Julien

16 Rue du Faubourg St-Denis 75010. **Tav** 7 B5. *01 47 70 12 06.* *12–15, 19–1.30 tutti i giorni.* *AE, DC, MC, V.* €

Con le decorazioni del 1880, Julien offre uno scenario elegante a prezzi ragionevoli. La proprietà è la stessa della Brasserie Flo e altrettanto cordiale è il servizio con molti dessert. La cucina è fantasiosa e comprende *foie gras* caldo con lenticchie, piedino di maiale in crosta, sogliola alla griglia e il *cassoulet* alla Julien (fagioli bianchi e carne in umido).

Le Baron Rouge

1 Rue Théophile Roussel 75012. **Tav** 14 F5. *01 43 42 54 65.* *10–14 e 17.30–21.30 mart–dom pranzo.* €

Questo bistrò è diverso da tutti gli altri! Accanto alla vivace Marché d'Aligre (*p 233*), i parigini corrono qui nei fine settimana per le squisite ostriche che arrivano da Cap Ferret (la parte più estrema del Bassin d'Arcachon sulla costa atlantica). Vengono mangiate per strada, intorno a enormi barili di vino. Il proprietario le vende con entusiasmo, ma non indugiate troppo: se arrivano altre persone vi chiederà di andarvene! Durante la settimana questo locale è un'ottima enoteca.

Le Petit Keller

13 bis Rue Keller 75011. **Tav** 14 F4. *01 47 00 12 97.* *19–2 lun-sab.* *DC, MC, V.* €

Lontano dalla folla di turisti della Bastiglia, questa elegante brasserie di ottima qualità offre un favoloso piatto di maiale saltato con olive.

Pause Café Bastille

41 Rue Charonne 75011. **Tav** 14 F4. *01 48 06 80 33.* *12–24 lun–sab.* *AE, MC, V.* €

Fin dal lancio di *Chacun cherche son chat*, è un locale molto "in". Fortunatamente ciò non ha rovinato l'ambiente familiare né la cucina: piatti leggeri come la carne alla tartara, insalata con i crostini ed eccellenti dolci casalinghi.

L'Occitanie

96 Rue Oberkampf 75011. **Tav** 14 F1. *01 48 06 46 98.* *12–14, 19.30–23 lun–ven e sab pom.* *ago.* *pranzo.* *DC, MC, V.* €

Come indica il nome, la cucina qui è profondamente radicata nella tradizione sudoccidentale del proprietario. *Cassoulet*, *confit* o *potage à rouzole* (zuppa con salsiccia di carne e gnocchetti di erbette) sono piatti tipici. Le porzioni sono abbondanti.

Favela Chic

18 Rue Fbg du Temple 75011. **Tav** 8 D5. *01 40 21 38 14.* *19–2 lun-sab.* *AE, MC, V.* €

In questo locale tranquillo ma vitale, gestito da Jerome e Roseanne, non manca nulla del vero Brasile. La *caipirinha* (lime fresco, alcol di zucchero di canna e ghiaccio tritato) continua ad avere lo stesso effetto, e la *feijoada* ha lo stesso gusto che aveva un tempo a Salvador de Bahia. Verso sera diventa più rumoroso, quindi arrivate presto e sistematevi in un tavolo vicino alla porta!

Les Allobroges

71 Rue des Grands-Champs 75020. *01 43 73 40 00.* *12–14, 20–22 mart–sab.* *ago.* *AE, MC, V.* €€

Vale la pena andare fino al 20° *arrondissement* per gustare la cucina freca e innovativa dello chef Olivier Pateyron. Particolarmente squisita la zuppa di aragosta, un vero amuse-gueule; da provare anche la bistecca di tonno avvolta in pancetta e servita con una delicata salsa di cavolo verde. Il servizio e l'ambiente sono piuttosto alla buona (non è il locale in cui portare una nuova conquista), ma offre cibo buono a prezzi ragionevoli.

Le Bistro des Deux Théâtres

18 Rue Blanche 75009. **Tav** 6 D3.
01 45 26 41 43. 12–14.30, 19–0.30 tutti i giorni. MC, V. €€

Se non volete spendere, questo ristorante nella zona dei teatri è una vera occasione. L'economico menù a prezzo fisso comprende aperitivo, una scelta di prime e seconde portate, formaggio o dessert e mezza bottiglia di vino. La cucina è buona e include il *foie gras* d'anatra e il salmone affumicato con i *blinis* (piccole e saporite crêpes).

La Perle des Antilles

36 Ave Jean-Moulin 75014.
Tav 16 D5. *01 45 42 91 25. 12–14.30, 19.45–23 tutti i giorni. MC, V.* €€

Questo grazioso ristorante, con le pareti bianche screziate di giallo e verde, è un pezzetto di Haiti a Parigi. Le specialità sono preparate con cura da una coppia di haitiani: *acras* di verdure, gratin di frutta tropicale, diversi piatti di granchi e il pollo alla creola.
L'uso delle spezie è discreto e tutti gli ingredienti sono freschi. Veniteci un fine settimana la sera: con un punch e un po' di musica, vi sembrerà di essere alle Antille.

Les Amognes

243 Rue du Faubourg St-Antoine 75011. *01 43 72 73 05. 12–14 mart–ven, 19.30–23 lun–sab. ago. MC, V.* €€

Lo chef Thierry Coué ha imparato il mestiere da Alain Senderens (del Lucas Carton, p 307): un'ottima raccomandazione. Il suo piccolo ristorante tra la Bastiglia e la Nation non è dei più attraenti, ma il cibo è ottimo, spesso con tocchi originali. Comprende il pasticcio di sardine, i *beignets* (frittelle) di merluzzo con pomodori e basilico, tonno ai carciofi e peperoni, pagello in olio al peperoncino, e zuppa di ananas *à la Pina Colada*. Vale la pena di andarci.

L'Oulette

15 Pl Lachambeaudie 75012.
01 40 02 02 12. 12–14.15, 20–22.15 lun–ven, 20–22.15 sab. AE, DC, MC, V. €€

Il successo ha consentito a L'Oulette di trasferirsi in una sede più ampia nel nuovo quartiere di Bercy.
I grandi e modernissimi interni attuali mancano tuttavia dell'intimità del locale precedente. La cucina dello chef Marcel Baudis, influenzata dal Quercy dove è nato, rimane però ottima, ricca di sapori e bella a vedersi; tra i piatti, il *croustillant* di funghi (avvolti in fagottini di pasta e cotti al forno), il salmone al bacon, la coda di bue brasata e il *pain d'épices* (panpepato).

La Marine

55 Quai Valmy 75010. **Tav** 8 D5.
01 42 39 69 81. 12–15, 20–23.30 lun–sab. AE, DC, MC, V. €€

Non cercate marinai lungo le rive del canale: gli ultimi sono qui a La Marine. Per anni questo locale è stato la sede principale del commercio su internet: per questo è sempre piuttosto affollato, quindi prenotate in anticipo. Le portate principali sono buone e principalmente a base di pesce, come la triglia in pasta sfoglia, il pesce ai ferri con crema di ortiche o lo stufato di pesce. I dessert non sono consigliabili.

Aux Senteurs de Provence

295 Rue Lecourbe 75015. **Tav** W di 15 A4. *01 45 57 11 98. 12.15–14 lun–ven, 19.30–22.30 lun–sab. 1–21 ago. AE, DC, MC, V.* €€

La Toscana si fonde con la Provenza in questo piccolo locale di proprietà di un italiano. Ravioli di tonno, merluzzo all'acetosella, *daube* (stufato) di agnello, *bouillabaisse* e *bourride* (zuppa di pesce all'aglio) sono tra i piatti migliori. L'*assiette de gourmandise* è un gustoso dessert misto.

La Maison du Cantal

1 Pl Falguière 75015. **Tav** 15 A3.
01 47 34 12 24. 12–14 mart–sab, 19–22.30 lun–sab. AE, MC, V. €€

Questo è il posto ideale in cui cenare nelle fredde sere invernali: potrete infatti gustare i piatti tipici delle campagne dell'Auvergne. L'ottima trota fresca al burro con croccanti *lardons* può essere seguita da una tenera bistecca con salsa di formaggio al *bleu d'Auvergne*.

Le Clos Morillons

50 Rue des Morillons 75015. **Tav** W di 15 A4. *01 48 28 04 37. 12–14, mart–ven, 19.30–22.30 lun–sab. AE, MC, V.* €€

Questo discreto ristorante a gestione famigliare ha un menù in continua evoluzione.
I viaggi dello chef Philippe Delacourcelle in Estremo Oriente si traducono in specialità come l'arrosto alla cannella, il piccione al sesamo e la pescatrice e l'aragosta allo zenzero.
Gli altri piatti del menù sono tipicamente francesi e di questi la terrina di patate e *foie gras* è decisamente squisita.
L'ottimo menù a prezzo fisso comprende diversi rispettabili vini della Loira.

Le Bistrot d'à Côté Flaubert

10 Rue Gustave Flaubert 75017.
Tav 4 E2. *01 42 67 05 81. 12.30–14.30, 19.30–23 tutti i giorni. AE, MC, V.* €€€

Era e rimane il più famoso dei bistrò dello chef Michel Rostang. La bella sala con i sedili in pelle sembra arredata con i mobili della nonna. Vi si servono molti piatti della cucina di Lione, tra cui insalata di lenticchie, *cervelas* o salsicce *sabodet, andouillette* (salsicce di trippa) e il gratin di maccheroni. Il bistrò è frequentato a mezzogiorno soprattutto dagli impiegati della zona e la sera dalla borghesia.

L'Auberge du Bonheur

Allée de Longchamps, Bois de Boulogne 75016. **Tav** 3 A3.
01 42 24 10 17. mag–ott: 12–15, 19–22 tutti i giorni; ott–apr: 12–15 dom–ven. AE, MC, V, JCB. €€€

È probabilmente l'unico ristorante abbordabile del Bois de Boulogne. In estate si può sedersi all'aperto sulla terrazza di ghiaia, ai tavoli collocati sotto i castagni e i platani e circondati da glicini e bambù. In inverno è piacevole rimanere nel grazioso interno. Il servizio senza pretese fa da complemento alla cucina semplice che pone l'accento sulle carni alla griglia.

Le Chardenoux

1 Rue Jules Vallés 75011. *01 43 71 49 52. 12–14, 20–22.30 lun–ven, 20–22.30 sab. festività, ago. AE, MC, V.* €€€

Questo classico bistrò avrebbe bisogno di qualche tocco finale, ma è comunque uno dei più graziosi di Parigi, con gli interni rivestiti in legno, i vetri lavorati e l'imponente bar in marmo.
C'è un'ampia scelta di insalate e piatti a base di uova, salumi e alcuni piatti regionali insoliti, come l'*aligot* (un misto di formaggio, aglio e patate) e il *gigot brayaude* (cosciotto di agnello agliato e brasato in vino bianco con patate). Buoni i vini

della valle della Loira e del Bordeaux. L'atmosfera è piacevole e rilassata.

Le Pavillon Montsouris

20 Rue Gazan 75014. *01 45 88 38 52.* *12.15–14.30, 19.30–22.30 tutti i giorni.* *MC, V.* €€€

Questo locale ai margini del Parc Montsouris un tempo contava tra i suoi avventori Trotskij, Mata Hari e Lenin. Oggi i begli interni pastello e la terrazza sotto gli alberi fanno da seducente sfondo all'ottimo ed economico menù a prezzo fisso. Si servono la zuppa di mitili, il *carpaccio* d'anatra (a fettine crude condite), la *galette* (pasticcio) di piccione e il *clafoutis* al mango (un budino in pastella). Il servizio è un po' lento quando il ristorante è molto affollato.

La Table de Pierre

116 Blvd Pereire 75017. **Tav** 4 E1. *01 43 80 88 68.* *12–14.30, 20–22.30 lun–ven, 20–22.30 sab.* *AE, MC, V.* €€€

Gli interni Luigi XVI, ereditati dal ristorante precedente, non si addicono a questo locale basco, ma l'incongruenza è compensata dalla presenza del gioviale proprietario e dal menù interes-sante. Tra le specialità regionali, la *pipérade* (peperoni in umido), i peperoni ripieni di *brandade* di baccalà, i filetti di merluzzo in salsa verde, la coscia d'anatra ripiena e il *gâteau Basque* (pan di Spagna con crema pasticciera).

Au Trou Gascon

40 Rue Taine 75012. *01 43 44 34 26.* *12–14, 19.30–22 lun–ven, 19.30–22 sab.* *ago, 25 dic, 1 gen.* *AE, DC, MC, V, JCB.* €€€

Questo autentico bistrò di inizio secolo, dello chef Alain Dutournier (del Carré des Feuillants), è uno dei posti più frequentati di Parigi. L'ottima cucina di Guascogna comprende prosciutto di Chalosse, ottimo *foie gras*, agnello dei Pirenei e polli locali. La mousse di cioccolato bianco di Dutournier è ormai un classico.

Le Train Bleu

20 Blvd Diderot 75012. **Tav** 18 E1. *01 43 43 09 06.* *11.30–15, 19–23 tutti i giorni.* *AE, DC, MC, V.* €€€

I ristoranti delle stazioni erano un tempo famosi. Oggi questo non è più così comune, ma il Train Bleu (dal nome del rapido che un tempo portava l'élite in Riviera) della Gare de Lyon è rimasto una piacevole eccezione. Il menù è un eccellente esempio di piatti tipici di brasserie, come la salsiccia calda di Lione, e ottima pasticceria. I favolosi interni Belle Epoque fanno del locale un punto di riferimento.

Augusta

98 Rue de Tocqueville 75017. **Tav** 5 A1. *01 47 63 39 97.* *12–14, 19.30–22 lun–ven.* *MC, V.* €€€

Questo delizioso locale serve ottimi piatti di pesce e alcuni piatti di carne. La *salade Augusta* abbonda di crostacei e la specialità della casa, la *bouillabaisse* con patate, è una delle migliori di Parigi. Tra i piatti più insoliti, le lasagne di aragosta con parmigiano e il *confit* di pescatrice ai fegatini di pollo. Anche l'ottima lista dei vini contribuisce ad attirare una clientela abbastanza elegante.

Pavillon Puebla

Parc des Buttes-Chaumont 75019. *01 42 08 92 62.* *12–14, 19.30–22 mart–sab.* *AE, MC, V.* €€€

Questo elegante edificio liberty, costruito al tempo di Napoleone III come abbellimento del nuovo Parc des Buttes-Chaumont, è delizioso sia all'interno sia, con il bel tempo, sulla terrazza. Lo chef Vergès prepara una cucina piena di sapori con un'influenza catalana, comprendente ravioli di ostriche al curry, seppia al nero d'inchiostro, tournedos di agnello con tartufi e una *crème Catalane* (crema brûlée). L'entrata è in Rue Botzaris.

Le Villaret

13 Rue Ternaux 75011. **Tav** 14 E2. *01 43 57 89 76.* *12–14 mart–sab (dom in estate),* ★ *AE, DC, MC, V.* €€€

Per raggiungere questo locale, vale la pena avventurarsi ai margini settentrionali del distretto di Oberkampf, che negli ultimi anni si è sviluppato velocemente. Diretto da alcuni ex componenti dello staff dell'Astier, appena girato l'angolo, è rinomato per la "cuisine du marché" (che utilizza ingredienti freschissimi acquistati giornalmente al mercato); le carni vengono scelte e preparate con cura. Offre anche un'ampia varietà di formaggi. Non sorprendetevi se è affollato nei fine settimana.

Au Pressoir

257 Ave Daumesnil 75012. *01 43 44 38 21.* *12–14.30, 19.30–22.30 lun–ven.* *ago.* *AE, MC, V, JCB.* €€€€

Lo chef Séguin e sua moglie ci tengono alla qualità e il ristorante è molto professionale. I piatti sono spesso insoliti, come la pescatrice al bacon e piselli, il *foie gras* ai topinambur, il piccione con i *blinis* di melanzane (piccole e saporite frittelle) e la zuppa di cioccolato con brioche. Il servizio e la lista dei vini sono eccellenti e l'ambiente molto confortevole.

Le Pré Catelan

Route de Suresnes, Bois de Boulogne 75016. *01 44 14 41 14.* *12–14 mart–sab (dom in estate) 19.30–22 mart–sab.* *AE, DC, MC, V.* €€€€€

Il periodo migliore per pranzare in questo elegante ristorante Belle Epoque al Bois de Boulogne è in estate, quando si può cenare sulla idilliaca terrazza, o in inverno, quando gli interni sfavillanti danno al locale un'atmosfera magica. Il menù è davvero ricchissimo, con enormi *langoustines*, petto d'anatra Duclair con spezie e il soufflé di ricci di mare. I dessert sono favolosi.

Faucher

123 Ave de Wagram 75017. **Tav** 4 E2. *01 42 27 61 50.* *12–14, 20–22 lun–ven.* *AE, MC, V, JCB.* €€€€€

Monsieur e Mme Faucher sono attaccatissimi al loro ristorante e ai clienti. La grande sala è beige con ampie finestre, e la terrazza, circondata da siepi, è un luogo delizioso nelle belle giornate. Il menù è originale e comprende *millefeuille* di spinaci, carpaccio di carne, uova con tartufi, rombo in crema di caviale e un'ottima scelta di interessanti dessert.

Apicius

122 Ave de Villiers 75017. **Tav** 4 D1. *01 43 80 19 66.* *12–14, 20–22 lun–ven.* ★ *AE, DC, MC, V, JCB.* €€€€€

Jean-Pierre Vigato, proprietario e chef, è cordiale come la cucina; gli piace lavorare le frattaglie e trattare il pesce come la carne. I suoi piatti comprendono il piedino di maiale arrosto *en crépinette* (con delle piccole salsicce), rombo arrosto con bacon, animelle arrosto e dessert al caramello o al cioccolato. Il servizio nelle due sale è sorvegliato personalmente, con professionalità, da Madame Vigato.

Pasti leggeri e spuntini

MANGIARE E BERE BENE è così importante a Parigi che è possibile farlo anche senza andare al ristorante. Se volete consumare un pasto o bere qualcosa al caffè, in un'enoteca o in una sala da tè, o acquistare una crêpe, una quiche o una pizza da una bancarella o da un panificio, o se preferite prepararvi un picnic con pane, formaggi, insalate e pâté, le possibilità di fare un pasto informale a Parigi sono moltissime.

Parigi è una città fantastica per bere: i bar-enoteche si trovano ovunque e vendono diverse qualità di vino sfuso, le birrerie sono fornitissime e i pub irlandesi di Parigi servono Guinness in un'atmosfera rilassante o, a volte, chiassosa. Vi sono anche i bar degli hotel e quelli aperti di notte. *(Vedi anche* Cosa bere a Parigi *pp 292–3.)*

CAFFÈ

PARIGI È PIENA di caffè, da quelli piccoli a quelli enormi, da quelli coi flipper a quelli in elegante stile Belle Epoque. La maggior parte serve cibi e bevande leggeri in ogni ora della giornata.

La prima colazione è uno dei momenti più piacevoli e i croissant freschi e i *pain au chocolat* spariscono in fretta. I francesi li inzuppano spesso in grandi tazze di cappuccino o di cioccolata calda.

Il pranzo nei caffè comprende di solito i *plats du jour* e nei caffè più piccoli è molto conveniente, superando raramente i 12€ per due portate con vino. I piatti del giorno sono spesso sostanziosi piatti di carne, come il *sauté d'agneau* (agnello saltato) o il *blanquette de veau* (vitello in salsa bianca), con crostate di frutta per dessert. Per pasti più semplici, sono di solito disponibili, in qualsiasi ora del giorno, insalate, panini e omelette. Uno dei posti migliori per questo tipo di pasto è il **Bar du Marché** a St-Germain-des-Prés.

La maggior parte dei musei hanno ottimi caffè, ma quelli del Centre Pompidou *(pp 110–1)* e del Musée d'Orsay *(pp 144–5)* sono particolarmente buoni. Se vi trovaste nei grandi magazzini La Samaritaine *(p 313)*, andate al caffè, da cui si gode una vista di Parigi.

I caffè delle principali zone turistiche e di vita notturna (Boulevard St-Germain, Avenue des Champs-Elysées, Boulevard Montparnasse, Opéra e Bastille) rimangono aperti fino a tardi, alcuni fino alle 2.

Alcune sale da tè offrono anche pranzi leggeri, oltre a colazioni e tè pomeridiani, tra cui Bernardaud, dove si può scegliere quale servizio da tè utilizzare *(p 311)*.

BAR-ENOTECHE

LA MAGGIOR PARTE delle enoteche di Parigi sono locali piccoli e conviviali. Si apre presto e in molti si serve anche la prima colazione; a pranzo hanno menù ridotti, ma di qualità. Per evitare la folla è meglio andarci presto o dopo le 13.30. La maggior parte chiude entro le 21.

I proprietari delle enoteche sono di solito dei cultori del vino che viene acquistato direttamente dai produttori. Giovani Bordeaux e vini della Loire, del Rhône e del Jura possono essere eccezionali buoni e i proprietari hanno di solito un vero talento per scoprire i migliori. La catena **L'Ecluse** è specializzata in Bordeaux, ma spesso troverete vini deliziosi e meno noti a prezzi molto ragionevoli.

BIRRERIE E PUB

A PARIGI CI SONO sia pub sia birrerie. Mentre i primi sono semplici posti dove bere, le birrerie sono più grandi e servono piatti particolari. *Moules-frites* (una grande ciotola di mitili serviti con avannotti fritti), *tarte aux poireaux* (torta di porri) e *tarte aux oignons* (torta alla cipolla) sono piatti classici. La birra rimane comunque il motivo principale per andare in birreria. La lista delle birre è spesso lunghissima: alcuni locali sono specializzati in *gueuze* belga (birra densa e alcolica al malto), altri in birre estere. Alcune birrerie aprono alle 12, mentre i pub aprono più tardi nel pomeriggio e rimangono aperti spesso fino all'1 o alle 2.

BAR

PARIGI HA LA SUA QUOTA di bar e locali fumosi aperti fino a tardi. Alcune belle brasseries, come **La Coupole** e **Le Boeuf sur le Toit**, hanno banconi in legno e zinco e baristi esperti. Il più elegante bar d'albergo di Parigi (e probabilmente il più costoso) è il bar principale dell'**Hôtel Ritz** *(p 281)*. Il **Bar Hemingway** al Ritz è più buio e meno elegante, ma pieno di ricordi. Viene aperto solo in particolari occasioni.

Uno dei più vivaci bar notturni è **Le Delmas**, mentre **Le Rosebud** e il **China Club** sono giovani e di moda. Ancora più vissuto **Le Piano Vache**; il **Birdland** ha un grande juke-box che diffonde musica jazz.

PIATTI DA ASPORTO

È UNA CONSUETUDINE mangiare le crêpes per strada, camminando. Sebbene meno numerose di una volta, ci sono ancora bancarelle che vendono ottime crêpes. Le paninoteche propongono baguette farcite con diversi tipi di ripieno; tuttavia per uno spuntino veloce non c'è niente di meglio della *focaccia* di pane. Viene venduta appena uscita da un forno a legna sempre acceso e condita con uno o più ingredienti a scelta. La si può acquistare da **Cosi**.

I chioschi dei gelati aprono poco prima di mezzogiorno fino alla sera tardi in estate. Non si può dimenticare la famosa **Maison Berthillon**, senza dubbio la migliore gelateria della città.

Indirizzi

Ile de la Cité e Ile St-Louis

Bar-enoteche
Au Franc Pinot
1 Quai de Bourbon 75004. **Tav** 13 C4.

Sale da tè
Le Flore en l'Ile
42 Quai d'Orléans 75004. **Tav** 13 B4.

Gelaterie
Maison Berthillon
31 Rue St-Louis-en-l'Ile 75004. **Tav** 13 C4.

Tuileries

Bar-enoteche
La Cloche des Halles
28 Rue Coquillière 75001. **Tav** 12 F1.

Juvenile
47 Rue de Richelieu 75001. **Tav** 12 E1.

Sale da tè
Angélina
226 Rue de Rivoli 75001. **Tav** 12 D1.

Bernardaud
11 Rue Royale 75008. **Tav** 5 C5.

Ladurée
16 Rue Royale 75008. **Tav** 5 C5.

Bar
Bars du Ritz
15 Pl Vendôme 75001. **Tav** 6 D5.

Marais

Caffè
Ma Bourgogne
19 Pl des Vosges 75004. **Tav** 14 D3.

Sale da tè
Le Loir dans la Théière
3 Rue des Rosiers 75004. **Tav** 13 C3.

Mariage Frères
30–32 Rue du Bourg-Tibourg 75004. **Tav** 13 C3.

Bar
China Club
50 Rue de Charenton 75012. **Tav** 14 F5.

L'Apparement Café
18 Rue des Coutures St-Gervais 75004. **Tav** 14 D2.

Birrerie
Café des Musées
49 Rue de Turenne 75003. **Tav** 14 D3.

Bar-enoteche
Le Coude Fou
12 Rue du Bourg-Tibourg 75004. **Tav** 13 C3.

Le Passage
18 Passage de la Bonne-Graine 75011. **Tav** 14 F4.

La Tartine
24 Rue de Rivoli 75004. **Tav** 13 C3.

Beaubourg e Les Halles

Caffè
Bistrot d'Eustache *(p109).*

Café Beaubourg
100 Rue St Martin 75004. **Tav** 13 B2 *(p108).*

Pub
Flann O'Brien
6 Rue Bailleul 75001. **Tav** 12 F2.

St-Germain-des-Prés

Caffè
Café de Flore *(p 139).*

Les Deux Magots
(p 138).

Paninoteche
Cosi
54 Rue de Seine 75006. **Tav** 12 E4.

Bar-enoteche
Bistro des Augustins
39 Quai des Grands-Augustins 75006. **Tav** 12 F4.

Au Sauvignon
80 Rue des Sts-Pères 75007. **Tav** 12 D4.

Bar
Birdland
8 Rue Guisarde 75006. **Tav** 12 E4.

Le Bar du Marché
75 Rue de Seine 75007. **Tav** 11 B2.

Chez Georges
11 Rue de Canettes 75006. **Tav** 16 B2.

Quartiere Latino

Bar-enoteche
Les Pipos
2 Rue de l'Ecole Polytechnique 75005. **Tav** 13 A5.

Bar
Le Piano-Vache
8 Rue Laplace 75005. **Tav** 13 A5.

Birrerie
La Gueuze
19 Rue Soufflot 75005. **Tav** 12 F5.

Jardin des Plantes

Caffè
Le Moule à Gâteau
111 Rue Mouffetard 75005. **Tav** 17 B2.

Le Delmas
Place de la Contrescarpe 75005. **Tav** 17 B2.

Pub
Finnegan's
9 Rue des Boulangers 75005. **Tav** 17 B1.

Gelaterie
Häagen-Dazs
3 Pl de la Contrescarpe 75005. **Tav** 17 A1.

Luxembourg

Birrerie
L'Académie de la Bière
88 Blvd de Port-Royal 75005. **Tav** 17 B3.

Montparnasse

Caffè
Café de la Place
23 Rue d'Odessa 75014. **Tav** 15 C2.

La Rotonde
7 Pl 25 Août 1944 75014. **Tav** 16 D2.

Le Sélect Montparnasse
99 Blvd du Montparnasse 75006. **Tav** 16 D2.

Bar-enoteche
Le Rallye Peret
6 Rue Daguerre 75014. **Tav** 16 D4.

Sale da tè
Max Poilâne
29 Rue de l'Ouest 75014. **Tav** 15 C3.

Bar
La Coupole (caffè bar)
102 Blvd du Montparnasse 75014. **Tav** 16 D2. *(Vedi anche p 178).*

Le Rosebud
11 bis Rue Delambre 75014. **Tav** 16 D2.

Cubana Café
45 Rue Vavin 75006. **Tav** 12 F5.

Champs-Elysées

Bar-enoteche
L'Ecluse
64 Rue François Ier 75008. **Tav** 4 F5.

Ma Bourgogne
133 Blvd Haussmann 75008. **Tav** 5 B4.

Bar
Le Boeuf sur le Toit
34 Rue du Colisée 75008. **Tav** 5 A5.

Opéra

Caffè
Café de la Paix
12 Blvd des Capucines 75009. **Tav** 6 E5. *(Vedi anche p 213.)*

Bar-enoteche
Bistro du Sommelier
97 Blvd Haussmann 75008. **Tav** 5 C4.

Fuori dal centro

Bar-enoteche
Le Verre Volé
67 Rue de Lancry 75010. **Tav** 8 D4.

Bar
L'Ancienne Menuiserie
27 Rue des Trois-Bornes 75011. **Tav** 14 E1.

L'Autre Café
62 Rue Jean-Pierre Timbaud 75011. **Tav** 8 F5.

Acquisti

Dire Parigi vuol dire lusso e bella vita; vuol dire gente elegante e ben vestita che sorseggia champagne ai tavolini dei caffè all'aperto, oppure fa acquisti in piccoli negozi specializzati. Il modo meno costoso per assomigliare loro è quello di assumere lo stile francese acquistando a Parigi accessori e gioielli. In alternativa si possono comprare capi di alta moda oppure specialità gastronomiche o ancora accessori di cucina o articoli di cristalleria per la casa.

I negozi e i mercati di Parigi sono il posto ideale per passeggiare come amano fare i francesi. Le vetrine della Rue du Faubourg-St-Honoré espongono eleganti articoli di alta moda, ma è divertente anche bighellonare intorno alle bancarelle di libri lungo la Senna. Quella che segue è una piccola guida agli acquisti nei luoghi più famosi di Parigi.

Orari

I negozi sono aperti di solito dalle 9.30 alle 19, da lunedì a sabato, ma gli orari possono variare. Può darsi che le boutique chiudano per un'ora o due a mezzogiorno; i piccoli negozi e i mercati sono chiusi il lunedì. Alcuni negozi chiudono d'estate, di solito in agosto, ma quelli che vendono generi essenziali espongono comunque un cartello con il nome del negozio aperto più vicino.

Come pagare

I bancomat sono molto diffusi e le banche accettano sia carte di credito che carte di addebito. La Visa è la carta di credito più diffusamente accettata a Parigi, ma alcuni negozi ne accettano anche altre.

Comprare esentasse

In tutti i paesi dell'Unione Europea sulla vendita della maggior parte dei beni e dei servizi viene applicata l'IVA, che va dal 5.5% al 19.6%. I turisti italiani, come tutti quelli provenienti da paesi membri dell'Unione Europea, non hanno diritto al rimborso dell'IVA. I turisti che non sono residenti in paesi dell'UE e che fanno acquisti in Francia possono chiedere il rimborso di questa tassa se spendono in un negozio un minimo di 175€ in un giorno.

Nei negozi più grandi si trova un modulo apposito *(bordereau de détaxe* o *bordereau de vente)* da compilare. Quando si lascia la Francia o l'Europa va presentato alla frontiera, dove verrete rimborsati direttamente o tramite richiesta al negozio; in questo caso il rimborso verrà spedito. Il rimborso può essere anche ritirato da un residente a Parigi. In alternativa si può ottenere il rimborso presso le banche dei grandi aeroporti, come Orly e Roissy. Sebbene il procedimento sia lungo, esso può risultare vantaggioso. Non sono previsti rimborsi per i generi alimentari, gli alcolici, il tabacco, le auto e le moto. Per le biciclette, invece, sì.

Acquisti in Avenue Montaigne

Saldi

Gli acquisti migliori (i saldi, o *soldes*) si fanno di solito nei mesi di gennaio e luglio, sebbene si possano trovare occasioni anche prima di Natale. Se vedete dei prodotti con l'etichetta Stock, significa che sono avanzi di magazzino. *Dégriffé* significa prodotti di marca scontati, di solito di collezioni dell'anno precedente. *Fripes* sono gli abiti di seconda mano. I saldi occupano per il primo mese le vetrine e sono poi relegati nel retro del negozio.

I grandi magazzini La Samaritaine al Beaubourg e Les Halles

GRANDI MAGAZZINI

UN GRANDE PIACERE a Parigi è quello di fare acquisti nei negozi specializzati. Ma se non avete tempo e preferite fare tutti gli acquisti in un unico posto, vi conviene andare nei *grands magasins*.

La maggior parte dei grandi magazzini usa ancora nella vendita il sistema dei cartellini. Il commesso scrive l'importo di ciò che avete acquistato nel suo reparto, importo che dovrete pagare alla cassa, presentandovi poi con lo scontrino per il ritiro della merce pagata. Per evitare l'affollamento, conviene andare a fare acquisti al mattino presto e, soprattutto, non di sabato. I francesi non rispettano molto le code, perciò siate decisi!

Sebbene i grandi magazzini della città siano tutti forniti di prodotti simili, essi hanno un carattere diverso. Tutti hanno uno spazio dove si può mangiare. **Au Printemps** è famoso per gli articoli casalinghi originali e innovativi e per i grandi reparti di abbigliamento per uomo, donna e bambino. Il martedì alle 10 si svolgono sfilate di moda (da aprile a ottobre anche il venerdì, ma bisogna procurarsi gli inviti distribuiti da alcune agenzie viaggi oltremare, linee aeree e alberghi). Nel reparto dei prodotti di bellezza si trova una delle più grandi scelte di profumi al mondo e il ristorante nella cupola è fra i migliori.

BHV (Le Bazar de l'Hôtel de Ville) è un paradiso per gli entusiasti del fai-da-te. Visitate anche il ristorante per la bella vista sulla Senna.

Progettato da Gustave Eiffel, **Le Bon Marché**, sulla Riva sinistra, è stato il primo grande magazzino di Parigi ed è oggi il più elegante, con un buon reparto di gastronomia. Le **Galeries Lafayette** hanno un'ampia scelta di abiti a prezzi diversi. Le sfilate di moda si tengono di mercoledì alle 11.00 (di venerdì d'estate). **La Samaritaine** è uno dei più vecchi negozi di Parigi. È molto conveniente e spesso si trovano gli stessi prodotti delle Galeries Lafayette, ma a prezzi più bassi. Un settore è dedicato all'abbigliamento e alle attrezzature sportive, con buone occasioni nel campo dei prodotti per la casa e per l'arredamento. Dal ristorante (chiuso da fine novembre a inizio aprile) si gode un bel panorama della Senna. Il **Virgin Megastore** è aperto fino a tardi e ha un'ampia scelta di dischi e libri. La **FNAC** è specializzata in dischi, libri (edizioni straniere a Les Halles) e attrezzature elettroniche. **FNAC Microinformatique** vende materiale informatico.

Lumache della *charcuterie*

Abiti di Kenzo in Place des Victoires *(pp 316–7)*

Il pane "firmato" con il quadrato di Lionel Poilâne *(pp 322–3)*

INDIRIZZI

Au Printemps
64 Blvd Haussman 75009.
Tav 6 D4. *01 42 82 50 00.*

BHV
52–64 Rue de Rivoli 75004.
Tav 13 B3. *01 42 74 90 00.*

Le Bon Marché
5 Rue de Babylon 75007.
Tav 11 C5. *01 44 39 80 00.*

Il mercato Vanves *(p 327)*

FNAC
Forum Les Halles, 1 Rue Pierre Lescot 75001. **Tav** 13 A2. *01 40 41 40 00.*
Una delle cinque sedi.

FNAC Microinformatique
71 Blvd St-Germain 75005.
Tav 13 A5. *01 44 41 31 50.*

Galeries Lafayette
40 Blvd Haussmann 75009.
Tav 6 E4. *01 42 82 34 56.*
Una delle due sedi.

La Samaritaine
75 Rue Rivoli 75001.
Tav 12 F2. *01 40 41 20 20.*

Virgin Megastore
52–60 Ave des Champs-Elysées 75008. **Tav** 4 F5. *01 49 53 50 00.*

Il meglio di Parigi: negozi e mercati

VECCHIO STILE E CONSERVATRICE, tuttavia piena di sorprese, Parigi è una miniera di bei negozi e boutique. Empori di vecchia data si mischiano a negozi moderni, in una città che ferve di vita in centro come in periferia. Nei mercati si può acquistare qualsiasi cosa, dalla verdura e dalla frutta esotica alle porcellane più fini e agli oggetti di antiquariato. Sia che stiate cercando scarpe fatte a mano, abiti dal taglio perfetto o formaggi tradizionali, sia che stiate semplicemente gustando l'atmosfera, non resterete delusi.

Place de la Madeleine
In questa piazza si trovano drogherie di lusso, con le più raffinate ghiottonerie (p 214).

IL CENTRO DELLA MODA PARIGINA

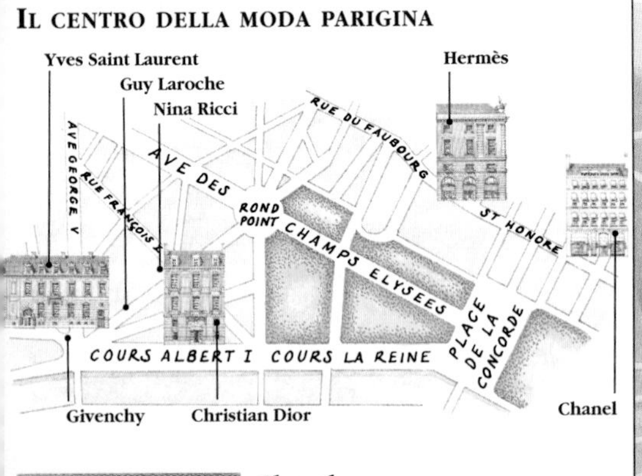

Chanel
Dal n. 31 di Rue Cambon, Coco Chanel (1883–1971) ha regnato sulla moda. La boutique principale è in Avenue Montaigne (p 317).

Invalides e Tour Eiffel

Rue de Rivoli
Nei negozi di Rue de Rivoli si trovano ricordini a poco prezzo, come questo soprammobile (p 130)

Marché de la Porte de Vanves
Questo affascinante mercato vende vecchi libri, biancheria, cartoline, porcellane e strumenti musicali (solo nei fine settimana p 327).

Kenzo
Lo stilista giapponese propone nei suoi negozi abiti colorati per uomo, donna e bambino (p 317).

Cartier
Gli antichi gioielli di Cartier, con le loro pietre preziose finemente tagliate, sono ancora molto apprezzati. Questo negozio in Rue de la Paix vende tutti i prodotti Cartier (p 319).

Rue de Paradis
In questa strada si possono acquistare porcellane e cristallerie a prezzi ridotti. Cercate le vetrine di Porcelainor, Baccarat e Lumicristal (pp 320–1).

Passage des Panoramas
In questo passaggio a Les Galeries si trova una vecchia stamperia (p 216).

0 chilometri 1

N

Opéra
Tuileries
Beaubourg e Les Halles
Marais
SENNA
St-Germain-des-Prés
Ile de la Cité
Ile St-Louis
Quartiere Latino
Luxembourg
Jardin des Plantes
Montparnasse

Rue des Francs-Bourgeois
A L'Image du Grenier sur L'Eau si trovano vecchie cartoline, poster e stampe (pp 324–5).

Rue Mouffetard
Il mercato vende formaggi e altri generi alimentari (p 327).

Forum des Halles
Questa moderna struttura ospita molti negozi (p 109).

Abiti e accessori

Per molti Parigi è sinonimo di alta moda e lo stile parigino è il massimo dell'eleganza. Più che in altre parti del mondo le donne a Parigi sono ricercate nel vestire e seguono sempre l'ultima moda. Questo vale, sebbene in minor misura, anche per gli uomini, che sanno mischiare e abbinare con eleganza colori e modelli anche molto diversi fra loro.

Saper trovare gli abiti giusti al prezzo giusto significa sapere dove fare acquisti. Per ogni boutique di lusso dell'Avenue Montaigne ci sono dieci negozi di giovani stilisti in attesa di diventare il prossimo Jean-Paul Gaultier e centinaia d'altri che vendono imitazioni.

Alta moda

Parigi è il regno dell'*haute couture*. Gli abiti di alta moda sono creazioni uniche, disegnate da una delle 23 case di moda della Fédération Française de la Couture. Le regole per essere inseriti nella *haute couture* sono piuttosto severe e molti dei principali stilisti, come Claude Montana e Karl Lagerfeld, ne sono esclusi. I prezzi astronomici pongono l'alta moda fuori della portata della maggior parte delle tasche, ma la *haute couture* ispira i modelli di abiti correnti, prodotti dall'industria.

Le stagioni della moda coincidono con le sfilate di gennaio e luglio. La maggior parte delle sfilate si svolgono nel Carrousel du Louvre *(p 123)*. Se volete vederne una, meglio far conto su quelle private (le sfilate ufficiali sono infatti per gli acquirenti e la stampa). Telefonate all'ufficio stampa delle case di moda con un mese di anticipo. Sarete sicuri di avere il posto solo quando riceverete il biglietto. Per le sfilate private telefonate invece alla casa di moda o, se siete a Parigi, recatevi alla boutique e chiedete se c'è una sfilata. Cercate però di essere all'altezza della situazione.

La maggior parte delle case di moda producono anche modelli *prêt-à-porter* (abiti pronti). Pur non essendo a buon mercato, consentono di ottenere l'eleganza e la creatività dello stilista a un prezzo inferiore rispetto a quello dell'alta moda.

Moda femminile

La più alta concentrazione di case di moda è sulla Riva destra. La maggior parte di esse è vicina o si trova nella Rue du Faubourg-St-Honoré e nella più elegante Avenue Montaigne: **Chanel**, **Ungaro**, **Christian Lacroix**, **Nina Ricci**, **Louis Féraud**, **Yves Saint Laurent**, **Hanae Mori**, **Pierre Cardin**, **Gianni Versace**, **Christian Dior**, **Guy Laroche**, **Jean-Louis Scherrer**; l'elenco è quasi interminabile. Qui vi troverete gomito a gomito con personaggi ricchi e famosi.

Hermès ha modelli classici, ma sportivi. L'eleganza italiana di **Max Mara** è molto popolare in Francia e nessuno può resistere a un abito di **Giorgio Armani**. **Karl Lagerfeld** disegna abiti per Chanel, ma ha creato anche una sua linea.

L'esuberante **Paco Rabanne** è l'unico *haute couturier* ufficiale della Riva sinistra, ma è circondato da molte altre case di moda. Andate da **Sonia Rykiel** per la maglieria, da **Junko Shimada** per il casual sportivo e da **Barbara Bui** per i modelli più femminili.

Oltre alla sede principale sulla Riva destra, molti stilisti ne hanno una anche sulla Riva sinistra, con negozio incluso. Per qualità sicura c'è **Georges Rech**, ma non scordate **Yves Saint Laurent** o **Jill Sander** per la loro squisita sartoria. Provate il tempio della moda di **Armani** in St-Germain, la boutique di lusso di **Prada** o Miu Miu, in Rue du Cherche-Midi. **Kashiyama** è un cult per i vestiti più fantasiosi. Andate invece da **Irié** per abiti a prezzi ragionevoli con il giusto tocco di creatività, ma resistenti al passare delle diverse mode. Parigi è piena di negozi di abiti pronti. In Place des Victoires c'è la boutique **Victoire** che offre una delle migliori collezioni di firme attuali, tra cui Michael Klein, Helmut Lang e Thierry Mugler. Nella piazza c'è anche **Kenzo**, con il compatriota giapponese Yohji Yamamoto, e **Comme des Garçons**, che propone una moda d'avanguardia per entrambi i sessi, in fondo alla strada, vicino a **Ventilo**. La vicina Rue Jean-Jacques-Rousseau è recentemente diventata una meta obbligata. Andando verso Rue du Jour, il negozio **Diapositive's** è famoso per gli abiti aderenti, mentre gli abiti di **Agnès B** e **Claudie Pierlot** hanno un'eleganza fuori dal tempo. Ci sono anche copie a buon mercato dei nuovi modelli.

Il Marais è il paradiso dei nuovi stilisti ed è affollatissimo soprattutto nella giornata di sabato. Una delle strade migliori è la Rue des Rosiers, con i famosi negozi d'abbigliamento **Pleats Please** di Issey Miyake, **L'Eclaireur** e una succursale di **Tehen**. **Nina Jacob** si trova nella vicina Rue des Francs-Bourgeois, e il negozio dell'audace stilista **Azzedine Alaïa** è proprio dietro l'angolo. La zona della Bastiglia ha molte boutique alla moda e grandi nomi. L'eccentrico **Jean-Paul Gaultier** ha un negozio in Rue du Faubourg St-Antoine. Le sue collezioni "senior" e "junior" riflettono il prezzo e un atteggiamento piuttosto che l'età. Il miglior negozio di costumi da bagno è **Eres**. Per il cuoio andate invece da **Mac Douglas**. Si possono trovare abiti di giovani stilisti da **Colette** e **Zadig & Voltaire**, mentre **Zucca** (design di Akira Onozuka) ha ora parecchie boutique. **Rèciproque** ha i migliori abiti griffati seminuovi mentre da **Rag Time** si possono trovare abiti dagli anni Venti agli anni Cinquanta.

INDIRIZZI

MODA FEMMINILE

Agnès B
6 Rue du Jour 75001.
Tav 13 A1.
01 45 08 56 56.
Uno dei molti negozi.

Azzedine Alaïa
7 Rue de Moussy 75004.
Tav 13 C3.
01 40 27 85 58.

Barbara Bui
23 Rue Etienne-Marcel 75001. **Tav** 13 A1.
01 40 26 43 65.
Uno dei due negozi.

Chanel
42 Ave Montaigne 75008.
Tav 5 A5.
01 47 24 74 12.
Uno dei molti negozi.

Christian Dior
30 Ave Montaigne 75008. **Tav** 10 F1.
01 40 73 54 44.

Christian Lacroix
73 Rue du Faubourg-St-Honoré 75008.
Tav 5 B5.
01 42 68 79 00.

Claudie Pierlot
4 Rue du Jour 75001.
Tav 13 A1.
01 42 21 38 38.
Uno dei due negozi.

Comme des Garçons
40–42 Rue Etienne-Marcel 75002. **Tav** 13 A1.
01 42 33 05 21.

Colette
213 Rue St-Honoré 75001.
Tav 12 D1.
01 55 35 33 90.

Diapositive
12 Rue du Jour 75001.
Tav 13 A1.
01 42 21 34 41.
Uno dei molti negozi.

L'Eclaireur
3 ter Rue des Rosiers 75004. **Tav** 13 C3.
01 48 87 10 22.

Eres
2 Rue Tronchet 75008.
Tav 5 C5.
01 47 42 24 55.
Uno dei due negozi.

Georges Rech
273 Rue St-Honoré 75008. **Tav** 12 D1.
01 42 61 41 14.
Uno dei molti negozi.

Gianni Versace
62 Rue du Faubourg-St-Honoré 75008.
Tav 5 C5.
01 47 42 88 02.
Uno dei due negozi.

Giorgio Armani
6 Pl Vendôme 75001.
Tav 6 D5.
01 42 61 55 09
e
149 Blvd St-Germain 75006. **Tav** 12 E4.
01 53 63 33 51.

Guy Laroche
30 Rue du Faubourg-St-Honoré 75008.
Tav 5 C5.
01 40 06 01 70.
Uno dei molti negozi.

Hermès
24 Rue du Faubourg-St-Honoré 75008.
Tav 5 C5.
01 40 17 47 17.
Uno dei molti negozi.

Irié
8 Rue du Pré-aux-Clercs 75007.
Tav 12 D3.
01 42 61 18 28.

Jean-Louis Scherrer
51 Ave Montaigne 75008. **Tav** 5 A5.
01 56 59 98 41.

Jean-Paul Gaultier
6 Rue Vivienne 75002.
Tav 12 F1.
01 42 86 05 05.
Uno dei due negozi.

Jill Sander
52 Ave Montaigne 75008.
Tav 10 F1.
01 44 95 06 70.

Junko Shimada
54 Rue Etienne-Marcel 75002. **Tav** 12 F1.
01 42 36 36 97.
Uno dei due negozi.

Kashiyama
147 Blvd St-Germain 75006. **Tav** 12 E4.
01 55 42 77 55.

Kenzo
3 Pl des Victoires 75001.
Tav 12 F1.
01 40 39 72 03.

Lolita Lempicka
18 Rue du Faubourg-St-Honoré 78008. **Tav** 5 C5. *01 49 24 94 01.*

Louis Féraud
253 Rue St-Honoré 75008.
Tav 5 B5.
01 42 61 03 90.

Mac Douglas
9 Rue de Sèvres 75006. **Tav** 12 D4.
01 45 48 14 09.
Uno dei molti negozi.

Max Mara
37 Rue du Four 75006.
Tav 12 D4.
01 43 29 91 10.
Uno dei due negozi.

Miu Miu
23 Rue du Cherche-Midi 75006. **Tav** 12 D5.
01 45 48 63 33.

Nina Jacob
23 Rue des Francs-Bourgeois 75004.
Tav 14 D3.
01 42 77 41 20.

Nina Ricci
39 Avenue Montaigne 75008. **Tav** 10 F1.
01 49 52 56 00.

Paco Rabanne
83, Rue des Sts-Pères 75006. **Tav** 12 D4.
01 45 48 82 26.

Pierre Cardin
27 Ave de Marigny 75008. **Tav** 5 B5.
01 42 66 68 98.
Uno dei due negozi.

Pleats Please
3bis Rue des Rosiers 75004.
Tav 13 C3.
01 40 29 99 66.
Uno dei due negozi.

Rag Time
23 Rue de l'Echaudé 75006.
Tav 12 E4.
01 56 24 00 36.

Réciproque
95 Rue de la Pompe 75016. **Tav** 9 A1.
01 47 04 30 28.

Sonia Rykiel
175 Blvd St-Germain 75006. **Tav** 12 D4.
01 49 54 60 60.
Uno dei due negozi.

Tehen
5 bis Rue des Rosiers 75004. **Tav** 13 C3.
01 40 27 97 37.
Uno dei due negozi.

Ungaro
2 Ave Montaigne 75008.
Tav 10 F1.
01 53 57 00 00.

Ventilo
27 bis Rue du Louvre 75002.
Tav 12 F2.
01 44 76 82 95.
Uno dei sei negozi.

Victoire
12 Pl des Victoires 75002.
Tav 12 F1.
01 42 61 09 02.
Uno dei molti negozi.

Yohji Yamamoto
25 Rue du Louvre 75001.
Tav 12 F1.
01 42 21 42 93.

Yves Saint Laurent
38 Rue du Faubourg-St-Honoré 75008.
Tav 5 C5.
01 42 65 74 59.
Uno dei molti negozi.

Zadig & Voltaire
15 Rue du Jour 75001.
Tav 13 A1.
01 42 21 88 70.

Zucca
8 Rue St-Roch 75001.
Tav 12 E1.
01 44 58 98 88.

MODA PER BAMBINI

LA MODA PER BAMBINI offre una vasta gamma di stili e di prezzi. Molti stilisti per adulti hanno boutique per bambini, tra cui **Kenzo**, **Baby Dior**, **Sonia Rykiel**, **Agnès B Sonia Rykiel** e **Teddies**. Quest'ultimo ha un'intera gamma di abiti per bambini disegnati da stilisti.

Le catene di negozi, come **Benetton** e **Bonpoint** (che vende abiti eleganti, cari e ben fatti), hanno una vasta scelta di abiti pronti; gli articoli di **Tartine et Chocolat** che si vendono di più sono le tute.

Froment-Leroyer propone forse il meglio delle scarpe classiche per bambino. **Six Pieds Trois Pouces** ha una vasta scelta di modelli.

MODA MASCHILE

NON CI SONO case d'alta moda maschile: la scelta è limitata agli abiti pronti che, se disegnati da stilisti femminili, sono molto cari.

Sulla Riva destra ci sono **Giorgio Armani**, **Pierre Cardin**, **Kenzo**, **Lanvin** (ottimo anche per gli accessori) e **Yves Saint Laurent**. Sulla Riva sinistra **Michel Axel** e **Jean-Charles de Castelbajac** sono famosi per le cravatte e le eleganti creazioni di **Francesco Smalto** sono indossate dalle stelle del cinema. **Yohji Yamamoto** ha abiti per chi fa della moda un mestiere, mentre **Gianni Versace** propone uno stile italiano classico, gli indumenti di **APC** e **Paul Smith** sono molto moderni, **Olivier Strelli** e **Polo by Ralph Lauren** sono eleganti senza essere eccessivamente appariscenti.

GIOIELLI

LE CASE DI MODA vendono probabilmente alcuni dei più bei gioielli. Quelli di **Chanel** sono classici, mentre quelli di **Christian Lacroix** sono divertenti. La **Boutique YSL** è un bel posto per trovare accessori.

Tra le gioiellerie più costose di Parigi ci sono **Boucheron** e **Mauboussin**. Si tratta di gioielli classici e molto costosi. **Harry Winston** e **Cartier** sono altre due gioiellerie famose. Per accessori e gioielli insoliti provate la **Daniel Swarovski Boutique**, che appartiene alla famiglia dei cristalli Swarovski.

Imitazioni e gioielli di fantasia si trovano al Marais, alla Bastille e alle Halles, citati in ordine di qualità. I negozi più noti sono **Gian Paolo Maria** per la gioielleria sgargiante, **Scooter** dove fanno acquisti i giovani parigini e **Agatha** per le copie dei gioielli di Chanel.

SCARPE, BORSE E CINTURE

SE CERCATE SCARPE di lusso andate da **Harel**. Altri negozi di qualità sono **Charles Jourdan**, **Sidonie Larizzi** e **Carel**. **Bowen** ha una scelta di scarpe da uomo tradizionali e **Fenestrier** offre scarpe classiche ed eleganti. **Christian Lacroix** e **Paloma Picasso** vendono bellissime borse.

Articoli in cuoio in una vasta gamma di colori si trovano anche da **Gucci Longchamp** e **Hermès**. **Jet-Set** propone una grande scelta di articoli giovani e alla moda: scarpe, stivali e borse a prezzi tutto sommato ragionevoli.

CAPPELLI

TRA LE PIÙ FAMOSE modiste di Parigi c'è **Marie Mercié**. **Toni Pato** oggi crea cappelli da uomo nel suo vecchio negozio di Rue Tiquetonne. **Manon Martin** è diverso dal solito e fantasioso e **Philippe Model** è uno dei più creativi cappellai di Parigi.

BIANCHERIA

LA BIANCHERIA di lusso raffinata si trova da **Capucine Puerari** il cui minuscolo negozio offre un vasto assortimento di meravigliosa lingerie, mentre **La Boite à Bas** vende graziosi collant francesi. **Bas et Haut** propone un tipo di biancheria elegante e pratica al contempo.

TABELLA DI CONVERSIONE DELLE TAGLIE E DELLE MISURE

Vestiti da bambino									
Francesi	2-3	4-5	6-7	8-9	10-11	12	14	14+ (anni)	
Americane	2-3	4-5	6-6x	7-8	10	12	14	16 (taglia)	
Italiane	2-3	4-5	6-7	8-9	10-11	12	14	14+ (anni)	
Scarpe da bambino									
Francesi	24	25½	27	28	29	30	32	33	34
Americane	7½	8½	9½	10½	11½	12½	13½	1½	2½
Italiane	24	25½	27	28	29	30	32	33	34
Abiti e tailleur da donna									
Francesi	34	36	38	40	42	44	46		
Americane	6	8	10	12	14	16	18		
Italiane	38	40	42	44	46	48	50		
Bluse e pullover da donna									
Francesi	34	36	38	40	42	44	46		
Americane	6	8	10	12	14	16	18		
Italiane	38	40	42	44	46	48	50		
Scarpe da donna									
Francesi	36	37	38	39	40	41			
Americane	5	6	7	8	9	10			
Italiane	36	37	38	39	40	41			
Abiti da uomo									
Francesi	44	46	48	50	52	54	56	58	
Americane	34	36	38	40	42	44	46	48	
Italiane	44	46	48	50	52	54	56	58	
Camicie da uomo									
Francesi	36	38	39	41	42	43	44	45	
Americane	14	15	15½	16	16½	17	17½	18	
Italiane	36	38	39	41	42	43	44	45	
Scarpe da uomo									
Francesi	39	40	41	42	43	44	45	46	
Americane	7	7½	8	8½	9½	10½	11	11½	
Italiane	39	40	41	42	43	44	45	46	

INDIRIZZI

MODA PER BAMBINI

Agnès B
(p 317).

Baby Dior
(p 317 Christian Dior).

Benetton
113 Rue St-Dominique 75007. **Tav** 10 F2-3.
01 45 55 00 33.
Uno dei molti negozi.

Bonpoint
15 Rue Royale 75008.
Tav 5 C5.
01 47 42 52 63.
Uno dei molti negozi.

Teddies
38 Rue François-1er 75008. **Tav** 10 F1.
01 47 20 79 79.

Froment-Leroyer
7 Rue Vavin 75006.
Tav 16 E1.
01 43 54 33 15.
Uno dei molti negozi.

Kenzo
(p 317).

Six Pieds Trois Pouces
78 Ave de Wagram 75017.
Tav 4 E2. *01 46 22 81 64. Uno dei molti negozi.*

Sonia Rykiel
(p 317).

Tartine et Chocolat
105 Rue du Faubourg-St-Honoré 75008.
Tav 5 B5.
01 45 62 44 04.
Uno dei molti negozi.

MODA MASCHILE

APC
39 Rue Madame 75006.
Tav 12 E5.
01 44 39 87 87.

Jean-Charles de Castelbajac
26 Rue Madame 75006.
Tav 12 E5.
01 45 48 40 55.

Francesco Smalto
44 Rue François-1er 75008. **Tav** 4 F5.
01 47 20 70 63.

Gianni Versace
(p 317).

Giorgio Armani
(p 317).

Kenzo
(p 317).

Lanvin
32 Rue Marbeuf 75008.
Tav 4 F5.
01 53 75 02 20.
Uno dei due negozi.

Michel Axel
121 Blvd St-Germain 75006. **Tav** 12 E4.
01 43 26 01 96.

Olivier Strelli
7 Blvd Raspail 75007.
Tav 12 D4.
01 45 44 77 17.
Uno dei due negozi.

Paul Smith
22 Blvd Raspail 75007.
Tav 12 D4.
01 42 84 15 30.

Pierre Cardin
59 Rue du Faubourg-St-Honoré 75008. **Tav** 5 C5. *01 42 66 64 74.*

Yohji Yamamoto
69 Rue des Sts-Pères 75006. **Tav** 12 E4.
01 45 48 22 56.

Yves Saint Laurent
12 Pl St-Sulpice 75006.
Tav 12 D4.
01 43 26 84 40.

GIOIELLI

Agatha
97 Rue de Rennes 75006.
Tav 12 D5.
01 45 48 81 30.
Uno dei molti negozi.

Boucheron
26 Pl Vendôme 75001.
Tav 6 D5.
01 42 61 58 16.

Boutique YSL
32 Rue du Faubourg-St-Honoré 75008. **Tav** 5 C5. *01 42 65 01 15.*

Cartier
13 Rue de la Paix 75002.
Tav 6 D5.
01 42 61 58 56.
Uno dei molti negozi.

Chanel
(p 317).

Christian Lacroix
(p 317).

Daniel Swarovski Boutique
7 Rue Royale 75008.
Tav 5 C5.
01 40 17 07 40.

Gian Paolo Maria
12 Rue St-Paul 75004.
Tav 14 D4.
01 40 27 00 12.

Harry Winston
29 Ave Montaigne 75008.
Tav 10 F1.
01 47 20 03 09.

Mauboussin
20 Pl Vendôme 75001.
Tav 6 D5.
01 45 55 10 00.

Scooter
10 Rue de Turbigo 75001.
Tav 13 A1.
01 45 08 50 54.
Uno dei molti negozi.

SCARPE, BORSE E CINTURE

Bowen
5 P5l des Ternes 75017.
Tav 4 E3.
01 42 27 09 23.
Uno dei molti negozi.

Carel
4 Rue Tronchet 75008.
Tav 6 D4.
01 42 66 21 58.
Uno dei molti negozi.

Charles Jourdan
86 Ave de Champs-Elysées 75008. **Tav** 4 F5.
01 45 62 29 28.
Uno dei molti negozi.

Fenestrier
23 Rue du Cherche-Midi 75006. **Tav** 12 D5.
01 42 22 66 02.

Gucci
350 Rue St-Honoré 75001. **Tav** 5 C5.
01 42 96 83 27.
Uno dei due negozi.

Harel
8 Ave Montaigne 75008.
Tav 10 F1.
01 47 23 83 03.
Uno dei due negozi.

Hermès
(p 317).

Jet Set
85 Rue de Passy 75016. **Tav** 9 B3.
01 42 88 21 59.
Uno dei due negozi.

Longchamp
404 Rue St-Honorè 75001. **Tav** 5 C5.
01 43 16 00 16.

Sepcoeur
3 Rue Chambiges 75008. **Tav** 10 F1.
01 47 20 98 24.

Sidonie Larizzi
8 Rue de Marignan 75008. **Tav** 4 F5.
01 43 59 38 87.

CAPPELLI

Marie Mercié
23 Rue St-Sulpice 75006.
Tav 12 E4.
01 43 26 45 83.

Manon Martin
82 Rue de Turenne 75004.
Tav 14 D3.
01 48 04 00 84.

Toni Pato
56 Rue Tiquetonne 75002.
Tav 13 A1.
01 40 26 60 68.

Philippe Model
33 Pl du Marché St-Honoré 75001.
Tav 12 D1.
01 42 96 89 02.

BIANCHERIA

Bas et Haut
182 Blvd St-Germain 75006.
Tav 11 C3.
01 45 48 15 88.

La Boîte à Bas
27 Rue Boissy-d'Anglas 75008.
Tav 5 C5.
01 42 66 26 85.
Uno dei molti negozi.

Capucine Puerari
63 bis Rue des Sts-Pères 75006.
Tav 12 D4.
01 42 22 14 09.

Regali e souvenir

A Parigi si trovano bei regali e souvenir tipici in quantità, dagli accessori disegnati da stilisti ai profumi, fino alle specialità gastronomiche francesi e ai fermacarte a forma di Tour Eiffel. I negozi sulla Rue de Rivoli sono pieni di ricordini a buon mercato; anche **Les Drapeaux de France** è specializzato in souvenir. Riproduzioni e creazioni di giovani designer si trovano spesso anche nei musei, come **Le Musée** o **Le Musée du Louvre**, il **Musée d'Orsay** o il **Musée Carnavalet**.

Profumi

Molti negozi praticano sconti su profumi e cosmetici. Alcuni offrono persino profumi esentasse a residenti fuori della UE o praticano sconti sul prezzo di vendita dietro presentazione del passaporto; tra essi l'**Eiffel Shopping** vicino alla Tour Eiffel, la catena **Sephora** e i grandi magazzini.

Tra le profumerie tradizionali c'è **Détaille**. **Parfums Caron** ha molti profumi creati all'inizio del secolo, impossibili da trovare altrove, mentre **Annick Goutal**. vende profumi ricavati da essenze naturali. **Guerlain** propone le ultime novità in questo settore e **L'Artisan Parfumeur** è specializzato nella produzione di profumi evocatori e ha riprodotto alcuni tra i profumi in auge nel passato, tra cui quelli usati alla corte di Versailles.

Casalinghi

Nonostante siano piuttosto delicati da trasportare, gli articoli per la casa prodotti in Francia sono molto eleganti. Molti negozi sono disposti a effettuare spedizioni all'estero. Articoli di lusso si trovano in Rue Royale, dove ci sono molti dei migliori negozi. Qui si vendono articoli come porcellane rustiche e argenterie d'epoca e moderne. Le sculture in vetro in stile Art Nouveau e Art Déco di **Lalique** sono collezionate in tutto il mondo.

Molte delle marche più famose hanno showroom in Rue de Paradis, dove è possibile acquistare porcellane e cristalli a prezzi scontati. Provate da **Lumicristal**, che vende cristalli Baccarat, Daum e Limoges, o andate da **Baccarat** stesso. Baccarat ha un negozio anche in Place de la Madeleine. Per i coltelli andate da **Peter** e scegliete un manico di legno o in pietra dura. Per creare l'atmosfera giusta per una cena romantica scegliete le candele tra le molte offerte da **Point à la Ligne**.

Per i tessuti c'è **Agnès Comar**. Anche gli arredatori **Pierre et Patrick Frey** hanno al piano superiore uno showroom con tessuti favolosi usati per fare cuscini, copriletti e tovaglie.

La Chaise Longue ha una vasta scelta di eleganti *objets* per la casa e regalini divertenti. **Home Autour du Monde** è contemporaneo, mentre **La Tuile à Loup** vende artigianato francese più tradizionale.

Libri, riviste e giornali

A Parigi, nelle grandi edicole o nelle librerie elencate qui di seguito, è possibile trovare pubblicazioni da tutto il mondo, soprattutto inglesi e americane, ma anche italiane. Se il francese non rappresenta un ostacolo, i settimanali Pariscope, L'Officiel des Spectacles e 7 *à Paris* pubblicano l'elenco di tutti gli spettacoli programmati in città per la settimana.

A Parigi si possono trovare i quotidiani italiani *Corriere della Sera* e *La Repubblica*. I francesi *Paris Free Voice* e *France–US Contacts*, sono anche pubblicati in inglese.

Alcuni grandi magazzini hanno un reparto dedicato ai libri (*vedi* Grandi magazzini *p 313*). Tra le librerie francesi, **La Hune** è specializzata in arte, design, architettura, letteratura, fotografia, moda, teatro e cinema; **Gibert Joseph** vende libri di tutti i generi e di pedagogia, mentre **Le Divan** è specializzato in scienze sociali, psicologia, letteratura e poesia. **L7** dello stilista Karl Lagerfeld vende libri di design, moda e arte contemporanea

In Rue de Rivoli ci sono alcune librerie inglesi, oppure andate da **Brentano**. Una piccola libreria, spesso disorganizzata ma piacevole e conviviale, è **Shakespeare and Co**. La **Village Voice**, di influenza americana, ha una buona scelta di novità letterarie e di saggi, mentre **The Abbey Bookshop** è il suo corrispettivo per i libri di seconda mano. **Tea and Tattered Pages** vende libri usati inglesi.

Fiori

Alcuni fiorai di Parigi, come **Christian Tortu**, sono diventati molto popolari e rubano la scena a politici e stilisti. **Aquarelle** ha un'ottima scelta a prezzi ragionevoli e **Mille Feuilles** è l'indirizzo giusto al Marais. (*Vedi anche* Mercati specializzati *p 326*.)

Negozi specializzati

Per i sigari, **A La Civette** è forse il più bel tabaccaio di Parigi, con vetrine umidificate per conservare perfettamente la merce.

Andate **A l'Olivier** per acquistare oli e aceti esotici. Se il miele è quello che cercate, andate alla **La Maison du Miel** dove troverete miele ai fiori di lavanda e di acacia. Potrete anche acquistare sapone al miele e candele. **Mariage Frères** è ormai un'istituzione per il tè: ne vende ben 350 varietà diverse, insieme a moltissimi tipi di teiere di ogni forma e dimensione.

Tessuti d'alta moda possono essere acquistati da **Wolff et**

Descourtis, mentre da **Vassilev** si possono comprare violini vecchi e nuovi, costosi e a buon mercato.
Se volete fare un regalo insolito, acquistate carte da gioco o tarocchi francesi da **Jeux Descartes**. **Au Nain Bleu** è uno dei più famosi negozi di giocattoli di tutto il mondo, mentre il nome **Cassegrain** è da sempre sinonimo di prodotti di cartoleria di alta qualità. **Calligrane** vende una vasta gamma di accessori per scrivania e prodotti in carta per tutti i gusti.

INDIRIZZI

REGALI E SOUVENIR

Les Drapeaux de France
13 Galerie Montpensier 75001. **Tav** 12 E1.
01 42 97 55 40.

Le Musée
(Riproduzioni ufficiali dei musei) Niveau 2, Forum des Halles, Porte Berger 75001. **Tav** 13 A2.
01 40 39 97 91.

Musée Carnavalet
(p 97).

Musée du Louvre
(p 123).

Musée d'Orsay
(p 145).

PROFUMI

Annick Goutal
16 Rue de Bellechasse 75007. **Tav** 11 C3.
01 45 51 36 13.
Uno dei molti negozi.

L'Artisan Parfumeur
24 Blvd Raspail 75007. **Tav** 16 D1.
01 42 22 23 32.
Uno dei molti negozi.

Détaille
10 Rue St-Lazare 75009. **Tav** 6 D3.
01 48 78 68 50.

Eiffel Shopping
9 Ave de Suffren 75007. **Tav** 10 D3.
01 45 66 55 30.

Guerlain
68 Ave des Champs-Elysées 75008. **Tav** 4 F5.
01 45 62 11 21.
Uno dei molti negozi.

Parfums Caron
34 Ave Montaigne 75008. **Tav** 10 F1.
01 47 23 40 82.

Sephora
Forum des Halles 75001. **Tav** 13 A2.
01 40 13 72 25.
Uno dei molti negozi.

ARTICOLI PER LA CASA

Agnès Comar
10 Ave George V 75008. **Tav** 10 E1.
01 47 23 33 85.

Baccarat
11 Pl de la Madeleine 75008. **Tav** 5 C5.
01 42 65 36 26.
(p 231).

La Chaise Longue
30 Rue Croix-des-Petits-Champs 75001. **Tav** 12 F1.
01 42 96 32 14.
Uno dei molti negozi.

Home Autour du Monde
8 Rue des Francs Bourgeois 75003. **Tav** 14 D3.
01 42 77 06 08.

Lalique
11 Rue Royale 75008. **Tav** 5 C5.
01 53 05 12 12.

Lumicristal
22 bis Rue de Paradis 75010. **Tav** 7 B4.
01 47 70 27 97.

Peter
8bis Rue Boissy d'Anglas 75008. **Tav** 5 C5.
01 40 07 05 28.

Pierre et Patrick Frey
2 Rue de Fürstenberg 75006. **Tav** 12 E4.
01 43 26 82 61.

Point à la Ligne
67 Ave Victor Hugo 75116. **Tav** 3 B5.
01 45 00 87 01.

La Tuile à Loup
35 Rue Daubenton 75005. **Tav** 17 B2.
01 47 07 28 90.

LIBRI, RIVISTE E GIORNALI

Abbey Bookshop
29 Rue de la Parcheminerie 75005. **Tav** 13 A4.
01 46 33 16 24.

Brentano
37 Ave de l'Opéra 75002. **Tav** 6 E5.
01 42 61 52 50.

Le Divan
203 Rue de la Convention 75015. **Tav** 12 E3.
01 53 68 90 68.

Gibert Joseph
26 Blvd St-Michel 75006. **Tav** 12 F5.
01 44 41 88 88.

La Hune
170 Blvd St-Germain 75006. **Tav** 12 D4.
01 45 48 35 85.

7L
7 Rue de Lille 75007. **Tav** 12 E3.
01 42 92 03 58.

Shakespeare & Co
37 Rue de la Bûcherie 75005. **Tav** 13 A4.
01 43 26 96 50.

Tea and Tattered Pages
24 Rue Mayet 75006. **Tav** 15 B1. 01 40 65 94 35.

Village Voice
6 Rue Princesse 75006. **Tav** 12 E4. 01 46 33 36 47.

W H Smith
248 Rue de Rivoli 75001. **Tav** 11 C1. 01 44 77 88 99.

FIORI

Aquarelle
15 Rue de Rivoli 75004. **Tav** 13 C3.
01 40 27 99 10.

Christian Tortu
6 Carrefour de l'Odéon 75006. **Tav** 12 F4.
01 43 26 02 56.

Mille Feuilles
2 Rue Rambuteau 75001. **Tav** 13 C2.
01 42 78 32 93.

NEGOZI SPECIALI

A la Civette
157 Rue St-Honoré 75001. **Tav** 12 F2.
01 42 96 04 99.

A L'Olivier
23 Rue de Rivoli 75004. **Tav** 13 C3.
01 48 04 86 59.

Au Nain Bleu
408 Rue St-Honoré 75008. **Tav** 5 C5.
01 42 60 39 01.

Calligrane
4–6 Rue du Pont-Louis-Philippe 75004. **Tav** 13 B4.
01 48 04 31 89.

Cassegrain
422 Rue St-Honoré 75008. **Tav** 5 C5.
01 42 60 20 08.
Uno dei due negozi.

Jeux Descartes
52 Rue des Écoles 75005. **Tav** 13 A5.
01 43 26 79 83.
Uno dei due negozi.

La Maison du Miel
24 Rue Vignon 75009. **Tav** 6 D5.
01 47 42 26 70.

Mariage Frères
(p 286).

Vassilev
45 Rue de Rome 75008. **Tav** 5 C3.
01 45 22 69 03.

Wolff et Descourtis
18 Galerie Vivienne 75002. **Tav** 12 F1.
01 42 61 80 84.

Cibi e bevande

PARIGI È FAMOSA per la moda, ma anche per il cibo. Le specialità gastronomiche comprendono il *foie gras*, la *charcuterie*, i formaggi e il vino. In certe strade i negozi di alimentari sono così numerosi che si potrebbe preparare un picnic per 20 persone senza spostarsi dalla strada: provate la Rue Montorgueil *(p 327)*. La Rue Rambuteau, su entrambi i lati del Centre Pompidou, è tutta un susseguirsi di pescherie, negozi di formaggi e rosticcerie. *(Vedi anche* Cosa mangiare e bere a Parigi *pp 290–3 e* Pasti veloci e spuntini *pp 310–1)*.

PANE E DOLCI

NELLA CAPITALE francese si produce un'ampia scelta di tipi di pane e di dolci. La *baguette* è spesso tradotta come "pane francese"; un *bâtard* è simile ma più spesso e la *ficelle* è più sottile. La *fougasse* ha una forma piatta, è fatta con la pasta della *baguette* ed è di solito riempita con cipolle, aromi o spezie. Poiché il pane francese non contiene grassi, diventa presto raffermo: prima lo mangiate e meglio è.

Il croissant può essere *ordinaire* o *au beurre*. Il *pain au chocolat*, ripieno di cioccolato, si mangia a colazione, mentre lo *chausson aux pommes* ha un ripieno di mele, oppure di pere, prugne o rabarbaro.

L'établissement Poilâne vende il solo pane "firmato" di Parigi e le sue ottime e rustiche pagnotte di grano duro sono molto popolari. Nei weekend e verso le 16, quando si sforna il pane, si formano delle lunghe code.

Molti pensano che **Ganachaud** faccia il miglior pane di Parigi. Questo forno vecchio stile produce trenta diversi tipi di pane, con ingredienti come noci e frutta.

Sebbene **Les Panetons** faccia parte di una catena, è uno dei migliori nel suo genere. Tra le specialità c'è il pane ai cinque cereali, i panini al sesamo e il *mouchoir aux pommes*, una variante del tradizionale *chausson*.

Molti negozi ebraici hanno dell'ottima segale e il solo pane di segale in città. **Jo Goldenberg's** è il più famoso. **Stohrer** venne fondato dai pasticcieri di Luigi XV nel 1730 e fa ancora i migliori croissant della capitale.

Le Moulin de la Vierge ha un forno a legna e fa pane naturale. **La Maison Meli** è seconda solo a **Max Poilâne** nella zona di Montparnasse e vende *baguette*, *fougasse*, dolci e pasticcini. **J L Poujauran** è famoso per il pane alle olive e il pane integrale alla noce e all'uva.

CIOCCOLATO

COME TUTTE le specialità francesi, il cioccolato va assaggiato. Tra i golosi e gli appassionati sono famose le creazioni di **Christian Constant** con poco zucchero e fatte di cacao puro. **Dalloyau** produce tutti i tipi di cioccolato a prezzi piuttosto modesti (è noto anche per la pasticceria e i salumi). **Fauchon** è famoso in tutto il mondo per le specialità di lusso: cioccolati e pasticceria sono eccellenti. **Lenôtre** produce invece tartufi classici e praline. Robert Linxe de **La Maison du Chocolat** inventa continuamente cioccolati freschi con ingredienti esotici. **Richart** vanta i cioccolati più belli e più costosi, di solito rivestiti con il tipo fondente o pieni di liquore.

CHARCUTERIE E FOIE GRAS

LE SALUMERIE vendono spesso formaggio, lumache, tartufi, salmone affumicato, caviale, vini e salumi. **Fauchon** ha un'ottima drogheria, così come **Le Bon Marché**. **Hédiard** è un negozio di lusso simile a Fauchon e la **Maison de la Truffe** vende *foie gras*, salsicce e tartufi. **Petrossian** è specializzato in caviale Beluga, tè georgiani e vodka russa.

Le regioni francesi di Lione e dell'Auvergne producono la migliore *charcuterie*. Questi prodotti sono in vendita da **Terrier**. **Aux Vrais Produits d'Auvergne** ha una serie di negozi dove è possibile comprare salsicce fresche e stagionate e delizioso Cantal (formaggio dolce). **Pou** è un famoso e sfavillante negozio che vende *pâté en croute* (pâté in crosta), *boudins* (sanguinacci), salsicce di Lione, prosciutto e *foie gras*. Vicino agli Champs-Elysées, **Vignon** vende un *foie gras* superbo, salsicce di Lione e cibi pronti.

Insieme ai tartufi e al caviale, il *foie gras* è il massimo per i buongustai. La qualità e il prezzo dipendono dalla percentuale di fegato impiegata. Sebbene la maggior parte dei negozi di gastronomia vendano il *foie gras*, potete essere certi della qualità dalla **Comtesse du Barry**, che ha sei negozi a Parigi. **Divay** è relativamente poco caro e fa spedizioni all'estero. **Labeyrie** ha un'ampia scelta di *foie gras* in belle confezioni, adatte per un regalo.

FORMAGGI

IL CAMEMBERT è senz'altro il formaggio francese più famoso, ma ce ne sono tantissimi altri. Un *fromager* disponibile potrà aiutarvi a scegliere. **Marie-Anne Cantin** si batte per proteggere i metodi di produzione tradizionali e ottimi esempi dei suoi formaggi si possono acquistare nel negozio che ha ereditato da suo padre. Alcuni sostengono che **Alléosse** venda i migliori formaggi di Parigi: la facciata del negozio necessita di qualche restauro, ma i formaggi sono ottimi. La **Maison du Fromage** vende formaggi di fattoria,

molti dei quali non vengono più prodotti altrove; tra questi il Brie tartufato.
Boursault ha tutti i tipi di formaggio: lo *chèvre* (formaggio di capra) è particolarmente buono; i formaggi a prezzi speciali sono esposti all'esterno del negozio.
Barthelemy, in Rue de Grenelle vende un Roquefort eccezionale.

VINI

La catena di negozi che ha in mano il mercato è **Nicolas**: ci sono punti di vendita dappertutto e vendono vini per tutte le tasche. Di solito i vinai sono affidabili e disponibili. Le star fanno i loro acquisti da **L'Arbre à Vin** o da **Caves Retrou**, ma provate anche il **Legrand**, che ha una scelta molto curata.

Vale anche la pena di andare da **Caves Taillevent**, un'enorme cantina con alcuni dei vini più costosi. **Bernard Péret** ha una scelta molto vasta e può consigliarvi negli acquisti. **Ryst-Dupeyron** vende porto, whisky, vini e l'Armagnac prodotto da Monsieur Ryst che, per un'occasione speciale, potrà anche personalizzarvi una bottiglia.

INDIRIZZI

PANE E DOLCI

Ganachaud
150 Rue de Ménilmontant 75020.
01 46 36 13 82.

J L Poujauran
20 Rue Jean-Nicot 75007. **Tav** 10 F2.
01 47 05 80 88.

Jo Goldenberg
7 Rue des Rosiers 75004. **Tav** 13 C3.
01 48 87 20 16.

L'établissement Poilâne
8 Rue du Cherche-Midi 75006. **Tav** 12 D4.
01 45 48 42 59.

Maison Meli
4 Pl Constantin Brancusi 75014. **Tav** 15 C3.
01 43 21 76 18.

Max Poilâne
29 Rue de l'Ouest 75014.
Tav 15 B3.
01 43 27 24 91.

Le Moulin de la Vierge
105 Rue Vercingétorix 75014. **Tav** 15 A4.
01 45 43 09 84.

Les Panetons
113 Rue Mouffetard 75005. **Tav** 17 B2.
01 47 07 12 08.

Stohrer
51 Rue Montorgueil 75002. **Tav** 13 A1.
01 42 33 38 20

CIOCCOLATO

Christian Constant
37 Rue d'Assas 75006.
Tav 16 E1.
01 53 63 15 15.

Dalloyau
99–101 Rue du Faubourg-St-Honoré 75008.
Tav 5 B5.
01 42 99 90 00.

Fauchon
26 Pl de la Madeleine 75008. **Tav** 5 C5.
01 47 42 60 11.

Lenôtre
15 Blvd de Courcelles 75008. **Tav** 5 B2.
01 45 63 87 63.

La Maison du Chocolat
225 Rue du Faubourg-St-Honoré 75008.
Tav 4 E3.
01 42 27 39 44.

Richart
258 Blvd St-Germain 75007. **Tav** 11 C2.
01 45 55 66 00.

CHARCUTERIE E FOIE GRAS

Le Bon Marché
(p 313).

Aux Vrais Produits d'Auvergne
98 Rue Montorgueil 75002. **Tav** 13 A1.
01 42 36 28 99.

Comtesse du Barry
1 Rue de Sèvres 75006.
Tav 12 D4.
45 48 32 04.

Divay
4 Rue Bayen 75017.
Tav 4 D2.
01 43 80 16 97.

Fauchon
26 Pl Madeleine 75008.
Tav 5 C5.
01 47 42 60 11.

Hédiard
21 Pl de la Madeleine 75008. **Tav** 5 C5.
01 43 12 88 75.

Labeyrie
11 Rue d'Autueil 75016.
01 42 24 17 62.

Maison de la Truffe
19 Pl de la Madeleine 75008.
Tav 5 C5.
01 42 65 53 22.

Petrossian
18 Blvd Latour-Maubourg 75007. **Tav** 11 A2.
01 44 11 32 22.

Pou
16 Ave des Ternes 75017.
Tav 4 D3.
01 43 80 19 24.

Terrier
58 Rue des Martyrs 75009.
Tav 6 F2.
01 48 78 96 45.

Vignon
14 Rue Marbeuf 75008.
Tav 4 F5.
01 47 20 24 26.

FORMAGGI

Alléosse
13 Rue Poncelet 75017.
Tav 4 E3.
01 46 22 50 45.

Barthelemy
51 Rue de Grenelle 75007. **Tav** 12 D4.
01 45 48 56 75.

Boursault
69 Ave du Général-Leclerc 75014. **Tav** 16 D5.
01 43 27 93 30.

Maison du Fromage
62 Rue de Sèvres 75007.
Tav 11 C5.
01 47 34 33 45.

Marie-Anne Cantin
12 Rue du Champ-de-Mars 75007. **Tav** 10 F3.
01 45 50 43 94.

VINI

L'Arbre à Vin, Caves Retrou
2 Rue du Rendez-Vous 75012.
01 43 46 81 10.

Bernard Péret
6 Rue Daguerre 75014.
Tav 16 D4.
01 43 22 08 64.

Caves Taillevent
199 Rue du Faubourg-St-Honoré 75008.
Tav 4 F3.
01 45 61 14 09.

Legrand
1 Rue de la Banque 75002.
Tav 12 F1.
01 42 60 07 12.

Nicolas
31 Pl de la Madeleine 75008. **Tav** 5 C5.
01 42 68 00 16.

Ryst-Dupeyron
79 Rue du Bac 75007.
Tav 12 D3.
01 45 48 80 93.

Arte e antichità

A PARIGI SI POSSONO comprare oggetti d'arte e antichità sia nei negozi e nelle gallerie specializzate sia nei mercatini all'aperto e nelle gallerie d'avanguardia. Molti dei più prestigiosi negozi di antiquariato si trovano in Rue du Faubourg-St-Honoré e vale la pena di visitarli anche se non ci si può permettere di fare acquisti. Sulla Riva sinistra c'è il Carré Rive Gauche, che raccoglie 30 antiquari. Per esportare un *objets d'art* di più di 20 anni o pezzi che superino il secolo di età e il valore di 1 000 000 F senza pagare la dogana ci vuole un certificato che ne attesti l'autenticità. Chiedete consiglio a uno dei negozi più grandi e dichiarate l'oggetto alla dogana se avete qualche dubbio.

Esportazione

IL MINISTERO della Cultura ha la voce *objets d'art.* I permessi di esportazione si possono richiedere al **Centre Français du Commerce Extérieur**. Il **Centre des Renseignements des Douanes** ha un opuscolo, *Bulletin Officiel des Douanes*, con tutte le informazioni.

Mobili moderni

PER UNA BUONA SCELTA di mobili moderni e *objets d'art* recatevi presso **Avant-Scène** nel Quartiere Latino. Se siete appassionati di mobili moderni per l'ufficio splendidamente progettati, vale la pena visitare **Havvorth**. **Le Viaduc des Arts** è un viadotto ferroviario: ogni arco è stato trasformato in negozio nella parte anteriore e in laboratorio in quella posteriore. Per ammirare una vera e propria "mostra" di oggetti in metallo, sculture, ceramiche e altro, fate un salto in questa strada.

Antichità e Objets d'art

SE VOLETE ACQUISTARE delle antichità, vi conviene girare un po' nelle zone giuste come Le Carré Rive Gauche vicino al Quai Malaquais dove troverete l'**Arc en Seine** e **Anne-Sophie Duval** per l'Art Nouveau e l'Art Déco. Rue Jacob è ancora uno dei posti migliori per trovare oggetti meravigliosi, antichi o moderni. Vicino al Louvre, il Louvre des Antiquaires *(p 120)* vende mobili costosi e di qualità. In Rue Faubourg Saint-Honoré si trova **Didier Aaron**, esperto in oggetti del XVII e XVIII secolo. **Village St. Paul** è il gruppo di negozi di antiquari più raffinato, aperti anche la domenica.
La Calinière offre un ottimo assortimento di *objets d'art* e vecchi accendini. Gli oggetti in cristallo dal XIX secolo agli anni '60 sono da **Verreglass**.

Riproduzioni, poster e stampe

UNA BELLA GALLERIA di arte contemporanea, l'**Artcurial** ha una delle più vaste scelte di periodici, libri e stampe d'arte provenienti da tutto il mondo. Sul Boulevard St-Germain, **La Hune** è una famosa libreria, specializzata in pubblicazioni d'arte. Le librerie dei musei, specialmente quelle del Musée d'Art Moderne *(p 201)*, del Louvre *(p 123)*, del Musée d'Orsay *(p 145)* e del Centre Pompidou *(p 111)*, sono ottime per acquistare libri d'arte attuali e poster.

La Galérie Documents, vende vecchi poster originali di ogni tipo. **A L'Image du Grenier sur L'Eau** è un luogo dove è possibile trascorre l'intero pomeriggio frugando tra un'infinità di vecchie cartoline, poster e stampe. In alternativa ci si può godere una passeggiata lungo la Senna, tra le bancarelle che vendono libri di seconda mano.

Gallerie d'arte

LE GALLERIE d'arte di una certa fama si trovano quasi tutte intorno all'Avenue Montaigne. La galleria **Louise Leiris** fu fondata da D H Kahnweiler, il mercante d'arte che "scoprì" Pablo Picasso e Georges Braque ed espone ancora alcuni capolavori dei maestri del cubismo. **Artcurial** promuove molte mostre e dispone di una collezione permanente di opere del XX secolo di artisti come Joan Miró, Max Ernst, Picasso e Alberto Giacometti. La galleria **Montaigne** espone opere d'arte degli anni '60 e contemporanee. **Lelong**, invece, ospita esclusivamente gli artisti contemporanei. Sulla Riva sinistra **Adrian Maeght** ha un'enorme collezione di quadri e pubblica anche eleganti edizioni di libri d'arte. La **Galerie 1900–2000** organizza ottime retrospettive e **Daniel Gervis** propone un'ampia scelta di stampe astratte, incisioni e litografie. **Dina Vierny** è un bastione del Modernismo, fondato da uno dei modelli dello scultore Aristide Maillol.

Come nel campo della moda, le gallerie d'arte più recenti si trovano al Marais, alla Bastiglia. Queste nuove gallerie puntano soprattutto su opere di artisti d'avanguardia. Le principali del Marais sono **Yvon Lambert**, **Daniel Templon** (specializzata in arte americana), **Zabriskie** e **Alain Blondel**. Tra le migliori gallerie della Bastiglia ci sono **Levignes-Bastille** e **L et M Durand-Dessert** dove si possono acquistare cataloghi di nuovi artisti

Aste e case d'asta

LA GRANDE CASA d'aste di Parigi è la **Drouot-Richelieu** *(p 216)*. La maggior parte dei partecipanti sono mercanti d'arte e questo può intimidire. Se non parlate bene il francese, andateci con un amico che lo parli: il veloce gergo dei battitori può essere difficile da decifrare in una lingua straniera. *La Gazette de L'Hôtel Drouot* riporta il programma delle aste. Anche la **Drouot-Richelieu** ha un suo catalogo.

La casa d'aste accetta solo contanti e assegni francesi, ma dispone di un ufficio cambi che addebita una commissione del 10–15% da aggiungere al prezzo. Gli articoli in vendita si possono vedere dalle 11 alle 18 il giorno prima e dalle 11 alle 12 la mattina dell'asta. I pezzi di minor valore sono venduti alla **Drouot-Nord**, dove le aste si tengono dalle 9 alle 12 e i pezzi si esaminano 5 minuti prima dell'inizio dell'asta. Le aste più prestigiose si tengono presso la **Drouot-Montaigne**. Al **Crédit Municipal** hanno luogo circa 12 aste al mese e quasi tutti i pezzi in vendita sono piccoli oggetti e pellicce di cui i ricchi parigini si vogliono disfare. Le regole sono le stesse della Drouot. Le informazioni su quest'asta sono ne *La Gazette de L'Hôtel Drouot*. Il **Service des Domaines** vende di tutto e certe volte vi si fanno dei veri affari.

Molti dei pezzi provengono da pignoramenti e da confische di inadempienti francesi Gli oggetti si esaminano dalle 10 alle 11.30 il giorno stesso dell'asta.

INDIRIZZI

ESPORTAZIONE

Centre Français du Commerce Extérieur
10 Ave d'Iéna 75016.
Tav 10 D1.
01 40 73 30 00.

Centre des Renseignements des Douanes
84 Rue d'Hauteville 75010.
01 53 24 68 24.

MOBILI E OGGETTI MODERNI

Avant-Scène
4 Pl de l'Odéon 75006.
Tav 12 F5.
01 46 33 12 40.

Havvorth
166 Rue du Faubourg-St-Honoré 75008.
Tav 5 A4
01 56 88 55 10.

Le Viaduc des Arts
29 Ave Daumesnil 750012. Tav 14 F5.
01 46 28 11 11.

ANTICHITÀ E OBJETS D'ART

Anne-Sophie Duval
5 Quai Malaquais 75006.
Tav 12 E3.
01 43 54 51 16.

L'Arc en Seine
31 Rue de Seine 75006.
Tav 12 E3.
01 43 29 11 02.

Didier Aaron
118 Rue du Faubourg-St-Honoré 75008.
Tav 5 C5.
01 47 42 47 34.

Village St-Paul
Tra il Quai des Célestins, la Rue St-Paul e la Rue Charlemagne 75004.
Tav 13 C4.

La Calinière
68 Rue Vieille-du-Temple 75003.
Tav 13 C3.
01 42 77 40 46.

Verreglass
32 Rue de Charonne 75011. Tav 14 F4.
01 48 05 78 43.

RIPRODUZIONI, POSTER E STAMPE

A L'Image du Grenier sur L'Eau
45 Rue des Francs-Bourgeois 75004.
Tav 13 C3.
01 42 71 02 31.

Artcurial
9 Ave Matignon 75008.
Tav 5 A5.
01 42 99 16 16.

Galerie Documents
53 Rue de Seine 75006.
Tav 12 E4.
01 43 54 50 68.

La Hune
170 Blvd St-Germain 75006.
Tav 12 D4.
01 45 48 35 85.

L et M Durand-Dessert
28 Rue de Lappe 75011.
Tav 14 F4.
01 48 06 92 23.

GALLERIE D'ARTE

Adrian Maeght
42 Rue du Bac 75007.
Tav 12 D3.
01 45 48 45 15.

Alain Blondel
4 Rue Aubry-Le-Boucher 75004.
Tav 13 B2.
01 42 78 66 67.
Una delle due gallerie.

Daniel Gervis
14 Rue de Grenelle 75007.
Tav 12 D4.
01 45 44 41 90.
(Apertura su appunt).

Daniel Templon
30 Rue Beaubourg 75003.
Tav 13 B1.
01 42 72 14 10.
Apertura su appunt).

Dina Vierny
36 Rue Jacob 75006.
Tav 12 E3.
01 42 60 23 18.

Galerie 1900–2000
8 Rue Bonaparte 75006.
Tav 12 E3.
01 43 25 84 20.

Lelong
13 Rue de Téhéran 75008.
Tav 5 A3.
01 45 63 13 19.

Levignes-Bastille
27 Rue de Charonne 75011. Tav 14 F4.
01 47 00 88 18.

Louise Leiris
47 Rue de Monceau 75008. Tav 5 A3.
01 45 63 28 85.

Yvon Lambert
108 Rue Vieille-du-Temple 75003. Tav 14 D2.
01 42 71 09 33.

Zabriskie
37 Rue Quincampoix 75004.
Tav 13 B2.
01 42 72 35 47.
(Apertura su appunt).

CASE D'ASTA

Crédit Municipal
55 Rue des Francs-Bourgeois 75004.
Tav 13 C3.
01 44 61 64 00.

Drouot-Montaigne
15 Ave Montaigne 75008.
Tav 10 F1.
01 48 00 20 80.

Drouot-Nord
64 Rue Doudeauville 75018.
01 48 00 20 99.

Drouot-Richelieu
9 Rue Drouot 75009.
Tav 6 F4.
01 48 00 20 20.

Service des Domaines
15–17 Rue Scribe 75009.
Tav 6 D4.
01 44 94 78 78.

Mercati

SE CERCATE un po' di colore locale o volete stare tra la gente, non c'è miglior posto di un mercato all'aperto di Parigi. In città ci sono grandi mercati coperti dove si vendono generi alimentari; altri, all'aperto, dove le bancarelle ruotano regolarmente, e mercati permanenti, in cui si mischiano negozi e bancarelle e che sono aperti tutti i giorni. Ogni mercato ha il suo stile, che riflette quello della zona dove si tiene. Nelle pagine che seguono, diamo una lista di alcuni dei più famosi mercati, con gli orari di apertura. Per una lista più completa rivolgetevi all'Ufficio del Turismo di Parigi *(p 274)*. Mentre curiosate tra le bancarelle, tenete d'occhio il portafoglio e state pronti a trattare il prezzo.

MERCATI DI FRUTTA E VERDURA

PER I FRANCESI il cibo è una religione. La maggior parte fa ancora la spesa tutti i giorni per avere prodotti più freschi: i mercati sono perciò molto affollati. La maggior parte dei mercati di frutta e verdura sono aperti dalle 8 alle 13 e dalle 16 alle 19 da martedì a sabato, e dalle 9 alle 13 di domenica.

Fate attenzione a quello che acquistate al mercato per non correre il rischio di comprare un chilo di frutta o di verdura da una pila bellissima e scoprire che dietro era tutta marcia. Per evitare ciò, cercate di acquistare prodotti sfusi e non in cassette. La maggior parte dei venditori preferisce servirvi piuttosto che lasciare che siate voi a scegliere la frutta e la verdura, ma potete indicare quello che desiderate acquistare. Poche parole bastano a spiegare cosa volete: *pas trop mûr* (non troppo matura), o *pour manger ce soir* (da mangiare stasera). Se andate allo stesso mercato tutti i giorni, i venditori impareranno a conoscervi e ci saranno minori probabilità di essere imbrogliati. Imparerete anche a riconoscere le bancarelle più affidabili. Frutta e verdura di stagione sono naturalmente migliori perché più fresche e più convenienti. Infine, è meglio andare al mercato di mattina presto quando i prodotti sono più freschi e ci sono meno code.

MERCATI DELLE PULCI

SI SENTE SPESSO dire che non è più possibile fare affari come una volta nei mercati delle pulci di Parigi. Ciò è per lo più vero, ma vale ancora la pena di andare in questi mercati per il puro piacere di curiosare. Ricordate che i prezzi indicati non sono definitivi. Si dà infatti per scontata la contrattazione del prezzo. La maggior parte dei mercati delle pulci sono localizzati nei sobborghi della città. Se riuscirete a fare ancora qualche buon affare, ciò sarà dovuto in parti uguali alla vostra abilità e alla vostra fortuna. Spesso gli stessi venditori non hanno idea del vero valore degli oggetti, il che gioca spesso, ma non sempre, a vostro vantaggio. Il più grande e famoso mercato delle pulci di Parigi è il Marché aux Puces di St-Ouen.

Marché d'Aligre

(Vedi p 233.)

Questo mercato, che ricorda un bazar marocchino, è il più conveniente e il più vivace della città. I venditori decantano le loro merci, tra cui olive nordafricane, noci e peperoncini e ci sono anche bancarelle di carne. Il rumore subisce un crescendo nei fine settimana, quando alle grida dei venditori si mischiano quelle dei militanti di varie fedi politiche che arringano la folla e protestano in Place d'Aligre. Le bancarelle vendono soprattutto abiti di seconda mano e cianfrusaglie. La zona è tra le meno ricche e il mercato è frequentato da pochi turisti e molti parigini. C'è anche un mercato coperto con un negozio di formaggi, la Maison du Fromage-Radenac *(pp 322–3)*.

Rue Cler

(vedi p 190.)

È un mercato di generi alimentari per ricchi, frequentato da politici e imprenditori che vivono nella zona. I prodotti sono ottimi e c'è anche un negozio di specialità bretoni.

Marché Enfant Rouges

39 Rue de Bretagne 75003. **Tav** 14 D2.
M *Temple, Filles-du-Calvaire.*
***Apertura** 8–13, 16–20 mart–ven, 8–20 sab, 9–13 dom.*

Questo antico e pittoresco mercato di frutta e verdura in Rue de Bretagne, in parte coperto e in parte all'aperto, risale al 1620. Di domenica è a volte rallegrato dal canto e dalle fisarmoniche di artisti di strada.

MERCATI SPECIALIZZATI

Per i fiori freschi c'è il Marché aux Fleurs Madeleine all'Opéra, il Marché aux Fleurs nell'Ile de la Cité *(p 81)* o il Marché aux Fleurs Ternes nella zona degli Champs-Elysées. Di domenica all'Ile de la Cité c'è il Marché aux Oiseaux (mercato degli uccelli). Per i francobolli c'è il Marché aux Timbres dove si vendono anche vecchie cartoline. A Montmartre il Marché St-Pierre è famoso per i tessuti a buon mercato realizzati da designer.

Marché aux Fleurs Madeleine
Pl de la Madeleine 75008. **Tav** 5 C5.
M *Madeleine.* ***Apertura** 8.00–19.30 mart–dom.*

Marché aux Fleurs Ternes
Pl des Ternes 75008. **Tav** 4 E3.
M *Ternes.* ***Apertura** 8.00–19.30 mart–dom.*

Marché St-Pierre
Pl St-Pierre 75018. **Tav** 6 F1.
M *Anvers.* ***Apertura** 14–19 lun, 9.30–19 mart–sab.*

Marché aux Timbres
Cour Marigny 75008. **Tav** 5 B5.
M *Champs-Elysées.* ***Apertura** 9–19 gio, dom e feste nazionali.*

Marché St-Germain

Rue Mabillon e Rue Lobineau 75005. **Tav** 12 E4. M *Mabillon.* *8–13, 16–19.30 mart–sab, 8.30–13 dom.*

St-Germain è uno dei pochi mercati coperti rimasti a Parigi ed è stato anche ristrutturato. Sui banchi di vendita a gestione famigliare si possono comprare prodotti italiani, messicani, greci, asiatici e naturali.

Rue Lepic

75018. **Tav** 6 F1. M *Blanche, Lamarck-Caulaincourt.* *8–13 mart–dom.*

Il mercato di frutta e verdura di Rue Lepic si trova nel pittoresco quartiere di Montmartre, in una vecchia e immutata stradina. Il mercato si vivacizza nei weekend.

Rue de Lévis

Blvd des Batignolles 75017. **Tav** 5 B2. M *Villiers.* *8–13, 16–19 mart–sab, 9–13 dom.*

Quello di Rue de Lévis è un vivace mercato di generi alimentari, vicino al Parc Monceau, con buoni dolci, ottimi formaggi e una *charcuterie* che vende saporite torte salate. Verso la Rue Cardinet si vendono articoli di merceria e tessuti.

Rue Montorgueil

75001 & 75002. **Tav** 13 A1. M *Les Halles.* *8–13, 16–19 mart–sab, 9–13 dom.*

La Rue Montorgueil è ciò che resta del vecchio mercato di Les Halles. La strada è stata riportata al suo vecchio splendore. Qui si può acquistare frutta e verdura esotica, tra cui banane verdi e patate dolci, o provare specialità gastronomiche, o ancora le paste di Stohrer *(pp 322–3).* In alternativa, scegliete una delle belle terraglie marocchine in vendita.

Rue Mouffetard

(Vedi p 166).

Quello della tortuosa e pittoresca Rue Mouffetard è uno dei più vecchi mercati all'aperto di Parigi. Sebbene sia frequentato da molti turisti e sia perciò diventato un po' caro, offre ancora ottimi prodotti alimentari. Vale la pena di fare la coda per il pane appena sfornato da Les Panetons al n. 113 *(pp 322–3).* Nella vicina Rue Daubenton c'è un vivace mercato africano.

Rue Poncelet

75017. **Tav** 4 E3. M *Ternes.* *8–12.30, 16–19.30 mart–sab, 8–12.30 dom.*

Il mercato di generi alimentari di Rue Poncelet è lontano dalle principali zone turistiche di Parigi, ma vi si respira un'aria autenticamente francese. Acquistate pane, pasticcini e salumi, oppure le vere specialità dell'Auvergne vendute da Aux Fermes d'Auvergnes.

Marché de la Porte de Vanves

Ave Georges-Lafenestre & Ave Marc-Sangnier 75014. M *Porte-de-Vanves.* *8–19 sab e dom.*

Il mercato di Porte de Vanves è piccolo ma vende bric-à-brac di qualità, oltre a mobili di seconda mano. Meglio andarci il sabato mattina presto per una scelta più ampia. Nella vicina Place des Artistes si esibiscono artisti di strada.

Marché Président-Wilson

In Ave du Président-Wilson, tra Pl d'Iéna e Rue Debrousse 75016. **Tav** 10 D1. M *Alma-Marceau.* *7–13 mer e sab.*

Questo elegante mercato in Avenue Président-Wilson è vicino al Musée d'Art Moderne e al museo della moda di Palais Galliera. È diventato importante perché nella zona mancano i negozi di alimentari. È ottimo per la carne.

Marché aux Puces de Montreuil

Porte de Montreuil, 93 Montreuil 75020. M *Porte-de-Montreuil.* *8–18 sab, dom e lun.*

Al mercato delle pulci di Porte de Montreuil bisogna andare la mattina presto per avere maggiori possibilità di fare un buon affare: i vestiti di seconda mano attirano molti giovani. Vi si trova un'ampia gamma di articoli diversi, comprese biciclette, bric-à-brac e una bancarella di spezie esotiche.

Marché aux Puces de St-Ouen

(p 231).

È il mercato delle pulci più famoso, affollato e caro, situato alla periferia nord della città. Le merci sono vendute in vario modo: direttamente dalle automobili oppure in grandissimi edifici pieni di banchi di vendita. Alcune bancarelle sono molto care, altre vendono cianfrusaglie. Il mercato si trova a 10–15 minuti a piedi dal metró di Clignancour, ma non fatevi fuorviare dall'insignificante Marché Malik che dovrete attraversare venendo con il metró. Dal chiosco di informazioni del Marché Biron, in Rue des Rosiers, potrete avere una *Guide des Puces* (guida dei mercati delle pulci). I venditori più esclusivi accettano carte di credito e provvedono alla spedizione delle merci acquistate. I nuovi arrivi avvengono di venerdì, il giorno in cui i professionisti del settore arrivano da tutto il mondo per far man bassa degli oggetti migliori.

Tra i vari mercati il Marché Jules Vallés è ottimo per gli *objets d'art* di fine secolo. Il Marché Paul-Bert è più caro ma più affascinante e offre mobili, libri e stampe. Entrambi i mercati trattano merci di seconda mano e non antichità.

Di un genere diverso è il Marché Biron che vende eleganti e costosi mobili antichi di ottima qualità. Il Marché Vernaison è il mercato più vecchio e più grande, con articoli come gioielli, lampade e abiti. Le informazioni sul Marché aux Puces sarebbero incomplete se non si citasse Chez Louisette, nel mercato Vernaison, un caffè sempre pieno di abitanti della zona che ne apprezzano la cucina famigliare e le canzoni del repertorio di Edith Piaf. Il Marché Cambo è un piccolo mercato con dei bei mobili antichi. Il Marché Serpette è popolare tra i mercanti d'arte: qui ogni cosa offerta in vendita è in condizioni perfette.

Marché Raspail

Sul Blvd Raspail tra Rue du Cherche-Midi e Rue de Rennes 75006. **Tav** 12 D5. M *Rennes (chiusa dom, utilizzare Sevres Babylone).* *7–13 mart, ven e dom.*

Il martedì e il venerdì il Marché Raspail vende generi di drogheria tipicamente francesi e prodotti portoghesi. Ma la domenica è il giorno in cui i parigini che seguono diete igieniste vi arrivano a frotte, per comprare i prodotti coltivati con metodi biologici. Non è un mercato economico, ma è senz'altro ottimo.

Rue de Seine e Rue de Buci

75006. **Tav** 12 E4. M *Odéon.* *8–13, 16–19 mart–sab, 9–13 dom.*

Le bancarelle qui sono care e affollate, ma la frutta e la verdura sono di ottima qualità. C'è anche un grande fioraio e due ottime bancarelle di dolciumi.

DIVERTIMENTI

SIA CHE PREFERIATE il teatro o il cabaret, le gambe delle ballerine o il balletto, l'opera o il jazz, il cinema o le discoteche, a Parigi troverete tutto. C'è una vastissima gamma di locali e di divertimenti, dagli artisti di strada che si esibiscono fuori del Centre Pompidou ai musicisti nelle stazioni del metró e un po' dovunque nella città. Gli stessi parigini amano moltissimo passeggiare lungo i boulevard e sedersi a bere qualcosa in un caffè, osservando la gente che passa. Se, invece, vi interessa la rivista o il music hall, ci sono ballerine per tutti i gusti e famosissimi night-club. Per gli appassionati di sport ci sono il tennis, il Tour de France e le corse dei cavalli. I centri per il fitness e le palestre, infine, soddisfano i più attivi. Per coloro che invece amano attività più tranquille, c'è sempre il gioco delle bocce più popolare di Parigi: la *pétanque*.

INFORMAZIONI

PER I TURISTI a Parigi non mancano le possibilità di avere informazioni su ciò che offre la città.

L'**Office du Tourisme et des Congrés de Paris** è il luogo ideale dove ottenere informazioni, volantini o opuscoli sulle principali manifestazioni. Ci sono anche agenzie distaccate alla Gare de Lyon e vicino alla Tour Eiffel. Vi è inoltre un numero di telefono che fornisce notizie su concerti, manifestazioni e mezzi di trasporto. Anche il sito web è molto utile. Potrete avere informazioni anche alla reception dell'albergo, dove di solito hanno una serie di opuscoli per i clienti e provvedono alle prenotazioni per loro conto.

BIGLIETTI PRENOTATI

SPESSO I BIGLIETTI delle manifestazioni si possono acquistare al botteghino, ma per concerti di grido è meglio, e spesso è necessario, prenotare in anticipo. Per la maggior parte delle manifestazioni di un certo livello, i biglietti si possono acquistare presso la catena **FNAC** o al Virgin **Megastore**. Per il balletto, l'opera o il teatro, spesso fino all'ultimo momento ci sono disponibili biglietti molto convenienti. Se però sono contrassegnati dalla scritta *sans visibilité*, potreste vedere solo una parte o non vedere del tutto il palcoscenico. Se c'è disponibilità di posti e la mascherina è cortese, potrebbe trovarvi una sistemazione migliore, ma non dimenticate di lasciarle una mancia di un euro o due.

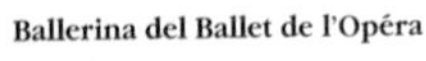

Ballerina del Ballet de l'Opéra

Un night-club a Parigi

I botteghini dei teatri sono aperti tutti i giorni dalle 11 alle 19 circa (gli orari possono variare). La maggior parte accetta prenotazioni telefoniche con pagamento con carte di credito. In tal caso dovrete arrivare presto per

Un concerto all'Opéra de Paris Garnier *(p 335)*

PROGRAMMI SETTIMANALI

A Parigi si pubblicano degli ottimi programmi settimanali, tra cui *Pariscope*, il più facile da consultare, *L'Officiel des Spectacles* e *Sept à Paris*. Escono il mercoledì e si acquistano in edicola. Anche *Le Figaro* il mercoledì pubblica i programmi della settimana. *Paris Free Voice* e *The City* sono acquistabili (in inglese) in edicola o da **W H Smith** *(p 329)*.

Fila per i biglietti al box office di un teatro

ritirare il biglietto, che altrimenti verrebbe venduto ad altri.

Se non avete prenotato, chiedete al botteghino se ci sono biglietti invenduti.

Bagarini

Se i biglietti sono esauriti, fate come fanno i francesi: piazzatevi all'ingresso con la scritta *cherche une place* (o *deux* ecc.). Molti hanno biglietti extra da vendere. Attenzione a non comprare biglietti contraffatti o a un prezzo eccessivo.

Biglietti a prezzo ridotto

Il giorno dello spettacolo il Kiosque Théâtre vende biglietti a metà prezzo. Non si accettano carte di credito e si paga una piccola commissione. Il chiosco in Place de la Madeleine *(p 214)* è aperto dalle 12.30 alle 20 da martedì a sabato, dalle 12.30 alle 16 la domenica; quello alla Gare Monparnesse dalle 12.30 alle 18 da martedì a sabato.

Giocatori di *Pétanque (p 342)*

Disabili

Se ci sono, le strutture per disabili sono ottime o terribili. Molti locali hanno uno spazio per le sedie a rotelle, ma telefonate sempre in anticipo per saperlo. Per quanto riguarda i trasporti, metró e autobus sono assolutamente inaccessibili.

Trasporti notturni

A Parigi il metró *(pp 368–9)* chiude all'1. L'ultimo treno lascia il capolinea alle 00.45, ma per essere sicuri di trovare i collegamenti dòvete essere in stazione alle 00.30 al massimo. Dall'1 alle 5.30 la scelta è fra gli autobus notturni, i Noctambus, che passano ogni ora e percorrono quasi tutta la città fino alla periferia, e i taxi, che possono essere fermati per strada o presi in un parcheggio, ma nelle ore di punta (e alle 2, quando molti bar chiudono) può essere difficile o quasi impossibile trovarne uno.

Indirizzi utili

FNAC
Forum des Halles, 1 Rue Pierre-Lescot 75001. **Tav** 13 A2. *01 40 41 40 00.*

Il cinema Grand Rex *(p 340)*

FNAC
26 Ave des Ternes 75017.
Tav 4 D3. *01 44 09 18 00.*
Anche altre sedi.

Office du Tourisme et des Congrès de Paris
127 Ave des Champs-Elysées 75008.
Tav 4 E4. *08 36 68 31 12.*
www.paris-touristoffice.com

Virgin Megastore
52–60 Ave des Champs-Elysées 75008. **Tav** 4 F5.
01 49 53 50 50.

W H Smith
248 Rue de Rivoli 75001.
Tav 11 C1. *01 44 77 88 99.*

Teatro

Dallo splendore della Comédie Française alla farsa più grossolana e ai drammi d'avanguardia, il teatro fiorisce in tutta Parigi. Per tradizione la città ospita spesso compagnie straniere che si esibiscono in lingua originale.

I teatri sono sparsi per tutta la città e la stagione teatrale va da settembre a luglio; in agosto i teatri nazionali chiudono, ma quelli privati rimangono aperti. Per l'elenco completo degli spettacoli in corso o in programma durante il vostro soggiorno consultate *Pariscope* o *L'Officiel des Spectacles (p 328)*.

Teatri nazionali

Fondata nel 1680 con un regio decreto, la **Comédie Française** *(p 120)*, con le sue severe convenzioni riguardanti lo stile recitativo e l'interpretazione, è il bastione del teatro francese. Il suo fine è tener viva nel pubblico la passione per il dramma classico, ma anche mettere in scena opere di autori moderni.

La Comédie Française è il più antico teatro nazionale al mondo e una delle poche istituzioni francesi dell'*ancien régime* che è sopravvissuta alla Rivoluzione. Si insediò nella sede attuale dopo che gli attori occuparono il vicino Palais-Royal durante la Rivoluzione francese. Negli anni '70 l'edificio è stato completamente ristrutturato e oggi la grande sala con gli arredi tradizionali in velluto rosso ha un palcoscenico attrezzato con le più moderne tecnologie.

Il repertorio è per la maggior parte classico, dominato da Corneille, Racine e Molière, seguiti poi da Marivaux, Alfred de Musset e Victor Hugo. La compagnia mette in scena anche opere moderne di autori francesi e stranieri.

L'**Odéon Théâtre de l'Europe**, conosciuto anche come il Théâtre National de l'Odéon *(p 140)*, era un'altra sede della Comédie Française. Oggi è specializzato in opere straniere recitate in lingua originale.

Anche il vicino **Petit Odéon** mette in scena opere nuove e in lingua originale.

Il **Théâtre National de Chaillot** è un enorme auditorium nel seminterrato del Palais de Chaillot *(p 198)*. Mette in scena vivaci produzioni europee classiche e, occasionalmente, riviste musicali. Nel teatro c'è anche uno studio, la **Salle Gémier,** per testi sperimentali.

Il **Théâtre National de la Colline** ha due sale ed è specializzato in drammi contemporanei.

Fuori dal centro

Bel complesso multisale nel Bois de Vincennes, la **Cartoucherie** ospita cinque teatri d'avanguardia tra cui il **Théâtre du Soleil**, famoso in tutto il mondo.

Teatri indipendenti

Tra i più importanti teatri impegnati ci sono la **Comédie des Champs-Elysées**, l'**Hébertot** e l'**Atelier**, che mira a essere sperimentale. Altre sale di rilievo sono l'**Oeuvre**, per ottimi drammi francesi, il **Montparnasse** e l'**Antoine-Simone Berriau**, un pioniere nell'uso della scena realista. Il **Madeleine** è su ottimi livelli e l'**Huchette** è specializzato in opere di Ionesco. Il regista d'avanguardia Peter Brook ha un fedele seguace al **Bouffes-du-Nord**.

Per oltre un secolo il **Palais Royal** è stato il tempio della farsa audace. Oggi che gli autori di farse in stile Feydeau scarseggiano, sono messe in scena traduzioni di commedie inglesi e americane di genere leggero. Altre sale importanti sono la **Bouffes-Parisiens**, **La Bruyère,** il **Michel** e il **St-Georges**. Il **Gymnase-Marie Bell** mette in scena monologhi di genere leggero.

Caffè-teatri e chansonniers

A Parigi c'è una lunga tradizione di caffè con spettacolo, ma i caffè-teatri di oggi non hanno nulla in comune con i "café-concerts" di fine secolo. Quelli di oggi sono nati dall'incontro di giovani attori e autori disoccupati con gli studenti che non potevano permettersi i biglietti dei teatri normali. Questi locali hanno assunto sempre più importanza negli anni '60 e '70, quando sconosciuti come Coluche, Gérard Depardieu e Miou-Miou fecero il loro debutto al **Café de la Gare**, prima di diventare star del cinema.

Tra i locali dove si esibiscono nuovi talenti c'è il **Café d'Edgar** e **Au Bec Fin**, mentre il **Lucernaire** ospita spettacoli più convenzionali. Gli *chansonniers* tradizionali, cabaret dove abbondano ballate, canzoni folcloristiche e buon umore, comprendono **Au Lapin Agile** *(p 233)* e il **Caveau des Oubliettes**. La satira politica va in scena al **Caveau de la République** e al **Deux Anes** di Montmartre.

Teatro per bambini

Alcuni teatri parigini, come per esempio il **Gymnase-Marie Bell**, il **Porte St-Martin** e il **Café d'Edgar**, danno delle matinée il mercoledì e nei fine settimana. Nei parchi cittadini ci sono dei bei teatrini di marionette che piacciono ad adulti e bambini. *(Vedi Teatri indipendenti p 331)*.

Teatri all'aperto

Durante l'estate, tempo permettendo, nel giardino Shakespeare al Bois de Boulogne, vengono messe in scena opere di Shakespeare in francese e commedie classiche francesi *(p 254)*.

Teatri in lingua inglese a Parigi

La On Stage Theatre Company e il Dear Conjuncton Theatre sono compagnie parigine che si esibiscono in lingua inglese (i dettagli si trovano sulle pagine inglesi del *Pariscope*).

Teatro di strada

Durante l'estate prospera il teatro di strada e giocolieri, mimi, artisti, mangiatori di fuoco e musicisti si esibiscono in zone turistiche come il Centre Pompidou *(pp 110–1)*, St-Germain-des-Prés e Les Halles.

Biglietti prenotati

I biglietti si acquistano al botteghino, per telefono o tramite agenzia. I botteghini sono aperti tutti i giorni dalle 11.00 alle 19.00; alcuni accettano la prenotazione telefonica o di persona attraverso pagamento con carta di credito.

Prezzi

I prezzi vanno da 7€–30€ per i teatri nazionali, e da 8€–38€ per quelli indipendenti. In alcuni teatri, 15 minuti prima dell'inizio dello spettacolo si vendono biglietti a prezzi ridotti o posti in piedi per studenti. Il giorno della rappresentazione, il Kiosque Théâtre offre biglietti a metà prezzo: non si accettano carte di credito e si applica una piccola commissione su ogni biglietto venduto. C'è anche un chiosco in Place de la Madeleine e uno nella stazione del metró e dei treni RER di Châtelet-Les Halles *(p 105)*.

Come vestirsi

Gli abiti da sera oggi si indossano solo per le serate di gala all'Opéra de Paris Garnier, alla Comédie Française o per le prime in teatri molto eleganti.

Guida

Teatri nazionali

Comédie Française
Salle Richelieu, 2 Rue de Richelieu 75001. **Tav** 12 E1. 01 44 58 15 15.

Odéon Théâtre de l'Europe
(compreso Petit Odéon) Pl de l'Odéon 75006. **Tav** 12 F5
01 44 41 36 36.

Théâtre National de Chaillot
(compreso Salle Gémier) Pl du Trocadéro 75016. **Tav** 9 C2.
01 53 65 30 00.

Théâtre National de la Colline
15 Rue Malte-Brun 75020.
01 44 62 52 52.

Fuori dal centro

Cartoucherie
Route du Champ-des-Manoeuvres 75012.
Théâtre du Soleil
01 43 74 24 08.
Théâtre de l'Aquarium
01 43 74 99 61.
Théâtre de l'Epee de Bois 01 48 08 39 74.
Théâtre de la Tempête
01 43 28 36 36.
Théâtre du Chaudron
01 43 28 97 04.

Teatri indipendenti

Antoine-Simone Berriau
14 Blvd de Strasbourg 75010. **Tav** 7 B5.
01 42 08 77 71 e 01 42 08 76 58.

Atelier
Pl Charles Dullin 75018. **Tav** 6 F2.
01 46 06 49 24.

Bouffes-du-Nord
37 bis Blvd de la Chapelle 75010. **Tav** 7 C1.
46 07 34 50.

Bouffes-Parisiens
4 Rue Monsigny 75002. **Tav** 6 E5.
01 42 96 92 42.

La Bruyère
5 Rue La Bruyere 75009. **Tav** 6 E3.
01 48 74 76 99.

Comédie des Champs-Elysées
15 Ave Montaigne 75008. **Tav** 10 F1.
01 53 23 99 19.

Gymnase-Marie Bell
38 Blvd Bonne-Nouvelle 75010. **Tav** 7 A5.
01 42 46 79 79.

Hébertot
78 bis Blvd des Batignolles 75017. **Tav** 5 B2.
01 43 87 23 23.

Huchette
23 Rue de la Huchette 75005. **Tav** 13 A4.
01 43 26 38 99.

Madeleine
19 Rue de Surène 75008. **Tav** 5 C5.
01 42 65 07 09.

Michel
38 Rue des Mathurins 75008. **Tav** 5 C4.
01 42 65 35 02.

Montparnasse
31 Rue de la Gaîté 75014. **Tav** 15 C2.
01 43 22 77 74.

Oeuvre
55 Rue de Clichy 75009. **Tav** 6 D2.
01 44 53 88 80.

Palais Royal
38 Rue Montpensier 75001. **Tav** 12 E1.
01 42 97 59 81 e 01 42 97 59 85.

Porte St-Martin
16 Blvd St-Martin 75010. **Tav** 7 C5.
01 42 08 00 32.

St-Georges
51 Rue St-Georges 75009. **Tav** 6 E3.
01 48 78 63 47.

Caffè-teatri e chansonniers

Au Bec Fin
6 Rue Thérèse 75001. **Tav** 12 E1.
01 42 96 29 35.

Au Lapin Agile
22 Rue des Saules 75018. **Tav** 2 F5.
01 46 06 85 87.

Café d'Edgar
58 Blvd Edgar-Quinet 75014. **Tav** 16 D2.
01 42 79 97 97.

Café de la Gare
41 Rue du Temple 75004. **Tav** 13 B2.
01 42 78 52 51.

Caveau de la République
1 Blvd St-Martin 75003. **Tav** 8 D5.
01 42 78 44 45.

Deux Anes
100 Blvd de Clichy 75018. **Tav** 6 D1.
01 46 06 10 26.

Lucernaire
53 Rue Notre-Dame-des-Champs 75006. **Tav** 16 D1.
01 45 44 57 34.

Musica classica

Le stagioni musicali a Parigi non sono mai state così intense. Lo Stato sovvenziona molte importanti sale, in cui si mettono in scena spettacoli d'opera e di musica classica e contemporanea. Si tengono anche molti concerti nelle chiese e diversi festival musicali.

Informazioni su questi spettacoli si trovano su *Pariscope*, *Zurban* e *L'Officiel des Spectacles*. Un elenco delle manifestazioni musicali del mese è disponibile anche presso la maggior parte delle sale di concerto. All'Office du Tourisme et des Congrès de Paris *(pp 328–9)* troverete informazioni su molti concerti di musica classica gratuiti e all'aperto.

Opera

Gli appassionati dell'opera si troveranno soddisfatti dalle molte opportunità offerte dal teatro della Bastille e dalla magnificamente restaurata **Opéra Garnier**. L'opera è compresa anche nei programmi del Théâtre du Châtelet e viene messa in scena in alternanza con spettacoli di organizzazioni minori; al Palais d'Omnisports de Bercy, invece, vi è una ricca produzione su vasta scala (POB, *p 343*).

La sede ultramoderna dell'Opéra de Paris è all'**Opéra de Paris Bastille** *(p 98)*, dove le rappresentazioni hanno finalmente cominciato a sfruttare appieno i sofisticati meccanismi predisposti per la scena. Ci sono 2700 posti a sedere, tutti con un'ottima visione del palcoscenico, e l'acustica è eccellente.

Vengono rappresentate opere classiche e moderne, e le interpretazioni sono spesso d'avanguardia: *K...* di Philippe Mamoury; la produzione del *Flauto magico* di Bob Wilson, messo in scena nello stile del teatro No giapponese, con alcuni interpreti che recitavano in bilico su una gamba sola; il *San Francesco di Assisi* di Messiaen con schermi video e luci al neon per ambientare la storia ai nostri giorni.

Occasionalmente vengono dati anche balletti, quando la Bastiglia ospita il corpo di ballo dell'Opéra de Paris Garnier *(p 215)*. Il teatro ha anche due sale più piccole, l'**Auditorium** (500 posti) e lo **Studio** (200 posti) per rappresentazioni su scala minore, associati alle produzioni in corso sui palcoscenici principali dell'Opéra Garnier. L'**Opéra Comique** (nota come Salle Favart) è oggi usata per produzioni realizzate altrove. Attualmente è gestita da Jérôme Savary, e gli spettacoli a larga scala sono eccentrici, di produzioni di poco peso, comprese alcune opere di varietà popolari.

Concerti

Parigi ha tre importanti orchestre sinfoniche e una mezza dozzina di altre orchestre; vi fanno tappa, durante le loro tournée, anche orchestre europee e americane. Anche la musica da camera è molto popolare e viene suonata sia nei teatri più grandi sia in sale più piccole e nelle chiese.

La **Salle Pleyel** è la principale sala concerti di Parigi, con 2300 posti, ed è stata, fino a poco tempo fa, la sede dell'Orchestra di Parigi (ora al Théâtre Mogador). La stagione va da ottobre a giugno, con in media due concerti la settimana. La Salle Pleyel ospita anche l'Ensemble Orchestral de Paris e orchestre famose come la Lamoureux, la Pasdeloup e la Colonne, che organizzano concerti da ottobre a Pasqua. L'edificio comprende anche due sale più piccole per la musica da camera, la Salle Chopin (470 posti) e la Salle Debussy (120 posti).

In questi ultimi anni il **Théâtre du Châtelet** è diventato uno dei principali teatri della città per concerti, opere e balletti di ogni tipo. Il programma comprende opere classiche, da *Così fan tutte* di Mozart a *La Traviata* di Verdi, e opere moderne come la *Contes d'Hiver* di Boessman; talvolta ospita concerti di star internazionali. Si dedica grande attenzione al ciclo annuale di musica del XX secolo; durante tutta la stagione si tengono anche concerti all'ora di pranzo e recital nel foyer.

Il bellissimo **Théâtre des Champs-Elysées** in stile Art Deco è famoso per la musica classica, ma mette in scena anche opere e balletti. Radio-France è uno dei proprietari del teatro e la sua Orchestre National de France vi tiene diversi concerti; il teatro ospita anche solisti e orchestre in tournée. L'Orchestre de Champs-Elysées, diretta da Philippe Herreweghe, ha sede qui, e offre concerti con strumenti originali. Ci sono anche altri concerti di musica che va dal barocco al XX secolo, e l'organizzazione Concerts du Dimanche Matin dà ottimi concerti, principalmente di musica da camera, la domenica alle 11.

Radio-France è il principale organizzatore di concerti di Parigi e dispone di due orchestre sinfoniche: l'Orchestre National de France e l'Orchestre Philharmonique. Molti dei suoi concerti vengono dati nell'altra sala parigina, ma la **Maison de Radio-France** ha una grande sala e diverse sale più piccole usate per concerti e trasmissioni aperte al pubblico *(vedi p 200, Musée de Radio-France)*.

La **Salle Gaveau** è uno spazio di dimensioni medie con un fitto calendario di musica da camera e recital. Radio-France organizza una serie di concerti "di metà mattina" che si tengono durante la stagione, la domenica alle 11.

L'**Auditorium du Louvre** fu costruito come parte dell'ampliamento del Louvre *(pp 122–9)*; è usato soprattutto per concerti di musica da camera. Al Musée d'Orsay *(pp 144–7)* c'è l'**Auditorium du Musée d'Orsay**, di medie dimensioni e con un fitto programma di concerti. Il biglietto del museo dà diritto ad assistere ai concerti di mezzogiorno; i concerti della sera hanno prezzi variabili.

Gli altri musei ospitano concerti come parti di programmazioni a tema, come i *troubadours* al Musée de Cluny *(p 154–7)*; per questi è necessario consultare i programmi settimanali.

Il gruppo Musique à la Sorbonne mette in scena una serie di concerti nel **Grand Amphithéâtre de la Sorbonne** e nell'**Amphithéâtre Richelieu de la Sorbonne**. Le produzioni comprendono il festival di musica slava, con opere di compositori dell'Europa dell'Est.

Occasionalmente i concerti sono dati al **Conservatoire d'Art Dramatique**, dove Ludwig van Beethoven fu presentato al pubblico parigino nel 1828 e dove sono state messe in scena per la prima volta alcune delle opere di Hector Berlioz, come *La Symphonie Fastastique*. La sala, altrimenti, non è aperta al pubblico.

Per qualcosa di diverso, c'è il **New Opus Café**, un bel bar dove i quartetti d'archi suonano musica classica; per informazioni sul suo programma consultate *Pariscope*.

Musica contemporanea

La musica contemporanea, a Parigi ha livelli molto elevati ed è molto coinvolgente. Anche se da tempo non è più a capo di alcuna orchestra, Pierre Boulez resta una figura centrale nel panorama musicale della capitale. Jonathan Nott dirige la sperimentale Ensemble InterContemporain, che continua ad essere sostenuta dallo stato francese nella sua sede alla Cité de la Musique *(p 234–235)*. Altre celebrità di spicco nel gruppo dei molti compositori di talento sono Pascal Dusapin, Philippe Fénelon, George Benjamin e Philippe Manoury, oltre a Georges Aperghis, la cui specializzazione è il teatro musicale. L'**IRCAM**, il grande laboratorio di "digital signal processing" sotto il Centro Pompidou, è ancora invidiato da tutto il mondo. Il complesso **Cité de la Musique**, recentemente ultimato e dalla struttura eccezionale si trova al Parc de la Villette e comprende sia la *salle de concerts* dalle cupole spettacolari, circondata da un arcata con tetto in vetro, e il **Conservatoire National de Musique** con il suo teatro dell'opera e due piccole sale per concerti. Ha sede qui la Chamber Orchestra of Europe. Entrambi i locali sono utilizzati per spettacoli musicali di ogni genere: jazz, etnica, contemporanea, *chansons* e musica antica. Per informazioni sui concerti, telefonate al locale o consultate le riviste specializzate. Per coloro che amano la musica contemporanea è disponibile la rivista trimestrale *Résonance*, pubblicata dall'IRCAM al Centre Pompidou.

Festival

Alcuni dei principali festival musicali sono il risultato dell'attività del **Festival d'Automne à Paris**, che agisce dietro le quinte, commissionando nuove opere, sostenendone altre e, in generale, ravvivando la scena musicale, teatrale e del balletto di Parigi, da settembre a dicembre.

Il **Festival St-Denis**, che va da giugno a tutto luglio, tiene concerti, privilegiando le grandi opere corali. La maggior parte delle rappresentazioni sono date nella Basilique St-Denis.

La manifestazione **Musique Baroque au Château de Versailles** comincia verso la metà di settembre e dura fino alla metà di ottobre. È una delle iniziative del Centro di musica barocca, fondato a Versailles nel 1988. Le rappresentazioni di opere, concerti, recital, musica da camera, balletto e teatro vengono date nel favoloso scenario di Versailles *(pp 248–53)*.

Per i biglietti bisogna rivolgersi ai botteghini dei teatri o delle sale dove vengono tenute le rappresentazioni, mentre alcuni festival effettuano un servizio di prenotazione postale anticipata.

Chiese

Dappertutto nelle chiese di Parigi si tengono concerti di musica classica, recital di organo o servizi religiosi. Tra le più importanti di tutte le chiese che tengono concerti regolari ricordiamo **La Madeleine** *(p 214)*, **St-Germain-des-Prés** *(p 138)*, **St-Julien-le-Pauvre** *(p 152)* e **St-Roch** *(p 121)*. La musica è eseguita anche nell'**Eglise des Billettes**, a **St-Sulpice** *(p 172)*, a **St-Gervais–St-Protais** *(p 99)*, a **Notre-Dame** *(pp 82–5)*, a **St-Louis-en-l'Ile** *(p 87)* e nella **Sainte-Chapelle** *(pp 88–9)*.

Alcuni di questi concerti, ma non tutti, sono gratuiti. Se avete difficoltà a contattare la chiesa che vi interessa, chiedete informazioni all'Office du Tourisme et des Congrès de Paris *(pp 328–9)*.

Musica antica

Diversi gruppi di musica antica sono nati a Parigi. Lo Chapelle Royale tiene una serie di concerti al **Théâtre des Champs-Elysées**, con programmi che vanno dalla musica vocale rinascimentale a Mozart. I suoi concerti di musica sacra (pregevoli le cantate di Bach) si tengono a **Notre-Dame des Blancs Manteaux** *(p 102)*.

L'opera barocca è dominata dai Les Arts Florissants, fondato e diretto dall'americano William Christie, che rappresenta opere francesi e italiane da Rossi a Rameau, e dai Les Musiciens du Louvre, diretto da Marc Minkowski. Entrambe le compagnie suonano regolarmente al Théâtre du Châtelet e all'Opéra Garnier. Il **Théâtre de la Ville** e il **Théâtre du Musée Grévin**, elegante edificio rococò del 1900 *(p 216)*, sono luoghi di ritrovo per chi vuole ascoltare musica da camera barocca.

Biglietti prenotati

Il modo migliore per acquistare un biglietto è quasi sempre quello di rivolgersi direttamente al botteghino. Per le sale più importanti si può prenotare per posta fino a due mesi prima dello spettacolo o per telefono con due settimane minimo di anticipo. Se volete assicurarvi un buon posto, conviene sempre prenotare in anticipo, perché i biglietti si esauriscono rapidamente.

Al botteghino si possono acquistare i biglietti anche all'ultimo momento e alcuni teatri, come l'Opéra de Paris Bastille, conservano apposta dei biglietti per i posti più economici.

Ci si può rivolgere anche ad alcune agenzie, specialmente al FNAC *(p 329)*, e presso i buoni alberghi. Le agenzie accettano per la prenotazione anche le carte di credito, che invece non sempre possono essere utilizzate ai botteghini delle sale.

I biglietti a metà prezzo si possono acquistare il giorno stesso dello spettacolo presso il Kiosque Théâtre *(p 329)*, che si trova in Place de la Madeleine e alla stazione RER di Parvis de la Gare Montparnasse. In ogni caso queste agenzie trattano solo biglietti per i teatri privati.

Molti teatri e sale di concerti chiudono in agosto; pertanto è meglio informarsi in anticipo.

Prezzi

I prezzi dei biglietti variano da 8€–85€ per l'Opéra de Paris Bastille e per le principali sale di musica classica, e da 5€–25€ per le sale più piccole e per i concerti nelle chiese, come la Sainte-Chapelle.

Indirizzi

Amphithéâtre Richelieu de la Sorbonne
17 Rue de la Sorbonne 75005. **Tav** 12 F5.
01 42 62 71 71.

Auditorium
Vedi Opéra de Paris Bastille.

Auditorium du Louvre
Musée du Louvre, Rue de Rivoli 75001. **Tav** 12 E2.
01 40 20 52 29.

Auditorium du Musée d'Orsay
102 Rue de Lille 75007. **Tav** 12 D2.
01 40 49 49 66.

Cité de la Musique
Parc de La Villette, 221 Ave Jean-Jaurès 75019.
01 44 84 44 84.
www.cite-musique.fr

Conservatoire d'Art Dramatique
2 bis Rue du Conservatoire 75009. **Tav** 7 A4.
01 42 46 12 91.

Eglise des Billettes
24 Rue des Archives 75004. **Tav** 13 C2.
01 42 72 38 79.

Festival d'Automne à Paris
156 Rue de Rivoli 75001. **Tav** 12 F2.5
01 53 45 17 00.

Festival St-Denis
6 Pl Legion d'Honneur 93200 St-Denis. **Tav** 15 C3.
01 48 13 12 12.

Grand Amphithéâtre de la Sorbonne
47 Rue des Ecoles 75005. **Tav** 13 A5.
01 42 62 71 71.

IRCAM
1 Pl Igor Stravinsky 75004. **Tav** 13 B2.
01 44 78 48 43.

La Madeleine
14 Rue Surene 75008. **Tav** 5 C5.
01 44 51 69 00.

Maison de Radio-France
116 Ave du Président-Kennedy 75016. **Tav** 9 B4.
01 56 40 15 16.

Musique Baroque au Château de Versailles
Château de Versailles, Chapelle Royal, 78000 Versailles.
01 30 83 78 00.

Notre-Dame
Pl du Parvis-Notre-Dame. **Tav** 13 A4.
01 42 34 56 10.

Notre-Dame-des Blancs-Manteaux
12 Rue des Blancs-Manteaux 75004. **Tav** 13 A4.
01 42 72 09 37.

Opéra Comique
(Salle Favart) 5 Rue Favart 75002. **Tav** 6 F5.
01 42 44 45 46.

Opéra de Paris Bastille
120 Rue de Lyon 75012. **Tav** 14 E4.
08 36 69 78 68.
www.opera-de-paris.fr

Opéra de Paris Garnier
Place de l'Opéra 75009. **Tav** 6 E4.
01 40 01 22 63.

Opus Café
167 Quai de Valmy 75010. **Tav** 8 D3.
01 40 34 70 00.

Centre Pompidou
Plateau Beaubourg 75004. **Tav** 13 B2.
01 44 78 12 33.

Sainte-Chapelle
4 Blvd du Palais. **Tav** 13 A3.
01 53 73 78 50.

St-Germain-des-Prés
Pl St-Germain-des Prés 75006. **Tav** 12 E4.
01 43 25 41 71.

St-Gervais–St-Protais
Pl St-Gervais 75004. **Tav** 13 B3.
01 48 87 32 02.

St-Julien-le-Pauvre
1 Rue St-Julien-le-Pauvre 75005. **Tav** 13 A4.
01 42 26 00 00.

St-Louis-en-l'Ile
19 bis Rue St-Louis-en-l'Ile 75004. **Tav** 13 C5.
01 46 34 11 60.

St-Roch
296 Rue St-Honoré 75001. **Tav** 12 D1.
01 42 44 13 20.

St-Sulpice
Pl St-Sulpice 75006. **Tav** 12 E4.
01 46 33 21 78.

Salle Gaveau
45 Rue La Boétie 75008. **Tav** 5 B4.
01 49 53 05 07.

Salle Pleyel
252 Rue du Faubourg St-Honoré 75008. **Tav** 4 E3.
01 45 61 53 00.

Studio
Vedi Opéra de Paris Bastille.

Théâtre de la Ville
2 Pl du Châtelet 75001. **Tav** 13 A3.
01 42 74 22 77.

Théâtre des Champs-Elysées
15 Ave Montaigne 75008. **Tav** 10 F1.
01 49 52 50 50.

Théâtre du Châtelet
Pl du Chatelet 75001. **Tav** 13 A3.
01 40 28 28 40.

Théâtre du Musée Grévin
10 Blvd Montmartre 75009. **Tav** 6 F4.
01 47 70 85 05.

Danza

PARIGI È UN CROCEVIA importante per la danza, anche se, grazie alla politica di decentramento attuata dal governo, molte delle principali compagnie di danza francesi, che si esibiscono spesso a Parigi, hanno sede in provincia. In città si esibiscono anche molte delle più importanti compagnie straniere. Gli spettatori francesi sono abituati a esternare energicamente la loro opinione su uno spettacolo e un insuccesso viene sottolineato con versacci, fischi e l'abbandono della sala, a metà spettacolo, da parte di molti spettatori.

BALLETTO CLASSICO

LA PRESTIGIOSA **Opéra de Paris Garnier** *(p 215)* è la sede del Ballet de l'Opéra de Paris, che si sta conquistando una fama internazionale.

Fin dall'apertura dell'Opéra de Paris Bastille, nel 1989, l'Opéra de Paris Garnier è stata usata quasi solo per il balletto. È uno dei più grandi teatri d'Europa, con un palcoscenico che può accogliere 450 artisti e una sala per 2200 spettatori.

All'Opéra si esibiscono regolarmente anche compagnie di danza moderna, come la Martha Graham Company, e quelle di Paul Taylor, Merce Cunningham, Alvin Ailey, Jerome Robbins e il Balletto di Marsiglia di Roland Petit.

L'Opéra de Paris Garnier, ampiamente ristrutturata sia all'interno che all'esterno, si divide le produzioni operistiche con l'**Opéra de Paris Bastille**.

DANZA MODERNA

IL SOVVENZIONAMENTO statale e una politica di prezzi bassi hanno trasformato il **Théâtre de la Ville** (un tempo diretto da Sarah Bernhardt) nel più importante centro di danza moderna di Parigi. Grazie a spettacoli messi in scena al Théâtre de la Ville, coreografi moderni come Jean-Claude Gallotta, Regine Chopinot, Maguy Marin e Anne Teresa de Keersmaeker hanno acquistato un prestigio internazionale. Qui si esibiscono anche gruppi come il Wuppertal Dance Theatre di Pina Bausch, le cui coreografie esistenziali e tormentate possono non incontrare il favore generale, ma piacciono al pubblico parigino.

La stagione musicale comprende anche musica da camera, recital e jazz.

La **Maison des Arts de Créteil** propone alcune delle più interesssanti coreografie di Parigi. Ha sede nel sobborgo di Créteil, le cui autorità concedono alla danza cospicui aiuti. La coreografa della compagnia di Créteil, Maguy Marin, ha ricevuto molti riconoscimenti per la sua danza fortemente espressiva. La Maison des Arts invita spesso anche compagnie sperimentali, come il Sydney Ballet e il Kirov di San Pietroburgo, orientato al genere classico.

Collocato nella ricca zona dell'alta moda e delle ambasciate, l'elegante Art Deco **Théâtre des Champs-Elysées** ha 1900 posti. È frequentato da un pubblico distinto che apprezza le compagnie straniere che si esibiscono. Fu qui che Nijinsky presentò per la prima volta la rivoluzionaria *Sagra della Primavera* di Stravinsky, che provocò tafferugli tra gli spettatori.

Il teatro è più famoso come sala per concerti di musica classica, ma tra le compagnie ospitate recentemente ci sono stati la Harlem Dance Company e il Royal Ballet di Londra ed è qui che Mikhail Baryshnikov e il coreografo americano Mark Morris si esibiscono quando sono a Parigi. Vi si tiene anche la serie *Géants de la Danse* durante la quale si esibiscono compagnie di balletto straniere.

Il vecchio e piacevole **Théâtre du Châtelet** è famoso per l'opera e la musica classica, ma ha ospitato anche compagnie internazionali di danza contemporanea come il Tokyo Ballet e il Birmingham Royal Ballet.

Le compagnie sperimentali vanno in scena al **Théâtre de la Bastille**, dove si rappresenta anche il teatro d'avanguardia. Molti registi e stelle della danza hanno iniziato qui, prima di ottenere fama internazionale.

Le nuove compagnie di successo sono oggi La P'tit Cie e L'Esquisse, che però non hanno una sede fissa.

PROGRAMMI

PER ESSERE al corrente dei programmi in corso si possono acquistare gli economici P*ariscope* e *L'Officiel des Spectacles.* Gli spettacoli sono pubblicizzati anche con manifesti nel metró e per le strade, specialmente sulle colonnine verdi, chiamate *colonnes Morris.*

PREZZI

I BIGLIETTI per l'Opéra de Paris Garnier vanno da 10€–100€ per l'opera (5€–60€ per i balletti); per il Théâtre des Champs-Elysées vanno da 6€–75€, mentre per le altre sale variano dai 9€–27€.

INDIRIZZI

Maison des Arts et de la Culture de Créteil
Pl Salvador Allende 94000 Créteil.
☎ *01 45 13 19 19.*

Opéra de Paris Palais Garnier
pp 214-5.

Opéra de Paris Bastille
p 98.

Théâtre de la Bastille
76 Rue de la Roquette 75011.
Tav 14 F3. ☎ *01 43 57 42 14.*

Théâtre de la Ville
p 334.

Théâtre des Champs-Elysées
p 334.

Théâtre du Châtelet
p 334.

Rock, jazz e musica etnica

Gli appassionati troveranno a Parigi e nei dintorni musica di ogni tipo, eseguita dalle stelle internazionali del pop nelle sale più importanti e da suonatori di talento nelle stazioni della metropolitana. Tra questi due estremi c'è di tutto: reggae, hip-hop, musica etnica, blues, rock e jazz, tanto che si dice che Parigi sia seconda solo a New York per il numero di jazz club e di incisioni di jazz; vi si esibiscono sempre anche un buon numero di ottime band.

Ogni anno, nel giorno del solstizio d'estate (21 giugno), ha luogo la *Fête de la Musique*. È il giorno dell'anno in cui chiunque può fare musica a Parigi senza bisogno di permessi e in cui le orecchie possono essere ferite dal suono aspro di qualche complesso heavy metal o cullate da quello dolce delle vecchie canzoni francesi eseguite da una fisarmonica.

Per l'elenco delle manifestazioni in programma, acquistate in edicola *Pariscope* (pubblicato di mercoledì). Gli appassionati di jazz dovrebbero invece leggersi la rivista *Jazz*.

Spazi

Le principali manifestazioni internazionali si svolgono di solito nei grandi spazi: il **Palais d'Omnisports** a Bercy, lo **Stade de France** a St-Denis *(vedi Indirizzi p 243)* o lo **Zénith**. Sale più piccole, come il leggendario **Olympia** o il **Grand Rex** (che è anche un cinema) hanno posti numerati, un'atmosfera più intima e una buona acustica. Ospitano di tutto, dalle regine del country fino alle stelle del jazz acido.

Rock e pop

I gruppi rock di Parigi, come Les Negresses Vertes, Noir Désir, Mano Negra e Les Rita Mitsouko, godono di fama internazionale. Suonano un rauco pop francese, una via di mezzo tra il rock e la musica di strada. Giovani di diverse etnie della *banlieue* (periferia) stanno formando gruppi rap francesi; tra essi ci sono Alliance Ethnique, NTM e MC Solaar. Nonostante il linguaggio duro e ribelle, sono del tutto innocui se paragonati alla loro controparte americana.

Tra i migliori cantanti pop francesi ci sono Francis Cabrel, Michel Jonasz, Vanessa Paradis, Julien Clerc e il musicista blues Paul Personne. Il gruppo di Rita Mitsouko riscuote consensi con il suo curioso mix di rock, musica elettronica, *chanson*, musica latina e scratch. C'è anche l'opportunità di vedere uno dei numerosi gruppi stranieri in tournée nella capitale francese. Una folla di giovani frequenta l'ex cinema **La Cigale** e l'**Elysée-Montmartre**.

Per il rock e il rhythm and blues, andate al **Cithéa**. Il **Passage du Nord-Ouest** ospita gruppi rock da tutto il mondo. All'orientaleggiante **Bataclan**, dove si esibì per la prima volta Jane Birkin, e al **Rex Club** si può ascoltare musica molto eclettica.

Anche in molti night-club di Parigi si può ascoltare musica dal vivo *(pp 338–9)*.

Jazz

La Parigi del jazz ha innumerevoli club dove ogni sera si possono ascoltare ottimi suonatori. Molti musicisti americani hanno fatto di Parigi, così ricettiva e ospitale, la loro casa. Tutti gli stili sono presenti, dal free-jazz al Dixieland e allo swing.

I locali vanno dal tipo che è quasi una sala concerto, fino ai piano bar e ai pub. Uno dei più popolari, per i talenti che ospita più che per la comodità degli arredi, è il **New Morning**. È soffocante e pieno di fumo e il servizio ai tavoli è scadente, ma tutti i grandi del jazz hanno suonato qui. Cercate di arrivare presto per prendere un buon posto. **Au Duc des Lombards** è un vivace locale jazz alle Halles, dove si suona anche il salsa.

Molti jazz club sono anche caffé, bar o ristoranti.

Fra i più nuovi c'è **Bilboquet**, decorato in stile Belle Epoque.

È un locale molto frequentato dalle star del cinema; al piano inferiore c'è la discoteca **Club St-Germain**. Non è necessario cenare, ma è meglio controllare prima di andarci.

Altri locali jazz alla moda sono **Le Petit Journal Montparnasse** per il jazz moderno, **Le Petit Journal St-Michel** per il Dixieland e il **Sunset**. **Le Petit Opportun** è un piccolo locale (solo 60 posti) di ottima fama. Il **Café de la Plage,** alla Bastiglia, suona musica di vario tipo per un pubblico elegante. Il **Caveau de la Huchette** ha l'aspetto dei primi autentici locali jazz, ma non è più il migliore sulla scena. Oggi predilige lo swing e la musica delle grandi band ed è famoso tra gli studenti. Per staccare dai locali troppo fumosi negli scantinati, potete andare ad ascoltare i talenti locali in piccoli e accoglienti bar, come l'**Eustache**, più economico della maggior parte dei club, o il **China Club**, con gli interni da *film noir* degli anni '40. Il **Jazz-Club Lionel Hampton,** all'hotel Méridien, è un bel locale che organizza concerti jazz di domenica mattina.

Se siete a Parigi in luglio, non mancate l'annuale festival JVC Halle That Jazz alla **Grande Halle de la Villette**, dove suonano musicisti del calibro di Grover Washington Jr, Fats Domino e B B King. Si proiettano anche film sul jazz e si svolgono *boeufs* a cui partecipano tutti i musicisti. L'annuale Festival Jazz di Parigi (mag–lug) attira parecchi musicisti di fama internazionale al Parc Floral.

Se vi piace ballare, lo **Slow Club**, con la sua famosa insegna al neon, suona swinging jazz.

Musica etnica

Parigi, piena di immigrati provenienti dall'Africa occidentale e dai paesi del Maghreb, dalle Antille e dall'America Latina, è piena anche della loro musica. L'ottimo **Chapelle des Lombards** ospita spesso i musicisti tradizionali più famosi, accanto a musica jazz, salsa e brasiliana e si balla fino all'alba. **Trois Mailletz** è una cantina medievale, con musica di tutti i generi, dal blues al tango, al rock. **Les Trottoirs de Buenos-Aires** è un locale argentino in cui si suona il tango tutta la notte.

Molti locali jazz variano il programma con musica etnica di vario tipo. Il **New Morning** suona musica africana e brasiliana e altri sound, il **Café de la Plage** mischia reggae e salsa e il **Baiser Salé** offre di tutto, dal blues alla musica brasiliana. I gruppi da non perdere sono Makossa, Kassav, Malavoi e Manu Dibango.

Prezzi dei biglietti

I prezzi nei locali jazz di Parigi possono essere anche elevati. L'ingresso può arrivare a 15€ e copre di solito solo la prima consumazione. Se non si paga l'ingresso, le consumazioni sono piuttosto care e almeno una è d'obbligo.

Biglietti

I biglietti si acquistano dai vari FNAC e al Virgin Megastore *(p 329)*, o direttamente ai botteghini o agli ingressi dei locali.

Indirizzi

Spazi

Grand Rex
5 Blvd Poissonnière 75002. **Tav** 7 A5.
01 45 08 93 89.

Olympia
28 Blvd des Capucines 75009. **Tav** 6 D5.
01 55 27 10 00.

Palais d'Omnisports de Paris-Bercy
8 Blvd de Bercy 75012. **Tav** 18 F2.
08 03 03 00 31.

Zénith
211 Ave de Jean-Jaurès 75010.
01 42 80 60 00.

Rock e pop

Bataclan
50 Blvd Voltaire 75011. **Tav** 14 E1.
01 43 14 35 35.

La Cigale
120 Blvd Rochechouart 75018. **Tav** 6 F2.
01 42 23 15 15.

Cithéa
114 Rue Oberkampf 75011. **Tav** 14 E1.
01 40 21 70 95.

Elysée-Montmartre
72 Blvd Rochechouart 75018. **Tav** 6 F2.
01 44 92 45 45.

Rex Club
5 Blvd Poissonnière 75002. **Tav** 7 A5.
01 42 36 83 98.

Jazz

Baiser Salé
58 Rue des Lombards 75001. **Tav** 13 A2.
01 42 33 37 71.

Bilboquet
13 Rue St-Benoît 75006. **Tav** 12 E3.
01 45 48 81 84.

Café de la Plage
47 Rue de Charonne 75011. **Tav** 14 F4.
01 47 00 48 01.

Caveau de la Huchette
5 Rue de la Huchette 75005. **Tav** 13 A4.
01 43 26 65 05.

China Club
50 Rue de Charenton 75012. **Tav** 14 F5.
01 43 43 82 02.

Club St-Germain
Vedi Bilboquet.

Le Duc des Lombards
42 Rue des Lombards 75001. **Tav** 13 A2.
01 42 33 22 88.

Eustache
37 Rue Berger, Carré des Halles 75001. **Tav** 13 A2.
01 40 26 23 20.

La Grande Halle de la Villette
211 Ave Jean-Jaurès 75019. **Tav** 8 F1.
01 40 03 75 03.

Jazz-Club Lionel Hampton
Hôtel Méridien, 81 Blvd Gouvion-St-Cyr 75017. **Tav** 3 C3.
01 40 68 30 42.

New Morning
7–9 Rue des Petites-Écuries 75010. **Tav** 7 B4.
01 45 23 51 41.

Le Petit Journal Montparnasse
13 Rue du Commandant-Mouchotte 75014. **Tav** 15 C2.
01 43 21 56 70.

Le Petit Journal St-Michel
71 Blvd St-Michel 75005. **Tav** 16 F1.
01 43 26 28 59.

Le Petit Opportun
15 Rue des Lavandières-Ste-Opportune 75001. **Tav** 13 A3.
01 42 36 01 36.

Slow Club
130 Rue de Rivoli 75001. **Tav** 13 A2.
01 42 33 84 30.

Sunset
60 Rue des Lombards 75001. **Tav** 13 A2.
01 40 26 46 60.

Musica etnica

Aux Trois Mailletz
56 Rue Galande 75005. **Tav** 13 A4.
01 43 54 42 94.

Baiser Salé
Vedi Jazz.

Café de la Plage
Vedi Jazz.

Chapelle des Lombards
19 Rue de Lappe 75011. **Tav** 14 F4.
01 43 57 24 24.

New Morning
Vedi Jazz.

Sunset
60 Rue des Lombards 75001. **Tav** 13 A2.
01 40 26 46 60.

Discoteche e night-club

La musica nei locali di Parigi segue le tendenze in auge in America e in Inghilterra. A Parigi si balla *le rock*, una versione del rock and roll degli anni '50. Solo alcuni locali, come il **Balajo** e il **Folies Pigalle** seguono la moda minuto per minuto. I club di Parigi sono infatti locali che durano nel tempo: posti come **Les Bains** e **Le Palace** sono aperti da anni, con alti e bassi, ma riuscendo a conservarsi una clientela fedele e affezionata.

Il supplemento settimanale de *Le Figaro*, *7 à Paris* e *Pariscope* danno informazioni molto precise, con gli orari di apertura e una breve descrizione dei locali. In alternativa, leggete i manifesti nella stazione del metró della Bastiglia o ascoltate la stazione radio NOVA 101.5 FM, che fornisce informazioni sui locali alla moda.

Tra le altre possibilità per trascorrere una serata ci sono le sale da ballo e i piano bar. Se avete dei dubbi sul vestito da indossare, ricordate che i parigini tendono a vestirsi bene per uscire la sera.

Discoteche

Le **Bataclan** è una buona vetrina per molti nuovi gruppi. A seguito del suo spettacolo del sabato notte, è diventato il night club più famoso di Parigi, leggendario per la sua scelta di funk e soul. Il **Club 79**, locale molto vivace e un po' "retro", propone disco music francese; grazie al prezzo piuttosto contenuto dell'ingresso, **La Scala,** attira una vasta folla di giovani; gli "skater" più avventurosi, invece, amano il rap e il rock de **La Main Jaune**. **Les Bains**, ex bagno turco, è il locale notturno frequentato dal mondo della moda e degli affari; il ristorante thailandese al piano superiore è oggi il posto più "in" per le cene private. La pista da ballo è piccola e propone prevalentemente musica house, con revival anni Settanta e Ottanta il lunedì e R&B il mercoledì. Il sabato, la serata *Café con Leche* è dedicata al pubblico gay. Il mondo della pubblicità e i registi frequentano il **Rex Club**. Diversi night offrono musica che va dal rock a quella francese ed "esotica": funk, reggae e musica etnica. Il **Zed Club** è elegante con musica rock; attira gente di tutte le età. **La Locomotive**, maxidiscoteca, accontenta i gusti di tutti con musica rock, house, dance su piani diversi.

Locali esclusivi

Essere ricchi, belli e famosi può non essere abbastanza per entrare al **Castel's**, ma può servire. Si tratta di un club privato in senso stretto e i felici mortali che ne fanno parte cenano in uno degli ottimi ristoranti, prima di scendere a ballare.

Il **Regine's** è quasi sempre pieno di dirigenti ben vestiti e ricchi stranieri, che cenano e danzano al suono di una musica piacevole.

Il gradevole **Ritz Club**, rivestito di legno, nel leggendario Hotel Ritz è aperto solo ai membri del club e agli ospiti dell'albergo, anche se accetta ospiti chic ed eleganti. L'ambiente è molto "in" e la musica piacevole.

Locali alla moda

Un tempo music hall popolare, il **Balajo** era frequentato da personaggi come Edith Piaf e Jean Gabin. Oggi è diventato elegante, ma è ancora una delle migliori sale da ballo di Parigi e tra le poche aperte il lunedì. Organizza anche serate danzanti.

Una folla di giovani "bene" frequenta il piccolo e delizioso **Folie's Clubbing**, un tempo locale di spogliarello e ora luogo di ritrovo per ascoltare musica dal vivo. Le originali serate a tema lo rendono uno dei locali più divertenti; offre anche musica rock dal vivo. Per una serata all'insegna del ballo sfrenato recatevi al *Bal*, che si tiene ogni 15 giorni con complessi dal vivo all'**Elysés Montmartre**.

Musica etnica

Popolare tra il jet-set africano, il **Keur Samba** è un elegante e costoso club africano e delle Antille, dove le cose si fanno interessanti dopo le 2.00 e durano fino al mattino. L'esclusivo **Le Casbah** offre jazz ed è una delle migliori novità sulla scena parigina. Gli interni in stile africano e mediorientale attirano modelle e personaggi alla moda che, tra un ballo e l'altro, fanno acquisti nella boutique del club.

Uno dei principali locali afro-caraibici della città è **Le Tango** dove una folla compassata balla ritmi diversi: salsa e tango, reggae e swing. Altri vivaci locali con ritmi tradizionali sono il **Trottoirs de Buenos-Aires**, la **Chapelle des Lombards** e il **Trois Mailletz** *(vedi Rock, jazz e musica etnica pp 336-7).*

Locali gay e lesbici

Le **Queen** è grande e rumoroso, con famose serate a tema. Il lunedì è dedicato alla musica da discoteca, il venerdì e il sabato alla musica garage e soul. Alcune serate particolarmente "osée" sono solo per uomini. Le ragazze devono essere accompagnate da bei ragazzi. **La Locomotive** riserva le domeniche sera al *Gay Tea Dance* che si è trasferito dal decadente Le Palace. Il mercoledì si svolge *Respect*, che un tempo era a Le Queen. Il club lesbico **Christhom** è una versione ridefinita e rinnovata di quello che un tempo era L'Entreacte. Il mercoledì, *Lounge* è una serata soft, dedicata ai cocktail, alle conversazioni, al cabaret, mentre al giovedì si balla musica dance e house. *Scream* è la più recente serata gay che ha luogo al noto **Elysée Montmartre**.

Cabaret

La rivista musicale è il tipo di divertimento più legato alla Parigi di fine secolo. Evoca immagini di artisti bohémien e ubriacature a base di champagne. Oggi la maggior parte delle *girl* sono americane e il pubblico è costituito soprattutto da uomini di affari stranieri e da gruppi di turisti.

Quando si tratta di scegliere un cabaret, la regola d'oro è semplice: i posti più famosi sono i migliori. Gli spettacoli dei meno noti sono come gli spogliarelli di serie B. Tutti i cabaret elencati hanno ragazze in topless, strass e piume, un vasto repertorio di commedie vaudeville e, a seconda dei gusti, offrono serate indimenticabili oppure orrendo kitsch.

Il **Lido** è un cabaret in stile Las Vegas e ha in cartellone le leggendarie Bluebell Girls. Il **Folies-Bergères** è famoso per i suoi vivaci spettacoli. È il più vecchio music hall di Parigi e probabilmente il più famoso del mondo.

Il **Crazy Horse Saloon** mette in scena alcuni degli spettacoli più audaci e danzatrici dai nomi evocatori come Betty Buttocks, Fila Volcana e Nouka Bazooka. I suoi interni in stile Far-West sono stati trasformati in una bomboniera, con secchielli per lo champagne su ogni tavolo. Qui lo spogliarello di bassa lega è diventato uno spettacolo raffinato, con bellezze internazionali e divertenti scenette comiche.

Il **Paradis Latin** è il più "francese" di tutti i cabaret. Gli spettacoli sono messi in scena nel bell'ambiente del teatro della Rive Gauche, in parte disegnato da Gustave Eiffel.

Il **Don Camillo Rive Gauche** offre spettacoli più eleganti e meno turistici, con ottimi *chansonniers*. Il **Moulin Rouge** *(p 226)*, un tempo covo di Toulouse-Lautrec, è il luogo di nascita del cancan. Al **Chez Madame Arthur** vengono messe in scena audaci parodie delle riviste musicali, interpretate da travestiti.

Prezzi

Alcuni club sono strettamente privati, altri seguono regole meno severe. I prezzi possono variare da 12€ a 15€ o 30€, o più e possono essere più elevati dopo mezzanotte e nei fine settimana. Molto spesso però ci sono riduzioni per le signore.

Nel corso dello spettacolo si può cenare o anche solo bere qualcosa, ma il prezzo è comunque elevato. State pronti a pagare da 23€ a 60€ per l'ingresso e da 68€ a 105€, se è compresa la cena. Di solito il prezzo d'ingresso comprende una consumazione *(la consommation);* ciò che consumerete dopo avrà prezzi esorbitanti.

Discoteche e club

Les Bains
7 Rue du Bourg-L'Abbé 75003. **Tav** 13 B1.
01 48 87 01 80.

Balajo
9 Rue de Lappe 75011. **Tav** 14 E4.
01 47 00 07 87.

Le Bataclan
50 Blvd Voltaire 75011. **Tav** 13 E1.
01 43 14 35 35.

La Casbah
18-20 Rue de la Forge-Royale 75011.
01 43 71 04 39.

Castel's
15 Rue Princesse 75006. **Tav** 12 E4.
01 40 51 52 80.

Chez Madame Arthur
75 bis Rue des Martyrs 75018. **Tav** 6 F2.
01 42 54 40 21.

Club 79
22 Rue Quentin Bauchard 75008. **Tav** 4 F5.
01 47 23 68 75.

Crazy Horse Saloon
12 Ave George V 75008. **Tav** 10 E1.
01 47 23 32 32.

Don Camillo Rive Gauche
10 Rue des Sts-Pères 75007. **Tav** 12 E3.
01 42 60 82 84.

Elysée Montmartre
72 Blvd Rochechouart 75018. **Tav** 6 F2.
01 42 52 76 84.

Folies-Bergères
32 Rue Richer 75009. **Tav** 7 A4.
01 44 79 98 98.

Folie's Clubbing
11 Pl Pigalle 75009. **Tav** 6 E2.
01 48 78 55 25.

La Java
105 Rue du Faubourg du Temple 75010. **Tav** 8 E5.
01 42 02 20 52.

Keur Samba
79 Rue de la Boétie 75008. **Tav** 5 A4.
01 43 59 03 10.

Lido
116 bis Ave des Champs-Elysées 75008. **Tav** 4 E4.
01 40 76 56 10.

La Locomotive
90 Blvd de Clichy 75018. **Tav** 4 E4.
08 36 69 69 28.

La Main Jaune
Pl de la Porte-Champerret 75017. **Tav** 3 C1.
01 47 63 26 47.

Moulin Rouge
82 Blvd de Clichy 75018. **Tav** 6 E1.
01 53 09 82 82.

Paradis Latin
28 Rue du Cardinal-Lemoine 75005. **Tav** 13 B5.
01 43 25 28 28.

Christhom
25 Blvd Poissonière 75002. **Tav** 7 A5.
01 40 26 01 50.

Le Queen
102 Ave des Champs-Elysées 75008 **Tav** 4 E4.
01 53 89 08 90.

Regine's
49-51 Rue Ponthieu 75008. **Tav** 5 A5.
01 43 59 21 60.

Rex Club
5 Blvd Poissonière 75002. **Tav** 7 A5.
01 42 36 83 98.

Ritz Club
Hôtel Ritz, 15 Pl Vendôme 75001. **Tav** 6 D5.
01 43 16 30 30.

La Scala
188 bis Rue de Rivoli 75001. **Tav** 12 E2.
01 42 60 45 64.

Zed Club
2 Rue des Anglais 75005. **Tav** 13 A5.
01 43 54 93 78.

Cinema

PARIGI È UNA DELLE CAPITALI mondiali del cinema. È stata la culla della cinematografia circa 100 anni fa e qui è nato il movimento d'avanguardia tipicamente francese chiamato Nouvelle Vague, quando registi come Claude Chabrol, François Truffaut, Jean-Luc Godard e Eric Rohmer, alla fine degli anni '50 e all'inizio degli anni '60, hanno rivoluzionato il modo di fare e di intendere il cinema.

In città ci sono oltre 300 schermi, distribuiti tra 100 cinematografi e sale multiple, che proiettano una quantità incredibile di film, sia nuovi sia classici. Il mercato è più che mai dominato dai film americani, ma virtualmente qualsiasi casa cinematografica al mondo ha trovato una sua nicchia in una sala cittadina.

I cinema cambiano la programmazione di mercoledì. Gli economici *Pariscope* e *L'Officiel des Spectacles* *(p 328)* riportano l'elenco completo dei cinema e gli orari d'inizio di circa 300 film. Per recensioni e articoli sulle pellicole ci sono i settimanali *Télérama* e *7 à Paris* e, per gli appassionati di quest'arte, i mensili *Les Cahiers du Cinéma* e *Positif*.

I film proiettati in lingua originale e con sottotitoli sono denominati "VO" *(version originale)*; i film doppiati sono denominati "VF" *(version française)*.

In un giorno di giugno si tiene la Fête du Cinéma. In quell'occasione si paga l'ingresso a un cinema, mentre l'ingresso a qualsiasi altra sala costa 1€. I più fanatici sono riusciti a vedere sei pellicole.

Cinematografi

LA MAGGIOR PARTE dei cinema di Parigi è concentrata in alcune zone della città, vicino a ristoranti e negozi.

Gli Champs-Elysées sono la fascia a più alta densità di sale, dove si può vedere l'ultima produzione di Hollywood o qualche film d'autore francese, come pure riedizioni di classici in lingua originale sottotitolate. I cinema sui Grands Boulevards, vicino all'Opéra de Paris Garnier, proiettano film sottotitolati e doppiati. Place de Clichy è l'ultima roccaforte della Pathé, che vi gestisce non meno di 13 schermi su cui si proiettano versioni doppiate. Il principale centro dell'attività cinematografica della Riva destra è il Forum des Halles.

La Riva sinistra, legata per tradizione alla vita intellettuale della città, rimane il centro del cinema artistico e di repertorio, ma ha anche molte sale tra le più frequentate. A partire dagli anni '80 molti cinema del Quartiere Latino hanno chiuso e la principale zona per gli spettacoli della Riva sinistra è oggi quella dell'Odéon-St-Germain-des-Prés. Fa eccezione la Rue Champollion, che ha vissuto un revival per i film artistici e di repertorio.

Anche a Montparnasse ci sono vari cinema che proiettano nuovi film in versione doppiata o sottotitolata.

Schermi giganti e palazzi del cinema

TRA I CINEMA più vecchi ancora in attività ci sono due sale sui Grands Boulevards, **Le Grand Rex**, con gli interni barocchi e 2800 posti a sedere, e il **Max Linder Panorama**, che è stato del tutto ristrutturato da un gruppo di appassionati di cinema negli anni '80 e destinato alla proiezione di film artistici e popolari.

Un'altra sala molto nota è il **Gaumont Kinopanorama**, con un ampio schermo curvo. Nonostante la sua posizione un po' fuori mano, a Grenelle, è una delle sale meglio frequentate della città. Di uguale importanza, con il più grande schermo di Francia, è il **Gaumont** nella zona di Place d'Italie.

Nella Cité des Sciences et de l'Industrie a La Villette, c'è **La Géode** *(p 235)* dove si proiettano film scientifici. La sala ha il più grande schermo del mondo e un proiettore "omnimax" capace di proiettare un'immagine nove volte più grande del normale.

Sale per revival e film di repertorio

OGNI SETTIMANA si possono vedere più di 150 titoli, che rappresentano il meglio del cinema mondiale. Per i vecchi film di Hollywood, la minicatena indipendente **Grand Action** è imbattibile. Altre sale per film di repertorio e riedizioni sono la **Reflets Médicis Logos** in Rue Champollion e il rinnovato cinema **Diagonal Europa**, vicino al Jardin du Luxembourg, gestito dal distributore Acacias-Cinéaudience.

Cinémathèque Française

FAMOSO ARCHIVIO cinematografico e cinema di film di repertorio, creato da Henri Langlois nel 1936 *(p 199)*, è stata la "scuola" privata dei registi della Nouvelle Vague. Oggi ha perso il monopolio della programmazione di film classici, ma è ancora un punto di riferimento per gli appassionati in cerca di film rari non più in programmazione o di quelli recentemente restaurati. La **Cinémathèque Française** oggi gestisce due sale, una al Palais de Chaillot *(p 198)* e l'altra nel X arrondissement *(vedi Indirizzi p 341)*. A partire dal 2003 la Maison du Cinéma ospiterà queste e altre sale. I biglietti costano circa 4€, ma ci sono abbonamenti e tariffe speciali.

Altre sale

Oltre alla Cinémathèque Française, la proiezione di film e i festival sono parte integrante di due istituzioni culturali di Parigi, il Musée d'Orsay *(pp 144–5)* e il Centre Pompidou *(pp 110–1)* con la **Salle Garance**. Il Musée d'Orsay proietta regolarmente film di argomento relativo alle mostre in corso, di solito senza sonoro. Il Centre Pompidou organizza ampie retrospettive, dedicate alle varie cinematografie nazionali e a volte alle principali case cinematografiche.

Infine, il **Forum des Images** *(p 109)*, nel cuore delle Halles, ha una vasta scelta di film e documentari sulla città di Parigi, dalla fine del XIX secolo ai nostri giorni. Il Forum ha tre cinema che programmano film tutti i giorni, a cominciare dalle 14.30. Il biglietto d'ingresso dà accesso alla videoteca e alle sale cinematografiche.

Prezzi

Il prezzo per le sale più eleganti arriva a 7€, ma può essere superiore per film di lunghezza insolita o molto pubblicizzati. Tuttavia, le sale praticano una serie di sconti collettivi, tra cui ingressi ridotti per studenti, disoccupati, anziani, militari e famiglie numerose. Il mercoledì lo sconto vale per tutti in tutti i cinema della città e i prezzi scendono fino a 4€.

I tre giganti della distribuzione francese, la Gaumont, l'UGC e la Pathé, vendono anche tesserini con sconti speciali e accettano prenotazioni con carta di credito nelle sale da loro gestite, mentre le sale che proiettano film di repertorio rilasciano tesserini di "fedeltà" con un ingresso gratuito.

Il tradizionale *pourboire*, o mancia, dato alle mascherine o *ouvreuses*, è stato abolito nei maggiori cinema, ma la consuetudine è stata mantenuta nelle sale minori: mezzo euro è una mancia adeguata.

Gli spettacoli di solito iniziano alle 14 e l'ultima *séance*, o proiezione, inizia tra le 21 e le 22. Nella maggior parte dei cinema di prima visione, il venerdì e il sabato l'ultima proiezione inizia a mezzanotte.

Alcuni complessi, come quello del Forum des Halles *(p 109)*, hanno prezzi scontati per proiezioni nella tarda mattinata. Il programma completo di solito comprende, prima del film principale, un breve documentario, ma oggi la maggior parte dei distributori ha lasciato cadere questa usanza per aumentare gli incassi derivanti dalla pubblicità. Se non volete sorbirvi 20 minuti di annunci commerciali, chiedete l'ora esatta dell'inizio della proiezione del film. Per film particolarmente attesi dovrete però andare in anticipo per fare la fila per i biglietti, se volete essere sicuri di entrare.

Film su Parigi

Parigi nella storia (realizzati in studio)

Un cappello di paglia
(René Clair, 1927)

Sotto i tetti di Parigi
(René Clair, 1930)

I miserabili
(Raymond Bernard, 1934)

Hôtel du Nord
(Marcel Carné, 1937)

Les enfants du paradis
(Marcel Carné, 1945)

Casco d'oro
(Jacques Becker, 1952)

La traversata di Parigi
(Claude Autant-Lara, 1956)

Playtime
(Jacques Tati, 1967)

La Parigi della Nouvelle Vague (girati sul posto)

Fino all'ultimo respiro
(Jean-Luc Godard, 1959)

I 400 colpi
(François Truffaut, 1959)

Documentari su Parigi

Paris 1900
(Nicole Vedrès, 1948)

La Senna incontra Parigi
(Joris Ivans, 1957)

Parigi vista da Hollywood

Settimo cielo
(Frank Borzage, 1927)

Camille
(George Cukor, 1936)

Un americano a Parigi
(Vincente Minnelli, 1951)

Gigi
(Vincente Minnelli, 1958)

Irma la dolce
(Billy Wilder, 1963)

Cinema

Cinémathèque Française Palais de Chaillot
42 Blvd de Bonne Nouvelle 75010. **Tav** 7 A5.
01 56 26 01 01.

Diagonal Europa
13 Rue Victor-Cousin 75005. **Tav** 12 F5.
01 40 46 01 21.

Gaumont Gobelins
58 e 73 Ave des Gobelins 75013. **Tav** 17 B4.
08 36 68 75 55
Prenotazioni.
01 40 30 30 31.

La Géode
26 Ave Corentin-Cariou 75019.
01 40 05 12 12.

Grand Action
Action Rive Gauche, 5 Rue des Ecoles 75005. **Tav** 13 B5.
01 43 29 44 40.

Le Grand Rex
1 Blvd Poissonnière 75002. **Tav** 7 A5.
08 36 68 70 23.

Gaumont Kinopanorama
60 Ave de la Motte-Picquet 75015. **Tav** 10 E5.
08 36 68 75 55.
Prenotazioni
01 40 30 30 31.

Max Linder Panorama
24 Blvd Poissonnière 75009. **Tav** 7 A5.
08 36 68 70 23.

Reflets Médicis Logos
3 Rue Champollion 75005. **Tav** 12 F5.
01 43 54 42 34.

Salle Garance
Centre Georges Pompidou, 19 Rue Beaubourg 75004. **Tav** 13 B2.

Forum des Images
2 Grande Galérie, Forum des Halles 75001. **Tav** 13 A2.
01 44 76 62 00.

Sport e palestre

PARIGI È UNA CITTÀ dove l'attività sportiva è molto intensa. Il torneo di tennis Roland Garros e il Tour de France sono delle istituzioni nazionali. L'unico svantaggio è che molti impianti sono in periferia.

Per informazioni sugli avvenimenti sportivi a Parigi e nei dintorni, rivolgetevi a **Allo Sport**, che gestisce un servizio di informazioni gratuito (da lunedì a venerdì, solo nelle ore diurne). Le informazioni sulle attività sportive si trovano anche nei settimanali *L'Officiel des Spectacles*, *Pariscope* e nell'edizione del mercoledì del quotidiano *Le Figaro (p 328)*. Per gli approfondimenti c'è il quotidiano sportivo *L'Equipe*. Vedi anche *Per i bambini* a pagina 346.

SPORT ALL'APERTO

L'ANNUALE TOUR de France termina in luglio a Parigi, con il Presidente della Repubblica che consegna al vincitore la maglia gialla *(maillot jaune)*.

Quelli che se la sentono di pedalare in mezzo al traffico cittadino, possono affittare le biciclette da **Paris Vélo** o da **Maison Roue Libre** *(p 367)*. Le ferrovie francesi, identificate dalla sigla SNCF, propongono gite giornaliere con la formula "treno più bicicletta". La **Fédération Française de Cyclotourisme** vi fornirà tutte le informazioni sui 300 club di Parigi e dintorni.

La domenica pomeriggio ai parigini piace andare in barca nel Bois de Vincennes *(p 246)*, nel Bois de Boulogne *(p 254)* e nel Parc des Buttes-Chaumont *(p 232)*. Per affittare una barca bisogna però fare la coda.

Nei fine settimana, gli appassionati di *pétanque* occupano gli spazi disponibili per quello che, sondaggio dopo sondaggio, i parigini definiscono il loro sport preferito. Si tratta di un gioco simile alle bocce. Per informazioni rivolgetevi alla **Fédération Française de Pétanque et de Jeux Provençales**.

Tutti i campi di golf sono fuori Parigi. Molti sono club privati, ma alcuni ammettono i non iscritti. Per informazioni rivolgetevi alla **Fédération Française du Golf**. Provate anche al **Golf de Chevry**, al **Golf de St-Pierre du Perray**, al **Golf de St-Quentin en Yvelines** o al **Golf de Villennes**. State pronti a sborsare almeno 25€ per ogni percorso. Al Bois de Boulogne e al Bois de Vincennes si può andare a cavallo. Informatevi presso la **Ligue Equestre de Paris**.

Ci sono campi da tennis comunali al **Tennis Luxembourg** nel Jardin du Luxembourg. I campi sono disponibili tutti i giorni senza prenotazione. Il **Tennis de la Faluère**, nel Bois de Vincennes è uno dei campi migliori, ma deve essere prenotato il giorno prima.

SPORT AL COPERTO

A PARIGI CI SONO moltissime palestre dove si può entrare pagando un biglietto valido tutto il giorno. Il prezzo è di circa 20€ o più a seconda delle attrezzature.

L'**Espace Vit'halles** è stato uno dei primi centri aperti a Parigi. Il **Gymnase Club** è una ben attrezzata e popolare catena di palestre. Il **Jean de Beauvais** è un centro affermato, con programmi personalizzati.

In teoria il **Ritz Gym**, che ha probabilmente la più bella palestra di Parigi, è riservato soltanto ai clienti e ai soci, ma se l'albergo non è troppo pieno si può acquistare un ingresso giornaliero.

Il pattinaggio è uno sport economico e può essere praticato tutto l'anno al **Patinoire d'Asnières-sur-Seine** e da settembre a maggio al **Patinoire des Buttes-Chaumont**.

Per lo squash, c'è lo **Squash Club Quartier Latin**, che ha anche biliardo, palestra e sauna. Tra gli altri centri, vi sono poi lo **Squash Montmartre**, lo **Squash Rennes-Raspail** e lo **Squash Front de Seine**.

MANIFESTAZIONI SPORTIVE

UNA GIORNATA alle corse è anche un'occasione per osservare il bel mondo. Il Prix de l'Arc de Triomphe si tiene all'**Hippodrome de Longchamp** la prima domenica di ottobre. Corse meno famose si svolgono all'**Hippodrome de St-Cloud** e alla **Maison Lafitte**, a ovest di Parigi. Per le corse a ostacoli c'è l'**Hippodrome d'Auteuil**. L'**Hippodrome de Vincennes** ospita le corse al trotto. Per informazioni telefonate alla **Fédération des Sociétés des Courses de France**.

La 24 ore di Le Mans, 185 km a sud-ovest di Parigi, è una delle corse di automobili più famose del mondo. Si svolge ogni anno a metà giugno. Per maggiori dettagli rivolgetevi alla **Fédération Française de Sport Automobile**.

Nel **Palais d'Omnisports de Paris-Bercy** si svolgono diverse manifestazioni, tra cui l'Open di tennis di Parigi, la Sei giorni di ciclismo, il jumping, esibizioni di arti marziali e concerti rock.

Il **Parc des Princes** è in grado di ospitare fino a 50.000 persone: si tratta dello stadio della squadra di calcio di Parigi, il Paris St-Germain, ed è anche campo di gara di partite internazionali di rugby.

Nonostante il suo glorioso "battesimo" nel 1998, con la vittoria della Francia nella Coppa del Mondo, lo **Stade de France** non ha una squadra di casa. Intanto, ospita il Torneo delle Sei Nazioni, Tina Turner e Johnnie Halliday.

Lo **Stade Roland Garros** è famoso per il suo torneo internazionale di tennis. Dalla fine di maggio a metà giugno si vive e si respira solo tennis. Gli incontri d'affari si spostano dagli uffici allo stadio. Scrivete per prenotare i biglietti con parecchi mesi d'anticipo.

NUOTO

A SUD DI PARIGI si trova un grande parco di divertimenti acquatico, l'**Aquaboulevard** *(vedi p 346)*. Lungo una spiaggia esotica artificiale vi sono piscine, toboga acquatici, rapide e cascate; numerosi campi da tennis e di squash, campi per il golf e il bowling, tavoli da ping-pong, biliardi, una palestra molto attrezzata, bar e negozi.

Tra le molte piscine comunali, una delle migliori è la **Piscine Nouveau Forum des Halles**, con dimensioni olimpioniche, nel centro commerciale sotterraneo. Una bella piscina con mosaici anni '30, idromassaggio e sauna è la **Piscine Pontoise-Quartier Latin**. La **Piscine Henry de Montherlant** fa parte di un complesso sportivo comunale che comprende campi da tennis e palestra.

Pariscope elenca tutte le attrezzature sportive di Parigi.

ALTRI SPORT

BASEBALL, CORSA a ostacoli, jogging nei parchi, volley, windsurf a La Villette *(vedi pp 234–9)* e bowling sono solo alcune delle altre attività sportive che si possono praticare a Parigi.

Anche la pesca nella Senna è molto popolare tra i parigini.

INDIRIZZI

Allô Sports
25 Blvd Bourdon 75004
Tav 14 D5.
01 42 76 54 54.

Aquaboulevard
4 Rue Louis-Armand 75015.
01 40 60 10 00.

Espace Vit'halles
48 Rue Rambuteau 75003.
Tav 13 B2.
01 42 77 21 71.

Fédération Française du Golf
68 Rue Anatole France
92300 Levallois Perret.
01 41 49 77 00.

Fédération Française de Cyclotourisme
8 Rue Jean-Marie Jégo
75013. **Tav** 17 B5.
01 44 16 88 88.

Fédération Française de Pétanque
9 Rue Duperré 75009.
Tav 6 E2.
01 48 74 61 63.

Fédération Française de Sport Automobile
17 Ave Général Mangin
75016. **Tav** 3 A5.
01 44 30 24 00.

Fédération des Sociétés des Courses de France
10 Blvd des Malesherbes
75008. **Tav** 5 C5.
01 42 68 87 87.

Golf de Chevry
Gif-sur-Yvette 91190.
01 60 12 40 33.

Golf de St-Pierre du Perray
91380 St-Pierre du Perray.
01 60 75 17 47.

Golf de St-Quentin en Yvelines
78190 Trappes.
01 30 50 86 40.

Golf de Villennes
Route d'Orgeval, 78670
Villennes-sur-Seine.
01 39 08 18 18.

Gymnase Club
26 Rue Berri 75008.
Tav 4 F4.
01 43 59 04 58.

Hippodrome d'Auteuil
Bois de Boulogne 75016.
01 40 71 47 47.

Hippodrome de Longchamp
Bois de Boulogne 75016.
01 44 30 75 00.

Hippodrome Maison Lafitte
1 Ave de la Pelouze 78600
Maison Lafitte. **Tav** 5 B2.
01 39 62 06 77.

Hippodrome de St-Cloud
1 Rue de Camp Canadien,
St-Cloud 92210.
01 47 71 69 26.

Hippodrome de Vincennes
2 Route de la Ferme
75012 Vincennes.
01 49 77 17 17.

Club Jean de Beauvais
5 Rue Jean de Beauvais
75005. **Tav** 13 A5.
01 46 33 16 80.

Ligue Equestre de Paris
69 Rue Laugier 75017.
01 42 12 03 43.

Palais d'Omnisports de Paris-Bercy
8 Blvd Bercy 75012.
Tav 18 F2.
08 03 03 00 31.

Stade de France
93210 La Plaine St-Denis.
01 55 93 00 00.

Parc des Princes
24 Rue du Commandant-Guilbaud 75016.
01 42 30 03 60.

Paris Vélo
2 Rue du Fer-à-Moulin
75005.
Tav 17 C2.
01 43 37 59 22.

Maison Roue Libre
95 bis Rue Rambuteau
75001. **Tav** 13 B2.
01 53 46 43 77.

Patinoire d'Asnières-sur-Seine
Blvd Pierre de Coubertin,
92600 Asnières.
01 47 99 96 06.

Piscine Henry de Montherlant
32 Blvd de Lannes 75016.
01 40 72 28 30.

Piscine Nouveau Forum des Halles
10 Pl de la Rotonde,
Niveau 3, Entrata Porte
St Eustache, Les Halles
75001. **Tav** 13 A2.
01 42 36 98 44.

Piscine Pontoise-Quartier Latin
19 Rue de Pontoise 75005.
Tav 13 B5.
01 55 42 77 88.

Ritz Gym
Ritz Hotel, Pl Vendôme
75001. **Tav** 6 D5.
01 43 16 30 30.

Stade Roland Garros
2 Ave Gordon-Bennett
75016.
01 47 43 48 00.

Squash Club Quartier Latin
19 Rue de Pontoise 75005.
Tav 13 B5.
01 55 42 77 88.

Squash Front de Seine
21 Rue Gaston-de-Caillavet
75015. **Tav** 9 B5.
01 45 75 35 37.

Squash Montmartre
14 Rue Achille-Martinet
75018. **Tav** 2 E4.
01 42 55 38 30.

Squash Rennes-Raspail
149 Rue des Rennes
75006. **Tav** 16 D1.
01 44 39 03 30.

Tennis de la Faluère
Route de la Pyramide
Bois de Vincennes 75012.
01 43 74 40 93.

Tennis Luxembourg
Jardins du Luxembourg
Blvd St-Michel 75006.
Tav 12 E5.
01 43 25 79 18.

Per i bambini

Non è mai troppo presto per instillare nei bambini un amore duraturo per questa magica città. Una giornata a Disneyland Paris *(pp 242-5)* o lungo la Senna, alla Tour Eiffel *(pp 192-3)* o una visita a Notre-Dame *(pp 832-5)* sono divertenti a qualsiasi età e, insieme ai bambini, guarderete le cose con occhi nuovi. I parchi più vecchi di Parigi saranno certamente ap-

prezzati dai bambini un po' più grandi e dagli adulti, ma tutti si lasceranno incantare dalle magie tecnologiche di Euro Disney. In estate poi, parchi e giardini, soprattutto il Bois de Boulogne *(p 254)*, si riempiono di circhi, giostre e ogni genere di rappresentazioni improvvisate. I bambini apprezzeranno senz'altro alcuni musei, i campi giochi, o anche uno degli spettacoli che si tengono nei caffè-teatri.

La Cité des Enfants a La Villette

Consigli pratici

A Parigi alberghi *(p 272)* e ristoranti *(p 289)* accettano volentieri famiglie con bambini piccoli.
Molte delle attrazioni in città praticano riduzioni ai bambini al di sotto di 12 anni, mentre i più piccoli, sotto i 3 o i 4 anni, entrano senza pagare. Il limite di 12 anni può però variare. Molti musei sono gratis di domenica, altri non fanno pagare l'ingresso ai minori di 18 anni. Per informazioni rivolgetevi all'Office du Tourisme *(p 274)* o consultate *Pariscope. Paris Selection* (distribuito gratis dall'Office du Tourisme) elenca avvenimenti e attrazioni.

Molte delle attività per i bambini sono programmate per la fine delle scuole o il mercoledì pomeriggio che è vacanza. Per informazioni, rivolgetevi al **Ministère de la Culture**. Il **Centre d'Information et de Documentation Jeunesse** ha un elenco di attività per i minori di 15 anni.

Culle e passeggini si noleggiano dalle principali agenzie di baby-sitter come **Home Service**. **Ababa** è un'altra oganizzazione specializzata in baby-sitting.

Musei

Il miglior museo per bambini è senz'altro la Cité des Sciences et de l'Industrie *(pp 234–9)* al Parc de la Villette, dove la possibilità di manipolare gli oggetti e diverse mostre temporanee avvicinano i bambini alla scienza e alla tecnologia moderna. Tra gli aspetti più affascinanti quelli della fisica della luce e del suono, Odorama, il Simulatore di volo e lo schermo gigante della Géode *(p 235)*. C'è anche una sezione per i più piccoli, La Cité des Enfants. In centro c'è il Palais de la Découverte *(p 206)* un vecchio ma vivace museo della scienza dove il personale adotta i criteri degli inventori pazzi. Altri musei apprezzati dai bambini sono il Musée de la Marine *(p 199)* e il Musée de la Poupée *(p 114)*. Il primo copre la storia della tradizione marittima francese ed espone modellini in scala. Il Musée de la Poupée dispone di una collezione di bambole fatte a mano a partire dalla metà del secolo scorso e organizza corsi per la costruzione di bambole aperti sia ai bambini sia agli adulti.

Il Café d'Edgar

Indirizzi

Ababa
☎ *01 45 49 46 46.*

Centre d'Information et de Documentation Jeunesse
101 Quai Branly 75015.
Tav 10 D3.
☎ *01 44 49 12 00.*
FAX *01 40 65 02 61.*

Home Service
☎ *01 42 82 05 04.*

Ministère de la Culture
3 Rue de Valois 75001.
Tav 12 F1.
☎ *01 40 15 80 00.*

Le marionette del Guignol

Parchi, zoo e campi gioco

Il miglior parco per bambini a Parigi è il Jardin d'Acclimatation *(p 254)* nel Bois de Boulogne, che è però molto costoso. Durante il periodo scolastico, è meglio andarci il mercoledì pomeriggio e nei fine settimana perché alcune attrazioni potrebbero altrimenti essere chiuse.

Il Musée en Herbe *(p 254)* propone attività educative e divertenti; nel Jardin des Halles al Forum des Halles *(p 109)* i bambini possono essere affidati ad animatori. Nel Bois de Vincennes, l'economico Parc Floral *(p 246)* ha divertimenti semplici. Al Bois de Vincennes c'è anche il più grande zoo di Parigi *(p 246)*, ma lo zoo più bello è forse il piccolo Ménagerie *(p 164)*.

Il pony del Jardin d'Acclimatation

Centri di divertimento

Ci sono a Parigi molti centri con animatori per l'intrattenimento dei bambini. L'Atelier des Enfants nel Centre Pompidou *(pp 110–1)* è un laboratorio per bambini aperto i pomeriggi di mercoledì e sabato dalle 14.30 alle 16. La lingua usata è il francese, ma le scene da circo, i mimi, le marionette e i giochi o le animazioni teatrali, si basano più sulle azioni che sulle parole.

Parecchi caffè-teatro, tra cui il Café d'Edgar *(p 331)* e Au Bec Fin *(p 331)*, fanno spettacoli per bambini con mimi, danza o musica.

I programmi televisivi per bambini vanno in onda di solito dalle 7 alle 8 e dalle 17 alle 18.

Uno degli spettacoli cinematici più interessanti si tiene alla Géode nella Cité des Sciences et de l'Industrie *(p 235)*. Il cinema **Le Saint Lambert** è specializzato in film francesi per bambini e cartoni animati. I biglietti sono di solito più economici il lunedì, mentre nei weekend non ci sono riduzioni per bambini.

Leone allo zoo di Vincennes

Una giornata al circo è senz'altro un'esperienza non comune. Il **Cirque de Paris** dedica una giornata ai bambini, in cui possono avvicinare gli animali, truccarsi come i clown, provare a camminare sulla fune. Gli spettacoli hanno luogo nel pomeriggio, subito dopo il pranzo con gli *artistes*.

Lo spettacolo di marionette di Guignol è ormai una tradizione delle estati parigine. La maggior parte dei parchi ospita questi spettacoli d'estate il mercoledì pomeriggio e nei weekend. Uno o due di essi sono gratuiti. Consultate guide come *L'Officiel des Spectacles* e *Pariscope*.

L'allenamento degli acrobati al Cirque de Paris

Indirizzi

Cirque de Paris
115 Bvd Charles de Gaulle,
92390 Ville-neuve La Garenne.
01 47 99 40 40.

Le Saint Lambert
6 Rue Peclet 75015.
01 45 32 91 68.

Fuochi artificiali sul castello della Bella Addormentata a Euro Disney

Parchi a tema

I DUE PARCHI A TEMA di Disneyland Paris *(pp 242–5)* sono i più grandi e i più spettacolari tra i parchi a tema di Parigi. Si può alloggiare sul posto in sei alberghi, ciascuno dei quali ispirato a un tema di fantasia, o in un campeggio. Il complesso comprende anche un campo da golf, negozi e ristoranti.

Il **Parc Asterix** è un parco a tema francese, centrato sulla leggendaria figura di Asterix il gallico. Qui sei "mondi" a tema mostrano, tra le altre cose, gladiatori, aste di schiavi e cavalcate. Il parco è a 38 km a nord-est di Parigi. Prendete la linea B della RER fino all'aeroporto Charles de Gaulle e poi la navetta fino al parco.

Paperino

Sport e divertimenti

L'ENORME **Aquaboulevard** è uno dei posti migliori per portarci i ragazzini più vivaci. A Parigi ci sono moltissime piscine; una molto bella è la nuova piscina coperta realizzata al **Nouveau Forum**. Su *Pariscope* sono comunque elencate le altre piscine di Parigi e anche quelle dei dintorni.

Chi sa usare bene schettini e skate-board si allena fuori del Palais de Chaillot *(p 198)*.

Ci sono piste di pattinaggio al Parc Monceau *(pp 258–9)* e al Parc des Buttes-Chaumont *(p 232)*; a Euro Disney Resort *(pp 242–5)* c'è una pista di pattinaggio su ghiaccio e molte altre attrezzature sportive.

Delle giostre vecchio stile sono situate vicino al Sacré-Coeur *(pp 224–5)* e al Forum Les Halles *(p 109)*. Il maggior divertimento però è forse una gita sul fiume. Diverse agenzie organizzano crociere. La più antica è la Bateaux Mouches *(pp 72–3)*, i cui battelli partono da Pont de l'Alma e passano davanti a moltissimi monumenti lungo il fiume, tra cui Notre-Dame. I battelli che partono da La Villette percorrono i canali di Parigi. Sugli specchi d'acqua del Jardin du Luxembourg *(p 172)* sono popolari i modellini di barche telecomandati.

In alternativa portate la famiglia in barca sui laghi del Bois de Boulogne *(p 254)* o al Bois de Vincennes *(p 246)*. In questi parchi si va anche a cavallo *(vedi Indirizzi p 343)*.

Indirizzi

Aquaboulevard
4 Rue Louis Armand 75015.
☎ *01 40 60 10 00.*
Apertura *9–23 lun–gio, 9–24 ven, 8–24 sab, 8–23 dom.*

Bâteaux Mouches
Pont de l'Alma. **Tav** 10 F1.
☎ *01 42 25 96 10.*
Per gli orari, vedi p 73.

La Piscine des Halles
Nouveau Forum, 10 Pl de la Rotonde, Les Halles 75001. **Tav** 12 F2.
☎ *01 42 36 98 44.* ***Apertura*** *11.30–22 lun–mer, 9–19 sab e dom.*

Parc Asterix
Plailly 60128. ☎ *08 36 68 30 10.*
Apertura *apr–metà ott: 10–18 lun–ven, 9–19 fine settimana e festività.*

Negozi per bambini

A Parigi non manca la moda chic per bambini. Un buon posto per cominciare è la Rue du Jour al Beaubourg e Les Halles che ha molte boutique per bambini, come Un Après-Midi de Chien e Claude Vell. In città ci sono molti bei negozi di giocattoli ma, come quelli di abbigliamento, possono essere proibitivi. *(Vedi anche* Abiti per bambini *p 318.)*

Personaggi del libro *Tintin*, nel negozio Au Nain Bleu *(p 321)*

Pattinatore davanti alla Tour Eiffel

Giostra al Sacré-Coeur

Per le strade

Nella bella stagione, all'esterno del Centre Pompidou *(pp 110–1)*, la gente fa capannello intorno a musicisti, prestigiatori, mangiatori di fuoco e artisti di tutti i generi che si esibiscono per strada. A Montmartre, soprattutto in Place du Tertre *(p 222)*, ci sono pittori che dipingono all'aperto e vi

Barchette da noleggiare al Jardin du Luxembourg

chiederanno di poter ritrarre i bambini. È anche divertente prendere la funicolare per il Sacré-Coeur *(pp 224–5)* e poi passeggiare per le strette stradine del quartiere.

I mercati di Parigi sono vivaci e animati. Portate i bambini al Marché aux Fleurs nell'Ile de la Cité *(p 81)*, a quello di Rue Mouffetard, nel quartiere del Jardin des Plantes *(p 166* e *p 327)*, o a quello di Rue de Buci in St-Germain-des-Prés. Nei fine settimana, in Place Clignancourt *(p 231* e *p 327)*, si svolge il grande Marché aux Puces di St-Ouen.

Potete anche portare i bambini a passeggio per l'Ile de la Cité o nell'Ile St-Louis, lungo la Senna.

Punti panoramici e attrazioni turistiche

La principale attrazione turistica per i bambini a Parigi è una visita alla Tour Eiffel *(pp 192–3)*. Se la giornata è limpida potrete indicare loro tutti i principali monumenti, mentre di notte la città è magicamente illuminata. Gli ascensori funzionano fino alle 23 e di sera le code sono molto più brevi. Se spingete un passeggino, ricordatevi che la salita avviene in tre stadi, con ascensori diversi.

Tra le altre attrazioni di Parigi ci sono il Sacré-Coeur *(pp 224–5)* con la sua cupola ovoidale, il secondo punto più alto di Parigi dopo la Tour Eiffel, e la cattedrale di Notre-Dame *(pp 82–3)* nell'Ile de la Cité. I bambini si divertiranno a dar da mangiare ai piccioni sul sagrato, a contare i 28 re di Giuda sulla facciata ovest e ad ascoltare la storia del gobbo di Notre-Dame. La vista dalle torri è molto bella e sia i bambini, sia gli adulti apprezzerranno l'incantevole Sainte-Chapelle *(pp 88–9)*, sempre nell'Ile de la Cité. Per i minori di 17 anni ci sono biglietti ridotti.

Una visita al Centre Pompidou *(pp 110–1)*, con scale mobili simili a bruchi e il panorama che si gode dalla terrazza del caffè, consentirà di apprezzare il contrasto tra la Parigi antica e quella moderna. Ci sono anche la torre di Montparnasse *(p 178)* con i suoi 56 piani e lo spettacolare panorama che si può ammirare dall'ultimo piano, e l'immensa arcata de La Défense *(p 255)* con gli ascensori che portano alle piattaforme, da cui si domina l'intero complesso.

Altre attrazioni

I bambini sanno cogliere il lato divertente degli spettacoli più insoliti. Les Egouts *(p 190)*, le fognature di Parigi, costituiscono una possibilità

Scale mobili al Centre Pompidou

insolita e un po' da brivido. I cartelli esplicativi sono in diverse lingue.

Le Catacombe *(p 179)* sono gallerie scavate ai tempi dei Romani, lungo le quali si allineano oggi antichi teschi.

Nell'Ile de la Cité c'è la Conciergerie *(p 81)*, una turrita prigione dove molti sfortunati aristocratici hanno trascorso i loro ultimi giorni. Il museo delle cere Grévin è sia in Boulevard Montmartre *(p 216)*, sia al Forum des Halles *(p 108)*. Nel primo le stanze della Rivoluzione hanno effetti macabri, mentre la sede del Forum des Halles contiene scene della Belle Epoque.

Emergenze

In caso d'emergenza, chiamate Enfance et Partage, in servizio 24 ore su 24. Il più grande ospedale per bambini di Parigi è l'Hôpital Necker.

Enfance et Partage
08 00 05 12 34.

Hôpital Necker
149 Rue de Sèvres 75015.
Tav 15 B1. 01 44 49 40 00.

Una giovanissima turista

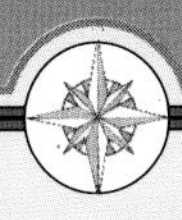

GUIDA PRATICA

INFORMAZIONI PRATICHE

COME SUCCEDE nelle grandi città, anche a Parigi è facile sprecare il poco tempo a disposizione in code e spostamenti. Per evitarlo, basta un minimo di programmazione. Telefonate per essere sicuri che il luogo che volete visitare sia aperto: una scheda telefonica o *télécarte* è un buon investimento *(p 356)*. Per gli spostamenti in autobus e metró *(pp 368–71)* acquistate un *carnet* o tesserino, più economico e semplice da usare. Acquistando una *Paris Carte-Musées-Monuments* avrete accesso a musei e monumenti e perderete meno tempo in coda. Fate attenzione alla sosta per il pranzo (tra le 13 e le 15), durante la quale molti servizi essenziali e alcuni musei chiudono. Le visite guidate sono spesso il mezzo migliore per vedere i monumenti essenziali prima di imparare a orientarsi da soli. Se non avete molti soldi, ricordate che gli ingressi sono a volte meno costosi in certe ore del giorno o di domenica; gli studenti possono ottenere sconti su biglietti e ingressi *(p 358)*.

MUSEI E MONUMENTI

A PARIGI CI SONO 172 musei e monumenti aperti al pubblico. La maggior parte è aperta dal lunedì (o martedì) alla domenica e dalle 10 alle 17.40. Alcuni sono aperti anche per visite serali.
I musei di proprietà dello stato sono chiusi il martedì, salvo Versailles e il Musée d'Orsay che sono invece chiusi il lunedì. I musei comunali, come quelli gestiti dal Comune di Parigi (Ville de Paris), sono generalmente chiusi il lunedì.

L'ingresso è di solito a pagamento; a volte invece c'è un'offerta libera da fare. Nei musei statali, di domenica, l'ingresso costa la metà, ed è libero la prima domenica di ogni mese.
I visitatori sotto i 18 anni entrano gratuitamente, quelli tra i 18 e i 25 anni e gli anziani oltre i 60 pagano metà prezzo. Di domenica, i musei comunali e alcuni altri, non fanno pagare la visita alle collezioni permanenti.
I bambini di età inferiore a 7 anni e gli anziani oltre i 60 anni entrano sempre gratuitamente. Per ottenere gli sconti dovrete dimostrare con un documento chi siete, che cosa fate e che età avete.

Un buon acquisto è la *Paris Carte-Musées-Monuments*, che dà accesso a 70 musei e monumenti per 1, 3 o 5 giorni. Il numero delle visite è illimitato e non bisogna fare la coda, un vantaggio significativo in alta stagione, quando a Parigi la folla diventa un problema. La carta è in vendita presso i musei e i monumenti cittadini, nelle principali stazioni del metró, alle fermate Batobus, nelle sedi del FNAC e nella sede dell'**Office du Tourisme**.

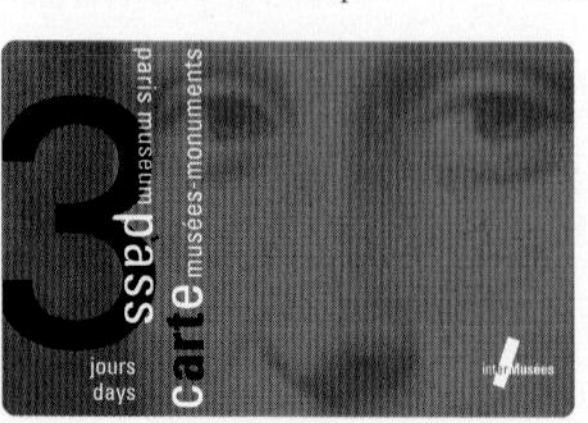

Paris Carte-Musée, per risparmiare tempo e denaro

Cartello che indica il servizio informazioni

Logo dell'Ufficio del Turismo

ORARI D'APERTURA

NELLA GUIDA SONO indicati gli orari di apertura di ogni monumento e attrattiva turistica. La maggior parte delle attività commerciali di Parigi sono aperte dalle 9 alle 19. Alcune fanno orario continuato, mentre altre chiudono per un'ora o due a partire dalle 12 o 12.30. Alcuni negozi di alimentari aprono presto, intorno alle 7, e fanno un lungo intervallo a metà giornata. Quasi tutti gli uffici sono chiusi la domenica, e molti negozi anche il lunedì. Alcuni ristoranti chiudono un giorno alla settimana. Le banche sono aperte dalle 9 alle 16.30–17.15 lun–ven e dalle 9–12 sab. Nei prefestivi chiudono alle 12.

INFORMAZIONI TURISTICHE

CI SONO TRE uffici turistici a Parigi: la sede centrale agli Champs-Elysées *(p 351)*, uno alla Gare de Lyon e uno alla Tour Eiffel (stagionale). Distribuiscono cartine, pieghevoli e informazioni. Prenotano anche alberghi all'ultimo minuto. Nell'ufficio della Gare de Lyon il servizio è lento in estate, quando ci sono molti ragazzi con gli zaini sulle spalle e bisogna perciò fare lunghe code.

DIVERTIMENTI

LE PRINCIPALI riviste di programmi settimanali a Parigi sono *Pariscope* e *L'Officiel des Spectacles* *(p 328)* in vendita nelle edicole. Escono il mercoledì e danno informazioni su teatri, cinema, mostre, cabaret e ristoranti.

Un autobus per le visite guidate

Le agenzie FNAC, diffuse in tutta Parigi, fanno prenotazioni e vendono biglietti per qualsiasi tipo di spettacolo e anche per le mostre temporanee. Per informazioni più dettagliate, telefonate a uno degli uffici centrali *(p 329)*.

Il Kiosque Théâtre vende biglietti per spettacoli teatrali che si svolgono il giorno stesso, scontati del 50%. C'è un chiosco in Place de la Madeleine e un altro alla Gare Montparnasse *(p 329)*.

Nei teatri, nei cinema e negli altri locali pubblici francesi è severamente proibito fumare.

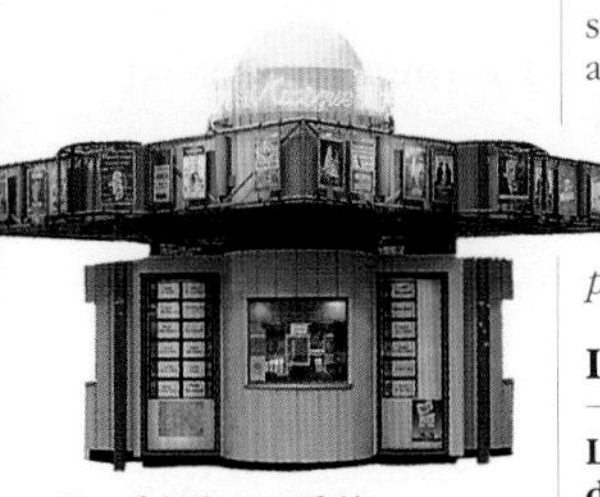

Uno dei Kiosque Théâtre

Visite guidate

Ci sono autobus a due piani con commento in italiano, inglese, giapponese e tedesco. Sono organizzati da **Cityrama** e **Paris Vision**. La visita comincia dal centro di Parigi e dura circa due ore. Gli autobus passano davanti ai principali monumenti della città, senza però fermarsi. Gli orari di partenza variano ed è quindi necessario telefonare in anticipo per farseli indicare con precisione. Gli autobus a due piani della **Cars Rouges** si fermano invece in molti dei principali monumenti, dove è possibile scendere per la visita, prendendo poi l'autobus successivo per continuare il giro (il biglietto vale 2 giorni). La Cassa Nazionale dei Monumenti Storici offre delle visite guidate.

Per i disabili

I servizi per i disabili sono limitati. La maggior parte dei marciapiedi sono stati dotati di scivoli per le sedie a rotelle, ma molti ristoranti, alberghi e persino musei e monumenti non sono attrezzati. Edifici nuovi o ristrutturati si stanno comunque dotando di attrezzature adeguate. Per informazioni sulle facilitazioni esistenti nelle strutture pubbliche, telefonate al **Comité National pour la Réadaption des Handicapés (CNRH)** e richiedete l'opuscolo *Paris, Ile de France, pour vous*.

Informazioni

Les Compagnons du Voyage
17 Quai d'Austerlitz 75013.
Tav 18 E2. ☎ *01 45 83 67 77.*
Apertura *9–17 lun–ven.*
Accompagnatore per 7 giorni su tutti i mezzi. Costo variabile.
W www.compagnons.com

Association des Paralysés de France
17 Blvd August Blanqui 75013. **Tav** 17 B5.
☎ *01 40 78 69 00.*
FAX *01 45 89 40 57.*
W www.apf-asso.com

CNRH
236bis Rue Tolbiac 75013.
☎ *01 53 80 66 66.*
FAX *01 53 80 66 67.*

Voyages Asa
148-150 Blvd de la Villette 75019.
☎ *01 40 33 12 70.*
FAX *01 40 33 12 52.*

Indirizzi

Uffici turistici nel centro città

Paris Convention e Visitors Bureau Headquarters (Office du Tourisme)
127 Ave des Champs-Elysées 75008. **Tav** 4 E4.
☎ *08 36 68 31 12.*
Apertura *estate: 9–20 tutti i giorni (11–18 dom e in inverno).* ***Chiusura*** *25 dic, 1 gen, 1 mag.*
W www. paris-touristoffice.com

Ufficio alla Tour Eiffel
Champ de Mars 75007.
Tav 10 F3.
Apertura *11–18.45 tutti i giorni.*
Chiusura *ott–apr.*

Gare de Lyon
20 Bd Diderot 75012.
Tav 18 F1.
Apertura *8–20 lun–sab.*

Ufficio del turismo francese in Italia

Ente nazionale francese per il turismo
Via Larga, 7
20122 Milano.
☎ *166 116 216 (2540 lire al minuto + IVA).*
FAX *02 58 48 62 21.*
@ info@turismofrancese.it
W www.turismofrancese.it
Apertura *9–18 lun–ven.*

Giro della città

Cityrama
147 Rue St Honoré 75001.
Tav 12 E1. ☎ *01 44 55 61 00.*

Cars Rouges
17 Quai de Grenelle 75015.
Tav 9 C4. ☎ *01 53 95 39 53.*

Paris Vision
214 Rue de Rivoli 75001.
Tav 12 D1. ☎ *01 42 60 30 01.*

Sicurezza personale e salute

PARIGI PUÒ ESSERE una città sicura o pericolosa a secondo di come ci si comporta; il buon senso è di solito sufficiente a tenere lontani i guai. Se nel corso del soggiorno vi ammalate, i farmacisti sono un'ottima fonte di consigli. In Francia molti farmacisti sono in grado di fare una diagnosi di massima e di consigliare il trattamento appropriato. Per interventi più complessi, ai numeri di emergenza potrete trovare qualcuno in grado di aiutarvi. I servizi disponibili sono molti, tra cui una linea telefonica per turisti che parlano inglese, un gruppo di aiuto per alcolisti e un'altra linea telefonica di aiuto psichiatrico.

Insegna di farmacia

Pulsante d'emergenza nel metró

NUMERI D'EMERGENZA

SAMU (ambulanza)
15 (chiamata gratuita).

Polizia
17 (chiamata gratuita).

Pompiers (vigili del fuoco)
18 (chiamata gratuita).

European Emergency Call
112 (chiamata gratuita).

SOS Medecin (chiamata medico)
01 47 07 77 77.

SOS Dentaire (dentista)
01 43 37 51 00.

Ustioni
01 58 41 41 41.

SOS (linea d'emergenza in lingua inglese)
01 47 23 80 80.
***Apertura** 15–23 tutti i giorni.*

SOS Dépression (aiuto psichiatrico)
01 45 22 44 44.

Consultorio sessuale
01 40 78 26 00.

Consultorio famigliare
01 48 88 07 28.
***Apertura** 9–17 lun–ven.*

SICUREZZA PERSONALE

PER ESSERE UNA CITTÀ di 2,2 milioni di abitanti, Parigi è sorprendentemente sicura, soprattutto in centro. Tafferugli e risse accadono, ma sono rari rispetto a molte altre capitali. Cercate di evitare i posti isolati e poco illuminati. Fate attenzione ai borsaioli, specialmente nel metró durante le ore di punta. Tenete tutti i valori ben nascosti e se portate una borsetta o una valigetta, non perdetele di vista.

Quando vi spostate di notte, è meglio evitare alcune stazioni del metró, come Montparnasse e Châtelet-Les Halles. Le zone intorno alle stazioni RER attirano dai sobborghi gruppi di giovani che vengono a Parigi per divertirsi e possono diventare turbolenti. Evitate le ultime corse dei treni RER da e per la periferia. In caso di emergenza nel metró, chiamate l'agente di stazione usando il telefono giallo contrassegnato *Chef de Station*, che si trova su tutti i marciapiedi delle stazioni, oppure andate alla biglietteria all'ingresso. La maggior parte delle stazioni del metró ha anche pulsanti di emergenza. Nelle vetture c'è il segnale di allarme. In caso di emergenza fuori dalle stazioni del metró o alle fermate dell'autobus, chiamate la polizia componendo il numero 17.

PROPRIETÀ PERSONALI

FATE SEMPRE attenzione alle vostre proprietà personali e assicuratele prima dell'arrivo. Durante le visite a monumenti o le gite non portate oggetti di valore e prendete con voi solo il denaro necessario. I Traveller's cheque sono il metodo più sicuro per portare

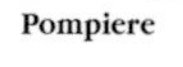

Pompiere

Donna poliziotto

Poliziotto

Auto della polizia

Carro dei pompieri

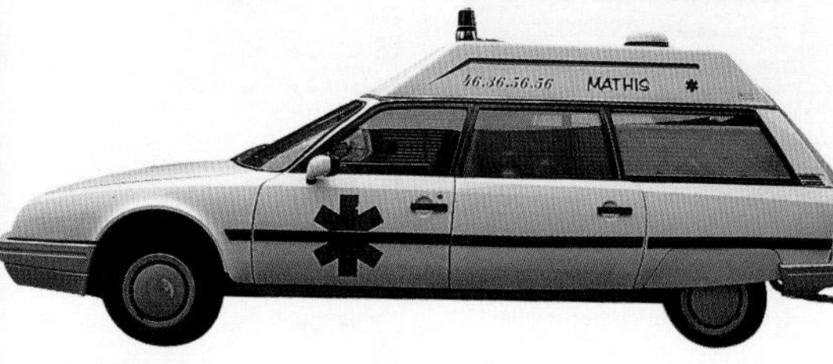

Ambulanza

con sé grandi somme di denaro. Non perdete mai di vista i vostri bagagli nelle stazioni ferroviarie o del metró. Se qualcuno si è perso, o in caso di furto o aggressione, chiamate la polizia o andate al più vicino commissariato *(Commissariat de Police)*. Se perdete o vi rubano il passaporto, chiamate il vostro consolato *(p 359)*.

Assistenza sanitaria

Tutti i cittadini della Comunità europea hanno diritto all'assistenza da parte del servizio sanitario nazionale francese. Tuttavia, le prestazioni sanitarie devono essere pagate e le tariffe variano da un ospedale all'altro. I rimborsi possono essere ottenuti se si è in possesso del modello E111 (disponibile gratuitamente per i cittadini europei), ma il processo può richiedere tempo. Tutti i viaggiatori dovrebbero munirsi di un'assicurazione e richiedere il modello E111 all'Unità Sanitaria competente.

In caso di emergenza chiamate il **SAMU** *(vedi scheda nella pagina a fronte)* o i **Pompiers**. Le ambulanze dei pompieri sono spesso le più veloci ad arrivare e nelle caserme dei vigili del fuoco sono anche in grado di prestarvi i primi soccorsi.

Gli ospedali con reparti per gli incidenti stradali sono elencati nello stradario *(p 374)*.

Le farmacie sono molte e si riconoscono per l'insegna a forma di croce verde. Di notte e di domenica espongono sempre l'indirizzo della farmacia aperta più vicina.

Indirizzi

Ufficio oggetti smarriti

Service des Objets Trouvés, 36 Rue des Morillons 75015. ***Apertura*** *8.30–17 lun, mer; 8.30–20 mart, gio (lug–ago 17); 8.30–17.30 ven.* ☎ *01 55 76 20 20.*

Centri medici

Centre Médical Europe
44 Rue d'Amsterdam 75009. **Tav** 6 D3. ☎ *01 42 81 93 33.* Dentista ☎ *01 42 81 80 00.* ***Apertura*** *8–20 lun–sab. Clinica privata economica. Anche su appuntamento.*

American Hospital
63 Blvd Victor-Hugo 92200. **Tav** 1 B2. ☎ *01 46 41 25 25. È un ospedale privato. Informatevi su assicurazione e costi.*

British Hospital
3 Rue Barbés 92300 Levallois-Perret. ☎ *01 46 39 22 22. Ospedale privato.*

Farmacie

British and American Pharmacy
1 Rue Auber 75009. **Tav** 6 D4. ☎ *01 42 65 88 29.* ***Apertura*** *8.30–20 lun–ven; 10–20 sab.*

Pharmacie Subra
12 Blvd St-Michel 75006. **Tav** 12 F5. ☎ *01 43 26 92 66.* ***Apertura*** *9–21 tutti i giorni.*

Pharmacie Anglo-Americaine
6 Rue Castiglione 75001. **Tav** 12 D1. ☎ *01 42 60 72 96.* ***Apertura*** *8.30–19.30 lun–sab.*

Pharmacie des Halles
10 Blvd Sebastopol 75004. **Tav** 13 A3. ☎ *01 42 72 03 23.* ***Apertura*** *9–24 lun–sab; 9–22 dom.*

Pharmacie Dhery
84 Ave des Champs-Elysées 75008. **Tav** 4 F5. ☎ *01 45 62 02 41.* ***Apertura*** *24 ore, tutto l'anno.*

Pharmacie Matignon
2 Rue Jean-Mermoz 75008. **Tav** 5 A5. ☎ *01 43 59 86 55.* ***Apertura*** *8.30–2 lun–sab; 10–2 dom.*

Banche e moneta corrente

A PARIGI i tassi di cambio più convenienti sono quelli praticati dalle banche. Gli uffici di cambio privati offrono spesso tassi diversi, ma prima di effettuare qualsiasi transazione è meglio leggersi anche le condizioni scritte in caratteri più piccoli e relative alle commissioni richieste e alle spese caricate.

BANCHE

NON CI SONO restrizioni sulla quantità di valuta che si può portare in Francia. È più saggio comunque viaggiare con grandi somme in Traveller's cheque. Per cambiare i Traveller's cheque o i contanti, potete rivolgervi agli uffici di cambio degli aeroporti, delle grandi stazioni ferroviarie e in alcuni alberghi e negozi.

Molte delle banche situate nel centro di Parigi hanno propri uffici di cambio. Esse offrono di solito i cambi più vantaggiosi, ma richiedono anche le spese di commissione.

Molti uffici di cambio non appartenenti alle banche non richiedono commissioni, ma offrono tassi più bassi. Sono aperti dalle 9 alle 18 dal lunedì al sabato; se ne trovano lungo gli Champs-Elysées, intorno all'Opéra e alla Madeleine, vicino alle attrazioni turistiche e ai monumenti e anche nelle stazioni ferroviarie, dove restano aperti dalle 8 alle 21. Gli uffici della Gare St-Lazare e della Gare d'Austerlitz sono però chiusi la domenica. Gli uffici degli aeroporti sono aperti dalle 7 alle 23.

CHANGE
CAMBIO-WECHSEL

Insegna di un ufficio cambio

TRAVELLER'S CHEQUE E CARTE DI CREDITO

I TRAVELLER'S CHEQUE si possono richiedere alla **American Express**, alla **Thomas Cook** o alla vostra banca. Se avete intenzione di spendere molto, è meglio sceglierli in Euro. I Traveller's cheque dell'American Express sono accettati ovunque in Francia. Se vengono cambiati in un ufficio Amex non si paga alcuna commissione. In caso di furto, i cheque vengono subito sostituiti. A causa delle ingenti spese di commissione, molte attività commerciali in Francia non accettano la carta di credito dell'American Express. La carta di credito più utilizzata è la Carta Blu/Visa. Anche la Eurocard/Mastercard è piuttosto diffusa. Le carte di credito francesi ora sono "smart card", con una *puce* (un microchip in grado di immagazzinare dati) invece della banda magnetica. Molti commercianti hanno alla cassa lettori adatti sia per le smart card che per le carte con banda magnetica. Le carte estere convenzionali non possono essere lette dai lettori di smart card, perciò chiedete al cassiere di leggere la vostra carta attraverso il lettore magnetico. Dovrete inoltre digitare il vostro codice PIN (*code confidentiel*) a premere il tasto verde (*validez*) sulla piccola tastiera del lettore.

Sportello automatico per prelievi

TABELLA DI CONVERSIONE

LA SEGUENTE è una guida rudimentale per conoscere l'equivalente alle valute correnti, con arrotondamenti in più o in meno per facilitarne l'uso.

EURO	FRANCHI
1	6.5
5	33
20	130
50	330
100	650

INDIRIZZI

UFFICI CAMBIO SEMPRE APERTI

Ancienne Comédie
5 Rue Ancienne-Comédie 75006. **Tav** 12 F4.
01 43 26 33 30.
Apertura *9–23 tutti i giorni.*

CCF
103 Ave des Champs-Elysées 75008. **Tav** 4 E4.
01 40 70 27 22.
Apertura *8.45–20 lun–sab.*

Global Change
134 Blvd St-Germain 75006. **Tav** 12 F4.
01 40 46 87 75.
Apertura *9–22.30 tutti i giorni.*

Europullman
10 Rue Alger 75001. **Tav** 12 D1.
01 42 60 55 58.
Apertura *9–19 lun–sab.*

BANCHE ITALIANE

Banca Carige
10 Rue Royale 75008. **Tav** 5 C5.
01 42 96 12 72.

Banca di Roma
21 Ave George V 75008. **Tav** 4 E5, 10 E1.
01 49 52 69 52.

Banca Commerciale Italiana France
2 Rue Meyerbeer 75009. **Tav** 6 E4.
01 45 23 72 22.

Banca Nazionale del Lavoro
26 Ave des Champs-Elysées 75008. **Tav** 4 E4.
01 40 76 42 00.

SMARRIMENTO CARTE DI CREDITO E TRAVELLER'S CHEQUE

American Express
Carte *01 47 77 70 00.*
Cheques *08 00 90 86 00.*

Mastercard
Carte *01 45 67 53 53.*

Visa/Carta Blu
Carte *08 36 69 08 80.*

L'EURO

L'EURO è la valuta corrente di 12 dei 15 paesi della Comunità europea. Austria, Belgio, Finlandia, Francia, Germania, Grecia, Irlanda, Italia, Lussemburgo, Olanda, Portogallo e Spagna hanno deciso di aderire alla nuova moneta; Inghilterra, Danimarca e Svezia hanno invece scelto di restarne fuori, con la possibilità di rivedere in seguito la loro decisione. Banconote e monete entreranno in circolazione il 1° gennaio 2002. Un periodo di transizione permetterà di usare sia gli euro che i franchi contemporaneamente, ma il franco cesserà di essere legale il 17 febbraio 2002. Banconote e monete francesi potranno comunque essere cambiate in banca fino al 30 giugno 2002.

Banconote

L'euro ha banconote con sette tagli. Le banconote da 5 euro (di colore grigio) sono le più piccole, seguite da quelle da 10 euro (rosa), 20 euro (blu), 50 euro (arancione), 100 euro (verde), 200 euro (giallo) e 500 euro (viola). Tutte le banconote illustrate qui hanno le 12 stelle dell'Unione Europea.

5 euro

10 euro

20 euro

50 euro

100 euro

200 euro

500 euro

2 euro

1 euro

50 centesimi

20 centesimi

10 centesimi

Monete

L'euro ha otto monete: 1 e 2 euro, 50 centesimi, 20 centesimi, 10 centesimi, 5 centesimi, 2 centesimi e 1 centesimo. Le monete da 1 e 2 centesimi sono dorate e argentate; quelle da 50, 20 e 10 centesimi sono dorate, quelle da 5, 2 e 1 centesimo sono color bronzo.

5 centesimi

2 centesimi

1 centesimo

Comunicazioni

L'AGENZIA DI TELECOMUNICAZIONI francese si chiama France Télécom, il servizio postale La Poste. Entrambi funzionano in modo efficiente, tranne a volte i servizi per il pubblico degli uffici postali. Perciò state pronti ad affrontare lunghe code. Ci sono molti *bureaux des postes* sparsi in tutta la città. Essi sono riconoscibili dalla scritta blu La Poste su campo giallo *(p 357)*. I telefoni pubblici sono situati nella maggior parte dei luoghi pubblici, lungo le strade e nelle stazioni ferroviarie e del metró. Se dovete telefonare all'estero, conviene acquistare una scheda telefonica *(télécarte)*.

Cabine telefoniche
Le cabine telefoniche funzionanti con le monete sono ormai rare. I telefoni con la scheda telefonica, sono economici e facili da usare, ma dovete prima procurarvi una télécarte.

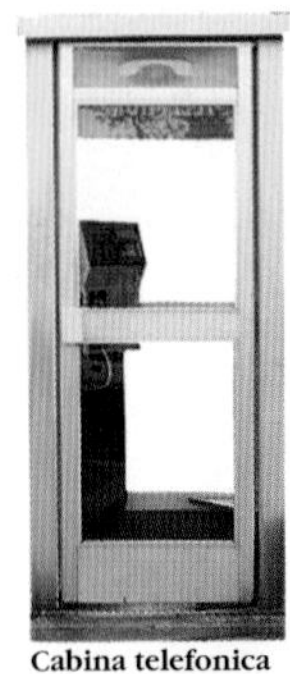

Cabina telefonica moderna

Vecchia cabina telefonica a monete

COME USARE LA SCHEDA TELEFONICA (TÉLÉCARTE)

1 Sollevar e il ricevitore e attendere il segnale.

2 Inserire la *télécarte* nell'apposita fessura tenendo la freccia rivolta verso l'alto.

3 Attendere che appaia sullo schermo l'importo che potete usare con la scheda. Al segnale potete comporre il numero.

4 Comporre il numero e attendere il contatto.

5 Se volete fare un'altra telefonata, non riattaccate, ma premete il bottone verde per le chiamate successive.

6 Quando avete finito di parlare riappendete il ricevitore. La scheda uscirà dalla fessura. Ritiratela.

Carta telefonica

COME USARE IL TELEFONO

LA MAGGIOR PARTE dei telefoni francesi sono a pulsantiera, ma nei caffè e nei ristoranti se ne trovano ancora di quelli a disco. Le guide telefoniche *(annuaires)* si trovano negli uffici postali, nei caffè e nei ristoranti, ma non nelle cabine telefoniche (*cabines*). I telefoni pubblici di Parigi funzionano con schede telefoniche *(télécarte)* da 50 o 120 unità, disponibili in tutti gli uffici postali, nei tabaccai *(tabacs)* e in alcune edicole. Ricordatevi di acquistare una nuova carta prima che termini del tutto quella precedente! I telefoni a monete sono quasi scomparsi dalle strade di Parigi; si possono trovare nei café, ma sono a disposizione dei clienti. Le telefonate a carico si chiamano *PCV*. Da qualsiasi telefono è possibile chiamare una cabina. Il numero telefonico della cabina è indicato sopra il telefono. Per chiamare Parigi dall'Italia, componete il prefisso 00 33 1 seguito dal numero dell'abbonato. Tutti i numeri telefonici francesi sono costituiti da dieci cifre. Per le telefonate dirette a Parigi (e all'Ile de France) aggiungete il prefisso 01 al vecchio numero di otto cifre; aggiungete 02 per le regioni del nord-ovest, 03 per il nord-est, 04 per il sud-est, e 05 per il sud-ovest. Non componete lo 0 iniziale se telefonate dall'estero. La maggior parte dei telefoni cellulari provenienti da altri paesi europei o mediterranei possono essere usati in Francia. Se ne avete l'intenzione, avvisate la vostra compagnia in modo che attivi l'opzione. Ricordate che fare e ricevere chiamate da cellulari è molto caro. È possibile noleggiarli.

Servizi telefonici

- **In caso di emergenza chiamate il numero 17.**
- Per le informazioni sugli abbonati in Francia comporre il 12.
- Per tutti i telegrammi, digitare 0800 33 44 11.
- Per le informazioni internazionali comporre il 32 12, seguito poi dal codice del paese straniero dove risiede l'abbonato di cui si vuole il numero.
- Per telefonare in **Italia** dalla Francia digitare lo 00 (collegamenti internazionali), aspettare la linea, poi digitare 39 (prefisso per l'Italia), il prefisso della città con lo 0 e infine il numero dell'abbonato italiano.
- Si può usufruire della tariffa ridotta nei seguenti orari: dalle 19 alle 8 lun–ven, domenica e festivi tutto il giorno.
- Le pagine centrali della guida telefonica informa sui costi per minuto da ogni paese ed elenca i codici telefonici di tutti i paesi stranieri.
- Per telefonare in Francia dall'Italia digitare 00 33, omettendo il primo 0 del prefisso della città che volete chiamare.

Servizi postali e poste francesi

OLTRE AI NORMALI SERVIZI, telegrammi, francobolli, raccomandate, espressi, pacchetti e libri, l'ufficio postale vende francobolli per collezionisti e incassa o spedisce vaglia internazionali. In tutti i principali uffici sono disponibili servizi di fax e telex, telefoni pubblici e Minitel.

LA POSTE

Insegna di ufficio postale

Come spedire una lettera

I FRANCOBOLLI *(timbres)*, sono venduti spesso dai tabaccai, singolarmente o in *carnets* da dieci. Sono validi per lettere e cartoline fino a 20 g (approssimativamente) per la gran parte dei paesi EU.

Gli orari degli uffici postali sono: 8–19 lun–ven, 8–12 sab. Qui potete consultare gli elenchi telefonici (*annuaire*), acquistare schede telefoniche (*télécarte*), spedire o ricevere vaglia *(mandats)* e fare telefonate in tutto il mondo.

Le buche delle lettere sono gialle.

Per la *poste restante* (fermo posta) il mittente deve scrivere il nome del destinatario in stampatello, seguito da "Poste Restante" e dall'indirizzo dell'ufficio postale di Paris-Louvre. Quando spedite lettere a fermo posta è opportuno sottolineare il cognome, per evitare che il nome e il cognome vengano confusi fra loro dall'impiegato postale.

Uffici poste centrali

Paris-Louvre
52 Rue de Louvre 75001. **Tav** 12 F1. ☎ *01 40 28 76 00.* FAX *01 45 08 12 82.* ***Apertura*** *24 ore su 24.*

Paris-Forum des Halles
Forum des Halles 75001. **Tav** 13 A2. ☎ *01 44 76 84 60.* ***Apertura*** *8–18 lun–ven, 8–12 sab.*

Paris-Champs Elysées
71 Ave des Champs Elysées 75008. **Tav** 4 F5. ☎ *01 53 89 05 80.* FAX *01 42 56 13 71.* ***Apertura*** *9–19.30 lun–ven; 10–19 sab.*

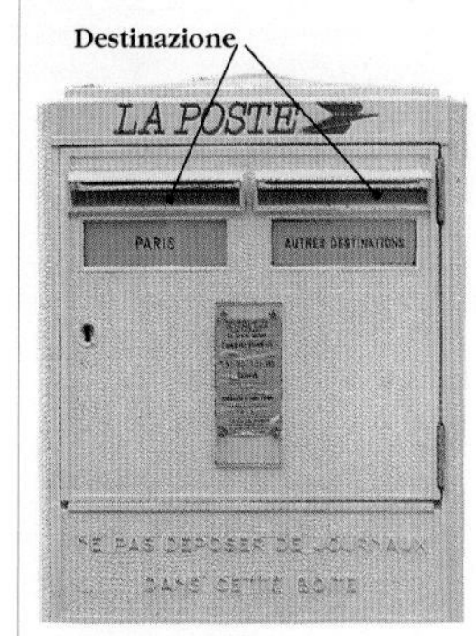

Buca delle lettere

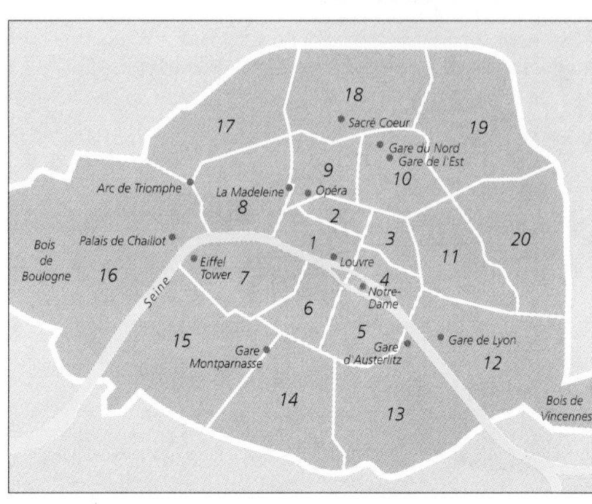

Arrondissements di Parigi
Le zone o arrondissements *di Parigi sono numerate da 1 a 20* (p 374). *I primi tre numeri del codice postale, 750 o 751, indicano Parigi; gli ultimi due il numero dell'arrondissement. Il codice postale del primo arrondissement è 75001.*

Documenti d'ingresso

Per i viaggiatori provenienti dai paesi che hanno aderito all'accordo di Schengen non è necessario alcun documento. Per un soggiorno inferiore ai tre mesi non occorre alcun permesso di soggiorno. Per un soggiorno superiore ai tre mesi è obbligatorio invece il permesso di soggiorno *(visa de long séjour)*. Prima di partire rivolgersi al Consolato di Francia più vicino; in Francia rivolgersi alla Prefettura del Dipartimento di residenza.

Rimborsi IVA

L'acquisto di merci "Duty Free" per esportarle in altri paesi dell'Unione Europea non sarà possibile ancora a lungo. I turisti residenti fuori della UE possono chiedere il rimborso dell'IVA *(p 312)* pagata sulle merci francesi destinate all'esportazione, per acquisti superiori a 175€ effettuati nello stesso negozio in un'unica giornata.

Le ricevute necessarie *(détaxe)* sono rilasciate a richiesta e i rimborsi vengono effettuati all'uscita dal paese, entro tre mesi dalla data dell'acquisto. Generi alimentari, bevande, medicine, tabacchi, auto e motociclette sono escluse dalla procedura.

Esportazione e importazione di merci

Con l'entrata in vigore del mercato unico europeo, le formalità doganali tra gli stati membri sono state soppresse. Il turista italiano in Francia può acquistare per le proprie esigenze personali beni di ogni genere, senza limitazioni di quantità o di valore. Se la merce supera la quantità consigliata gli può essere chiesto di dimostrare che la merce è per uso personale. Se non si riesce a provarlo l'intera merce (e non solo la quantità in eccesso) può essere confiscata e distrutta.

Le quantità massime sono: 10 litri di alcolici (con gradazione superiore ai 22°) e 90 litri di vino, 110 litri di birra e 800 sigarette. Alcune merci pericolose sono illegali. I turisti di età inferiore ai 17 anni non possono importare tabacco, alcool o profumi.

Profumo

Altre merci

In generale, tutti i beni personali (come automobili e biciclette) possono essere importate in Francia, ovviamente se sono per uso personale e non per vendita. L'opuscolo *Voyagez en toute liberté* contiene tutte le informazioni relative e viene distribuito al **Centre** (indirizzo qui sotto), che fornisce anche consigli, ma di solito in francese.

Informazioni doganali

Centre des Renseignements des Douanes
84 Rue d'Hauteville 75010.
☎ *01 53 24 68 24.* FAX *01 53 24 68 30.* ***Apertura*** *9–17 lun–ven.*

Prese elettriche

La corrente elettrica disponibile in Francia è a 220 volt e le prese sono dello stesso tipo usato in Italia. Per ogni evenienza, spine e adattatori sono disponibili anche nei grandi magazzini, come BHV *(p 313)*.

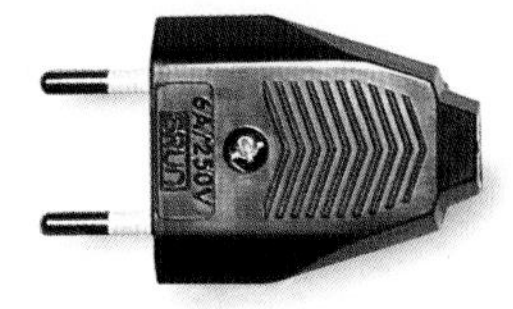

Spina elettrica usata in Francia

Informazioni per studenti

Gli studenti muniti di carta di identità valida ottengono sconti variabili tra il 25 e il 50% in teatri, musei, cinema e monumenti pubblici. Possono procurarsi la *Cartes Jeunes*, l'equivalente della carta di identità per studenti internazionali, che può essere richiesta all'Office de Tourisme de l'Université (**OTU**), nelle principali agenzie di viaggi e al **CIDJ** (Centre d'Information et de Documentation Jeunesse; *p 359*). Quest'ultimo fornisce anche informazioni e un elenco di sistemazioni economiche, ma non prenota né alberghi né ostelli. Il Bureau Voyage Jeunesse (**BVJ**) ha camere doppie e camerate a prezzi ragionevoli *(pp 273–4 e 359)*.

Toilette pubbliche a Parigi

La maggior parte dei vecchi servizi igienici è stata sostituita da nuove toilette, distribuite sui marciapiedi di tutta la città. Alcune sono dotate anche di musica classica. I bambini di età inferiore ai 10 anni non devono però entrarci da soli: le toilette sono infatti dotate di un sistema di pulizia automatico che può essere pericoloso per i più piccoli.

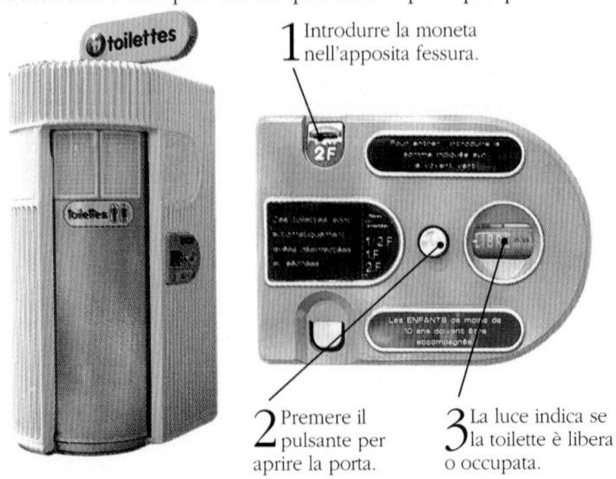

1 Introdurre la moneta nell'apposita fessura.

2 Premere il pulsante per aprire la porta.

3 La luce indica se la toilette è libera o occupata.

Librerie internazionali

Brentano's
37 Ave de l'Opéra 75002.
Tav 6 E5. *01 42 61 52 50.*
Apertura *10–19.30 lun–sab.*

Gibert Jeune
5 Place St-Michel 75005.
Tav 13 A4. *01 56 81 22 22.*
Apertura *9.30–19.30 lun–sab.*

W H Smith
248 Rue de Rivoli 75001. **Tav** 11 C1.
01 44 77 88 99. ***Apertura*** *9–19.30 lun–sab, 13–19.30 dom.*

TV, radio, giornali

I principali quotidiani e settimanali italiani si trovano negli aeroporti Charles de Gaulle e Orly e nelle edicole delle zone turistiche della città. Tra questi ci sono il *Corriere della Sera* e *La Repubblica*. Nelle stesse edicole si vendono anche i principali quotidiani tedeschi, svizzeri, inglesi e spagnoli. I principali quotidiani francesi nazionali – di destra e di sinistra a seconda dello schieramento politico – sono *Le Figaro, France Soire, Le Monde, Libération* e *L'Humanité*. I settimanali comprendono il satirico *Le Canard Enchaîné*, i periodici *Marianne, Le Nouvel Observateur* e *L'Express*, e numerosi titoli dedicati alla moda, al pettegolezzo e alla gastronomia. I canali televisivi in Francia sono *TF1* e *France 2*, entrambi con palinsesti poco impegnativi, *France 3* con documentari, dibattiti e film classici, *5*e ("La Cinquième"), il canale franco-tedesco *ARTE*, che trasmette servizi sull'arte, sulla musica classica e film, e *M6*, che dedica molto tempo al pop e al rock. Fra i canali satellitari ci sono CNN e Sky. Ci si può sintonizzare su *BBC Radio 4* di giorno, mentre di notte *BBC Workd Service* utilizza lo stesso canale (648 AM o 198 LW). *Voice of America* è sui 90.5, 98.8 e 102.4 FM. *Radio France Internationale* (738 AM) trasmette il notiziario internazionale in lingua inglese ogni giorno dalle 13 alle 16.

Quotidiani stranieri a Parigi

Ora

Parigi è avanti un'ora rispetto al meridiano di Greenwich (GMT) e ha quindi la stessa ora dell'Italia. Durante i mesi estivi, anche in Francia, come in Italia, entra in vigore l'ora legale. Le differenze di ora rispetto ad alcune città estere sono le seguenti: Londra: -1 ora; New York -6 ore; Dallas -7 ore; Los Angeles -9 ore; Sydney +9 ore; Tokyo +8 ore; Auckland +11 ore.

Parole utili

Oui = sì
Non = no
S'il vous plaît = per favore
Merci = grazie
Excusez-moi = scusi
Bonjour = buongiorno
Bonsoir = buonasera
Au revoir = arrivederci
Matin = mattino
Après-midi = pomeriggio
Soir = sera
Nuit = notte
Ouvert = aperto
Fermé = chiuso
Entrée = entrata
Sortie = uscita
Droite = destra
Gauche = sinistra
Près = vicino
Lontano = loin

Indirizzi

Per studenti

Uffici OTU
119 Rue St-Martin 75004.
Tav 13 B2.

2 Rue Malus 75005.
Tav 17 B1.

39 Ave Georges Bernanos 75005. **Tav** 16 F2.
01 40 29 12 12 (per tutti e tre).

CIDJ
101 Quai Branly 75015.
Tav 10 E2.
01 44 49 12 00.
Apertura *9.30–18 lun–ven; 9.30–13 sab.*

BVJ
44 Rue des Bernardins 75015. **Tav** 13 B5.
01 53 00 90 90.

Ambasciata

Ambasciata d'Italia
47 Rue de Varenne 75343 Paris Cedex 07.
Tav 11 C3.
01 49 54 03 00.

Ente nazionale francese per il turismo

Direzione generale e Ufficio informazioni
Via Larga 7
202122 Milano
166 116 216.

Uffici culturali

Istituto italiano di cultura
Hotel de Gallifet,
50 Rue de Varenne 75007.
01 44 39 49 39.

Servizi religiosi

Chiese protestanti

American Church
65 Quai d'Orsay 75007.
Tav 10 F2.
01 40 62 05 00.

Church of Scotland
17 Rue Bayard 75008.
Tav 10 F1.
FAX *01 48 78 47 94.*

St George's Anglican Church
7 Rue Auguste Vacquerie 75116.
Tav 4 E5.
01 47 20 22 51.

Chiese cattoliche

Basilique du Sacré-Coeur
35 Rue du Chevalier de la Barre 75018.
Tav 6 F1.
01 53 41 89 00.

Cathédrale de Notre-Dame
Pl du Parvis Notre-Dame 75004. **Tav** 13 A4.
01 42 34 56 10.

Sinagoga

Synagogue Nazareth
15 Rue Notre Dame de Nazareth 75003. **Tav** 7 C5. *01 42 78 00 30.*

Moschea

Grande Mosquée de Paris
Place du Puits de l'Ermite 75005. **Tav** 17 B2.
01 45 35 97 33.

Come raggiungere Parigi

Parigi è un importante nodo aereo, stradale e ferroviario. A Parigi arrivano voli diretti da tutto il mondo e dalle principali città europee. Parigi è anche il centro principale della rete di trasporto ferroviario ad alta velocità: treni Eurostar arrivano tutti i giorni da Londra, Thalys da Bruxelles, Amsterdam e Colonia, mentre dall'Italia arrivano TGV da Milano, Torino e Venezia. Su Parigi convergono anche molte autostrade *(autoroutes)* nazionali e internazionali che rendono la città facilmente accessibile a coloro che viaggiano in auto.

Un Boeing 737

Con l'aereo

I collegamenti tra le città italiane e Parigi sono gestiti dalle compagnie di bandiera nazionali **Air France** e **Alitalia**, oltre che da alcune compagnie minori. Fra le città italiane che hanno voli diretti per Parigi vi sono: Genova, Bologna, Napoli, Torino, Firenze, Venezia e Verona, oltre naturalmente a Milano e Roma. I voli hanno frequenze quotidiane con aerei a intervalli brevissimi. Gli indirizzi degli uffici di Parigi delle principali compagnie aeree che servono la città sono alla pagina 363.

L'alta stagione estiva a Parigi va da luglio a settembre. Le tariffe aeree in questo periodo sono le più elevate. Compagnie aeree diverse, tuttavia, possono avere l'alta stagione in altri periodi; perciò controllate in quali mesi le tariffe sono più alte.

A causa dell'accesa concorrenza tra le compagnie aeree per l'accaparramento di clienti, si possono ottenere sconti considerevoli e sono sempre più frequenti le promozioni che offrono voli a prezzi molto vantaggiosi. Le tariffe APEX sono un buon affare. Tuttavia il volo deve essere prenotato con un certo anticipo, talvolta fino a un mese prima, altre volte da 7 a 14 giorni prima. Queste tariffe hanno tuttavia delle restrizioni: il volo infatti non può essere cambiato o cancellato. Sono inoltre previsti tempi minimi e massimi di soggiorno.

Se siete disposti a guardarvi un po' in giro, troverete certamente voli scontati offerti da agenti di viaggio affidabili. Assicuratevi comunque che sia previsto il rimborso in caso l'operatore cessi la sua attività e non versate il saldo fino a che non vedete il biglietto.

Alla pagina 363 sono elencati gli indirizzi degli uffici di Parigi di alcuni agenti di viaggio che offrono voli charter e di linea a prezzi competitivi. Ricordate che i biglietti per i bambini costano meno di quelli degli adulti.

Durata del volo

Da Milano a Parigi l'aereo impiega 1 ora e 25 minuti; da Roma ci vogliono 2 ore.

Aeroporto Charles de Gaulle

I terminal CDG1, CDG2 e T9 sono collegati da navette. La maggior parte dei collegamenti con la città sono indicati qui sotto, ma è consigliabile controllare i numeri delle porte, che sono soggetti a cambiamenti.

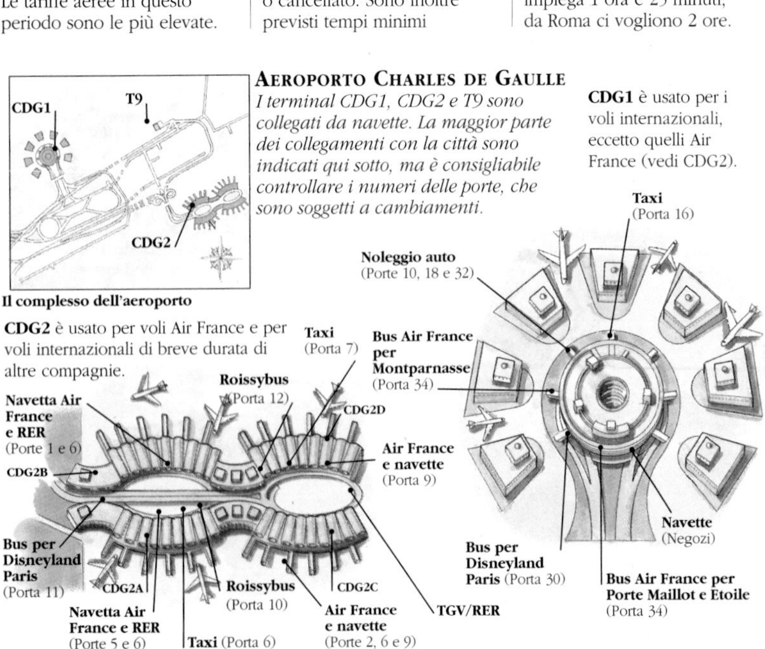

Il complesso dell'aeroporto

CDG1 è usato per i voli internazionali, eccetto quelli Air France (vedi CDG2).

CDG2 è usato per voli Air France e per voli internazionali di breve durata di altre compagnie.

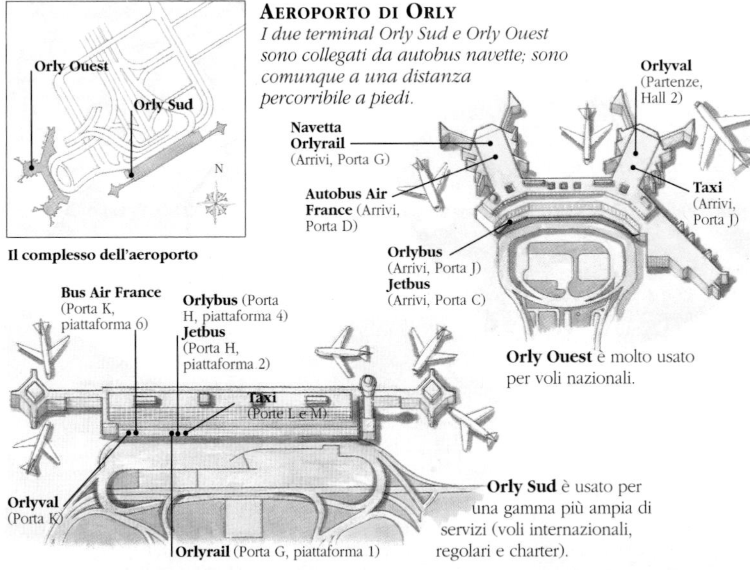

Il complesso dell'aeroporto

Aeroporto Charles de Gaulle (CDG)

È IL PRINCIPALE AEROPORTO di Parigi, 30 km a nord della città. Ha due terminal principali, CDG1 e CDG2, e un terminal per voli charter, T9. Il CDG2 è attraversato dalla linea TGV-RER e comprende cinque sezioni chiamate CDG2A, CDG2B, CDG2C, CDG2D e CDG2F.

Come raggiungere la città

I viaggiatori che arrivano al CDG possono raggiungere Parigi in taxi, autobus o treno. Gli autobus Air France forniscono due servizi: una linea collega l'aeroporto a Porte Maillot e a Charles de Gaulle-Etoile, con partenze ogni 10 minuti e tempo di percorrenza di 40 minuti; l'altra linea conduce alla stazione dei treni TGV di Montparnasse, con partenze ogni 30 minuti.

Il servizio Roissybus, gestito dalla RATP, conduce all'Opéra. Il percorso dura circa 50 minuti e gli autobus partono ogni 15 minuti.

Tutti e tre i servizi sono collegati alle stazioni del metró e della RER e alle fermate degli autobus RATP del centro di Parigi. Ogni 30-45 minuti c'è un autobus per Disneyland Paris.

Il servizio RER della vicina Roissy è collegato ai terminal da una navetta. I treni partono ogni 15 minuti e impiegano 35 minuti per raggiungere la Gare du Nord, dove c'è un collegamento al metró e alle linee RER.

Le navette fanno servizio da entrambi gli aeroporti: i biglietti costano 18€ per una persona, o 14€ a testa per due o più persone (occorre prenotare 48 ore prima). Le tariffe dei taxi per il centro città vanno da 38€ a 45€, ma spesso c'è la coda.

Aeroporto di Orly

È IL SECONDO AEROPORTO di Parigi a 15 km a sud della città. Ha due terminal, Orly Sud e Orly Ouest.

Come raggiungere la città

I servizi portano i viaggiatori nella parte sud della città e un autobus speciale, che parte ogni 45 minuti, collega l'aeroporto a Disneyland Paris.

I viaggiatori che arrivano a Orly possono prendere il taxi, l'autobus o il treno per raggiungere il centro di Parigi. Gli autobus sono gestiti dall'Air France e dalla RATP (Orlybus). Gli autobus dell'Air France impiegano circa 30 minuti per raggiungere il centro, con fermate a Les Invalides e Montparnasse. L'Orlybus parte ogni 12 minuti e impiega circa 25 minuti per raggiungere il centro a Denfert-Rochereau. Il nuovo servizio Jet Bus porta i viaggiatori dall'aeroporto al metró di Villejuif-Louis Aragon ogni 15 minuti.

Le navette collegano l'aeroporto con il servizio Orlyrail della RER nella vicina Rungis. I treni partono ogni 15 minuti (ogni 30 minuti dopo le 21) e impiegano 35 minuti per raggiungere la Gare d'Austerlitz. Il treno Orlyval si collega alla linea B del servizio RER nella stazione Antony. I treni partono ogni 4-8 minuti. I taxi raggiungono il centro in 25-45 minuti, a seconda del traffico. Il costo va dai 23€ ai 30€.

L'Orlyval lascia Orly

Attraverso la Manica

Se siete in viaggio per l'Europa e volete raggiungere Parigi dall'Inghilterra dovrete attraversare la Manica. Il modo più semplice per farlo è utilizzare i treni adibiti al trasporto delle auto che percorrono il Tunnel della Manica. Gestito dalla **Eurotunnel**, il servizio collega Folkestone e Calais. Alla partenza salirete sul treno con il vostro veicolo, ma durante il viaggio potrete scendere a fare due passi sul treno. Il viaggio attraverso il Tunnel dura mezz'ora e non è influenzato dalle condizioni del mare o del tempo; i treni partono ogni 15-30 minuti. Ci sono anche diverse imbarcazioni che attraversano la Manica. La breve tratta Calais-Dover è percorsa ogni giorno da almeno un centinaio di traghetti, appartenenti a diverse compagnie che forniscono servizi rapidi e frequenti. I traghetti della **P&O Stena** compiono la traversata in 75-90 minuti, quelli della **Sea France** in 90 minuti, mentre i catamarani Super Seacat della **Hoverspeed** solo 45. I Super Seacat della Hoverspeed collegano anche Newhaven e Dieppe in 2 ore. Anche la **Transmanche Ferries**, parte della Corsica Ferries, fornisce questo servizio, ma le sue imbarcazioni impiegano 4 ore. La **Norfolkline** offre collegamenti tra Dover e Dunkerque in 2 ore. Due compagnie compiono tratte occidentali più lunghe attraverso la Manica. La linea della **Brittany Ferries** tra Plymouth e Roscoff impiega 6 ore, mentre la traversata tra Poole e Cherbourg dura 4 ore e 15 minuti sui traghetti comuni e 2 ore e mezza su quelli veloci. La Brittany impiega 6 ore sulla tratta Portsmouth-Caen e 8 ore e 45 minuti su quella Portsmouth-St. Malo, mentre la **P&O Portsmouth** impiega 6 ore e mezza fino a Le Havre e 5-6 ore per Cherbourg. Quando scegliete una rotta attraverso la Manica considerate con attenzione i tempi di percorrenza. In macchina, da Cherbourg a Parigi ci vogliono 4-5 ore, da Dieppe o Le Havre 2 ore e mezza–3, da Calais 2 ore.

Con l'autobus

La principale compagnia di autobus è la **Eurolines**, con sede alla Gare Routière Internationale, a est di Parigi. Le linee della Eurolines collegano la città a diversi paesi europei: Italia, Belgio, Olanda, Irlanda, Germania, Scandinavia, Regno Unito, Grecia, Spagna e Portogallo.

Il terminal per l'Italia è a Milano, in piazza Castello. Sono previsti collegamenti dalle principali città italiane.

Autobus per lunghe distanze

Indirizzi e telefoni

Eurolines
Ave de Général de Gaulle, Bagnolet.
08 36 69 52 52.

055 357 110 (Firenze - sede).
06 440 40 09 (Roma).
02 720 013 04 (Milano).
www.eurolines.it

Eurostar
London Waterloo International.
08705 186 186.
www.eurostar.com

Eurotunnel
08705 35 35 35.

Ferry
Brittany Ferries
02 33 88 44 88.

Hoverspeed/Seacat
08 20 00 35 55.

P&O-Stena/Porthsmouth
03 21 46 10 10.

Con il treno

Parigi, importante nodo ferroviario francese ed europeo, ha sei stazioni internazionali, gestite dalla SNCF. La Gare de Lyon, nella parte orientale di Parigi, è la principale stazione ferroviaria

Il treno ad alta velocità TGV

Il TGV

I *Trains à Grande Vitesse*, o treni ad alta velocità TGV, raggiungono i 300 km/h, una velocità molto superiore a quella dei treni normali. I treni per la Francia del nord partono dalla Gare du Nord, quelli per la costa atlantica dalla Gare Montparnasse, mentre i TGV per il sud partono dalla Gare de Lyon. Nel percorso verso queste destinazioni sono servite molte stazioni in continua espansione che rendono sempre più conveniente questa forma di trasporto.

della città e serve tutto il sud della Francia, le Alpi, l'Italia, la Svizzera e la Grecia. La Gare d'Austerlitz, sulla Riva sinistra, serve la Francia di sud-ovest, la Spagna e il Portogallo. La Gare de l'Est serve la Francia orientale, la Svizzera, l'Austria e la Germania. I treni dalla Gran Bretagna, via Dieppe e da alcuni porti della Normandia, arrivano alla Gare St-Lazare, mentre quelli da Boulogne e da Calais arrivano alla Gare du Nord. Qui arriva anche la maggioranza dei treni provenienti da Scandinavia, Olanda e Belgio. La stazione per i treni dalla Bretagna è la Gare Montparnasse, sulla Riva sinistra.

Il viaggio fino a Parigi può essere molto più breve con i treni TGV. Su questi treni la prenotazione è obbligatoria. Dall'Italia ci sono collegamenti diretti da Milano e Torino in TGV e ETR. Il viaggio dura 6 ore e 30 da Milano e poco più di 5 ore da Torino.

All'interno della Gare de Lyon c'è un Ufficio del Turismo *(p 351)*, in grado di trovarvi una sistemazione in caso arriviate di sera.

Tutte le stazioni sono servite da autobus urbani, dal metró e dai treni RER e sono dotate di segnaletica con indicazioni su dove prendere i trasporti urbani. Per informazioni sui treni SNCF, vedi pagina 372.

Con l'automobile

Parigi è una città di forma ovale ed è circondata da un anello viario, chiamato Boulevard Périphérique, su cui si immettono tutte le principali arterie che arrivano alla capitale, e che separa la città dai sobborghi. Le vecchie *porte* cittadine corrispondono oggi a delle uscite o entrate sul Boulevard Périphérique. Arrivando con l'automobile, è necessario controllare qual è la *porte* più vicina alla propria destinazione, consultando una cartina della città. Per esempio, volendo raggiungere l'Arc de Triomphe, si deve uscire a Porte Maillot.

Indirizzi

Compagnie aeree

Aer Lingus
52-4 rue Belle Feuille 92100. ☎ *01 55 38 38 55.* W www.aerlingus.ie

Air Canada
10 Rue de la Paix 75002. **Tav** 6 D5.
☎ *08 25 88 08 81.*
W www.aircanada.ca

Air France
119 Ave des Champs-Elysées 75008. **Tav** 4 E4.
☎ *08 02 80 28 02.*
W www.airfrance.com

Alitalia
69 Blvd Haussmann 75002. **Tav** 6 A4.
☎ *01 44 94 44 20.*
W www.alitalia.it

American Airlines
109 Rue du Faubourg-St-Honoré 75008.**Tav** 5 B5.
☎ *08 01 87 28 72.*
W www.aa.com

British Airways
13–15 Blvd de la Madeleine 75001. **Tav** 6 D5.
☎ *08 25 82 54 00.*
W www.british-airways.com

Delta Airlines
119 Ave de Champs-Elyséees 75008. **Tav 4** E 4.
☎ *08 00 35 40 80.*
W www.delta-air.com

buzz
☎ *01 55 17 42 42.*
W www.buzzway.com

Qantas Airways
13–15 Blvd de la Madeleine 75001. **Tav** 6 D5. ☎ *08 03 84 68 46.*
W www.qantas.com

Agenzie di viaggio con riduzioni

Directours
90 Ave des Champs-Elysée 75008. **Tav** 4 E4.
☎ *01 45 62 62 62.*
W www.directours.fr

Forum Voyages
1 Rue Cassette 75006. **Tav** 12 D5.
☎ *01 45 44 38 61.*

Jet Tours
29 Ave de la Motte Picquet 75005. **Tav** 10 F4.
☎ *01 47 05 01 95.*
W www.jettours.com

Nouvelles Frontières
87 Blvd de Grenelle 75008. **Tav** 10 D4. ☎ *08 10 20 10 20.* W www.nouvelles-frontieres.fr

☎ *06 322 24 63.* (Roma)

☎ *02 890 101 82.* (Milano)

☎ *848 889 900* (numero verde nazionale) .

W www.nouvelles-frontieres.it

USIT Voyages
6 Rue Vaugirard 75006.
☎ *01 42 34 56 90.*

Informazioni aeroporti

W www.adp.fr

Autobus Air France
☎ *01 41 56 89 00.*

Dogana
☎ *01 48 62 62 85.*

Assistenza disabili
☎ *01 48 62 28 24 (CDG 1) e 01 48 62 59 00 (CDG 2)*
☎ *01 49 75 30 70/25 (Orly sud/Orly ovest).*

Informazioni voli
☎ *01 48 62 22 80 (CDG).*
☎ *01 49 75 15 15 (Orly).*

Servizio ricerca passeggeri
☎ *01 48 62 22 80 (CDG).*
☎ *01 49 75 15 15 (Orly).*

Autobus RATP
☎ *08 36 68 77 14 (24 ore)*
W www.ratp.fr

Orlyrail Shuttle
☎ *01 53 90 20 20.*

Treni RER
☎ *Ile de France 01 53 90 20 20; TGV 08 36 35 35 35*
W www.sncf+-.com.

Navette aeroporti
☎ *01 30 11 11 90*
W www.airportshuttle.fr

Alberghi vicini al CDG

IBIS
☎ *01 49 19 19 19.*
@ h1404-@accord-hotels.com

Eliance Cocoon
☎ *01 48 62 06 16.*

Holiday Inn
☎ *01 34 29 30 00.*
@ hircdg@club-internet.fr

Novotel
☎ *01 49 19 27 27.*
@ h1014@accor-hotels.com

Sofitel
☎ *01 49 19 29 29.*
@ hotel.sofitel@wanadoo.fr

Alberghi di Orly Sud

Ibis
☎ *01 56 70 50 50.*
@ h1413@accor-hotels.com

Hilton Hotel
☎ *01 45 12 45 12.*
@ oryhitwrm@oryhitw.com

Mercure
☎ *01 46 87 23 37.*
@ h1246@accor-hotels.com

Come arrivare in città

LA CARTINA ILLUSTRA i servizi di autobus e treni che collegano la città ai suoi due aeroporti. Cita anche i collegamenti via traghetto per il Regno Unito e le principali linee ferroviarie e di autobus, con le relative stazioni, che servono la Francia e gli altri paesi europei. Sono segnalati anche i terminal delle navette e le fermate degli autobus e dei treni per gli aeroporti, con indicazione delle frequenze e delle durate dei percorsi. Vengono fornite anche le durate approssimate dei viaggi in treno per raggiungere altre città. Accanto al terminal e alle fermate degli autobus sono indicate le linee del metró e RER da prendere per raggiungere altre zone di Parigi.

Calais
Traghetti e Eurotunnel per Dover e Folkestone. ***Eurostar*** *da Londra per Parigi* ***Gare du Nord*** *(3 h) passa per Calais ma non accetta passeggeri. Parigi è raggiungibile in auto (2h).*

Le Havre
Traghetti per Portsmouth.
Treni ***SNCF*** *per* ***Gare St-Lazare*** *(2 h).*

Dieppe
Traghetti per Newhaven *(in estate).*
Treni ***SNCF*** *per* ***Gare St-Lazare*** *(2 h 20 min).*

Caen
Traghetti per Portsmouth.
Treni ***SNCF*** *per* ***Gare St-Lazare*** *(1 h 45 min).*

Cherbourg
Traghetti per Portsmouth e Poole.
Treni ***SNCF*** *per* ***Gare St-Lazare*** *(4 h).*

Gare St-Lazare
Rouen *(1 h 10 min).*

Gare Montparnasse
Bordeaux *(3 h)*
Brest *(4 h 30 min)*
Lisbona *(24 h)*
Madrid *(16 h)*
Nantes *(2 h)*
Rennes *(2 h 5 min)*

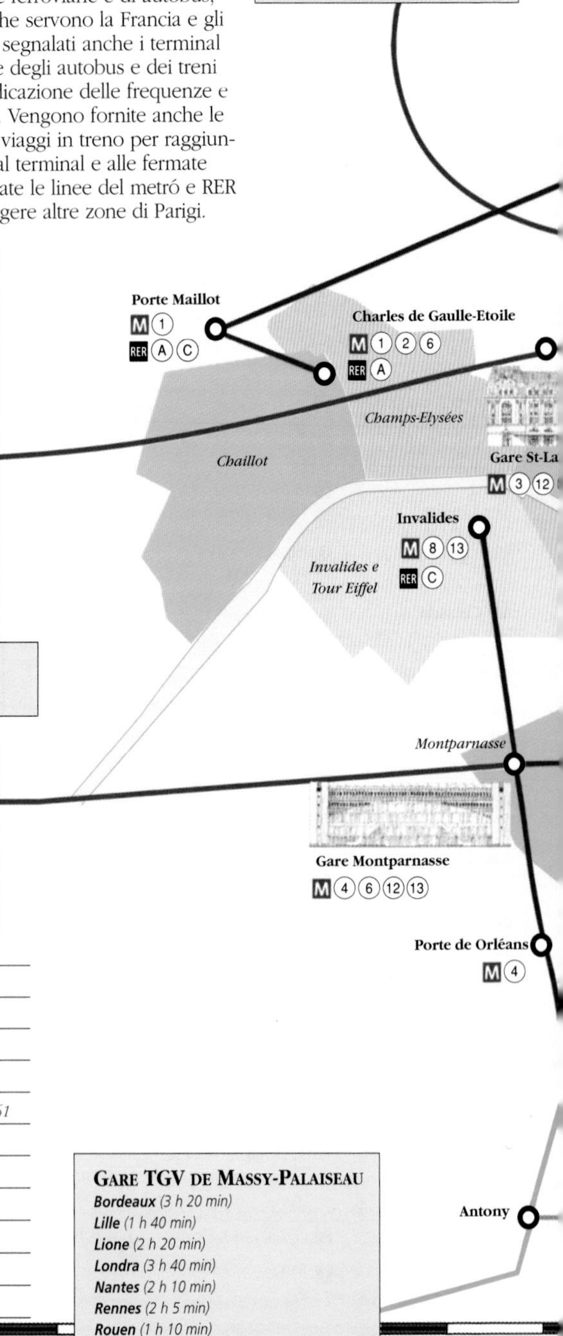

Gare TGV de Massy-Palaiseau
Bordeaux *(3 h 20 min)*
Lille *(1 h 40 min)*
Lione *(2 h 20 min)*
Londra *(3 h 40 min)*
Nantes *(2 h 10 min)*
Rennes *(2 h 5 min)*
Rouen *(1 h 10 min)*

Legenda

SNCF *pp 362–3*
Coaches *p 362*
RATP bus *p 361*
Air France bus *p 361*
RER B-Roissy Rail *p 361*
Orlyrail *p 361*
Orlyval *p 361*
Orlybus *p 361*
Jet Bus *p 361*
M Metropolitana
RER Stazioni RER

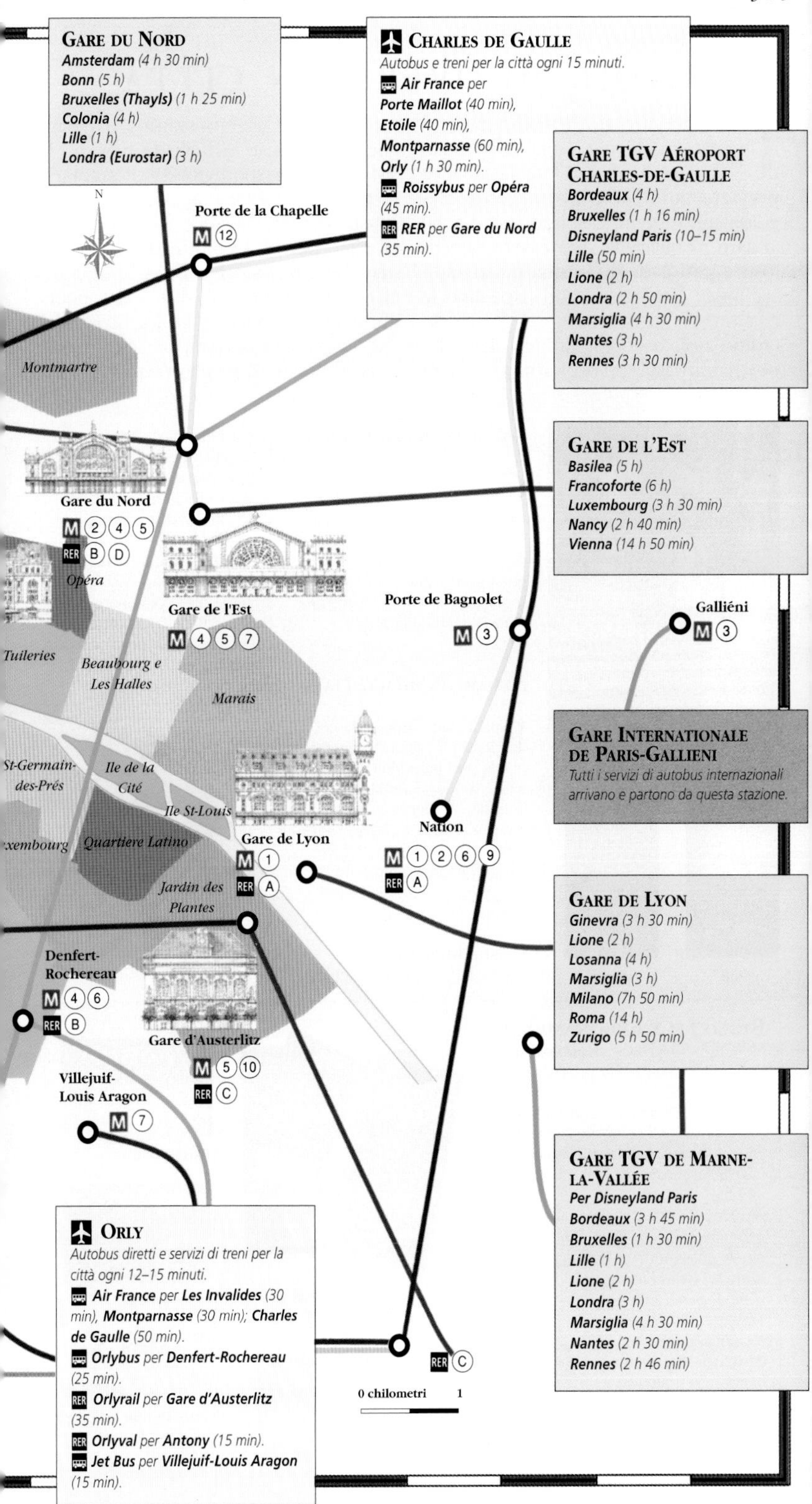

GARE DU NORD
Amsterdam (4 h 30 min)
Bonn (5 h)
Bruxelles (Thayls) (1 h 25 min)
Colonia (4 h)
Lille (1 h)
Londra (Eurostar) (3 h)
CHARLES DE GAULLE
Autobus e treni per la città ogni 15 minuti.
Air France per
Porte Maillot (40 min),
Etoile (40 min),
Montparnasse (60 min),
Orly (1 h 30 min).
Roissybus per Opéra
(45 min).
RER per Gare du Nord
(35 min).
GARE TGV AÉROPORT CHARLES-DE-GAULLE
Bordeaux (4 h)
Bruxelles (1 h 16 min)
Disneyland Paris (10–15 min)
Lille (50 min)
Lione (2 h)
Londra (2 h 50 min)
Marsiglia (4 h 30 min)
Nantes (3 h)
Rennes (3 h 30 min)
N
Porte de la Chapelle
M 12
Montmartre
GARE DE L'EST
Basilea (5 h)
Francoforte (6 h)
Luxembourg (3 h 30 min)
Nancy (2 h 40 min)
Vienna (14 h 50 min)
Gare du Nord
M 2 4 5
RER B D
Opéra
Gare de l'Est
M 4 5 7
Porte de Bagnolet
M 3
Galliéni
M 3
Tuileries
Beaubourg e Les Halles
Marais
GARE INTERNATIONALE DE PARIS-GALLIENI
Tutti i servizi di autobus internazionali arrivano e partono da questa stazione.
St-Germain-des-Prés
Ile de la Cité
Ile St-Louis
Nation
M 1 2 6 9
RER A
Gare de Lyon
M 1
RER A
Quartiere Latino
Jardin des Plantes
GARE DE LYON
Ginevra (3 h 30 min)
Lione (2 h)
Losanna (4 h)
Marsiglia (3 h)
Milano (7h 50 min)
Roma (14 h)
Zurigo (5 h 50 min)
Denfert-Rochereau
M 4 6
RER B
Gare d'Austerlitz
M 5 10
RER C
Villejuif-Louis Aragon
M 7
GARE TGV DE MARNE-LA-VALLÉE
Per Disneyland Paris
Bordeaux (3 h 45 min)
Bruxelles (1 h 30 min)
Lille (1 h)
Lione (2 h)
Londra (3 h)
Marsiglia (4 h 30 min)
Nantes (2 h 30 min)
Rennes (2 h 46 min)
ORLY
Autobus diretti e servizi di treni per la città ogni 12–15 minuti.
Air France per Les Invalides (30 min), Montparnasse (30 min); Charles de Gaulle (50 min).
Orlybus per Denfert-Rochereau (25 min).
RER Orlyrail per Gare d'Austerlitz (35 min).
RER Orlyval per Antony (15 min).
Jet Bus per Villejuif-Louis Aragon (15 min).
RER C
0 chilometri 1

Come muoversi in città

Il centro di Parigi è compatto e il miglior modo per visitarlo è quello di andare a piedi. Tuttavia si deve prestare attenzione al traffico e alla guida imprudente dei francesi. Anche andare in bicicletta può essere pericoloso a causa degli automobilisti indisciplinati, che spesso non rispettano le corsie riservate. Guidare nel centro cittadino non è consigliabile, oltre che per il traffico, spesso caotico, per le molte strade a senso unico e i parcheggi costosi e difficili da trovare. Il sistema dei trasporti RATP, di autobus, metró e treni RER consente invece di spostarsi in modo facile ed economico. La città, per i trasporti, è divisa in cinque zone: le zone 1 e 2 corrispondono al centro e le zone 3, 4 e 5 ai sobborghi e all'aeroporto. La città è divisa anche in 20 arrondissements: ciò aiuta i turisti a orientarsi meglio *(vedi p 357)*.

Gli automobilisti non sempre rispettano le strisce pedonali.

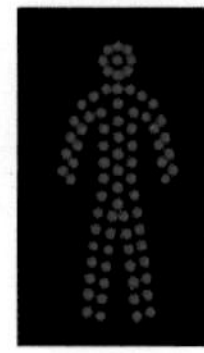

Stop **Avanti**

Camminare per Parigi

Ci sono molte strade da attraversare in due fasi successive: i pedoni devono sostare su un'isola al centro della strada prima di poter proseguire. Questi casi sono segnalati con la scritta: *piétons traversez en deux temps*.

Andare in bicicletta

Parigi è un'ottima città per i ciclisti. È ragionevolmente piana, non grandissima, ha molte strade secondarie in cui il traffico è minore e ha circa 150 km di piste ciclabili (*pistes cyclables*). Gli automobilisti parigini hanno sempre un maggiore rispetto dei ciclisti, che sono sempre di più. Il centro ciclistico del RATP, il **Maison Roue Libre**, nel cuore di Parigi, è molto utile per affittare bici e organizzare tour, oltre che per ripararle e tenerle in custodia (brochure disponibili in molte stazioni RATP, RER e di autobus).
È possibile trasportare le bici sui treni SNCF e in alcune stazioni suburbane anche affittarle. Per i più energici, Bullfrog Bike Tours offre convenienti tour per la città (in lingua inglese), con partenza nelle vicinanze della Tour Eiffel (*p 367*).

Un ciclista a Parigi

Biglietti e abbonamenti

Molti tipi di biglietti e di abbonamenti si acquistano presso le principali stazioni del metró e RER, agli aeroporti e in parecchie agenzie turistiche. Fra questi, i più utili ai turisti sono: i biglietti individuali, o un blocco di 10 (*carnet*) a prezzo scontato; la carta *Mobilis* valida un giorno per zone selezionate; la *Carte Orange*, valida per 1 settimana o un mese, in zone determinate, il tesserino settimanale *(Carte Hebdomadaire)* vi consente viaggi senza limiti in due zone. Il pass *Paris Visite* per uno, due, tre o cinque giorni, prevede riduzioni in alcune mostre ma è piuttosto caro, a meno che non abbiate intenzione di viaggiare tantissimo.

Carte Paris Visite e biglietto valido 1 giorno

Carta Mobilis

Carte Orange

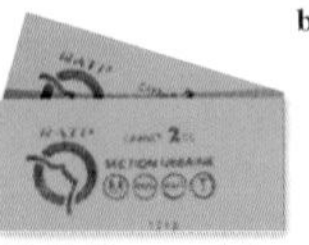

Biglietti per metró, RER o autobus

Biglietto Hebdomadaire

Carte Orange valida un mese per le zone 1 e 2

Guidare a Parigi

Anche se non è consigliabile guidare nel centro di Parigi, si può noleggiare un'auto per visitare le aree più esterne. Per il noleggio servono passaporto e patente di guida (molte agenzie richiedono anche una carta di credito nota). Per il pagamento, con assegno o in contanti, può essere richiesto un ulteriore documento di identificazione (tra cui biglietti aerei e carte di credito). Non sono necessarie patenti di guida internazionali per coloro che provengono dai paesi dell'EU e da Scandinavia, America del Nord, Australia e Nuova Zelanda.

Normalmente bisogna dare la precedenza a destra, anche negli incroci, a meno che non ci sia un segnale di precedenza, *priorité*. Strisce bianche indicano dove le automobili devono dare la precedenza. In Francia le auto hanno di solito la precedenza a destra nelle rotonde, eccetto per l'Arco di Trionfo.

Divieto d'accesso

Parking Interdit (divieto di sosta)

Rimozione forzata

Limite di velocità in km/h

Parcheggi

Parcheggiare a Parigi è difficile e costoso. Parcheggiate solo nelle zone indicate da una grande "P" o dalla scritta *Parking Payant*. Usate le macchine *horodateur* in zona per il pagamento. Non parcheggiate mai dove ci sono i segnali *Parking Interdit* o *Stationnement Interdit*. Nel caso di auto rimorchiate o bloccate dai ceppi, telefonate o recatevi alla più vicina stazione di polizia *(Commissariat de Police)*. In questi casi c'è da pagare una multa, più una somma per ogni giorno di custodia. A Parigi ci sono sette depositi *(perfourrières)*, dove le auto vengono portate a seconda dell'arrondissement e tenute per 48 ore, prima di essere mandate in garage più esterni *(fourrières)*. **Les Relais Parking** è un comodo servizio presente in 20 punti (chioschi) distribuiti nel centro di Parigi, dove troverete autisti professionisti che parcheggeranno e sorveglieranno la vostra auto fino al vostro ritorno.

Come usare un horodateur

Gli horodateur *(parchimetri) operano dalle 9.00 alle 19.00 dal lunedì al venerdì.*

Distributore a tessera

1 Se non avete la tessera, inserite monete secondo le tariffe indicate.

Parking card

2 Se avete la tessera, schiacciate il tasto blu per ogni 15 minuti richiesti.

3 Schiacciare il tasto verde per il biglietto.

4

Noleggio/riparazioni biciclette

Maison Roue Libre
95 bis Rue Rambuteau 75001.
Tav 13 B2. *01 53 46 43 77.*
Noleggio, custodia e riparazioni.

Bullfrog Bike Tours
Ave Gustave Eiffel 75007.
Tav 10 D3. *01 47 42 00 01.*
Tour ciclistici in lingua inglese.

Bicloune
7 Rue Froment 75011.
Tav 14 E3. *01 48 05 47 75.*
Solo vendita e riparazioni.

Paris Vélo c'est sympa!
37 Blvd Bourdon 74004.
Tav 14 D5. *01 48 87 60 01.*
Noleggio.

Paris Vélo
2 Rue du Fer-à-Moulin 75005.
Tav 17 C2. *01 43 37 59 22.*
Noleggio.

RATP Information
08 36 68 77 14.
www.ratp.fr

SNCF Information
08 36 35 35 35.
www.sncf.fr

Noleggio auto

Le agenzie di noleggio a Parigi sono numerose. Segue una lista delle agenzie principali presenti negli aeroporti CDG e Orly, nelle principali stazioni ferroviarie e nel centro della città. Telefonate per prenotare e per informazioni.

ADA
08 36 68 40 02.

Avis
01 49 75 44 91.

Budget
08 00 10 00 01.

Europcar
01 45 00 08 06.

Hertz
08 03 86 18 61.

National Center
01 44 38 61 61.

Les Relais Parking
08 25 82 50 08.
www.relaisparking.com

Viaggiare in metró

Logo della RATP

La RATP (azienda dei trasporti di Parigi) gestisce 14 linee del metró, indicate con il numero e il capolinea, che attraversano Parigi e raggiungono i sobborghi. Il metró è il mezzo più rapido ed economico per attraversare la città, poiché ci sono stazioni sparse per tutta Parigi, facilmente identificabili grazie al loro logo, una grande "M" inserita in un cerchio, e, a volte, grazie alle eleganti entrate in stile Art Nouveau. In tutte le stazioni all'uscita ci sono cartine della città. Il metró e il sistema RER (ferrovie urbane) funzionano nello stesso modo, ma le carrozze RER sono un po' più larghe. Il servizio inizia alle 5.30 e termina all'1.15.

Insegna del metró Art Nouveau

Insegna del metró moderna

Come usare la cartina del metró

Metró e linee RER hanno colori diversi. Le linee del metró sono identificate da un numero stampato ai due capolinea. Alcune stazioni del metró servono una sola linea, altre ne servono diverse. In alcune stazioni arrivano sia il metró sia i treni RER; altre volte le due stazioni sono collegate da passaggi.

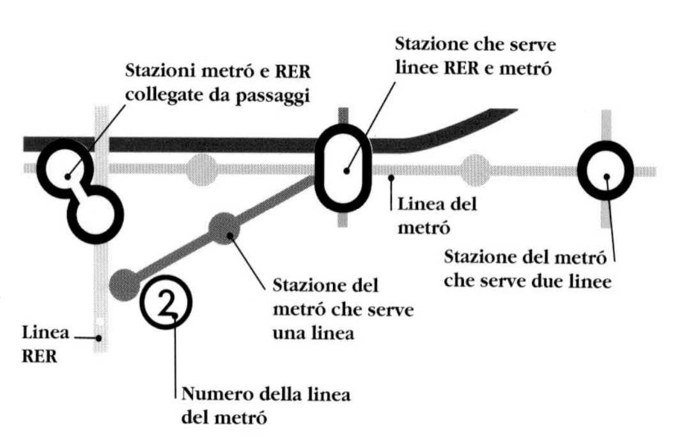

Come usare le linee RER

Il sistema RER serve il traffico pendolare e viaggia in galleria nel centro di Parigi e in superficie nelle zone periferiche. Vi si usano gli stessi biglietti e abbonamenti del metró. Le linee sono cinque, identificate dalle lettere A, B, C, D ed E. Ciascuna linea ha diverse diramazioni, identificate come C1, C2, ecc. Tutti i treni RER hanno un nome (per esempio, ALEX o VERA) che li identifica sugli orari. Pannelli digitali su tutte le banchine RER indicano il nome del treno, la direzione (capolinea) e le stazioni successive.

Le stazioni RER sono indicate da un grande logo rotondo. In città le principali sono: Charles de Gaulle-Etoile, Châtelet-Les-Halles, Gare de Lyon, Nation, St-Michel-Notre-Dame, Auber-Haussmann St-Lazare e Gare du Nord-Magenta.

I due sistemi RER e metró si sovrappongono in centro. È spesso più rapido prendere un treno RER per una stazione servita da entrambi i sistemi, come La Défense e Nation, ma arrivare alle stazioni RER, spesso collegate al metró da un labirinto di corridoi, fa perdere molto tempo.

I treni RER sono particolarmente utili per raggiungere gli aeroporti o i dintorni di Parigi. La linea B3 serve l'aeroporto Charles de Gaulle, la B4 e la C2 servono Orly, la A4 va a Disneyland Paris e la C5 a Versailles.

Logo RER

Biglietti

I biglietti ordinari del metró e della RER sono in vendita singolarmente o in *carnets* da 10, presso i botteghini o i distributori automatici (monete da 1€ e 2€). I pass **Paris Visite** per autobus, metró e RER sono utili e facilmente reperibili (*p 366*); si possono anche acquistare in anticipo presso alcune agenzie di viaggi con prevendita ferroviaria.

Il biglietto del metró "section urbaine"dà diritto a viaggiare nel centro di Parigi nel metró e nei treni RER. I percorsi RER fuori dal centro (come per gli aeroporti) richiedono biglietti speciali. Le tariffe per i sobborghi e i dintorni della città sono diverse. Consultate i cartelli con le tariffe collocati in tutte le stazioni RER.

Il biglietto va conservato per tutta la durata del viaggio, perché vengono effettuati controlli regolari ed è prevista una multa per i passeggeri che ne sono privi.

COME USARE IL METRÓ

1 Per stabilire che linea prendere, dovete trovare la vostra destinazione sulla cartina del metró, che si trova in tutte le stazioni e nella terza di copertina di questa guida. Identificate la linea del metró in base al codice colore e al suo numero. All'estremità della linea troverete il numero del capolinea; tenetelo a mente perché vi servirà per trovare il treno giusto.

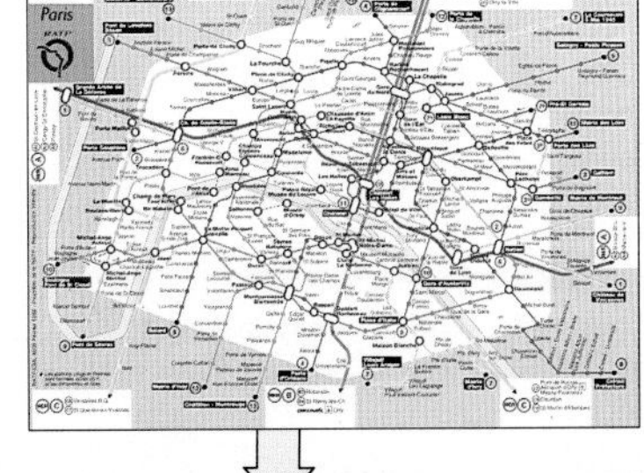

Inserire il biglietto nella prima barriera

Ritirare il biglietto dalla seconda barriera

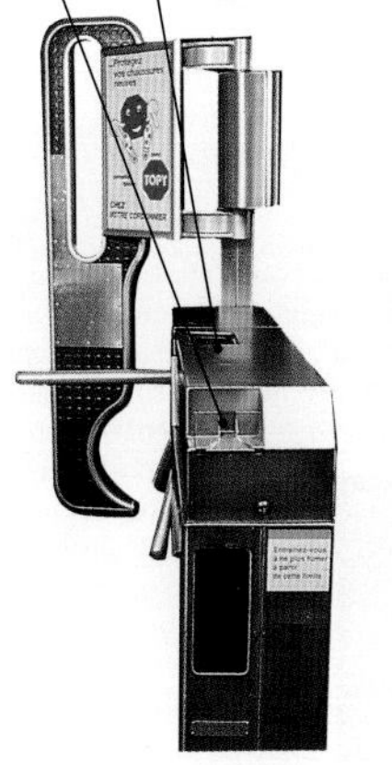

2 I biglietti del metró si vendono nelle stazioni. In alcune ci sono distributori automatici che funzionano a moneta. Tutti i biglietti del metró sono di seconda classe. Il biglietto dà diritto a un solo viaggio, ma con trasbordi illimitati.

3 Per accedere alla banchina inserire il biglietto con la striscia magnetica rivolta verso il basso nella fessura della prima barriera. Ritirare il biglietto dalla seconda fessura e attraversare la barriera.

4 All'ingresso di ogni banchina o nei corridoi della stazione c'è l'elenco delle stazioni successive rispetto a un determinato capolinea. Il capolinea è indicato sulla banchina; controllate che sia quello giusto prima di salire sul treno.

5 Per cambiare linea, scendete alla stazione appropriata e seguite i cartelli *correspondance* collocati sulla banchina che indicano la direzione da seguire.

6 Sui treni più vecchi ci sono maniglie che devono essere alzate per aprire le porte. Su quelli più moderni bisogna invece premere un pulsante. Prima dell'apertura e della chiusura delle porte viene emesso un segnale sonoro.

7 All'interno delle vetture dei treni ci sono cartelli che indicano il percorso completo della linea. Sono indicate tutte le fermate.

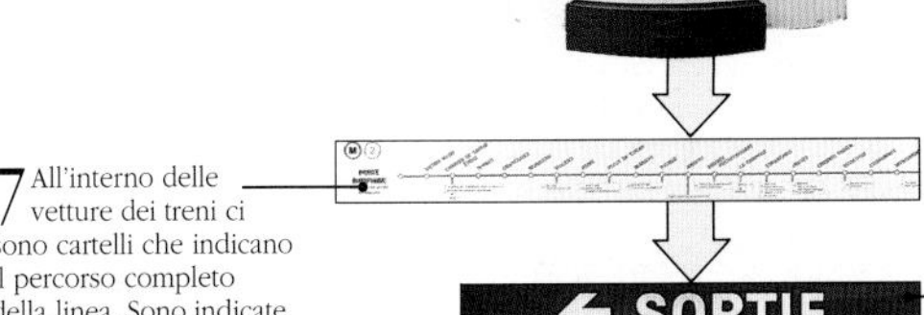

8 La scritta "Sortie" indica l'uscita. A tutte le uscite del metró si trovano cartine dei dintorni.

Viaggiare con l'autobus

L'AUTOBUS È UN OTTIMO mezzo per scoprire la città. Il sistema di autobus è gestito dalla RAPT, come il metró, e i biglietti sono gli stessi. A Parigi ci sono 60 linee di autobus e più di 2000 vetture circolano ogni giorno. Si tratta in genere del mezzo più rapido per le corte distanze, ma gli autobus possono rimanere intrappolati nel traffico cittadino e sono spesso affollati nelle ore di punta. Gli orari delle prime e delle ultime corse variano a seconda della linea. La maggior parte degli autobus fa servizio dal lunedì al sabato, dalla mattina presto alla sera (6–20.30).

Obliteratrice

Biglietto d'autobus

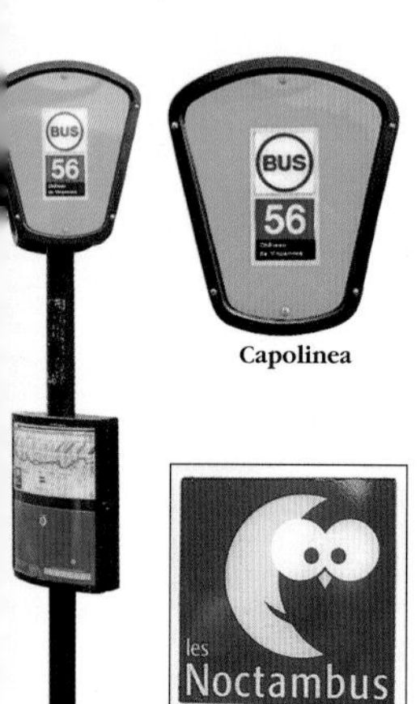

Capolinea

Fermata

Servizio notturno

Cartelli di fermata d'autobus
Il numero corrisponde a quello della linea. Il fondo bianco indica servizio continuato; quello nero indica che il servizio non si effettua la domenica e nei festivi.

Obliterare il biglietto
Inserite il biglietto nell'obliteratrice nel senso della freccia e ritiratelo.

BIGLIETTI E ABBONAMENTI

UN BIGLIETTO DELL'AUTOBUS singolo è valido per una corsa su una sola linea. Se si vuole cambiare linea occorre un nuovo biglietto (eccetto per gli autobus Balabus, Noctambus, Orlybus e Roissybus e per le linee 221, 297, 299, 350 e 351). I bambini sotto i quattro anni viaggiano gratis, quelli tra quattro e 10 anni pagano metà biglietto. Si possono acquistare *carnet* di 10 biglietti, ciascuno valido per una sola corsa su un solo autobus o metró. Comunque, i *carnet* si possono trovare solo nelle stazioni del metró. I biglietti del metró sono validi sugli autobus. I biglietti dell'autobus si acquistano in vettura dal conducente e devono essere obliterati, perché siano validi. Inserite il biglietto nell'obliteratrice all'interno della vettura e conservatelo fino alla fine del viaggio. Si effettuano infatti controlli casuali e sono previste multe per i viaggiatori sprovvisti di biglietto o con biglietto non obliterato.

Per la fermata

Le tratte sono indicate sulle cartine del percorso, all'esterno degli autobus e alle fermate. Il conducente vi potrà indicare quanti biglietti vi servono per raggiungere la vostra destinazione.

Gli abbonamenti consentono viaggi illimitati e non vanno obliterati. Vanno mostrati al conducente, al momento della salita (*p 366*).

Autobus parigini
Il numero e la destinazione dell'autobus sono indicati sul pannello frontale. Alcune vetture hanno una piattaforma posteriore aperta, ma sono sempre più rare.

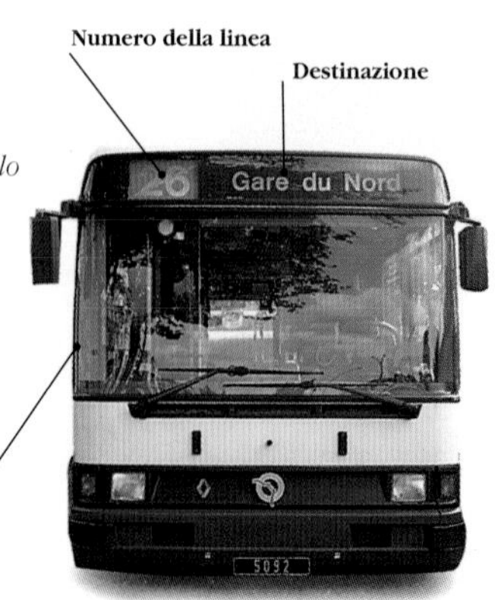

Numero della linea

Destinazione

Si sale dalla porta anteriore

Pannello frontale d'informazione

Numero della linea sulla parte posteriore

Piattaforma posteriore aperta

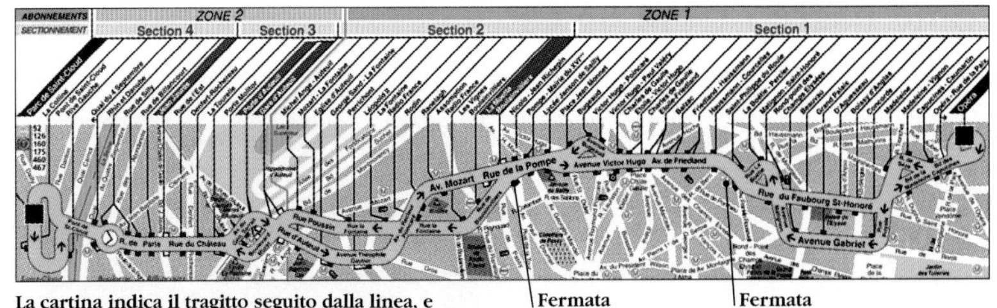

La cartina indica il tragitto seguito dalla linea, e indica anche le fermate, le stazioni della metropolitana e della RER.

Fermata bus

Fermata metrò

Come usare l'autobus

Sui cartelli alle fermate degli autobus, segnalate dal logo RATP, è indicato il numero della linea relativa. Le cartine con i percorsi, collocate alle fermate, indicano il numero di biglietti necessario a raggiungere la destinazione. Indicano anche i cambi da effettuare, gli orari e l'ora della prima e dell'ultima corsa.

La maggior parte delle fermate sono a richiesta. Alcuni nuovi modelli hanno porte multiple che si aprono premendo un bottone rosso all'interno o all'esterno dell'autobus. In tutte le vetture c'è il campanello per richiedere la fermata. Alcuni autobus non arrivano al capolinea; in questo caso il nome della destinazione è barrato.

Gli autobus non sono attrezzati per gli handicappati, ma alcuni posti sono riservati ai disabili, agli anziani, ai reduci e alle donne incinte. Questi posti sono contrassegnati e devono essere ceduti su richiesta.

Autobus notturni e festivi

Ci sono 18 linee in servizio notturno in tutta Parigi e periferia, chiamate Noctambus (1–5.30 tutti i giorni). La maggior parte fanno capolinea a Châtelet, all'Avenue Victoria o in Rue St-Martin. Le fermate dei Noctambus sono segnalate da un cartello con un gufo e una luna gialla e sono a richiesta. Sono validi gli abbonamenti, ma non i normali biglietti del metró. Le tariffe variano a seconda delle destinazioni e i biglietti si possono acquistare in vettura.

La RATP gestisce anche degli autobus al Bois de Vincennes e al Bois de Boulogne durante l'estate. Il **RATP Information** è estemamente utile per avere notizie su questi servizi, sul modo più veloce per muoversi in città e per avere informazioni su biglietti e abbonamenti in generale.

RATP Information
53 Quai des Grands Augustins
75006. *08 36 68 77 14.*
www. ratp.fr

Linee di autobus utili

Le linee indicate sono consigliate per girare intorno al centro di Parigi e vedere alcuni dei principali monumenti. La cartina indica le principali fermate, le stazioni del metró più vicine e la dislocazione di alcuni monumenti.

Gare St-Lazare M
Opéra de Paris Garnier
Opéra M
Bourse M
Tour Eiffel
Dôme
Invalides M
Musée du Louvre
Champs de Mars M
Pont du Carrousel
Rambuteau M
Centre Pompidou
Hôtel de Ville M
St-Germain-des-Prés M
Turenne Francs-Bourgeois
St-Paul M
Cluny M
Bastille M
Tour Montparnasse
Musée de Cluny
Gare Montparnasse M
Opéra de Paris Bastille

Legenda

Linea 29
Linea 69
Linea 96
M Metropolitana

Come usare i treni SNCF

Le ferrovie statali francesi, Société Nationale des Chemins de Fer (**SNCF**), offrono due tipi di servizio a Parigi: i treni per la Banlieue e i treni Grandes Lignes, o treni a lunga distanza. Il servizio per la banlieue opera all'interno di cinque zone *(p 366)*. I treni a lunga distanza coprono tutta la Francia. Questi servizi consentono ai turisti di visitare le aree intorno a Parigi con gite della durata di un giorno. I treni TGV, ad alta velocità, sono molto utili per questo tipo di spostamenti, viaggiando a una velocità doppia rispetto ai treni normali *(pp 362–3)*.

La Gare de l'Est in una foto del 1920

Stazioni ferroviarie

Parigi, nodo ferroviario cruciale per la Francia e l'intero continente, ha sei stazioni internazionali: la Gare du Nord, la Gare de l'Est, la Gare de Lyon, la Gare d'Austerlitz, la Gare St-Lazare e la Gare Montparnasse.

In tutte le principali stazioni ferroviarie si fermano sia i treni a lunga percorrenza, sia quelli della banlieue. Alcune delle principali località, come Versailles e Chantilly, sono servite da entrambi i tipi di treno.

Carrello per bagagli

Nelle stazioni ci sono cartelli per gli arrivi e le partenze che indicano il numero del treno, l'orario di partenza e di arrivo, il ritardo, il numero o la lettera del binario, la provenienza e le principali fermate. Per trasportare i bagagli ci sono carrelli per i quali occorre una moneta da 1€, recuperabile dopo l'uso.

Biglietti

I biglietti per le destinazioni suburbane sono acquistabili anche da distributori automatici collocati nelle stazioni, per cui fate scorta di monete. I distributori danno il resto. Prima di acquistare i biglietti è consigliabile chiedere delucidazioni all'ufficio informazioni o alla biglietteria. I biglietti e le prenotazioni devono essere obliterati *(composter)* prima di salire in treno nell'apposita macchinetta *(composteur)*. Vengono sempre effettuati controlli e in caso di irregolarità vengono comminate delle multe. Gli sportelli delle biglietterie indicano il tipo di biglietti *(billets)* venduti: *Banlieue* per biglietti suburbani, *Grandes Lignes* per biglietti di lunga percorrenza, e *Internationale* per biglietti internazionali.

Ci sono sconti tra il 25% e il 50% per adulti oltre i 60 anni (*Découverte Senior*), per giovani sotto i 26 (*Découverte 12-25*), per più di quattro adulti che viaggino con un bimbo sotto i 12 (*Découverte Enfant Plus*), o per chiunque prenoti 30 oppure 8 giorni prima (*Découverte J30* o *J8*).

Obliteratrice
I composteur *sono collocati nelle hall delle stazioni e all'inizio dei binari. Biglietti e prenotazioni vanno inseriti a faccia in su.*

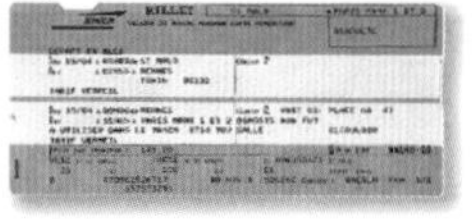

Biglietto obliterato

Sconti per studenti e giovani

Nouvelles Frontières
87 Blvd de Grenelle 75015. **Tav** 10 D4.
08 25 00 08 25/01 45 68 70 00
www.nouvelles-frontieres.fr

Wasteels
12 Rue La Fayette 75009. **Tav** 6 E4.
01 42 47 82 77.

Treni per la banlieue

Le linee suburbane si trovano in tutte le principali stazioni parigine e sono chiaramente contrassegnate dalla scritta Banlieue. Su questi treni non valgono i biglietti urbani, salvo alcuni biglietti RER per stazioni che servono linee SNCF e RER. I treni della banlieue raggiungono alcune mete turistiche, come Chantilly, Chartres, Fontainebleau, Giverny e Versailles *(pp 248–53)*. Per informazioni telefonate alle ferrovie SNCF allo 08 36 35 35 35 o consultate il sito: www.sncf.fr.

Un treno per la banlieue

Viaggiare in taxi

I TAXI SONO PIÙ COSTOSI dei treni e degli autobus, ma utili dopo l'1.00 di notte, quando cessa il servizio del metró. I posteggi dei taxi sono sparsi per tutta la città; una lista dei principali è riportata in basso.

L'insegna di un posteggio taxi

COME PRENDERE UN TAXI

A PARIGI CI SONO più di 10000 taxi. E tuttavia non sembrano sufficienti, soprattutto durante le ore di punta e il venerdì e il sabato sera.

I taxi possono essere fermati per strada a non meno di 50 m dal posteggio. Il sistema più semplice per prendere un taxi è però trovare un posteggio e fare la coda. Ci sono posteggi a molti degli incroci più importanti, alle principali stazioni del metró e RER e a tutti gli ospedali, le stazioni ferroviarie e gli aeroporti. La luce bianca sul tetto della vettura indica che il taxi è libero. Una piccola luce sotto la scritta taxi vuol dire che la vettura è occupata. Se la luce bianca è coperta, il taxi è fuori servizio. Durante l'ultima corsa i taxi possono rifiutarsi di caricare passeggeri.

Il tassametro deve indicare una determinata cifra iniziale quando il taxi è al posteggio o viene fermato per strada. In caso di chiamata via radio, questa cifra dipende dalla distanza coperta dal taxi per arrivare. Per il pagamento non si accettano né assegni né carte di credito.

Le tariffe variano in base alla zona della città e all'ora. La tariffa A, misurata per chilometro è quella del centro. La tariffa B, più alta, si applica al centro di domenica, nei giorni festivi e di notte (19–7), o di giorno nei sobborghi o aeroporti. La tariffa C, ancora più cara, è usata di notte nei sobborghi e per gli aeroporti. Per ogni collo c'è un sovrapprezzo.

Un tipico taxi parigino

INDIRIZZI

POSTEGGI TAXI

Charles de Gaulle-Etoile
1 Ave Wagram 75017.
Tav 4 D4.
01 43 80 01 99.

Tour Eiffel
Quai Branly 75007.
Tav 10 D3.
01 45 55 85 41.

Metro Concorde
252 Rue de Rivoli 75001.
Tav 11 C1.
01 42 61 67 60.

Place de Clichy
Pl de Clichy 75009.
Tav 6 D1.
01 42 85 00 00.

Place Denfert-Rochereau
297 Blvd Raspail 75014.
Tav 16 E3.
01 43 35 00 00.

Place de la Madeleine
8 Blvd Malesherbes 75008.
Tav 5 C5.
01 42 65 00 00.

Place de la République
1 Ave de la République 75011. **Tav** 14 D1.
01 43 55 92 64.

Place St-Michel
29 Quai St-Michel 75005.
Tav 13 A4.
01 43 29 63 66.

Place du Trocadéro
1 Ave D'Eylau 75016.
Tav 9 C1.
01 47 27 00 00.

Rond Point des Champs-Elysées
7 Ave Matignon 75008.
Tav 5 A5.
01 42 56 29 00.

St-Paul
M St-Paul. **Tav** 13 C3.
01 48 87 49 39.

RADIOTAXI

Alpha
01 45 85 85 85.

Artaxi
01 42 03 50 50.

G7
01 47 39 47 39.

Les Taxis Bleus
01 49 36 10 10.

INFORMAZIONI SNCF

Informazioni generali e prenotazione biglietti
08 36 35 35 35.
W www.sncf.fr

TAA (Treno+auto)
01 53 33 60 11 (Parigi Bercy), o 01 56 33 06 00 (CRNI, per treni internazionali).

STRADARIO

LE TAVOLE CITATE accanto a monumenti, alberghi, ristoranti, negozi e ritrovi si riferiscono alle cartine pubblicate in questo capitolo (*vedi* Come usare le tavole, nella pagina a fronte). Nelle pagine che seguono c'è l'indice completo delle strade e di tutti i luoghi di interesse segnati sulle tavole. Le tavole di riferimento indicano l'area urbana coperta dallo *Stradario*, con i numeri degli arrondissement. Le tavole comprendono, oltre alle zone turistiche (con un codice colore), l'intero centro di Parigi con tutte le zone dove si trovano alberghi, ristoranti, negozi e locali importanti. I simboli usati nello stradario sono indicati nella pagina a fianco.

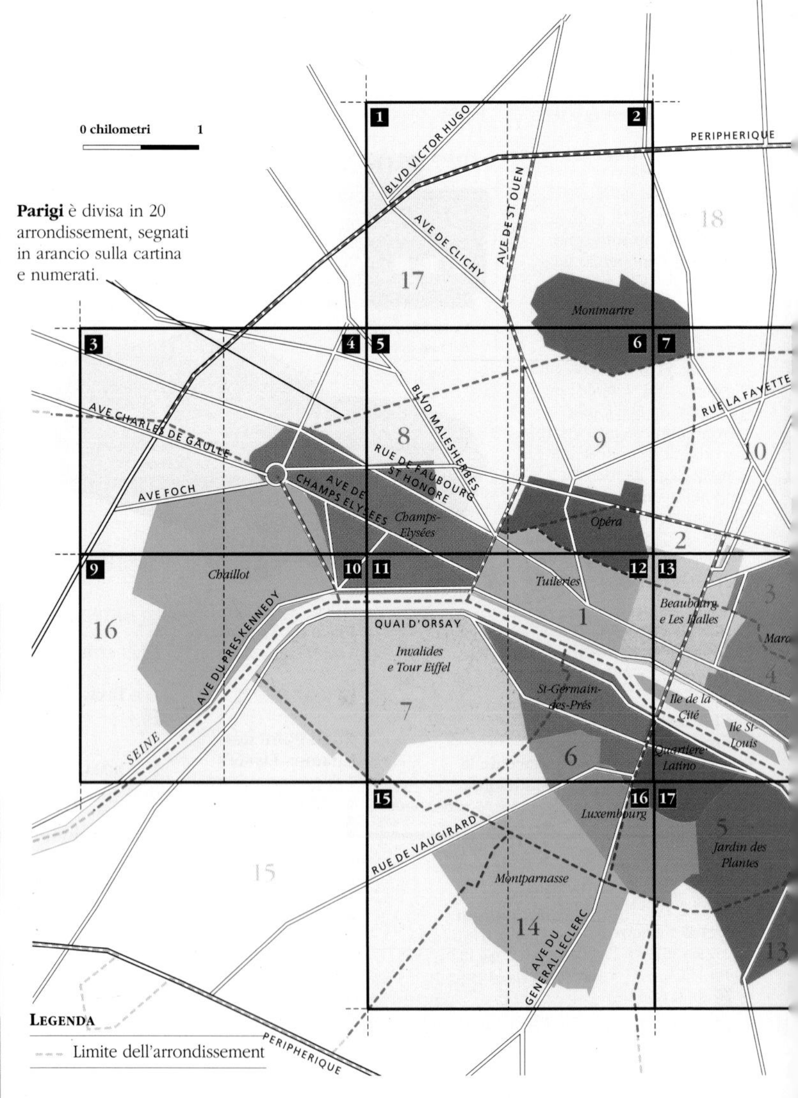

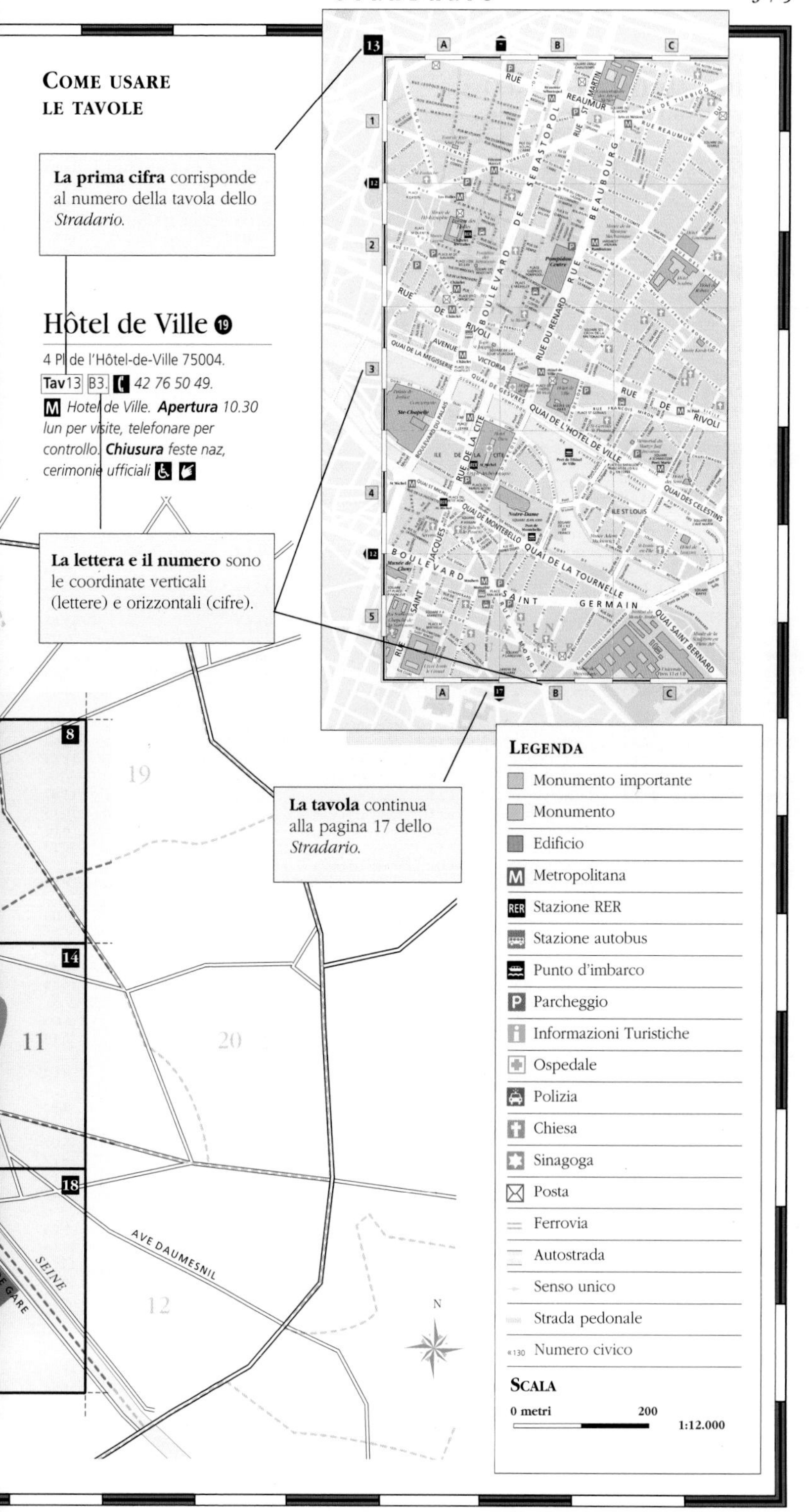
COME USARE LE TAVOLE
La prima cifra corrisponde al numero della tavola dello Stradario.
Hôtel de Ville 19
4 Pl de l'Hôtel-de-Ville 75004.
Tav 13 B3. 42 76 50 49.
Hotel de Ville. Apertura 10.30 lun per visite, telefonare per controllo. Chiusura feste naz, cerimonie ufficiali
La lettera e il numero sono le coordinate verticali (lettere) e orizzontali (cifre).
La tavola continua alla pagina 17 dello Stradario.
LEGENDA
Monumento importante
Monumento
Edificio
Metropolitana
Stazione RER
Stazione autobus
Punto d'imbarco
Parcheggio
Informazioni Turistiche
Ospedale
Polizia
Chiesa
Sinagoga
Posta
Ferrovia
Autostrada
Senso unico
Strada pedonale
130 Numero civico
SCALA
0 metri 200
1:12.000
AVE DAUMESNIL
SEINE
BOULEVARD DE SEBASTOPOL
RUE BEAUBOURG
RUE DU RENARD
RUE DE RIVOLI
QUAI DE L'HOTEL DE VILLE
QUAI DE LA TOURNELLE
BOULEVARD SAINT GERMAIN
RUE DE LA CITE
QUAI DES CELESTINS
QUAI SAINT BERNARD
RUE SAINT JACQUES

Indice dello stradario

A

B

Ogni nome è seguito dal numero dell'arrondissement e dalle coordinate dello stradario

Bugeaud, Ave (16) **3 B5**
Buisson St-Louis, Passage du (10) **8 E4**
Buisson St-Louis, Rue du (10) **8 F4**
Bullourde, Passage (11) **14 F4**
Buot, Rue (13) **17 B5**
Burnouf, Rue (19) **8 F3**
Burq, Rue (18) **6 E1**
Butte aux Cailles, Rue de la (13) **17 B5**

C

C Dain, Rue **2 E1**
Cabanis, Rue (14) **16 F5**
Cadet, Rue (9) **6 F4**
segue **7 A3**
Caffarelli, Rue (3) **14 D1**
Cail, Rue (10) **7 C2**
Caillié, Rue (18) **8 D1**
Caire, Passage du (2) **7 B5**
Caire, Rue du (2) **7 B5**
Calais, Rue de (9) **6 D2**
Calmels, Impasse (18) **2 F4**
Calmels, Rue (18) **2 F4**
Calmels Prolongée, Rue (18) **2 F4**
Calvaire, Pl du (18) **6 F1**
Cambacérès, Rue (8) **5 B4**
Cambon, Rue (1) **6 D5**
Cambronne, Pl (15) **10 F5**
Cambronne, Sq (15) **10 F5**
Camille Blaisot, Rue (17) **2 D3**
Camille Flammarion, Rue (18) **2 F3**
Camille Jullian, Pl (6) **16 E2**
Campagne Première, Rue (14) **16 E2**
Campo Formio, Rue de (13) **17 C3**
Canada, Pl du (8) **11 A1**
Canettes, Rue des (6) **12 E4**
Cange, Rue du (14) **15 B4**
Cantagrel, Rue (13) **18 F5**
Cantal, Cour du (11) **14 E4**
Capitaine Glarner, Ave du **2 D1**
Capitaine Scott, Rue du (15) **10 D4**
Capitan, Sq (5) **17 B1**
Caplat, Rue (18) **7 B1**
Capron, Rue (18) **6 D1**
Capucines, Blvd des (2, 9) **6 D5**
Capucines, Rue des (1, 2) **6 D5**
Cardan, Rue (17) **1 B4**
Cardinal Amette, Pl du (15) **10 E5**
Cardinal Guibert, Rue du (18) **6 F1**
Cardinal Lemoine, Cité du (5) **13 B5**
Cardinal Lemoine, Rue du (5) **17 B1**
Cardinal Mercier, Rue (9) **6 D2**
Cardinet, Passage (17) **5 A1**
Cardinet, Rue (17) **1 B5**
segue **4 F2**
segue **5 A1**
Carmes, Rue des (5) **13 A5**
Carnot, Ave (17) **4 D3**
Carnot, Rue (17) **2 D2**
Caroline, Rue (17) **5 C2**
Caron, Rue (4) **14 D4**
Carpeaux, Rue (18) **2 D5**
Carpeaux, Rue du Sq (18) **2 E4**
Carpeaux, Sq (18) **2 E4**
Carreau du Temple (3) **14 D1**
Carrée, Cour (1) **12 F2**
Carrousel, Pl du (1) **12 E2**
Carrousel, Pont du (1, 6, 7) **12 E2**
Casimir Delavigne, Rue (6) **12 F5**
Casimir Périer, Rue (7) **11 B3**
Cassette, Rue (6) **12 D5**
Cassini, Rue (14) **16 E3**
Castagnary, Rue (15) **15 A3**
Castellane, Rue de (8) **5 C4**
Castex, Rue (4) **14 D4**
Castiglione, Rue de (1) **12 D1**
Catacombs (14) **16 E3**
Catalogne, Pl de (15) **15 B3**
Catulle Mendès, Rue (17) **4 D1**
Cauallotti, Rue (18) **6 D1**
Cauchois, Rue (18) **6 E1**
Caulaincourt, Rue (18) **2 E5**
segue **6 D1**
Caumartin, Rue de (9) **6 D4**
Cavalerie, Rue de la (15) **10 E5**
Cavalière Fortunée, Allée (16) **3 A4**
Cavalière St Denis, Allée (16) **3 A4**
Cavallotti, Rue (18) **6 D1**
Cave, Rue (18) **7 B1**
Cazotte, Rue (18) **7 A1**
Cel Scott, Rue du (15) **10 D4**
Célestins, Port des (4) **13 C4**
Célestins, Quai des (4) **13 C4**
Cels, Rue (14) **15 C3**
Censier, Rue (5) **17 B2**
Centre de Conférences Internationales (16) **4 D5**
Cerisaie, Rue de la (4) **14 D4**
Cerisoles, Rue de (8) **4 F5**
Cernuschi, Rue (17) **4 F1**
César Caire, Ave (8) **5 B3**
Chabanais, Rue (1) **12 E1**
Chabrol, Cité de (10) **7 B3**
Chabrol, Rue de (10) **7 B3**
Chaillot, Rue de (16) **4 E5**
segue **10 E1**
Chaise, Rue de la (7) **12 D4**
Chaise Récamier, Sq (7) **12 D4**
Chalet, Rue du (10) **8 F4**
Chalgrin, Rue (16) **3 C4**
Chalon, Cour de (12) **18 F1**
Chalon, Rue de (12) **18 F1**
Chambiges, Rue (8) **10 F1**
Chambre de Commerce et d'Industrie de Paris (8) **4 F4**
Champ de l'Alouette, Rue du (13) **17 A4**
Champ de Mars, Rue du (7) **10 F3**
Champ Marie, Passage du **2 F3**
Champagny, Rue de (7) **11 B3**
Champaubert, Ave de (15) **10 E4**
Champerret, Allée de la Porte de (17) **3 C1**
Champerret, Porte de (17) **3 C1**
Champfleury, Rue (7) **10 E4**
Championnet, Rue (18) **2 E4**
Champollion, Rue (5) **12 F5**
Champs, Galerie de (8) **4 F4**
Champs-Elysées, Ave des (8) **11 B1**
segue **4 E4**
segue **5 A5**
Champs-Elysées, Carré (8) **11 B1**
Champs-Elysées, Port des (8) **11 A1**
Champs-Elysées, Rond Point des (8) **5 A5**
Chanaleilles, Rue de (7) **11 B4**
Chancelier Adenauer, Pl du (16) **3 B5**
Change, Pont au (1) **13 A3**
Chanoine Viollet, Sq du (14) **15 C4**
Chanoinesse, Rue (4) **13 B4**
Chantier, Passage du (12) **14 F4**
Chantiers, Rue des (5) **13 B5**
Chantilly, Rue de (9) **7 A3**
Chapelle, Ave de la (17) **3 C2**
Chapelle, Blvd de la (10, 18) **7 C1**
Chapelle, Cité de la (18) **7 C1**
Chapelle, Pl de la (18) **7 C1**
Chapelle de la Sorbonne (5) **13 A5**
Chapon, Rue (3) **13 C1**
Chappe, Rue (18) **6 F1**
Chaptal, Cité (9) **6 E2**
Chaptal, Rue (9) **6 E2**
Charbonnière, Rue de la (18) **7 B1**
Charbonniers, Passage des (15) **15 A1**
Charcot, Rue (13) **18 E4**
Chardin, Rue (16) **9 C3**
Charenton, Rue de (12) **14 F5**
Charlemagne, Rue (4) **13 C4**
Charles Albert, Passage (17) **2 D3**
Charles Baudelaire, Rue (12) **14 F5**
Charles Bernard, Place (18) **2 F4**
Charles Dallery, Passage (11) **14 F3**
Charles de Gaulle, Ave **3 A2**
Charles de Gaulle, Pl (16) **4 D4**
Charles de Gaulle, Pont (12, 13) **18 E2**
Charles Dickens, Rue (16) **9 C3**
Charles Dickens, Sq (16) **9 C3**
Charles Divry, Rue (14) **16 D4**
Charles Dullin, Pl (18) **6 F1**
Charles V, Rue (4) **14 D4**
Charles Fillion, Pl (17) **1 B5**
Charles Floquet, Ave (7) **10 E4**
Charles Garmer, Rue **2 F1**
Charles Girault, Ave (8) **11 B1**
Charles Godon, Cité (9) **6 F3**
Charles Laffitte, Rue **3 A3**
Charles Lamoureux, Rue (16) **3 B5**
Charles Luizet, Rue (11) **14 E2**
Charles Moureu, Rue (13) **18 D5**
Charles Nodier, Rue (18) **7 A1**
Charles Risler, Ave (7) **10 E4**
Charles Schmidt, Rue **2 E1**
Charles Weiss, Rue (15) **15 A4**
Charlet, Rue (15) **15 B2**
Charlot, Rue (3) **14 D1**
Charonne, Rue de (11) **14 F4**
Charras, Rue (9) **6 D4**
Chartière, Impasse (5) **13 A5**
Chartres, Rue de (18) **7 B1**
Chartres, Rue de **3 B2**
Chartreux, Rue des (6) **16 E2**
Chassaigne-Goyon, Pl (8) **5 A4**
Chasseurs, Ave des (17) **4 F1**
Château, Rue du (14) **15 C4**
Château d'Eau, Rue du (10) **7 C5**
Château des Rentiers, Rue du (13) **18 D5**
Château Landon, Rue du (10) **8 D2**
Château Rouge, Pl du (18) **7 B1**
Châteaubriand, Rue de (8) **4 E4**
Châteaudun, Rue de (9) **6 E3**
Châtelet, Pl du (1, 4) **13 A3**
Châtillon, Rue de (14) **15 C5**
Chauchat, Rue (9) **6 F4**
Chaudron, Rue (10) **8 D2**
Chaufourniers, Rue des (19) **8 E3**
Chaumont, Rue de (19) **8 E2**
Chauveau Lagarde, Rue (8) **5 C5**
Chazelles, Rue de (17) **4 F2**
Chemin Vert, Passage du (11) **14 F2**
Chemin Vert, Rue du (11) **14 F3**
Chénier, Rue (2) **7 B5**
Cherche Midi, Rue du (6) **11 C5**
segue **12 D5**
Cherche Midi, Rue du (15, 6) **15 B1**
Chernoviz, Rue (16) **9 B3**
Chéroy, Rue de (17) **5 B2**
Chérubini, Rue (2) **6 E5**
Cheval Blanc, Passage du (11) **14 E4**
Chevaleret, Rue du (13) **18 F5**
Chevert, Rue (7) **11 A3**
Cheverus, Rue de (9) **6 D3**
Chevet, Rue du (11) **8 E5**
Chevreuse, Rue de (6) **16 E2**
Choiseul, Passage (2) **6 E5**
Choiseul, Rue de (2) **6 E5**
Choisy, Ave de (13) **17 C5**
Chomel, Rue (7) **12 D4**
Chopin, Pl (16) **9 A3**
Choron, Rue (9) **6 F3**
Christiani, Rue (18) **7 A1**
Christine, Rue (6) **12 F4**
Christophe Colomb, Rue (16) **4 E5**
Cicé, Rue de (6) **16 D1**
Cimarosa, Rue (16) **3 C5**
Cimetière de Montmartre (18) **6 D1**
segue **2 D5**
Cimetière de Passy (16) **9 C2**
Cimetière des Batignolles, Ave de **1 A3**
Cimetière du Montparnasse (14) **16 D3**
Cimetière Parisien des Batignolles (17) **1 B3**
Cimetière St Benoît, Rue du (5) **13 A5**
Cimetière St Vincent (18) **2 F5**
Cino del Duca, Rue (17) **3 B1**
Cinq Diamants, Rue des (13) **17 B5**
Cinq Martyrs du Lycée Buffon, Pont des (14, 15) **15 B3**
Cirque, Rue de (8) **5 B5**
Ciseaux, Rue des (6) **12 E4**
Cité, Rue de la (4) **13 A4**
Civiale, Rue (10) **8 F4**
Clairaut, Rue (17) **1 C5**
Clapeyron, Rue (8) **5 C2**
Claridge, Galerie du (8) **4 F5**
Claude Bernard, Rue (5) **17 A2**
Claude Debussy, Rue (17) **3 C1**
Claude Debussy, Sq (17) **5 A1**
Claude Pouillet, Rue (17) **5 B1**
Claude Vellefaux, Ave (10) **8 E4**
Claude-Nicolas Ledoux, Sq (14) **16 E4**
Clauzel, Rue (9) **6 F3**
Clef, Rue de la (5) **17 B2**
Clément, Rue (6) **12 E4**

Clément Marot, Rue (8) **4 F5**
Cler, Rue (7) **10 F3**
Cléry, Rue de (2) **7 A5**
Clichy, Ave de (17, 18) **6 D1**
Clichy, Ave de (17) **1 B4**
Clichy, Ave de la Porte de (17) **1 A4**
Clichy, Blvd de (9, 18) **6 E2**
Clichy, Passage de (18) **6 D1**
Clichy, Place de (18) **6 D1**
Clichy, Porte de **1 A3**
Clichy, Porte de (17) **1 A4**
Clichy, Rue de **1 C1**
Clichy, Rue de (9) **6 D2**
Clignancourt, Rue de (18) **7 A1**
Clisson, Rue (13) **18 E4**
Cloche Perce, Rue (4) **13 C3**
Clodion, Rue (15) **10 D4**
Cloître Notre-Dame, Rue du (4) **13 B4**
Cloître St Mérri, Rue du (4) **13 B2**
Clotaire, Rue (5) **17 A1**
Clotilde, Rue (5) **17 A1**
Clovis, Rue (5) **17 B1**
Clovis Hugues, Rue (19) **8 F2**
Cloys, Passage des (18) **2 E4**
Cloys, Rue des (18) **2 F4**
Cluny, Rue de (5) **13 A5**
Cochin, Rue (5) **13 B5**
Coëtlogon, Rue (6) **12 D5**
Cognacq Jay, Rue (7) **10 F2**
Colbert, Rue (2) **6 F5**
Colette, Pl (1) **12 E1**
Colisée, Rue du (8) **5 A4**
Collégiale, Rue de la (5) **17 B3**
Collet, Villa (15) **15 B5**
Collette, Rue (17) **2 D4**
Colombe, Rue de la (4) **13 B4**
Colonel Bonnet, Ave du (16) **9 A3**
Colonel Combes, Rue du (7) **10 F2**
Colonel Debussy, Rue (17) **3 C1**
Colonel Driant, Rue du (1) **12 F1**
Colonel Fabien, Pl du (10, 19) **8 E3**
Colonel Manhès, Rue de (17) **1 C4**
Colonel Marot, Rue (8) **10 F1**
Colonels Renard, Rue des (17) **4 D3**
Colonne de Juillet (4, 12) **14 E4**
Comédie Française (1) **12 E1**
Comète, Rue de la (7) **11 A3**
Commaille, Rue de (7) **11 C4**
Commandant Charles Martel, Passage du (17) **5 B1**
Commandant Lamy, Rue du (11) **14 F3**
Commandant Marchand, Rue du (16) **3 B3**
Commandant Pilot, Rue du **3 A2**
Commandant Puegeot, Rue du (17) **3 C1**
Commandant Rivière, Rue du (8) **5 A4**
Commandant Schloesing, Rue du (16) **9 C2**
Commandeur, Rue du (14) **16 D5**
Commendant René Mouchotte, Rue du (14, 15) **15 C2**
Commerce, Rue du (15) **10 E5**
Commerce St Martin, Passage du (3) **13 B2**
Commines, Rue (3) **14 D2**
Commun, Passage (8) **10 F1**
Commun, Passage (8) **5 A3**
Commun, Passage (8) **5 A4**
Commun, Passage (8) **6 D3**
Commun, Passage (12) **14 F5**
Commun, Passage (17) **2 D3**
Compiègne, Rue de (10) **7 B2**
Comtesse, Allée (8) **5 A3**
Conciergerie (1) **13 A3**
Concorde, Pl de la (8) **11 C1**
Concorde, Pont de la (7, 8) **11 B1**
Condé, Rue de (6) **12 F5**
Condorcet, Cité (9) **7 A3**
Condorcet, Rue (9) **6 F2**
segue **7 A2**
Conférence, Port de la (8) **10 F1**
Conseiller Collignon, Rue du (16) **9 A2**
Conservatoire, Rue du (9) **7 A4**
Conservatoire des Arts et Métiers (3) **13 B1**
Conservatoire National Supérieur d'Art Dramatique (9) **7 A4**
Constance, Rue (18) **6 E1**
Constant Coquelin, Ave (7) **11 B5**
Constantin Brancusi, Pl (14) **15 C3**
Constantine, Rue de (7) **11 B2**
Constantinople, Rue de (8) **5 B2**
Conté, Rue (3) **13 C1**
Conti, Quai de (6) **12 F3**
Contrescarpe, Pl de la (5) **17 A1**
Copenhague, Rue de (8) **5 C2**
Copernic, Rue (16) **3 C5**
Coq Héron, Rue (1) **12 F1**
Coquillère, Rue (1) **12 F1**
Corbusier, Pl le (6) **12 D4**
Cordelières, Rue des (13) **17 A3**
Corderie, Rue de la (3) **14 D1**
Corneille, Rue (6) **12 F5**
Corse, Quai de la (4) **13 A3**
Cortambert, Rue (16) **9 B2**
Corvetto, Rue (8) **5 B3**
Corvisart, Rue (13) **17 A4**
Cossonnerie, Rue de la (1) **13 A2**
Costa Rica, Pl de (16) **9 C3**
Cotentin, Rue du (15) **15 A3**
Cothenet, Rue (16) **3 A5**
Cottages, Rue des (18) **2 F5**
Cotte, Rue de (12) **14 F5**
Couche, Rue (14) **16 D5**
Couédic, Rue du (14) **16 D5**
Couperin, Sq (4) **13 B3**
Cour de Commerce St-André (7) **12 F4**
Cour des Fermes (1) **12 F1**
Courcelles, Blvd de (8, 17) **4 F3**
segue **5 A2**
Courcelles, Porte de (17) **4 D1**
Courcelles, Rue de (8) **5 A4**
Courcelles, Rue de (17) **4 E2**
Courty, Rue de (7) **11 C2**
Coustou, Rue (18) **6 E1**
Coutellerie, Rue de la (4) **13 B3**
Coutures St Gervais, Rue des (3) **14 D2**
Coypel, Rue (13) **17 C4**
Coysevox, Rue (18) **2 D5**
Crébillon, Rue (6) **12 F5**
Crémieux, Rue (12) **18 E1**
Cretet, Rue (9) **6 F2**
Crevaux, Rue (16) **3 B5**
Crillon, Rue (4) **14 D5**
Croce Spinelli, Rue (15) **15 B3**
Croissant, Rue du (2) **7 A5**
Croix des Petits Champs, Rue (1) **12 F1**
Croix Rouge, Carrefour de la (6) **12 D4**
Croulebarbe, Rue de (13) **17 B4**
Crozatier, Impasse (12) **14 F5**
Crozatier, Rue (12) **14 F5**
Crussol, Rue de (11) **14 E1**
Crypte Archéologique (4) **13 A4**
Cujas, Rue (5) **13 A5**
segue **12 F5**
Cunin Gridaine, Rue (3) **13 B1**
Curton, Rue **1 A3**
Cuvier, Rue (5) **17 C1**
Cygne, Rue du (1) **13 B2**
Cygnes, Allée des (15, 16) **9 B4**
Cyrano de Bergerac, Rue (18) **2 F5**

D

D Templier, Parvis (14) **15 C3**
Daguerre, Rue (14) **15 C3**
segue **16 D3**
Dalayrac, Rue (2) **6 E5**
Dalou, Rue (15) **15 B2**
Dames, Rue des (17) **5 C1**
Dames Augustines, Rue des **3 B1**
Damiette, Rue de (2) **7 A5**
Damoye, Cour (11) **14 E4**
Damrémont, Rue (18) **2 E4**
Damrémont, Villa (18) **2 F4**
Dancourt, Rue (18) **6 F2**
Daniel Leseuer, Ave (7) **11 B5**
Daniel Stern, Rue (15) **10 D4**
Danielle Casanova, Rue (1, 2) **6 E5**
Dante, Rue (5) **13 A4**
Dantec, Rue le (13) **17 A5**
Danton, Rue (6) **12 F4**
Danton, Rue **3 C1**
Danville, Rue (14) **16 D4**
Darboy, Rue (11) **8 E5**
Darcet, Rue (17) **5 C1**
Dardanelles, Rue des (17) **3 C2**
Dareau, Passage (14) **16 E4**
Dareau, Rue (14) **16 F4**
Daru, Rue (8) **4 F3**
Darwin, Rue (18) **2 F5**
Daubenton, Rue (5) **17 B2**
Daubigny, Rue (17) **5 A1**
Daumesnil, Ave (12) **14 F5**
segue **18 F1**
Daunay, Passage (18) **2 D4**
Daunou, Rue (2) **6 D5**
Dauphine, Pl (1) **12 F3**
Dauphine, Rue (6) **12 F4**
Dautancourt, Rue (17) **1 C5**
Daval, Rue (11) **14 E4**
Daviel, Rue (13) **17 A5**
Davy, Rue (17) **1 C5**
De Grenelle, Blvd (15) **10 E5**
Débarcadère, Rue du (17) **3 C3**
Debelleyme, Rue (3) **14 D2**
Debilly, Passerelle (7, 16) **10 E2**
Debilly, Port (16) **10 E1**
Debrousse, Rue (16) **10 E1**
Decamps, Rue (16) **9 B1**
Déchargeurs, Rue des (1) **13 A2**
Decrès, Rue (15) **15 B4**
Degas, Rue (16) **9 A5**
Deguerry, Rue (11) **8 E5**
Dejean, Rue (18) **7 B1**
Delacroix, Rue (16) **9 A2**
Delambre, Rue (14) **16 D2**
Delambre, Sq (14) **16 D2**
Delanos, Passage (10) **7 C3**
Delbet, Rue (14) **15 C5**
Delcassé, Ave (8) **5 B4**
Delessert, Blvd (16) **9 C3**
Delessert, Passage (10) **8 D3**
Delta, Rue du (9) **7 A2**
Demarquay, Rue (10) **7 C2**
Denain, Blvd de (10) **7 B3**
Denfert Rochereau, Ave (14) **16 E3**
Denfert Rochereau, Pl (14) **16 E3**
Denis Poisson, Rue (17) **3 C3**
Denis Poulot, Sq (11) **14 F3**
Dénoyez, Rue (20) **8 F4**
Denys Bülher, Sq (7) **11 A3**
Déodat de Séverac, Rue (17) **5 A1**
Deparcieux, Rue (14) **16 D3**
Départ, Rue du (14, 15) **15 C2**
Département, Rue du (18) **8 D1**
Desaix, Rue (15) **10 D4**
Desaix, Sq (15) **10 D4**
Desargues, Rue (11) **8 F5**
Desbordes Valmore, Rue (16) **9 A2**
Descartes, Rue (5) **17 A1**
Descombes, Rue (17) **4 D1**
Desgenettes, Rue (7) **11 A2**
Deshayes, Villa (15) **15 B5**
Désir, Passage du (10) **7 C4**
Désiré Ruggieri, Rue (18) **2 E4**
Desprez, Rue (15) **15 B3**
Dessous des Berges, Rue du (13) **18 F5**
Detaille, Rue (17) **4 F2**
Deux Anges, Impasse des (6) **12 E4**
Deux Avenues, Rue des (13) **17 C5**
Deux Gares, Rue des (10) **7 C3**
Deux Nèthes, Impasse des (18) **6 D1**
Deux Ponts, Rue des (4) **13 C4**
Deux Sœurs, Passage des (9) **6 F4**
Diaghilev, Pl (9) **6 D4**
Diard, Rue (18) **2 F5**
Diderot, Blvd (12) **18 F1**
Diderot, Cour (12) **18 F1**
Didot, Rue (15) **15 B5**
Dieu, Rue (10) **8 D5**
Direction Générale SNCF (9) **6 D3**
Direction RATP (6) **12 F3**
Dixmude, Blvd de (17) **3 C2**
Dobropol, Rue du (17) **3 C2**
Docteur Alfred Fournier, Pl du (10) **8 D4**
Docteur Babinski, Rue du (18) **2 E2**
Docteur Bauer, Rue du **2 F1**
Docteur Brouardel, Ave de (7) **10 D3**
Docteur Calmette, Rue du **1 A3**
Docteur Charles Richet, Rue du (13) **18 D4**

E

F

Floréal, Rue **1 C2**
Florence Blumenthal, Rue (16) **9 A5**
Florence Blumenthal, Sq (13) **18 E5**
Florimont, Impasse (15) **15 B4**
Flourens, Passage (17) **2 D3**
Foch, Ave (16) **3 B4**
Foch, Sq de l'Ave (16) **3 B4**
Foin, Rue du (3) **14 D3**
Folie Méricourt, Rue de la (11) **14 E1**
segue **8 E5**
Folies Bergères (9) **7 A4**
Fondary, Rue (15) **10 D5**
Fonderie, Passage de la (11) **14 F1**
Fontaine, Rue (9) **6 E2**
Fontaine au Roi, Rue de la (11) **8 F5**
Fontaine de l'Observatoire (6) **16 E2**
Fontaine de Médicis (6) **12 F5**
Fontaine des Innocents (1) **13 A2**
Fontaine du But, Rue de la (18) **2 F5**
Fontaines du Temple, Rue des (3) **13 C1**
Fontenoy, Pl de (7) **10 F5**
Forest, Rue (18) **6 D1**
Forez, Rue du (3) **14 D1**
Fortuny, Rue (17) **4 F2**
Forum des Halles (1) **13 A2**
Fossés St-Bernard, Rue des (5) **13 B5**
Fossés-St Marcel, Rue des (5) **17 C2**
Foucault, Rue (16) **10 D1**
Foucault, Rue (17) **1 A2**
Fouquet, Rue (17) **1 A3**
Four, Rue du (6) **12 E4**
Fourcroy, Rue (17) **4 E2**
Fourcy, Rue de (4) **13 C4**
Foyatier, Rue (18) **6 F1**
Fragonard, Rue (17) **1 B4**
Française, Rue (1, 2) **13 A1**
Francis de Pressensé, Rue (15) **15 B4**
Francis Garnier, Rue (18) **2 D3**
Francis Jammes, Rue (10) **8 E3**
Francis Poulenc, Sq (6) **12 E5**
Francisque Sarcey, Rue (16) **9 B2**
Franco Russe, Ave (7) **10 E2**
Francoeur, Rue (18) **2 F5**
François Millet, Rue (16) **9 A5**
François Miron, Rue (4) **13 C3**
François Ponsard, Rue (16) **9 A3**
François Premier, Place (8) **10 F1**
François Premier, Rue (8) **10 F1**
segue **11 A1**
segue **4 F5**
François-Aug Mariette, Sq (5) **13 A5**
Francs Bourgeois, Rue des (3, 4) **13 C3**
segue **14 D3**
Franklin D Roosevelt, Ave (8) **11 A1**
segue **5 A5**
Franz Liszt, Pl (10) **7 B3**
Frédéric Bastiat, Rue (8) **4 F4**
Frédéric Brunet, Rue (17) **1 C3**
Frédéric Le Play, Ave (7) **10 F4**
Frédéric Lemaître, Sq (10) **8 D5**
Frédéric Sauton, Rue (5) **13 A5**
Frédéric Schneider, Rue (18) **2 F3**
Fremicourt, Rue (15) **10 E5**
Frémiet, Ave (16) **9 C3**
Frères Périer, Rue des (16) **10 E1**
Fresnel, Rue (16) **10 D1**
Freycinet, Rue (16) **10 E1**
Friedland, Ave 8 **4 E4**
Frochot, Ave (9) **6 F2**
Frochot, Rue (9) **6 E2**
Froidevaux, Rue (14) **15 C3**
segue **16 D3**
Froissart, Rue (3) **14 D2**
Froment, Rue (11) **14 E3**
Fromentin, Rue (9) **6 E2**
Fructidor, Rue (17) **1 C2**
Fulton, Rue (13) **18 E3**
Fürstenberg, Rue de (6) **12 E4**
Fustel de Coulanges, Rue (5) **16 F2**

G

Gabriel, Ave (8) **5 B5**
Gabriel, Villa (15) **15 B1**
Gabriel Fauré, Sq (17) **5 A1**
Gabriel Laumain, Rue du (9) **7 A4**
Gabriel Péri, Ave (18) **2 D2**
Gabriel Péri, Pl (8) **5 C4**
Gabriel Pierné, Sq (6) **12 E3**
Gabrielle, Rue (18) **6 F1**
Gaby Sylvia, Rue (11) **14 E3**
Gaillon, Pl (2) **6 E5**
Gaillon, Rue (2) **6 E5**
Gaite, Rue de la (18) **2 E2**
Gaîté, Rue de la (14) **15 C2**
Gal Aube, Rue du (16) **9 A3**
Gal Camou, Rue du (7) **10 E3**
Gal de Castelnau, Rue du (15) **10 E5**
Gal Detrie, Ave de (7) **10 E4**
Gal Lambert, Rue du (7) **9 D3**
Galande, Rue (5) **13 A4**
Galerie National du Jeu de Paume (1) **11 C1**
Galilée, Rue (8, 16) **4 E5**
Galliera, Rue de (16) **10 E1**
Galvani, Rue (17) **4 D1**
Gambetta, Rue **2 E1**
Gambey, Rue (11) **14 E1**
Ganneron, Rue (18) **2 D5**
segue **6 D1**
Garabaldi, Rue **2 D1**
Garancière, Rue (6) **12 E5**
Gardes, Rue des (18) **7 B1**
Gare, Port de la (13) **18 F3**
Garibaldi, Blvd (15) **10 F5**
Garnier, Villa (15) **15 B1**
Garreau, Rue (18) **6 E1**
Gassendi, Rue (14) **16 D3**
Gastion de St-Paul, Rue (16) **10 E1**
Gaston Baty, Sq (14) **15 C2**
Gaston Couté, Rue (18) **2 F5**
Gaston de Caillavet, Rue (15) **9 B5**
Gaston Paymal, Rue **1 A2**
Gauthey, Rue (17) **1 C4**
Gavarni, Rue (16) **9 B3**
Gay Lussac, Rue (5) **16 F1**
Geffroy Didelot, Passage (17) **5 B2**
Général Anselin, Rue du (16) **3 A3**
Général Appert, Rue (16) **3 A5**
Général Aubé, Rue du (16) **9 A3**
Général Bertrand, Rue du (7) **11 A5**
segue **15 B1**
Général Brucard, Pl (8) **4 F3**
Général Camou, Rue du (7) **10 E3**
Général Catroux, Pl du (17) **5 A2**
Général Clergerie, Rue du (16) **3 B5**
Général Cordonnier, Rue du **3 A2**
Général de Castelnau, Rue du (15) **10 E5**
Général de Larminat, Rue du (15) **10 E5**
Général Détrie, Ave de (7) **10 E4**
Général Foy, Rue du (8) **5 B3**
Général Gouraud, Pl du (7) **10 E3**
Général Henrys, Rue du (17) **2 D3**
Général Ingold, Pl (10, 19) **8 F4**
Général Koenig, Pl du (17) **3 C2**
Général Lambert, Rue du (7) **10 D3**
Général Langlois, Rue du (16) **9 B2**
Général Lanrezac, Rue du (17) **4 D3**
Général Leclerc, Ave du (14) **16 D4**
Général Leclerc, Blvd du **1 B2**
Général Lemonnier, Ave du (1) **12 D2**
Général Mangin, Ave du (16) **9 B4**
Général Monclar, Pl du (15) **15 A4**
Général Morin, Sq du (3) **13 B1**
Général Roguet, Rue du **1 A1**
Geoffroy l'Angevin, Rue (4) **13 B2**
Geoffroy l'Asnier, Rue (4) **13 C4**
Geoffroy Marie, Rue (9) **7 A4**
Geoffroy-St-Hilaire, Rue (5) **17 C2**
George Bernanos, Ave (5) **16 F2**
George Eastman, Rue (13) **17 C5**
George F Haendel, Rue (10) **8 D3**
George V, Ave (8) **4 E5**
segue **10 E1**
Georges Berger, Rue (17) **5 A2**
Georges Bizet, Rue (16) **10 E1**
segue **4 E5**
Georges Boisseau, Rue **1 B1**
Georges Caïn, Sq (3) **14 D3**
Georges Desplas, Rue (5) **17 B2**
Georges Guillaumin, Pl (8) **4 E4**
Georges Lamarque, Sq (14) **16 D3**
Georges Lardennois, Rue (19) **8 F3**
Georges Mandel, Ave (16) **9 B1**
Georges Pitard, Rue (15) **15 A3**
Georges Pompidou, Pl (4) **13 B2**
Georges Pompidou, Voie (1, 4) **13 A3**
Georges Pompidou, Voie (16) **9 B4**
Georges Saché, Rue (14) **15 C4**
Georges Ville, Rue (16) **3 C5**
Georgette Agutte, Rue (18) **2 E4**
Gérando, Rue (9) **7 A2**
Gérard, Rue (13) **17 B5**
Gérard de Nerval, Rue (18) **2 E3**
Gergovie, Passage de (14) **15 A4**
Gergovie, Rue de (15) **15 B4**
Germain Pilon, Cité (18) **6 E1**
Germain Pilon, Rue (18) **6 E1**
Gesvres, Quai de (4) **13 A3**
Giffard, Rue (13) **18 E3**
Gilbert Perroy, Pl (14) **15 C4**
Ginoux, Rue (15) **9 C5**
Giordano Bruno, Rue (15) **15 B5**
Girardon, Rue (18) **2 F5**
Gît le Cœur, Rue (6) **12 F4**
Glacière, Rue de la (13) **16 F5**
segue **17 A3**
Gluck, Rue (9) **6 E4**
Gobelins, Ave des (5, 13) **17 B3**
Gobelins, Rue des (13) **17 B3**
Godefroy, Rue (13) **17 C4**
Godot de Mauroy, Rue (9) **6 D4**
Goethe, Rue (16) **10 E1**
Goff, Rue le (5) **16 F1**
Goncourt, Rue des (11) **8 E5**
Goüin, Rue (17) **1 B4**
Gounod, Rue (17) **4 E2**
Gourgaud, Ave (17) **4 E1**
Goutte d'Or, Rue de la (18) **7 B1**
Gouvion-St-Cyr, Blvd (17) **3 C2**
Gouvion-St-Cyr, Sq (17) **3 C2**
Gracieuse, Rue (5) **17 B2**
Graisivaudan, Sq du (17) **3 C1**
Gramont, Rue de (2) **6 E5**
Grancey, Rue de (14) **16 D4**
Grand Cerf, Passage du (2) **13 A1**
Grand Palais (8) **11 A1**
Grand Prieuré, Rue du (11) **14 E1**
Grand Veneur, Rue du (4) **14 D3**
Grande Armée, Ave de la (17, 16) **3 C3**
segue **4 D4**
Grande Chaumière, Rue de la (6) **16 D2**
Grande Truanderie, Rue de la (1) **13 A2**
Grands Augustins, Quai des (6) **12 F3**
Grands Augustins, Rue des (6) **12 F4**
Grands Degrés, Rue des (4) **13 B4**
Grange aux Belles, Rue de la (10) **8 D4**
Grange Batelière, Rue de la (9) **6 F4**
Gravilliers, Passage des (3) **13 C1**
Gravilliers, Rue des (3) **13 C1**

H

I

J

K

L

Ogni nome è seguito dal numero dell'arrondissement e dalle coordinate dello stradario

Lune, Rue de la (2) **7 B5**
Lutèce, Rue de (5) **13 A4**
Luynes, Rue de (7) **12 D4**
Lyautey, Rue (16) **9 B3**
Lycée Henry IV (5) **17 A1**
Lycée Louis le Grand (5) **13 A5**
Lycée Technique Roger Verlomme (15) **10 D5**
Lyon, Rue de (12) **14 E5**
segue **18 E1**
Lyonnais, Rue des (5) **17 A3**

M

Mabillon, Rue (6) **12 E4**
Mac Mahon, Ave (17) **4 D3**
Madame de Sanzillon, Rue **1 B2**
Madame, Rue (6) **12 E5**
segue **16 E1**
Madeleine, Blvd de la (1, 9) **6 D5**
Madeleine, Galerie de la (8) **5 C5**
Madeleine Michelis, Rue **3 B1**
Madrid, Rue de (8) **5 B3**
Magdebourg, Rue de (16) **9 C1**
Magellan, Rue (8) **4 E5**
Magenta, Blvd de (10) **7 B3**
segue **8 D5**
Mai 8 1945, Rue du (10) **7 C3**
Mai 8 1945, Rue du **1 A3**
Mail, Rue du (2) **12 F1**
Maillot, Blvd (16) **3 A3**
Maillot, Pl de la Porte (16) **3 B3**
Maillot, Porte (16) **3 B3**
Main d'Or, Passage de la (11) **14 F4**
Maine, Ave du (14) **15 C3**
Maine, Rue du (14) **15 C2**
Maire, Rue au (3) **13 C1**
Mairie de Paris (4) **13 B3**
Maison de Radio-France (16) **9 B4**
Maison Dieu, Rue (14) **15 C3**
Maison Victor Hugo (4) **14 D4**
Maître Albert, Rue (5) **13 B5**
Mal du Harispe, Rue (7) **10 E3**
Malakoff, Ave de (16) **3 C4**
Malakoff, Impasse de (16) **3 B3**
Malaquais, Quai (6) **12 E3**
Malar, Rue (7) **10 F2**
Malebranche, Rue (5) **16 F1**
Malesherbes, Blvd (8) **5 B3**
Malesherbes, Blvd (17) **4 F1**
Malesherbes, Cité (9) **6 F2**
Maleville, Rue (8) **5 A3**
Malte, Rue de (11) **14 E1**
segue **8 D5**
Malus, Rue (5) **17 B1**
Mandar, Rue (2) **13 A1**
Manin, Rue (19) **8 F3**
Mansart, Rue (9) **6 E2**
Manuel, Rue (9) **6 F3**
Manufacture des Gobelins (13) **17 B3**
Manutention, Rue de la (16) **10 D1**
Marbeau, Blvd (16) **3 B4**
Marbeau, Rue (16) **3 B4**
Marbeuf, Rue (8) **4 F5**
Marcadet, Rue (18) **2 D4**
Marceau, Ave (8, 16) **10 E1**
segue **4 E5**
Marceau, Rue **2 F2**
Marcel Pagnol, Sq (8) **5 C3**
Marcel Proust, Ave (16) **9 B3**
Marcel Renault, Rue (17) **4 D2**
Marcel Sembat, Rue (18) **2 F3**
Marcel Sembat, Sq (18) **2 F3**
Marcès, Villa (11) **14 F3**
Marché, Pl du **3 A2**
Marché aux Puces de St-Ouen **2 F2**
Marché d'Aligre (12) **14 F5**
Marché Neuf, Quai du (4) **13 A4**
Marché Popincourt, Rue du (11) **14 F1**
Marché St-Honoré, Rue du (1) **12 D1**
segue **12 E1**
Marché Ste-Catherine, Place du (4) **14 D3**
Maréchal de Lattre de Tassigny, Pl du (16) **3 A4**
Maréchal Fayolle, Ave (16) **3 A5**
Maréchal Gallieni, Ave du (7) **11 A2**
Maréchal Juin, Pl du (17) **4 E1**
Marguerin, Rue (14) **16 D5**
Margueritte, Rue (17) **4 E2**
Margueritte de Navarre, Pl (1) **13 A2**
Maria Deraismes, Rue (17) **2 D4**
Marie, Pont (4) **13 C4**
Marie Curie, Rue **2 F2**
Marie Curie, Sq (13) **18 D2**
Marie du 6e Arr (6) **12 E5**
Marie et Louise, Rue (10) **8 D4**
Marietta Martin, Rue (16) **9 A3**
Marignan, Passage (8) **4 F5**
Marigny, Ave de (8) **5 B5**
Mariniers, Rue des (14) **15 A5**
Marinoni, Rue (7) **10 E3**
Mario Nikis, Rue (15) **10 F5**
Mariotte, Rue (17) **5 C1**
Maria Stuart, Rue (2) **13 A1**
Mariton, Rue **2 F1**
Marivaux, Rue de (2) **6 E5**
Maroc, Pl du (19) **8 E1**
Maroc, Rue du (19) **8 E1**
Marronniers, Rue des (16) **9 A4**
Marseille, Rue de (10) **8 D4**
Marsollier, Rue (2) **6 E5**
Martel, Rue (10) **7 B4**
Martignac, Cité (7) **11 B3**
Martignac, Rue de (7) **11 B3**
Martissot, Rue **1 B2**
Martre, Rue **1 A3**
Martyrs, Rue des (9) **6 F3**
Marx Dormoy, Rue (18) **7 C1**
Maspéro, Rue (16) **9 A2**
Massenet, Rue (16) **9 B3**
Massenet, Rue **1 C2**
Masseran, Rue (7) **11 B5**
Mathurin Moreau, Ave (19) **8 F3**
Mathurins, Rue des (8, 9) **6 D4**
Mathurins, Rue des (8) **5 C4**
Matignon, Ave (8) **5 A5**
Matthieu, Rue (18) **2 E1**
Maubert, Pl (5) **13 A5**
Maubeuge, Rue de (9) **6 F3**
Maubeuge, Rue de (10) **7 B2**
Mauconseil, Rue (1) **13 A1**
Maure, Passage du (3) **13 B2**
Maurice Bourdet, Rue (16) **9 B4**
Maurice Quentin, Pl (1) **13 A2**
Maurice Ripoche, Rue (14) **15 C4**
Maurice Rouvier, Rue (14) **15 A4**
Maurice de la Sizeranne, Rue (7) **11 B5**
Mauvais Garçons, Rue des (4) **13 B3**
Max Hymans, Sq (15) **15 B2**
Mayet, Rue (6) **15 B1**
Mayran, Rue (9) **7 A3**
Mazagran, Rue de (10) **7 B5**
Mazarine, Rue (6) **12 F4**
Mazas, Pl (12) **18 E1**
Mazas, Voie (12) **18 D1**
Meaux, Rue de (19) **8 F2**
Méchain, Rue (14) **16 F3**
Médéric, Rue (17) **4 F2**
Médicis, Rue de (6) **12 F5**
Mégisserie, Quai de la (1) **13 A3**
Meissonier, Rue (17) **4 F2**
Melun, Passage de (19) **8 F1**
Mémorial du Martyr Juif Inconnu (4) **13 C4**
Ménageries (5) **17 C1**
Ménars, Rue (2) **6 F5**
Mérimée, Rue (16) **3 B5**
Meslay, Passage (3) **7 C5**
Meslay, Rue (3) **7 C5**
Mesnil, Rue (16) **3 C5**
Messageries, Rue des (10) **7 B3**
Messine, Ave de (8) **5 A3**
Messine, Rue de (8) **5 A3**
Metz, Rue de (10) **7 B5**
Mexico, Pl de (16) **9 B1**
Meyerbeer, Rue (9) **6 E4**
Mézières, Rue de (6) **12 E5**
Michal, Rue (13) **17 A5**
Michel Chasles, Rue (12) **18 F1**
Michel le Comte, Rue (3) **13 C2**
Michel Peter, Rue (13) **17 B3**
Michelet, Rue (6) **16 E2**
Michodière, Rue de la (2) **6 E5**
Midi, Cité du (18) **6 E2**
Midi, Rue du **3 B2**
Mignard, Rue (16) **9 A1**
Mignon, Rue (6) **12 F4**
Mignot, Sq (16) **9 B2**
Milan, Rue de (9) **6 D3**
Milton, Rue (9) **6 F3**
Minimes, Rue des (3) **14 D3**
Ministère de l'Intérieure (8) **5 B4**
Ministère de la Justice (1) **9 D5**
Ministerie de l'Economie des Finances (12) **18 F2**
Mirbel, Rue de (5) **17 B2**
Mire, Rue de la (18) **6 F1**
Miromesnil, Rue de (8) **5 B3**
Missions Etrangères, Sq des (7) **11 C4**
Mizon, Rue (15) **15 B2**
Mogador, Rue de (9) **6 D4**
Moines, Rue des (17) **1 C5**
Molière, Passage (3) **13 B2**
Molière, Rue (1) **12 E1**
Mollien, Rue (8) **5 A3**
Monbel, Rue de (17) **5 A1**
Monceau, Rue de (8) **4 F3**
segue **5 A3**
Monceau, Villa (17) **4 E2**
Moncey, Rue (9) **6 D2**
Moncey, Sq (9) **6 D2**
Mondetour, Rue (1) **13 A2**
Mondovi, Rue de (1) **11 C1**
Monge, Pl (5) **17 B2**
Monge, Rue (5) **13 B5**
segue **17 B1**
Mongolfier, Rue (3) **13 C1**
Monnaie, Rue de la (1) **2 F2**
Monseigneur Rodhain, Rue (10) **8 D3**
Monsieur le Prince, Rue (6) **12 F5**
Monsieur, Rue (7) **11 B5**
Monsigny, Rue (2) **6 E5**
Mont Cenis, Rue du (18) **2 F5**
Mont Dore, Rue du (17) **5 C2**
Mont Thabor, Rue du (1) **12 D1**
Mont Tonnere, Impasse du (15) **15 B1**
Montagne Ste-Geneviève, Rue de la (5) **13 A5**
Montaigne, Ave (8) **10 F1**
segue **5 A5**
Montalembert, Rue (7) **12 D3**
Montalivet, Rue (8) **5 B5**
Montbrun, Passage (14) **16 D5**
Montbrun, Rue (14) **16 D5**
Montcalm, Rue (18) **2 E4**
Montebello, Port de (5) **13 B4**
Montebello, Quai de (5) **13 A4**
Montenotte, Rue de (17) **4 D3**
Montespan, Ave de (16) **9 A1**
Montesquieu, Rue (1) **12 F2**
Montevideo, Rue de (16) **3 A5**
segue **9 A1**
Montfauçon, Rue de (6) **12 E4**
Monthiers, Cité (9) **6 D2**
Montholon, Rue de (9) **7 A3**
Montholon, Sq de (9) **7 A3**
Montmartre, Ave de la Porte de (18) **2 E3**
Montmartre, Blvd (2, 9) **6 F4**
Montmartre, Galerie (2) **6 F5**
Montmartre, Rue (1, 2) **13 A1**
Montmartre, Rue (2) **6 F5**
Montmorency, Rue de (4) **13 C2**
Montorgueil, Rue (1, 2) **13 A1**
Montparnasse, Blvd du (6, 14, 15) **15 C1**
Montparnasse, Blvd du (6, 14) **16 E2**
Montparnasse, Passage (14) **15 C2**
Montparnasse, Rue du (6, 14) **16 D1**
Montpensier, Rue de (1) **12 E1**
Montrosier, Rue de **3 B2**
Monttessuy, Rue de (7) **10 E2**
Montyon, Rue de (9) **7 A4**
Mony, Rue (16) **9 A1**
Morand, Rue (11) **8 F5**
Moreau, Rue (12) **14 E5**
Morel, Rue **1 B2**
Morice, Rue **1 A2**
Morland, Blvd (4) **14 D5**
Morlot, Rue (9) **6 D3**
Mornay, Rue (4) **14 D5**
Moro Giafferi, Pl de (14) **15 C4**
Moscou, Rue de (8) **5 C2**
Moselle, Passage de la (19) **8 F1**
Moselle, Rue de la (19) **8 F1**
Moskowa, Cité de la (18) **2 E3**
Mosquée de Paris (5) **17 C2**
Motte Picquet, Ave de la (7) **10 F4**
segue **11 A3**
Mouffetard, Rue (5) **17 B1**
Mouffetard Monge, Galerie (5) **17 B2**

Ogni nome è seguito dal numero dell'arrondissement e dalle coordinate dello stradario

S

Ogni nome è seguito dal numero dell'arrondissement e dalle coordinate dello stradario

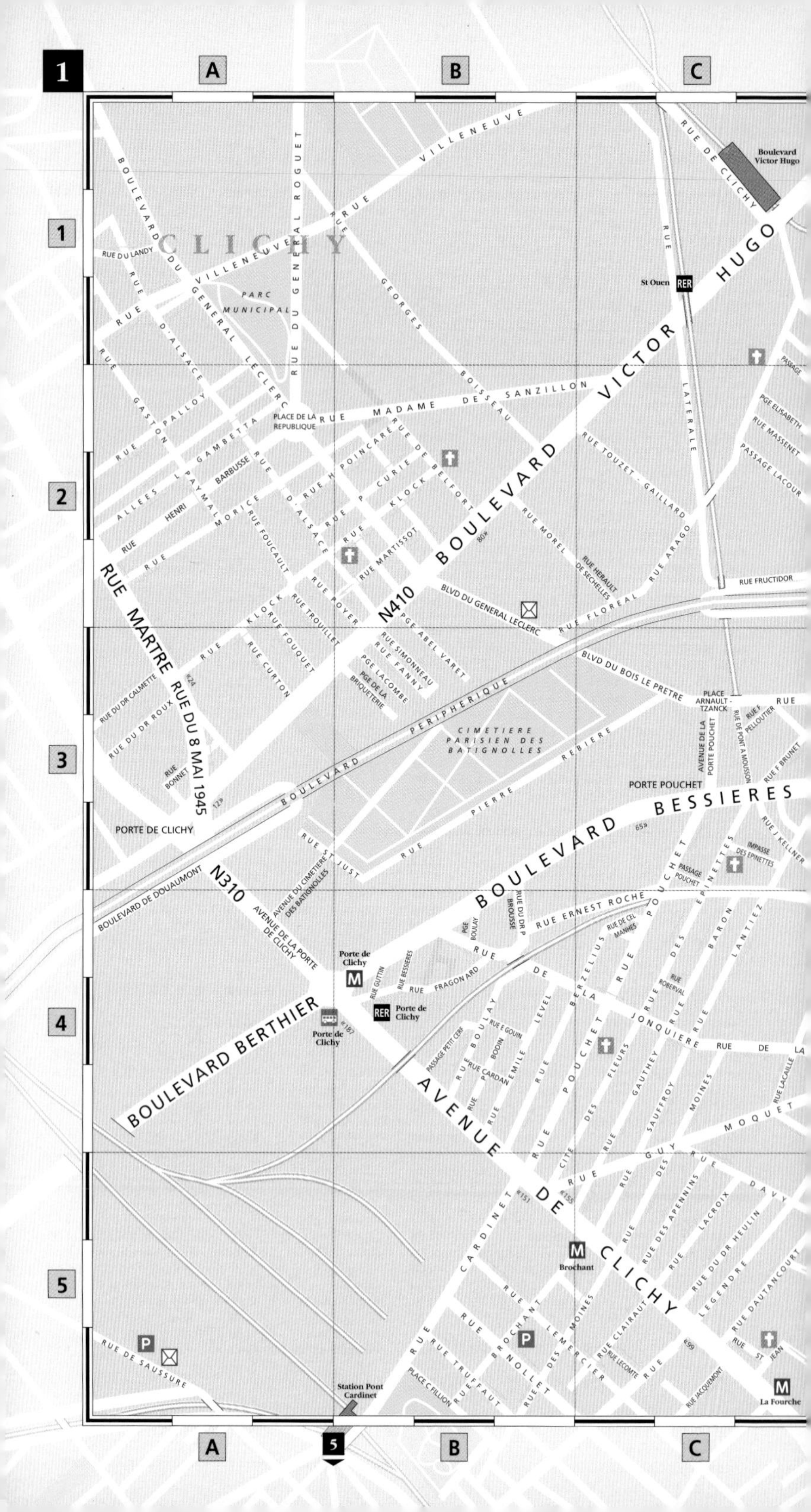

1
A
B
C
1
2
3
4
5
CLICHY
Boulevard Victor Hugo
RUE DE CLICHY
RUE VILLENEUVE
RUE DU GENERAL ROGUET
BOULEVARD DU GENERAL LECLERC
RUE DU LANDY
PARC MUNICIPAL
RUE D'ALSACE
RUE GEORGES BOISSEAU
St Ouen
RER
RUE LATERALE
BOULEVARD VICTOR HUGO
PLACE DE LA REPUBLIQUE
RUE MADAME DE SANZILLON
RUE GASTON PAYMAL
RUE PALLOY
ALLEES L GAMBETTA
RUE HENRI BARBUSSE
RUE MORICE
RUE H POINCARE
RUE DE BELFORT
RUE P CURIE
RUE KLOCK
RUE FOUCAULT
RUE MARTISSOT
RUE TOUZET - GAILLARD
RUE MOREL
RUE HERAULT DE SECHELLES
RUE ARAGO
RUE FLOREAL
RUE FRUCTIDOR
PASSAGE
PGE ELISABETH
RUE MASSENET
PASSAGE LACOUR
RUE MARTRE
N410
BLVD DU GENERAL LECLERC
RUE POYER
RUE TROUILLET
RUE FOUQUET
RUE CURTON
PGE ABEL VARET
RUE SIMONNEAU
RUE FANNY
PGE LACOMBE
PGE DE LA BRIQUETERIE
BLVD DU BOIS LE PRETRE
PLACE ARNAULT - TZANCK
AVENUE DE LA PORTE POUCHET
RUE DE PONT A MOUSSON
RUE F PELLOUTIER
RUE F BRUNET
RUE DU DR CALMETTE
RUE DU DR ROUX
RUE DU 8 MAI 1945
RUE BONNET
BOULEVARD PERIPHERIQUE
CIMETIERE PARISIEN DES BATIGNOLLES
RUE PIERRE REBIERE
PORTE POUCHET
BOULEVARD BESSIERES
PORTE DE CLICHY
RUE ST JUST
AVENUE DU CIMETIERE DES BATIGNOLLES
N310
BOULEVARD DE DOUAUMONT
AVENUE DE LA PORTE DE CLICHY
PASSAGE POUCHET
IMPASSE DES EPINETTES
RUE J KELLNER
RUE DES EPINETTES
RUE POUCHET
PGE BOULAY
RUE DU DR P BROUSSE
RUE ERNEST ROCHE
RUE DE CEL MANHES
RUE BARON
RUE LANTIEZ
Porte de Clichy
M
RUE GUTTIN
RUE BESSIERES
RUE FRAGONARD
RUE DE LA JONQUIERE
RUE ROBERVAL
Porte de Clichy
RER
BOULEVARD BERTHIER
RUE BERZELIUS
RUE BOULAY
RUE E GOUIN
PASSAGE PETIT CERF
RUE BODIN
RUE CARDAN
RUE EMILE LEVEL
CITE DES FLEURS
RUE GAUTHEY
RUE SAUFFROY
RUE DES MOINES
RUE LACAILLE
RUE MOQUET
AVENUE DE CLICHY
RUE GUY
RUE DAVY
RUE CARDINET
RUE DES APENNINS
RUE LACROIX
RUE DU DR HEULIN
Brochant
RUE BROCHANT
RUE LEMERCIER
RUE DES MOINES
RUE CLAIRAUT
RUE LECOMTE
RUE LEGENDRE
RUE DAUTANCOURT
RUE ST JEAN
RUE NOLLET
RUE TRUFFAUT
PLACE C FILLION
RUE JACQUEMONT
RUE DE SAUSSURE
Station Pont Cardinet
La Fourche
P
5

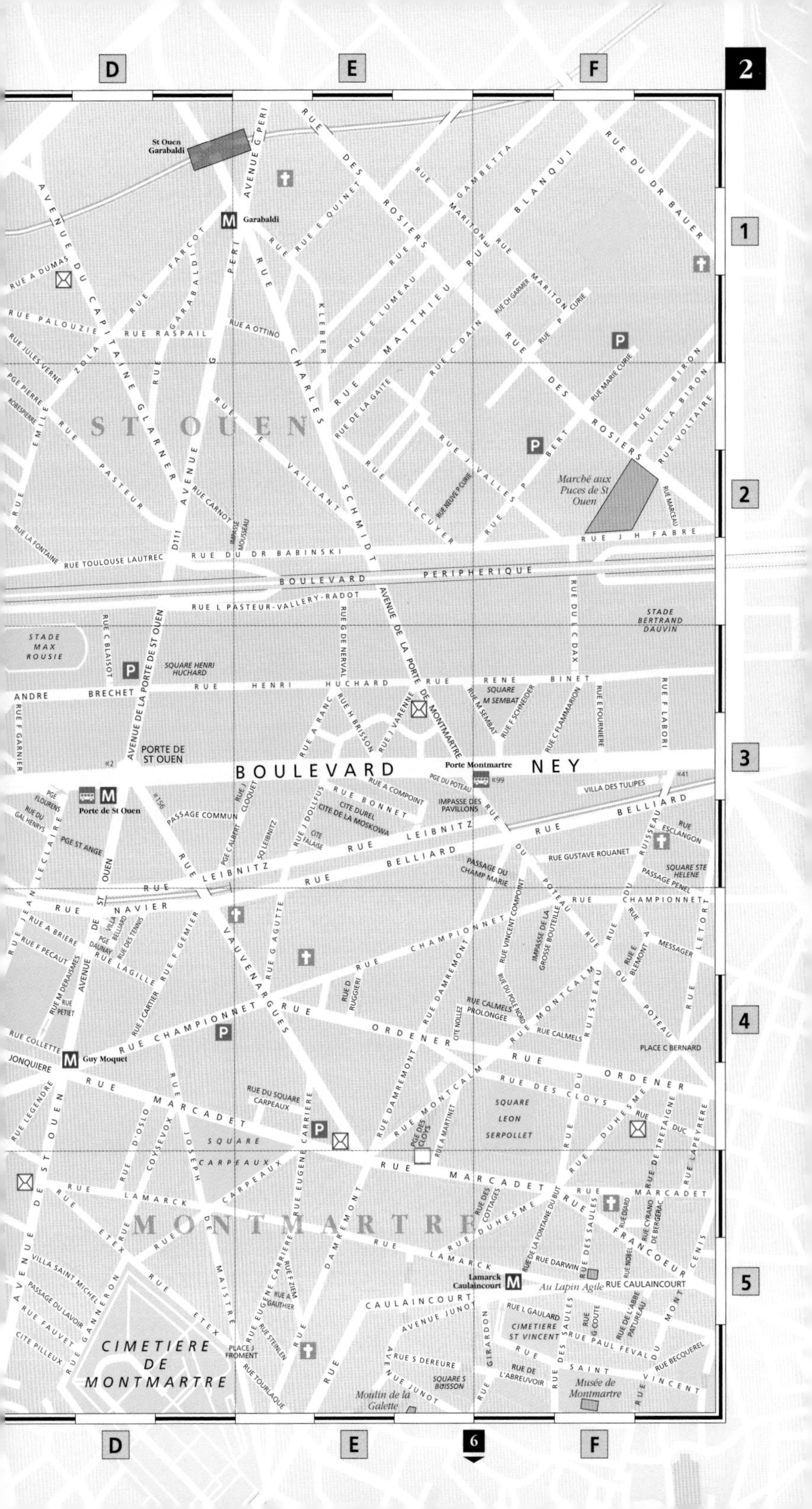

D
E
F
2
1
2
3
4
5
St Ouen Garabaldi
Garabaldi
ST OUEN
Marché aux Puces de St Ouen
BOULEVARD PERIPHERIQUE
STADE MAX ROUSIE
STADE BERTRAND DAUVIN
SQUARE HENRI HUCHARD
PORTE DE ST OUEN
BOULEVARD NEY
Porte Montmartre
Porte de St Ouen
Guy Moquet
SQUARE CARPEAUX
SQUARE LEON SERPOLLET
MONTMARTRE
Lamarck Caulaincourt
Au Lapin Agile
CIMETIERE ST VINCENT
CIMETIERE DE MONTMARTRE
Moulin de la Galette
Musée de Montmartre
6

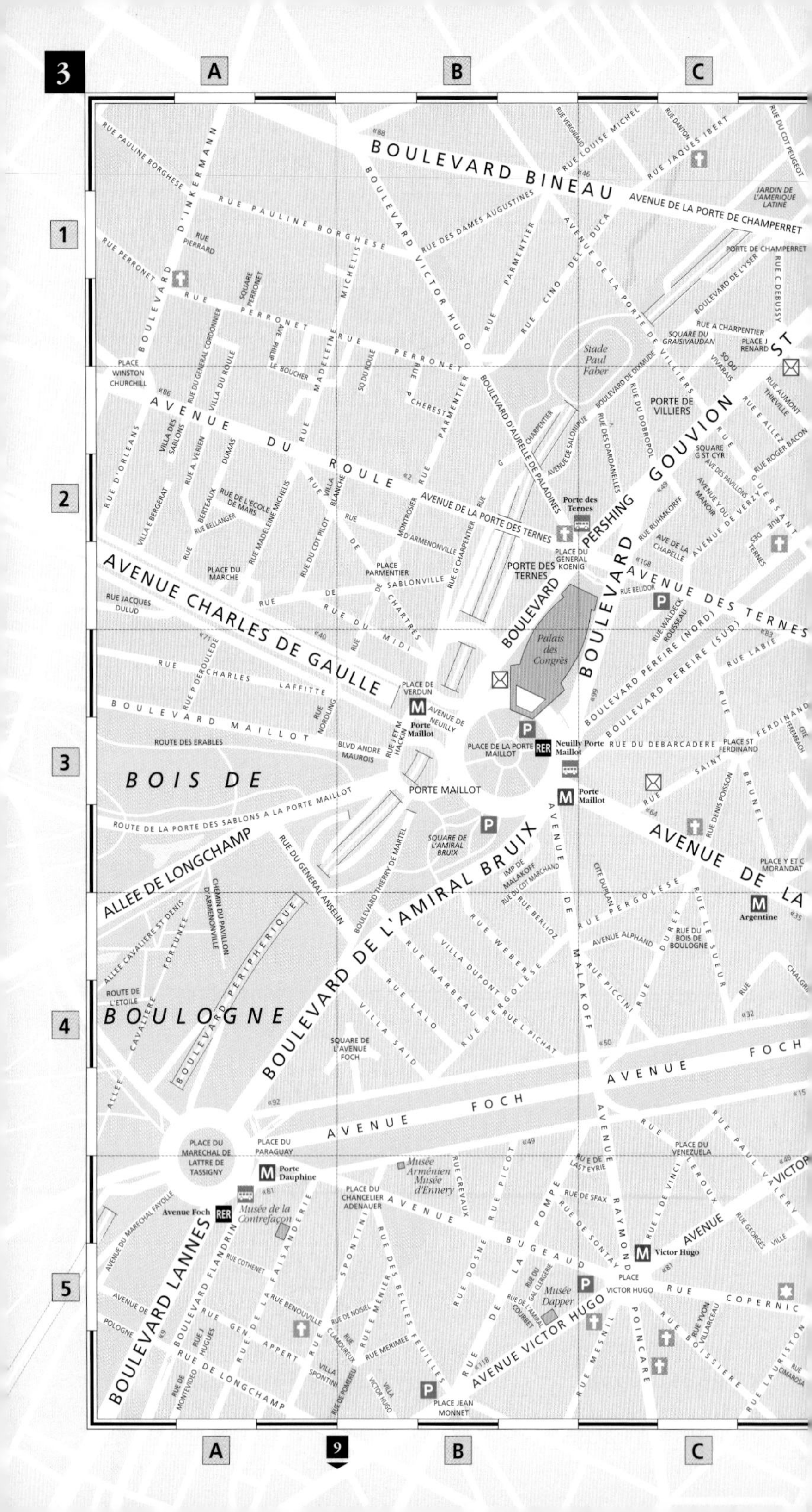

3
A
B
C
1
2
3
4
5
BOULEVARD BINEAU
AVENUE DE LA PORTE DE CHAMPERRET
JARDIN DE L'AMERIQUE LATINE
PORTE DE CHAMPERRET
BOULEVARD DE L'YSER
RUE PAULINE BORGHESE
BOULEVARD D'INKERMANN
RUE PIERRARD
RUE PERRONET
SQUARE PERRONET
BOULEVARD VICTOR HUGO
RUE DES DAMES AUGUSTINES
RUE PARMENTIER
RUE CINO DEL DUCA
AVENUE DE LA PORTE DE VILLIERS
Stade Paul Faber
RUE A CHARPENTIER
SQUARE DU GRAISIVAUDAN
PLACE J RENARD
PORTE DE VILLIERS
PLACE WINSTON CHURCHILL
AVENUE DU ROULE
VILLA DU ROULE
RUE MADELEINE MICHELIS
BOULEVARD D'AURELLE DE PALADINES
BOULEVARD DE DIXMUDE
RUE DU DOBROPOL
RUE DES DARDANELLES
AVENUE DE SALONIQUE
BOULEVARD GOUVION ST
SQUARE G ST CYR
AVENUE DE LA PORTE DES TERNES
Porte des Ternes
PLACE DU GENERAL KOENIG
PORTE DES TERNES
BOULEVARD PERSHING
RUE RUHMKORFF
AVE DE LA CHAPELLE
AVENUE DE VERZY
RUE GUERSANT
AVENUE DES TERNES
RUE BELIDOR
AVENUE CHARLES DE GAULLE
PLACE DU MARCHE
PLACE PARMENTIER
RUE DE SABLONVILLE
RUE DE CHARTRES
RUE DU MIDI
RUE JACQUES DULUD
RUE CHARLES LAFFITTE
BOULEVARD MAILLOT
Palais des Congrès
BOULEVARD PEREIRE (NORD)
BOULEVARD PEREIRE (SUD)
RUE LABIE
PLACE DE VERDUN
AVENUE DE NEUILLY
Porte Maillot
PLACE DE LA PORTE MAILLOT
Neuilly Porte Maillot
RUE DU DEBARCADERE
PLACE ST FERDINAND
ROUTE DES ERABLES
BOIS DE BOULOGNE
BLVD ANDRE MAUROIS
PORTE MAILLOT
RUE SAINT FERDINAND
RUE BRUNEL
ROUTE DE LA PORTE DES SABLONS A LA PORTE MAILLOT
ALLEE DE LONGCHAMP
SQUARE DE L'AMIRAL BRUIX
BOULEVARD DE L'AMIRAL BRUIX
AVENUE DE MALAKOFF
AVENUE DE LA GRANDE ARMEE
Argentine
RUE PERGOLESE
AVENUE ALPHAND
RUE DU BOIS DE BOULOGNE
RUE LE SUEUR
BOULEVARD PERIPHERIQUE
RUE MARBEAU
RUE WEBER
RUE PICCINI
VILLA SAID
SQUARE DE L'AVENUE FOCH
AVENUE FOCH
PLACE DU MARECHAL DE LATTRE DE TASSIGNY
PLACE DU PARAGUAY
Porte Dauphine
Avenue Foch
Musée de la Contrefaçon
Musée Arménien
Musée d'Ennery
PLACE DU CHANCELIER ADENAUER
AVENUE BUGEAUD
RUE DE LA POMPE
RUE RAYMOND POINCARE
PLACE DU VENEZUELA
RUE PAUL VALERY
AVENUE VICTOR HUGO
Victor Hugo
PLACE VICTOR HUGO
RUE COPERNIC
Musée Dapper
BOULEVARD LANNES
BOULEVARD FLANDRIN
RUE DE LA FAISANDERIE
RUE BENOUVILLE
RUE SPONTINI
RUE DES BELLES FEUILLES
RUE DE LONGCHAMP
PLACE JEAN MONNET
RUE BOISSIERE
RUE LAURISTON
9

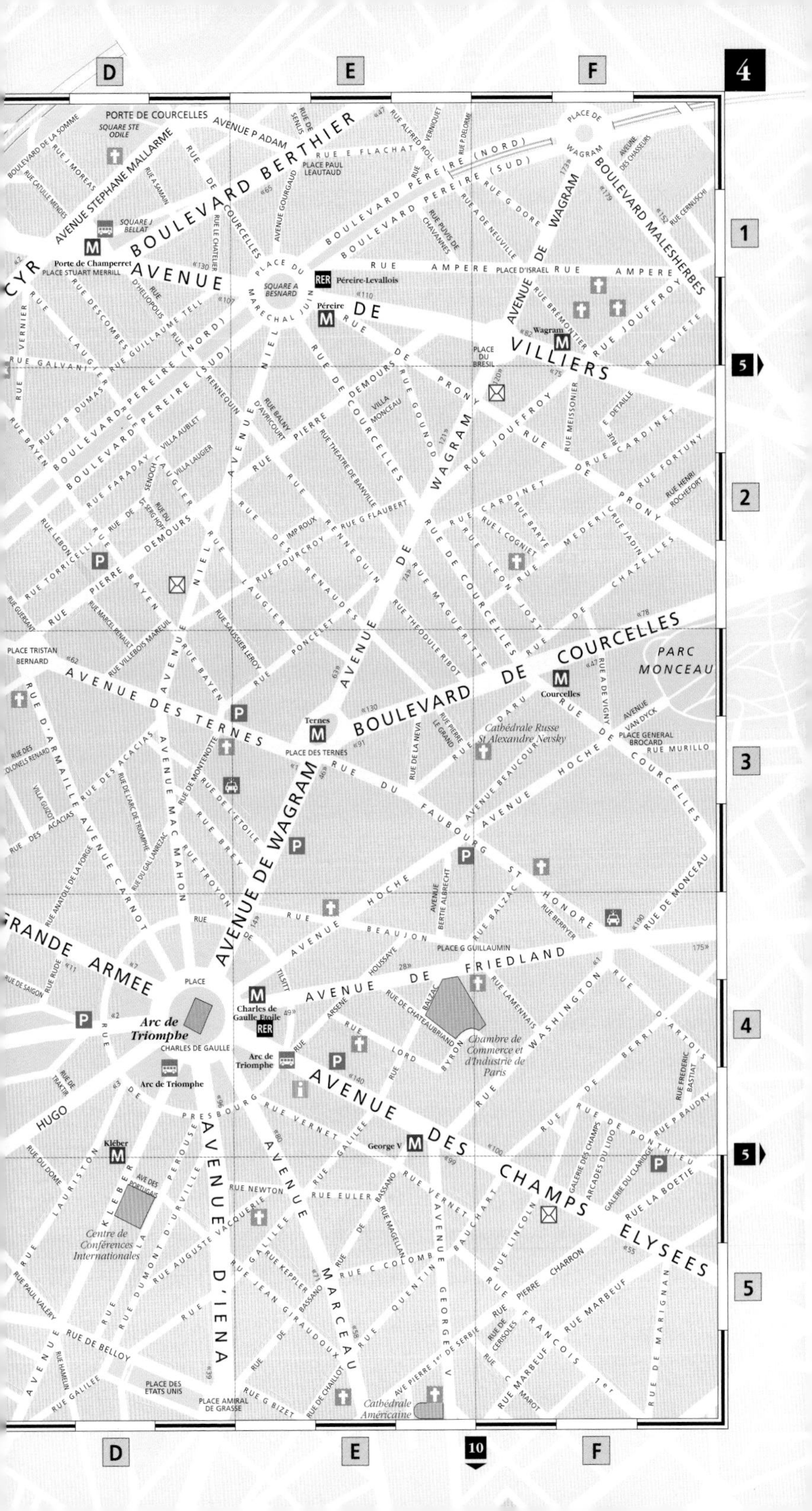
D
E
F
1
2
3
4
5
10
PORTE DE COURCELLES
SQUARE STE ODILE
AVENUE P ADAM
BOULEVARD BERTHIER
AVENUE STEPHANE MALLARME
BOULEVARD DE LA SOMME
RUE J MOREAS
RUE CATULLE MENDES
RUE A SAMAIN
SQUARE J BELLAT
Porte de Champerret
PLACE STUART MERRILL
AVENUE DE VILLIERS
RUE DE COURCELLES
RUE LE CHATELIER
AVENUE GOURGAUD
RUE DE SENLIS
RUE E FLACHAT
RUE ALFRED ROLL
RUE VERNIQUET
RUE P DELORME
PLACE PAUL LEAUTAUD
BOULEVARD PEREIRE (NORD)
BOULEVARD PEREIRE (SUD)
PLACE DE WAGRAM
AVENUE DES CHASSEURS
BOULEVARD MALESHERBES
RUE CERNUSCHI
RUE PUVIS DE CHAVANNES
RUE A DE NEUVILLE
RUE G DORE
AVENUE DE WAGRAM
RUE AMPERE
PLACE D'ISRAEL
PLACE DU MARECHAL JUIN
SQUARE A BESNARD
Péreire-Levallois
Péreire
RUE D'HELIOPOLIS
RUE DESCOMBES
RUE GUILLAUME TELL
RUE LAUGIER
RUE VERNIER
RUE GALVANI
RUE J B DUMAS
RUE BAYEN
RUE BREMONTIER
Wagram
RUE JOUFFROY
RUE VIETE
PLACE DU BRESIL
RUE DE PRONY
RUE MEISSONIER
RUE E DETAILLE
RUE CARDINET
RUE FORTUNY
RUE HENRI ROCHEFORT
RUE RENNEQUIN
RUE BALNY D'AVRICOURT
AVENUE NIEL
RUE PIERRE DEMOURS
VILLA MONCEAU
RUE GOUNOD
RUE THEATRE DE BANVILLE
VILLA AUBLET
VILLA LAUGIER
RUE FARADAY
RUE SENOCH
RUE DU ST SERG'HOFF
RUE LEBON
RUE TORRICELLI
RUE GUERSANT
RUE MARCEL RENAULT
RUE VILLEBOIS MAREUIL
RUE SAUSSIER LEROY
RUE FOURCROY
IMP ROUX
RUE G FLAUBERT
RUE DES RENAUDES
RUE PONCELET
RUE MARGUERITTE
RUE THEODULE RIBOT
RUE L COGNIET
RUE BARYE
RUE LEON JOST
RUE MEDERIC
RUE JADIN
RUE DE CHAZELLES
PARC MONCEAU
PLACE TRISTAN BERNARD
AVENUE DES TERNES
BOULEVARD DE COURCELLES
Courcelles
RUE A DE VIGNY
Ternes
PLACE DES TERNES
RUE DU FAUBOURG ST HONORE
RUE DE LA NEVA
RUE PIERRE LE GRAND
RUE DARU
Cathédrale Russe St Alexandre Nevsky
AVENUE VAN DYCK
PLACE GENERAL BROCARD
RUE MURILLO
AVENUE HOCHE
AVENUE BEAUCOUR
RUE D'ARMAILLE
RUE DES COLONELS RENARD
VILLA GUIZOT
RUE DES ACACIAS
RUE DE L'ARC DE TRIOMPHE
AVENUE CARNOT
AVENUE MAC MAHON
RUE DE MONTENOTTE
RUE DE L'ETOILE
RUE BREY
RUE TROYON
RUE ANATOLE DE LA FORGE
RUE DU GAL LANREZAC
AVENUE BERTIE ALBRECHT
RUE BALZAC
RUE BERRYER
RUE DE MONCEAU
AVENUE DE LA GRANDE ARMEE
RUE DE SAIGON
RUE RUDE
PLACE CHARLES DE GAULLE
Arc de Triomphe
Charles de Gaulle Etoile
RUE DE TILSITT
RUE BEAUJON
PLACE G GUILLAUMIN
AVENUE DE FRIEDLAND
RUE ARSENE HOUSSAYE
RUE DE CHATEAUBRIAND
RUE LAMENNAIS
Chambre de Commerce et d'Industrie de Paris
RUE LORD BYRON
RUE WASHINGTON
RUE D'ARTOIS
RUE DE BERRI
RUE FREDERIC BASTIAT
RUE DE TRAKTIR
AVENUE VICTOR HUGO
RUE DE PRESBOURG
AVENUE DES CHAMPS ELYSEES
RUE VERNET
RUE GALILEE
George V
GALERIE DES CHAMPS
ARCADES DU LIDO
GALERIE DU CLARIDGE
RUE DE PONTHIEU
RUE P BAUDRY
RUE LA BOETIE
Kléber
RUE DU DOME
RUE LAURISTON
AVENUE KLEBER
AVE DES PORTUGAIS
Centre de Conférences Internationales
RUE LA PEROUSE
RUE DUMONT D'URVILLE
RUE AUGUSTE VACQUERIE
AVENUE D'IENA
RUE NEWTON
RUE EULER
RUE DE BASSANO
RUE MAGELLAN
AVENUE GEORGE V
RUE BAUCHART
RUE LINCOLN
RUE KEPPLER
RUE JEAN GIRAUDOUX
AVENUE MARCEAU
RUE C COLOMBE
RUE QUENTIN
RUE PIERRE CHARRON
RUE MARBEUF
RUE FRANCOIS 1er
RUE DE CERISOLES
RUE C MAROT
RUE DE MARIGNAN
RUE PAUL VALERY
RUE DE BELLOY
RUE HAMELIN
AVENUE
RUE GALILEE
PLACE DES ETATS UNIS
PLACE AMIRAL DE GRASSE
RUE G BIZET
RUE DE CHAILLOT
AVE PIERRE 1er DE SERBIE
Cathédrale Américaine

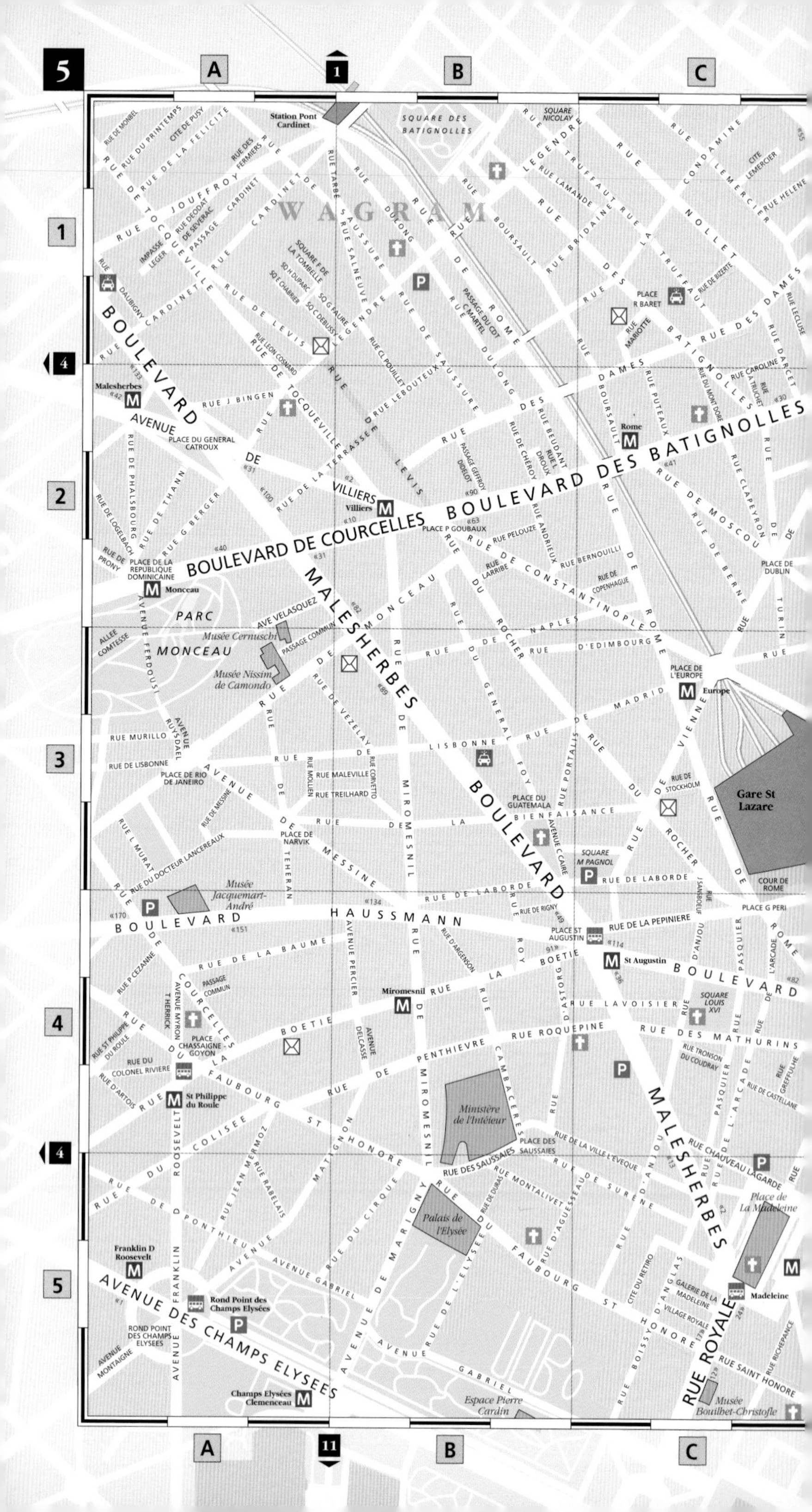

5
A
B
C
1
2
3
4
5
11
Station Pont Cardinet
SQUARE DES BATIGNOLLES
SQUARE NICOLAY
WAGRAM
RUE DE MONBEL
RUE DU PRINTEMPS
CITE DE PUSY
RUE DE LA FELICITE
RUE DES FERMIERS
RUE DE TOCQUEVILLE
RUE JOUFFROY
RUE DEODAT DE SEVERAC
PASSAGE CARDINET
IMPASSE LEGER
RUE CARDINET
RUE TARBE
RUE DE SAUSSURE
RUE SALNEUVE
RUE DULONG
RUE LEGENDRE
RUE TRUFFAUT
RUE LAMANDE
RUE BOURSAULT
RUE BRIDAINE
RUE DE ROME
RUE DES DAMES
RUE NOLLET
RUE CONDAMINE
RUE LEMERCIER
CITE LEMERCIER
RUE HELENE
RUE DE BIZERTE
PLACE R BARET
RUE MARIOTTE
RUE DES BATIGNOLLES
RUE LECLUSE
RUE DARCET
RUE CAROLINE
RUE TRUCHET
RUE DU MONT DORE
RUE PUTEAUX
SQUARE F DE LA TOMBELLE
SQ H DUPARC
SQ E CHABRIER
SQ G FAURE
SQ C DEBUSSY
PASSAGE DU CDT C MARTEL
RUE DAUBIGNY
RUE LEON COSNARD
RUE DE LEVIS
RUE CL POUILLET
RUE LEBOUTEUX
BOULEVARD MALESHERBES
Malesherbes
RUE J BINGEN
AVENUE DE VILLIERS
PLACE DU GENERAL CATROUX
RUE DE PHALSBOURG
RUE DE THANN
RUE DE LA TERRASSE
VILLIERS
Villiers
PASSAGE GEFFROY DIDELOT
RUE DE CHEROY
RUE BEAUDANT
RUE L DROUX
Rome
BOULEVARD DES BATIGNOLLES
RUE DE MOSCOU
RUE CLAPEYRON
RUE DE LOGELBACH
RUE G BERGER
RUE DE PRONY
BOULEVARD DE COURCELLES
PLACE P GOUBAUX
RUE PELOUZE
RUE ANDRIEUX
RUE BERNOUILLI
RUE LARRIBE
RUE DE CONSTANTINOPLE
RUE DE COPENHAGUE
RUE DE BERNE
PLACE DE DUBLIN
RUE DE TURIN
PLACE DE LA REPUBLIQUE DOMINICAINE
Monceau
PARC MONCEAU
AVE VELASQUEZ
Musée Cernuschi
PASSAGE COMMUN
RUE DE MONCEAU
RUE DU ROCHER
RUE DE NAPLES
RUE D'EDIMBOURG
ALLEE COMTESSE
AVENUE FERDOUSI
Musée Nissim de Camondo
RUE DE VEZELAY
RUE DE MIROMESNIL
PLACE DE L'EUROPE
Europe
RUE DE MADRID
RUE DE VIENNE
RUE MURILLO
AVENUE RUYSDAEL
RUE DE LISBONNE
RUE DU GENERAL FOY
RUE PORTALIS
RUE MOLLIEN
RUE MALEVILLE
RUE CORVETTO
RUE TREILHARD
PLACE DE RIO DE JANEIRO
AVENUE DE MESSINE
RUE DE MESSINE
RUE DE STOCKHOLM
Gare St Lazare
PLACE DU GUATEMALA
RUE DE LA BIENFAISANCE
AVENUE C CAIRE
RUE L MURAT
RUE DU DOCTEUR LANCEREAUX
PLACE DE NARVIK
RUE DE TEHERAN
SQUARE M PAGNOL
RUE DE LABORDE
RUE J SAMBOEUF
COUR DE ROME
Musée Jacquemart-André
BOULEVARD HAUSSMANN
RUE DE RIGNY
PLACE G PERI
PLACE ST AUGUSTIN
RUE DE LA PEPINIERE
RUE DE LA BAUME
RUE D'ARGENSON
RUE DE LA BOETIE
St Augustin
BOULEVARD MALESHERBES
RUE P CEZANNE
PASSAGE COMMUN
AVENUE PERCIER
AVENUE MYRON T HERRICK
RUE DE COURCELLES
Miromesnil
RUE D'ASTORG
RUE LAVOISIER
SQUARE LOUIS XVI
RUE PASQUIER
RUE DE L'ARCADE
RUE ST PHILIPPE DU ROULE
PLACE CHASSAIGNE-GOYON
AVENUE DELCASSE
RUE ROQUEPINE
RUE DES MATHURINS
RUE DU COLONEL RIVIERE
RUE DE PENTHIEVRE
RUE CAMBACERES
RUE TRONSON DU COUDRAY
RUE GREFFULHE
RUE D'ARTOIS
St Philippe du Roule
RUE DU FAUBOURG ST HONORE
RUE DE CASTELLANE
Ministère de l'Intérieur
RUE DU COLISEE
RUE JEAN MERMOZ
RUE MATIGNON
RUE DES SAUSSAIES
PLACE DES SAUSSAIES
RUE DE LA VILLE L'EVEQUE
RUE CHAUVEAU LAGARDE
RUE RABELAIS
RUE DE PONTHIEU
RUE DU CIRQUE
RUE MONTALIVET
RUE DE DURAS
RUE D'AGUESSEAU
RUE DE SURENE
RUE D'ANJOU
Place de La Madeleine
Palais de l'Elysée
Franklin D Roosevelt
AVENUE FRANKLIN ROOSEVELT
AVENUE GABRIEL
AVENUE DE MARIGNY
RUE DE L'ELYSEE
CITE DU RETIRO
GALERIE DE LA MADELEINE
VILLAGE ROYALE
Madeleine
Rond Point des Champs Elysées
AVENUE DES CHAMPS ELYSEES
ROND POINT DES CHAMPS ELYSEES
AVENUE MONTAIGNE
RUE BOISSY D'ANGLAS
RUE ROYALE
RUE SAINT HONORE
RUE RICHEPANCE
Champs Elysées Clemenceau
Espace Pierre Cardin
Musée Bouilhet-Christofle

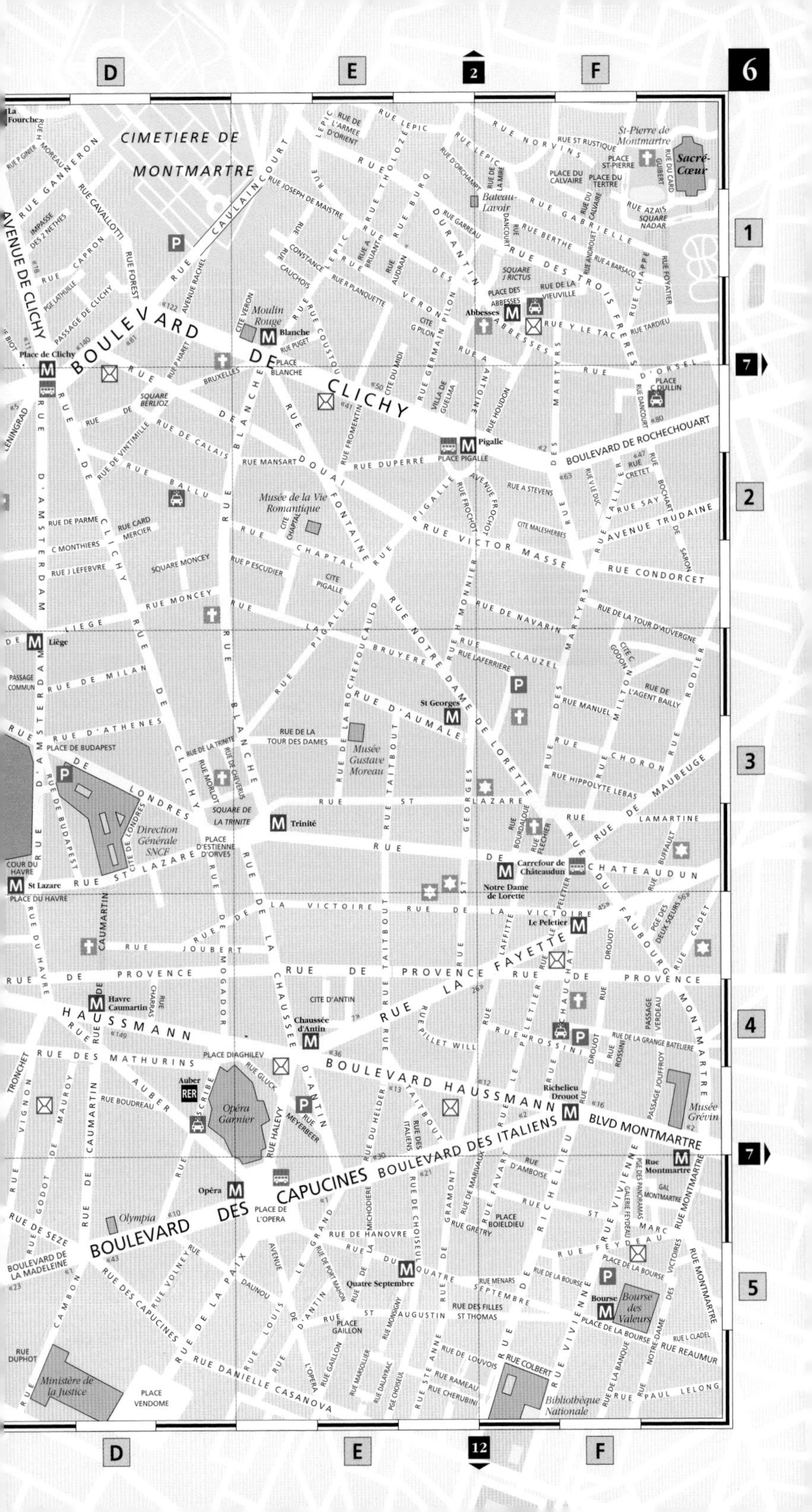

D
E
2
F
6
CIMETIERE DE MONTMARTRE
La Fourche
AVENUE DE CLICHY
RUE GANNERON
RUE CAVALLOTTI
IMPASSE DES 2 NETHES
RUE CAPRON
RUE FOREST
PGE LATHUILLE
PASSAGE DE CLICHY
RUE CAULAINCOURT
AVENUE RACHEL
RUE JOSEPH DE MAISTRE
RUE LEPIC
RUE DE L'ARMEE D'ORIENT
RUE THOLOZE
RUE NORVINS
RUE ST RUSTIQUE
St-Pierre de Montmartre
PLACE ST-PIERRE
Sacré-Cœur
PLACE DU CALVAIRE
PLACE DU TERTRE
RUE D'ORCHAMPT
Bateau-Lavoir
RUE GABRIELLE
RUE AZAIS
SQUARE NADAR
RUE BERTHE
RUE A BARSACQ
RUE FOYATIER
RUE CHAPPE
RUE DES TROIS FRERES
RUE GARREAU
RUE DURANTIN
RUE BURQ
RUE AUDRAN
RUE CONSTANCE
RUE CAUCHOIS
RUE R PLANQUETTE
SQUARE J RICTUS
PLACE DES ABBESSES
RUE DE LA VIEUVILLE
Abbesses
RUE DES ABBESSES
RUE Y LE TAC
RUE TARDIEU
CITE VERON
Moulin Rouge
Blanche
RUE PUGET
PLACE BLANCHE
RUE VERON
CITE G PILON
RUE GERMAIN PILON
BOULEVARD DE CLICHY
Place de Clichy
RUE P HARET
RUE DE BRUXELLES
SQUARE BERLIOZ
CITE DU MIDI
RUE FROMENTIN
VILLA DE GUELMA
RUE HOUDON
RUE ANTOINE
RUE D'ORSEL
PLACE C DULLIN
RUE DANCOURT
BOULEVARD DE ROCHECHOUART
Pigalle
PLACE PIGALLE
RUE DUPERRÉ
RUE MANSART
RUE DE DOUAI
RUE DE VINTIMILLE
RUE DE CALAIS
RUE BALLU
RUE D'AMSTERDAM
LENINGRAD
Musée de la Vie Romantique
CITE CHAPTAL
RUE CHAPTAL
RUE FONTAINE
AVENUE FROCHOT
RUE FROCHOT
RUE A STEVENS
RUE VIOLLET LE DUC
RUE LALLIER
RUE CRETET
RUE BOCHART DE SARON
RUE SAY
AVENUE TRUDAINE
CITE MALESHERBES
RUE VICTOR MASSE
RUE CONDORCET
RUE DE PARME
RUE CARD MERCIER
C MONTHIERS
RUE J LEFEBVRE
SQUARE MONCEY
RUE P ESCUDIER
CITE PIGALLE
RUE MONCEY
RUE PIGALLE
RUE DE LA ROCHEFOUCAULD
RUE NOTRE DAME DE LORETTE
RUE H MONNIER
RUE DE NAVARIN
RUE DES MARTYRS
RUE DE LA TOUR D'AUVERGNE
RUE DE LIEGE
Liège
PASSAGE COMMUN
RUE DE MILAN
RUE LA BRUYERE
RUE LAFERRIERE
RUE CLAUZEL
CITE C GODON
RUE MILTON
RUE RODIER
RUE DE L'AGENT BAILLY
St Georges
RUE D'AUMALE
RUE MANUEL
RUE D'ATHENES
PLACE DE BUDAPEST
RUE DE LA TRINITE
RUE DE CHEVREUS
RUE MORLOT
RUE BLANCHE
RUE DE LA TOUR DES DAMES
Musée Gustave Moreau
RUE TAITBOUT
RUE CHORON
RUE HIPPOLYTE LEBAS
RUE DE MAUBEUGE
RUE DE LONDRES
RUE DE BUDAPEST
CITE DE LONDRES
Direction Générale SNCF
SQUARE DE LA TRINITE
Trinité
RUE ST LAZARE
RUE ST GEORGES
RUE BOURDALOUE
RUE FLECHIER
RUE LAMARTINE
RUE BUFFAULT
PLACE D'ESTIENNE D'ORVES
COUR DU HAVRE
St Lazare
PLACE DU HAVRE
Carrefour de Châteaudun
RUE DE CHATEAUDUN
Notre Dame de Lorette
RUE DE LA VICTOIRE
RUE DE CLICHY
RUE DU HAVRE
RUE CAUMARTIN
RUE JOUBERT
RUE DE MOGADOR
RUE DE LA CHAUSSEE D'ANTIN
RUE LAFFITTE
RUE LE PELETIER
Le Peletier
RUE DU FAUBOURG MONTMARTRE
PGE DES DEUX SŒURS
RUE CADET
RUE DE PROVENCE
RUE LA FAYETTE
RUE DROUOT
RUE DU HAVRE
Havre Caumartin
RUE CHARRAS
CITE D'ANTIN
Chaussée d'Antin
RUE PILLET WILL
RUE ROSSINI
RUE DE LA GRANGE BATELIERE
PASSAGE VERDEAU
BOULEVARD HAUSSMANN
RUE TRONCHET
RUE DES MATHURINS
PLACE DIAGHILEV
RUE GLUCK
Auber
RER
RUE BOUDREAU
RUE AUBER
RUE SCRIBE
Opéra Garnier
RUE HALEVY
RUE MEYERBEER
RUE DU HELDER
RUE DES ITALIENS
Richelieu Drouot
PASSAGE JOUFFROY
Musée Grévin
BLVD MONTMARTRE
RUE VIGNON
RUE GODOT DE MAUROY
BOULEVARD DES ITALIENS
RUE MARIVAUX
RUE FAVART
RUE D'AMBOISE
Rue Montmartre
GAL MONTMARTRE
PGE DES PANORAMAS
GALERIE FEYDEAU
Opéra
PLACE DE L'OPERA
BOULEVARD DES CAPUCINES
RUE DE LA MICHODIERE
RUE DE CHOISEUL
RUE DE GRAMONT
RUE GRETRY
PLACE BOIELDIEU
RUE RICHELIEU
RUE ST MARC
RUE VIVIENNE
Olympia
RUE DE SEZE
BOULEVARD DE LA MADELEINE
RUE VOLNEY
RUE DE LA PAIX
AVENUE DE L'OPERA
RUE DE HANOVRE
RUE DE PORT MAHON
RUE LOUIS LE GRAND
RUE DU QUATRE SEPTEMBRE
Quatre Septembre
RUE MENARS
RUE DE LA BOURSE
RUE FEYDEAU
PLACE DE LA BOURSE
RUE DES VICTOIRES
RUE MONTMARTRE
RUE DES CAPUCINES
RUE DAUNOU
RUE D'ANTIN
RUE ST AUGUSTIN
PLACE GAILLON
RUE MONSIGNY
RUE DES FILLES ST THOMAS
Bourse
Bourse des Valeurs
RUE NOTRE-DAME DES VICTOIRES
RUE L CLADEL
RUE REAUMUR
RUE CAMBON
RUE DUPHOT
Ministère de la Justice
RUE DANIELLE CASANOVA
PLACE VENDOME
RUE GAILLON
RUE MARSOLLIER
RUE DALAYRAC
PGE CHOISEUL
RUE STE ANNE
RUE DE LOUVOIS
RUE RAMEAU
RUE CHERUBINI
RUE COLBERT
Bibliothèque Nationale
RUE DE LA BANQUE
RUE PAUL LELONG
1
2
3
4
5
7
12

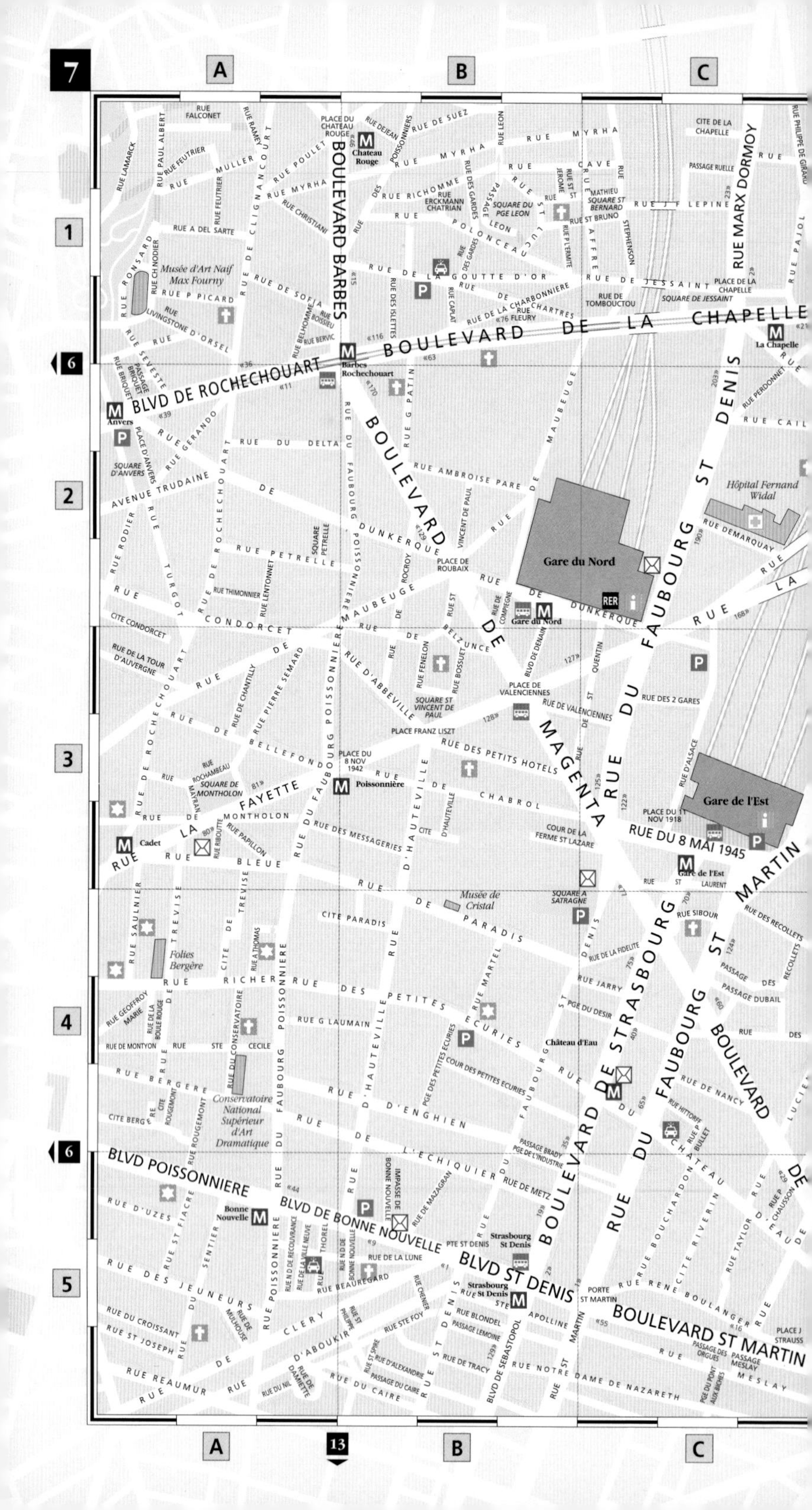
7
A
B
C
1
2
3
4
5
6
6
13
BOULEVARD BARBES
BOULEVARD DE LA CHAPELLE
BLVD DE ROCHECHOUART
BOULEVARD DE MAGENTA
RUE DU FAUBOURG ST DENIS
BOULEVARD DE STRASBOURG
RUE DU FAUBOURG ST MARTIN
BOULEVARD ST MARTIN
BLVD POISSONNIERE
BLVD DE BONNE NOUVELLE
BLVD ST DENIS
RUE LA FAYETTE
RUE DU 8 MAI 1945
RUE DU FAUBOURG POISSONNIERE
RUE MARX DORMOY
Chateau Rouge
Barbes Rochechouart
La Chapelle
Anvers
Gare du Nord
Poissonnière
Cadet
Gare de l'Est
Château d'Eau
Bonne Nouvelle
Strasbourg St Denis
Musée d'Art Naif Max Fourny
Hôpital Fernand Widal
Gare du Nord
Gare de l'Est
Musée de Cristal
Folies Bergère
Conservatoire National Supérieur d'Art Dramatique
SQUARE D'ANVERS
SQUARE DE MONTHOLON
SQUARE ST VINCENT DE PAUL
PLACE FRANZ LISZT
PLACE DE ROUBAIX
PLACE DE VALENCIENNES
PLACE DU 11 NOV 1918
PLACE DU 8 NOV 1942
SQUARE DE JESSAINT
RUE DE TOMBOUCTOU
RUE DE LA GOUTTE D'OR
RUE POLONCEAU
RUE MYRHA
RUE DE DUNKERQUE
RUE DE MAUBEUGE
RUE CONDORCET
AVENUE TRUDAINE
RUE DES PETITS HOTELS
RUE DE CHABROL
RUE DE PARADIS
RUE DES PETITES ECURIES
RUE D'ENGHIEN
RUE DE L'ECHIQUIER
RUE RICHER
RUE BLEUE
RUE DE BELLEFOND
RUE DE ROCHECHOUART
RUE D'HAUTEVILLE
RUE BERGERE
RUE D'ABOUKIR
RUE DE CLERY
RUE REAUMUR
RUE NOTRE DAME DE NAZARETH
RUE RENE BOULANGER
RUE DE JESSAINT
RUE DES 2 GARES
RUE D'ALSACE
RUE DES RECOLLETS
RUE DE LANCRY
RUE DES JEUNEURS
RUE D'UZES
RUE DU CAIRE
RUE BEAUREGARD
RUE DE LA LUNE
RUE BLONDEL
RUE DE TREVISE
RUE DU CONSERVATOIRE
RUE MARTEL
RUE DE LA FIDELITE
RUE JARRY
PASSAGE BRADY
RUE TURGOT
RUE DES MESSAGERIES

8
D
E
F
1
2
3
4
5
14
LA VILLETTE
BELLEVILLE
BOULEVARD DE LA VILLETTE
RUE DE FLANDRE
AVENUE JEAN JAURES
RUE ARMAND CARREL
RUE LA FAYETTE
RUE DU FAUBOURG ST MARTIN
QUAI DE LA SEINE
QUAI DE LA LOIRE
Bassin de la Villette
Quai de la Loire
PLACE DE STALINGRAD
PLACE DU MAROC
RUE DE TANGER
RUE D'AUBERVILLIERS
RUE BELLOT
RUE DU MAROC
RUE DE SOISSONS
RUE DE ROUEN
PGE DE FLANDRE
RUE J KABLE
RUE DU DEPARTEMENT
RUE CAILLIE
RUE DE L'AQUEDUC
RUE CHAUDRON
RUE LOUIS BLANC
RUE DU CHATEAU LANDON
PASSAGE BARTHELEMY
RUE EURYALE DEHAYNIN
RUE TANDOU
RUE V SCOTTO
RUE PIERRE REVERDY
RUE DE LA MOSELLE
VILLA REMI BELLEAU
PGE DE LA MOSELLE
PGE DE MELUN
RUE DE MEAUX
RUE LALLY TOLLENDAL
RUE CLOVIS HUGUES
RUE BOURET
AVENUE SECRETAN
RUE BASTE
RUE SADI LECOINTE
PASSAGE DE LA BRIE
RUE DE CHAUMONT
CITE LEPAGE
AVENUE EDOUARD PAILLERON
AVENUE SIMON BOLIVAR
RUE H MURGER
RUE MOREAU
AVENUE MATHURIN MOREAU
RUE GEORGES LARDENNOIS
RUE PH HECHT
RUE BARRELET DE RICOU
RUE R DE GOURMONT
RUE EDGAR POE
RUE MANIN
RUE HENRI TUROT
RUE BURNOUF
RUE DE L'ATLAS
CITE SAINT CHAUMONT
ALLEE LOUISE LABE
ALLEE PERNETTE DU GUILLET
RUE LAUZIN
RUE REBEVAL
SQUARE DE REBEVAL
RUE J ROMAINS
RUE DES CHAUFOURNIERS
PLACE DU COLONEL FABIEN
AVENUE CLAUDE VELLEFAUX
RUE VICQ D'AZIR
RUE JULIETTE DODU
RUE DE SAMBRE ET MEUSE
RUE H FEULARD
RUE JEAN MOINON
RUE SAINTE MARTHE
IMPASSE STE MARTHE
RUE DU CHALET
RUE CIVIALE
RUE DU BUISSON ST LOUIS
PASSAGE DU BUISSON ST LOUIS
PLACE J ROSTAND
PLACE GENERAL INGOLD
RUE DE BELLEVILLE
BLVD DE BELLEVILLE
RUE LEMON
RUE DENOYEZ
RUE DE LA PRESENTATION
RUE DU FAUBOURG DU TEMPLE
RUE SAINT MAUR
RUE ARTHUR GROUSSIER
RUE JACQUES LOUVEL TESSIER
RUE TESSON
RUE BICHAT
RUE D'AIX
AVENUE PARMENTIER
RUE DES GONCOURT
RUE A RABAUD
RUE A BARBIER
RUE DU CHEVET
RUE DARBOY
RUE DEGUERRY
RUE DE LA FONTAINE AU ROI
RUE R HOUDIN
RUE J VERNE
PASSAGE PIVER
RUE DESARGUES
RUE L BONNE
RUE DE L'ORILLON
RUE DU MOULIN JOLY
RUE MORAND
RUE DE VAUCOULEURS
RUE DES TROIS COURONNES
RUE JEAN PIERRE TIMBAUD
RUE DE LA GRANGE AUX BELLES
RUE DE L'HOPITAL ST LOUIS
RUE ALIBERT
RUE MARIE ET LOUISE
AVENUE RICHERAND
PLACE DU DR A FOURNIER
St Louis
RUE DES ECLUSES ST MARTIN
PLACE ROBERT DESNOS
RUE F JAMMES
RUE A CAMUS
RUE G F HAENDEL
SQUARE E VARLIN
RUE E VARLIN
RUE A PARODI
RUE P DUPONT
PGE DELESSERT
RUE R BLACHE
RUE DU TERRAGE
IMPASSE BOUTRON
AVENUE DE VERDUN
PLACE RAOUL FOLLEREAU
QUAI DE VALMY
QUAI DE JEMMAPES
Canal Saint Martin
JARDIN VILLEMIN
RUE SAMPAIX
SQUARE DES RECOLLETS
RUE DES VINAIGRIERS
RUE JEAN POULMARCH
RUE LEGOUVE
RUE LANCRY
RUE DE MARSEILLE
RUE YVES TOUDIC
RUE BEAUREPAIRE
RUE DIEU
RUE ALBERT THOMAS
RUE LEON JOUHAUX
SQUARE F LEMAITRE
RUE DE LA FOLIE MERICOURT
RUE DE LA PIERRE LEVEE
SQUARE J FERRY
RUE DE MALTE
BOULEVARD MAGENTA
RUE RENE BOULANGER
SQUARE H CHRISTINE
PLACE DE LA REPUBLIQUE
RUE PHILIPPE DE GIRARD
Riquet
Stalingrad
Jaurès
Louis Blanc
Château Landon
Laumière
Bolivar
Colonel Fabien
Belleville
Goncourt
République
Jacques Bonsergent

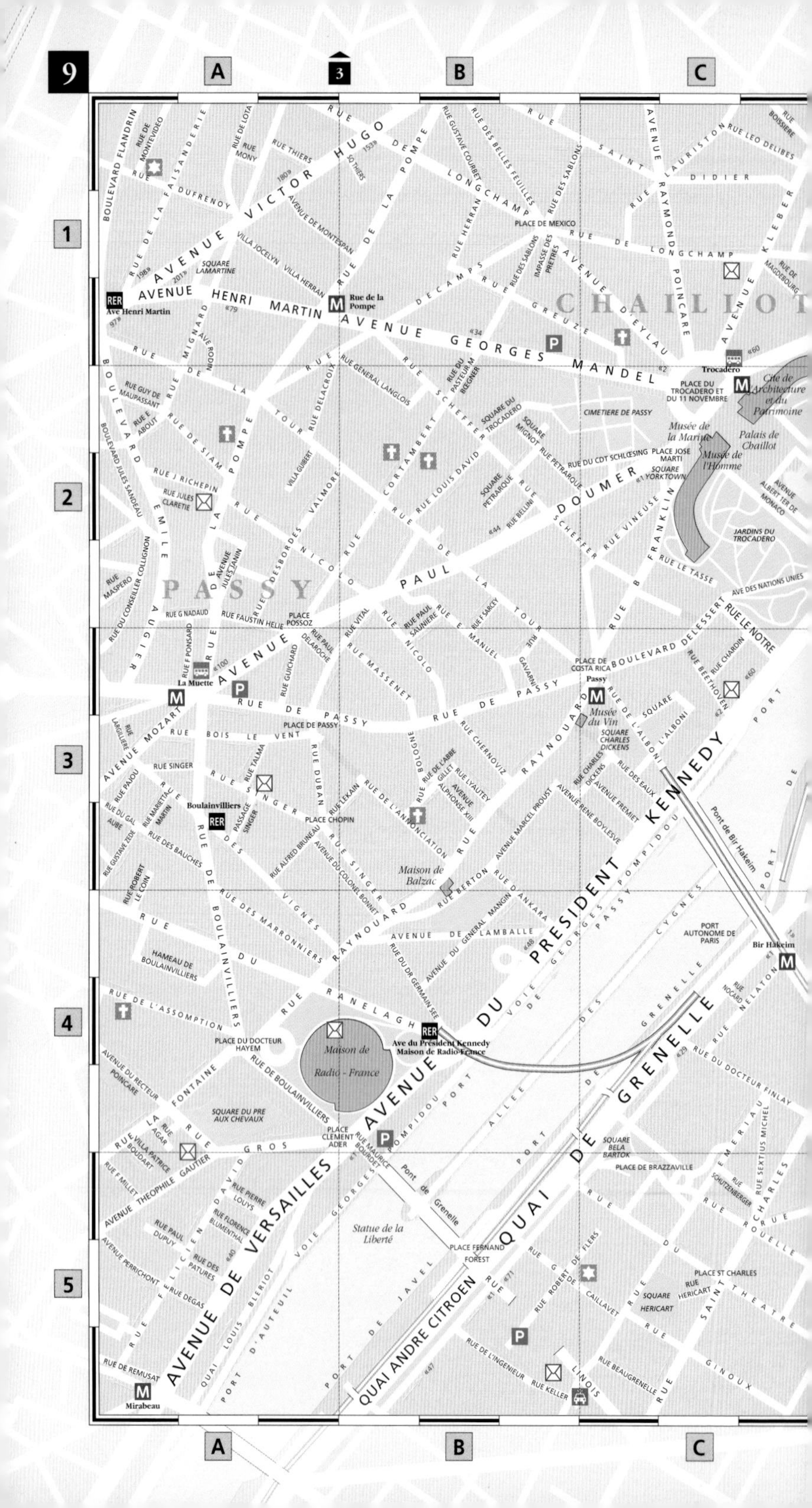

9
A
3
B
C
1
2
3
4
5
AVENUE VICTOR HUGO
AVENUE HENRI MARTIN
AVENUE GEORGES MANDEL
RUE DE LA POMPE
RUE DE LONGCHAMP
PLACE DE MEXICO
AVENUE D'EYLAU
AVENUE RAYMOND POINCARE
AVENUE KLEBER
RUE LAURISTON
RUE LEO DELIBES
RUE BOISSIERE
RUE DIDIER
RUE SAINT DIDIER
RUE DE MAGDEBOURG
RUE DES BELLES FEUILLES
RUE DES SABLONS
IMPASSE DES PRETRES
RUE GUSTAVE COURBET
RUE HERRAN
RUE THIERS
RUE DE LOTA
RUE MONY
RUE DUFRENOY
RUE DE LA FAISANDERIE
RUE DE MONTEVIDEO
BOULEVARD FLANDRIN
VILLA JOCELYN
VILLA HERRAN
AVENUE DE MONTESPAN
SQUARE LAMARTINE
RER
Ave Henri Martin
Rue de la Pompe
RUE DECAMPS
RUE GREUZE
CHAILLOT
Trocadéro
PLACE DU TROCADERO ET DU 11 NOVEMBRE
Cité de l'Architecture et du Patrimoine
Palais de Chaillot
Musée de la Marine
Musée de l'Homme
CIMETIERE DE PASSY
RUE DU CDT SCHLŒSING
PLACE JOSE MARTI
SQUARE YORKTOWN
AVENUE ALBERT 1ER DE MONACO
JARDINS DU TROCADERO
RUE LE TASSE
AVE DES NATIONS UNIES
RUE MIGNARD
AVE RODIN
RUE DE LA TOUR
RUE GUY DE MAUPASSANT
RUE E ABOUT
BOULEVARD JULES SANDEAU
BOULEVARD EMILE AUGIER
RUE DE SIAM
RUE J RICHEPIN
RUE JULES CLARETIE
VILLA GUIBERT
RUE DESBORDES VALMORE
RUE NICOLO
RUE DELACROIX
RUE GENERAL LANGLOIS
RUE SCHEFFER
RUE DU PASTEUR M BOEGNER
SQUARE DU TROCADERO
SQUARE MIGNOT
RUE PETRARQUE
SQUARE PETRARQUE
RUE BELLINI
RUE CORTAMBERT
RUE LOUIS DAVID
AVENUE PAUL DOUMER
RUE VINEUSE
RUE B FRANKLIN
PASSY
AVENUE JULES JANIN
RUE MASPERO
RUE DU CONSEILLER COLLIGNON
RUE G NADAUD
RUE FAUSTIN HELIE
PLACE POSSOZ
RUE VITAL
RUE PAUL SAUNIERE
RUE E MANUEL
RUE F SARCEY
RUE GAVARNI
RUE PAUL DELAROCHE
RUE MASSENET
RUE GUICHARD
RUE F PONSARD
La Muette
AVENUE MOZART
RUE DE PASSY
PLACE DE PASSY
RUE BOIS LE VENT
PLACE DE COSTA RICA
BOULEVARD DELESSERT
RUE LE NOTRE
RUE CHARDIN
RUE BEETHOVEN
Passy
Musée du Vin
RUE DE L'ALBONI
SQUARE DE L'ALBONI
SQUARE CHARLES DICKENS
RUE CHARLES DICKENS
RUE DES EAUX
AVENUE FREMIET
AVENUE RENE BOYLESVE
AVENUE MARCEL PROUST
RUE RAYNOUARD
RUE CHERNOVIZ
RUE LARGILLIERE
RUE SINGER
RUE TALMA
RUE PAJOU
RUE DU GAL AUBE
RUE MARIETTA MARTIN
Boulainvilliers
PASSAGE SINGER
PLACE CHOPIN
RUE LEKAIN
RUE DUBAN
RUE BOLOGNE
RUE DE L'ABBE GILLET
RUE LYAUTEY
AVENUE ALPHONSE XIII
RUE DE L'ANNONCIATION
RUE GUSTAVE ZEDE
RUE DES BAUCHES
RUE ALFRED BRUNEAU
AVENUE DU COLONEL BONNET
RUE DES VIGNES
Maison de Balzac
RUE BERTON
RUE D'ANKARA
AVENUE DU GENERAL MANGIN
AVENUE DE LAMBALLE
RUE ROBERT LE COIN
RUE DE BOULAINVILLIERS
RUE DES MARRONNIERS
RUE DU RANELAGH
HAMEAU DE BOULAINVILLIERS
RUE DU DR GERMAIN SEE
RUE DE L'ASSOMPTION
PLACE DU DOCTEUR HAYEM
Maison de Radio - France
Ave du Président Kennedy Maison de Radio-France
AVENUE DU PRESIDENT KENNEDY
VOIE GEORGES POMPIDOU
PORT DE PASSY
Pont de Bir Hakeim
ALLEE DES CYGNES
PORT AUTONOME DE PARIS
Bir Hakeim
RUE NOCARD
RUE NELATON
QUAI DE GRENELLE
RUE DU DOCTEUR FINLAY
AVENUE DU RECTEUR POINCARE
RUE FONTAINE
SQUARE DU PRE AUX CHEVAUX
PLACE CLEMENT ADER
RUE MAURICE BOURDET
RUE GROS
RUE LA FONTAINE
RUE AGAR
VILLA PATRICE BOUDART
RUE GAUTIER
RUE F MILLET
AVENUE THEOPHILE GAUTIER
RUE PIERRE LOUYS
RUE FLORENCE BLUMENTHAL
RUE DAVID
RUE PAUL DUPUY
RUE DES PATURES
RUE FELICIEN DAVID
AVENUE PERRICHONT
RUE DEGAS
AVENUE DE VERSAILLES
Pont de Grenelle
Statue de la Liberté
PLACE FERNAND FOREST
QUAI ANDRE CITROEN
PORT DE JAVEL
QUAI LOUIS BLERIOT
PORT D'AUTEUIL
VOIE GEORGES POMPIDOU
RUE DE REMUSAT
Mirabeau
SQUARE BELA BARTOK
PLACE DE BRAZZAVILLE
RUE EMERIAU
RUE SEXTIUS MICHEL
RUE SCHUTZENBERGER
RUE CHARLES ROUELLE
RUE ROUELLE
RUE DU THEATRE
PLACE ST CHARLES
RUE HERICART
SQUARE HERICART
RUE ROBERT DE FLERS
RUE G DE CAILLAVET
RUE SAINT CHARLES
RUE DE L'INGENIEUR KELLER
RUE KELLER
RUE LINOIS
RUE BEAUGRENELLE
RUE GINOUX

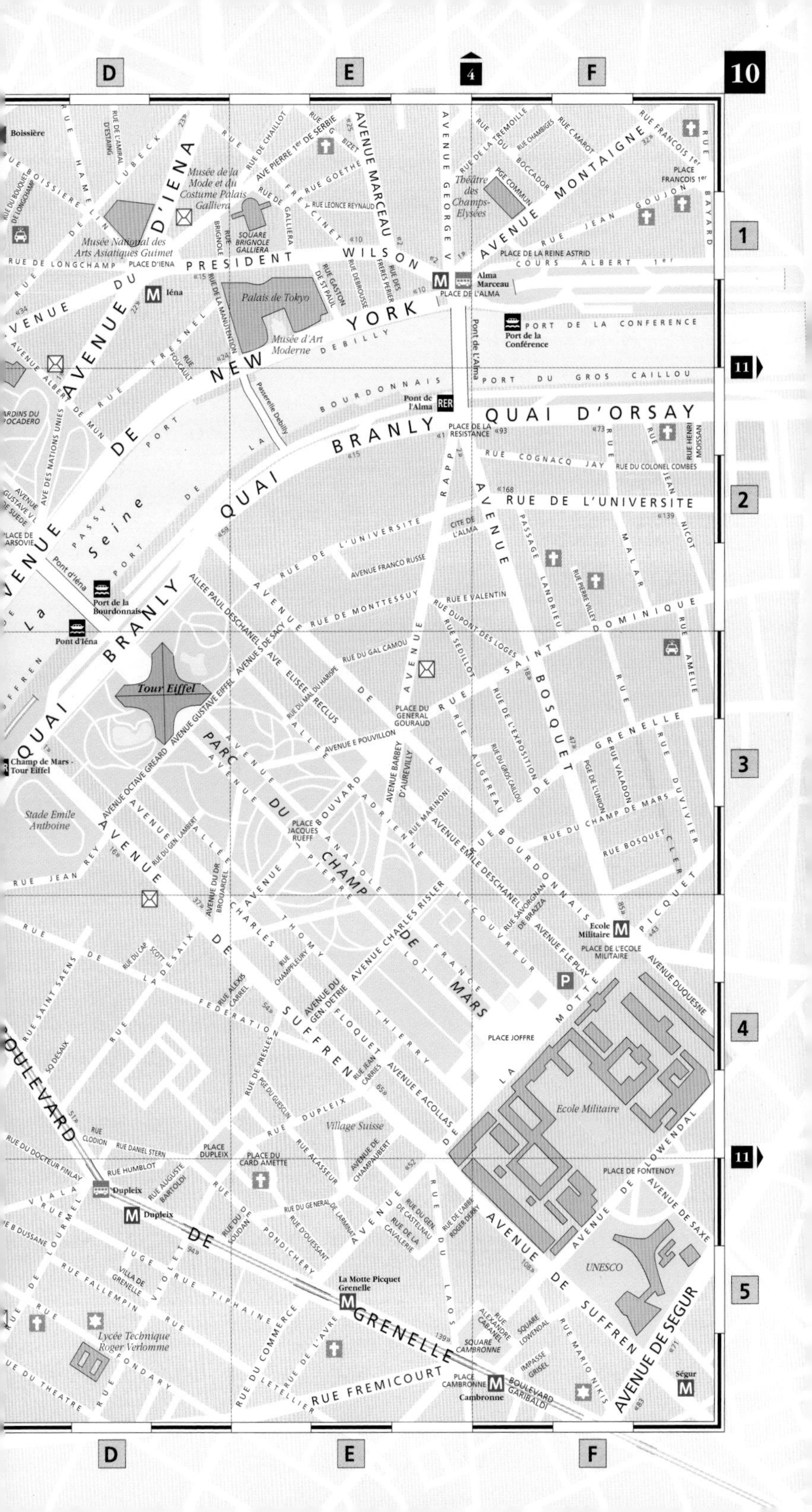

10
D
E
4
F
Boissière
Musée de la Mode et du Costume Palais Galliera
Musée National des Arts Asiatiques Guimet
Square Brignole Galliera
Théâtre des Champs-Elysées
Avenue Montaigne
Place François 1er
Rue de Longchamp
Place d'Iéna
Avenue du Président Wilson
Iéna
Palais de Tokyo
Musée d'Art Moderne
Alma Marceau
Place de l'Alma
Place de la Reine Astrid
Cours Albert 1er
Port de la Conférence
Avenue de New York
Pont de l'Alma
Port du Gros Caillou
Pont de l'Alma RER
Passerelle Debilly
Quai d'Orsay
Place de la Résistance
Avenue d'Iéna
Avenue Marceau
Avenue George V
Rue de l'Université
Jardins du Trocadéro
Avenue des Nations Unies
Port de Passy
La Seine
Quai Branly
Pont d'Iéna
Port de la Bourdonnais
Avenue Rapp
Avenue Bosquet
Rue Saint Dominique
Rue de Grenelle
Tour Eiffel
Champ de Mars - Tour Eiffel
Parc du Champ de Mars
Stade Emile Antoine
Avenue de Suffren
Place Jacques Rueff
Ecole Militaire
Place de l'Ecole Militaire
Place Joffre
Avenue de la Motte Picquet
Avenue de Lowendal
Place de Fontenoy
Avenue de Saxe
UNESCO
Avenue de Ségur
Village Suisse
Place Dupleix
Dupleix
Boulevard de Grenelle
La Motte Picquet Grenelle
Lycée Technique Roger Verlomme
Rue Fremicourt
Place Cambronne
Cambronne
Boulevard Garibaldi
Ségur
1
2
3
4
5
11

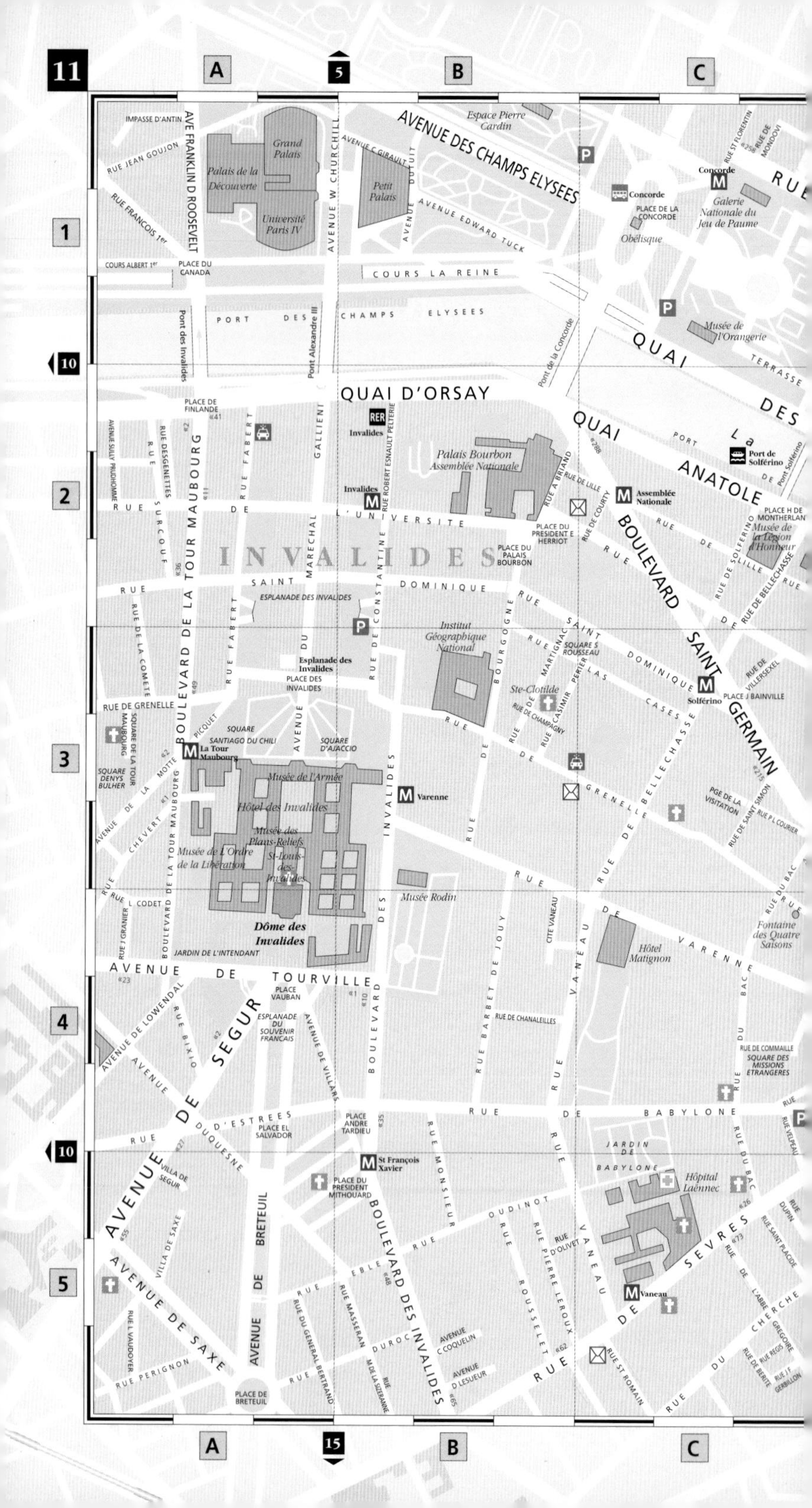

Grand Palais
Palais de la Découverte
Université Paris IV
Petit Palais
Espace Pierre Cardin
AVENUE DES CHAMPS ELYSEES
Concorde
PLACE DE LA CONCORDE
Obélisque
Galerie Nationale du Jeu de Paume
Musée de l'Orangerie
QUAI D'ORSAY
Palais Bourbon
Assemblée Nationale
Port de Solférino
QUAI ANATOLE
Musée de la Légion d'Honneur
INVALIDES
BOULEVARD DE LA TOUR MAUBOURG
BOULEVARD SAINT GERMAIN
Esplanade des Invalides
Institut Géographique National
Ste-Clotilde
Solférino
La Tour Maubourg
Musée de l'Armée
Hôtel des Invalides
Musée des Plans-Reliefs
St-Louis-des-Invalides
Musée de l'Ordre de la Libération
Dôme des Invalides
Varenne
Musée Rodin
Hôtel Matignon
Fontaine des Quatre Saisons
AVENUE DE TOURVILLE
AVENUE DE SEGUR
RUE DE BABYLONE
Hôpital Laënnec
Vaneau
St François Xavier
BOULEVARD DES INVALIDES
AVENUE DE BRETEUIL
AVENUE DE SAXE
RUE DE SEVRES
PLACE DE BRETEUIL

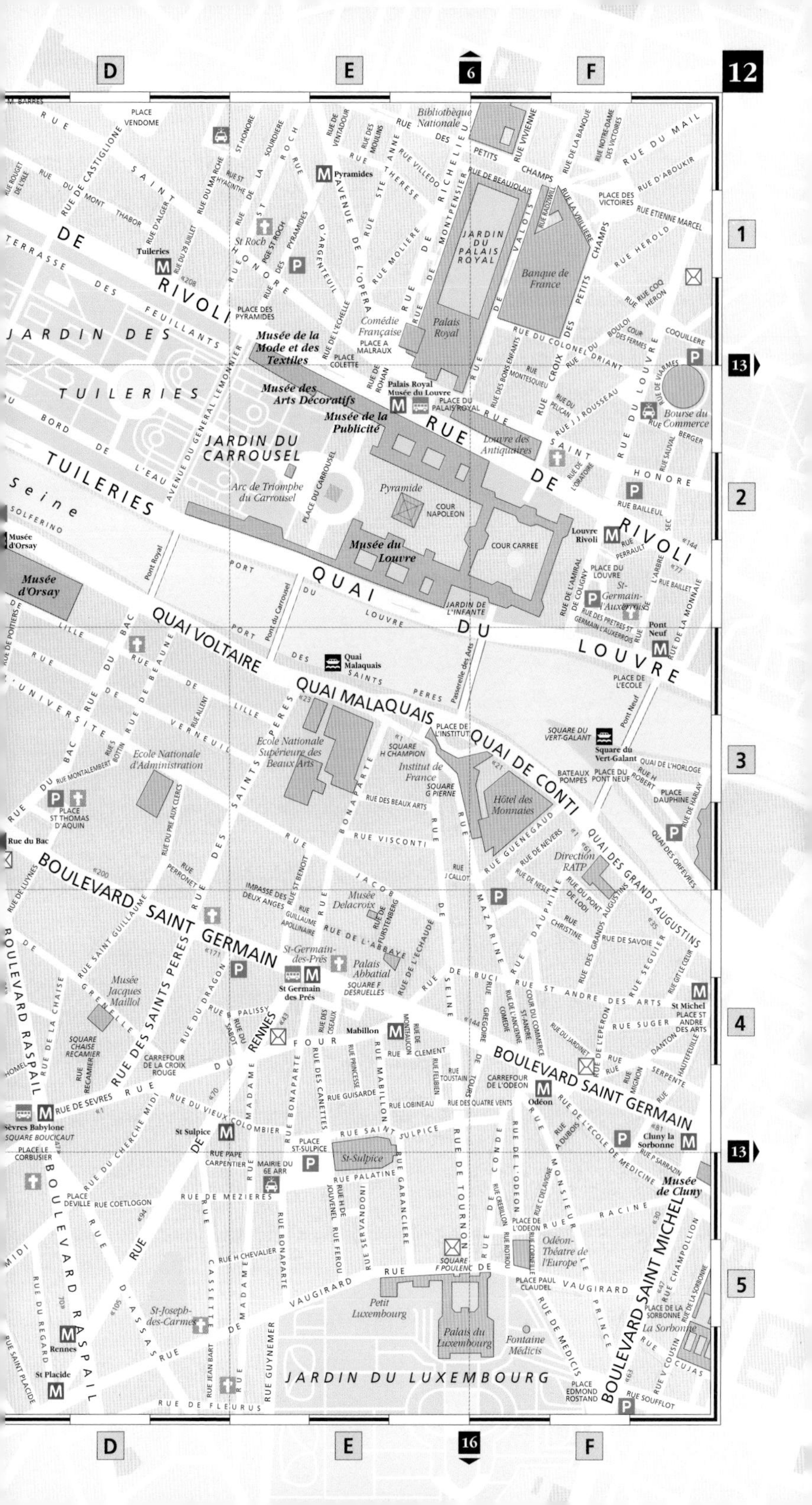

12
D
E
F
6
16
13
1
2
3
4
5
PLACE VENDOME
Bibliothèque Nationale
M Pyramides
RUE DE RIVOLI
JARDIN DES TUILERIES
QUAI DES TUILERIES
JARDIN DU CARROUSEL
Arc de Triomphe du Carrousel
Pyramide
COUR NAPOLEON
COUR CARREE
Musée du Louvre
Musée de la Mode et des Textiles
Musée des Arts Décoratifs
Musée de la Publicité
Comédie Française
PLACE A MALRAUX
PLACE COLETTE
Palais Royal Musée du Louvre
PLACE DU PALAIS ROYAL
JARDIN DU PALAIS ROYAL
Palais Royal
Banque de France
PLACE DES VICTOIRES
Bourse du Commerce
Louvre des Antiquaires
Louvre Rivoli
PLACE DU LOUVRE
St-Germain-l'Auxerrois
JARDIN DE L'INFANTE
QUAI DU LOUVRE
Pont Neuf
PLACE DE L'ECOLE
St Roch
Tuileries
PLACE DES PYRAMIDES
Seine
Musée d'Orsay
Pont Royal
Pont du Carrousel
Passerelle des Arts
QUAI VOLTAIRE
QUAI MALAQUAIS
Quai Malaquais
QUAI DE CONTI
PLACE DE L'INSTITUT
Institut de France
SQUARE H CHAMPION
Hôtel des Monnaies
Ecole Nationale Supérieure des Beaux Arts
Ecole Nationale d'Administration
SQUARE DU VERT-GALANT
Square du Vert-Galant
BATEAUX POMPES
PLACE DU PONT NEUF
PLACE DAUPHINE
QUAI DES GRANDS AUGUSTINS
QUAI DES ORFEVRES
Direction RATP
PLACE ST THOMAS D'AQUIN
Rue du Bac
BOULEVARD SAINT GERMAIN
Musée Delacroix
St-Germain-des-Prés
Palais Abbatial
St Germain des Prés
SQUARE F DESRUELLES
Musée Jacques Maillol
SQUARE CHAISE RECAMIER
CARREFOUR DE LA CROIX ROUGE
Mabillon
CARREFOUR DE L'ODEON
Odéon
St Michel
PLACE ST ANDRE DES ARTS
Cluny la Sorbonne
Musée de Cluny
Sèvres Babylone
SQUARE BOUCICAUT
PLACE LE CORBUSIER
St Sulpice
PLACE ST-SULPICE
St-Sulpice
MAIRIE DU 6E ARR
PLACE DEVILLE
PLACE DE L'ODEON
Odéon-Théatre de l'Europe
SQUARE F POULENC
PLACE PAUL CLAUDEL
Petit Luxembourg
Palais du Luxembourg
Fontaine Médicis
JARDIN DU LUXEMBOURG
PLACE EDMOND ROSTAND
BOULEVARD SAINT MICHEL
PLACE DE LA SORBONNE
La Sorbonne
BOULEVARD RASPAIL
St-Joseph-des-Carmes
Rennes
St Placide
RUE DE RENNES
RUE DES SAINTS PERES
RUE DE VAUGIRARD
RUE DE FLEURUS
RUE DE SEVRES
RUE BONAPARTE
RUE JACOB
RUE DE L'UNIVERSITE
RUE DE LILLE
RUE DE VERNEUIL
RUE DU BAC
RUE DE TOURNON
RUE DE SEINE
RUE MAZARINE
RUE DAUPHINE
RUE SAINT HONORE
RUE DU LOUVRE
RUE DU FOUR
RUE SAINT SULPICE
RUE DE MEZIERES
RUE DE MEDICIS
RUE RACINE
RUE MONSIEUR LE PRINCE

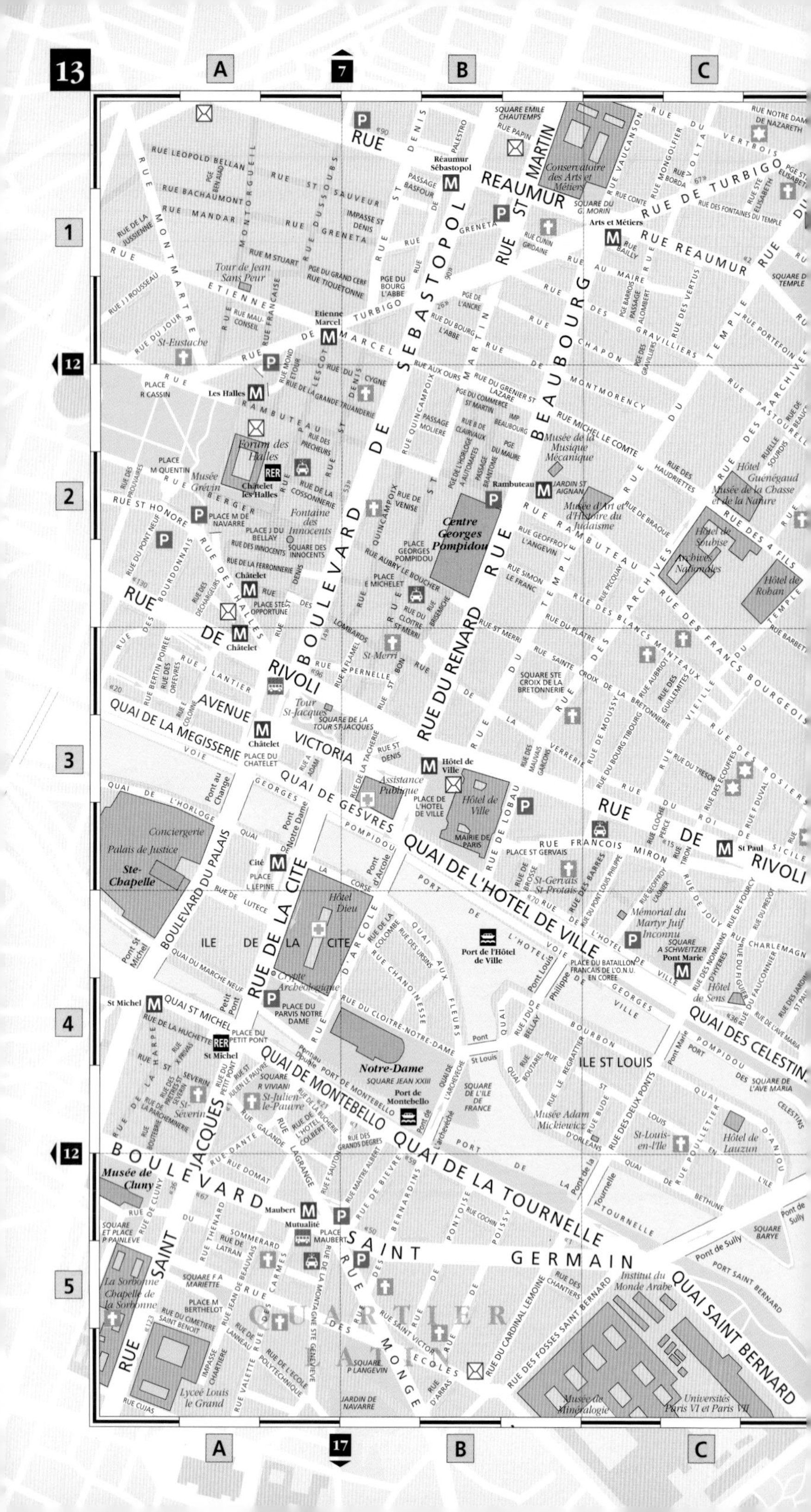

A
B
C
7
17
12
1
2
3
4
5
RUE REAUMUR
BOULEVARD DE SEBASTOPOL
RUE ST MARTIN
RUE BEAUBOURG
RUE DE TURBIGO
RUE ETIENNE MARCEL
RUE RAMBUTEAU
RUE DE RIVOLI
AVENUE VICTORIA
QUAI DE LA MEGISSERIE
QUAI DE GESVRES
QUAI DE L'HOTEL DE VILLE
QUAI DES CELESTINS
QUAI DE MONTEBELLO
QUAI DE LA TOURNELLE
QUAI SAINT BERNARD
QUAI ST MICHEL
BOULEVARD SAINT GERMAIN
BOULEVARD DU PALAIS
RUE DE LA CITE
RUE ST JACQUES
RUE SAINT JACQUES
RUE DU RENARD
RUE DU TEMPLE
RUE DES ARCHIVES
RUE MONTMARTRE
RUE MONTORGUEIL
RUE ST DENIS
RUE FRANCOIS MIRON
RUE MONGE
RUE DES FRANCS BOURGEOIS
RUE VIEILLE DU TEMPLE
RUE DES ROSIERS
RUE DE LA VERRERIE
RUE DE LA HUCHETTE
RUE DES ECOLES
RUE DU CARDINAL LEMOINE
RUE DES FOSSES SAINT BERNARD
ILE DE LA CITE
ILE ST LOUIS
QUARTIER LATIN
Conservatoire des Arts et Métiers
Tour de Jean Sans Peur
St-Eustache
Forum des Halles
Musée Grévin
Fontaine des Innocents
Centre Georges Pompidou
Musée de la Musique Mécanique
Musée d'Art et d'Histoire du Judaïsme
Hôtel Guénégaud
Musée de la Chasse et de la Nature
Hôtel de Soubise
Archives Nationales
Hôtel de Rohan
St-Merri
Tour St-Jacques
Assistance Publique
Hôtel de Ville
Conciergerie
Palais de Justice
Ste-Chapelle
Hôtel Dieu
Crypte Archéologique
Notre-Dame
St-Gervais St-Protais
Mémorial du Martyr Juif Inconnu
Hôtel de Sens
Musée Adam Mickiewicz
St-Louis-en-l'Ile
Hôtel de Lauzun
St-Julien-le-Pauvre
St-Séverin
Musée de Cluny
La Sorbonne
Chapelle de la Sorbonne
Lycée Louis le Grand
Institut du Monde Arabe
Musée de Minéralogie
Universités Paris VI et Paris VII
Réaumur Sébastopol
Arts et Métiers
Etienne Marcel
Les Halles
Châtelet les Halles
Rambuteau
Châtelet
Hôtel de Ville
St Paul
Cité
Pont Marie
St Michel
Maubert Mutualité
Port de l'Hôtel de Ville
Port de Montebello
Pont au Change
Pont Notre Dame
Pont d'Arcole
Pont St Michel
Petit Pont
Pont Louis Philippe
Pont St Louis
Pont de la Tournelle
Pont Marie
Pont de Sully
SQUARE DU TEMPLE
PLACE DU CHATELET
SQUARE DE LA TOUR ST-JACQUES
PLACE DE L'HOTEL DE VILLE
PLACE DU PARVIS NOTRE DAME
SQUARE JEAN XXIII
SQUARE DE L'ILE DE FRANCE
PLACE MAUBERT
SQUARE P LANGEVIN
SQUARE BARYE
SQUARE DE L'AVE MARIA
SQUARE A SCHWEITZER
SQUARE STE CROIX DE LA BRETONNERIE
PLACE GEORGES POMPIDOU
SQUARE DES INNOCENTS
PLACE ST GERVAIS
JARDIN DE NAVARRE

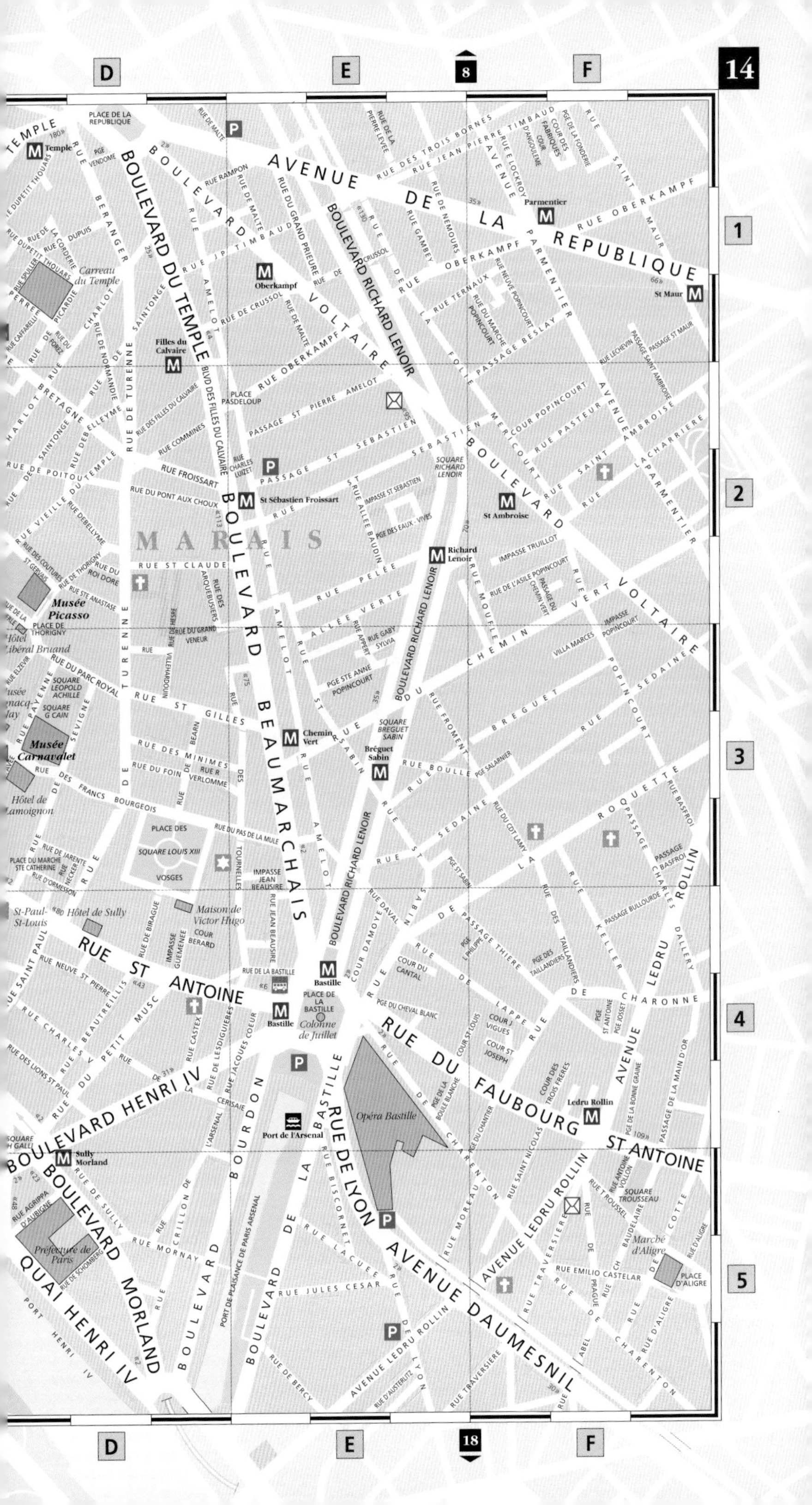
D
E
8
F
1
2
3
4
5
18
AVENUE DE LA REPUBLIQUE
BOULEVARD DU TEMPLE
BOULEVARD VOLTAIRE
BOULEVARD RICHARD LENOIR
BOULEVARD BEAUMARCHAIS
MARAIS
RUE ST ANTOINE
RUE DU FAUBOURG ST ANTOINE
BOULEVARD HENRI IV
BOULEVARD MORLAND
QUAI HENRI IV
RUE DE LYON
AVENUE DAUMESNIL
AVENUE LEDRU ROLLIN
RUE DE LA ROQUETTE
BOULEVARD BOURDON
BOULEVARD DE LA BASTILLE
PLACE DE LA REPUBLIQUE
Temple
Parmentier
St Maur
Oberkampf
Filles du Calvaire
St Sébastien Froissart
St Ambroise
Richard Lenoir
Chemin Vert
Bréguet Sabin
Bastille
Ledru Rollin
Sully Morland
Port de l'Arsenal
Carreau du Temple
Musée Picasso
Musée Carnavalet
Hôtel de Lamoignon
Hôtel de Sully
Maison de Victor Hugo
PLACE DES VOSGES
SQUARE LOUIS XIII
PLACE DE LA BASTILLE
Colonne de Juillet
Opéra Bastille
Préfecture de Paris
Marché d'Aligre
PLACE D'ALIGRE
SQUARE RICHARD LENOIR
SQUARE TROUSSEAU

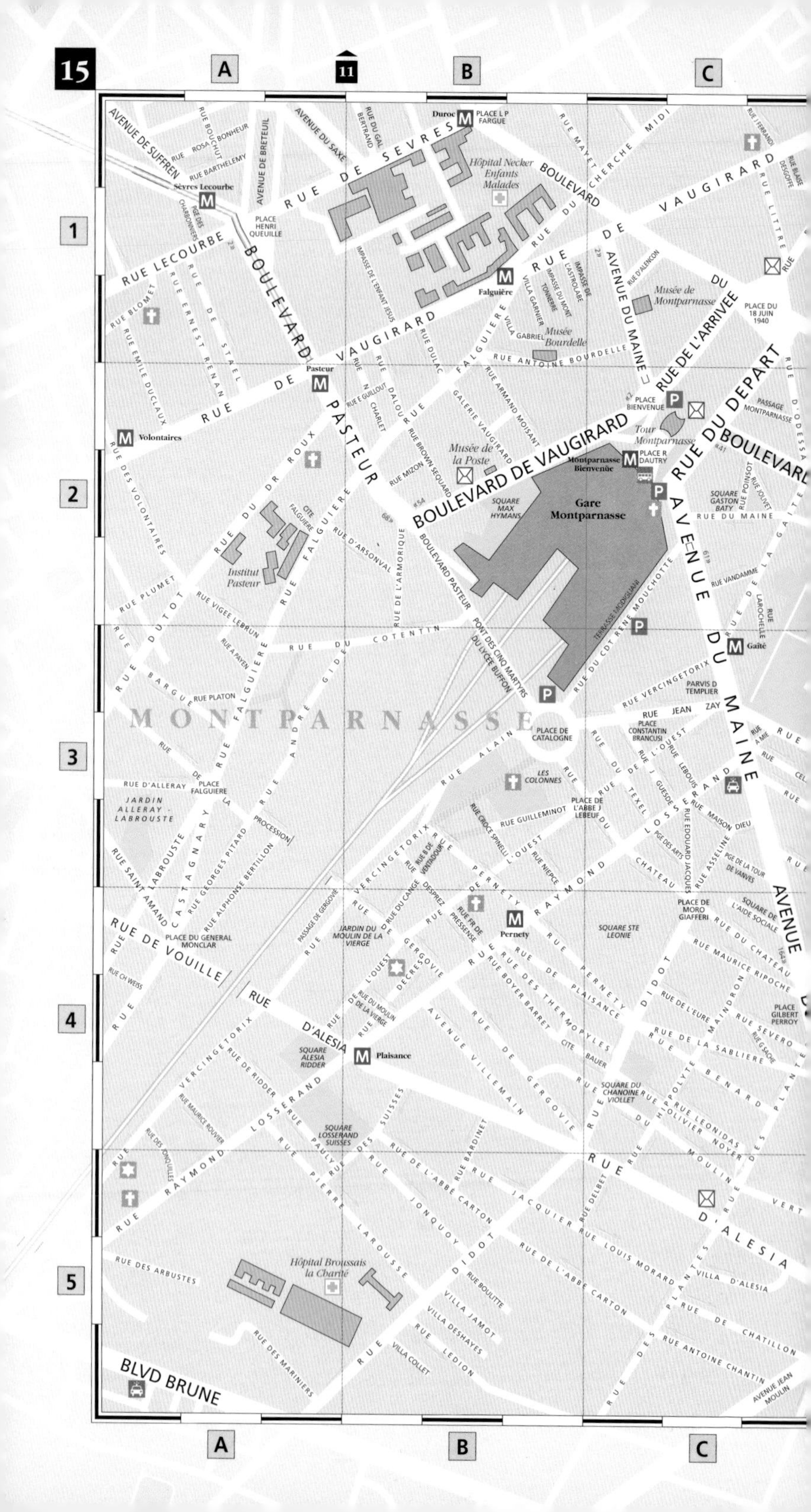
15
A
11
B
C
1
2
3
4
5
Duroc
PLACE L P FARGUE
AVENUE DE SUFFREN
RUE ROSA BONHEUR
RUE BOUCHUT
RUE BARTHELEMY
AVENUE DE BRETEUIL
AVENUE DU SAXE
RUE DU GAL BERTRAND
RUE DE SEVRES
Hôpital Necker Enfants Malades
BOULEVARD
RUE DU CHERCHE MIDI
RUE MAYET
RUE DE VAUGIRARD
RUE LITTRE
Sèvres Lecourbe
PGE DES CHARBONNIERS
PLACE HENRI QUEUILLE
RUE LECOURBE
BOULEVARD PASTEUR
IMPASSE DE L'ENFANT JESUS
Falguière
VILLA GARNIER
IMPASSE DU MONT TONNERRE
IMPASSE DE L'ASTROLABE
AVENUE DU MAINE
RUE D'ALENCON
Musée de Montparnasse
RUE DU DEPART
RUE DE L'ARRIVEE
PLACE DU 18 JUIN 1940
RUE BLOMET
RUE ERNEST RENAN
RUE DE STAEL
RUE EMILE DUCLAUX
VILLA GABRIEL
Musée Bourdelle
RUE ANTOINE BOURDELLE
RUE DULAC
Pasteur
RUE N CHARLET
RUE DALOU
RUE E GUILLOUT
RUE FALGUIERE
RUE ARMAND MOISANT
GALERIE VAUGIRARD
PLACE BIENVENUE
Tour Montparnasse
PASSAGE MONTPARNASSE
RUE D'ODESSA
Volontaires
RUE DES VOLONTAIRES
RUE DU DR ROUX
RUE BROWN SEQUARD
RUE MIZON
Musée de la Poste
BOULEVARD DE VAUGIRARD
Montparnasse Bienvenüe
PLACE R DAUTRY
BOULEVARD
SQUARE GASTON BATY
RUE POINSOT
RUE JOUVET
RUE DU MAINE
CITE FALGUIERE
RUE D'ARSONVAL
RUE DE L'ARMORIQUE
SQUARE MAX HYMANS
Gare Montparnasse
AVENUE DU MAINE
Institut Pasteur
RUE VANDAMME
RUE DE LA GAITE
RUE LAROCHELLE
RUE PLUMET
RUE DUTOT
RUE VIGEE LEBRUN
PONT DES CINQ MARTYRS DU LYCEE BUFFON
TERRASSE MODIGLIANI
RUE DU CDT RENE MOUCHOTTE
Gaîté
RUE A PAYEN
RUE DU COTENTIN
RUE BARGUE
RUE PLATON
RUE VERCINGETORIX
PARVIS D TEMPLIER
MONTPARNASSE
RUE JEAN ZAY
PLACE DE CATALOGNE
PLACE CONSTANTIN BRANCUSI
RUE ALAIN
RUE ANDRE GIDE
RUE DE L'OUEST
RUE LEBOUIS
RUE D'ALLERAY
PLACE FALGUIERE
LES COLONNES
RUE DU TEXEL
RUE J GUESDE
JARDIN ALLERAY - LABROUSTE
RUE DE LA PROCESSION
RUE CROCE SPINELLI
RUE GUILLEMINOT
PLACE DE L'ABBE J LEBEUF
RUE LOSSERAND
RUE MAISON DIEU
RUE SAINT AMAND
RUE LABROUSTE
RUE CASTAGNARY
RUE GEORGES PITARD
RUE ALPHONSE BERTILLON
RUE B DE VENTADOUR
RUE NIEPCE
PGE DES ARTS
RUE EDOUARD JACQUES
RUE ASSELINE
PGE DE LA TOUR DE VANVES
PASSAGE DE GERGOVIE
RUE DU CANGE
RUE DESPREZ
RUE PERNETY
RUE RAYMOND
RUE DU CHATEAU
PLACE DE MORO GIAFFERI
SQUARE DE L'AIDE SOCIALE
RUE DE VOUILLE
PLACE DU GENERAL MONCLAR
JARDIN DU MOULIN DE LA VIERGE
RUE FR DE PRESSENSE
Pernety
SQUARE STE LEONIE
AVENUE
RUE CH WEISS
RUE DE GERGOVIE
RUE DECRES
RUE DES THERMOPYLES
RUE DE PLAISANCE
RUE DIDOT
RUE MAURICE RIPOCHE
RUE DE L'EURE
RUE MAINDRON
RUE SEVERO
PLACE GILBERT PERROY
RUE D'ALESIA
RUE DU MOULIN DE LA VIERGE
RUE BOYER BARRET
AVENUE VILLEMAIN
CITE BAUER
RUE DE LA SABLIERE
RUE G SAGHE
SQUARE ALESIA RIDDER
Plaisance
RUE DE RIDDER
RUE VERCINGETORIX
SQUARE DU CHANOINE VIOLLET
RUE BENARD
RUE HIPPOLYTE
RUE OLIVIER NOYER
RUE LEONIDAS
RUE MAURICE ROUVIER
RUE LOSSERAND
SQUARE LOSSERAND SUISSES
RUE DES SUISSES
RUE PAULY
RUE BARDINET
RUE DES JONQUILLES
RUE RAYMOND
RUE PIERRE LAROUSSE
RUE DE L'ABBE CARTON
RUE DELBET
RUE DU MOULIN VERT
RUE JACQUIER
RUE JONQUOY
RUE LOUIS MORARD
RUE DES PLANTES
RUE DES ARBUSTES
Hôpital Broussais la Charité
RUE DIDOT
RUE BOULITTE
VILLA D'ALESIA
VILLA JAMOT
VILLA DESHAYES
RUE DE CHATILLON
RUE DES MARINIERS
RUE LEDION
VILLA COLLET
RUE ANTOINE CHANTIN
BLVD BRUNE
AVENUE JEAN MOULIN

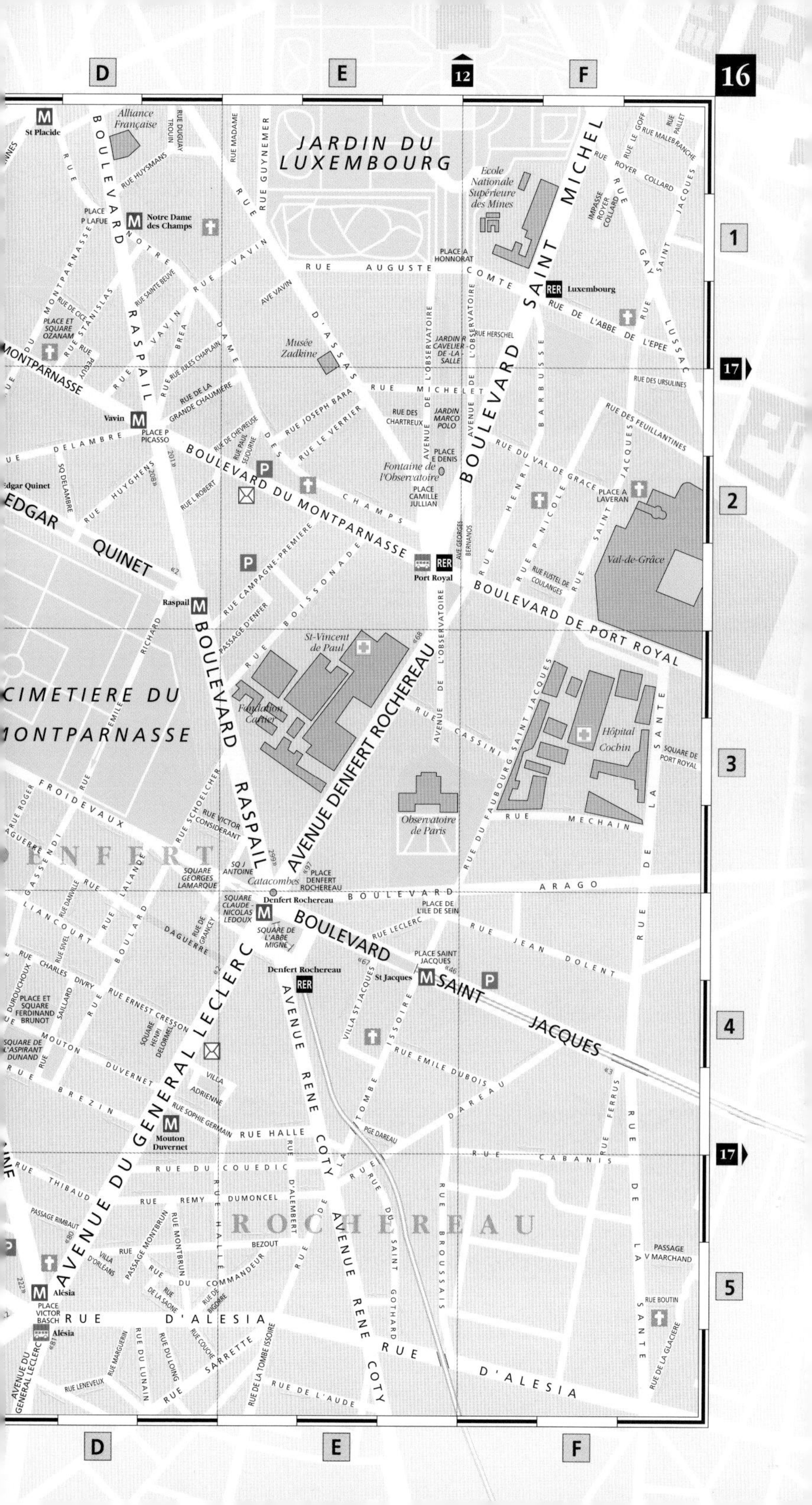

D
E
12
F
1
2
3
4
5
17
JARDIN DU LUXEMBOURG
Alliance Française
St Placide
Notre Dame des Champs
Ecole Nationale Supérieure des Mines
RER Luxembourg
Musée Zadkine
Vavin
PLACE P PICASSO
BOULEVARD DU MONTPARNASSE
BOULEVARD RASPAIL
BOULEVARD SAINT MICHEL
Fontaine de l'Observatoire
Port Royal
BOULEVARD DE PORT ROYAL
Val-de-Grâce
EDGAR QUINET
Raspail
CIMETIERE DU MONTPARNASSE
St-Vincent de Paul
Fondation Cartier
AVENUE DENFERT ROCHEREAU
Observatoire de Paris
Hôpital Cochin
ENFERT
Catacombes
Denfert Rochereau
BOULEVARD SAINT JACQUES
St Jacques
AVENUE DU GENERAL LECLERC
AVENUE RENE COTY
Mouton Duvernet
ROCHEREAU
Alésia
RUE D'ALESIA

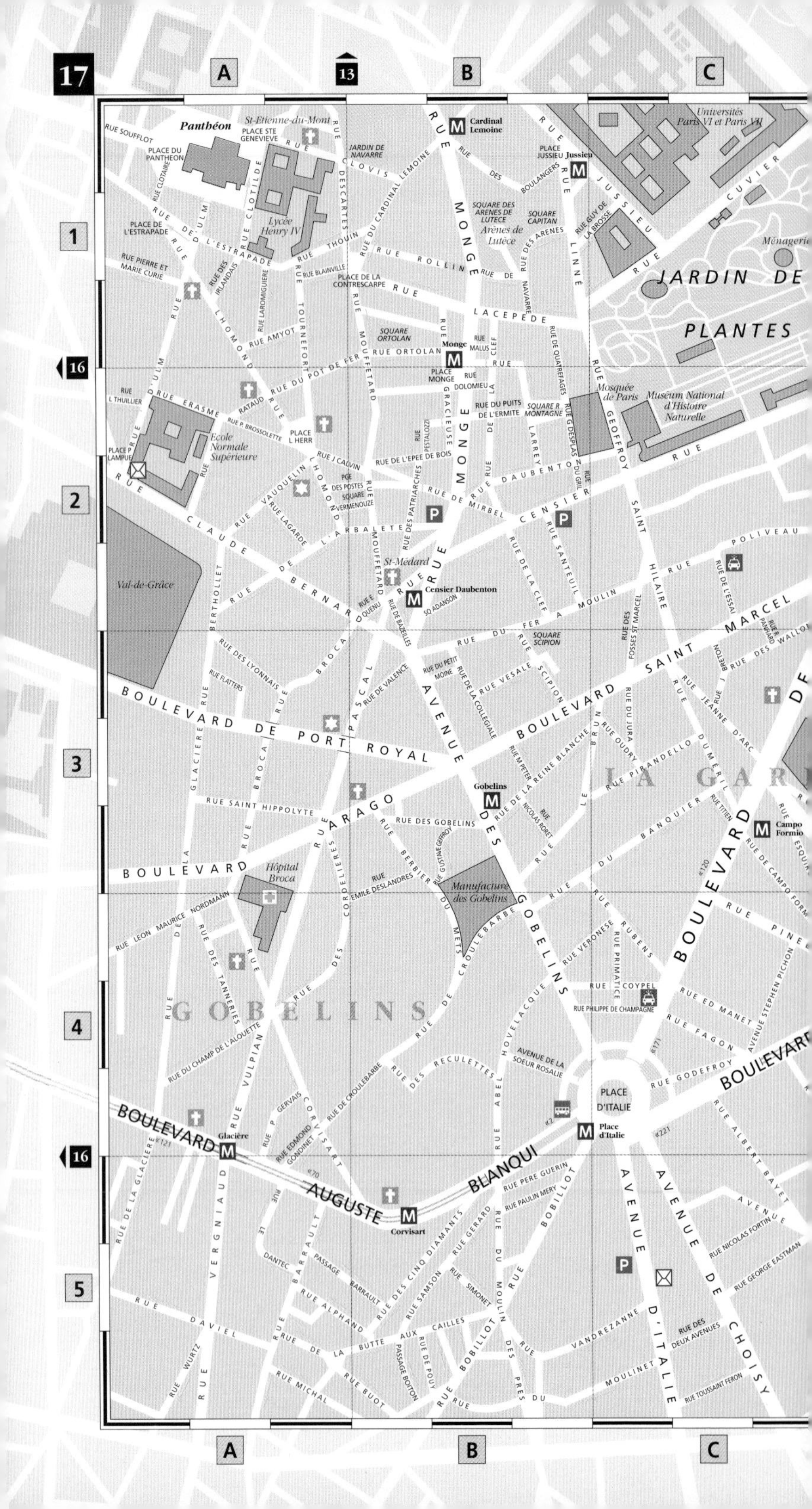
17
A
13
B
C
1
2
3
4
5
16
16
Panthéon
St-Etienne-du-Mont
PLACE STE GENEVIEVE
PLACE DU PANTHEON
RUE SOUFFLOT
RUE CLOTAIRE
RUE CLOTILDE
Lycée Henry IV
PLACE DE L'ESTRAPADE
RUE DE L'ESTRAPADE
RUE PIERRE ET MARIE CURIE
RUE D'ULM
RUE DES IRLANDAIS
RUE LAROMIGUIERE
RUE BLAINVILLE
RUE THOUIN
RUE DESCARTES
RUE CLOVIS
JARDIN DE NAVARRE
RUE DU CARDINAL LEMOINE
Cardinal Lemoine
RUE MONGE
RUE DES BOULANGERS
PLACE JUSSIEU
Jussieu
Universités Paris VI et Paris VII
RUE JUSSIEU
RUE CUVIER
RUE LINNE
RUE GUY DE LA BROSSE
SQUARE DES ARENES DE LUTECE
Arènes de Lutèce
SQUARE CAPITAN
RUE DES ARENES
RUE ROLLIN
RUE DE NAVARRE
PLACE DE LA CONTRESCARPE
RUE LACEPEDE
JARDIN DES PLANTES
Ménagerie
RUE LHOMOND
RUE AMYOT
RUE TOURNEFORT
RUE MOUFFETARD
SQUARE ORTOLAN
RUE ORTOLAN
Monge
RUE MALUS
RUE DE LA CLEF
PLACE MONGE
RUE DOLOMIEU
RUE DU POT DE FER
RUE DE QUATREFAGES
Mosquée de Paris
Muséum National d'Histoire Naturelle
RUE GEOFFROY SAINT HILAIRE
RUE L THUILLIER
RUE ERASME
RATAUD
RUE P. BROSSOLETTE
PLACE L HERR
École Normale Supérieure
PLACE P LAMPUE
RUE GRACIEUSE
RUE DU PUITS DE L'ERMITE
SQUARE R MONTAGNE
RUE LARREY
RUE G DESPLAS
RUE PESTALOZZI
RUE DE L'EPEE DE BOIS
RUE J CALVIN
RUE DAUBENTON
RUE DU GRIL
RUE VAUQUELIN
PGE DES POSTES
SQUARE VERMENOUZE
RUE DES PATRIARCHES
RUE DE MIRBEL
RUE CENSIER
RUE CLAUDE BERNARD
RUE LAGARDE
RUE DE L'ARBALETE
St-Médard
RUE DE LA CLEF
RUE SANTEUIL
RUE POLIVEAU
RUE DE L'ESSAI
Val-de-Grâce
RUE BERTHOLLET
Censier Daubenton
RUE E QUENU
SQ ADANSON
RUE DE BAZEILLES
RUE DU FER A MOULIN
RUE DES FOSSES ST MARCEL
BOULEVARD SAINT MARCEL
SQUARE SCIPION
RUE SCIPION
RUE DES LYONNAIS
RUE BROCA
RUE FLATTERS
RUE PASCAL
RUE DE VALENCE
RUE DU PETIT MOINE
RUE DE LA COLLEGIALE
RUE VESALE
AVENUE DES GOBELINS
RUE J BRETON
RUE DES WALLONS
RUE PAN...
BOULEVARD DE PORT ROYAL
RUE DE LA GLACIERE
RUE BRUN
RUE DU JURA
RUE OUDRY
RUE JEANNE D'ARC
RUE DUMERIL
RUE MPFEFFER
RUE DE LA REINE BLANCHE
RUE PIRANDELLO
LA GARE
Gobelins
RUE NICOLAS RORET
RUE SAINT HIPPOLYTE
BOULEVARD ARAGO
RUE DES GOBELINS
RUE DU BANQUIER
RUE TITIEN
Campo Formio
RUE DE CAMPO FORMIO
BOULEVARD DE L'HÔPITAL
Hôpital Broca
RUE DES CORDELIERES
RUE BERBIER DU METS
RUE GUSTAVE GEFFROY
RUE EMILE DESLANDRES
Manufacture des Gobelins
RUE LEON MAURICE NORDMANN
RUE DES TANNERIES
RUE CROULEBARBE
RUE RUBENS
RUE VERONESE
RUE PRIMATICE
RUE PINEL
RUE COYPEL
RUE PHILIPPE DE CHAMPAGNE
RUE ED MANET
AVENUE STEPHEN PICHON
GOBELINS
RUE DE CROULEBARBE
RUE HOVELACQUE
RUE FAGON
RUE DU CHAMP DE L'ALOUETTE
RUE VULPIAN
AVENUE DE LA SOEUR ROSALIE
RUE DES RECULETTES
RUE GODEFROY
PLACE D'ITALIE
BOULEVARD
RUE P GERVAIS
RUE CORVISART
RUE EDMOND GONDINET
RUE ABEL
Place d'Italie
Glacière
BOULEVARD AUGUSTE BLANQUI
RUE ALBERT BAYET
RUE PERE GUERIN
RUE PAULIN MERY
RUE VERGNIAUD
RUE LE DANTEC
RUE BARRAULT
PASSAGE BARRAULT
RUE DES CINQ DIAMANTS
RUE GERARD
RUE DU MOULIN DES PRES
RUE BOBILLOT
Corvisart
AVENUE D'ITALIE
AVENUE DE CHOISY
RUE NICOLAS FORTIN
RUE GEORGE EASTMAN
RUE SAMSON
RUE SIMONET
RUE ALPHAND
RUE DAVIEL
RUE WURTZ
RUE DE LA BUTTE AUX CAILLES
RUE DE POUY
PASSAGE BOITON
RUE BUOT
RUE MICHAL
RUE VANDREZANNE
RUE DES DEUX AVENUES
RUE MOULINET
RUE TOUSSAINT FERON

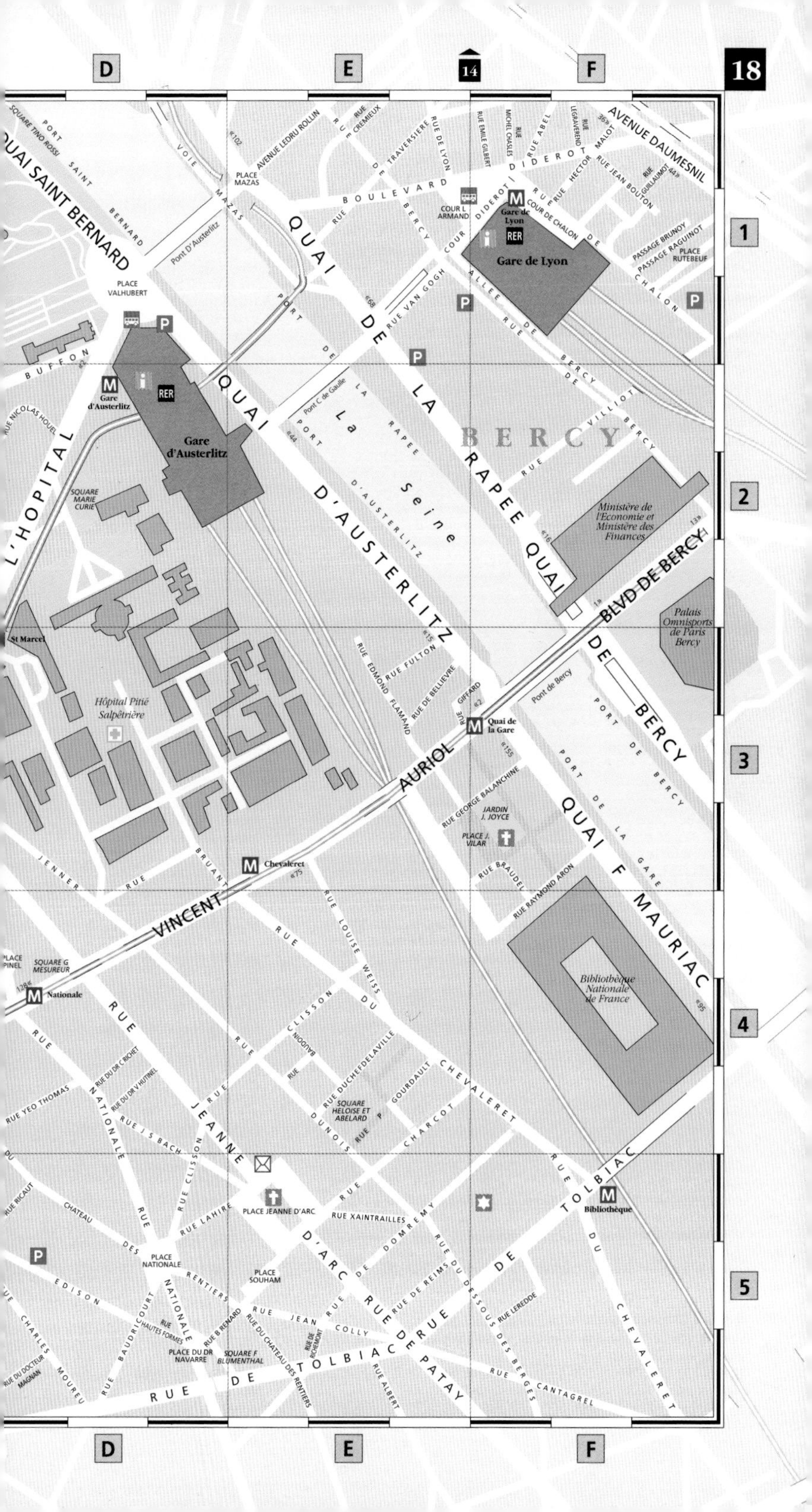
D
E
14
F
1
2
3
4
5
QUAI SAINT BERNARD
SQUARE TINO ROSSI
PORT SAINT BERNARD
VOIE MAZAS
PLACE MAZAS
AVENUE LEDRU ROLLIN
RUE CREMIEUX
RUE DE LYON
RUE TRAVERSIERE
BOULEVARD DIDEROT
RUE DE BERCY
COUR L ARMAND
RUE EMILE GILBERT
RUE MICHEL CHASLES
RUE ABEL
RUE LEGRAVEREND
RUE HECTOR MALOT
AVENUE DAUMESNIL
RUE JEAN BOUTON
RUE GUILLAUMOT
Gare de Lyon
RER
COUR DE CHALON
RUE DE CHALON
PASSAGE BRUNOY
PASSAGE RAGUINOT
PLACE RUTEBEUF
Pont D'Austerlitz
PLACE VALHUBERT
QUAI DE LA RAPEE
RUE VAN GOGH
ALLEE
COUR
RUE DE BERCY
BUFFON
Gare d'Austerlitz
PORT DE LA RAPEE
Pont C de Gaulle
La Seine
PORT D'AUSTERLITZ
QUAI D'AUSTERLITZ
BERCY
RUE VILLIOT
Ministère de l'Economie et Ministère des Finances
RUE NICOLAS HOUEL
L'HOPITAL
SQUARE MARIE CURIE
QUAI
BLVD DE BERCY
Palais Omnisports de Paris Bercy
St Marcel
RUE EDMOND FLAMAND
RUE FULTON
RUE DE BELLIEVRE
RUE GIFFARD
Quai de la Gare
Pont de Bercy
PORT DE BERCY
QUAI DE BERCY
Hôpital Pitié Salpêtrière
AURIOL
RUE GEORGE BALANCHINE
JARDIN J. JOYCE
PLACE J. VILAR
QUAI F MAURIAC
PORT DE LA GARE
RUE BRAUDEL
RUE RAYMOND ARON
JENNER
RUE BRUANT
Chevaleret
VINCENT
RUE LOUISE WEISS
Bibliothèque Nationale de France
PLACE PINEL
SQUARE G MESUREUR
Nationale
RUE DU
RUE CLISSON
RUE BAUDOIN
RUE DUCHEFDELAVILLE
RUE CHEVALERET
RUE YEO THOMAS
RUE DU DR C RICHET
RUE DU DR V HUTINEL
RUE NATIONALE
RUE J S BACH
RUE JEANNE D'ARC
SQUARE HELOISE ET ABELARD
RUE DUNOIS
RUE GOURDAULT
CHARCOT
RUE DE TOLBIAC
Bibliothèque
RUE RICAUT
CHATEAU DES RENTIERS
RUE LAHIRE
PLACE JEANNE D'ARC
RUE XAINTRAILLES
RUE DE DOMREMY
RUE DU DESSOUS DES BERGES
PLACE NATIONALE
PLACE SOUHAM
EDISON
RUE DE REIMS
RUE LEREDDE
RUE CHARLES MOUREU
RUE BAUDRICOURT
RUE HAUTES FORMES
RUE B RENARD
RUE DU CHATEAU DES RENTIERS
RUE JEAN COLLY
RUE DE RICHEMONT
RUE DE PATAY
PLACE DU DR NAVARRE
SQUARE F BLUMENTHAL
RUE DU DOCTEUR MAGNAN
RUE DE TOLBIAC
RUE ALBERT
RUE CANTAGREL
RUE DU CHEVALERET

Indice generale

A

M

N

Q

R

S

Ringraziamenti

La Dorling Kindersley ringrazia tutti coloro che hanno contribuito alla realizzazione di questa guida.

Collaboratore principale

Alan Tillier è vissuto a Parigi per 20 anni, durante i quali è stato corrispondente di vari giornali, tra cui *Newsweek, The Times* e l'*International Herald Tribune*. Ha affiancato il leggendario corrispondente da Parigi dell'*Evening Standard*, Sam White, contribuendo alla stesura dei servizi intitolati "Lettera da Parigi". Negli ultimi tre anni ha scritto, per conto dell'*Herald Tribune*, diverse guide di viaggio per uomini d'affari, aventi per argomento l'Europa orientale e occidentale.

Collaboratori

Lenny Borger, Karen Burshtein, Thomas Quinn Curtiss, David Downie, Fiona Dunlop, Heidi Ellison, Alexandre Lazareff, Robert Noah, Martha Rose Shulman, David Stevens, Ian Williams, Jude Welton.

La Dorling Kindersley ringrazia i seguenti redattori e ricercatori della Websters International Publishers: Sandy Carr, Siobhan Bremner, Valeria Fabbri, Gemma Hancock, Sara Harper, Annie Hubert, Celia Woolfrey.

Fotografie supplementari

Andy Crawford, Michael Crockett, Lucy Davies, Mike Dunning, Philip Gatward, Steve Gorton, Alison Harris, Chas Howson, Dave King, Ranald MacKechnie, Eric Meacher, Neil Mersh, Stephen Oliver, Poppy, Susannah Price, Tim Ridley, Philippe Sebert, Steve Shott, Peter Wilson, Steven Wooster.

Illustrazioni supplementari

John Fox, Nick Gibbard, David Harris, Kevin Jones Associates, John Woodcock.

Cartografia

Advanced Illustration (Cheshire), Contour Publishing (Derby), Euromap Limited (Berkshire). Cartine dello stradario: ERA-Maptec Ltd (Dublin); adattamenti dagli originali eseguiti dalla Shobunsha (Japan).

Ricerca Cartografica

Roger Bullen, Tony Chambers, Paul Dempsey, Ruth Duxbury, Ailsa Heritage, Margeret Hynes, Jayne Parsons, Donna Rispoli, Andrew Thompson.

Design e assistenti editoriali

Janet Abbott, Emma Ainsworth, Douglas Amrine, Hilary Bird, Anne-Marie Bulat, Vanessa Courtier, Maggie Crowley, Guy Dimond, Simon Farbrother, Fay Franklin, Alison Harris, Paul Hines, Fiona Holman, Gail Jones, Nancy Jones, Stephen Knowlden, Chris Lascelles, Geoff Manders, Georgina Matthews, Rebecca Milner, Fiona Morgan, David Lamb, Peter Luff, Lyn Parry, Shirin Patel, Naomi Peck, Stephanie Rees, Philippa Richmond, Simon Ryder, Hilary Stephens, Andrew Szudek, Andy Wilkinson.

Collaboratori speciali

Miranda Dewer della Bridgeman Art Library, Editions Gallimard, Lindsay Hunt, Emma Hutton della Cooling Brown, Janet Todd della DACS, Oddbins Ltd.

Referenze fotografiche

Musée Carnavalet, Thomas d'Hoste.

Autorizzazioni alla riproduzione

La Dorling Kindersley ringrazia, per aver gentilmente concesso il permesso di fotografare i loro edifici:
Aéroports de Paris, Basilique du Sacré-Coeur de Montmartre, Beauvilliers, Benoit, Bibliothèque Historique de la Ville de Paris, Bibliothèque Polonaise, Bofinger, Brasserie Lipp, Café Costes, Café de Flore, Caisse Nationale des Monuments Historiques et des Sites, Les Catacombes, Centre National d'Art et de Culture Georges Pompidou, Chartier, Chiberta, La Cité des Sciences et de l'Industrie e L'EPPV, La Coupole, Les Deux Magots, Fondation Cousteau, Le Grand Colbert, Hôtel Atala, Hôtel Liberal Bruand, Hôtel Meurice, Hôtel Relais Christine, Kenzo, Lucas-Carton, La Madeleine, Mariage Frères, Memorial du Martyr Juif Inconnu, Thierry Mugler, Musée Armenien de France, Musée de l'Art Juif, Musée Bourdelle, Musée du Cabinet des Medailles, Musée Carnavalet, Musée Cernuschi: Ville de Paris, Musée du Cinema Henri Langlois, Musée Cognacq-Jay, Musée de Cristal de Baccarat, Musée d'Ennery, Musée Grévin, Musée Jacquemart-André, Musée de la Musique Méchanique, Musée National des Châteaux de Malmaison et Bois-Préau, Collections du Musée National de la Légion d'Honneur, Musée National du Moyen Age-Thermes de Cluny, Musée de Notre-Dame de Paris, Musée de l'Opéra, Musée de l'Ordre de la Libération, Musée d'Orsay, Musée de la Préfecture de la Police, Musée de Radio France, Musée Rodin, Musée des Transports Urbains, Musée du Vin, Musée Zadkine, Notre-Dame du Travail, A l'Olivier, Palais de la Découverte, Palais de Luxembourg, Pharamond, Pied de Cochon,

Lionel Poilaîne, St Germain-des-Prés, St Louis en l'Ile, St Médard, St Merry, St-Paul– St-Louis, St-Roch, St-Sulpice, La Société Nouvelle d'Exploitation de La Tour Eiffel, La Tour Montparnasse, UNESCO e tutti gli altri musei, chiese, alberghi, ristoranti, negozi, gallerie e attrazioni, troppo numerosi per essere citati individualmente.

ELENCO DELLE FOTOGRAFIE
a=in alto; ac=in alto al centro; acd=in alto al centro a destra; acs=in alto al centro a sinistra; ad=in alto a destra; as=in alto a sinistra; csa=al centro a sinistra in alto; ca=al centro in alto; cda=al centro a destra in alto; cs=al centro a sinistra; c=al centro; cd=al centro a destra; csb=al centro a sinistra in basso; cb=al centro in basso; cdb=al centro a destra in basso; bs=in basso a sinistra; bc=in basso al centro; bd=in basso a destra.

È stato fatto ogni sforzo per rintracciare i detentori dei diritti d'autore e ci scusiamo per eventuali e involontarie omissioni. Saremo felici di inserire i dovuti ringraziamenti nelle successive edizioni di questa pubblicazione.

Le opere d'arte sono state riprodotte per gentile concessione di: © SUCCESSION H MATISSE/DACS 1993: 111ca; © ADAGP/ SPADEM, Paris e DACS, London 1993: 44cs; © ADAGP, Paris e DACS, London 1993: 61bd, 61ad, 105ac, 107cb, 109b, 111ac, 111cb, 112bs, 112a, 112bd, 113bs, 113bd, 119c, 120b, 164c, 179as, 180bc, 181cd, 211ac; © DACS 1993: 13cda, 36as, 43cda, 45cd, 50bd, 55cd, 57as, 100a, 100bd, 100csb, 100cs, 100ca, 101a, 101ca, 101cd, 101bs, 104, 107cda, 113c, 137as, 178cs, 178ca, 208bd.

CHRISTO–IL PONT NEUF RIVESTITO, Paris, 1975-85: 38csa; © CHRISTO 1985, per gentile concessione dell'artista. Foto ottenute con il contributo di EPPV e CSI pp 234-9; per concessione di ERBEN OTTO DIX: 110bs; foto di DISNEYLAND® PARIS: 242ad, 243bs, 243cd. Personaggi, luoghi e marchi sono di proprietà della THE WALT DISNEY COMPANY. Tutti i diritti riservati; FONDATION LE CORBUSIER: 59a, 254b; per concessione di THE ESTATE OF JOAN MITCHELL: 113a; © HENRY MOORE FOUNDATION 1993: 191b. Riprodotte per concessione della Henry Moore Foundation; BETH LIPKIN: 241a; per concessione della MAISON VICTOR HUGO, VILLE DE PARIS: 95cs; per concessione del MUSÉE D'ART NAIF MAX FOURNY PARIS: 221b, 223b; MUSÉE CARNAVALET: 212b; MUSÉE DE L'HISTOIRE CONTEMPORAINE (BDIC), PARIS: 208bd; MUSÉE DE L'ORANGERIE: 130ad; MUSÉE DU LOUVRE: 125bd, 128c; MUSÉE NATIONAL DES CHÂTEAUX DE MALMAISON ET BOIS-PRÉAU: 255cd; MUSÉE MARMOTTAN: 58c, 58cb, 59c, 60as, 131ad; MUSÉE DE LA MODE ET DU COSTUME PALAIS GALLIERA: 57bd; MUSÉE DE MONTMARTRE, PARIS: 221a; MUSÉE DES MONUMENTS FRANÇAIS: 197ac, 198cd; MUSÉE NATIONAL DE LA LÉGION D'HONNEUR: 30bc, 143bs; MUSÉE DE LA VILLE DE PARIS: MUSÉE DU PETIT PALAIS: 54cs, 205cb; © SUNDANCER: 346bs.

Gli editori ringraziano inoltre:

ADP: 361b; ALLSPORT UK: Sean Botterill 39bd; ALLVEY & TOWERS: 362 bs; THE ANCIENT ART AND ARCHITECTURE COLLECTION: 20csb; JAMES AUSTIN: 88a.

BANQUE DE FRANCE: 133a; NELLY BARIAND: 165c; GÉRARD BOULLAY: 84as, 84ad, 84bs, 84bd, 85a, 85cda, 85cdb, 85bd, 85bs; BRIDGEMAN ART LIBRARY, LONDON: (dettaglio) 19bd, 20cd, 21cs, 28cd–29cs, (dettaglio) 33bd; British Library, London (dettaglio) 16bd, (dettaglio) 21bs, (dettaglio) 22as, (dettaglio) 29as; B N, Paris 17bs, (dettaglio) 21ac, (dettaglio) 21cd; Château de Versailles, France 17ad, 17bc, (dettaglio) 17bd, (dettaglio) 28bd, (dettaglio) 155b; Christie's, London 8–9, (dettaglio) 22cb, 32csa, 34as, 44c; Delomosne, London 30csb; Detroit Institute of Art, Michigan 43ca; Giraudon 14, (dettaglio) 24bs, (dettaglio) 24csb, (dettaglio) 25bd, (dettaglio) 28bs, (dettaglio) 28csa, (dettaglio) 29bs, 31cb, 58bd, (dettaglio) 60bs, 60ca, 60c; Lauros–Giraudon 21ad; Louvre, Paris 56a, 60bd, 61bs, 61as; Roy Miles Gallery 25ad; Musée de L'Armée, Paris (dettaglio) 83bd; Musée Condé, Chantilly (dettaglio) 4ad, 16bs, 17acs, (dettaglio) 17acd, (dettaglio) 17c, (dettaglio) 20as, (dettaglio) 24bc; Musée Crozatier, Le Puy en Velay, France (dettaglio) 23bs; Musée Gustave Moreau, Paris 56b, 231a; National Gallery (dettaglio) 27as, (dettaglio) 44b; Musée d'Orsay, Paris 43bd; Musée de la Ville de Paris, Musée Carnavalet (dettaglio) 28bc, (dettaglio) 29ad, 29cdb; Collection Painton Cowen 38csa; Palais du Tokyo, Paris 59b; Philadelphia Museum of Modern Art, Pennsylvania 43cda; Temples Newsham House, Leeds 23cd; Galleria degli Uffizi, Firenze (dettaglio) 22bd; © THE BRITISH MUSEUM: 29ac.

CITÉ DE LA MUSIQUE: Eric Mahondieu 235bd; CITÉ DES SCIENCES ET DE L'INDUSTRIE: Michel Lamoureux 236cb, 236b, 238a; Michel Virad 237as, 238bd; CORBIS: Burnstein Collection 227b; CSI: Pascal Prieur 238cs, 238bc.

R Doisneau: Rapho 143a. Espace Montmartre: 220bs; European Commission 355; Mary Evans Picture Library: 36bs, 42bd, 81bd 89as, 94b, 130b, 141cs, 191c, 192cd, 193cdb, 209b, 224bs, 247bd, 251a, 253b, 372a.

Giraudon: (dettaglio) 20bs, (dettaglio) 21cdb; Lauros–Giraudon (dettaglio) 31bs; Musée de la Ville de Paris: Musée Carnavalet (dettaglio) 211a; Le Grand Véfour: 287a.

Robert Harding Picture Library: 20bd, 24as, 27ca, 27bd, 34csa, 36as, 39as, 45cd, 65bd, 240cb, 365cd; B M 25ca; B N 191ad, 208bc; Biblioteca Reale, Torino 127a; Bulloz 208cb; P Craven 364b; R Francis 82csb; I Griffiths 360a; H Josse 208bd; Musée National des Châteaux de Malmaison et Bois-Préau 31ac; Musée de Versailles 24cs; R Poinot 345b; P Tetrel 251cdb; Explorer 10bs; F. Chazot 329b; Girard 65c; P Gleizes 62bs; F Jalain 362b; J Moatti 328bs, 328cs;Walter Rawlings 41 cb; A Wolf 123bd, 123as; Alison Harris: Musée Montparnasse 179 cs; Pavillon des Arts 108 bd; Le Village Royale 132 as; John Heseltine Photography: 12bd, 174; The Hulton Getty: 42cs, 43bs, 43cd, 43a, 45cs, 101bd, 181ac, 231bs; 232c, Charles Hewitt 38csb; Lancaster 181ac.

© IGN Paris 1990 Authorisation N° 90–2067: 11b; Institut du Monde Arabe: Georges Fessey 165ad.

The Kobal Collection: 42a, 44a, 140b; Columbia Pictures 181bd; Société Générale de Films 36ac; Paramount Studios 42bs; Les Films du Carrosse 109a; Montsouris 197cda; Georges Méliès 198bs.

The Lebrecht Collection: 227 bd, François Lequeux 194cs.

Magnum: Bruno Barbey 64b; Philippe Halsmann 45b; Ministere de L'Economie et des Finances: 355c; Ministere de L'Intérieur SGAP de Paris: 352bc, 352bd, 353a; Collections du Mobilier National-Cliché du Mobilier National: 167cd; © foto Musée de L'Armée, Paris: 189cd; Musée des Arts Décoratifs, Paris: L Sully Jaulmes 54a; Musée des Arts de la Mode–Collection UCAD–UFAC: 121b; Musée Bouilhet-Christofle: 57ad, 132a; Musée Cantonal des Beaux-Arts, Lausanne: 115b; Musée Carnavalet: Dac Karin Maucotel 97b; Musée d'Art et d'Histoire du Judaisme/Christophe Fouin 103bd; Musée National de L'Histoire Naturelle: D Serrette 167cs; Musée de L'Holographie: 109cs; © Musée de L'Homme, Paris: D Ponsard 199c, 199cs; Musée Kwok-On, Paris: Christophe Mazur:58as; © Photo Musée de la Marine, Paris: 30bs, 196cs; Musée National d'Art Modern– Centre Georges Pompidou, Paris: 61ad, 110bd, 110bs, 111a, 111ca, 111cb, 112a, 112bs, 112bd, 113a, 113c, 113bs, 113bd; Musée des Plans-Reliefs, Paris: 186cdb; Musée de la Poste, Paris: 179as; Musée de la Seita, Paris: D Dado 190a.

Philippe Perdereau: 132b, 133b; Cliché Phototheque des Musées de la Ville de Paris – © DACS 1993: 19ca, 19cdb, 26cd–27cs; Popperfoto: 227a.

Paul Raferty 246b; RATP.SG/G.I.E. Totheme 54; 370; Redferns: W Gottlieb 36csb; © Photo Réunion des Musées Nationaux: Grand Trianon 24cdb; Musée Guimet 54cb, 200as; Musée du Louvre: 25cb, (dettaglio) 30cd–31cs, 55as, 123bs, 124a, 124c, 124b, 125a, 125c, 126c, 126bs, 126bd, 127b, 128a, 128b, 129a, 129c; Musée Nationaux d'Art Moderne© Dacs/Adagp 111cdb; Musée Picasso 55cd, 100a, 100c, 100cs, 100csb, 100bd, 101bs, 101cd, 101ca, 101a; Roger-Viollet: (dettaglio) 22csb, (dettaglio) 37bs, (dettaglio) 192bc, (dettaglio) 209a; Ann Ronan Picture Library: 173cd; Philippe Renault: Fondation Cartier 179 bd. La Samaritaine, Paris: 115c; Sealink Plc: 362cs; Sipapress: 222c; Frank Spooner Pictures: F Reglain 64ca; P Renault 64c; Sygma: 33cdb, 240cs; F Poincet 38as; Keystone 38bc, 241cda; J Langevin 39bd; Keler 39cdb; J Van Hasselt 39ad; P. Habans 62c; A Gyori 63cd; P Vauthey 65bs; Y Forestier 188a; Sunset Boulevard 241bd; Water Carone 328a.

Tallandier: 23cb, 23as, 26cs, 26csb, 26bs, 27bs, 28as, 29cd, 29ca, 30as, 30cb, 30bd, 36csa, 37ca, 37bd, 38cb, 52csa; B N 26bd, 30cdb, 36bc; Brigaud 37cdb; Brimeur 32bs; Charmet 34cb; Dubout 15b, 18bd, 22ca, 23bd, 24bd, 28c, 31cd, 31ad, 32bd, 33bs, 34csb, 34bs, 34bd, 35bs, 35bd, 35csb, 35as, 36cdb; Josse 18csa, 18ac, 18c, 18csb, 19as, 34bc; Josse-B N 18bs; Joubert 36c; Tildier 35ca; Vigne 32csb; Le Train Bleu: 289a.

Vidéothèque de Paris: Hoi Pham Dinh 106bs

Agence Vu: Didier Lefèvre 328cd.

Risguardo anteriore: Réunion des Musées Nationaux: Musée Picasso cd.
Risguardo posteriore: RATP CML Agence Cartographique.
Tutte le altre fotografie: Dorling Kindersley.

Frasi utili

Emergenze

Aiuto!	**Au secours!**	*o secur*
Alt!	**Arrêtez!**	*arreté*
Chiamate un dottore!	**Appelez un médecin!**	*applé on medsan*
Chiamate un'ambulanza!	**Appelez une ambulance!**	*applé on ambulans*
Chiamate la polizia!	**Appelez la police!**	*applé la polis*
Chiamate i pompieri!	**Appelez les pompiers!**	*applé lè pompié*
Dov'è il telefono più vicino?	**Où est le téléphone le plus proche?**	*u è le telefon le plu prosc*
Dov'è l'ospedale più vicino?	**Où est l'hôpital le plus proche?**	*u è lopital le plu prosc*

Parole di base

Sì	**Oui**	*uì*
No	**Non**	*noñ*
Per favore	**S'il vous plaît**	*sil vu plé*
Grazie	**Merci**	*mersì*
Scusate	**Excusez-moi**	*excusé muà*
Buongiorno	**Bonjour**	*bonjur*
Arrivederci	**Au revoir**	*orevuar*
Buonasera	**Bonsoir**	*bonsuar*
Mattina	**Le matin**	*maten*
Pomeriggio	**L'après-midi**	*l'aprèmidì*
Sera	**Le soir**	*suar*
Ieri	**Hier**	*ièr*
Oggi	**Aujourd'hui**	*ojurduì*
Domani	**Demain**	*demen*
Qui	**Ici**	*isì*
Là	**Là**	*là*
Quale?	**Quel, quelle?**	*chel, chel*
Quando?	**Quand?**	*can*
Perché?	**Pourquoi?**	*purquà*
Dove?	**Où?**	*u*

Frasi di base

Come va?	**Comment allez-vous?**	*commantallevù*
Molto bene, grazie.	**Très bien, merci.**	*trè bien, mersì*
Piacere di conoscervi.	**Enchanté de faire votre connaissance.**	*anscianté de fer votr conessans*
A presto.	**A bientôt.**	*a bientó*
Benissimo	**Voilà qui est parfait**	*vualà chi è parfé*
Dove è/sono...?	**Où est/sont...?**	*u è/son*
Quanti chilometri da qui a...?	**Combien de kilometres d'ici à...?**	*combien de chilomètr disì a*
Qual è la strada per...?	**Quelle est la direction pour...?**	*chel è la direcsion pur*
Parla italiano?	**Parlez-vous italien?**	*parlé vu italien*
Non capisco.	**Je ne comprends pas.**	*je ne compran pà*
Può parlare più lentamente per favore?	**Pouvez-vous parler moins vite s'il vous plaît?**	*puvé vu parlé muen vit sil vu plé*
Scusi.	**Excusez-moi.**	*excusé muà*

Parole utili

grande	**grand**	*gran*
piccolo	**petit**	*ptì*
caldo	**chaud**	*sciò*
freddo	**froid**	*fruà*
buono	**bon**	*bon*
cattivo	**mauvais**	*movè*
abbastanza	**assez**	*assé*
bene	**bien**	*bien*
aperto	**ouvert**	*uver*
chiuso	**fermé**	*fermé*
sinistra	**gauche**	*gosc*
destra	**droite**	*druà*
diritto	**tout droit**	*tu druà*
vicino	**près**	*preh*
lontano	**loin**	*luen*
su	**en haut**	*en o*
giù	**en bas**	*en bà*
presto	**de bonne heure**	*de bonn hœr*
tardi	**en retard**	*en retar*
entrata	**l'entrée**	*l'entré*
uscita	**la sortie**	*sortì*
toilette	**les toilettes, le WC**	*tualet, vesé*
libero	**libre**	*libr*
gratis	**gratuit**	*gratuì*

Fare una telefonata

Vorrei fare una interurbana.	**Je voudrais faire un interurbain.**	*je vudré fer an anterurben*
Vorrei fare una telefonata con risposta pagata.	**Je voudrais faire une communication avec PCV.**	*je vudré fer un comunicasion avech pesevé*
Richiamerò più tardi.	**Je rappelerai plus tard.**	*je rappelré plu tar*
Posso lasciare un messaggio?	**Est-ce que je peux laisser un message?**	*esché je pœ lessé an messaj*
Rimanete in attesa.	**Ne quittez pas, s'il vous plaît.**	*nœ chitté pà sil vu plé*
Può parlare un po' più forte?	**Pouvez-vous parler un peu plus fort?**	*puvé vu parlé an pœ plù for*
telefonata urbana	**la communication locale**	*la comunicasion local*

Nei negozi

Quanto costa?	**C'est combien s'il vous plaît?**	*sè combien sil vu plé*
Vorrei ...	**je voudrais...**	*je vudré*
Avete?	**Est-ce que vous avez?**	*esché vuzavé*
Sto solo guardando.	**Je regarde seulement.**	*je regard selman*
Accettate carte di credito?	**Est-ce que vous acceptez les cartes de crédit?**	*esché vuzacsepté le cart de credì*
Accettate traveller's cheque?	**Est-ce que vous acceptez les cheques de voyages?**	*esché vusacsepté le scech de vuaiaj*
A che ora aprite?	**A quelle heure vous êtes ouvert?**	*a chel œr vuzet uver*
A che ora chiudete?	**A quelle heure vous êtes fermé?**	*a chel œr vuzet fermé*
Questo.	**Celui-ci.**	*seluisi*
Quello.	**Celui-là.**	*seluilà*
caro	**cher**	*scèr*
non caro, a buon mercato	**pas cher, bon marché**	*pa scèr, bon marscé*
taglia	**la taille**	*la taii*
numero di scarpe	**la pointure**	*la puantur*
bianco	**blanc**	*blan*
nero	**noir**	*nuar*
rosso	**rouge**	*ruj*
giallo	**jaune**	*jonn*
verde	**vert**	*vèr*
blu	**bleu**	*bleu*

Tipi di negozi

agenzia di viaggi	**l'agence de voyages**	*l'ajanc de vuaiaj*
banca	**la banque**	*banc*
calzature	**de chaussures**	*de sciossur*
edicola	**le magasin de journaux**	*magasen de jurnó*
farmacia	**la pharmacie**	*farmasì*
formaggi	**la fromagerie**	*fromajerì*
frutta e verdura	**de légumes**	*legum*
grandi magazzini	**le grand magasin**	*gran magazen*
latteria	**la crémerie**	*cremrì*
libreria	**la librairie**	*librèrì*
macelleria	**la boucherie**	*buchrì*
mercato	**le marché**	*marscé*
negozi di antiquariato	**le magasin d'antiquités**	*magazan d'antichité*
negozio di drogheria	**le marchand l'alimentation**	*marscian de alimentasion*
negozio di souvenir e regali	**le magasin de cadeaux**	*magazen de cadó*
negozio di supermercato	**le magasin le supermarché**	*magazen supermarscé*
panetteria	**la boulangerie**	*bulangerì*
parrucchiere	**le coiffeur**	*quaffeur*
pasticceria	**la pâtisserie**	*patisrì*
pescheria	**la poissonnerie**	*puassonrì*
posta, ufficio postale	**la poste, le bureau de poste,**	*post, burô de post,*
salumeria	**la charcuterie**	*sciarcutrì*
	le PTT	*petété*
tabaccaio	**le tabac**	*tabà*

Visite turistiche

abbazia	**l'abbaye**	*l'abbêi*
biblioteca	**la bibliothèque**	*bibliotèc*
cattedrale	**la cathédrale**	*catedral*

chiesa	**l'église**	*l'eglis*
chiuso per	**fermeture**	*fermtur*
festività	**jour férié**	*jur ferié*
galleria d'arte	**la galerie d'art**	*galerì dar*
giardino	**le jardin**	*jarden*
municipio	**l'hôtel de ville**	*l'otel de vil*
museo	**le musée**	*musé*
stazione autobus	**la gare routière**	*gar rutièr*
stazione (SNCF)	**la gare (SNCF)**	*gar (es en se ef)*
ufficio	**les renseignements**	*ransegnman*
informazioni	**touristiques, le**	*turistic, sendicà*
turistiche	**syndicat d'initiative**	*dinisiativ*

IN ALBERGO

Avete una	**Est-ce que vous**	*esché vuzavé*
camera libera?	**avez une chambre?**	*un sciambr*
camera doppia,	**la chambre à deux**	*sciambr a deu*
con letto	**personnes, avec**	*person avec an*
matrimoniale	**un grand lit**	*gran lì*
camera a	**la chambre à**	*sciambr a*
due letti	**deux lits**	*deu lì*
camera singola	**la chambre à**	*sciambr a*
	une personne	*un personn*
camera con	**la chambre avec**	*sciambr avec*
bagno, doccia	**salle de bains,**	*sal de ban,*
	une douche	*un dusc*
facchino	**le garçon**	*garson*
chiave	**la clef**	*clé*
Ho fatto una	**J'ai fait une**	*je fêt un*
prenotazione.	**réservation.**	*reservasion*

AL RISTORANTE

Avete un	**Avez-vous une**	*avé vuzun tabl*
tavolo libero?	**table de libre?**	*libr*
Vorrei	**Je voudrais**	*je vudré*
prenotare	**réserver**	*reservé*
un tavolo.	**une table.**	*un tabl*
Il conto	**L'addition s'il**	*l'adision sil*
per favore.	**vous plaît.**	*vu plé*
Sono	**Je suis**	*je suì*
vegetariano.	**végétarien.**	*vejetarien*
Cameriera/	**Madame,**	*madam,*
cameriere	**Mademoiselle/**	*madmuasel/*
	Monsieur	*messiù*
menù	**le menu, la carte**	*menù, cart*
menù a	**le menu à**	*menù a*
prezzo fisso	**prix fixe**	*prì fix*
coperto	**le couvert**	*cuvèr*
lista dei vini	**la carte des vins**	*cart de ven*
bicchiere	**le verre**	*verr*
bottiglia	**la bouteille**	*buteil*
coltello	**le couteau**	*cutó*
forchetta	**la fourchette**	*forscet*
cucchiaio	**la cuillère**	*cuiièr*
prima	**le petit**	*ptì*
colazione	**déjeuner**	*dejené*
pranzo	**le déjeuner**	*dejené*
cena	**le dîner**	*diné*
portata principale	**le plat principal**	*pla prensipal*
antipasto	**l'entrée, le hors**	*l'entré,*
	d'oeuvre	*or dœvr*
piatto del giorno	**le plat du jour**	*pla du jur*
enoteca	**le bar à vin**	*bar a ven*
caffè	**le café**	*café*
poco cotto	**saignant**	*senan*
cotto a puntino	**à point**	*o puen*
ben cotto	**bien cuit**	*bien cuì*

IL MENÙ

aceto	**le vinaigre**	*vinègr*
acqua	**l'eau**	*l'o*
acqua minerale	**l'eau minérale**	*l'o mineral*
affogato	**poché**	*poscé*
aglio	**l'ail**	*l'ail*
agnello	**l'agneau**	*l'agnó*
alla griglia	**grillé**	*griié*
anatra	**le canard**	*canar*
aragosta	**le homard**	*omar*
arancia	**l'orange**	*l'oranj*
arrostito	**rôti**	*rotì*
banana	**la banane**	*banan*
birra, birra	**la bière, bière**	*bièr, bièr*
alla spina	**à la pression**	*a la pression*
bistecca	**le bifteck, le steack**	*biftec, stec*
bollito	**bouilli**	*buiì*
burro	**le beurre**	*bœrr*
caffè	**le café**	*café*
carne	**la viande**	*viand*
cioccolato	**le chocolat**	*sciocolà*
cipolle	**les oignons**	*lezognon*
cocktail	**le cocktail**	*cocktail*
crostacei	**les crustaces**	*crustas*
dessert	**le dessert**	*desser*
dolce	**le gâteau**	*gató*
formaggio	**le fromage**	*fromaj*
frutta fresca	**le fruit frais**	*fruì fré*
frutti di mare	**les fruits de mer**	*fruì de mèr*
gamberi	**les crevettes**	*crevett*
ghiaccio, gelato	**la glace**	*glas*
latte	**le lait**	*lé*
limone	**le citron**	*sitron*
lumache	**les escargots**	*lezescargó*
maiale	**le porc**	*por*
manzo	**le boeuf**	*beuf*
mela	**la pomme**	*pom*
al forno	**cuit au four**	*cuit o fur*
mostarda	**la moutarde**	*mutard*
olio	**l'huile**	*l'uil*
olive	**les olives**	*lezoliv*
pane	**le pain**	*pen*
panino	**le petit pain**	*peti pen*
patate	**les pommes de terre**	*pom de tèr*
patate fritte	**les frites**	*frit*
pepe	**le poivre**	*puavr*
pesce	**le poisson**	*puasson*
pollo	**le poulet**	*pulé*
prosciutto	**le jambon**	*jambon*
riso	**le riz**	*ri*
sale	**le sel**	*sel*
salsa	**la sauce**	*sós*
salsiccia fresca	**la saucisse**	*sósiss*
secco	**sec**	*sec*
spremuta d'arancia	**l'orange pressée**	*l'oranj pressé*
spremuta di limone	**le citron pressé**	*sitron pressé*
tè	**le thé**	*té*
toast	**le toast**	*tost*
uovo	**l'oeuf**	*l'œf*
verdure	**les légumes**	*legum*
vino bianco	**le vin blanc**	*ven blan*
vino rosso	**le vin rouge**	*ven ruj*
zucchero	**le sucre**	*sucr*
zuppa, minestra	**la soupe, le potage**	*sup, potaj*

NUMERI

0	**zéro**	*zeró*
1	**un, une**	*an, un*
2	**deux**	*deu*
3	**trois**	*truà*
4	**quatre**	*catr*
5	**cinq**	*senc*
6	**six**	*siss*
7	**sept**	*set*
8	**huit**	*uit*
9	**neuf**	*nœf*
10	**dix**	*diss*
11	**onze**	*onz*
12	**douze**	*duz*
13	**treize**	*trèz*
14	**quatorze**	*catorz*
15	**quinze**	*chenz*
16	**seize**	*sèz*
17	**dix-sept**	*disset*
18	**dix-huit**	*dizui*
19	**dix-neuf**	*disnœf*
20	**vingt**	*ven*
30	**trente**	*trant*
40	**quarante**	*carant*
50	**cinquante**	*sencant*
60	**soixante**	*suassant*
70	**soixante-dix**	*suassant diss*
80	**quatre-vingts**	*catr ven*
90	**quatre-vingt-dix**	*catr ven diss*
100	**cent**	*san*
1000	**mille**	*mil*

TEMPO

un minuto	**une minute**	*un minut*
un'ora	**une heure**	*un œr*
mezz'ora	**une demi-heure**	*un demì œr*
lunedì	**lundi**	*londì*
martedì	**mardi**	*mardì*
mercoledì	**mercredi**	*mercredì*
giovedì	**jeudi**	*jeudì*
venerdì	**vendredi**	*vandredì*
sabato	**samedi**	*samdì*
domenica	**dimanche**	*dimansc*